湖南省教师招聘考试辅导教材

幼儿教育综合知识

中公教育湖南教师招聘考试研究院◎编著

世界图书出版公司

北京·广州·上海·西安

图书在版编目（CIP）数据

幼儿教育综合知识 / 中公教育湖南教师招聘考试研究院编著. — 北京:世界图书出版有限公司北京分公司,
2021.3（2021.10重印）
湖南省教师招聘考试辅导教材
ISBN 978-7-5192-8314-8

Ⅰ.①幼… Ⅱ.①中… Ⅲ.①幼儿教育学–幼教人员–聘用–资格考试–教材 Ⅳ.①G610

中国版本图书馆CIP数据核字（2021）第033549号

书　　名	湖南省教师招聘考试辅导教材·幼儿教育综合知识	
	HUNAN SHENG JIAOSHI ZHAOPIN KAOSHI FUDAO JIAOCAI·YOU'ER JIAOYU ZONGHE ZHISHI	
编　　著	中公教育湖南教师招聘考试研究院	
责任编辑	刘　虹　张建民	
特约编辑	吉华晓	
出版发行	世界图书出版有限公司北京分公司	
地　　址	北京市东城区朝内大街137号	
邮　　编	100010	
电　　话	010-64038355（发行）64037380（客服）64033507（总编室）	
网　　址	http://www.wpcbj.com.cn	
邮　　箱	wpcbjst@vip.163.com	
销　　售	各地新华书店	
印　　刷	北京同文印刷有限责任公司	
开　　本	889 mm×1194 mm　1/16	
印　　张	42.5	
字　　数	1020千字	
版　　次	2021年3月第1版	
印　　次	2021年10月第2次印刷	
国际书号	ISBN 978-7-5192-8314-8	
定　　价	62.00元	

前　言

　　湖南省幼儿园教师公开招聘工作一般包括报名(网上或现场)、资格审查、笔试、面试、体检、考察、公示及聘用等环节。目前,湖南省没有实行全省统一的幼儿园教师招聘考试,各地区的考试时间和形式不一,笔试内容依地区不同有所差异。笔试形式主要有以下几种。

　　1.笔试内容为教育综合知识和幼儿教育学科专业知识,如常德市武陵区、怀化市溆浦县、长沙市浏阳市、衡阳市衡阳县、湘潭市雨湖区等。

　　2.笔试内容为幼儿教育学科专业知识,如长沙市天心区、长沙市岳麓区、郴州市汝城县等。

　　通过分析湖南省各地区幼儿园教师招聘考试题目可知,尽管考试形式不同,笔试科目名称不同,但是作为幼儿教师所必备的学前教育学(幼儿教育学)、学前心理学(幼儿心理学、学前儿童发展心理学)、学前教育心理学(幼儿教育心理学)、学前卫生学、幼儿园教育活动的设计与指导、学前教育法规等知识是常考的内容。

　　需要注意的是,每年湖南省各地区考试情况都可能会发生变化,考生需要及时关注当地考试公告和考情,及时调整备考策略。

　　本书是针对湖南省幼儿园教师招聘考试的复习教材,其主要特色表现为以下几个方面。

特色一:精准归纳和细致讲解核心考点

　　编者在深入研究历年考题的基础上,确定了图书的核心内容,精准归纳和细致讲解了核心考点,既最大限度地保证了知识体系的完整,又凸显了考试的重难点。

　　例如:学前儿童感知觉的特性是历年考试中的高频考点。本书在第二部分学前心理学的第四章学前儿童认知的发展中详细讲解了这一考点。其中感觉的特性包括感受性与感觉阈限、感觉适应、感觉对比、感觉后像、联觉;知觉的特性包括知觉的选择性、知觉的整体性、知觉的理解性与知觉的恒常性,以帮助考生全面掌握该考点。

特色二:精心设置图书内容结构和版块

　　编者在图书的主体内容之前,设置了备考指导,以便考生整体把握考试特点。备考指导包括考情分析、题型解读两个方面的内容。考情分析部分总结了湖南省部分地区幼儿园教师招聘考试的主要考查内容和常考题型等。题型解读部分按照单项选择题、多项选择题、判断题、填空题、简答题、论述题、案例分析题的顺序,详细介绍了每个题型的特点,并针对每个题型的特点总结归纳了备考策略,以帮助考生了解湖南省幼儿园教师招聘考试的考查特点,提高备考效率。

　　本书的主体内容包括学前教育学、学前心理学、学前教育心理学、学前卫生学、幼儿园教育活动的设计与指导、学前教育法规六部分。编者在图书的主体内容部分设置了考题再现、知识拓展、备考锦囊、强化练习等版块。本书在重要考点处再现了历年考题中的代表性试题,以帮助考生强化对考点的理解和运用。本书在考点讲解之后,配有一定数量的练习题,以帮助考生查漏补缺,强化知识要点。

特色三:多种细节设计提升学习效率

本书采用双色印刷,凡重要知识点均用波浪线进行标记,以帮助考生快速识别和掌握考试重难点。

本书增加了部分拓展知识,作为对图书主体内容的补充,以帮助考生深化理解。例如:本书在深度知觉部分增加了知识拓展,主要介绍了"视觉悬崖"实验的过程和结果,这样既保证了图书主体内容的简洁明了,又能帮助考生了解这一学前心理学的经典实验。

本书备考锦囊部分分析总结了高频考点、易错易混点、记忆策略等,以帮助考生更高效地掌握重点内容。例如:钙、铁、碘、锌等常见无机盐的功能、来源及缺乏症状是历年考试的高频考点,也是考生的易错点,本书对该知识进行了总结,以帮助考生进行对比记忆,准确掌握易错易混知识点。

本书所用考题来源于网络或根据考生回忆整理。期待您为我们提出更多意见和建议,使图书更好地帮助更多的人。同时,我们也相信各位考生通过努力,定能顺利通过考试,早日圆梦三尺讲台,做一名优秀的人民教师。

中公教育湖南教师招聘考试研究院

2021 年 10 月

备考指导

考情分析

从湖南省各地区幼儿园教师招聘的考试公告和历年考题来看,学前教育学、学前心理学、学前卫生学及学前教育法规是湖南省幼儿园教师招聘考试的必考内容,考查比例较大。部分地区还会考查学前教育心理学、幼儿园教育活动的设计与指导等,这就需要考生根据当地的幼儿园教师招聘考试公告,依据以往的考试题目有针对性地进行复习。考试时间一般为120分钟,试卷满分一般为100分。各地区试卷考查的题型也比较多样化,常考题型有单项选择题、多项选择题、判断题、填空题、简答题、论述题、案例分析题等。

题型解读

(一)单项选择题

1.题型简介

单项选择题每题仅有一个正确的选项,非正确选项的迷惑性较强。单项选择题主要考查考生对所学知识的掌握程度和辨别分析能力。

单项选择题的考查形式可分为以下两类:(1)记忆型考题,直接考查考生对知识点的精准记忆;(2)理解型考题,题干给出实际教学情境,要求考生选择与其对应的理论知识。

2.备考策略

对于单项选择题,考生应在整体把握教材的基础上,结合历年考题进行练习。对于单项选择题的作答,考生应做到以下几点。

第一,分析题干,把握题眼。由于单项选择题的题干部分会呈现大部分的知识内容,考生在作答时若能有效地把握并提取线索,则容易选出答案。因此,在审题时,考生应逐字阅读题干,找到题干中的题眼,即体现题意的关键字词,在必要的时候标注下划线、着重号等。这一步尤其适用于记忆型考题,容易通过关键词找到在记忆中的对应知识点。

第二,审读选项,对应题干。由于单项选择题的选项设计迷惑性较强,考生应认真审读单项选择题的四个选项。如针对理解型考题,考生可采用"以选项验证题干"的方法:第一步,明确含义,即明确题干中每个选项的含义;第二步,对应情境,即把每个选项含义中的关键词与题干一一对应;第三步,确认选择,即排除干扰选项,选出正确答案。

第三,梳理思路,扣题复查。考生可在头脑中重新梳理一遍答题思路,向自己阐述选择的理由,确认选项与题干的逻辑性是否正确,从而确保所选答案的正确性。

3.经典考题

【2021·永州祁阳】幼儿喜欢进行各种智力游戏,如下棋、猜谜语等。这些活动能够满足幼儿的求知欲和好奇心,促进其( )的发展。

A.道德感 B.正直感

C.理智感 D.集体荣誉感

【答案】C。解析:理智感是由是否满足认识需要而产生的体验,是人类特有的高级情感。儿童的理智感明显发展的表现是幼儿喜欢提问题,并由于提问和得到满意的回答而感到愉快。各种智力游戏、动脑筋及解决问题的活动,如下棋、猜谜语、拼搭大型建筑物等既能满足幼儿的求知欲和好奇心,又有助于促进其理智感的发展。

【2020·怀化麻阳】( )是我国著名的学前教育家。他于1923年创办了我国最早的幼儿教育实验中心——南京鼓楼幼稚园,创立了"活教育"理论,致力于探索平民化、科学化的学前教育道路。

A.陈鹤琴 B.张宗麟

C.张雪门 D.陶行知

【答案】A。解析:陈鹤琴是我国著名的学前教育家。他于1923年创办了我国最早的幼儿教育实验中心——南京鼓楼幼稚园,创立了"活教育"理论,一生致力于探索中国化、平民化、科学化的学前教育道路。

(二)多项选择题

1.题型简介

与单项选择题类似,多项选择题也主要考查考生对所学知识的掌握程度和辨别分析能力,可分为记忆型考题和理解型考题。但相较于单项选择题来说,多项选择题考查的内容更加灵活,难度更大。

2.备考策略

与单项选择题的备考策略类似,在备考多项选择题时,考生也应做到:分析题干,把握题眼;审读选项,对应题干;梳理思路,扣题复查。除此之外,考生还应注意以下几点。

第一,准确、透彻地理解基本内容,并识记重要内容,这样审读题干会较容易辨别一些容易混淆的地方。

第二,善于分析选项的中心意思,注意选项之间的语义差别,并注意选项中涉及范围、程度的修饰语或限定语。

第三,多总结多项选择题选项设计的规律,比如常有哪些类型的考点、错误选项的来源、是从什么角度设计的等。

3.经典考题

【2020·长沙岳麓】幼儿注意品质的发展包括( )。

A.注意广度的发展 B.注意可变性的发展

C.注意转移的发展 D.注意分配的发展

【答案】ACD。解析:注意的品质是衡量一个人注意力发展好坏的标志,主要包括注意的广度、注意的分配、注意的稳定性和注意的转移四个方面。

【2020·怀化麻阳】歌唱活动中为儿童选择的歌曲很重要,以下说法正确的有( )。

A.歌词应是有趣、易记且能为儿童所理解和熟悉的

B.歌词要有重复,有发展余地

C.尽量注意歌词的内容宜于用动作表现

D.比较适合选取含有交通工具、自然现象、动植物内容的歌词

【答案】ABCD。解析:为学前儿童选择的歌曲,其歌词应注意以下几点:(1)歌词应是有趣、易记且能为儿童所理解和熟悉的。只有儿童所理解和熟悉的歌词才能引起他们的兴趣,如含有动物、植物、交通工具、

自然现象等内容的歌词。（2）歌词要有重复,有发展余地。结构简单且多重复的歌词,会使儿童感到熟悉,也便于记忆。（3）尽量注意歌词的内容宜于用动作表现。边唱边做动作的音乐活动既能满足儿童好动的天性,也能使儿童的协调性得到发展,对促进儿童身心和谐发展具有重要意义。

（三）判断题

1.题型简介

判断题通常是给出一个命题,要求判断正误,主要考查考生对基础知识的掌握程度和辩证思维能力。判断题的特点主要包括以下两个方面。

（1）经常考查名词、概念性内容核心词、标志性知识、易混淆知识点。

（2）错误题干设置多为以偏概全、故意混淆、放大影响等。

2.备考策略

根据判断题的出题特点,在备考过程中,考生应注意概念中的关键词,准确抓住相似概念之间的关键性区别。解题时考生可以从以下几个角度思考。

第一,是否有绝对性词语。有些判断题题干中含有"总是""都是""一定""绝不会"等绝对性词语,这种表述死板、限制性较强,常常会出现以偏概全的错误。因此,"错"的可能性往往大于"对"的可能性。

第二,是否偷换概念。注意题干描述中是否缺少某些基本要素或概念是否匹配错误。偷换概念是判断题经常出现的问题。

第三,前提和结论是否统一。判断题干是否存在"对中有错"或者根据正确前提引出错误结论的描述。

3.经典考题

【2021·永州祁阳】攻击性行为产生的直接原因主要是挫折。 （ ）

【答案】√。解析:攻击性行为是一种以伤害他人或他物为目的的行为。攻击性行为产生的直接原因主要是挫折。

【2020·长沙浏阳】幼儿园的"娃娃家"游戏属于竞赛游戏。 （ ）

【答案】×。解析:角色游戏是幼儿通过扮演角色,运用想象,创造性地反映个人生活印象的一种游戏,通常都有一定的主题,如娃娃家、商店、医院等。

（四）填空题

1.题型简介

填空题的考查形式是将某一个概念、原理或某条法规中的关键词空出来作为答案,考查的知识点比较细致,答案比较固定。考生在作答时,若某一个文字书写错误或答案稍有不同则视为本空回答错误。

2.备考策略

针对填空题,考生在备考过程中需重点识记重要法规条目、核心概念、常考及基本的知识点,对于各部分的考点要做到心中有数,对学前教育学、学前心理学的知识点要做到理解并准确记忆。在作答时要书写准确、完整,不出现错别字。

3.经典考题

【2020·长沙岳麓】根据《幼儿园工作规程》的规定,幼儿园应当积极开展适合幼儿的体育活动,充分利用日光、空气、水等自然因素以及本地自然环境,有计划地锻炼幼儿肌体,增强身体的适应和抵抗能力。正常情况下,每日户外体育活动不得少于_____小时。

【答案】1

（五）简答题

1.题型简介

简答题考查的内容主要是条目清晰的知识，需要考生将头脑中记忆的基础知识提取出来，难度较大。总体来看，简答题考查的依然是考生对基础知识的识记，而且命题具有一定的规律性，常考点一般为带有"要求、特点、表现、方法、意义、原则、目标、要素"等关键词的内容。

2.备考策略

第一，通读教材，系统复习。考生可结合教材中的条目性知识和历年考题，系统梳理知识。

第二，巧用方法，加深记忆。简答题考查的知识点的对应条目较多，记忆过程中容易出现混淆、漏记等情况。为此，考生可结合自己的记忆习惯，通过巧用关键词、自编口诀、联想记忆等方式进行记忆，以减轻记忆负担，增加"提取线索"。

第三，以点带面，强化记忆。考题是把握命题趋势的重要线索。考生要顺藤摸瓜，以点带面，通过历年考题串联起一系列相关考点，强化记忆。

3.经典考题

【2021·永州祁阳】游戏能够促进儿童社会性的发展，其具体表现在哪些方面？请简要阐述。

【参考答案】

游戏促进儿童社会性发展具体表现在以下几方面。

（1）游戏有助于提高儿童的交往技能。

儿童的游戏是一种社会活动，为儿童提供了模仿并参与社会交往的平台，扩大了儿童的社交范围，增多了儿童交往的机会。交往机会的增多就为儿童交往技能的提升提供了平台，游戏可使儿童掌握与人交往的技巧和艺术，使其社交能力得到不断的提升。

（2）游戏有助于克服儿童的自我中心意识。

在游戏情境中，儿童逐渐学会与他人联系，从中明白了"我"和"你"的区别，在游戏中学会了如何与他人交往，如何满足自己和他人的需要，有助于克服自我中心意识。自我中心是儿童的一种非社会行为，有效地控制这种行为是儿童与同伴进行交往的基础，游戏对于儿童学习克制这种行为有明显的效果。

（3）游戏能培养儿童的合群行为和遵守规则的能力。

儿童在参加集体游戏时，必须学会相互宽容和谦让，尝试学会与他人合作，并遵守游戏的规则，只有如此，才能保证游戏的顺利开展。因此，游戏能培养儿童的合群行为、遵守规则的意识和能力。

（4）游戏有助于锻炼儿童的意志力。

在游戏中，儿童能够克服困难，坚持把事情做到底，毅力、耐心、坚持性等优秀品质得到了发展。

（六）论述题

1.题型简介

论述题一般要求考生针对题干情境或问题，运用理论知识进行分析阐述。该题型的特点是题量少，分值高。论述题主要考查考生对相关知识记忆的熟练程度，要求作答内容充实，阐述条理清晰。

2.备考策略

论述题的备考与简答题类似，但考生需要更透彻地把握知识，能够做到理解深刻，阐述时结合实际。具体来说，考生在作答论述题时需要做到以下几点。

第一，根据题干锁定相关知识点，提取记忆中的知识内容。

第二，合理组织答题要点，梳理答题逻辑，形成答题框架。

第三，结合题目要求，填充框架，详细论述。

3.经典考题

【2020·怀化麻阳】《幼儿园教育指导纲要（试行）》中指出，教师应成为幼儿学习活动的支持者、合作者、引导者。请结合实际案例，论述教师应当如何真正扮演好这些角色。

【参考答案】

教师应成为幼儿学习活动的支持者、合作者、引导者，具体做法包括以下几点。

（1）以关怀、接纳、尊重的态度与幼儿交往。耐心倾听，努力理解幼儿的想法与感受，支持、鼓励他们大胆探索与表达。例如，幼儿园中总有一些"慢半拍"幼儿，无论做什么事情，他们总是比其他幼儿要慢一点。当教师的要求提出后，总有一些幼儿不能在第一时间做出反应，这时教师不要剥夺幼儿尝试的机会，而是要鼓励其大胆尝试表达。

（2）善于发现幼儿感兴趣的事物、游戏和偶发事件中所隐含的教育价值，把握时机，积极引导。例如，教师带幼儿散步时发现了蜗牛，幼儿对蜗牛很感兴趣，这时教师可以带领幼儿认识蜗牛的外部特征，并将蜗牛带回班级，指导幼儿观察蜗牛的生活习性。

（3）关注幼儿在活动中的表现和反应，敏感地察觉他们的需要，及时以适当的方式应答，形成合作探究式的师生互动。例如，某幼儿在"小超市"中当"售货员"，然而无人前往"超市"购物，这时教师可以通过扮演顾客前往购物，和"售货员"交流，还可以假装购买的东西太多，引导"售货员"上门送货。

（4）尊重幼儿在发展水平、能力、经验、学习方式等方面的个体差异，因人施教，努力使每一个幼儿都能获得满足和成功。例如，美术课上，大家都画了"圆苹果"，某幼儿却画了一个"方苹果"，这时教师并没有斥责或让其重新画，而是耐心询问其想法，并对该幼儿的想法表示充分的赞赏。

（5）关注幼儿的特殊需要，包括各种发展潜能和不同发展障碍，与家庭密切配合，共同促进幼儿健康成长。例如，当教师发现幼儿有绘画的潜能，或者幼儿在某方面的发展落后于其他幼儿时，教师应密切联系家长，沟通策略，家园同步，共同促进幼儿健康成长。

（七）案例分析题

1.题型简介

案例分析题是描述一段教学、游戏情境，然后就成人（教师和家长）或幼儿的行为提出问题，要求考生阅读分析给定的材料，依据一定的理论，或做出评价，或提出具体的解决问题的方法或意见，以此检验考生分析和解决教育问题的能力。

从考查的形式来看，案例分析题大致可分为以下几类：①评析行为类。例如：阅读上述材料，从教育观的角度评析刘老师的教育行为。②分析原因类。例如：请你分析一下毛毛出现这种表现可能的原因。③论述知识类。例如：与家长有效沟通的策略包括哪些？④提出建议、做法、策略类。例如：该教师违背了哪些学前教育的原则，请指出并提出合理建议。

从考查的具体内容来看，案例分析题涉及的考点分布广泛，有时涉及的内容也无固定答案。

2.备考策略

一般来说，针对评析行为类、分析原因类的题目，考生可采取"从材料到理论"的思路作答，即逐句分析材料，找出重点语句，如描述关于教师行为、幼儿行为等的句子；然后再将材料与理论相结合进行总结。针对论述知识类的题目，考生可直接根据问题中的关键词回忆对应的知识点，并围绕材料作答。针对提出建议、做法、策略的题目，考生可采取"从理论到材料"的思路作答，考生可有逻辑、有次序地罗列出理论要点，再逐条结合材料进行分析。

3.经典考题

【2021·永州祁阳】材料：

张老师组织了一次小班的主题活动"你会怎么做？"并设置了如下情境：小兔、小狗、小猫和小乌龟住在一起，它们一起运粮食回家。小兔、小狗、小猫运得比较快，而小乌龟运得比较慢。天马上就要下雨啦，小乌龟运不回去，粮食也要被淋湿了。这时候，小兔嘲笑小乌龟运得慢，小猫骂小乌龟懒惰，只有小狗帮助小乌龟一起运粮食。运粮食情境结束后，老师让幼儿进行讨论，问谁做得好。幼儿回答"小猫做得好"。老师听到孩子们这样说，就进行了一定的引导性回答。老师问了一个问题："如果是你，你会怎么做？"有的小朋友说："我会让小乌龟去找爸爸。"有的小朋友说："把粮食扔掉，然后把头缩回龟壳里面就淋不到雨了。"但是还是有两个孩子说："我会去帮助小乌龟一起运粮食。"张老师觉得挺开心的，总算有幼儿回答出她心目中的正确答案了。但是有老师指出来说，让幼儿充分表达自己的观点，不必要求幼儿局限于一个正确答案。但张老师认为这样就无法达到让幼儿学会关心、帮助他人的学习目标了。

问题：请你评价一下张老师的教学方式。如果你是张老师，你会如何处理讨论这一环节？

【参考答案】

（1）对张老师教学方式的评价。

①在教学中贯彻了直观性原则。

直观性原则是指在教学活动过程中，教师应当利用实物或教具材料，充分调动幼儿的各种感官，丰富其感性经验，使他们获得直接的、具体的感知。张老师在教学中能够创设情境，让幼儿直接去感知故事内容，从而更好地让幼儿理解故事内容。

②运用的提问少，形式单一。

教师通过一系列有层次、有步骤、有目的的提问，能够激发幼儿的想象、引导幼儿思考，帮助幼儿更好地学习、理解。张老师在对幼儿进行引导性回答时，只提了一个问题，没有层层深入地去引导幼儿进行思考，不利于激发幼儿探究的欲望。

③没有处理好课程的预设和生成的关系。

在实际的教学过程中，教师不能死守"预设"的教案，而应即时捕捉有价值的信息和资源，并将其纳入活动中，对原有的教案进行及时的调整，从而有效地达成教学活动目标。张老师一味追求幼儿回答出她心目当中的正确答案，没有倾听幼儿真实的想法，死守"预设"的教案，没有根据实际情形"生成"新的教学内容。

（2）如果我是张老师，我会采用以下策略。

①调整预设，捕捉精彩"生成"。

当在教学中遇到"意外"时，教师应运用教学机智改变原来的教学方案以适应幼儿，充分挖掘幼儿的潜能，使幼儿在互动中得到发展。如案例中有的幼儿说"我会让小乌龟去找爸爸"，有的幼儿说"把粮食扔掉，然后把头缩回龟壳里面就淋不到雨了"。这说明幼儿在积极寻找解决问题的方法，我会对其进行鼓励并让幼儿讨论哪种方法更好及其原因。这样不仅能够锻炼幼儿的想象力，而且也培养了幼儿解决问题的能力。

②灵活采用多种提问形式，引导幼儿进行思考。

教师启发性的提问能够充分调动幼儿的学习积极性，激发其好奇心和求知欲，进而发散幼儿的思维，使教学目标能够更好地达成。如当幼儿说"把粮食扔掉，然后把头缩回龟壳里面就淋不到雨了"后，我会继续向幼儿进行提问："把粮食扔掉这种做法对吗？有没有其他办法可以让小乌龟和粮食都不被淋湿呢？"

目　录

第一部分　学前教育学

第二部分　学前心理学

第三部分　学前教育心理学

第四部分　学前卫生学

第五部分　幼儿园教育活动的设计与指导

第六部分　学前教育法规

本部分内容共分为十四章，主要介绍了学前教育的发展、幼儿园教育实践相关的理论知识。

本部分内容主要考查的题型包括单项选择题、多项选择题、判断题、填空题、简答题、论述题和案例分析题。

根据对往年考题的分析与总结，第一章学前教育概述，第三章我国幼儿园教育，第九章幼儿游戏，第十章幼儿园日常生活活动、教学活动和幼儿劳动是重点考查内容。

第一部分　学前教育学

第一章　学前教育概述

考情分析

本章内容以识记、理解为主，主要以单项选择题、判断题、填空题的形式进行考查，有时也会以多项选择题的形式进行考查。其中卢梭、福禄贝尔、杜威、蒙台梭利、陶行知、陈鹤琴等人的学前教育思想是重点考查内容。

学习目标

1.理解幼儿教育、学前教育的含义，识记学前教育的特点。

2.理解蒙养院制度、蒙养园制度与幼稚园制度的产生与发展过程。

3.识记夸美纽斯、洛克、卢梭、杜威的学前教育思想，重点识记福禄贝尔、蒙台梭利、陶行知、陈鹤琴的学前教育思想。

第一节　学前教育与学前教育学

一、教育、幼儿教育和学前教育

考点1　教育

从社会的角度来定义"教育"，可以把"教育"区分为不同的层次。广义的教育泛指一切能增进人们的知识和技能、影响人们的思想品德的活动，包括社会教育、学校教育和家庭教育。狭义的教育主要是指学校教育，即教育者根据一定的社会要求，有目的、有计划、有组织地对受教育者的身心施加影响，把他们培养成一定社会所需要的人的活动。

从个体的角度来定义"教育"，往往把"教育"等同于个体的学习或发展过程。

兼顾社会和个体两个方面来给"教育"下定义：教育是在一定社会背景下发生的、促使个体的社会化和社会的个性化的实践活动。

考点2　幼儿教育和学前教育

1.幼儿教育

幼儿教育是对3~6岁年龄阶段幼儿所实施的教育的总称。幼儿教育也有广义和狭义之分。广义的幼儿教育是指凡是能够影响幼儿身体成长和认知、情感、性格等方面发展的有目的的活动。狭义的幼儿教育则特指幼儿园和其他专门开设的幼儿教育机构的教育。

2.学前教育

对0~3岁年龄阶段的婴儿所实施的教育称为婴儿教育（早期教育），其与幼儿教育共称为学前教育。学前家庭教育和学前社会教育是学前教育的主要社会实践形式。幼儿园教育是学前社会教育的主要组成部分。

考点3 学前教育的特点

1.非义务性

非义务性是指学前儿童去学前教育机构接受教育是自愿的而非强迫接受的,家长完全可以根据孩子和自己各方面的情况,综合考虑是否送孩子进托儿所或幼儿园,以及送孩子进哪所托儿所或幼儿园。

2.保教合一

学前期是儿童生长发育十分迅速而旺盛的阶段,也是身体各种器官、各个系统的机能还没有发育成熟和完善的时期。生理上,学前儿童骨化没有完成,骨骼坚固性差,容易受损、变形;肌肉柔嫩、力量弱,耐力性差,容易疲劳。心理上,学前儿童的活动能力、自我控制能力、生活自理能力都比较差,对成人的依赖性很强,需要和他人建立起交往关系,需要成人或年长的儿童带领他们进入社会,获取经验。因此,对学龄前儿童实施的教育要特别强调保育与教育相结合,一切教育活动都是在保育的前提下进行的。

3.启蒙性

学前教育的启蒙性是指对学前儿童的教育要与他们的现实发展需要联系起来,要启于未发、适时而教、循序渐进。学前教育的目的在于使学前儿童的体力、智力、品德和情感都得到发展,为他们升入小学后较快地适应正式学习生活,乃至一生的发展打下基础,而不是传授系统知识。

4.直接经验性

在学前教育阶段,学前儿童的思维主要是具体形象思维。他们只有通过感官和动作确切地接触到事物并操作它们,才会理解它们,因而学前教育具有直接经验性。在学前教育中,要注意为学前儿童提供丰富的实物材料和真实的生活情形,帮助他们获得直接经验。

二、学前教育学的含义及研究方法

考点1 学前教育学的含义

学前教育学是研究学前教育现象和学前教育问题,总结学前教育的原理、原则与方法,揭示学前教育规律的一门学科。

考点2 学前教育学的研究方法

1.调查法

调查法是指教师围绕某一学前教育现象,借助谈话、问卷、座谈会、查阅有关文献资料等多种形式收集资料,并对所收集的资料进行定量、定性分析,提出教育建议的一种研究方法。调查法是一种间接研究学前教育现象的方法。

2.观察法

观察法是指教师对学前教育现象进行长期有目的、有计划的观察、记录和评价的一种感知方法。观察法是学前教育研究中经常使用的一种方法。运用观察法直接考察研究对象,研究者不用创设特定的环境条件,研究对象也完全处于自然状态,不需要做任何准备。因此,研究结果通常比较接近研究对象的真实情况,研究所得的材料丰富、生动而真实。

3.实验法

实验法是指教师根据研究目的有意控制某些条件,有计划地干预被研究的学前教育现象发生和发展的过程,从而探索、解释学前教育规律的一种方法。实验法是在观察法或调查法的基础上进一步研究问题,寻求问题发生原因及其发展规律的严格受控的一种科学研究方法。

4.文献法

文献法是指教师通过研究中外学前教育的历史以总结经验、吸取教训的一种方法。文献法的一般过程包括五个基本环节,分别是提出课题或假设、研究设计、搜集文献、整理文献和进行文献综述。

5.个案研究法

个案研究法是指追踪研究某一幼儿或幼儿团体的行为的一种方法,包括对一个或几个幼儿个案材料的收集、记录,并写出个案报告。它通常采用观察、面谈、描述统计、问卷等形式。

第二节　学前教育机构的产生与发展

一、世界学前教育机构的产生与发展

考点1　世界学前教育机构的产生

1.世界上第一所学前教育机构（幼儿教育机构）

罗伯特·欧文是19世纪英国空想社会主义思想家和教育家。他于1816年在苏格兰创办的新兰纳克幼儿学校（后改名为"性格形成学园"）是英国也是世界上最早的学前教育机构。

> **考题再现**
>
> 【2017·汨罗·判断】福禄贝尔创办的幼儿园是世界上最早的幼儿教育机构。　　　　　　（　　）
>
> 【答案】×。

2.世界上第一所幼儿园

德国幼儿教育家福禄贝尔（也译为福禄培尔）被誉为"幼儿园之父"和"幼儿教育之父"。1837年,他在德国勃兰根堡创办了一个"保姆养成所",并于1840年将其正式命名为"幼儿园"。这是世界上第一所幼儿园,也是世界上第一所真正意义上的幼儿教育机构。

> **考题再现**
>
> 【2020·长沙浏阳·单选】世界上第一所幼儿园是由（　　　）创办的。
>
> A.洛克　　　　　　　　　　　　　　　B.蒙台梭利
>
> C.诺贝尔　　　　　　　　　　　　　　D.福禄贝尔
>
> 【答案】D。

考点2　世界学前教育机构的发展

进入20世纪以后,随着现代社会文明的飞速发展,特别是科学技术的发展,生产力大大提高,世界性的竞争加剧。各国为了多出人才、早出人才,普遍重视学前教育。学前教育的社会价值和教育价值开始为全社会所认识,从而使学前教育机构得到了前所未有的发展。

1.学前教育机构数量增加

随着现代化生产的发展,幼儿园数量增加很快,尤其是进入小学前一年的教育。

2.学前教育机构多样化

为适应普及幼儿教育的需要，同时也为适应现代社会家长的各种需要，学前教育机构的发展越来越多样化。由私人、国家、团体、企业、教会等开办的各种托幼机构在结构、规模、教育目的、教育方法、教育内容等方面各不相同、各有特色并相互竞争。这促进了学前教育机构向着形式多样化、功能多样化、组织多样化、教育多样化的方向发展。

3.师资质量和教育质量提高

师资质量和教育质量的提高是幼儿教育机构发展的重要标志。

4.学前教育手段现代化

随着社会的高速发展，学前教育机构开始大量运用了现代化教学手段。

二、我国学前教育机构的产生与发展

考点1 蒙养院制度

1.《奏定蒙养院章程及家庭教育法章程》

1904年1月，清政府颁布的《奏定学堂章程》（也称癸卯学制）是我国第一个实行的学制。该学制第一次用国家学制的形式把学前教育机构的名称确定下来，即将学前教育机构定为蒙养院。《奏定学堂章程》中包括为学前教育制定的《奏定蒙养院章程及家庭教育法章程》（以下简称蒙养院章程）。蒙养院章程规定蒙养院设置在育婴堂和敬节堂内，保育教导三岁至七岁的儿童。这是我国近代第一个学前教育法规，也是我国近代学前教育制度化建设的重要标志。它的颁布和实施标志着蒙养院制度的确立。

2.湖北幼稚园（武昌蒙养院）

1903年，湖北巡抚端方在武昌寻常小学堂内创办了湖北幼稚园。这是我国创办的第一所学前教育机构，也是我国最早的公立学前教育机构。1904年，湖北幼稚园改名为武昌蒙养院。

这一时期官办的蒙养院还有1903年创办的京师第一蒙养院、1905年创办的湖南蒙养院、1907年创办的上海公立幼稚舍等。

3.天津严氏蒙养院

天津严氏蒙养院是清末翰林院编修、学部侍郎严修于1905年创办的。其招收4~6岁的儿童，开设手工、游戏、故事、唱歌等课程。

考点2 蒙养园制度

1912年，中华民国教育部公布了《学校系统令》，即壬子学制，之后又陆续颁布了各种学校令。这形成了一个更加完整的学制系统，即壬子癸丑学制。壬子癸丑学制将学堂改名为学校，蒙养院改名为蒙养园。这一时期蒙养园主要附设在小学和女子师范学校内，被纳入了真正的教育机构序列。

考点3 幼稚园制度

1.壬戌学制

1922年，中华民国教育部颁布《学校系统改革令》，即壬戌学制，因其是对壬子癸丑学制的全面更新，故在当时被称为"新学制"。壬戌学制将蒙养园改称为幼稚园，并把幼稚园正式列入学制系统，确立了幼稚园在学制系统中作为国民教育第一阶段的地位，推动了我国学前教育进一步向前发展。

2.知名学前教育机构

（1）厦门集美幼稚园

厦门集美幼稚园是爱国华侨陈嘉庚创办的集美学校的一部分,成立于1919年。

（2）北平香山慈幼院

北平香山慈幼院是熊希龄于1919年创办的（部分书中也有说是1920年）,收容因水灾而遭难的孤儿、弃婴和附近的贫儿。全院按照年龄阶段分为五个部分。其中,第一校是婴儿教保园和幼稚园,第三校是幼稚师范,即北平幼稚师范学校。

这一时期比较著名的幼稚园还有南京高等师范附设幼稚园、南京鼓楼幼稚园、南京燕子矶幼稚园等。

第三节 学前教育学的产生与发展

一、孕育阶段

考点1 西方古代学前教育思想

1.柏拉图的学前教育思想

柏拉图在其著作《理想国》与《法律篇》中,阐述了他的学前教育思想,指出了学前教育的重要性,"凡事之开始,为最重要之点。而教育柔嫩之儿童,则更宜注意。盖其将来人格之如何,全在此时也。"他第一次提出了学前社会教育的主张。柏拉图是历史上最早论述优生优育问题的思想家,强调胎教对儿童发展的重要性。他的主张标志着学前公共教育思想的诞生。

2.亚里士多德的学前教育思想

亚里士多德在《政治学》中提出了胎教思想,并主张婴儿出生后用母乳喂养,从小要多运动并习惯寒冷。他认为在五岁前不应要求儿童学习课业,以免妨碍其发育。根据自己对儿童发展的认识,亚里士多德第一次提出教育适应天性（人的自然发展）的原则,并且首次提出了按儿童年龄划分受教育的阶段,从出生后每七岁为一阶段,到二十一岁为止,针对不同的年龄阶段实施不同的教育。

3.昆体良的学前教育思想

昆体良在《雄辩术原理》中详述了儿童教育思想,阐明了七岁之前儿童教育的内容和教育的必要性,提出人的教育应从摇篮开始。他主张为儿童挑选好的乳母和教育者,强调周围环境对儿童最初观念形成的重大影响;重视婴儿期语言的发展,并指出游戏对增强儿童智慧、培养儿童品格的教育意义。

考点2 我国古代学前教育思想

在我国古代社会,不仅在谚语中可见各种教养儿童的经验,而且早在先秦时期,《礼记》中就记载了一些学前教育思想。这些学前教育思想,主要体现在以下几个方面。

1.重视胎教

西汉贾谊在《新书》中记载了公元前11世纪周成王之母注意胎教的史事。

《大戴礼记》的《保傅》篇中记有殷周统治者如何注重胎教,如何为太子选择保傅人员,使太子"自为赤时,教固已行矣"。

颜之推在《颜氏家训》中提出应注意胎教、从小教育儿童。他指出,"当及婴稚,识人颜色,知人喜怒,便加教诲,使为则为,使止则止"。他批评"无教而有爱""恣其所欲"的做法,认为这样"逮于成长,终为败德"。

朱熹也重视胎教。他认为孕妇应注意"一寝一坐，一言一念，一视一听"，以使胎儿能够"气禀正而方理全"。他还认为婴儿出生后，"乳母之教，所系尤切"。乳母必须有"宽裕慈惠温良恭敬"等道德品质，主张对儿童"教之以事"。

2.从小教儿童日常生活的习惯、礼节和常识

《礼记》的《内则》篇中提出关于婴儿出生后选择保姆的要求，主张从儿童能食能言时便进行教育。

3.重视家庭教育

南北朝时，颜之推著有《颜氏家训》，在《教子篇》《勤学篇》中论述了对儿童的家庭教育。

二、萌芽阶段

考点1 夸美纽斯的学前教育思想

夸美纽斯是17世纪捷克著名的教育理论家，主张普及初等教育、采用班级授课制度、扩大学科的门类和内容，强调从事物本身获得知识。他的代表作《大教学论》是西方教育史上第一部体系完整的教育学著作，通常被看成教育学作为一门独立学科的标志。此书第28章概述了学前教育的内容，这部分内容被后人命名为《母育学校》和《世界图解》。

《母育学校》是教育史上第一本系统论述学前教育的专著，是指导家长进行学龄前儿童教育的指南，也是西方教育史上第一本家庭教育专著，标志着学前教育进入了萌芽阶段。

《世界图解》是历史上第一部对学前儿童进行启蒙教育的看图识字课本。

考题再现

【2020·长沙天心·判断】世界上第一本论述学前教育的专著是《母育学校》。 （ ）

【答案】√。

1."泛智"思想

受文艺复兴以来反对宗教蒙昧、提倡发展科学知识的时代精神及民主主义对普及教育的诉求的影响，夸美纽斯提出了"泛智"思想。"泛智"思想既是夸美纽斯教育思想的核心部分，也是他从事教育活动的宗旨。"泛智"就是把一切有用的知识教给一切人，使其智慧得到普遍发展。夸美纽斯的泛智思想要求"把一切事物教给一切人"，并且提出"一切儿童都可以教育成人""一切男女青年都应该进入学校"。

2.教育的目的

夸美纽斯十分重视教育的作用，认为教育的最终目的是为永生做准备。教育的现实目的是给人以知识、德行和虔信，培养具有广博知识及献身祖国的人。

3.论教育适应自然的原则

"教育适应自然"的原则是夸美纽斯整个教育思想体系的根本性指导原则。夸美纽斯认为，"教育适应自然"包括两方面的含义：一是教育要适应大自然的发展法则；二是教育要适应儿童个体的自然发展，即适应儿童的天性、年龄特征。

4.论学校教育制度

夸美纽斯主张按年龄设立相应的学校，即每个家庭为母育学校，每个村落有国语学校，每个城市有拉丁语学校，王国或省应有大学。他把一个人从诞生到成年分为四个时期：婴儿期、童年期、少年期、青年期。

在婴儿期（0~6岁），应设立"母育学校"。教育的任务是为儿童奠定体力、智慧和道德发展的基础，内容有童话、语言、音乐和游戏。

在童年期（6~12岁），应为儿童设立国语学校进行初等教育。教育的任务是把一切有用的知识都教给儿

童,教育内容和方法是阅读、书写、图画、唱歌、计算。

在少年期(12~18岁),应为儿童设立拉丁语学校实施中等教育。教育任务是实施百科全书式的知识教育,为接受高等教育打下基础,教育内容和方法是利用辩证法、文法修辞学对儿童进行训练。

在青年期(18~24岁),应为青年设立大学实施高等教育。教育任务是培养专家和国家人才,教育内容分为神学、哲学、医学和法学。

考点2　洛克的学前教育思想

约翰·洛克是英国著名的哲学家、政治家和教育家。其代表著作《教育漫话》提出了绅士教育的思想体系。

1.教育理论基础——"白板说"

洛克提出了著名的"白板说",即在人的意识中没有先天的思想观念,人的心灵原本就像一块白板,一切思想观念都是后天获得的,都是从后天经验中获得的。因此,教育对人的发展起非常重要的作用。

2.教育目的

洛克明确提出,教育的目的就是培养绅士。绅士就是有德行、有学问、有能力、有礼貌的人。

3.绅士教育内容

为了培养绅士,洛克主张从儿童很小的时候就对其进行体育、德育、智育方面的教育。

(1)体育。洛克把体育视为一切教育的基础。在《教育漫话》中,洛克的第一句话就是"健康之精神寓于健康之身体,这是对于人世幸福的一种简短而充分的描述"。

(2)德育。洛克主张及早地对儿童进行德育。在德育方法上,他认为应适应儿童的"心性",符合儿童的年龄特征。

(3)智育。在洛克看来,德行是第一位的,智育居第二位。智育的目的不在于向儿童传授知识,而在于培养儿童热爱知识。他反对强迫儿童学习,提倡诱导儿童学习。

考点3　卢梭的学前教育思想

卢梭是法国18世纪启蒙思想家、教育家。他反对传统的封建教育,认为人的禀赋都是善良的,如果顺应天性发展,罪恶就可以被消灭。教育就是使儿童归于自然,这一思想形成了教育史上的自然主义教育思想。

1.自然教育的实质、目的及原则

(1)自然教育的实质。卢梭认为,儿童在成长发展过程中有其节律性、阶段性,教育的自然适应性即要求教育应遵循儿童发展的自然性,考虑其年龄特征,适应其本性。"自然教育"的核心是教育必须顺应儿童天性发展的自然进程,即教育必须遵循儿童身心发展的特征,适应儿童的个性差异。

(2)自然教育的目的。自然教育的目的是培养"自然人",即体脑发达、能适应环境,没有固定的地位、阶级或职业,能从事生产劳动而自食其力的人。

(3)自然教育的原则。自然教育的原则就是自由,自由是实施自然教育的前提。

2.教育内容及措施

针对传统的封建旧教育残害人性和违背自然的弊病,卢梭明确提出了教育要"归于自然",即教育要顺从自然的永恒法则,尊重、适应并促进儿童身心的自然发展。卢梭强烈批评封建旧教育不顾儿童天性的发展,抹杀了儿童与成人的区别,主张应当根据儿童的特点进行教育。儿童期要以感觉教育为主,在对儿童进行智力教育之前要先发展他们的感觉能力和充实他们的感觉经验。针对封建旧教育一味地让儿童通过"念书本"学习这一现象,卢梭主张多让儿童自己动手,让儿童在活动中学习,让儿童完全自由地进行活动。

卢梭称2~12岁是人生的"理性睡眠期"。他指出这一时期的儿童不懂得也无法理解有关社会意识和社会关系的各种观念。因此,他反对用理性教育儿童,提倡实行"消极教育",即在这一时期不让儿童学习文化

知识。针对这一阶段儿童的特点,卢梭反对任何形式的惩罚及口头教训等。他主张采用"自然后果法",也就是让儿童从经验中去吸取教训,让儿童通过亲身体验自己的错误行为所产生的不良后果,从中受到教育,并改正错误。

卢梭所著的《爱弥儿》与柏拉图的《理想国》、杜威的《民主主义与教育》一起构成了西方教育思想史上的三大里程碑。

考题再现

【2018·湘潭雨湖·单选】被后世誉为"儿童的发现者",提出应当遵循自然去教育儿童,给予儿童自由,重视儿童生活的权利,培养真正的自然人的启蒙思想家、教育家是(　　)。

A.杜威   B.卢梭

C.夸美纽斯   D.洛克

【答案】B。

考点4　裴斯泰洛齐的学前教育思想

裴斯泰洛齐是19世纪瑞士的民主主义教育家,其教育著作有《林哈德与葛笃德》、《母亲读物》和《天鹅之歌》等。

1."教育心理学化"

在西方教育史上,裴斯泰洛齐是第一个明确提出"教育心理学化"口号的教育家。他认为,只有使教学过程本身与儿童的心理的自然发展相一致,才能使儿童的本性及能力得到和谐发展。"教育心理学化"要求教学应与儿童心理特点及人性规律相一致,注意个别差异,区别对待素质不同的儿童,使儿童在获取知识、发展智慧和发展道德情感诸方面都处于自然主动的地位。

2."要素"教育

裴斯泰洛齐认为,在各种教育、教学过程中都存在着一些最简单的因素,即要素。教学过程应从一些最简单的、能为儿童所理解和接受的要素开始,逐步过渡到更加复杂的要素。教学的要素可归纳为教学中的计算、测量和言语三种能力的培养,即儿童所要接受的智育有三个部分:计算教学、测量教学和言语教学。

3.早期和谐发展教育

为了培养身心和谐发展的完人,裴斯泰洛齐提出实施和谐发展的教育,内容包括德育、智育、体育与劳动教育。

(1)德育。裴斯泰洛齐把道德教育放在重要的地位,他认为道德教育应是整个教育体系的关键。在培养儿童早期德育时,首先,要从小唤起儿童的道德情感;其次,要培养儿童的自我克制力;再次,鼓励儿童在道德上逐步独立。

(2)智育。裴斯泰洛齐认为早期智育应该首先从对事物的观察开始。因此在儿童早期教育中,最好采用图片和实物来启迪儿童。此外,裴斯泰洛齐还重视早期儿童的感官教育。

(3)体育与劳动教育。裴斯泰洛齐认为在对儿童进行早期体育时,应按儿童自然的动作来安排身体训练,如慢步、跑步、投掷、跳等。他反对过早地使儿童从事某项专门的体育训练,认为这会导致儿童畸形发育。

在劳动教育方面,裴斯泰洛齐主张儿童可以学习一些简单的手工艺技巧、种植、饲养等。他认为,劳动教育既可以提高儿童的劳动能力,又能让儿童学习初步的文化知识。

三、初创阶段

考点1　西方学前教育学的初创

以福禄贝尔为标志,学前教育理论才从笼统的认识中建立起独立的范畴与体系,从普通教育学中分化出来,成为一门独立的学科。学前教育学是从德国教育家福禄贝尔开始创立的。

1.福禄贝尔的学前教育思想

福禄贝尔著有《幼儿园教育学》《慈母游戏和儿歌》《幼儿园书信集》等书,并在幼儿园进行了实践。他还热心地宣传学前教育,培训了第一批幼儿园教师。其学前教育思想及实践主要包括以下几方面。

(1)创建了世界上第一所幼儿园

受夸美纽斯和裴斯泰洛齐的影响,福禄贝尔认为家庭和母亲在早期教育中占有重要地位。同时,他又指出,许多母亲没有充分的时间教育自己的子女,而且也没有受过相当的教育训练,不能胜任教育其子女的任务。因此,他认为有必要建立公共的幼儿教育机构来弥补家庭教育的缺陷。在此思想的影响下,福禄贝尔于1837年创建了一所学前教育机构,并于1840年正式将其命名为"幼儿园"。这是世界上第一所幼儿园。

(2)明确提出了幼儿园的任务

福禄贝尔指出,幼儿园的任务是通过直观的方法来培养学前儿童,使他们参加各种必要的活动,发展他们的体格,锻炼他们的外部感官,使他们正确地认识人和自然,在游戏、娱乐和天真活泼的活动中增长知识,做好升入小学的准备。

(3)创制了"恩物"

为了更好地引导幼儿认识自然、扩大知识和发展能力,福禄贝尔在幼儿园教育实践中创制了一套供他们使用的活动玩具,并称之为"恩物"。福禄贝尔创制的这套"恩物"的基本形状是圆球、立方体(正方体)和圆柱体。该套"恩物"仿照大自然事物的性质、形状和法则,体现了从简单到复杂、从统一到多样的原则,客观上有助于扩大儿童的知识面,发展他们的创造力和想象力。"恩物"作为儿童认识万物的初步手段,适应了儿童教育的需要,与儿童天性的发展相适应,从而在欧洲乃至世界各国都流行起来。

(4)强调游戏在幼儿园教育中的地位和作用

福禄贝尔认为,游戏是儿童内部需要和冲动的表现,游戏作为儿童最独特的自发活动,是儿童教育过程的基础。在福禄贝尔看来,一个游戏着的儿童、一个全神贯注地沉迷于游戏中的儿童,正是幼儿期儿童生活最美好的表现。从某种意义上说,幼儿园应当是儿童游戏的乐园。同时,福禄贝尔指出游戏应当适合儿童的体力和智力,并使他们认识周围的自然界和社会生活。福禄贝尔是教育史上第一个承认游戏的教育价值,并把游戏列入课程之中的教育家。

(5)强调作业的重要性

福禄贝尔提出,作业活动是儿童的体力、智力和道德和谐发展的一个主要途径。通过作业活动,可以对儿童进行初步的教育。他制定了一套详细的幼儿园作业大纲,要求儿童的作业活动严格遵循从简单到复杂的原则。他指出,在作业活动中,教师应当对儿童进行及时的指导和帮助,培养儿童集中注意力和认真作业的习惯,促进其表现力和创造力的发展。

2.杜威的学前教育思想

杜威是20世纪最具影响力的教育家、心理学家、社会活动家,是美国实用主义哲学的代表人物。其代表作有《我的教育信条》《民主主义与教育》《经验与教育》等。杜威认为,儿童是具有独特生理和心理结构的人,其能力、兴趣和习惯都建立在他的原始本能之上,这些本能与冲动就是儿童教育最根本的基础。因此,儿童具有自我生长的能力,在活动中他们通过与环境相互作用而获得发展。由此,杜威论述了儿童的发展与教育的关系,提出了他对教育本质的看法。

（1）教育的本质

①教育即生长

杜威认为，儿童的发展与成长就是原始本能生长的过程。在他看来，教育绝不是强迫儿童去吸收外面的东西，而是要使人类与生俱来的能力得以生长。儿童教育的目的就在于，通过组织保证儿童继续生长的各种力量发挥作用，以便教育得以继续进行。

②教育即生活

杜威说，"生活就是发展，而不断发展，不断生长，就是生活"。但是，没有教育就不能生活，所以教育即生活。在他看来，最好的教育就是"从生活中学习""从经验中学习"。教育就是给儿童提供保证生长或充分生活的条件，而不问他们的年龄大小；教育就是儿童现在的生活过程，而不是将来生活的预备。

③教育即经验的不断改造

杜威认为，教育是一个过程，即通过儿童活动去体验一切和获得各种直接经验的过程。儿童学习知识、认识外部世界的本质在于儿童通过活动不断去增加、改造自己的亲身经验，这个过程是永无止境的。

（2）教育的中心——儿童中心论

杜威深受卢梭的影响，倡导儿童中心论。杜威认为，心理学是教育过程的重要组成部分。他主张，教育必须建立在儿童的天性、本能之上，重视心理的因素。杜威批评传统教育，称其只是自上而下地把成人的标准、成人所制定的教材与教法强加给正在成长的儿童，所强加给儿童的东西超出了儿童的经验范围。由此，杜威指出应该把儿童放在教育的中心，让儿童成为教育的主宰。

（3）教学的基本原则——"从做中学"

杜威批评传统的教师讲、儿童听的教学方式，认为儿童不从活动，而只是从听课和读书中获得知识，真正意义的学习并不会发生。在杜威看来，儿童只有"从做中学"才能获得有意义的知识，才可能产生真正意义上的学习。因而，"从做中学"就要求儿童从经验中积累知识、从实际操作中学习，运用自己的手、脑、耳、口等感觉器官亲自接触具体的事物，进行观察和推测、实验和分析、比较和判断，从而使感性认识上升到理性知识，最后亲自解决问题。

3.蒙台梭利的学前教育思想

蒙台梭利是意大利著名的学前教育家，也是世界上第一位杰出的女性学前教育家。1907年，她在罗马贫民区创设"儿童之家"，招收3~6岁的儿童，并在这里进行她的教育实验，逐步制定了整套的教材、教具和方法，创立了蒙台梭利教育体制。她的著作主要有《蒙台梭利方法》《童年的秘密》《有吸收力的心灵》《发现儿童》《教育人类学》等。

（1）蒙台梭利的儿童观

蒙台梭利教育原理以"儿童生命"为出发点，是关于"生命的原理"。她认为教育的目的在于发现儿童的"生命的法则"，帮助儿童发展其生命。

蒙台梭利认为6岁之前的儿童本身具有一种吸收知识的自然能力，即所谓的"吸收的心智"。借助这种能力，儿童能通过与周围环境的密切接触和情感联系获得各种印象和文化，从而塑造自己，形成自己的个性和一定的行为模式。

蒙台梭利认为，儿童对于环境刺激有一定的敏感时期，这种敏感时期与生长现象密切相关，并和一定的年龄相适应。她认为敏感是生物在发展时期所具有的一种特殊能力，是一种积极的活动力量，但这只限于对某一特定的感受能力的获得，一旦获得之后，这种特殊的感受活动便消失了。如感觉发展敏感期为出生到5

岁,这时期儿童不仅能有选择地注意周围的环境,而且开始建立并完善各种感觉功能;语言发展敏感期为出生后3个月,儿童首先对人的声音产生极大兴趣,然后对词产生兴趣,最后才对语言产生兴趣,并逐渐掌握复杂的人类语言。蒙台梭利要求在儿童心理发展的敏感时期对儿童进行教育、引导和帮助,从而促进儿童心理的正常发展,并避免因延误时机带来的儿童心理发展障碍。

考题再现

【2020·长沙天心·单选】提倡教育要适合儿童"敏感期"的教育家是(   )。

A.蒙台梭利   B.福禄贝尔

C.卢梭   D.杜威

【答案】A。

蒙台梭利认为,儿童由于内在生命力的驱使和心理的需要会产生一种自发性活动,这种自发性活动通过与环境的交互作用使儿童获得有关经验,从而促进儿童心理的发展,但是蒙台梭利不认为儿童最主要的活动是游戏。她认为游戏,特别是假想游戏会把儿童引向不切实际的幻想,不可能培养儿童严肃、认真、准确、求实、负责任和严格遵守纪律的精神与行为习惯。在她看来,只有工作才是儿童最主要和最喜爱的活动,而且只有工作才能培养儿童多方面的能力,并促进儿童心理的全面发展。

(2)蒙台梭利的教育方案

蒙台梭利的教育目的可以归结为两个方面:帮助儿童形成健全人格和建设理想的和平社会。蒙台梭利认为,儿童都具备自我成长发展并形成健全人格的生命力,但这只是一种发展的可能性,教育者头脑中应该具有关于儿童发展的理想形象,将培养具有健全人格的儿童作为教育应该追求的目标。另外,经历了两次世界大战的蒙台梭利对建设理想和平的社会充满了期望。在蒙台梭利看来,通过教育创造新人类,并通过新人类创建新社会,这两个目的既相互独立又相互联系。

为了达到上述目的,蒙台梭利沿着儿童敏感期的发展,由浅入深,由具体到抽象,研究、设计出日常生活练习、感觉教育、语言教育、数学教育和科学文化教育五大领域的教育内容。蒙台梭利把日常生活练习作为教育内容的重要组成部分,选出符合教育目的而且适合儿童身心发展的活动作为日常生活练习的主要内容。感觉教育是蒙台梭利教育内容中最重要、最有特色的部分,主要包括视觉、听觉、触觉、味觉和嗅觉五大类练习,这些练习分别由相应的教具来完成,触觉训练是感觉教育的重点。语言教育的具体内容主要包括读和写两部分。蒙台梭利认为,儿童学习口头语言是靠着其本身的吸收性心智从环境中吸收的,学习书面语言的最佳时期或敏感期为4岁。在数学教育中,蒙台梭利把读、写、算看成一个整体,主张通过数学教具进行学习。科学文化教育的内容主要包括简单的历史、地理、动物、植物等几个主要方面。蒙台梭利认为,3~6岁是能够轻易地获取文化并自然成熟的时期,因此应该有效地加以利用。

蒙台梭利教育法由三要素构成:有准备的环境、教师和教具。蒙台梭利认为,儿童的心理发展既不是单纯的内部成熟,也不是环境、教育的直接产物,而是机体和环境交互作用的结果,是"通过对环境的经验而实现的"。适合儿童的环境是"有准备的环境",应具备秩序、自由、真实与自然、美感与安全等特点。在"儿童之家"中,蒙台梭利把教师称为"导师"。她认为,教育不是教师自上而下地教授,而是教师协助儿童自下而上地自我发展,因此教师的角色应为环境的创设者、观察者和指导者。在蒙台梭利教育法中,教具被称为工作材料,这些工作材料不是教师教学的辅助工具,而是儿童自发工作的操作材料,大体可分为生活训练教具、感官教具、学术性教具和文化艺术性教具四类。其中,以感官训练教具最具特色。

备考锦囊

西方各教育家的代表作及主要教育思想是常考知识点且易混淆,考生可参考表1-1-1进行对比学习。

表1-1-1　西方各教育家的代表作及主要教育思想

人物	代表作	主要教育思想
柏拉图（古希腊）	《理想国》	（1）第一次提出了学前社会教育的主张，即从学前期起，国家对儿童进行公共教育。 （2）重视学前期教育。 （3）重视游戏、体育、唱歌、讲故事等活动。 （4）最早论述优生优育问题。 （5）"灵魂回忆说"
亚里士多德（古希腊）	《政治学》《伦理学》	（1）首次提出按儿童年龄划分受教育的阶段。 （2）反对让儿童进行课业学习或劳作。 （3）应以儿童良好习惯的养成为主要任务
昆体良（古罗马）	《雄辩术原理》	（1）学前教育是在家庭里进行的。 （2）主张教儿童认识字母、书写和阅读。 （3）第一次提出双语教育（希腊语和拉丁语）
夸美纽斯（捷克）	《大教学论》《母育学校》《世界图解》	（1）主张普及初等教育。 （2）采用班级授课制。 （3）提出"教育适应自然"的原则。 （4）拟定了百科全书式的启蒙教育大纲
洛克（英国）	《教育漫话》	（1）教育对人的发展具有极为重要的作用。 （2）在一个人的各种品性之中，德行是第一位的。 （3）体育为一切教育的基础
卢梭（法国）	《爱弥儿》	（1）教育必须遵循儿童身心发展的特征。 （2）教育还要适应儿童的个性差异。 （3）自然教育的目的是培养"自然人"。 （4）"自然后果法"
裴斯泰洛齐（瑞士）	《母亲读物》	（1）"教育心理学化"。 （2）"要素"教育。 （3）重视早期教育
福禄贝尔（德国）	《人的教育》	（1）创建了世界上第一所幼儿园。 （2）设计了一套供儿童游戏时使用的"恩物"。 （3）作业活动是促进儿童体力、智力和道德品质和谐发展的重要方法
杜威（美国）	《我的教育信条》《民主主义与教育》	（1）重视儿童的本能。 （2）儿童具有自我生长的能力。 （3）教育即生长，教育即生活，教育即经验的不断改造。 （4）"从做中学"
蒙台梭利（意大利）	《童年的秘密》	（1）教育原理以"儿童生命"为出发点。 （2）儿童具有"吸收的心智"。 （3）儿童发展具有敏感期。 （4）教育的基本原则是使儿童获得自由。 （5）感觉教育是蒙台梭利教育内容中最重要、最有特色的部分

考点2　我国学前教育学的初创

1.陶行知的学前教育思想

在教育救国思想的影响下,陶行知毕生从事教育改革,推行生活教育、大众教育,为我国教育做出了重大贡献。在教育实践中,他创立了生活教育理论,主要著作有《中国教育改造》等。他的学前教育思想体现在以下几方面。

（1）建立我国第一所乡村幼稚园

陶行知认为,不仅要普及小学教育,而且要普及幼稚教育,提出小学教育是建国之根本,幼稚教育为根本之根本。

陶行知批评当时的幼稚园存在三大弊病,即外国病、花钱病、富贵病,提倡建设中国式的、省钱的、平民化的幼稚园,并付诸行动,建立了我国第一所乡村幼稚园——南京燕子矶幼稚园。他还创办了乡村师范学校——晓庄学校。

（2）解放儿童的创造力

陶行知认为,旧中国的儿童受封建礼教传统的束缚,身心得不到充分发展,教育工作者要注意发挥儿童的创造力。他提出从六个方面着手解放儿童的创造力。

解放儿童的头脑,把儿童的头脑从迷信、成见、曲解、幻想中解放出来。

解放儿童的双手,让儿童在动手的过程中发挥自己的创造力。

解放儿童的眼睛,使他们能看,能主动观察周围的生活。

解放儿童的嘴,允许儿童发问,让儿童在自由发问中发展自己的创造力。

解放儿童的空间,让儿童去接触大自然和社会,搜集丰富的资料,扩大认识的眼界,以发挥其内在创造力。

解放儿童的时间,要给儿童自己学习、活动的时间,不要把儿童全部的时间占去,让儿童有学习人生的机会。

培养儿童创造力的措施:一是提供充分的营养;二是建立良好的习惯;三是因材施教;四是发扬民主。

（3）"生活教育"理论

"生活教育"理论是陶行知教育思想的核心,主要包括三点内容:"生活即教育""社会即学校""教学做合一"。

①生活即教育

"生活即教育"是陶行知受杜威"教育即生活"观点的启发而提出的,是对生活教育的本质内涵的表述,主要包含三层含义:生活决定教育,教育源于生活;教育作用于生活;教育与生活不可分离,要在生活中教育,在教育中生活。

②社会即学校

"社会即学校"是陶行知受杜威"学校即社会"观点的启发而提出的,是对生活教育的组织形式的表述,主要包括三层含义:生活教育的范畴不仅局限于学校生活,而应当包含所有的社会生活;在真实社会生活中进行的教育才是真正有效的教育;教育不再是少数人的特权,而是普通大众的基本权利。

③教学做合一

陶行知反对教师"教死书、死教书、教书死"的教学形式,更反对学生"读死书、死读书、读书死"的学习方法。"教学做合一"包括三个方面:一是怎样做就要怎样学,怎样学就要怎样教,怎样教就要怎样训练教师,也就是说,教的方法要根据学的方法,学的方法要根据做的方法;二是我们要在做中教,做中学;三是教育的本质就是教人做事,"做"是"学"的中心,也是教的中心。

（4）创立培养幼儿师资的好方法——艺友制

艺友制就是学生（称艺友）与有经验的教师（称导师）交朋友，在幼稚园的实践中学习如何当教师，方法是边干边学。

2.陈鹤琴的学前教育思想

陈鹤琴于1923年创办了我国最早的幼儿教育实验中心（第一个幼儿教育研究中心）——南京鼓楼幼稚园，并先后在江西和上海创办省立实验幼稚师范学校和国立幼儿师范专科学校，为我国幼儿教育师资培训事业做出了不可磨灭的贡献。1940年，陈鹤琴在江西省立实验幼稚师范学校时开始提出"活教育"思想。"活教育"理论体系包括三大纲领（目的论、课程论、方法论）、教学原则和训育原则。

（1）目的论

陈鹤琴指出，活教育的目的就是"做人，做中国人，做现代中国人"。

（2）课程论

陈鹤琴指出，"大自然、大社会都是活教材"。他打破了按学科编制幼稚园课程的方式，以大自然、大社会为中心选择和组织课程内容，形成了"五指活动"。"五指活动"包括以下内容。

健康活动：饮食、睡眠、早操、游戏、户外活动、散步等。

社会活动：朝夕会、周会、纪念日、集会、每天的谈话、政治常识等。

科学活动：栽培植物、饲养动物、研究自然、认识环境等。

艺术活动：音乐（唱歌、节奏、欣赏）、图画、手工等。

文学（语文）活动：故事、儿歌、谜语、读法等。

课程的实施采用"整个教学法"，即把儿童所应该学的东西整个地、有系统地教给儿童。

考题再现

1.【2018·长沙岳麓·单选】（　　）提出"五指活动"，倡导课程打破按学科安排课程体系的习惯。

A.陶行知　　　　B.张雪门　　　　C.颜之推　　　　D.陈鹤琴

【答案】D。

2.【2018·怀化新晃侗族·多选】根据陈鹤琴的"五指活动"课程结构理论。下列选项，属于文学活动的是（　　　）。

A.故事、儿歌　　　　B.周会、手工　　　　C.谜语、读法　　　　D.早操、图画

【答案】AC。

（3）方法论

"活教育"方法论的基本原则是"做中教，做中学，做中求进步"。"活教育"重视直接经验，强调以"做"为中心，主张在学校里的一切活动"凡是儿童自己能够做的，应当让他自己做"。陈鹤琴指出，做了就与事物发生直接的接触，就得到直接的经验，就知道做事的困难，就认识事物的性质。

考题再现

【2019·长沙望城·判断】陈鹤琴的"活教育"理论中，"活教育"方法的核心是教和学。　　　（　　）

【答案】×。

（4）教学原则

陈鹤琴根据"心理学具体化，教学法大众化"的指导思想，提出了"活教育"的17条教学原则。这17条教学原则具体如下：凡是儿童自己能够做的，应当让他自己做；凡是儿童自己能够想的，应当让他自己想；你要儿童怎样做，就应当教儿童怎样学；鼓励儿童去发现他自己的世界；积极的鼓励胜过消极的制裁；大自然、大社会是我们的活教材；比较教学法；用比赛的方法来增进学习的效率；积极的暗示胜过消极的命令；替代教学法；注意环境，利用环境；分组学习，共同研究；教学游戏化；教学故事化；教师教教师；儿童教儿童；精密观察。

（5）训育原则

陈鹤琴提出的训育原则如下：从小到大；从人治到法治；从法治到心理；从对立到一体；从不自觉到自觉；从被动到主动；从自我到互助；从知到行；从形式到精神；从分家到合一；从隔阂到联络；从消极到积极；从"空口说教"到"以身作则"。

"活教育"理论是陈鹤琴长期教育实践的总结，也是其理论探索的结果。它是陈鹤琴教育思想的精髓，对当前学前教育的改革具有现实意义。

3.张雪门的学前教育思想

张雪门是著名幼儿教育家，行为课程论的代表人物，与南京的陈鹤琴有"南陈北张"之称。张雪门曾任北平幼稚师范学校（北平香山慈幼院的一部分）校长，进行学前教育改革实验，著有《幼稚园教育概论》《幼稚园的课程》《幼稚园行为课程》等著作，为我国学前教育理论的发展做出了重要贡献。

（1）教育目的

张雪门反对以培植士大夫和宗教信徒为目标的幼稚教育，主张以发展儿童个性和以改造中华民族为目标的幼稚教育。

（2）行为课程

张雪门主张实施"幼稚园行为课程"，认为"课程是经验，是人类的经验""生活就是教育，五六岁的孩子们幼稚园生活的实践，就是行为课程"。在他看来，行为课程应自然地融合在儿童的生活中，并把生活和行动看作相互联系的整体。概括地说，其行为课程的基本思想是"生活即教育""行为即课程"。其目标兼顾个体和社会的需要，其内容来自周围生活环境，其方法采用单元设计教学法，其实施以行动为中心。

（3）幼儿师范教育

张雪门十分重视幼稚园师资的培训和师范教育，并从"骑马者应从马背上学"这一基本指导思想出发把见习和实习放在突出的重要地位。

张雪门认为要改造中国，教育是其中重要的一个方面，认为"幼儿教育应居其始"，并强调幼稚教育应和民族的命运、时代的使命紧密联系。他的幼稚教育思想深受陶行知的影响，认为幼稚园生活的实践就是行为课程。他的幼儿教育思想和实践在我国产生过很大的影响。

4.张宗麟的学前教育思想

张宗麟是我国幼教史上男大学生中当幼儿园教师的第一人。他的学前教育理论构建与陈鹤琴的活教育、陶行知的生活教育紧密相连，颇具特色的是他的"学前社会教育"思想。

（1）幼稚园课程的含义

关于幼稚园课程的含义，张宗麟指出，"幼稚园课程者，由广义地说之，乃幼稚生在幼稚园一切之活动也"。它包括"一切教材、科目、幼稚生之活动"。

（2）社会化的幼稚园课程的内容

课程的主要内容包括七类活动：关于生活卫生、家庭邻里、商店邮局及其他公共设施和名胜古迹等方面；日常礼仪的学习和演习；节日和纪念日活动；身体的认识活动和基本卫生活动；健康和清洁活动；认识党旗、国旗等形象；各种集体和社团活动。

（3）课程编制

张宗麟主张采用"中心制"的课程编制方法，并根据儿童生活实际实施单元教学。

（4）幼师的培养

张宗麟十分重视幼师的培养，认为幼稚园教师的任务重于小学教师。幼师培养的内容包括养护儿童，发展儿童身体，养成儿童相当之习惯，养成儿童有相当之知识与技能，与家庭联络并谋家庭教育改良之方，研究儿童。其中尤以养护儿童为幼稚园教师的最重要的责任。幼师的培养主要是通过幼稚师范学校进行的。他还提出要成为一名优秀的幼师只靠在学校中的几年学习是不够的，还必须随时修养，以求其业之进步。幼师的培养是多方面的,有品性上的、有学问上的,也有能力技术等其他方面的。

备考锦囊

陶行知、陈鹤琴、张雪门、张宗麟四位学前教育家的教育思想及教育实践是常考知识点且易混淆,考生可参考表1-1-2进行对比学习。

表1-1-2 我国学前教育家的教育思想及教育实践

人物	教育思想	教育实践
陶行知	"生活教育"理论	(1)建立了我国第一所乡村幼稚园——南京燕子矶幼稚园。 (2)创办了乡村师范学校——晓庄学校。
陈鹤琴	"活教育"理论	(1)创办了我国最早的幼儿教育实验中心——南京鼓楼幼稚园。 (2)创建了我国第一所公立幼稚师范学校——江西省立实验幼稚师范学校
张雪门	"行为课程"理论	主持北平幼稚师范等学校的工作,进行幼稚师范教育的研究和实践
张宗麟	社会化的幼稚园课程	(1)我国第一位男性幼儿教师。 (2)重视幼师的培养,进行幼稚师范教育的研究和实践

四、发展阶段

考点1 多元智能理论

多元智能理论的代表人物是美国著名的教育心理学家霍华德·加德纳。加德纳提出了关于智力结构的理论——多元智能理论。他认为,支撑多元智能理论的是个体身上相对独立存在着的、与特定的认知领域和知识领域相联系的九种智能,即语言智能、逻辑数学智能、空间智能、肢体运作智能、音乐智能、人际智能、内省智能、自然探索智能和存在智能。多元智能理论对现代学前教育的影响主要有以下几个方面。

(1)尊重教育的公平性,形成"有教无类"的教育观念。

(2)尊重儿童的差异性,重视因材施教。每个儿童都是多种不同智能不同程度的组合,问题不再是一个儿童有多聪明,而是一个儿童在哪些方面聪明和怎样聪明。

(3)帮助儿童将优势智能领域的特点迁移到其他智能领域。教师应该在充分认识、肯定儿童优势智能领域的基础上,鼓励和帮助儿童将优势智能领域表现出来的智能和意志品质迁移到弱势智能领域,从而使其弱势智能领域也得到最大化的发展。

(4)注重儿童创造能力的培养。

考点2 人类发展生态学理论

美国心理学家布朗芬布伦纳提出了人类发展生态学理论。布朗芬布伦纳对家庭、学校、社区和社会等因素及它们之间的关系进行了深入分析,认为个体在能动地与周围环境相互联系、相互作用中获得了发展。儿童发展的生态环境由若干相互镶嵌在一起的系统组成,包括微观系统、中观系统、外层系统和宏观系统。

1.微观系统

微观系统主要是指成长着的个体亲身接触和产生体验的、与之有着直接而紧密联系的环境,如家庭、托幼机构、同辈群体和玩耍场地等。一个或多个微观系统的相互交叉产生了中观系统。

2.中观系统

中观系统是指儿童直接参与的微观系统之间的关系与相互影响。对于幼小衔接来说,中观系统是指幼儿园、小学、家庭三者所做的课程衔接工作及其与儿童之间的相互作用和相互影响。

3.外层系统

外层系统主要是指那些儿童并未直接参与但对儿童有着影响的环境,如各地的教育政策、社会福利、医疗保险、住房条件、父母就业和当地设施等。

4.宏观系统

宏观系统是指儿童所处的社会或亚文化中的社会机构的组织或意识形态。政府部门的政策、社会政治团体的影响、意识形态、文化、社会价值观等因素的变化(比如国家的就业政策)会影响到外层系统(如父母的职业状况),进而影响到中观和微观系统(如家庭的环境质量),以至于影响到儿童本身。

人类发展生态学理论把人的发展放在一个庞大的生态体系中加以考察,认定人的发展是一个过程。通过这一过程,人获取有关生态环境的概念,逐渐形成揭示生态环境的特征、参与环境中的活动、维持或改变环境特征的动机和能力,并积极利用和改变环境。

强化练习

一、单项选择题

1.( )创办了我国第一所学前教育机构——湖北幼稚园。
A.端方　　　　　　　　　　　　B.陶行知
C.张雪门　　　　　　　　　　　D.张之洞

2.( )是我国著名的教育家,儿童心理学、儿童教育学的奠基人,被誉为"中国的福禄贝尔"和"中国幼教之父"。
A.叶圣陶　　　　　　　　　　　B.陈鹤琴
C.梁思成　　　　　　　　　　　D.陶行知

3.18世纪法国著名的自然主义教育家卢梭的代表作是( )。
A.《爱弥儿》　　　　　　　　　B.《教育漫话》
C.《人的教育》　　　　　　　　D.《母亲读物》

4.建立我国第一个幼儿教育研究中心,并亲自主持幼稚园研究工作,提出"活教育"思想的是( )。
A.陶行知　　　　　　　　　　　B.陈鹤琴
C.张宗麟　　　　　　　　　　　D.张雪门

5.下列不属于蒙台梭利教育思想的是( )。
A.有吸收力的心智
B.环境的力量
C.白板说
D.感觉教育

二、填空题

1."生活教育"理论是陶行知教育思想的核心,包括三点内容:_____,社会即学校,教学做合一。

2._____提出了"做中教,做中学,做中求进步"的方法论。

三、简答题

简述陈鹤琴学前教育课程的理念。

四、论述题

请理论联系实际,谈谈你对"生活教育"理论的理解。

一、单项选择题

1.【答案】A。解析：1903年，湖北巡抚端方在武昌寻常小学堂内创办了湖北幼稚园，这是我国创办的第一所学前教育机构，也是我国最早的公立学前教育机构。

2.【答案】B。解析：陈鹤琴是中国现代幼儿教育的奠基人，被誉为"中国的福禄贝尔"和"中国幼教之父"。

3.【答案】A。解析：《爱弥儿》的作者是卢梭，《教育漫话》的作者是洛克，《人的教育》的作者是福禄贝尔，《母亲读物》的作者是裴斯泰洛齐。

4.【答案】B。解析：陈鹤琴建立了我国第一个幼儿教育研究中心，即南京鼓楼幼稚园，并提出了"活教育"理论。

5.【答案】C。解析："白板说"认为人类的心灵最初就像白纸一样没有任何印迹，主张认识来源于经验。这一理论是17世纪英国唯物主义哲学家洛克在继承、发展亚里士多德思想的基础上提出来的。

二、填空题

1.【答案】生活即教育

2.【答案】陈鹤琴

三、简答题

【参考答案】

（1）"活教育"的目的。

"活教育"的目的是做人，做中国人，做现代中国人。陈鹤琴认为，学校教育的根本任务不仅是传授知识，更重要的是培养幼儿如何"做人"。他强调了从小塑造儿童良好的品德、健全的人格的重要性。

（2）"活教育"的课程设置。

陈鹤琴反对传统教育中的"书本中心"的思想，倡导一种"大自然、大社会都是活教材"的课程论。陈鹤琴的幼儿教育思想强调要贴近儿童的实际生活，促进儿童生动、活泼地发展。"活教育"的课程打破了以学科组织幼稚园课程的传统模式，改成了以活动为中心和活动单元的形式，具体包括五方面的活动，即健康活动、社会活动、艺术活动、科学活动和文学（语文）活动，称为"五指活动课程"。

（3）"活教育"的方法。

"活教育"的方法就是"做中教，做中学，做中求进步"。在陈鹤琴看来，"做"是儿童学习的基础。

四、论述题

【参考答案】

陶行知的"生活教育"理论是对杜威教育思想的吸取和改造。生活教育的三大原理是"生活即教育，社会即学校，教学做合一"。"生活即教育"是陶行知生活教育理论的核心；"社会即学校"是"生活即教育"思想在学校与社会关系问题上的具体化；"教学做合一"是"生活即教育"在教学方法问题上的具体化。"生活教育"理论是一种不断进取创造，旨在探索具有中国民族特色的教育道路的理论。它体现了立足于中国实际，"谋适合、谋创造"的追求。它无论是强调学校教育与社会生活、生产劳动相结合，还是要求手脑并用、在劳力上劳心，都是对学校与社会割裂、书本与生活脱节、劳心与劳力分离的传统教育的反对，显示出强烈的时代气息。生活教育以人的全面发展为基本目的，同时根据社会生活的发展与教育对象的不同提出了具体的培养目标。其核心就是启发儿童、青年、人民大众去改造生活，创造新的人生，创造新的中国、新的世界。

第二章　学前教育的基本规律

本章内容以识记、理解为主，主要以单项选择题的形式进行考查。其中儿童发展的一般规律是重点考查内容。

学习目标

1.理解学前教育与政治、经济、文化、人口相互影响和制约的关系。
2.识记儿童发展的含义与一般规律。

第一节　学前教育与社会发展

一、学前教育与政治

1.学前教育的政治功能

（1）培养合格的社会小公民

学前教育通过对学前儿童的教育，使他们初步了解作为一个公民应有的基本行为规则，为今后成为合格的公民奠定基础。

（2）传播政治意识，倡导主流政治价值观

在现代社会，教育通过传播科学真理，弘扬优良道德，形成正确的舆论，同时产生进步的政治观念，以促进社会的进步与革新。一定社会文化体现着社会的政治要求和思想，因此，幼儿园也是一个宣传和传播政治文化的场所。

2.政治对学前教育的制约

（1）政治制约学前教育的性质和目的

①统治阶级利用其拥有的立法权，颁布一系列的教育政策、教育法律和教育规章，以保证学前教育目的的合法实现。

②统治阶级利用其拥有的组织、人事权力控制学前教育工作者的行为导向，使之符合教育目的。

③统治阶级通过行政部门控制学前教育公职人员的选拔与录用。

④统治阶级还通过经济杠杆控制学前教育方向，并对办学权力进行严格控制。

⑤社会政治制约学前教育目标的制定。

（2）政治影响学前教育的发展

政府对学前教育的重视与领导是学前教育发展的先决条件；政治影响学前教育的财政。

二、学前教育与经济

1.学前教育的经济功能

（1）为提高劳动者的素质奠定基础

首先，教育将可能的劳动力转换成现实的劳动力，成为劳动力再生产的重要手段。其次，劳动者的素质是决定生产力水平的主要因素。学前教育是劳动者一生发展的奠基阶段，高质量的学前教育可以培养学前儿童良好的综合素质，诸如健康的体魄、动手动脑的能力、广泛的兴趣、良好的学习习惯等，这样可以减少学前儿童后续学业失败的可能性，提升学校教育质量，从而提高劳动力在市场上的就业能力和生产效率，并最终实现对经济发展的促进作用。

（2）保护和解放劳动力

幼儿教育机构承担着为家长参加工作和学习提供便利的任务，幼儿教育质量更直接关系着家长能否放心地工作、安心地学习。高质量的学前教育可以减轻家长养育幼小子女的负担和后顾之忧，使他们精力充沛地投入工作和学习。

（3）学前教育具有较高的经济回报率

学前教育具有较高的经济回报率，对社会的稳定与持续发展具有重要作用。

2.经济对学前教育的制约

（1）经济条件是学前教育发展的物质基础

经济只有发展到一定程度，才能为学前教育提供相应的人力、物力和财力。没有相应的物质条件，学前教育的发展将成为无源之水。

（2）经济发展决定着学前教育发展的规模和速度

一般来说，经济发达地区的教育事业发展较快，经济落后地区的教育事业发展较慢。在我国，内陆地区经济发展较慢，学前教育相对落后；沿海地区经济发展较快，学前教育相对发达。

（3）经济发展水平影响着学前教育的任务、内容和手段

随着社会经济的发展，学前教育的任务也不断发生变化。现代社会的学前教育已逐步转向以促进儿童体、智、德、美全面发展为主要任务。社会经济发展创造了更多的物质财富，为丰富和更新学前教育的内容和手段提供了条件。

三、学前教育与文化

1.学前教育的文化功能

（1）具有保存和传递文化的功能

首先，学前教育有选择地继承文化遗产，保存现有文化模式，并借助幼儿园课程的形式，向学前儿童提供适应社会生活的知识、技能、行为规范和价值观，使我国的主流文化与价值观得到传承。此外，学前教育通过引导学前儿童体验与了解多元文化，直接促进社会文化在不同地区的传播。

（2）具有选择和传播文化的功能

学前教育阶段主要通过家庭和幼儿园培养儿童日常生活中的基本行为理解、与人交往的方式等传统文化内容。教育者选择文化后传递给儿童，儿童接受和内化文化，其言行举止又成为传统文化的直接传播载体。因此，学前教育具有选择和传播文化的功能。

（3）具有创新文化的功能

学前教育在保存和传递文化的过程中，把已有的社会文化财富内化为受教育者个体的精神财富，变为他们的知识、才能、信仰、思维能力和实践能力等，使其具备创新文化的能力和个性，进而推动了文化的发展和更新。

2.文化对学前教育的制约

（1）中介作用

文化是政治、经济作用于学前教育的中介，即文化传递一定的政治、经济要求。如舆论、文章、书籍、广播、影视等现实文化反映政治、经济的要求，从而影响学前教育的发展方向与发展水平。

（2）渗透作用

文化的渗透作用主要表现为文化以其主动的、相对独立的形态直接地影响着学前教育。例如，传统文化、外国文化、价值观念等通过文化的渗透作用影响学前教育的观念及其思想体系。

（3）制约作用

一定社会的文化对学前教育的发展所产生的制约作用一般表现为两种形式。

①文化对学前教育发展起积极推动作用。如社会观念的更新，先进文化的引进，对传统文化精髓的吸取，都会对学前教育的改革与发展产生强大的推动作用。

②文化对学前教育发展起消极滞后作用。文化约束和妨碍学前教育的发展，例如，在社会变革过程中，新旧文化交替、文化心理的撞击，常会使一些消极、落后、腐朽的文化形态与价值观念对学前教育产生诸多的负面影响。

四、学前教育与人口

1.学前教育的人口功能

（1）学前教育有助于提升人口素质

实施学前教育能够提高人们对于学前教育科学知识的知晓率，营造科学育儿的良好社会氛围，能够加强优生优育，促进儿童健康成长。因此，学前教育是终身教育的奠基阶段，是提高人口素质、实施人才兴国战略的基础性工程。

（2）学前教育有助于控制人口数量

根据调查结果，教育程度与生育率直接相关。教育程度越高，生育率越低。

（3）学前教育有助于改善人口结构

依据人口本身所固有的特征，人口结构可划分为人口的自然结构（如年龄、性别等）、社会结构（如民族、文化等）和地域结构（如自然地理结构、人口的城乡结构等）。学前教育可以使人口结构合理化，使人口结构有利于社会生产和人口的自然平衡，如其通过改变"重男轻女"的传统观念，进而调整新生儿的性别结构。

2.人口对学前教育的制约

（1）人口状况影响学前教育的质量

人口状况不仅包括人口的密度、数量，还包括人口的质量。

①人口的密度、数量影响着学前教育。在幼儿园有限的情况下，一个地区人口密度过大、数量过多，将会导致班级人数过多，师幼比例过高，设施设备供不应求，从而影响教学质量。一个地区人口密度过小，如贫困的农村，将导致学前教育难以开展。

②人口的质量对学前教育具有直接影响和间接影响。入园儿童的已有水平高低直接影响学前教育质量。从小接受良好教育环境熏陶的儿童在接受学前教育时会更轻松、更有效，这可以大大提高学前教育的质量。间接影响指的是年长一代的人口质量影响新生一代的人口质量，从而影响以新生一代为教育对象的学前教育质量。这种影响主要通过遗传和养育两方面实现。优良的遗传基因和科学的养育才会培养出高质量的儿童。

（2）人口结构影响学前教育

人口的年龄结构会影响学前教育在教育系统中占据的比例。人口的民族结构和文化结构对学前教育的影响更为复杂,需要提供多样化的学前教育机构和不同的教育内容和方法以满足不同民族对学前教育的不同需求。人口的城乡结构对学前教育也有影响,随着大批人口涌入城市,城市人口增长,使得学前教育产生供需矛盾。学前教育应根据人口分布状况来合理布局规划。

（3）人口生育政策影响学前教育

例如,我国在2015年之前实行计划生育政策。这一政策对我国学前教育的影响主要表现为有利于减少遗传病、残疾儿等情况,为儿童今后接受教育打下较好的基础。

第二节　学前教育与儿童发展

一、儿童发展的含义及规律

考点1　儿童发展的含义

儿童发展是指在儿童生长过程中生理和心理方面有规律地进行的量变与质变的过程。生理的发展包括身体形态、结构和功能两方面的生长、发育和成熟:一方面,包括整个身体和各器官在体积和重量上发生的变化,如身高与体重的增长、骨骼与肌肉的生长、牙齿的生长等;另一方面,还包括细胞、组织、器官和系统的分化和功能的成熟,如神经系统的发育、感觉器官的发育以及各种运动机能的发展。心理的发展包括心理过程各种机能,如感知觉、记忆、注意、思维、想象、情感、意志的发展及个性心理特征,如能力、性格、个性品质的形成和发展。儿童的生理发展和心理发展是同时进行的,两者相互联系、相互影响、相互制约、共同发展。正常的生理发展是心理正常发展的生物基础和前提,而正常的心理发展又会进一步促进生理的发展。相应地,无论哪一方面发展的欠缺都会影响到另一方面的发展。

考点2　儿童发展的一般规律

1.顺序性

儿童的发展要经历一个由低级到高级、由量变到质变的连续不断的发展过程。这个过程不仅是连续的,而且还是有一定顺序的。例如,就身体整体结构的发展而言,头颅最先发育,而后是躯干,最后才是四肢。在骨骼与肌肉的协调发展中,首先得到发展的是大骨骼与大肌肉群,然后才是小骨骼与小肌肉群的发展与协调。所以,在学前儿童的动作发展中,翻身、坐、站、走、跑等粗大动作发展在先,写字、绘画等精细动作发展在后。

考题再现

【2018·常德武陵·单选】教学中"揠苗助长"违背了个体身心发展的(　　　)。

A.阶段性
B.顺序性
C.不平衡性
D.个别差异性

【答案】B。解析:个体的身心发展在整体上具有一定的顺序。从出生到成人,个体的身心发展是一个由低级到高级、由量变到质变的连续不断的发展过程。个体身心发展的顺序性要求教育要循序渐进,不可揠苗助长。

2.不平衡性

儿童发展的不平衡性是指儿童身心各个方面呈现出不匀速、不均衡的发展状态。其表现为以下几点:①儿童身心发展的速度不是匀速的,在不同的年龄阶段,其发展的速度和水平是有明显差异的。比如,新生儿期(出生第一年)与青春期(十三四岁至十五六岁)是儿童身心发展的两个高速期。②儿童发展过程中身体和心理发展并不完全协调统一。就整体而言,生理成熟是先于心理成熟的,但就某个具体方面而言,也有可能出现心理能力不受生理成熟条件控制的情况。例如,3~5岁儿童的语言掌握能力和记忆能力往往优于成年人。③儿童身体各系统的发展也存在不均衡的现象。比如,在各个系统的发育中,神经系统的发育在胎儿期和出生后一直是领先的。

3.阶段性

儿童发展的阶段性又称儿童发展的年龄特征,是指在儿童身心发展的连续性过程中,不同年龄阶段会表现出某些稳定的、共同的典型特点。与其他阶段相比,这些特点在表现方式、发展速度及发展的结构方面都具有不同的特征。在学前期,儿童的发展一般存在以下四个阶段,依次是新生儿期(0~1个月)、乳儿期(1个月~1岁)、婴儿期(1~3岁)、幼儿期(3~6岁)。比如,婴儿期这个阶段主要在于身体的生长发育,其思维发展处于直觉行动阶段;幼儿期则是智力发展与个性形成的启蒙时期,思维的明显特点是从直觉行动思维向具体形象思维过渡。

4.个体差异性

儿童发展的个体差异性是指儿童发展在具有整体共同特征的前提下,个体发展的表现形式、内容和水平等方面存在独特之处。这种个体发展的差异性来源于个体遗传素质和生活环境的差别。例如,同样年龄的儿童在身高方面有明显的高矮之分。同样年龄的儿童也会有各自神经过程灵活性的差别,在学习中表现出注意力的持久性、知觉的广度方面的差异等。个体差异性包括两层意思:一方面,个体差异性存在于同一个体,指该个体在身心不同方面的发展存在着差异;另一方面,个体差异性存在于不同个体之间,指不同的人在同一方面的发展水平、速率不同。

二、学前教育与儿童发展的相互关系

1.学前教育影响学前儿童的发展

(1)学前教育对正常儿童的发展起诱导作用

①学前教育制约着儿童发展的水平和方向。

②学前教育影响着儿童的社会化进程。

(2)学前教育对非正常儿童的发展具有改善性的影响

学前教育对智力落后儿童的发展具有改善性的功能。只要早期有丰富教育环境的刺激干预,发展偏离正常的儿童也能被纠正,甚至可以达到正常。

2.学前教育受学前儿童发展的影响

(1)学前教育要以学前儿童为主体

①教师要尊重学前儿童。一方面,教师要尊重他们的人格和权利,了解他们的兴趣和需要;另一方面,儿童在智力结构、发展速度、个性特征等方面各不相同,教师要平等地对待他们。

②把学前儿童看成教育的主体,并不是放任儿童自由地发展。

(2)学前教育要符合学前儿童的年龄特征和发展规律

①儿童身心发展的水平制约学前教育的难易程度。

②儿童身心发展的速度制约学前教育要求递进的坡度。

③儿童身心发展的年龄特征决定学前教育的阶段性。

④儿童身心发展的个别差异要求学前教育具有多样性。

◆━━ **知识拓展** ━━◆

环境、教育与儿童发展

环境是指儿童接触到的周围的人和物的总和。广义的环境包括家庭环境、自然环境、社会环境和儿童教育环境。一般把学前教育机构对儿童的一切影响称为"教育环境",而将家庭、社会和自然环境对儿童的影响称为"环境"。环境和教育(包括早期经验)对学前儿童的智力、个性的发展有长期影响。

学前期是神经系统迅速发展时期。这一时期的教育对人的智力启蒙有重大作用,可以说是发展智力潜能的必要条件。儿童入学后学业的成败很大程度上取决于早期经验。

环境和教育对学前儿童的个性倾向也有重大影响。在神经系统迅速发展的学前时期,最容易受到外界刺激的影响,神经联系一经形成就会留下深刻的印迹。早期经验为儿童个性的形成打下了最初的基础。

强化练习

一、单项选择题

1.近年来,一些城市出现了中心城区幼儿园生源不足,周边新建居民区入园难的情况。这说明学前教育的发展受(　　)因素的影响。

A.政治　　　　　　　　　　　　　B.经济

C.文化　　　　　　　　　　　　　D.人口

2.美国心理学家布卢姆的研究发现,儿童入学后学业成败很大程度上取决于(　　)。

A.儿童的遗传素质　　　　　　　　B.家长的文化素养

C.儿童的早期经验　　　　　　　　D.学校的教育方式

二、简答题

1.简述学前教育的经济功能。

2.简述文化对学前教育的制约作用。

参考答案及解析

一、单项选择题

1.【答案】D。解析:人口状况与教育的发展有着直接的关系。中心城区幼儿人数不多,新建居民区幼儿入园难,说明人口的规模影响着学前教育的发展。

2.【答案】C。解析:布卢姆认为,学前阶段是人智力发展极为迅速的时期,儿童入学后学业成败很大程度上取决于儿童的早期经验。

二、简答题

1.【参考答案】

(1)为提高劳动者的素质奠定基础。

(2)保护和解放劳动力。

(3)学前教育具有较高的经济回报率。

2.【参考答案】

一定社会的文化对学前教育的发展所产生制约作用一般表现为两种形式。

(1)文化对学前教育发展起积极推动作用。

如社会观念的更新,先进文化的引进,对传统文化精髓的吸取,都会对学前教育的改革与发展产生强大的推动作用。

(2)文化对学前教育发展起消极滞后作用。

文化约束和妨碍学前教育的发展,例如,在社会变革过程中,新旧文化交替、文化心理的撞击,常会使一些消极、落后、腐朽的文化形态与价值观念对学前教育产生诸多的负面影响。

第三章　我国幼儿园教育

考情分析
本章内容以识记、理解、运用为主,主要以单项选择题、判断题的形式进行考查,有时也会以案例分析题的形式进行考查。其中幼儿园教育的原则是重点考查内容。

学习目标
1.理解幼儿园教育目标的含义,能区分幼儿园不同层次的教育目标。
2.理解实现幼儿园教育目标的方法,识记幼儿园教育的双重任务。
3.识记幼儿园教育的原则,能运用幼儿园教育的特殊原则解决教育教学问题。

第一节　幼儿园教育的目标和任务

一、幼儿园教育的目标

考点1　教育目的及幼儿园教育目标的含义

1.教育目的

教育目的是指一个国家、民族通过教育,把受教育者培养成为什么样的人。教育目的是国家对培养人才的质量和规格的总要求,是一切活动的出发点和归宿。

2.幼儿园教育目标

幼儿园教育目标是教育目的在幼儿园这一特殊阶段的具体化,是国家对幼儿园提出的培养人才的质量和规格的总体要求,是全国各类型幼儿园进行保教工作的指导思想。

> **考题再现**
>
> 【2018·怀化溆浦·单选】学前教育的(　　)是教育目的在学前教育阶段的具体体现,是对培养幼儿规格的要求,是对学前教育最终结果的反映和预期。
>
> A.任务　　　　　　　　　　　　　　　B.目标
>
> C.内容　　　　　　　　　　　　　　　D.方法
>
> 【答案】B。

考点2　制定幼儿园教育目标的依据

1.教育目的

幼儿园教育作为学校教育体系的有机组成部分,其教育目标的制定必须结合国家的教育目的。

2.幼儿身心发展规律及其需求

教育的本质是培养人，培养社会需要的人。教育目标是否合理，既要看是否符合社会要求，也要看是否符合受教育者的身心发展规律，二者缺一不可。任何违背幼儿身心发展规律和幼儿需求的教育要求，都不可能真正促进幼儿身心和谐发展。

3.社会发展的客观要求

教育的根本目的是培养社会所需要的各级各类人才，因此教育目标的制定必须符合一定社会政治、经济、文化和科技发展的需要。

考点3　幼儿园教育目标的结构

1.幼儿园教育目标的金字塔结构

幼儿园教育目标的结构呈金字塔形，由上至下分别是国家的教育目的、幼儿园教育目标、各个幼儿园具体的教育目标。

教育目的是我国各级各类教育的总目标，对幼儿园的教育目标起总领作用。幼儿园教育目标必须符合我国教育目的的基本精神。

幼儿园教育目标是指我国各级各类幼儿园共同的培养目标。我国幼儿园教育目标的具体内容在《幼儿园工作规程》中做了比较详细的说明，其具体规定了体、智、德、美各育的具体目标。具体表述如下。

（1）促进幼儿身体正常发育和机能的协调发展，增强体质，促进心理健康，培养良好的生活习惯、卫生习惯和参加体育活动的兴趣。

（2）发展幼儿智力，培养正确运用感官和运用语言交往的基本能力，增进对环境的认识，培养有益的兴趣和求知欲望，培养初步的动手探究能力。

（3）萌发幼儿爱祖国、爱家乡、爱集体、爱劳动、爱科学的情感，培养诚实、自信、友爱、勇敢、勤学、好问、爱护公物、克服困难、讲礼貌、守纪律等良好的品德行为和习惯以及活泼开朗的性格。

（4）培养幼儿初步感受美和表现美的情趣和能力。

各个幼儿园具体的教育目标是每个幼儿园根据国家对幼儿教育的要求，结合本园的实际情况制定的，既体现了国家对幼儿园教育的一般要求，又体现了各个幼儿园自己的特色。

2.幼儿园教育目标的层次结构

幼儿园教育目标从抽象到具体，可以分为以下四个层次。

（1）远期目标，是幼儿园开展教育工作的纲领性目标，具有普遍的指导意义，需要长时间才能达到。

（2）中期目标，即幼儿园小、中、大班的教育目标。

（3）近期目标，也称为短期目标，是在某一段时间内要达到的教育目标，一般是教师在日常生活的教育活动中制定的，往往在月计划和周计划中体现出来。

（4）活动目标，即某次教育活动需要达成的目标。在一节课或者一次活动中，教师可能会提出这些目标。这个层次的目标通常通过教师的活动计划或教案来体现。

考题再现

【2020·怀化麻阳·判断】幼儿园一个活动或一节课的教育目标都属于幼儿园的中期目标。　　　　（　　）

【答案】×。解析：题干所述为幼儿园活动目标。

考点4　幼儿园教育目的的功能

幼儿园教育目的的功能是指幼儿园教育目的对幼儿园教育活动所产生的影响与作用，主要表现为以下三个方面。

1.定向功能

定向功能是指幼儿园教育目的对教育活动具有全方位的定向与规范作用,具体体现在以下四个方面。

第一,教育目的规范着幼儿园的培养目标和教育方向。

第二,教育目的规范着幼儿园课程的设置和教育教学内容。

第三,教育目的规范着幼儿园教师的教育行为。教师所有的教育行为都要有益于幼儿健康和谐地发展。

第四,教育目的规范着教育管理。

2.调控功能

调控功能是指幼儿园教育目的对幼儿园教育活动与内容的选择及教育者行动方向的把握具有调控作用。

第一,教育目的调控着幼儿园教育活动与内容的选择。

第二,教育目的对教育者的行为有调控、激励作用。

3.评价功能

幼儿园教育目的既是社会对幼儿培养质量、规格的要求,也是衡量幼儿园教育质量和效益的重要依据。

第一,教育目的是评价幼儿园总体办学方向、办学思想、办学路线是否正确、是否清晰、是否符合社会和幼儿发展方向和需要的依据。

第二,教育目的是评价幼儿园教育质量是否达到规格和标准的依据。

第三,教育目的是评价幼儿园管理是否科学有效,是否符合幼儿园教育目的要求,是否遵循教育规律和幼儿身心发展规律,是否促进他们健康发展和成长的依据。

总之,幼儿园教育目的的功能是多方面的。只有确立科学的幼儿园教育目的,才能使幼儿园教育活动更加合乎教育的规律及幼儿和社会发展的需要,幼儿园教育活动才能顺利有效地开展。

考点5 实现幼儿园教育目标的方法

1.实现幼儿园教育目标的重要保证是幼儿教师

幼儿教师是按照社会要求去促进幼儿发展的,是将教育目标真正落实为幼儿发展的总设计师。首先,教师必须正确、清楚、全面地理解和把握幼儿园教育目标的内涵,将这种"外在"的教育目标转化为"内在"的正确的教育观念,并用以指导自己的行动;其次,教师必须掌握将教育目标转化为幼儿发展的技术;最后,在教育过程中,教师要依据幼儿的实际水平选择相适应的教育目标、教育模式、教育内容、活动方式、组织形式、指导方法等,以促进幼儿的发展。

考题再现

【2018·常德武陵·单选】(　　)是按照社会要求去促进幼儿发展的,是将教育目标真正落实为幼儿发展的总设计师。

A.幼儿园园长　　　　　　　　　　　B.幼儿教师

C.幼儿园教育要求　　　　　　　　　D.家长

【答案】B。

2.实现幼儿园教育目标的基本条件是创设良好的幼儿园环境

幼儿园的环境既包括物质环境(如幼儿园园舍场地、设备、绿地等),又包括精神环境(如幼儿园的传统、情感氛围、人际关系等)。良好的物质环境和宽松的精神环境对幼儿的身心健康发展是非常有利的。

3.实现幼儿园教育目标的主要途径是幼儿园一日活动

教师要有目的、有计划地将体、智、德、美全面发展的教育内容渗透于幼儿在园的一日生活与活动中,体现"生活即教育、教育生活化"的思想。

4.实现幼儿园教育目标的必要手段是幼儿园与家庭、社区的合作

幼儿园与家庭、社区的合作是社会发展对幼儿教育提出的客观要求,也是幼儿教育自身发展的需要。幼儿园应积极探索能够适应社会变化的新型教育模式,并利用周边环境拓展教育空间。

二、幼儿园教育的任务

考点1　我国幼儿园教育的双重任务

1.幼儿园对幼儿实施保育和教育,促进幼儿身心和谐发展

以幼儿园为代表的幼儿教育机构是我国对幼儿实施保育和教育的组织。因此,幼儿园承担着通过对幼儿实施德、智、体、美等方面全面发展的教育,来促进幼儿身心和谐发展,体现自身的社会价值,为社会主义建设服务的任务。

2.幼儿园向幼儿家长提供科学育儿指导

幼儿期是人生发展过程中的特殊时期。幼儿园还负有向家长提供科学育儿指导的任务。幼儿园教师应主动加强与幼儿家长的联系与沟通,帮助家长树立正确的教育理念,争取幼儿家长对幼儿园保教工作的理解与支持,以达到家园相互配合、共同促进幼儿身心和谐发展的目的。

考点2　当前幼儿园双重任务的新特点

随着社会的发展进步,幼儿园在实现双重任务的过程中遇到了前所未有的挑战。其具体表现在以下三方面。

（1）家长素质不断提高对幼儿园保教质量提出了更高要求。

（2）家长希望幼儿园提供更广泛、更多样化的育儿指导。

（3）国家对幼儿身心素质的培养提出了更高的要求。

第二节　幼儿园教育的特点和原则

一、幼儿园教育的特点

1.基础性和启蒙性

从教育体制的角度看,幼儿教育是学制的最初环节,是整个学制的基础,直接影响幼儿现时的发展,为幼儿今后甚至一生的发展奠定基础。

从人的发展角度看,幼儿正处于人生发展的起始阶段,是从懵懂迈开脚步走向社会的开始,因此幼儿园课程不寻求传授高深、系统的知识,只需让幼儿体验关于自然、社会与人类的最浅显的知识和观念,帮助幼儿认识他们周围的世界,开启幼儿的智慧与心灵,萌发他们的优良个性和品质。

2.全面性和生活性

幼儿园课程是实现幼儿教育目标的手段,是实现幼儿全面发展的中介,因此幼儿园课程应以实现幼儿在身体、认知、情感、社会性等方面的和谐发展为目标,要具有全面性。

幼儿在现实生活中,通过与大量的人、事、物相互作用获得知识、习得态度、体验情感,形成个性。因此,幼儿园课程必然带有浓厚的生活特性。课程内容要来自幼儿生活,课程实施要贯穿于幼儿生活。

3.活动性和直接经验性

幼儿身心发展的特点决定了幼儿主要通过各种感官来认识世界。只有在获得丰富的感性经验的基础上，幼儿才能认识和理解事物。幼儿的这种行动性和形象性的认知特点使得幼儿园课程必须以幼儿主动参与的教育性活动为其基本的存在形式和构成成分。对幼儿来讲，只有在活动中的学习才是有意义的学习，只有在直接经验基础上的学习才是可理解的学习。

4.潜在性

幼儿教育是启蒙性、全面性、基础性的教育。它只需要向幼儿传递关于自然、社会和人类最浅显的知识和概念，但涉及面极广、类型极多。从幼儿学习的角度看，由于幼儿年龄小、知识经验贫乏，所以幼儿园的教育活动蕴藏在环境、生活、游戏中，教师的教育意图也蕴含在环境、材料、活动和教师的行为之中。可以说，幼儿是在潜移默化的教育环境中成长并发展的。

二、幼儿园教育的原则

幼儿园教育原则包括两部分：一部分是教育的一般原则，是幼儿教育机构、小学、中学教师均应遵循的，反映了对所有教育者的一般要求；另一部分是幼儿园教育的特殊原则，是根据幼儿园教育的特点提出来的，是幼儿园教育对教师的特殊要求。

考点1　教育的一般原则

1.尊重儿童的人格尊严和合法权益的原则

儿童首先是一个人，是我们社会的一员。因此，他们享有人的尊严和权利。

（1）尊重儿童的人格尊严

儿童从一出生就具有人格尊严，他们同样是社会的一个成员，不能因为他们小而歧视他们，要杜绝对儿童随意敷衍、盲目指责、任意羞辱的粗暴行为，更不能把儿童当作宠物玩耍，随意给他们起绰号，当众披露他们的缺陷。教师要将儿童作为具有独立人格的人来对待，尊重他们的思想感情、兴趣、爱好、要求和愿望等。

（2）保障儿童的合法权益

儿童是不同于成人的、正在发展中的社会成员。他们享有不同于成人的许多特殊的权利，如生存权、受教育权、受抚养权、发展权等。这反映了人类对儿童在社会中的地位和权利的认可与尊重。但是，儿童毕竟是稚嫩、弱小的个体，他们对自己权利的行使还必须通过成人的教育和保护才能实现。家庭、教育机构、社会应当保障未成年人的合法权益不受侵犯。因此，教师不仅是儿童的"教育者"，也应当是儿童权益的实际维护者。

2.发展适宜性原则

教育的出发点和归宿是促进儿童身心和谐发展。教师进行的教育与课程的设计、组织、实施都应着眼于如何促进儿童的发展。教育目标既不可任意拔高，也不能盲目滞后；内容的安排应以儿童身心发展的成熟程度为基础，注重儿童的学习准备。按维果斯基的理论来说，即要找准每个儿童的"最近发展区"，使每个儿童通过教育活动都能在原有的基础上有所提高，即"跳一跳，摘个桃"。

遵循发展适宜性原则包含以下几层含义。

（1）教育设计、组织、实施既符合儿童的现实需要，又有利于其长远发展。

（2）教育设计、组织、实施既符合儿童的现有水平，又有一定的挑战性；教育活动内容的安排与要求、活动过程的推进应循序渐进。

（3）教育必须促进儿童德、智、体、美诸方面全面发展。每一个方面的发展也应该是全面的、整体的，包括情绪、情感、良好习惯、技能、创造性的发展等，不能偏废任何一个方面。

（4）为每个儿童着想，关注个体差异。

【2018·怀化溆浦·单选】教师应在充分了解儿童已有知识和理解能力、智力水平的基础上提出"略为超前"、适度的教育要求,把儿童发展的可能性与积极引导二者辩证地结合起来,既不可低估或迁就儿童已有的水平,错过发展的机会,也不可拔苗助长,超出发展的可能性。这是(   )原则的要求。

A.尊重儿童人格尊严　　　　　　　　B.整合性

C.发展适宜性　　　　　　　　　　　　D.科学性、思想性

【答案】C。

3.目标性原则

教育目标的最终实现是一切教育活动的出发点和归宿。教师不能任凭自己的兴趣、爱好或喜、怒、哀、乐,想怎么做就怎么做。实施教育的所有过程都必须紧紧围绕教育目标来进行。贯彻这一原则应注意以下两点。

(1)把握目标的方向性和指导性

首先,必须明确教育目标及其特点,把握教育目标的内涵和实质。教育目标是分层次的,有总体教育目标,阶段教育目标,各领域、科目的教育目标,具体的教育活动目标。其中,总体教育目标是具有方向性和指导性的,必须牢牢把握清楚。相对于总体教育目标而言,阶段教育目标是承上启下的目标,对于教育活动的具体目标来说,它具有一定的总体性。每一次教育活动的具体目标则是实现总体目标的基本单位。三个层次的教育目标相互制约,共同控制着课程组织的具体过程。

(2)注重教育目标实施过程的动态管理

课程发展目标是教师制订教育计划、组织教育活动的基本依据。实施过程中教师不仅要注重基本目标的达成度,还要注重针对本班儿童的发展情况,及时调整目标或生成新的目标,形成以儿童发展为本的目标实施的动态过程。

4.主体性原则

儿童是学习的主体,只有儿童积极参与、主动建构,课程才能内化为他们的学习经验,促进其身心发展。发挥主体性原则,要尊重儿童人格、尊重儿童需要、激发儿童的主动性。在学前教育中,教师要充分扮演好环境的创设者,儿童学习的观察者、引导者的角色。教师要体现"导"的艺术,要把活动的主体地位让给儿童,让儿童真正成为活动的主人。教师要承认儿童的主体地位,认识到儿童是学习、发展的主体,是一个独立的、完整的、成长着的、拥有极大发展潜能的主体。贯彻这一原则应注意以下两点。

(1)准确把握儿童发展的特点和现状

在教育与课程的设计、组织、实施、评价等不同环节中,应以准确把握儿童发展的特点和现状为基础,充分考虑儿童的兴趣和需要,尊重儿童的学习特点、学习兴趣、学习背景、学习意愿等,为儿童提供主动学习的机会。

(2)在活动之前要善于激发儿童的学习兴趣和动机

活动中教师不应只考虑如何教的问题,而应更多地考虑儿童的实际情况,激发儿童学习的内部驱动力,思考儿童如何学习,如何才能充分调动儿童的积极性、主动性和创造性,让儿童努力探索新知识、积累新经验。与此同时,教师还要观察儿童的活动情况,适时给予支持、指导和帮助。

5.科学性、思想性原则

学前教育的启蒙性强调培养儿童学习的兴趣、方法、情感态度,注重养成教育。其教育目的是促进儿童全面和谐地发展,富有个性地成长。所以学前教育必须保证科学性、思想性。贯彻科学性、思想性原则要做到以下几点。

（1）教育内容应是健康、科学的

选择的教学内容应该是健康、科学的，对儿童有积极向上的引领作用，而且内容和方法都应该是正确规范的，有利于儿童正确地感知客观事物和现象，形成正确的概念和对事物的科学态度。

（2）教育要从实际出发，对儿童的健康发展有利

要从实际出发，对儿童进行有针对性的教育；教育形式要活泼，教学方法要多样；教师和家长要以身作则，言行一致，成为儿童行为的表率。

（3）教育设计和实施要科学、正确

教师和家长要了解儿童的年龄特征和认识事物的规律，根据儿童的实际选择安排相应的教学内容。教师对知识的掌握应该准确无误，要注意各学科、各知识之间的联系，选择多种教学手段和方法，科学地组织儿童一日活动，合理安排活动时间和活动量。

6. 充分发掘教育资源，坚持开放办学的原则

在家庭、社区、教育机构、街道、市场、田野中，在儿童自身和儿童群体中，在看电视、听广播、交谈、游戏、旅游等各种活动中，都存在着丰富的教育资源，都对儿童的成长与发展发挥着影响。其广泛性、灵活性、多样性、即时性是教育机构的教育难以比拟的。如果闭门办学，不仅会造成教育自身的封闭、狭隘，而且还会极大地浪费教育资源。

教育机构必须在与社会系统的合作中去完成自身的教育任务，发挥教育在儿童成长中的导向作用。在学前教育中，学前教育机构必须是"开放的"，必须与家庭、社区紧密结合。这既是社会发展对学前教育提出的客观要求，又是学前教育自身发展的内部需求。贯彻这一原则要注意以下几点。

（1）与家长合作共育

家庭是儿童成长最自然的生态环境。家庭是人的第一所学校，家长是儿童的第一任教师，家长更是重要的教育力量。在学前教育机构的教育中，家长的参与能够大大提高儿童活动的兴趣和积极性，从而增进活动关系。家长是教师最好的合作者，家园合作共育能使课程计划的可行性、课程实施的适宜性、教育的连续性和有效性都得到保证。

（2）开门办学，与社区合作

社区的积极参与将使学前教育机构的教育变得更为生动、更富有时代气息。不少学前教育机构在与社区的合作中，直接利用社区丰富的教育资源，让儿童走进社会的大课堂。如参观社区的各种机构、设施；与社区的劳动模范、解放军战士、医务人员、警察叔叔共同活动；去慰问敬老院的爷爷奶奶，或请他们到学前教育机构做客、参与活动等。可以说无论是社区环境、社区资源，还是社区文化，对学前教育机构的课程实施效果都会产生不可忽视的影响。

（3）学前教育机构、家庭、社区一致的教育

学前教育机构、家庭、社区三方一致的教育是指家庭和幼儿园或托儿所、社区在育儿理念、育儿方式等方面方向一致、积极协作、密切配合、互为补充，形成教育合力，最终促进儿童身心的全面和谐发展。否则，就会抵消教育的积极影响。

7. 整合性（综合性）原则

整合性原则是指将学前教育看作一个完整的系统，保证儿童身心整体、健全、和谐地发展，综合化地整合课程的各要素，实施教育。整合性原则包括以下几方面的整合。

（1）活动目标的整合

确定目标时不能单单追求知识技能的获得，而应全面考虑情感态度、习惯个性、知识经验、技能等综合素质的培养和提高，即教育活动的主要目标应是促进儿童的整体发展。

（2）活动内容的整合

活动内容的整合是以目标的整合为前提的，主要表现是使同一个领域的不同方面的内容或不同领域的内容之间产生有机的联系。内容的整合最终应落实到具体的教育活动之中。例如,关于语言教育领域,不仅可以在语言教育领域内部对知识学习和能力培养进行整合,而且还可以将社会、科学、艺术等领域的学习内容整合在一起。

(3)教育资源的整合

教育资源的整合是与教育内容紧密相关的,教育资源中蕴含了多种教育内容。对教育资源的整合,有利于教育内容的整合;有利于拓展学前教育的空间,丰富教育的方法、形式和手段。教育机构、家庭及社区都有丰富的教育资源,应充分地加以运用,并进行有机地整合,使它们真正协调一致地对儿童的成长产生积极的影响。

(4)活动形式和活动过程的整合

将具有一定联系的教学活动、游戏、日常生活等加以整合,将集体活动、小组活动、个别活动加以互补运用和整合,使教育活动一致地对儿童的成长产生积极的影响。

考题再现

【2018·常德武陵·单选】幼儿教师在语言课上只讲故事、音乐课上只教唱歌、体育课上只做游戏的做法违背了( )原则。

A.启蒙性　　　　　　　　　　　B.发展适宜性

C.活动性　　　　　　　　　　　D.综合性

【答案】D。

考点2　幼儿园教育的特殊原则

1.保教结合原则

保教结合原则是我国幼儿教育所特有的一项原则。教师应从幼儿身心发展的特点出发,在全面、有效地对幼儿进行教育的同时,重视对幼儿生活上的照顾和保护,保教合一,确保幼儿真正能健康、全面地发展。贯彻这一原则应明确以下几点。

(1)保育和教育是幼儿教育机构两大方面的工作

保育主要是为幼儿的生存、发展创设有利的环境和提供物质条件,给予幼儿精心的照顾和养育,帮助其身体和机能良好地发育,促进其身心健康地发展。教育则重在培养幼儿良好的行为习惯、态度,发展幼儿的认知、情感、社会性等,引导幼儿学习必要的知识技能等。这两方面构成了幼儿教育的全部内容。

(2)保育和教育工作互相联系、互相渗透

幼儿教育机构保育和教育不可分割的关系是由幼儿教育工作的特殊性和幼儿身心发展的特点决定的。虽然保育和教育有各自的主要职能,但并不是截然分离的。教育中包含了保育的成分,保育中也渗透着教育的内容。

保育和教育是在同一过程中实现的。保育和教育不是孤立地进行的,而是在统一的教育目标指引下,在同一教育过程中实现的。有的保育员在护理幼儿生活时,忽视随机和有意识的教育,结果无意识地影响了幼儿的发展。这样不仅助长了幼儿的依赖心理,也使他们失去了锻炼自己能力的实践机会,还可能在无形中剥夺了幼儿发展自己的权利。

考题再现

1.【2020·长沙天心·判断】幼儿园的保育工作比教育工作更重要。 ( )

【答案】×。解析:保教结合原则是我国幼儿教育所特有的一项原则。教师应从幼儿身心发展的特点出发,在全面、有效地对幼儿进行教育的同时,重视对幼儿生活上的照顾和保护,保教合一,确保幼儿真正能健康、全面地发展。

2.以游戏为基本活动的原则

游戏是幼儿教育机构的基本活动。游戏最符合幼儿身心发展的特点，是幼儿最愿意从事的活动，最能满足幼儿的需要，能够有效地促进幼儿发展，具有其他活动所不能替代的教育价值。

（1）游戏是幼儿最好的一种学习方式

对幼儿来说，游戏也是一种学习，是一种更重要、更适宜的学习。福禄贝尔说，"儿童早期的各种游戏是一切未来生活的胚芽"。幼儿最自然的活动方式就是生动活泼的游戏。蒙台梭利说，"游戏就是儿童的工作。游戏是以过程为导向，以乐趣为目的，以内驱动机为主的活动"。陈鹤琴指出，"小孩子生性好动，以游戏为生命"。游戏是幼儿身心发展的需要，是促进他们身体、智力、道德品质、情感、创造性发展及成长的重要手段。游戏活动易于唤起幼儿的学习兴趣，使幼儿在玩中学，学中玩，学得轻松愉快。

（2）游戏是内容和形式的结合

游戏既是课程的内容，又是课程实施的背景，还是课程实施的途径。游戏所涉及的内容是与幼儿的兴趣相关联的，游戏应该与幼儿的行为相关联，与幼儿的主动、自发相关联。教师要充分发挥游戏对幼儿发展的作用，保证游戏的时间和空间，提供丰富的游戏材料，使幼儿充分自主、愉快地游戏，通过游戏促进身心发展。

3.教育的活动性和直观性原则

幼儿认知具有直觉行动性与形象性的特点。这决定了他们不可能像中、小学生那样，主要通过课堂书本知识的学习来获得发展，而必须通过活动去接触各种事物和现象来获得发展。离开活动，就没有幼儿的发展。教师应从幼儿身心发展的特点和水平出发，以活动为基础展开教育过程。同时，活动形式应多样化，让幼儿能在多种多样的活动中得到发展。贯彻这一原则要注意以下几点。

（1）教育的活动性

①以活动为中介，通过各种活动促进幼儿的发展

幼儿教育促进幼儿的发展主要是通过活动来进行的。幼儿通过参与各种活动得到各方面的发展。因此，在活动的设计、组织、实施过程中，教师要为幼儿提供丰富的材料和充分的活动空间、时间，开展各种类型的活动及提供人际交往的机会，为幼儿积极主动活动提供可能。教师既要相信幼儿，放手让他们进行各种活动，又要适时地支持和引导，进行必要的指导和帮助，同时还应鼓励幼儿在活动中的积极性、主动性和创造性，使活动真正成为促进幼儿发展的手段。

②教育活动的多样性

幼儿教育机构的活动不应当是单一的。因为活动的内容、形式不同，在幼儿发展中的作用也是不一样的。教师要注意教育活动的多样性，这样才能有效地促进幼儿发展。如从活动的类型来说，有集中教育活动、游戏、日常生活活动、亲子活动、劳动等；从活动的领域来说，有健康、科学、语言等领域的活动；从活动的表现形式来看，有听说表达类、运动类、动手制作类、小实验等活动；从活动的组织形式来看，有集体活动、小组活动、个别活动。

（2）教育的直观性

由于幼儿思维的具体形象性和第一信号系统占优势的特点，他们只有在获得丰富的感性经验的基础上，才能理解事物。教师遵循直观性原则可以从以下几方面入手。

①根据不同年龄幼儿的身心发展水平，运用各种形式的直观教学手段。

②通过演示、示范、运用范例等直观教学手段,变抽象为形象,化枯燥为生动的同时,还可以辅以形象生动的、声情并茂的教学语言,帮助幼儿理解教学内容。

③通过具体可见或可操作的活动,使幼儿比较容易直观形象地理解所学的内容,更快地获得各种知识经验。

4.生活化和一日活动整体性原则

由于幼儿生理、心理的特点,对幼儿的教育要特别注重生活化,并发挥一日活动的整体功能。

(1)教育生活化

教育生活化是指将富有教育意义的生活内容纳入课程领域。例如,课程安排依照幼儿教育机构生活的自然秩序展开;课程内容可以依据节日顺序展开,或者依据时令、季节变化规律来组织课程等。加强教育同生活的联系,就是要将幼儿在各种情境中的经验加以整合,不论是日常生活中学习积累的,还是在非日常生活中应该了解和认识的,都纳入课程组织结构中加以统整。

(2)生活教育化

生活教育化是指将幼儿日常生活中已获得的原有经验加以系统化、条理化,在生活中适时引导,促进幼儿发展。教育活动设计不仅包括课堂教学活动的设计,还应包括一日活动的各个环节,寓教于一日活动之中,及时抓住机会对幼儿实施教育,通过帮助幼儿组织已获得的零散的生活经验,使其经验系统化、完整化。此外,活动内容的选择、活动的实施等都要注意生活化。

(3)发挥一日活动整体功能

①一日活动中的各种活动不可偏废

无论是幼儿的生活活动、自由活动,还是教学活动、其他有组织的活动,都各具重要的教育作用,对幼儿的发展都是不可缺少的。因此教师不能顾此失彼,随意忽视或取消任何一种活动。

②各种活动必须有机统一为一个整体

每种活动不是分离地、孤立地对幼儿发挥影响力的。一日活动必须统一在共同的教育目标下,形成合力,才能发挥整体教育功能。因此,如何把教育目标渗透到各种活动中,每个活动怎样围绕目标来开展,就成为实践中应当特别关注的问题。

幼儿教育机构应充分认识和利用一日生活中各种活动的教育价值,通过合理组织、科学安排,让一日活动发挥一致的、连贯的、整体的教育功能,寓教育于一日活动之中。

考题再现

【2018·常德武陵·单选】在幼儿园实践中,某些教师认为幼儿进餐、睡眠等是保育,只有上课才是传授知识、发展智力的唯一途径,忽视了一些环节的教育价值。这种做法违反了(　　)。

A.重视年龄特点和个体差异原则　　　　　　B.发挥一日生活整体功能的原则

C.实践性原则　　　　　　　　　　　　　　D.尊重儿童的原则

【答案】B。

强 化 练 习

一、单项选择题

1.某中班一次美术活动"画熊猫"中,教师制定的目标之一是让幼儿掌握画圆和椭圆的技能。这一目标属于幼儿园的(　　)。

A.活动目标　　　　　　　　　　　　　　　B.近期目标

C.中期目标　　　　　　　　　　　　D.远期目标

2.下列哪项不属于我国幼儿园的任务？（　　　）

A.对幼儿实施保育和教育

B.培养创新人才，发展科学技术文化

C.为家长工作、学习提供便利

D.服务社会，为社会的发展做出贡献

3.教师在活动之前要善于激发幼儿的学习兴趣和动机。这体现的是（　　　）。

A.科学性、思想性原则

B.目标性原则

C.主体性原则

D.保教合一原则

4.著名教育家陶行知指出，"全部的课程即全部的生活，一切课程都是生活，一切生活都是课程"。这说明在学前教育中要贯彻（　　　）。

A.重理论轻实践的原则

B.尊重儿童的人格尊严和合法权益的原则

C.保教结合原则

D.充分发掘教育资源，坚持开放办学的原则

二、判断题

1.幼儿园教育目标的制定要依据幼儿发展的真实需要。（　　　）

2.保教结合是全面发展教育方针在幼儿期的具体体现，也是我国幼儿教育实践工作经验的总结。（　　　）

3.教师要将儿童作为具有独立人格的人来对待，尊重他们的思想感情、兴趣、爱好、要求和愿望等。这体现了促进儿童全面发展的原则。（　　　）

4.开发家庭、社区的教育资源就是鼓励、引导家庭和社区把物资提供出来，供教育幼儿使用。（　　　）

三、简答题

简述幼儿园教育的一般原则。

参考答案及解析

一、单项选择题

1.【答案】A。解析：活动目标，即某次教育活动需要达成的目标，是月计划或周计划在每日教学活动中的具体反映，是实现课程总目标的最小单位。题干所述体现的是幼儿园的活动目标。

2.【答案】B。解析：我国幼儿园的双重任务：（1）幼儿园对幼儿实施保育和教育，具有教育性；（2）幼儿园要服务社会，为家长工作、学习提供便利条件，具有福利性。B项属于我国高等教育的任务。

3.【答案】C。解析：教师在教育活动中贯彻主体性原则时，应注意两点：（1）准确把握幼儿发展的特点和现状；（2）在活动之前要善于激发幼儿的学习兴趣和动机。

4.【答案】D。解析：充分发掘教育资源，坚持开放办学的原则是指幼儿园及幼儿教师必须认识到儿童自身、儿童群体、家庭及社区都是宝贵的教育资源，对儿童的发展发挥着巨大的作用，要充分发挥它们的教育作用。"一切生活都是课程"是说生活中蕴含大量的课程资源，体现了学前教育要贯彻充分发掘教育资源，坚持开放办学的原则。

二、判断题

1.【答案】√。解析：幼儿的发展有一定的年龄特征和规律，是一个按照一定顺序，不断地从低级到高级的渐进过程。如果不符合幼儿个体的发展需要和可能性，教育目标就不能转变成现实。因此幼儿园教育目标的制定要依据幼

儿发展的真实需要。

2.【答案】√。解析:保教结合是全面发展教育方针在幼儿期的具体体现,也是我国幼儿教育实践工作经验的总结。幼儿教育工作者要充分认识到保教结合在幼儿全面发展中的意义,将保教结合的思想真正落实到幼儿园每一环节的工作中。

3.【答案】×。解析:题干所述体现了教师尊重儿童的人格尊严和合法权益的原则。促进儿童全面发展的原则要求教育必须促进儿童体、智、德、美诸方面的全面发展,不能偏废任何一个方面。

4.【答案】×。解析:开发、利用家庭和社区的教育资源不仅包括物质资源,还包括人文资源、人力资源等。

三、简答题

【参考答案】

(1)尊重儿童的人格尊严和合法权益的原则。

(2)发展适宜性原则。

(3)目标性原则。

(4)主体性原则。

(5)科学性、思想性原则。

(6)充分发掘教育资源,坚持开放办学的原则。

(7)整合性原则。

第四章　幼儿园教育中的儿童与教师

考情分析

本章内容以识记、理解为主，主要以单项选择题、简答题的形式进行考查。其中现代儿童观的基本内容、幼儿园教师的劳动特点是重点考查内容。

学习目标

1. 了解儿童观的历史演变，识记现代儿童观的基本内容。
2. 识记幼儿园教师的劳动特点与职业角色。
3. 理解幼儿园教师的专业素养构成、专业发展的阶段及途径。
4. 识记促进教师与幼儿相互作用的策略。

第一节　幼儿园教育中的儿童

儿童是幼儿园教育的对象。教师和儿童能否建立良好关系，关键在于教师能否正确地看待儿童，即是否树立了正确的儿童观。

一、儿童观的含义和价值取向

考点1　儿童观的含义

儿童观是指人们对儿童的认识、看法以及与此有关的一系列观念的总和。简言之，就是社会或成人怎么看儿童，把他们看成是什么样的存在。对儿童的看法不同，对儿童的态度、教育的方法也随之不同。儿童观对学前教育的影响是巨大的。没有正确的儿童观就不可能产生优质的学前教育。儿童观的结构可以分为自然的、社会的和精神的三个层面，即承认儿童是自然的、社会的和精神的存在。

考点2　儿童观的价值取向

价值属于一种关系范畴，表示主体需要和客体属性、功能之间的效益关系。价值本位是指价值关系中的主体。儿童处于一个复杂的关系体系之中，主要包括和国家、家族（庭）、自身等的关系。依据这些关系中不同的价值主体，可将儿童观划分为三类：国家本位的儿童观、家族本位的儿童观和个人本位的儿童观。

1.国家本位的儿童观

国家本位的儿童观，即从国家利益出发，以国家需要为中心的儿童观。这种儿童观把国家作为价值关系中的主体，从儿童与国家关系的角度来看待儿童的价值和童年的意义，以国家为中心确定儿童的权益和地位。

古代社会，国家重视儿童是因为儿童被看成国家的财富、未来的劳动者和兵源，是国家延续的一种

"工具"。

2.家族本位的儿童观

家族本位的儿童观,即从家族利益出发,以家族需要为中心的儿童观。这种儿童观以家族为价值关系中的主体,从儿童与家族关系的角度来分析儿童的价值和童年的意义,以家族为中心确定儿童的权益和地位。

家族本位的儿童观在原始社会、奴隶社会和封建社会一直占据主导地位。在原始社会,由于生产力低下,个体难以应付自然挑战,人们必须以血缘关系为纽带结成家族群体,家族的利益高于一切,儿童只是家族继承和繁衍的工具。在奴隶社会和封建社会,尽管出现了个体家庭,但个体家庭仍担负着生产、生育、赡养、司法、保护等多种职能,家庭仍是人类个体赖以生存的基础。因此,家庭的利益仍高于个人。在这种情况下,儿童也只是家庭的财富、未来的劳动者。儿童是父母的隶属物,成人并不把儿童当作独立的个体、家庭中的正式成员加以尊重,儿童不享有任何权利。

3.个人本位的儿童观

个人本位的儿童观,即把儿童作为一个独立的、具有独特个性的个体来看待的儿童观。这种儿童观以儿童为价值主体,主张儿童的生活和学习均要符合儿童的天性,儿童利益至上。

个人本位的儿童观诞生于文艺复兴时期。在欧洲的文艺复兴运动中,人文主义思想使人们开始尊重人性,歌颂人性,宣扬人的价值与尊严。在这种文化背景下,人们开始把儿童当作"人"来看待,并逐步发现儿童具有与成年人不同的身心特征,从而初步形成了个人本位的儿童观。但是,当时人们对儿童的看法中有许多唯心的理念成分,对儿童身心特征的认识也只是停留在经验水平,并不完全科学。

备考锦囊

国家本位的儿童观和社会本位的儿童观都指的是仅以社会或者国家、群体的利益为标准看待儿童的地位和价值,把儿童看作国家的财富,家族延续和继承的工具,未来的劳动者和兵源。在这两种儿童观下,儿童是没有自己独立的价值的,不能享受任何权利,甚至连最基本的生存权也得不到保障。

二、儿童观的历史演变

随着时代的变迁,儿童观的内涵在不断更新,儿童观的发展也经历了不同的演变过程。

1.儿童是"小大人"

持有这种观点的人认为,儿童是"缩小"的大人,儿童和大人没有什么区别,即使有的话,那也只是身高和体重不同而已。因此,持这种观点的人用成人的标准去要求儿童,儿童被期待像成人一样去行动,充当童工、童农和童商等,儿童的特点被完全忽视。

2.儿童是"有罪的"

持有这种观点的人认为,儿童一生下来就充满罪恶,是有罪的"羔羊"。成人应该对他们严加管束,使儿童能不断地进行赎罪。儿童体内的各种毒素是儿童犯罪的根源,容易导致儿童的错误行为,而严酷的纪律则会减轻、甚至消除儿童的这种行为,因此,责骂、鞭打儿童,对儿童施行体罚是应该的。儿童承受了各种肉体的、精神的折磨,遭受成人的轻视,任何带有创新乃至尝试意识的行为都会受到指责,人格被严重摧残。

3.儿童是"白板"

持有这种观点的人认为,儿童刚生下来的时候,其心灵就像一块白板,成人可以任意将其塑造成各种各样的东西;就像一张白纸,洁白无瑕,成人可以在上面画各种自己希望的图画;就像一个空容器,成人可以任意把各种知识经验灌输进去,而不用考虑儿童的需要。儿童的发展仅是消极被动地接受外界刺激,这种观点完全忽视了儿童的主观能动性。

4.儿童是"花草树木"

文艺复兴运动对人权的倡导，使人们从全新的角度来审视儿童，在儿童观上有了一个大的飞跃，开始把儿童看作一个有独立存在价值的实体，儿童有自己的权利、思想、情感、需要。持有这种观点的人提出，不应用成人的标准去要求儿童，儿童应该像个"儿童"，要倍加珍惜童年的生活，尊重儿童具有的纯洁美好、独立平等的自然本性。儿童的生长发展是按自然法则进行的，教育者的作用就像"园丁"，活动室就像儿童逐步成熟的"花园"。每个儿童的成熟都有内部的时间表，他们在恰当的时间学习特定的任务。教师不能强迫儿童去学习。

5.儿童是"私有财产"

持有这种观点的人认为，儿童是父母婚姻的结晶，产生于母体，归父母所有，是父母的附属品。父母可以左右儿童的命运、控制儿童的生活、决定儿童的一切事情，要求儿童学习许多并不感兴趣的课程，把儿童培养成为他们认为的最理想的人，压制儿童，让儿童唯命是从。儿童，特别是男孩子，被认为是家庭的希望、传宗接代的工具。虽然这种观点开始重视儿童、关心儿童，但儿童仍然被视为家庭和家族的附属品、父母的私有财产，没有独立自主的人格和地位，与其抚养人之间的关系只是一种依附关系。

6.儿童是"未来的资源"

持有这种观点的人认为，儿童是国家最宝贵的财富，是国家潜力最大的资源、未来的兵源和劳动力。对儿童进行教育，就是对未来进行最有价值的投资。这种投资利国利民，多投资，才能高产出。

7.儿童是"有能力的主体"

儿童是有能力的、积极主动的权利主体，应有主动发展自己潜能的机会，在出生、成长、发育的过程中，成为自主的行动者，能表达自己的意见，充分行使自己的权利。他们是正在发展中的人，在体力、智力、情感、社会性、道德等许多方面都不同于成人，不能因为儿童弱小、需要保护就轻视他们，使他们被动发展。

三、现代儿童观的基本内容

正确认识和看待儿童，树立科学的儿童观，是做好教育工作的前提，也是学前教育理论中一个十分重要的课题。当前我国学前教育工作者应该树立的正确儿童观，包括以下几方面的内容。

1.儿童拥有各种合法的权利

成人应承认、尊重、保护儿童拥有的出生权、生存权、发展权、受保护权、参与权等权利。

2.儿童的发展是生物因素和社会因素多层次的相互结合、相互作用的过程

生物因素是儿童身心发展的生理基础和物质前提；社会因素决定着儿童身心发展的现实水平；儿童的主观能动性对儿童的身心发展有一定的指导和调控作用。

3.儿童具有巨大的发展潜能

儿童具有巨大的发展潜能，在适当的教育环境下，儿童的潜能可以得到及时发掘。

4.儿童的发展具有个体差异

每个儿童都是独特的个体，发展的速度和到达某一发展水平的时间不尽相同，成人应避免用统一的标准去评价儿童，在儿童面前慎用横向比较。

5.儿童的发展是一个整体

儿童的身心各方面是一个整体，对儿童进行的德、智、体、美等方面的教育也应是相互联系的，应使儿童从小获得初步的、全面的发展，不要孤立地只偏重某一方面的发展。

6.儿童通过活动得到发展

儿童在对物体的操作和与人交往的过程中获得认知、情感、社会性、能力、个性等方面的发展，而不是通过静坐，听或看教师的讲解、操作获得发展。

7.儿童是自主建构的个体

儿童是发展的主体，是在主体与客体相互作用的过程中主动建构起对自己、他人及周围环境的认识，而不是被动地发展。

第二节　幼儿园教育中的教师

一、幼儿园教师的含义

幼儿园教师是指在幼儿园履行教育职责，对幼儿身心施行特定影响的专业教育工作者，担负着培养社会主义事业的建设者和接班人、传播精神文明、提高全民族素质的历史使命。从职业分类的角度看，幼儿园教师属于专业技术人员。

二、幼儿园教师的权利与义务

考点1　幼儿园教师的权利

教师的权利是指教师依法行使自己的权利和享有的利益。幼儿园教师作为专业的教育教学人员，在教育教学活动中享有专有的权利。幼儿园教师享有下列权利。

（1）进行保育教育活动，开展保育教育改革和实验的权利。

（2）从事科学研究、学术交流，参加专业的学术团体，在学术活动中充分发表意见的权利。

（3）指导幼儿的学习和发展，评定幼儿成长发展的权利。

（4）按时获取工资报酬，享受国家规定的福利待遇以及寒暑假带薪休假的权利。

（5）参与幼儿园民主管理的权利。

（6）参加进修或者其他方式的培训的权利。

考点2　幼儿园教师的义务

幼儿园教师的义务就是教师应尽的责任。幼儿园教师应履行以下义务。

（1）遵守宪法、法律和职业道德，为人师表。

（2）贯彻国家教育方针，遵守规章制度，执行幼儿园保教计划，履行聘约，完成工作任务。

（3）按国家规定的保教目标，组织、带领幼儿开展有目的、有计划的教育活动。

（4）关心、爱护全体幼儿，尊重幼儿人格，促进幼儿的全面发展。

（5）制止有害于幼儿的行为或其他侵犯幼儿合法权益的行为，批评和抵制有害于幼儿健康成长的现象。

（6）不断提高思想政治觉悟和教育教学业务水平。

三、幼儿园教师的类型

幼儿园教师有不同类型，比如大班教师、中班教师、小班教师，主班教师、辅班教师、保育员等。从幼儿园教师个人的专业发展阶段来看，幼儿园教师一般可分以下四类。

1.新手型幼儿园教师

新手型幼儿园教师主要是指走上工作岗位1~3年的教师或是处在见习阶段的新教师。新手型幼儿园教师的主要特点是教学经验不足，在教育教学理念和方法上需要继续学习提高，如他们制定的教学计划烦琐而机械，调节、控制、评价和反馈课堂教学的能力欠缺，也没有形成常规性的课后反思习惯。新手型幼儿园教师需要通过培训学习、集体学习、师徒结对、观摩听课、分散自学、岗位实践等多种形式来提升自己。

2.成熟型幼儿园教师

成熟型幼儿园教师是指教龄在3~5年或以上的青年教师。这种类型的教师已经顺利地度过新手型教师阶段，具有了一定的教学经验，对幼儿园保教内容、特点比较熟悉，基本掌握了各种活动组织和实施的规律与特点，能初步运用心理学、教育学的基础理论来指导保教实践。成熟型幼儿园教师需要通过基础培训、问题研究、课题研究、技能训练、骨干引领等不同形式的培训与自学来不断提升自己。

3.骨干型幼儿园教师

骨干型幼儿园教师是指教龄在6~12年的青年教师。这种类型的教师有丰富的教学和管理经验，形成了自己初步的教育教学特色，对幼儿身心发展特点比较熟悉，并能按照这些规律和特点开展各种活动，有较强的教研、科研能力。骨干型幼儿园教师需要选择富有教育教学经验的高级教师担任导师，在理论学习、教育科研、专业发展等方面进一步提升自己。

4.专家型幼儿园教师

专家型幼儿园教师是指已获得各类"名师""学科带头人"等称号的教师。这种类型的教师已形成了自己独特的教学风格和教育理念，在园本教研活动中能起到示范作用，在解决教学领域内的问题时富有创造力和洞察力，在专业研究方面有一定成果，在一定区域内的学前教育界有一定的知名度。专家型幼儿园教师需要通过教研活动、专业理论研究、向更高层次的专家学习等形式，把专业理论与保教实践有机地结合起来，不断提升保教效果，提高保教质量。

四、幼儿园教师的劳动特点

1.劳动对象的主动性和幼稚性

在教育教学过程中，幼儿既是教师的教育对象，又是和教师平等的学习主体。面对教师所施加的各种影响，幼儿并不是消极被动地完全接受，而是通过自身的内部作用主动选择和接受，进而形成自己的知识经验和思想感情。

幼儿园教师的劳动对象是年龄在0~6岁的幼儿，这一年龄段的幼儿正处于人生的早期阶段，身心发展刚刚起步，极为不成熟，是非常幼稚的。幼儿园教师必须尊重幼儿的意愿和兴趣，在教育的目标、内容、方式、方法上要充分考虑幼儿当前的身心发展状况，只有这样才能更好地引导幼儿向前发展。

2.劳动内容的全面性和细致性

在幼儿园中，幼儿园教师需要全面负责幼儿的整个活动，不仅要照料幼儿的生活起居、饮食睡眠，指导他们进行体育锻炼，关心他们的身心健康，还要指导他们开展游戏、上课、劳动、散步等各项活动，促进他们在身体、智力、品德等方面的发展。幼儿园教师劳动任务的全面性还表现在要关心、帮助每一位幼儿获得全面发展。

由于幼儿年龄较小，独立生活能力较差，因此幼儿园教师需要细心地照顾他们的生活，还要时时注意他们的身体健康情况。此外，幼儿教师还要细致地指导他们在智力、情感、人格、社会性等方面的发展。因此，幼儿园教师的劳动任务也应当非常细致。

3.劳动手段的主体性和示范性

在教育教学过程中，幼儿是"学"的主体，教师是"教"的主体。幼儿知识的习得、能力的培养、品德的塑造、行为习惯的养成，很大一部分是通过对幼儿园教师的直接模仿而获得的。因此，幼儿园教师的劳动手段带有很强的主体性。

幼儿学习的模仿性、向师性以及他们认知过程和心理过程的特点决定了幼儿园教师劳动极具示范性。幼儿对幼儿园教师有一种特殊的信任和依赖之情，他们获得知识经验往往是通过对教师的模仿来进行的。因此，幼儿园教师必须充分意识到身教重于言教的意义，做到身体力行，以身作则，在思想情感、言论行动或立场观点等方面为幼儿做好榜样。

4.劳动过程的创造性和灵活性

幼儿园教师面对的是千差万别的幼儿。每个幼儿都有着不同的家庭生活环境和经历，有着各自不同的兴趣、爱好和性格，发展水平和发展优势领域也不同。因此，幼儿园教师劳动的创造性首先表现在对不同的幼儿区别对待和因材施教上。教师要针对幼儿的个别差异，提出不同的要求，采取不同的方法，创造性地开展工作。

幼儿园教师劳动具有极大的灵活性，首先表现在对教学内容的加工和处理以及对教育教学方法的选择和运用方面。在幼儿园教学活动中，幼儿园教师不能机械地照搬教材，也不能采用固定不变的教学方法，而是要根据教学目标、幼儿的身心发展水平、幼儿园的现有教学设备条件等方面的具体情况，灵活地对教学内容进行再加工和改造，对教学方法进行选择和运用，以获得最佳的教学效果。其次，幼儿园教师劳动的灵活性也体现在教育机智方面。教育机智是指教师对于突发性的事件迅速做出恰当处理的随机应变能力。教育过程中充满教育者不可控的因素，事先预料不到的情况也会经常发生，这就要求教师要能够随机应变，善于观察幼儿的细微变化，机智地采取措施。

5.劳动周期的长期性和滞后性

幼儿园教师劳动的任务是把幼儿培养成为社会所需要的人，而人的成长是一个长期的过程。对幼儿来说，知识经验的积累、智力的提高、道德观念或行为习惯的养成、健全人格的形成、审美情趣的陶冶等都是一个逐步的、长期的过程。因此，幼儿教师的劳动具有长期性。

幼儿园教师劳动周期的长期性决定了幼儿园教师劳动效果的滞后性。幼儿园教师的劳动效果难以在短时间内显现出来，而是需要经过一个漫长的时期才能显现。幼儿园教师的劳动效果往往是通过幼儿进入小学、中学、大学后的表现和将来参加工作后取得的成就体现出来。

考题再现

【2019/2018·长沙望城/怀化溆浦·简答】幼儿教师的劳动和其他劳动相比，具有哪些特点？

【参考答案】见上文。

五、幼儿园教师的角色

考点1　幼儿园教师角色的含义

幼儿园教师的角色是指幼儿园教师在学前教育过程中所扮演的社会身份，反映了他自身的儿童观、教育观。幼儿园教师具有教育者、合作者和研究者三种基本角色。

考点2　现代幼儿园教师的职业角色

1.幼儿园教师是教育者

幼儿园教师的教育者角色体现在以下几个方面。

（1）幼儿园教师是物质环境的提供者和组织者。

（2）幼儿园教师是幼儿的细心观察者和记录员。

（3）幼儿园教师是幼儿的榜样和示范者。

（4）幼儿园教师是幼儿学习的指导者。

（5）幼儿园教师是问题的设计者和探索者。

（6）幼儿园教师是教室文化和课堂气氛的营造者。

（7）幼儿园教师是公共关系的调节人。

2.幼儿园教师是幼儿游戏的伙伴

游戏是幼儿的基本活动，也是幼儿园教育的基本途径与方法。幼儿园教师应主动参与到幼儿的游戏中，和幼儿一起准备材料、设计情节、做游戏，并帮助和引导幼儿协调矛盾，使幼儿在不知不觉中接受教师的指导。幼儿游戏的伙伴是幼儿园教师重要的角色之一。

3.幼儿园教师是幼儿的第二任母亲

幼儿教育机构是幼儿遇到的第一个社会性机构，可以说是幼儿迈向社会的第一站。幼儿缺乏生活经验，身心发展水平较低，对成人的依赖性还很强。因此，幼儿园教师要善于满足幼儿的需要，做他们的亲人，成为他们尊敬和爱戴的长者。

4.幼儿园教师是幼儿的知心朋友

幼儿园教师要善于做幼儿的知心朋友，要能够获得幼儿的信任和喜爱，这样才能洞察幼儿的内心世界，了解幼儿的喜与忧，有针对性地帮助幼儿，使幼儿能对周围的世界保持积极的情感体验，形成健康的自我。

5.幼儿园教师是研究者和理论的建构者

幼儿园教师应成为教科研活动中的一员。在实践中不断地反思，积极参与教育科学研究，善于以理论指导实践，同时也要能及时把经验上升到理论，使理论和实践相互促进，这样才能使自己的工作保持活力和生机，才能实现自身的专业化发展。

考点3　幼儿园教师的职业角色特点

幼儿园教师的职业角色特点包括以下三点。

（1）教师是儿童一日生活的支持者、引导者和组织者。

（2）教师是儿童社会沟通的中介者。

（3）教师是社区资源的整合者。

六、幼儿园教师的专业素养

考点1　幼儿园教师的职业道德

1.热爱幼儿，热爱幼儿教育事业

热爱幼儿是幼儿园教师最基本的品质，对幼儿没有真正的爱，就不会有真正的教育。幼儿园教师热爱幼儿不是出于个人情绪的偏爱、个人的好恶，而是理智的爱、尊重的爱、严格的爱。这就要求幼儿园教师在日常的活动中要对幼儿有爱心、耐心、热心、细心、童心和责任心。

（1）爱心

教师热爱和关心幼儿的程度对幼儿的发展影响极大。爱心是教育幼儿的前提，能促进幼儿身心健康发展，使幼儿感受到幼儿园像家庭一样温暖，从而愉快地参加活动和接受教育。

（2）耐心

由于身心发展阶段的特点，幼儿的求知欲和好奇心表现得尤为突出。当幼儿问"为什么"的时候，教师应耐心地引导幼儿自己去发现。

（3）热心

幼儿园教师不仅要在幼儿园一日活动中对幼儿热心，还要在日常与家长的接触中主动与其交流幼儿在园的具体表现，使家长更进一步地了解孩子，从而能在家庭教育中对幼儿存在的不足有针对性地进行教育。

（4）细心

在幼儿园中，教师会面对幼儿的各种问题，包括吃饭、睡觉、如厕以及午睡后的梳头发、剪指甲等。每一件事情都需要幼儿园教师细心的教育。

（5）童心

童心是教师通往每个幼儿心灵世界的桥梁。一位好的幼儿园教师会带着一颗纯真的童心，积极参与幼儿的活动，和他们一起做游戏、讲故事，是幼儿游戏的伙伴。在这种平等关系中，教师能够和幼儿之间产生情感上的交流，引起幼儿内心的"共鸣"，同时教师会在生活中发现每一个幼儿身上的闪光点，为教育工作奠定良好的基础。

（6）责任心

幼儿园教师只有拥有责任心，才能使幼儿免受伤害。例如，在幼儿入园的环节中，作为一名有责任心的教师，应该严格按照规定对每个幼儿进行晨检，仔细观察幼儿的精神状况，发现问题及时进行处理。

2. 良好的身心素质

（1）健康的身体素质

健康的身体是教师做好幼儿教育工作的保证。身体素质包括良好的生活和卫生习惯、浓厚的体育活动兴趣、正常的发育、良好的体能及健康的体质等。幼儿园的工作特点决定了幼儿园教师既要付出脑力劳动，又要付出体力劳动，劳动强度较大。因此，幼儿园教师要掌握个人卫生保健知识，养成良好的生活卫生习惯，加强体育锻炼。

（2）稳定、乐观的心理素质

幼儿园教师作为幼儿发展的重要他人，作为幼儿观察、学习、模仿的榜样，自身的情感、个性、性格等心理素质也非常重要。一名优秀的幼儿园教师应当具有宽阔、慈爱的心胸，主动的精神，乐观的心态，稳定的情绪，丰富的感情，活泼开朗的性格，良好的行为习惯等。这样的教师容易与幼儿打成一片，接纳幼儿，并潜移默化地让幼儿受到教师的感染，有利于幼儿身心的成长。

3. 对待教师集体和家长要互相尊重

一方面，处理好个人与个人、个人与集体的关系是幼儿园教师职业道德中的一项重要内容。幼儿园教师对待同事应互相尊重，看到别人的长处，虚心学习，互相协作，互相团结，这样才能形成良好的集体，才有利于教育目的的实现。

另一方面，家长的配合是了解幼儿、促进幼儿健康发展、提高教育效果的重要条件。幼儿园教师应该尊重幼儿家长，理解他们对子女的关心和期望的心情，与家长多交流孩子各方面的情况，以便家长与幼儿园更好地配合，并参与教育工作。

4. 有高尚的道德品质，以身作则

教师是人类灵魂的工程师，是精神文明的播种者。幼儿的模仿性强，教师的行为举止就是他们直观的、活生生的学习榜样。因此，幼儿园教师要严格要求自己，做到思想进步、言行一致。

考点2 幼儿园教师的专业知识

1.广博的科学文化知识、艺术知识

为了做好教育、教学工作，启迪儿童的心智，培养儿童的品德，提升儿童的修养，幼儿园教师必须具有广博的科学文化知识、艺术知识，以便能够通过具体的手段来启发、引导儿童。

2.必备的学前教育专业学科知识

幼儿园教师除了必须具备基本的教育科学知识，如教育学基本理论、心理学基本理论、教师职业道德等，还必须掌握学前教育学、学前儿童卫生学、幼儿园教育活动设计与指导、幼儿园课程、学前教育评价等学前教育方面的专业知识。此外，为了充分发挥家庭和社区的教育力量，幼儿园教师还必须具备一定的教育社会学、教育文化学、教育人类学等方面的基础知识。

3.广泛的实践知识

实践知识是教师在日常教育、教学实践过程中，通过尝试、感悟、反思等形成的知识，是关于"如何做"的知识，具有个体性和实践性的特点。幼儿园教师应在实践知识的基础上形成自己独特的教学实践智慧。这是教师采取适宜的方式，对儿童学习科学知识和形成完整人格加以引导的知识和能力。幼儿园教师具有实践知识能够促使理论更好地指导实践或将理论转化为具体的实践行为。

考点3 幼儿园教师的专业能力

1.观察能力

幼儿园教师的观察能力主要是指对幼儿直觉的、原样的、不加任何操作的自然观察能力，分为随机观察能力和有计划的观察能力两种。

（1）随机观察能力

随机观察能力是指教师事先没有计划，在一日生活的真实场景中对随机发生的事件的观察能力。随机观察能力体现了幼儿园教师的教育素养、教育机智。随机观察能力的提高要求教师在幼儿园日常生活中不断积累经验。如在开展小组操作活动，教师进行巡回指导时，就需要仔细观察每个幼儿的动作、面部表情，用心去体会幼儿行为背后的实际意义和原因，对不同幼儿采用不同的指导方式，使每个幼儿都能主动地参与到活动中来。

（2）有计划的观察能力

有计划的观察能力是指教师在自然条件下，有目的、有计划地观察、记录幼儿的语言、行为等表现。幼儿园教师进行有计划的观察要做到以下几个方面：首先，保持敏锐的洞察力；其次，有较强的分析综合能力；最后，对观察结果进行及时分类、记录、总结，将其转化为有价值的信息并记录在案。

2.沟通能力

教师的沟通能力主要包括教师与幼儿、教师与家长的沟通能力和促进幼儿之间相互沟通的能力。

（1）教师与幼儿的沟通

教师与幼儿的沟通主要有以下四种方式。

①目光沟通。目光沟通在教师与幼儿之间起着不同的作用。当教师对个别"调皮"或"犯错误"的幼儿进行批评时，不要当着全班其他幼儿的面，而应投以责备的目光以提醒正在犯错误的幼儿；当幼儿对某项活动或某种问题有兴趣时，教师应投以充满肯定、赞许的目光以提高幼儿的自信心；当幼儿获得某种荣誉时，教师应投以鼓励的目光，以激励幼儿再接再厉。

②动作沟通。教师的点头、抚摸、握手、拥抱、蹲下与幼儿交流等动作，远比言语更容易表达教师对幼儿的尊重、关心、爱护和肯定。

③语言沟通。教师与幼儿交谈时，要在抓住机会、选择话题、引发和继续谈话、激发和保持幼儿谈话的兴

趣与积极性等环节上下功夫。

④面部表情沟通。教师在与幼儿的接触中，总是以严肃的面孔出现在幼儿面前，会导致幼儿产生约束感、紧张感。教师应和蔼可亲，面带微笑，主动与幼儿打招呼、讲话，形成一种幼儿有话想说、有话敢说的良好氛围。这样教师才能更好地开导幼儿，更好地和幼儿进行沟通。

教师在与幼儿沟通时应注意以下几点。

①熟记幼儿的名字。熟记幼儿的名字是教师与幼儿沟通交流的第一把钥匙，也是进行沟通的基础。

②选用适当的语言。教师在与幼儿沟通时，不要用生疏的字、词、句与幼儿交流，应选择幼儿容易听懂的字、词、句作为与幼儿交流的媒介，用词要准确，句子表达要完整、具体。

③眼光要与幼儿直接接触。在与幼儿进行交流与沟通时，教师的视线要与幼儿平行，最好的办法就是蹲下来与幼儿交流，让幼儿感觉教师重视他，与教师处于平等的位置。

④语调语速要适当。对幼儿而言，教师语调的抑扬顿挫使交流效果更好，更能激起幼儿交流的兴趣和愿望。同时，与幼儿沟通时的语速要适中，不能太快，也不能太慢。此外，交流时的音量也要适当。

⑤语气要和善。教师与幼儿沟通时，语气是否和善对沟通起着至关重要的作用。和善的语气会使幼儿感到亲切，更容易接受，这样能达到较好的沟通效果。

⑥善于倾听。在与幼儿交流的过程中，教师要学会倾听，善于用心倾听幼儿的心声。

⑦以鼓励、肯定、引导为主。教师在与幼儿沟通时，要充分肯定幼儿身上的闪光点、进步和成绩，这样会使他们感受到教师对自己的爱和信任，对教师提出需要改进的方面就更加重视，并欣然接受。

（2）教师与家长的沟通

家长作为教师的合作者加入教育者一方，共同对受教育者——幼儿施教。但是这一合作能否取得成功受到许多条件的制约，其中教师与家长的沟通是最重要的制约条件之一。教师与家长沟通需注意以下几点。

①本着关心幼儿成长的目的，确立平等信任的态度。

②掌握沟通的技巧。

③利用多种形式与家长沟通。如教师可利用家长接送幼儿的时间，与其短暂交谈，或采取家访、家园联系手册等方式与家长联系。

（3）促进幼儿之间的沟通

幼儿之间的沟通受到他们社会性发展、语言发展等方面的制约，需要教师有意识地进行帮助。

①幼儿之间的口语沟通。幼儿之间的交谈能极大地促进幼儿社会性、智力、语言的发展。促进幼儿之间的交谈需要发展他们自我表达和理解他人的能力、听和说的能力。

②幼儿间冲突的解决。幼儿间的冲突是其沟通不畅的最激烈的表现形式，多发生在物的分配或活动机会的选择上，正确认识和对待幼儿的冲突是教师的基本技能之一。

3.教育教学能力

（1）理解和把握幼儿心理的能力

教师应具备一定的幼儿教育、心理的知识，把握幼儿心理发展动向和发育成长的特点、规律，有的放矢地开展教育教学活动。

（2）设计和组织教育活动的能力

设计和组织教育活动的能力包括制订一日活动计划、设计教育活动等涉及的能力，恰当地利用各种组织形式与幼儿有效地互相作用的组织教育活动的能力，分层次指导幼儿的个别教学能力，指导游戏的能力，随机教育的能力等。

（3）教育教学监控能力

教育教学监控能力是指在教育教学过程中，教师密切注意幼儿的反应，努力调动他们的学习积极性，随时准备有效应对活动中的偶发事件；对自己的教学进程、教学方法、幼儿参与和反应等方面随时保持有意识的反省,并能根据这些反馈信息及时调整自己的教学活动,使活动达到最佳效果的能力;对教育活动中出现的突发情景做出迅速反应,果断决策,灵活处置的能力;根据幼儿的特点和需要给予适宜的指导,并能引发和支持幼儿的主动活动,引导幼儿在游戏活动中获得多方面发展的能力等。

(4)创设和利用环境的能力

教师要善于调动幼儿参与环境创设的积极性,充分利用已有的空间和材料设施,创造性地使用废旧材料和自然材料,为幼儿创设活动化的物质环境。此外,教师还要为幼儿营造轻松愉快、富于安全感、充满爱心的心理氛围。

(5)教学评价能力

幼儿园教师应掌握教育评价的标准与方法,具备开展保教活动评价的能力,正确公正地评价幼儿。

4. 科研能力

幼儿园教师扮演着研究者的角色,这就要求幼儿园教师必须具有一定的科研能力,成为实践型教师或学者型教师。幼儿园教师的教育科研能力包括主动获取处理信息的能力、研究幼儿心理行为问题与教育策略的能力、归纳分析的能力等,也包括总结、撰写教育经验与科研论文的能力。

5. 自我学习能力

幼儿园教师在踏踏实实做好保教工作的同时,要具有自我学习、自我提高的能力,能够不断更新教育理念,不断学习、探索新知识,提高自身的业务水平和文化程度,不断地对自我及教学进行积极、主动地计划、检查、评价、反馈、控制和调节,在反思中不断成长。

6. 意外事故急救和处理能力

幼儿园一日生活中难免出现意外伤害事件,如烫伤、摔伤或者一些急性疾病的发作等,需要幼儿园教师及时发现、辨别和及时准确地处理。因此,幼儿园教师应具备基本的幼儿疾病和意外伤害的急救、处理能力。

7. 信息技术能力

幼儿园教师信息技术素养是教育信息化对教师的要求。随着网络信息技术的发展,"互联网+学前教育"势在必行。幼儿园教师应能熟练操作信息化设备、设施,并合理利用多媒体进行幼儿园教育、教学活动,以丰富教学形式,方便幼儿园各项工作的开展。

七、幼儿园教师专业发展

考点1 幼儿园教师专业发展的含义

幼儿园教师专业发展是指幼儿园教师作为专业人员,通过持续的学习,专业思想、专业知识、专业能力、专业心理品质等方面由不成熟到成熟,进而实现专业自我成长的过程,即由一个专业新手成长为专家型教师或教育家型教师的过程。

考点2 幼儿园教师专业发展的阶段

从个人发展的角度出发,幼儿园教师自身专业化发展可以分为以下几个阶段。

(1)顺应阶段。在这一阶段,最关心的问题是如何尽快进入角色,克服目前的困难,摆脱混乱的局面。

(2)适应阶段。在这一阶段,基本克服了原先的焦虑和无助,对幼儿的行为特征与能力有了初步的了解,可以判别与处理幼儿的一般问题,开始能够掌握和"控制"局面。

(3)发展阶段。在这一阶段,渴望新鲜刺激,开始关注幼儿教育的新趋势、新观点以及新方法,同时收集、研究新的教学内容和材料,以调整、更新和充实自己,改革和发展课程。

(4)专业化阶段。在这一阶段,对幼儿发展的知识和幼儿教育原理的理解已经达到相当的水平,习惯于自我反省、思考,也喜欢探索创造。

考点3　幼儿园教师专业发展的途径

幼儿园教师的专业发展的基本途径包括以下几个方面。

1.职前教育——接受幼儿师范教育

在3~5年的幼儿师范学校专门训练中，未来的幼儿教师要学习从教必需的知识、技能，对教师行为规范有一定的了解和认识，知道哪些行为是正确的，哪些行为是错误的，对自己将要承担的教师角色身份有全面而正确的认识。

2.入职教育——新教师培训

刚步入幼教行业的新教师由于教学技巧不熟练，面对幼儿的反应常常会不知所措。这个阶段教师经受压力及教学挫折都是正常现象，这并不是其不能胜任幼教工作的征兆。当新教师遇到挫折时，园长或园内资深教师应给予现场辅导，帮助他们解答对于幼儿行为问题及教学上的疑惑，给予精神上的鼓舞与肯定。通常采用的方法有以下几种。

（1）观摩和分析优秀教师的教育教学活动

课堂教学观摩可分为组织化观摩和非组织化观摩。一般来说，培养新教师宜用组织化观摩，这种观摩既可以是现场观摩，也可以是观看优秀教师的教育教学录像。非组织化观摩要求观摩者有相当完备的理论知识和洞察力，否则难以达到观摩学习的目的。

（2）微型教学

微型教学是指以少数幼儿为教育教学对象，在一定的时间范围内（5~20分钟），让教师尝试进行小型教育教学活动，并把这种活动过程摄制成录像进行分析。微型教学使新教师对于分析自己的教育教学行为更加直接和深入，增强了改进活动组织的针对性。

（3）反思研究

反思是教师着眼于自己的活动过程来分析自己做出某种行为、决策，以及这种行为、决策所产生的结果的过程，是一种通过提高参与者自我觉察水平来促进能力发展的手段。

3.职后教育——在职进修

幼儿园教师的职后教育的主要形式就是在职进修。教师的业务进修主要包括自学、定期脱产进修、参加教研活动，如观摩、相互研讨、参加教育专题研究、在幼儿园调查研究，运用教育理论审视自己的教育实践，发现问题、分析问题、解决问题等。

第三节　幼儿与教师

一、师幼关系的含义

师幼关系是教师与幼儿在共同的教育、教学活动中，通过相互的认知、情感和交往而形成的一种人际关系。这种关系建立在共同生活的基础上，是在共同的交往中形成的，是师幼互动的结果，是幼儿教育过程中最基本、最重要的人际关系，既体现出师幼各自的地位和作用，又体现出二者之间互动联系的方式与性质。因此，良好的师幼关系不仅影响着幼儿自我的发展、行为的建构和个性的成长，还能够使教师自身在活动的反思中得到提高和完善。

二、优质师幼关系的特征

1.互动性

师幼关系的互动性体现在相互性和双向性上。教师与幼儿真正的互动是一种双向的交流活动,在活动中进行沟通、交流、理解,彼此都表达自己的情感、体会、态度,并对对方产生一定的影响。教师不仅是问题的提出者、建议者、陈述者,也是接收者、倾听者;幼儿既是问题的接收者、回答者、执行者、倾听者,又是发问者、建议者、陈述者。

2.民主性

民主性是指在幼儿园教育过程中使幼儿常常感受到教师的民主作风。民主性表现在教师与幼儿自由交流、讨论,共同制订活动计划和规则,以平等的身份参与幼儿的探索活动。只有在民主的师幼关系中,教师才能找到自己角色的正确定位,才能通过自己的主导作用激发幼儿的主动性,真正发挥师幼关系的互主体作用。

3.分享性

优质师幼关系是主体之间的一种相互理解、融通、分享的关系。主体间相互认识、相互理解。只有在相互分享的人际关系中,教师才能尊重幼儿个体的差异性,充分认识不同幼儿的兴趣、需要和能力,在面向全体幼儿的同时做到因材施教,促进每个幼儿富有个性的发展。

考题再现

【2021·永州祁阳·判断】良好的师幼关系是主体之间的一种相互理解、融通、分享的关系。　　　　　（　　）

【答案】√。

三、建立良好师幼关系的策略

1.尊重幼儿作为一个"人"的完整人格和权利

幼儿是发展中的个体,教师要了解他们的身心发展规律,尊重他们的能力和个性,尊重幼儿作为一个独立的社会成员的尊严和权利,创设一个平等、民主、宽松的教育环境。在教学过程中,教师应该用积极向上的思想鼓励、引导、尊重幼儿,促进其身心和谐发展。

2.关心爱护幼儿,悉心呵护幼儿

教师要悉心呵护每一位幼儿,用爱心去激发幼儿的热情,获得他们的喜欢。比如,入园时,教师可以微笑着迎接每一位幼儿,抱抱、亲亲他们的小脸,摸摸他们的小手;在一日活动过程中,用通俗易懂的、富于童趣的儿童语言来沟通交流,和他们一起唱歌、搭积木、玩娃娃等,把爱渗透到每个生活环节中。

3.经常与幼儿交谈,建立平等的"对话"关系

师幼关系以教师与幼儿之间一定的互动或交往活动为基础。在日常生活中,教师应针对幼儿感兴趣的事物、话题与幼儿进行平等、真诚的交谈和对话。注意与幼儿谈话的方式方法,采用友好、积极、礼貌的态度,同时尽可能寻求与幼儿单独交谈的机会。

4.适时参与幼儿的活动,营造民主氛围

在幼儿自主的活动中,教师不能只是一个指导者、顾问,教师要主动参与到幼儿正在进行的活动中,成为幼儿的一个玩伴。教师要以积极的态度关注幼儿的一举一动,珍惜幼儿的每一次劳动成果和心灵感受,与他们共同分享、体验在活动中产生的激动和好奇。

5.与幼儿建立良好的个人关系

个人关系并不妨碍教师与幼儿的整体关系,也不会涉及其他方面的因素。相反,教师与个别幼儿的关

系,尤其是与班级里较为典型、特殊幼儿的关系,常常会无形中影响到教师与其他幼儿之间的关系,所以教师应该设法与个别幼儿建立良好的个人关系。同时,教师也不能忘记与其他幼儿建立良好的关系,千万不能出现极为偏爱某个或某几个幼儿的现象。

6.积极回应幼儿的社会性行为

教师要认真观察幼儿的行为,倾听幼儿的心声并积极给予回应。要注意培养幼儿的亲社会行为,培养幼儿友善、合作的态度。对待幼儿的攻击性行为,教师不宜采用粗暴或冷处理的做法。

四、幼儿与教师的相互作用

教师和幼儿的相互作用主要是通过教师的"教"和幼儿的"学"得以发生的。"教"与"学"是构成幼儿园教育过程中核心的环节,教育能否达到目的,也取决于"教"与"学"相互作用的质量。

考点1 教师"教"的活动

教师的"教"就是教师对幼儿施加教育影响的过程。其主要通过两种途径进行:一是直接"教",二是间接"教"。(见表1-4-1和表1-4-2)

表1-4-1 直接"教"的方式

直接"教"的内涵	教师按照教育目的,直接把教育的内容传递给幼儿
直接"教"的适用情况	(1)对幼儿进行优秀文化传统的教育。 (2)规定必要的行为规范、行动规则。 (3)教给幼儿必需的知识或概念,某些技能、技巧等
直接"教"的优点	(1)教师直接"教"的时候,教育内容、方法、步骤等都按照教育目标进行了精心设计。这种方式清楚明确、系统有序、省时经济。 (2)操作起来有一定的模式可循,新教师能较快地掌握操作方法
直接"教"的缺点	(1)幼儿缺乏知识和经验,对言语的理解能力又有限,因此对"教"的内容不容易真正掌握。 (2)教师与幼儿之间难以形成双向交流。 (3)幼儿自主学习的机会少,其主动性、创造性难以得到发展

表1-4-2 间接"教"的方式

间接"教"的内涵	教师不是把教育要求直接讲给幼儿听,而是通过环境中适当的中介,如利用环境中的玩具、榜样、幼儿关心的现象或事件的作用等,迂回地达到教育目的
间接"教"的优点	(1)能较充分地发挥幼儿的自主性。 (2)适合幼儿好奇、好动、好创造的特点。 (3)教师与幼儿的交往机会大大增加。 (4)接近幼儿的生活
间接"教"的缺点	(1)获得的知识、经验容易变得零乱、琐碎、表面、缺乏系统性。 (2)间接指导比直接指导困难得多,对教师来说有一定的难度

教师是"教"的活动的领导者、组织者。在备课或活动准备阶段,教师以幼儿为调查研究的对象,根据幼儿的发展水平、兴趣、需要、经验等来计划活动、制订教案、创设环境;在活动过程中,教师有目的、有计划地对幼儿施加教育影响,并根据幼儿的反馈主动调整"教"的内容、方式,调整环境,控制活动的进程,控制整个教育过程的走向,引导幼儿向着目标要求的方向发展。因此,在"教"的活动中,教师是"教"的主体,而

幼儿则是教师"教"的对象，是教育的客体。

考点2　幼儿"学"的活动

教师的"教"是为了幼儿的"学"，如果幼儿不学，或者学了没有效果，那么教育就失败了。因此，要有效地"教"，就必须了解幼儿学习的规律和特点。

1.幼儿是自身学习的主体

无论教师是直接地"教"，还是间接地"教"，幼儿都是自身学习的主体。对教师所教的内容，幼儿是否接受、接受到什么程度，主要依赖于幼儿的兴趣、经验、认知能力、情感等，而不是取决于教师的意志。

2.幼儿的"接受学习"和"发现学习"

"接受学习"是指学习者主要通过教师的言语讲授获得知识、技能、概念等的学习方式。教师能按照幼儿的身心特点来组织活动，幼儿能够发挥主体性，学得有兴趣，能将教师传授的东西积极地消化、吸收，转化为自己的东西，而不是死记硬背，幼儿这样的学习就是主动的、有意义的学习。

"发现学习"是指幼儿通过动手操作、与人交往等去发现自己原来不知道的东西，从而获得各种直接经验、体验以及思维方法的学习方式。

在幼儿期，"发现学习"是比"接受学习"更适合幼儿的一种学习方式，有利于发挥幼儿的主体性。如激发幼儿的学习动机，发展其分析和解决问题的能力，培养其主动参与的积极态度等。

3.影响幼儿学习的内外因素

影响幼儿学习的外部因素主要有家庭条件、幼儿园教育水平、幼儿园的环境条件等。影响幼儿学习的内部因素主要有两方面，即智力因素和非智力因素。二者相互联系、相互依存。

考点3　促进教师与幼儿相互作用的策略

1.充分发挥教师的主导作用

教师应当是在教育过程中一直起主导作用的一方。这一主导作用表现为无论是直接"教"还是间接"教"，教师都始终控制着教育过程的方向，引导幼儿向着教育目标要求的方向发展。这不仅仅体现在教师对教学内容的组织、教学过程的控制上，还体现在教师的仪表、言谈举止、行为习惯、个性等对幼儿的影响上。

教师的主导作用与幼儿是学习的主体并不矛盾。教师的主导作用正是通过激发幼儿主动学习，引导和促进幼儿积极地与环境相互作用而体现出来的。

2.直接"教"要注意的问题

（1）变单向的"教"为双向的交流

为改变教师单方面讲、幼儿只用耳朵听的单一模式，教师应使用启发式教学，多给幼儿发表意见、提问、师生讨论的时间；注意根据幼儿的反馈灵活地调整教育方法和自己的教育行为；多利用小组、个别活动，多利用一日生活环节中的大量机会，与幼儿接触，一对一交往。

（2）变单一的言语传授为多样化的教育手段

为改变单一的言语讲授，教师应当重视使用非言语的身体动作、表情等。如对幼儿点点头表示肯定，拍拍肩表示鼓励，微笑以示赞赏等。教师要多使用简单有趣的直观教具和材料。教师具体形象的演示要和幼儿的动手操作相互配合，而不是教师做、幼儿看。教学方法要多样化，让幼儿除听之外，还能有操作、练习、模仿、实践的机会，通过看看、说说、做做、玩玩，消化、理解所学的间接经验，并转化为自己的直接经验。

（3）重视情感效应

教师对幼儿的情感态度是影响幼儿是否听教师的话、是否专心参与活动的重要因素。幼儿如果受到教师的批评、指责远远多于鼓励、表扬,其学习情绪、自尊和自信都会受到损害。

（4）重视幼儿的个别差异,因人施教

教师必须避免过多地采用集体活动的形式。如让能力不同的幼儿分组或个别学习,允许他们用不同的时间完成同一学习活动,或给他们安排不同难度的任务;针对幼儿的不同特点和需要设计多种活动,让幼儿能按自己的喜好自主选择适合的活动。

（5）重视随机的"教"

直接"教"的方式绝不只限于集体活动中。灵活地利用一日生活中的各种机会进行自然的、有针对性的"教",往往更切合幼儿的实际,更容易进行个别教育。

（6）直接"教"和间接"教"相结合

直接"教"和间接"教"各有利弊,而两者的优缺点恰恰可以互补。因此,两种方式应当结合起来使用。另外,在教育活动中,幼儿的学习方式是在不断变化的,教师只有把直接"教"与间接"教"两种方式结合起来,才能有效地帮助幼儿学习。

3.间接"教"要注意的问题

（1）与直接"教"的方式相结合

鉴于间接"教"方式的缺点,教师在教学时如果能恰当地结合直接的言语传授,则能提高幼儿掌握知识的准确性、明确性、概括性。另外,教师不能对幼儿放任自流,或者忽视全局,忘记应担负的面向全体的任务。这是缺乏角色意识的表现。

（2）教师正确的角色定位

在使用间接"教"的方式时,教师主要是幼儿活动的观察者、支持者、合作者,只有在需要时才直接给幼儿一些解决问题的提示,提供一些帮助等。

（3）环境要适应幼儿的年龄特点和个别差异

间接"教"的方式是通过环境来实现教育功能的。如果环境不适合幼儿的需要,教育效果也就无从谈起。从幼儿园现状来看,环境创设对年龄特征的关注还不够。活动中满足幼儿个别差异最有效的途径就是活动的形式、内容、材料的多样化,教师指导的个别化、个性化。对那些有特殊需要的幼儿,教师要精心地、有针对性地提供材料和玩具,帮助他们建立与他人的良好关系。

强化练习

一、单项选择题

1."老子打儿子"被认为是天经地义,是家庭的私事,别人无权干涉。这是下列哪一种儿童观的典型表现?(　　)

A.儿童是私有财产　　　　　　　　　　B.儿童是有罪的

C.儿童是小大人　　　　　　　　　　　D.儿童是白板

2.教师对幼儿而言,既是学习的支持者、合作者和引导者,又是(　　　　),还是朋友和知己。

A.生活的保姆　　　　　　　　　　B.生活的导师

C.精神的导师　　　　　　　　　　D.精神的支柱

3.人们描述幼儿教师是幼儿生活中的妈妈、学习中的老师、游戏中的伙伴。这说明幼儿教师的劳动具有(　　　　)的特点。

A.纯真美好　　　　　　　　　　　B.教育效果长期性

C.精神生产　　　　　　　　　　　D.多重角色

二、简答题

1.简述现代幼儿园教师的职业角色。

2.简述如何建立良好的师幼关系。

参考答案及解析

一、单项选择题

1.【答案】A。解析:持有"儿童是私有财产"观点的人认为,儿童是父母婚姻的结晶,产生于母体,归父母所有,是父母的隶属品。持有"儿童是有罪的"观点的人认为,儿童一生下来,就充满罪恶,成人应该对他们严加约束,使儿童能不断地进行赎罪。持有"儿童是小大人"观点的人用成人的标准去要求儿童,儿童被期待像成人一样去行动,充当童工、童农和童商等,使之过快地生长发育。持有"儿童是白板"观点的人认为,儿童生来就是没有原罪、纯真无瑕的存在,反对体罚,主张激励和竞争的教育。

2.【答案】B。解析:幼儿教师不仅是幼儿学习的支持者、合作者和引导者,还需照顾幼儿的生活,是幼儿生活的导师。

3.【答案】D。解析:幼儿教师担任着多重角色,其最大的特点是职业角色的多样性。一般来说,教师的职业角色主要有传道者的角色、授业解惑者的角色、管理者的角色、示范者的角色、家长代理人的角色、研究者的角色等。

二、简答题

1.【参考答案】

(1)幼儿园教师是教育者。

(2)幼儿园教师是幼儿游戏的伙伴。

(3)幼儿园教师是幼儿的第二任母亲。

(4)幼儿园教师是幼儿的知心朋友。

(5)幼儿园教师是研究者和理论的建构者。

2.【参考答案】

(1)尊重幼儿作为一个"人"的完整人格和权利。

(2)关心爱护幼儿,悉心呵护幼儿。

(3)经常与幼儿交谈,建立平等的"对话"关系。

(4)适时参与幼儿的活动,营造民主气氛。

(5)与幼儿建立良好的个人关系。

(6)积极回应幼儿的社会性行为。

第五章 全面发展教育

考情分析

本章内容以识记、理解为主,主要以单项选择题、判断题、填空题的形式进行考查。其中体育、智育、德育、美育的含义与实施途径是重点考查内容。

学习目标

1.识记学前儿童全面发展教育的含义。
2.识记学前儿童体育、智育、德育、美育的含义、目标、内容、实施途径和实施的注意事项。

第一节 学前儿童全面发展教育概述

一、学前儿童全面发展教育的含义

学前儿童全面发展教育是指以学前儿童身心发展的现实与可能为前提,以促进学前儿童在体、智、德、美诸方面全面和谐发展为宗旨,并以适合学前儿童身心发展特点的方式、方法、手段加以实施的,着眼于培养学前儿童基本素质的教育。学前儿童的全面发展教育并不是要求个体在体、智、德、美诸方面齐头并进地、平均地发展,也不意味着个体的各个方面可以各自孤立地发展。不同的学前儿童可能各有所长,在不同的方面有一些突出的表现,但学前儿童各方面的发展应该是和谐的。

对学前儿童实施全面发展教育是我国学前教育的出发点,也是我国学前教育法规所规定的学前教育的任务。

考题再现

【2019·长沙望城·判断】全面发展意味着个体在各方面齐头并进地、平均地发展。 ( )

【答案】×。

二、学前儿童全面发展教育的组成部分

体育、智育、德育和美育是学前儿童全面发展教育的有机组成部分。在幼儿园全面发展教育中,体育的主要任务是保护儿童的生命与健康,促进儿童身体的正常生长发育,增强体质;智育的主要任务是增进儿童对周围环境的认识,发展儿童的智力;德育的主要任务是培养儿童的道德品质以及良好的个性特征;美育的主要任务是培养儿童感受美和表现美的情趣和能力。

体育、智育、德育和美育具有各自的作用和任务,不能相互取代。同时,它们又是相互联系、相互作用的整体。其中,体育是基础,智育是关键,德育是根本,美育是灵魂,四者相辅相成,缺一不可。它们的最终目的是促进儿童身心的全面和谐发展。

第二节　学前儿童体育

一、学前儿童体育的含义、特点

考点1　学前儿童体育的含义

学前儿童体育是指幼儿园进行的遵循学前儿童身体发育规律,运用科学的方法增强学前儿童体质,以保证学前儿童健康为目的的一系列教育活动。学前儿童体育主要对应于五大领域中的健康领域。

考点2　学前儿童体育的特点

学前儿童体育有着不同于中、小学的特点,这是由学前儿童身心发展的特点和规律决定的。具体地说,学前儿童正处于生长发育之中,骨骼和肌肉发育很不成熟,动作还不协调,耐力差。因此,在学前儿童体育中,不宜安排专项技术动作的训练,不宜进行爆发性的肌肉活动,活动强度不宜过大,活动时间不宜过长,活动要求不宜过高。要把良好的生活卫生习惯的培养、参加体育活动兴趣的培养放在重要位置,同时注意为学前儿童提供合理的膳食营养,创造安全卫生的生活环境,充分体现学前儿童体育的生活性、趣味性和游戏性等特点,以达到增强学前儿童体质,保证学前儿童健康成长的目的。

二、学前儿童体育的目标、内容

考点1　学前儿童体育的目标

学前儿童体育的目标是促进学前儿童身体正常发育和机能协调发展,增强体质,增进健康,发展动作,培养良好的生活卫生习惯和参加体育活动的兴趣。

考点2　学前儿童体育的内容

学前儿童体育的内容主要包括开展学前儿童体育活动、科学护理学前儿童生活、做好卫生保健工作和进行学前儿童健康与安全教育四方面的内容。

1.开展学前儿童体育活动

（1）学前儿童体育活动的主要内容

①基本动作。基本动作主要包括走、跑、跳、投掷、钻爬与攀登以及平衡能力。

②基本体操。基本体操包括模仿操、徒手操、轻器械操。

③运动器械的练习。运动器械的练习专指利用运动器械进行的身体练习活动。

④体育游戏。体育游戏应成为幼儿园体育活动的主要内容。

（2）学前儿童体育活动的组织形式

学前儿童体育活动的组织形式包括体操、体育课、户外体育活动、儿童运动会、园外旅行等。

2.科学护理学前儿童生活

科学护理学前儿童生活可以从以下几方面入手。

（1）合乎卫生标准、安全标准及活动要求的房屋、设备和场地

幼儿园场地要求每个儿童占地面积不少于2.5平方米,室内高度至少达3米,保证室内空气良好;室内采光面积为地面的1/5,光线充足适度,以防影响儿童的视力;室内要干燥通风,墙壁以淡色为宜;桌椅等家具高度要适应儿童身高,椅子的高度以儿童写画时双脚能自然着地、大腿基本保持水平状为宜;桌子的高度以儿童写画时身体能坐直,不驼背、不耸肩为宜;床不宜过软,避免儿童产生坐姿不端、脊柱弯曲等问题。

(2)充足的营养和合理的膳食

幼儿园应根据儿童每天所需的营养和食物制作食谱。制作食谱要注意主副食搭配、粗细搭配、荤素搭配等原则,注意食物的色、香、味,以引起儿童食欲,易于消化和吸收。

(3)充足的睡眠

首先,要保证足够的睡眠时间。保证儿童每天睡11~12小时,午睡达2小时左右。午睡时间可根据儿童的年龄、季节的变化和个体差异适当减少。其次,保证良好的睡眠条件。睡眠室保持空气新鲜,室温不宜过高。儿童用的被褥要清洁、柔软、薄厚适宜。最后,培养良好的睡眠习惯。坚持按时、独立、安静入睡,按时起床;睡前小便,睡觉时脱掉外衣;睡眠姿势正确,一般而言,学前儿童以向右侧,双腿自然弯曲的睡姿为宜,不蒙头睡觉,不趴着睡觉。

(4)合适的衣着

儿童的衣服应质地柔软、透气,防止损伤儿童细嫩的肌肤;式样适度宽松,尽量避免给儿童穿紧身衣物,否则不利于儿童的活动及血液的循环;随气温变化及时增减衣物,避免儿童过热和受寒;儿童的衣服、鞋子等要简单实用,方便儿童自己穿脱。

3.做好卫生保健工作

幼儿园是集体教养学前儿童的场所,特别要重视做好卫生保健工作。卫生保健工作的主要内容包括以下几点:①根据儿童不同年龄特点,建立科学合理的一日生活制度,培养儿童良好的卫生习惯;②制订与儿童生理特点相适应的体格锻炼计划,保证儿童户外活动时间,增强儿童抗病能力;③建立健康检查制度,定期开展儿童健康检查工作,建立健康档案。

4.进行学前儿童健康与安全教育

健康与安全教育包括健康生活指导、安全教育、心理健康教育和身体运动指导等方面。其主要目的包括以下几点:①使儿童了解健康生活的基本知识,养成健康的生活习惯;②使儿童了解安全生活的基本知识,培养自我保护的意识与能力;③使儿童心情愉快地生活与学习,形成活泼开朗的性格等。学前儿童健康与安全教育应在儿童一日生活的各种活动中进行。

三、学前儿童体育的实施途径

1.学前儿童体育活动结合日常生活进行
利用一日生活的各种活动教给儿童健康生活的知识技能,培养儿童健康的生活习惯。

2.专门组织的幼儿园体育活动
专门组织的幼儿园体育活动大致可分为正规性和非正规性两种形式。正规性体育活动有体操活动、体育教学活动等,而非正规性体育活动有幼儿园户外体育活动等。

3.组织学前儿童健康教育活动
组织专门的儿童健康教育活动对儿童进行安全教育,培养儿童自我保护意识与能力,培养儿童健康生活的知识技能与习惯。

4.在其他领域的教育活动中渗透体育内容
把学前儿童体育渗透在幼儿园音乐、语言、科学、社会等教育活动中。

四、实施学前儿童体育的注意事项

实施学前儿童体育应该注意的问题包括以下几个方面。

1.注重儿童身体素质的提高

儿童身体素质的提高主要是体质的增强。学前儿童体育应以增强儿童体质为核心。

2.重视培养儿童对体育活动的兴趣和态度

只有儿童积极自主参与体育活动,体育活动的功能才可能实现。体育活动必须重视培养儿童的兴趣和积极态度。

3.专门的体育活动与日常活动相结合

专门的体育活动是增强儿童体质的有效途径,但并不是唯一的途径。要实现体育的目标必须通过多种途径,重视日常生活中的体育。

4.注意体育活动中教师的指导方式

教师在组织儿童体育活动时应采用不同的指导方式。例如,在早操活动中,教师要为儿童进行动作示范;组织体育活动时,教师要充分调动儿童活动的积极性来实现活动目标;体育游戏中,教师则要充分保证儿童的自主性,户外体育活动中要保证儿童自由、安全地活动。

第三节　学前儿童智育

一、学前儿童智育的含义

学前儿童智育就是按照儿童认知发展的特点,有目的、有计划地增进儿童对周围环境的认识,让儿童获得粗浅的知识与技能,发展智力,并培养其认识活动的兴趣和良好的学习习惯的教育过程。学前儿童智育主要对应五大领域中的科学领域和语言领域。

二、学前儿童智育的目标、内容

考点1　学前儿童智育的目标

学前儿童智育的目标是发展儿童智力,培养正确运用感官和语言交往的基本能力,增进对环境的认识,培养有益的兴趣和求知欲望,培养初步的动手探究能力。

考点2　学前儿童智育的内容

1.引导儿童学习周围生活中的粗浅知识,初步形成对一些事物的基本概念。
2.激发儿童的学习兴趣,培养儿童良好的学习习惯。
3.培养儿童的各种能力,重点发展儿童的智力。
4.发展儿童的语言运用能力。

三、学前儿童智育的实施途径

学前儿童智育的实施途径主要有以下两种。

1. 组织多种形式的教育活动,发展儿童智力

游戏和动手操作活动是发展儿童智力的主要途径。儿童的游戏和动手操作活动是儿童认识能力,特别是思维能力产生和发展的基础与源泉。因此,教师应根据儿童不同的年龄特点引导他们开展各种游戏和动手操作活动,在游戏和活动中获得丰富的感性经验,为儿童智力的发展打下良好的基础。

幼儿园教育活动是发展儿童智力的有效途径。幼儿园教育活动是教师精心组织的有目的、有计划地向儿童传授基本知识、发展智力和进行品德教育的专门活动。教育活动的开展应当尽量游戏化,并与儿童动手操作的活动相结合,内容要紧密联系儿童的生活实际,连续活动的时间不能过长。

日常生活活动也是对儿童实施智育的重要途径。学前儿童智育应当渗透在一日生活之中,引导儿童去解决生活中的问题,增进儿童对周围环境的认识等。

考题再现

【2018·怀化溆浦·单选】幼儿智育的主要途径是(　　)。

A.幼儿亲自动手、动脑的实践活动

B.课堂授课

C.幼儿的日常生活活动

D.教师示范

【答案】A。

2. 创设宽松、自由的环境,让儿童自主活动

儿童智力的发展与环境关系密切。儿童只有在一个宽松、自由的环境里,才能够自由思考、自由活动、自由地表达自己的意见和要求、自由地想象和创造,才能自己选择、自己探索,智力才能得到发展。

四、实施学前儿童智育的注意事项

实施学前儿童智育应该注意的问题包括以下几个方面。

1. 处理好智力与知识技能之间的关系

知识、技能是智力发展的基础,智力发展又是获得知识与技能必备的条件。知识的贫乏与浅薄不利于智力的发展,而智力的高低决定掌握知识的深度和运用知识的灵活程度。

2. 重视儿童非智力因素的培养

非智力因素是指不直接参与认识过程的心理因素。它包括情感、意志、性格、兴趣等方面。智力因素与非智力因素是智力活动的两个方面。它们虽有相对的独立性,但二者是相互联系、相互影响、相互制约的。只有二者都处在最佳状态时,儿童的智力活动才能取得成功。

3. 注意儿童知识的结构化

重视儿童知识的结构化是指教师要帮助儿童将获得的新知识纳入已有的知识结构中,使新旧知识有机结合。这样有利于儿童巩固已有的知识,举一反三、触类旁通,从而大大提高认识能力。儿童的知识结构是建立在儿童感性经验基础上的。

第四节　学前儿童德育

一、学前儿童德育的含义

学前儿童德育是根据学前儿童身心发展的特点和实际情况，按照社会的要求，以引导和促进儿童社会性发展、培养和形成儿童道德品质为目的所进行的教育活动。学前儿童德育主要对应五大领域中的社会领域。

二、学前儿童德育的目标、内容、方法和任务

考点1　学前儿童德育的目标

《幼儿园工作规程》对儿童德育的目标规定如下。

萌发幼儿爱祖国、爱家乡、爱集体、爱劳动、爱科学的情感，培养诚实、自信、友爱、勇敢、勤学、好问、爱护公物、克服困难、讲礼貌、守纪律等良好的品德行为和习惯，以及活泼开朗的性格。

考点2　学前儿童德育的内容

学前儿童德育的内容主要包括发展儿童的社会性与发展儿童的个性两个方面。

1.发展儿童的社会性

发展儿童的社会性主要包括萌发爱的情感、发展儿童的交往能力、学习必要的社会行为规范和培养儿童的社会适应能力四方面。儿童社会性发展是通过自身的社会化过程实现的。

（1）萌发爱的情感

爱家乡、爱祖国、爱集体、爱劳动、爱科学的情感是儿童思想和品德发展的基础和动力，所以应从小对儿童进行爱的情感教育。

培养儿童爱家乡、爱祖国的情感是指引导儿童爱自己的父母、老师、同伴，爱各行各业的劳动者，爱自己的家、爱幼儿园、爱家乡和祖国的大自然、名胜古迹、历史文化等；了解有关祖国的简单知识，如认识首都、国旗、国徽等；萌发对家乡、对祖国的自豪感。

培养儿童爱集体的情感是指培养儿童喜欢并逐步习惯幼儿园集体生活，与人友好相处，有初步的集体荣誉感，遵守集体活动的规则等。

培养儿童爱劳动的情感是指引导儿童认识与自己生活关系密切的成人劳动，初步体验劳动的愉快，爱护劳动成果，爱惜物品和公共财物，参加简单的自我服务和为集体服务的劳动等。

培养儿童爱科学的情感是指引导儿童爱知识、爱探索、爱发问，初步体会到科学的神奇魅力。

考题再现

【2019·长沙望城·单选】帮助幼儿了解简单的知识，如认识我国的首都、国旗、国歌及一些节日，培养幼儿爱家乡、爱祖国的情感。这属于幼儿（　　）的内容。

A.智育　　　　　　　　　　　　　B.美育

C.德育　　　　　　　　　　　　　D.体育

【答案】C。

（2）发展儿童的交往能力

为了让儿童尽快地适应集体生活和社会生活，教师要积极组织儿童参加集体活动并在集体活动中发展儿童的人际交往能力。在与他人交往的过程中，儿童逐步熟悉并认识周围的人和事，学会处理与同伴、教师、父母和其他人的关系。

（3）学习必要的社会行为规范

社会行为规范主要包括讲文明、讲礼貌、讲卫生、讲秩序、讲道德、守纪律、爱护公物等。学习社会行为规范是儿童德育的重要内容。

（4）培养儿童的社会适应能力

社会适应是个体通过与社会环境相互作用，与社会环境建立起和谐关系的过程。根据《3—6岁儿童学习与发展指南》，培养儿童的社会适应能力主要从三方面着手：喜欢并适应群体生活；遵守基本的行为规范；具有初步的归属感。儿童社会适应能力的培养必须重视情感培养，重视让儿童在群体中感受到温暖、关爱、尊重、支持、鼓励等。

2.发展儿童的个性

新一代学前儿童既有积极的个性品质，又有如自私、任性、独立能力差等不良个性的倾向。帮助学前儿童个性健康发展是德育的一个重要内容。

考点3 学前儿童德育的方法

1.故事法和讨论法

教师可根据儿童的年龄特点选用适合的故事，通过故事讲述，让儿童潜移默化地感受故事中的人物和情节，对儿童进行品德教育。

讨论法是儿童自我教育的一种方法，主要是指儿童通过运用已有的知识经验，就一些不了解的问题、有错误看法的问题发表意见，进行讨论，从而获得正确的认识和看法。

2.移情训练法

移情训练法是指通过各种教育手段提高儿童体察他人的情绪，理解他人的情感，与之产生共鸣的能力，从而发展儿童良好行为的教育方法。

3.角色扮演法

角色扮演法是指模拟现实社会中的某些情景，让儿童扮演其中的角色，尝试从该角色的立场上分析问题、处理问题、体验情感，并通过及时的反馈和教师指导，了解别人的需求和感受，从而更好地掌握与角色相适应的行为规范。角色扮演法能显著提高儿童的角色承担能力和亲社会行为水平。

4.行为练习法

行为练习法强调通过一系列活动方式，让儿童在自然和生活环境中，在游戏中及创设的情境中，按照某些要求、准则和基本行为规范进行反复的练习。儿童依靠自觉的控制和校正，反复地完成一定的动作或活动方式，借以巩固知识，形成行为习惯。

5.榜样

榜样又称范例教育。它是以正面人物为榜样去影响儿童思想品德的一种方法。这种方法符合正面教育原则和儿童模仿性强、积极向上的特点。

6.表扬奖励、批评与惩罚

表扬奖励与批评惩罚也是常见的儿童道德教育方法，了解表扬奖励和批评惩罚的含义、类型和实施的注意事项，可以更好地对学前儿童进行道德教育。

（1）表扬奖励

表扬是对儿童正确行为的确认、肯定，并给予支持和夸奖。奖励是指施于行为之后的、用以增加该行为再次出现的可能性的事物与事件。积极的表扬和奖励所体现的尊重和信任,可以激发儿童的主动性和积极性,促进儿童不断进步。

教师要正确运用表扬奖励,具体来说要注意以下几个问题:首先,要正确选择表扬奖励,教师运用奖励以多次奖励但不至于引起迅速满足为原则;其次,要及时表扬奖励,对于年幼儿童来说,及时的奖励有利于其及时获得情感的满足,使良好的行为及时得到强化;再次,表扬奖励要具体明确,要明确指出儿童的良好行为、突出表现或具体进步,不能笼统抽象地采用固定的表扬奖励形式。另外,要随着儿童年龄的增长,引导儿童体会内部奖励的满足感。

（2）批评

批评是对儿童行为表现给予的否定性评价。批评不仅要求儿童改正不良行为,而且可以预防不良行为的产生。

教师在对儿童进行批评的时候要注意以下几个问题:首先,要根据不良行为的性质、过错的大小采用不同的批评方法。严词告诫的口头批评是主要的批评方式,但是,如果长期运用口头批评的方式,容易使学前儿童对批评习以为常,而且会产生逆反心理。批评也可以是无言的,以眼神、身体姿势或动作来表达教师的情绪和态度,暗示儿童做错了事情,也会对儿童行为产生直接影响。其次,批评要有针对性,注重事实和儿童的态度。教师要在全面了解情况的基础上,进行批评教育。最后,批评必须公正合理,以促进学前儿童发展为原则。不根据事实进行公正的判断,不就事论事,而从主观印象出发,把不相关的事情没有道理地联系在一起,容易伤害学前儿童的自尊心,影响他们道德判断能力的发展。

（3）惩罚

惩罚是指在行为发生后所跟随的,用以减少或消除某种不良行为再次出现的可能性的不愉快事件。惩罚是很敏感且辅助性很强的教育手段,惩罚能减弱或抑制不良行为。但是,惩罚不是目的,而是一种教育手段。

惩罚一般分两类:一类是社会性惩罚,又称心理惩罚,包括自然后果的惩罚,即通过事物自身的后果让儿童受到应有的处罚,使儿童从中体验到自身错误所带来的不良后果,从而达到教育目的;还包括剥夺性惩罚,如权利剥夺、情感性剥夺、物质剥夺等。另一类是生理性惩罚,即通过对儿童身体的野蛮、粗暴管制,试图使儿童行为发生转变的一种不正确教育方法。这种强烈刺激儿童身体的方法是《中华人民共和国未成年人保护法》中严令禁止的。

考题再现

【2018·湘潭雨湖·单选】在游戏时,教师让违反游戏规则的儿童停玩一次,属于（   ）。

A.自然后果惩罚　　　　　　　　　　　　B.剥夺性惩罚

C.体罚　　　　　　　　　　　　　　　　D.生理性惩罚

【答案】B。解析:题干中教师让违反游戏规则的儿童停玩一次的做法属于剥夺性惩罚中的权利剥夺。

考点4　学前儿童德育的任务

学前儿童德育的任务是依据学前儿童身心发展的特点,教育的整体性、一致性和国家现行的教育目标的要求来制定的,主要包括以下几点。

1.萌发儿童爱祖国、爱集体、爱家乡、爱劳动的情感。

2.培养儿童团结友爱、诚实、勇敢、好学、不怕困难、有礼貌、守纪律等优良品德和文明行为习惯。

3.培养儿童活泼开朗的性格。

三、学前儿童德育的实施

考点1　学前儿童德育的实施途径

1.日常生活和游戏是实施学前儿童德育最基本、最重要的途径

在日常生活和游戏中实施德育既符合儿童社会学习的特点与方式，又符合儿童德育的规律。一方面，德育寓于儿童生活的方方面面。儿童在每天的生活中自然地体验生活、主动地参与生活，通过生活学习生活，发展对人对物的情感、态度、认识。另一方面，游戏是儿童最喜欢的活动、最好的学习方式。利用游戏实施德育，让儿童在游戏中自发地扮演一定的社会角色，实践一定的社会行为准则，体验各种人际关系以及社会情感，对儿童社会性发展有极好的效果。

2.专门的德育活动是实施学前儿童德育的有效手段

专门的德育活动是指教师根据儿童的实际，主要针对社会性方面的某个目标，有目的、有意识地进行的教育活动。专门的德育活动的实施应注意以下几点：①活动内容应特别注意了解儿童的需要和已有经验，结合儿童的实际生活、认知水平，以儿童熟悉的现象或他们生活中的事例为基础；②活动以儿童喜欢的形式展开，激发儿童主动参与；③活动应尽可能地利用游戏形式，与一日生活结合进行；④活动过程中敏感地关注儿童的反应，灵活地调整活动内容；⑤活动形式、时间长短依儿童的实际而定；⑥关注活动的后续效应，与家长配合，重视延伸活动的效果。

考题再现

【2020·长沙浏阳/天心·单选】实施幼儿德育最基本的途径是（　　　　）。

A.日常生活　　　　　B.外出参观　　　　　C.集体教学　　　　　D.小组活动

【答案】A。

考点2　学前儿童德育的实施原则

1.热爱、尊重儿童和严格要求儿童的原则

热爱儿童是向儿童进行德育的前提；尊重儿童是教育儿童的前提，要尊重儿童的人格和自尊心。正确地爱儿童就必须和严格要求相结合。严格要求儿童就是根据教育任务向儿童提出合理的要求，并且坚持执行，不满足儿童无理的要求，不迁就儿童不良的行为习惯，不允许儿童破坏他们应该而且能够遵守的规则。

2.坚持正面教育、启发诱导的原则

学前儿童德育必须坚持以正面教育为主，对儿童进行正面积极的引导，通过榜样示范、表扬鼓励等积极的强化手段，激发儿童自觉接受德育的内部动力。模仿是儿童学习的重要方式，生动的榜样、教师的以身作则比单纯的语言说教更容易使儿童信服。同时，通过情景模拟对儿童进行启发诱导，即使对有某些不良行为的儿童，也应具体分析原因，不能随意打骂、责罚，避免造成儿童精神上的负担或让其产生抵触情绪。

3.教育影响的一贯性和一致性原则

要培养一个有道德的儿童，需要一个良好的道德环境。幼儿园、家庭和社会各方面都要按照教育目标，长期连贯地、一致地教育儿童。学前儿童德育是个长期的过程，需要循序渐进地培养和塑造儿童的品德。同时，儿童的坚持性、稳定性较差，容易随着外界环境的改变而变化。所以，儿童德育工作必须重视教育影响的一致性，使之不断巩固和提高。时断时续的教育影响是不可能有效地形成儿童良好的道德品质和行为习惯的，如果各方面对儿童所提的要求或给予的教育影响不一致，教育作用或教育效果就会互相抵消，使儿童无所适从，或带来行为表现的两面性，这都不利于儿童德育工作的开展。幼儿园应统一家庭和社会各方面的德育影响，主动争取社会各部门、团体的配合，协调一致地培养儿童良好的道德品质。

4.集体教育与个别教育相结合的原则

集体教育与个别教育是学前儿童德育中互相联系、互相促进的两个方面,两者并重。实施集体教育是为了让儿童共同获得发展和提高,但儿童间是存在个别差异的,每个儿童都有自己的个性,他们的行为习惯不同、性格不同,因此品德培养的重点也不同。在进行德育时,必须重视个别教育,从每个儿童的实际出发提出要求,使每个儿童在不同的水平和起点上,向着共同的目标前进。

5.遵循儿童身心发展特点的原则

教师应以科学的态度,遵循儿童的身心发展特点,认识到不同年龄阶段儿童的不同道德发展水平,在符合儿童发展水平的基础上对儿童进行培养。

四、实施学前儿童德育的注意事项

实施学前儿童德育应该注意的问题包括以下几个方面。

1.热爱、尊重儿童是学前儿童德育的前提

教师应呵护儿童的自尊心,尊重他们的人格,坚持正面教育,善于发现他们的优点并加以表扬,不能讽刺、挖苦、责骂儿童,更不能恐吓和体罚儿童。

2.按照德育过程的基本规律进行教育

人的每一种品德都由道德认识、道德情感、道德意志、道德行为四个要素构成。其中,道德认识是人们对行为的是非、好坏、善恶的判断、评价及其意义的认识。道德情感是个人依照一定的道德认识去评定自己或别人行为时,所产生的一种内心情绪体验。如知道自己做错了事时的内疚、懊悔,对符合道德的行为感到满意、快慰,对不道德的行为不满,产生厌恶、愤怒的感情等。道德行为是指符合道德准则和规范的行为、举止,如诚实、不说谎。道德意志是指道德行为中自觉、顽强地克服困难,抵制不良的诱惑,控制和调节道德行为的一种精神力量。在学前儿童品德形成的过程中,四个要素的发展不是同步的,学前儿童的道德认识、道德意志等发展较慢。因此,学前儿童德育通常从情感入手,把重点放在道德行为的形成上。具体应注意以下三点。

(1)根据儿童的认识特点进行教育,由近及远,由具体到抽象

教师必须从培养学前儿童对周围的人和事物、对周围生活的爱入手进行教育,由近及远,逐步扩大范围。

(2)要直观、形象,切忌空谈和说教

由于学前儿童思维能力的局限,德育必须直观、形象、具体,才容易为学前儿童所理解和接受。

(3)注意个性差异,坚持因材施教

学前儿童在个性品质的发展上存在着个别差异,因此,德育应当有针对性地进行,以保证每个学前儿童的个性健康发展。

3.重视指导儿童行为的技巧

有目的地改变学前儿童的行为是学前儿童德育的重要任务。它不仅需要教师的热情,而且需要一定的技巧。常用的技巧主要有以下几种。

(1)强化行为的技巧

强化有利于形成、巩固学前儿童的正确行为。教师对学前儿童正确行为的表扬、肯定、赞许、鼓励和对消极行为的批评、惩罚等都是强化。

(2)预估行为的技巧

预先估计到学前儿童行为的发生而提前干预,有利于激发学前儿童的积极行为,避免消极行为。

(3)转移行为的技巧

转移是指把学前儿童的注意力从当前的活动转移到另一项活动上,以引导学前儿童行为向积极的方向发展。

（4）让学前儿童理解行为后果的技巧

学前儿童的一些错误行为的出现是因为他们不能预见到自己行为的后果、不理解规则。因此，巧妙地让学前儿童看到自己的行为造成了什么影响，是让其改变行为的一个很有效的办法。

第五节　学前儿童美育

一、学前儿童美育的含义、特点

考点1　学前儿童美育的含义

美育，即审美教育。学前儿童美育是根据儿童身心特点，利用美的事物和丰富的审美活动来培养儿童感受美、表现美的情趣和能力的教育。

考题再现

1.【2020·怀化麻阳·判断】美育就是艺术教育。　　　　　　　　　　　　　　　　　　　（　　）

【答案】×。

2.【2018·常德武陵·单选】幼儿美育的目标是（　　　）。

A.使幼儿掌握美学的知识

B.使幼儿掌握表现美的技能

C.培养幼儿的审美动机

D.培养幼儿感受美、表现美的情趣和初步能力

【答案】D。

考点2　学前儿童美育的特点

1.情感的表现性

学前儿童美育主要是培养儿童审美的情感和兴趣，而非审美观念和概念。因此，情感表现是学前儿童美育的基本特征。在审美视野中，儿童对美的态度、情感、兴趣与具体的情境相联系，并充分地、活跃地、忘我地体验着对象世界。

2.主体的愉悦性

在美育活动中，儿童会处于一种喜悦的心理状态与良好的精神状态，产生强烈的情感体验，获得极大的审美享受。这种愉悦性是吸引儿童参与审美的重要因素。在美育活动中，儿童可以发挥自己的个性创造，从中实现个体无直接功利的自由愿望。

3.潜移性

美育是通过潜移默化来感化人，而不是以理性说服强制人。美育通过艺术形象给儿童熏染、浸润，没有任何形式上的强迫与规定，潜移默化地丰富儿童的心灵、陶冶儿童的人格。

4.非功利性

学前儿童美育主要是培养儿童表现美的想象力、创造力，而不是训练技能技巧。学前儿童美育活动主要表现为艺术美、自然美、社会美，绝非使儿童获得大量的知识与技能，而是通过对美的感受、欣赏、表现和创造活动陶冶儿童的情操，培养儿童的美好情感和态度，具有非功利性。

二、学前儿童美育的目标、内容

考点1　学前儿童美育的目标

学前儿童美育的目标是培养儿童感受美、表现美的情趣和初步能力。美育最高层次的任务是培养儿童创造美的能力。

考点2　学前儿童美育的内容

1.培养儿童感受美的能力以及对美的事物的兴趣和爱好。
2.培养儿童审美联想和想象的能力。
3.培养儿童初步的鉴赏美的能力。
4.培养儿童初步的表现美、创造美的能力。

三、学前儿童美育的实施途径

1.艺术教育是学前儿童美育的主要途径

艺术活动是幼儿园进行美育的途径。学前儿童艺术教育主要通过音乐、绘画、手工制作、文学作品欣赏、表演活动等方式来实施。

2.儿童的日常生活是美育的重要途径

日常生活中的美是儿童最熟悉、最容易感知的,儿童最初的美感也是从日常生活开始的。因此,学前儿童美育的实施不能局限在艺术活动方面。日常生活是向儿童进行美育的极好机会和重要途径。

3.大自然、大社会是学前儿童美育的广阔天地

引导儿童观察和感受大自然的美是学前儿童美育的重要途径。幼儿园可利用远足、郊游、到农村参观等活动,尽可能地创造儿童与自然接触的机会。利用儿童周围的自然物进行美育,如种植花卉、培植草地、采集标本,欣赏大自然的蓝天、白云、红花、绿叶等。在儿童观赏过程中,教师要运用能为儿童所理解的艺术语言来表达其中的美,并以自己对自然美的热爱来引导儿童产生美的情绪体验。

社会生活中的美育是指教师引导儿童去认识、感受、观赏社会中的美好事物,激发儿童对生活的热爱和追求。为儿童所能理解的社会生活中的美主要有以下几方面:①各行各业劳动者的劳动美、所创造的劳动成果的美,如雄伟的建筑、多彩的服饰;②精神文明之美,如祖国各地的好人好事是感染和教育儿童、培育儿童美好心灵的精神财富;③和谐人际关系和教师自身的行为美、语言美、仪表美等,是一种无声的教育力量,能给儿童最持久的美的享受和熏陶,使儿童从小养成文明礼貌的良好行为习惯。

4.游戏是儿童表现美、创造美的特殊的审美活动形式

游戏可以为儿童主动自由地感受美、欣赏美、表现美和创造美提供各种条件和机会。在游戏中,儿童审美能力能够得到巩固和提高。

四、实施学前儿童美育的注意事项

实施学前儿童美育应该注意的问题包括以下几个方面。

1.学前儿童美育是面向全体儿童的

学前儿童美育的目的是培养每一个儿童美的情感、美的心灵,促进每一个儿童人格的健全发展。在美育中,必须贯彻面向全体、注意个别差异的原则。

2.重视通过美育培养儿童健全的人格

学前儿童美育应当着眼于引导儿童人格向积极方面发展,特别是儿童情感的发展。

3.重视培养儿童的想象力和创造力

在美育中,儿童表现美的灵魂是儿童的自由想象和创造。在幼儿园艺术活动中,必须克服过分强调表现技能、技巧的偏向;在教师的指导方法上,必须注意启发式而非命令式,克服以教师为中心的倾向。

强化练习

一、单项选择题

1.下列选项中,关于学前儿童体育目标的表述,不正确的是(　　　　)。

A.促进学前儿童身体正常发育和机能协调发展,增强体质

B.培养学前儿童的良好的生活习惯和卫生习惯

C.帮助学前儿童掌握体育的技能技巧

D.培养学前儿童参与体育活动的兴趣

2.幼儿园体育应以增强幼儿(　　　　)为核心,全面、综合地为幼儿有一个强壮、健康的身体创造条件。

A.体重　　　　　　　　　　　　　　　　B.审美

C.体质　　　　　　　　　　　　　　　　D.平衡感

3.儿童爱听表扬,不喜欢受批评。所以学前儿童德育要坚持(　　　　)的原则。

A.负面教育　　　　　　　　　　　　　　B.全面教育

C.正面教育　　　　　　　　　　　　　　D.侧面教育

二、判断题

1.幼儿全面发展教育包括体育、智育、德育和美育四个方面,其中智育是儿童全面发展的基础。(　　　)

2.幼儿德育通常从情感入手,重点放在道德行为的形成上。(　　　)

3.美育可以帮助儿童开阔视野、增长知识、发展智力。(　　　)

三、案例分析题

材料:

在一次美术活动中,阳阳画了一个黑色的苹果。教师走过来看到后生气地说:"你这画的什么?苹果有黑色的吗?重新画!"

问题:

(1)你认为这位教师的做法恰当吗?为什么?

(2)假如你是这位教师,你会如何应对儿童的这一行为?

(3)幼儿园实施美育的途径有哪些?

参考答案及解析

一、单项选择题

1.【答案】C。解析:学前儿童体育的目标是促进学前儿童身体正常发育和机能协调发展,增强体质,增进健康,发展动作,培养良好的生活卫生习惯和参加体育活动的兴趣。

2.【答案】C。解析:幼儿园体育应以增强幼儿体质为核心,全面、综合地为幼儿有一个强壮、健康的身体创造条件。

3.【答案】C。解析:儿童爱听表扬,不喜欢受批评,这是由儿童的年龄特征决定的。因此,对于儿童的德育,教师应坚持正面教育,善于发现儿童的优点并给予表扬。

二、判断题

1.【答案】×。解析:在学前儿童全面发展教育中,体育、智育、德育和美育具有各自的作用和任务,不能相互取代。同时,它们又是相互联系、相互作用的整体。其中,体育是基础,智育是关键,德育是根本,美育是灵魂,四者相辅相成,缺一不可。

2.【答案】√。解析:在幼儿的品德形成过程中,道德认识、道德情感、道德意志、道德行为的发展不是同步的,幼儿的道德认识、道德意志发展较慢。所以,幼儿德育通常从情感入手,重点放在道德行为的形成上。

3.【答案】√。解析:美育可以帮助儿童开阔视野、增长知识、发展智力。儿童周围美的事物以其美的声、光、形、色等特征激起儿童的兴趣,活跃和发展儿童的感知觉、形象思维、想象力和创造力。

三、案例分析题

【参考答案】

(1)教师的做法不恰当,原因如下。

学前儿童美育的内容之一就是培养儿童的想象力和创造力,即儿童以自己的方式、带着再现的特点,表现对美的独特体验和理解,创造出新的形象。此外,在美育中,儿童表现美的灵魂是儿童的自由想象和创造。在幼儿园艺术活动中,教师要克服过分强调表现技能、技巧的偏向;在指导方法上,要用启发式而非命令式的方法,克服以自身为中心的倾向。材料中,阳阳画了一个黑色的苹果,这是儿童对苹果的独特见解,反映了阳阳独特的想象力和创造力。教师看到阳阳的画后,不但没有肯定,反而用命令式的语气让阳阳按照她的标准重新画。这是对阳阳想象力及创造力的抹杀,不利于儿童健全人格的形成,会对儿童未来的成长与发展造成不可估量的损失。

(2)应对儿童行为的具体做法如下。

首先,儿童的自由想象和创造难能可贵,我不会妄加否定儿童的画作。

其次,我会平等和蔼地与儿童交谈,探寻儿童内心的真实想法。

最后,在了解儿童的想法后,针对儿童的情况灵活处理,或帮助儿童解决困惑,或进一步鼓励儿童,将这种想象力与创造力继续发展下去。

(3)幼儿园实施美育的途径包括以下几种。

①艺术教育是学前儿童美育的主要途径。

②儿童的日常生活是美育的重要途径。

③大自然、大社会是学前儿童美育的广阔天地。

④游戏是儿童表现美、创造美的特殊的审美活动形式。

第六章 幼儿园环境

考情分析

　　本章内容以识记、理解为主,主要以单项选择题、判断题的形式进行考查,有时也会以多项选择题、论述题的形式进行考查。其中幼儿园环境的分类、幼儿园环境创设的原则是重点考查内容。

学习目标

1. 识记幼儿园环境的含义、分类、特点与作用。
2. 识记幼儿园环境创设的原则。
3. 理解幼儿园户外环境创设、活动室环境创设的要求。
4. 理解幼儿园精神环境创设的要求。

第一节 幼儿园环境概述

一、幼儿园环境的含义

　　广义的幼儿园环境是指幼儿园教育赖以进行的一切条件的总和,既包括幼儿园内部小环境,又包括幼儿园外的家庭、社会、自然、文化等大环境。

　　狭义的幼儿园环境是指在幼儿园中,对幼儿身心发展产生影响的物质与精神要素的总和,即专指幼儿园的内部环境。

二、幼儿园环境的分类

考点1　幼儿园环境的多维分类

　　(1)从活动形式来分,幼儿园环境应当包括语言环境、运动环境、劳动环境和游戏环境。

　　(2)从幼儿园强调保教结合,保教并重这一特点来分,幼儿园环境又可分为保育环境和教育环境。

　　(3)从幼儿的生活、安全、活动和交往的需求来分,幼儿园环境应当包括生存环境、安全环境、活动环境和交往环境。

　　(4)从幼儿园潜在课程的结构及特征来分,幼儿园环境包括物质空间环境、组织制度环境和文化心理环境。

　　(5)从幼儿在园一日活动的主要类型来分,幼儿园环境可分为生活活动环境、游戏活动环境和学习活动环境。

　　(6)按物理空间或存在形式来分,幼儿园环境可分为室内环境和室外环境。室内环境是指幼儿园内相对封闭的空间及其设备和材料,如幼儿活动室、寝室、盥洗室、多功能室等。室外环境是指幼儿园内相对开放的空间及其设备和材料,如操场、绿地、沙池、大型游乐玩具等。

考点2 按构成内容的性质差异,幼儿园环境可分为物质环境和精神环境

1.物质环境

广义的物质环境是指对幼儿园教育产生影响的一切天然环境与人工环境中物质要素的总和,包括自然风光、城市建筑、社区绿化、家庭物质条件、居室空间安排、室内装潢设计等。

狭义的物质环境是指幼儿园内对幼儿发展有影响作用的各种物质要素的总和,包括园舍建筑、园内装饰、场所布置、设备条件、物理空间的设计与利用及各种材料的选择与搭配等。

物质环境是学前教育存在与发展的前提与必备条件。

2.精神环境

幼儿园精神环境包括幼儿园心理环境和文化环境。心理环境是指幼儿园的人际关系及精神氛围,包括师幼关系、同伴关系、教师的态度与期望等。文化环境是指幼儿园的物质文化、制度文化和精神文化,如幼儿园的管理制度、评价与奖惩制度、历史与传统、风气等。

广义的精神环境泛指对幼儿园教育产生影响的整个社会的精神因素的总和,主要包括社会的政治、经济、文化、艺术、道德、风俗习惯、生活方式、人际关系等。

狭义的精神环境是指幼儿园内对幼儿发展产生影响的一切精神因素的总和,主要包括教师的教育观念与行为、幼儿园人际关系、幼儿园文化氛围等。

幼儿园物质环境和精神环境对幼儿发展都起着重要的作用,相对而言,幼儿园精神环境对幼儿的影响更为深远。在具备了基本的物质条件后,对幼儿园教育起决定作用的是精神环境。

三、幼儿园环境的特点与作用

考点1 幼儿园环境的特点

1.教育性

幼儿园环境是根据幼儿园教育的目标及幼儿的发展特点,有目的、有计划、有组织地精心创设的。其环境创设不仅是美化的需要,更是教育者实现教育意图的重要中介,教育者把教育意图隐含在环境中,让环境去引发幼儿应有的行为。

2.可控性

幼儿园内的环境与外界环境相比具有可控性,即幼儿园内环境的构成处于教育者的控制之下。其具体表现在两个方面:一方面,社会上的精神、文化产品,各种儿童用品等在进入幼儿园时,必须经过精心的筛选甄别,以有利于幼儿发展为选择标准;另一方面,教师根据教育的要求及幼儿的特点,有效地调控环境中的各种要素,维护环境的动态平衡,使之始终保持在最适合幼儿发展的状态。

考点2 幼儿园环境的作用

幼儿园环境的基本作用表现在以下三个方面。

1.陶冶和启迪作用

幼儿园环境经过筛选和控制,具有美化、净化、儿童化和教育化的特征,能陶冶幼儿的情感、态度、个性等,产生潜移默化的有益影响,也有利于启发幼儿的心智,支持、鼓励、吸引幼儿参与活动、主动探索。在幼儿园,环境的陶冶和启迪作用可以体现在幼儿知、情、意、行各个方面。比起教师单纯的说教,环境的作用更是潜移默化的,是"润物细无声"的教育。

2.限制和导向作用

幼儿园的某些环境或环境中的某些因素对幼儿的行为、情感等诸多方面有明确的限制和导向作用。"限制"不是目的,而是利用环境的功能进行教育的一种手段和方法。当环境的设计目的和教育目标一致时,就会对幼儿的发展具有明确的"导向"作用。

3.平衡和补偿作用

有时候,幼儿园环境的创设并不直接指向目标,而是指向幼儿的需要。幼儿的需要是多方面的,也是不断变化和发展的。当现实条件不能满足幼儿的需要时会导致幼儿心态的失衡。这时候,就需要教师利用环境的平衡和补偿作用来帮助幼儿缓解内心的失衡。

第二节 幼儿园环境创设的原则

幼儿园的环境创设主要是指创设合格的物质条件和良好的精神环境。幼儿园环境创设的原则是指教师创设幼儿园环境时应遵循的基本要求。这些要求是根据幼儿园教育的原则、任务和幼儿发展的特点提出来的。幼儿园环境创设必须遵循的基本原则包括以下几点。

1.环境与教育目标的一致性原则(目标导向原则、教育性原则)

环境与教育目标的一致性原则是指环境的创设要体现环境的教育性,即环境创设的目标要符合幼儿全面发展的需要,与幼儿园教育目标相一致。幼儿园环境必须强调目标意识,要有利于幼儿德、智、体、美诸方面的全面发展。

2.发展适宜性原则

发展适宜性原则是指幼儿园环境创设要符合幼儿的年龄特点及身心健康发展的需要,促进每个幼儿全面、和谐地发展。从一般年龄特征来看,小班、中班、大班幼儿在身心发展特点上的差异是非常明显的,其身心发展所需要的环境也不尽相同。因此,教师要根据幼儿不同的年龄特征为其提供适宜的发展环境。

3.幼儿参与性原则

幼儿参与性原则是指环境的创设过程是幼儿与教师共同合作、共同参与的过程。环境的创设过程应该是一个积极的教育过程。环境创设过程的教育意义主要体现在培养幼儿的主体精神、发展幼儿的主体意识、培养幼儿的责任感、培养幼儿的合作精神上。

4.开放性原则

开放性原则是指创设幼儿园环境时应把大、小环境有机结合,形成开放的幼儿教育系统。对幼儿来说,家庭、幼儿园、社会是影响其发展的主要环境。幼儿园应通过大小环境的配合,主要是与家庭、社区合作,取长补短,在一个开放的系统中,培养适合新时代要求的幼儿。

5.安全性原则

安全性原则是指幼儿园的园舍建筑、设施设备、活动场地、玩具教具等有形的物质条件,必须要符合国家颁布的相关卫生标准和安全标准,对幼儿的身体或心理没有危险和安全隐患,并不会造成幼儿畸形发展。安全性是幼儿园环境布置中必须遵守的一个基本原则。有研究证明,在安全、快乐的环境中,幼儿的活动性水平最高,创造力表现得最出色。安全性是幼儿园环境创设要考虑的首要原则。幼儿园环境创设的安全性主要包括活动场地的安全,设备设施的安全,教具、玩具材料的安全等。

6.经济性原则

经济性原则是指创设幼儿园环境应考虑不同地区、不同条件园所的实际情况,做到因地制宜。

7.动态(可变)性原则

环境创设的动态性原则包括两方面的含义:一是指各种设施在空间、设置、功能上可随教育活动的需要而变化;二是指布置的环境内容并非固定不变,应随活动主题、节日、季节的变化而变化。

第三节　幼儿园物质环境的创设

一、户外环境的构成及创设

考点1　户外环境的构成

我国幼儿园户外环境一般可以划分为三大区域:集体活动区、器械设备区、种植养殖区。集体活动区主要供幼儿集体做操、上体育课、进行各种体育游戏时使用,要求场地宽阔平整;器械设备区要能放置各种大、中型体育活动器械与设备,如滑梯、秋千、爬网、跷跷板、攀登架等,以供幼儿练习与发展基本动作,锻炼身体活动能力;种植养殖区能供幼儿种植蔬菜、花草,喂养一些小动物。

考点2 户外环境的创设

1. 地面

户外环境是幼儿进行奔跑、跳跃、攀登等较剧烈运动的场所。因此,户外环境的创设首先要注意地面的安全、适用性。一般来说,每位幼儿的活动空间不少于2平方米,地面以坚实平坦的土地、沙地、草地为宜。这种地面可以减少跑跳活动对脑部造成的震荡,同时比较安全。一般来说,水泥地过于坚硬,不适合作为户外活动场地。

2. 器械设备

器械设备的设置应注意以下几点。

(1)器械设备要符合幼儿的身材高度与活动能力。

(2)器械设备以木材、轮胎、绳网、塑钢等材料为宜。另外,器械设备要安装牢固,定期检修维护。

(3)器械设备的数量与场地面积之间要保持合理的比例。

(4)车行水泥地不宜正对活动室出口,以免由室内奔出的幼儿与行车相撞。

3. 游戏场地的结构

幼儿园的游戏场地应当在促进幼儿动作和运动能力发展的同时,促进其智力的发展,尤其是想象力、创造力的发展。首先,场地中的设备和器械应由多种材料,如木头、塑胶、绳、铁等制成,能给予幼儿多种感知觉体验。其次,游戏场地中除了有固定的组合的设备器械外,还应当有幼儿游戏需要的各种小型设备和材料。再次,游戏场地各部分和各种材料可启发幼儿的想象力,幼儿可以进行各种假想的游戏。

4. 绿化

户外环境要进行适当的绿化,一方面可以美化环境,改善幼儿园的气候;另一方面为户外活动场地提供遮阴地,使幼儿在夏天也能到户外活动。

二、室内环境的创设

考点1 楼梯的空间设计与环境创设

幼儿园楼梯的数量和宽度应符合以下要求。

第一,楼梯间应有直接、良好的天然采光。

第二,楼梯的踏步梯级高度适合幼儿使用。幼儿迈步的幅度和抬腿的举高都比成人要小,所以幼儿使用的楼梯踏步尺寸相应减小,其高度不应大于0.15米,一般为0.13~0.14米,宽度不应小于0.26米。螺旋形楼梯、扇形踏步因其踏面宽度不等,易造成踏空,危害幼儿行走安全,在幼儿园室内楼梯设计中应严禁使用。楼梯踏步面前缘应做防滑处理,铺设防水、防滑、耐磨、易清洁的塑石地材、木质地板或复合地板。耐磨、好清洗的大理石、防滑地砖等也是幼儿园可选择的楼梯铺装材料,但比较生冷僵硬,幼儿跌倒时容易摔伤。因此最好结合木质扶手配合使用。

第三,幼儿园楼梯除设成人扶手外,应在两侧设幼儿扶手,其高度距踏步面不应大于0.60米,宜用木制扶手,端部和转弯部位无棱角。北方地区幼儿园不宜采用钢管或不锈钢管扶手,以免在冬季幼儿抓握扶手时触感太凉。

第四,楼梯垂直栏杆间的净空距离不应大于0.11米。

第五,利用楼梯平台向下做滑梯时,坡度应小于30度,并采用有效的安全防护措施。

考点2 多功能室(厅)的环境创设

多功能活动室(厅)就是同时或分别能够满足幼儿园多种活动需要的活动场所,如音体活动室、音乐厅、小礼堂等,实际上是一个可以满足游戏、体育活动及观摩教学、节日聚会、演出、家长会等大型活动的综合性室内场所。

1.多功能室(厅)的区域划分

首先,根据多功能室(厅)活动项目和内容、设施设备所处位置做合理的功能区划,各区之间有通道并保持畅通,以免发生碰撞或阻塞。其次,以活动的、方便移动的玩具柜、屏风作为隔断,但高度不宜超过1.20米,保证所有幼儿的活动都在教师的视线范围内。

2.多功能室(厅)的环境创设

多功能室(厅)的环境色彩以清淡的浅黄、浅蓝、浅绿等色彩为宜。为活跃室内的气氛,可辅以少量对比色,并以流畅曲线或连续式纹饰加以美化,强调装饰效果。

音体活动室是供幼儿进行音乐、舞蹈、体育活动的场所。根据音体室的活动特点,地面装饰材料以实木地板、塑石地材、复合地板为宜,不宜采用冷硬的地砖和水泥地面。根据音体室的位置,可以在音体室一侧墙面设落地形体镜,安装木质把杆,既可以保护镜面不被触碰,又方便幼儿进行舞蹈、体操训练。

考点3 活动室的环境创设

1.活动室空间界面设计

(1)墙面

墙面的色彩处理要考虑幼儿的色彩感受、室内光线效果,还要结合地区间的各种差异。我国南方地区气候湿热,活动室宜采用偏冷的粉绿、粉蓝、粉紫等清爽浅灰色;北方地区气候寒冷,设计成偏暖的淡黄、淡粉红等浅灰色比较适宜。概言之,活动室墙面颜色宜浅不宜深,以色相明确的浅灰色为宜。这类浅灰色有利于稳定幼儿情绪,增加室内柔和气氛,且与纯白色墙面相比其刺激性也小,同时还能映衬出室内空间敞亮,便于环境创设。

1.2米以下的活动室墙面应选用符合安全环保、经济适用、美观耐久、色彩明亮、少纹饰的墙面材料做软包墙裙,既保证安全,又为创设互动区、作品展示区留有空间、作品上下墙提供便利条件;内墙的棱直角和方柱、突出部分做圆弧角处理,以防磕碰幼儿。整个活动室墙面设计应突出趣味性和变化性特点,且留有余地,一定要预留大面积的墙体界面作为年龄班教育环境创设的载体。

(2)地面

地面是幼儿直接接触的界面,它的材料性能与处理直接关系到幼儿的身体健康和室内环境卫生。活动室地面不宜直接采用生硬、无弹性、保暖性能差的水泥、水磨石和地砖、石材等。慎重选择塑胶、拼图泡沫塑料类地面铺装材料,因为劣质制品会释放大量的挥发性有机物质,对幼儿的健康造成危害。建议选用易清洁的强化地板和弹性、保暖性良好的架空实木地板,也可以选择抗菌复合地板。

(3)顶面

活动室的顶面可以利用顶面建筑结构自身的形态,使用白色或较明亮的色彩对顶面亮度和反光效果加以提高、修饰。

2.活动室家具选配与布置

活动室家具包括桌椅、教玩具柜、书架、水杯架等,或将上述功能家具建筑化而形成的组合家具。

(1)桌椅

根据幼儿生理卫生和教育活动要求,应以不同年龄段幼儿正确坐立姿势和活动特点,确定桌椅规格与尺寸。桌子的高度以幼儿坐下操作时不弯腰、不耸肩,腰背挺直为宜;椅子的高度以幼儿坐下时双脚自然着地、大腿与椅面保持水平状态为宜。具体数据参见表1-6-1。

表 1-6-1　幼儿园活动室桌椅尺寸表（单位：厘米）

班级	幼儿身高	桌			椅				桌椅面高差
		高	长	宽	椅面高	椅面深	椅面	靠背	
小班	95~99	44.0	100	70	23.5	22	25	25	20.5
中班	100~109	47.5	105	70	26.0	24	26	27	21.5
大班	110~120	51.5	105	40	28.5	26	27	29	23.0

幼儿活动时通常使用6人桌，其桌面宽度为0.70米，大班幼儿使用双人桌时，其桌面宽度需要达到0.40米。

椅子的设计一般都有适合的靠背，便于幼儿倚靠和取放。为适合幼儿体力，椅子的重量不能超过幼儿体重的1/10，一般为1.5~2千克，甚至更轻便，以方便幼儿使用和移动。若选用木椅或金属管架木椅，椅腿下端应有橡皮垫，以防止椅腿碰伤幼儿脚面，也防止幼儿拖拽椅子损伤地面或发出噪音。幼儿园桌椅应选用轻便木材或安全的硬塑材料制作。

（2）教玩具柜

教玩具柜主要用于搁置、存放操作材料和玩具，可用作幼儿作品展示或存放，也可作为活动区域的区隔物使用。由于幼儿手臂较短、身材矮小，柜子不宜过深或过宽，深度以0.30~0.40米、高度以不超过1米为宜。

（3）图书陈列架

图书陈列架用于幼儿读物的存放与陈列。架高不宜超过1.20米，最下排距地面不小于0.30米。幼儿图书品种繁多，大小规格不一，书架排距也应有多种规格和尺寸，排距尺寸可适当大一些，以免上下排图书相互遮挡封面。摆放图书时大开本读物放下排，小开本放上排。

（4）水杯架

水杯架是幼儿饮水用具的安全存放处。按照幼儿园设施设备和卫生要求，每个年龄班要配置足够的、有存放水杯小格的水杯架，不仅要做到一人一格一杯，而且间隔要有一定距离，正面用防蚊蝇纱帘遮挡。水杯架的摆放位置以便于幼儿拿取水杯、方便饮水为原则。由于幼儿园水杯规格样式统一，为避免幼儿拿错，水杯或格挡上要粘贴幼儿容易识记的标记或图案。

3.活动室材料投放的具体要求

（1）按目标投放材料

材料是为目标服务的，需完成的目标决定着投放的材料。在投放材料时，要考虑远期目标和近期目标的结合，即为幼儿将来具备某方面的能力，而现在要提供一些操作材料，完成一些近期目标以实现远期目标。

（2）按主题投放材料

主题内容是由若干个相关目标构成的。例如，中班"我爱春天"的主题可分为认识春天、描绘春天、歌唱春天三部分。认识春天可以在认知区中投放春天的各种图片；描绘春天可以在美工区中投放各种画笔；歌唱春天可以在表演区中投放各种磁带、唱片、道具。

考题再现

【2020·怀化麻阳·单选】某幼儿园中班教师在"有趣的风"主题活动中投放了风扇、扇子、风车、小风向标等材料。这体现了（　　）的要求。

A.按主题投放材料　　　　　　　　B.按目标投放材料

C.投放不同层次的材料　　　　　　D.分期分批投放材料

【答案】A。

（3）投放不同层次的材料

由于不同年龄段幼儿的发展水平不同，同一年龄班幼儿的发展也存在差异。因此，投放的材料要有一定的层次性。这样，材料的投放才能满足不同年龄班幼儿，或是同一年龄段不同幼儿发展的需要。

（4）分期分批投放材料

材料是幼儿在活动区活动的物质支柱，是幼儿学习的基本工具。创设每个活动区时，教师都会准备很多种类的材料，但切勿全部将其投放到区域中，而是应根据各个阶段的教育目标及目标的完成情况分阶段、分批、由易到难地进行投放。一个目标完成了，材料也要随之进行更换和调整。

（5）有些材料需要随时投放

出现随时投放材料这种情况，一方面可能是幼儿的临时需要；另一方面也可能是活动进行不下去，需要提供一种新材料以促进活动情节的发展。因此，教师需要细心观察，根据幼儿的临时需要及时投放材料或补充材料以使活动顺利进行。

考点4　寝室的环境创设

1.寝室空间规划

（1）具有良好的通风条件，空气流通。寝室配置数量足够的紫外线消毒灯，并按照幼儿园卫生要求按时、定时消毒。消毒灯开关设置以幼儿无法触及为原则。

（2）保证每一位幼儿有固定床铺和卧具。幼儿使用的床铺应坚固稳定，铺位应统筹安排、合理摆放，铺位要保持一定间距，床位侧面或端部距外墙距离应不小于0.60米，避免幼儿间的紧密接触。这样既有利于疾病预防，也便于教师、保育员对幼儿午睡的观察和护理。

2.寝室环境创设

（1）幼儿寝具的选择与布置

寝具中以床具和卧具最为重要。床具的选择应充分考虑幼儿的身体条件和生长特点，做到选材环保、边角安全。幼儿骨质较软，骨骼发育迅速，为保证幼儿健康成长，床具软硬度适中并具透气性，以木板床或棕绷床为宜，小班幼儿不宜使用双层床。床的尺寸应适应幼儿的体量与身高，同时备有较大尺寸床具，以适应个别幼儿的生长速度。

寝室床铺排列应整齐紧凑，并排床铺不得超过2个，首尾相接床铺不得超过4个；主要通道宽不小于0.90米；床侧与外墙、窗、暖气罩的距离不小于0.60米，以免幼儿受凉或烫伤。

寝室的窗帘，床单、被套、枕套等床上用品，最好选择含棉麻成分较高的布料，并注意选择无异味、稳定性强、不易褪色的面料。

（2）寝室色彩设计

寝室应突出特有的环境氛围，即光线、色彩柔和温馨，简洁淡雅，尽可能减少各种干扰因素对幼儿的视觉刺激。寝室墙面的色彩应选择浅绿、浅蓝、淡黄等明度不高的清淡色系，能给人宁静、平和的感觉，有助于稳定幼儿情绪；顶部色彩以白为宜，地面色彩多被床具遮盖，可不必做过多考虑，但不宜铺设瓷砖地面，建议铺装安全、卫生、保暖性好、具有良好弹性的实木或复合地板。

窗帘的色彩可采用略深于墙面的青、绿等协调色为主，使室内产生柔和、温馨的光线效果；也可以根据不同季节选择不同的颜色，如春夏可以选择冷色系窗帘，秋冬则以暖色系为主。床单、被褥等卧具色彩面积较大，会影响寝室整体色彩效果，配置时注意与环境色彩的调和，不宜使用颜色过深或与环境色形成对比色的颜色。

考点5　盥洗室、卫生间的环境创设

1.盥洗室、卫生间空间规划

盥洗室、卫生间应临近活动室和寝室，并分间或分隔设置，有直接、良好的自然通风、透气条件。根据《托儿所、幼儿园建筑设计规范》，盥洗室、卫生间地面应做防滑处理，盥洗池的高、宽分别为0.50~0.55米、0.40~0.45米，水龙头的间距为0.35~0.4米。卫生间配置坐蹲便器、小便器，或设置瓷砖贴面的便槽。无论采用沟槽式还是坐蹲式大便器均应有1.2米高的架空隔板，并加设幼儿扶手。每个厕位的平面尺寸为0.80米×0.70米，沟槽式的槽宽为0.16~0.18米，坐式便器高度为0.25~0.30米。

2.盥洗室、卫生间环境创设

盥洗室、卫生间环境应及时清洁，保证地面干燥、整洁，符合卫生要求。

首先，卫生间要做到随用、随冲刷、随清洁，做到无气味，给幼儿创设一个良好的如厕环境。

其次，培养幼儿良好的大小便习惯和整理衣裤的能力，不得限制幼儿便溺次数和时间。

再次，培养幼儿良好的卫生习惯，掌握正确的清洁方法。洗手池旁边提供洗手液或洗手香皂，为方便幼儿使用，香皂可用小块或装入纱布小袋悬挂水龙头旁边，幼儿只需揉搓纱布袋就可获取皂液。在洗手池前张贴正确洗手示意照片，或以幼儿喜欢的形象设计，编制排队、正确洗手方法的示意图，以此引导幼儿在人多的时候要有礼貌，按顺序排队洗手，并按照图中的洗手程序、方法正确洗手（挽袖、搓皂、手心手背交叉揉搓、清洗等）。

考点6　墙面的环境创设

幼儿园墙面的环境创设主要分为以下几类，如表1-6-2所示。

表1-6-2　幼儿园墙面的环境创设分类

分类依据	类型	含义
从墙面环境展示的造型划分	平面创设	平面创设是指把作品、图片等直接贴在墙面上
	立体创设	立体创设是指突出于墙面的创设，如用纸盒制作成小鸟的屋子固定在墙面上
	半立体创设	半立体创设介于平面创设与立体创设之间
从墙面环境与幼儿的互动程度划分	观赏性创设	当墙面仅仅作为一种作品，只需幼儿用眼睛"看"时，就属于观赏性创设
	操作性创设	当墙面的创设内容中有幼儿动手操作后的"作品"时，不管这些作品是幼儿创作的、制作的，还是仅仅记录的，都属于操作性创设
从环境的创设过程划分	填充式创设	在填充式创设中，最初墙面上只有一些原始的记录或是一些简单的框架。随着活动的不断深入，逐步将幼儿的作品、学习成果布置在墙面上，对大片空白的墙面进行填充
	满幅式创设	满幅式创设是一次性对空白的墙面进行布置
从墙面创设的展现作用划分	记录式创设	记录式创设着重于对幼儿学习经历和学习过程的展示，有利于幼儿了解探索问题的方法
	展览式创设	展览式创设侧重于幼儿学习成果的展示，有利于提升幼儿的自信心和学习的积极性
从墙面上展示的作品划分	幼儿作品创设	用幼儿独立完成的作品布置
	教师作品创设	用教师独立完成的作品布置

第四节　幼儿园精神环境的创设

一、幼儿园精神环境创设的意义

1.有利于幼儿适应幼儿园生活

当幼儿即将进入幼儿园时,教师的首要任务是用自己的爱心、耐心及宽容之心接纳每一个幼儿,稳定幼儿的情绪,帮助幼儿适应并喜欢幼儿园的集体生活,帮助幼儿克服因第一次离开家人而产生的忧虑、紧张和不安情绪,使其形成安全感和信任感,帮助幼儿体验幼儿园集体生活的乐趣。

2.有利于幼儿形成良好的个性,适应社会生活

教师有意识地将幼儿置身于幼儿园的各种人际环境之中,通过幼儿易于接受的民主、科学的教育形式和方法,帮助幼儿理解社会行为规范,适应社会生活,同时培养孩子合群、利他、勇敢和顽强等优良的性格特征,克服孤独、自私等不良的性格特征。

3.有利于幼儿园员工的成长与发展

心理环境能使人在不知不觉中受到感染和熏陶。良好的心理环境有利于形成协调的人际关系,使员工乐于从事自己的学习和工作;不良的心理环境使人感到处处受压抑,导致各种不良个性品质的形成,使员工情绪低落,养成消极的思维方式和行为习惯。

二、幼儿园精神环境创设的要求

幼儿园作为保育和教育机构,其精神环境包括了幼儿生活、学习和游戏的全部空间。特别是幼儿的学习、活动及生活的气氛,幼儿园的人际关系及风气等,都对幼儿的身心发展起着潜移默化的作用。

1.建立平等和谐的师幼关系

教师要真挚地关心幼儿,充分地与幼儿进行沟通,知道和理解幼儿的想法与感受,并让幼儿知道和理解教师的一些想法,让幼儿在教师的关心和爱护下,健康快乐地成长。教师要站在幼儿的角度看待其思维和行为,始终以宽容之心来看待幼儿的各种心理行为,公正、客观地对幼儿进行评价,并以正面激励为主,使幼儿敢想、敢说、敢探索、敢创造。

2.支持幼儿的同伴交往,引导幼儿建立良好的同伴关系

由于幼儿来自不同的家庭,有着不同的个性,在同伴交往中难免会出现问题,如争执、互不尊重、相互干扰等。教师应及时分析、解决幼儿之间的冲突,用不同方法解决不同的问题,或帮助幼儿学会得以礼待人,或增加活动材料,或调整活动区的分布。同时教师解决问题的方式必须建立在尊重、平等的基础上,让幼儿在轻松的环境下,解决同伴交往中的问题,建立良好的同伴关系。教师在帮助幼儿解决同伴交往冲突的同时要教给幼儿必要的同伴交往技能,如发起、协商、交换、让步等策略,让幼儿学会自己解决同伴交往中的问题,培养幼儿的人际交往能力。

3.构建良好的成人关系

与幼儿园精神环境相关的成人关系主要是教师与家长的关系和幼儿教师之间的关系。

(1)构建良好的家园互动关系

教师应本着尊重、平等、合作的原则,争取家长的理解、支持和主动参与,并积极支持、帮助家长提高教育能力,与家长建立一个良好的家园互动关系,共同促进幼儿的健康成长。

（2）建立教师间的友好合作关系

幼儿教师间的人际关系是幼儿园精神环境的重要组成部分,影响着幼儿园的园风。幼儿教师间的交往是幼儿同伴交往的重要榜样。如果教师之间互相关心、帮助,幼儿就很容易产生这些积极的行为;反之,如果教师之间漠不关心、人情冷淡,那么教师再怎么着重培养幼儿的爱心、同情心,效果也会不理想。教师之间的友好合作促进了幼儿园的园风向积极、和谐的方向发展,所以幼儿教师之间要互相尊重、真诚相待、友好合作,建立一个团结和睦的教师集体,为幼儿树立良好的榜样。

强化练习

一、单项选择题

1.幼儿园的环境创设主要是指(   )。

A.购买大型玩具　　　　　　　　　　B.安装塑胶地板

C.创设合格的物质条件和良好的精神环境　　D.选择较清净的地方

2.幼儿园心理环境的创设要符合学前儿童的年龄特征及身心健康发展的需要,促进每个学前儿童全面、和谐地发展。这属于(   )。

A.科学性原则　　　　　　　　　　　B.发展适宜性原则

C.参与性原则　　　　　　　　　　　D.配合性原则

3.在布置自然角时,教师让幼儿讨论决定该饲养何种动物。这遵循了幼儿园环境创设的(   )。

A.目标导向原则　　　　　　　　　　B.发展适宜性原则

C.幼儿参与性原则　　　　　　　　　D.经济性原则

二、简答题

简述幼儿园精神环境创设的要求。

参考答案及解析

一、单项选择题

1.【答案】C。解析:幼儿园环境是指幼儿园内影响幼儿身心发展的一切物质条件和精神条件的总和。幼儿园的环境创设就是要提供合格的物质条件和创设良好的精神环境。

2.【答案】B。解析:发展适宜性原则是指幼儿园心理环境的创设要符合学前儿童的年龄特征及身心健康发展的需要,促进每个学前儿童全面、和谐地发展。

3.【答案】C。解析:教师在布置自然角时,让幼儿讨论决定该饲养何种动物,遵循了幼儿园环境创设的幼儿参与性原则。

二、简答题

【参考答案】

（1）建立平等和谐的师幼关系。

（2）支持幼儿的同伴交往,引导幼儿建立良好的同伴关系。

（3）构建良好的成人关系。

①构建良好的家园互动关系。

②建立教师间友好合作关系。

第七章 幼儿园课程

本章内容以识记、理解为主，主要以单项选择题的形式进行考查。其中幼儿园课程目标的取向、幼儿园课程内容的组织方式是重点考查内容。

1.理解幼儿园课程的含义，能区分幼儿园课程的类型，识记幼儿园课程的特点。
2.理解并区分幼儿园课程目标的取向。
3.理解幼儿园课程内容选择的原则，识记幼儿园课程内容的组织方式。
4.识记幼儿园课程实施的取向。
5.识记幼儿园课程评价的类型。

第一节 幼儿园课程概述

一、幼儿园课程的含义

幼儿园课程是实现幼儿园教育目的的手段，是帮助幼儿获得有益的学习经验，促进其身心全面和谐发展的各种活动的总和。幼儿园所进行的一系列活动，不论是专门的教学活动，还是幼儿的日常生活活动、游戏活动等，都是幼儿园课程的组成部分，都对幼儿的全面发展起重要作用。

二、幼儿园课程的类型

考点1 显性课程与隐性课程

根据课程呈现方式的不同，幼儿园课程可分为显性课程与隐性课程。

1.显性课程

显性课程是有计划的、预期性的、显现的、正式的课程，包括幼儿教育机构设计的课程目标、课程内容及其组织安排，以及为实现教育目标而设计的各种教育活动方案。这种课程是有目的、有计划地根据幼儿发展的年龄特点和现实发展水平而设计的，反映幼儿教育机构、家庭和社会的各种特征和要求，通过课程的实施达到一定的教育目标，使幼儿获得相应的发展的活动。

2.隐性课程

隐性课程是指在幼儿教育机构的课程计划和课程设计中没有明确规定的无计划、无意识的活动，包括幼儿教育机构的各种环境、人际关系与文化氛围等方面。隐性课程通过间接的、内隐的方式，无意识地、潜移默化地影响幼儿的态度、情感、动机、意志力、价值观、行为方式等,并最终对幼儿的身心发展产生重大影响。

考点2 学科课程与活动课程

根据课程内容的属性,幼儿园课程可分为学科课程与活动课程。

1.学科课程

学科课程是指根据培养目标和幼儿身心发展水平,从各门学科中选择一定的内容来组成各种不同的教学科目而形成的课程。学科课程强调学科知识的优先性,注重知识安排的逻辑性、系统性,注重理论和间接经验的学习。但是学科课程过于关注抽象知识的获得,容易忽视幼儿个性的全面发展;容易脱离幼儿的生活实际,难以调动幼儿学习的积极性。

2.活动课程

活动课程也称经验课程,是围绕幼儿的需要、兴趣和能力,以幼儿的活动为组织方式的课程形态。活动课程重视幼儿在课程学习中的需要和兴趣,重视幼儿直接经验的获得,强调"从做中学"。活动课程有利于发挥幼儿学习的主动性,有利于幼儿实践能力的培养。然而,在实践中,活动课程容易忽略幼儿系统知识的掌握,走向"幼儿中心主义"。

三、幼儿园课程的特点

1.基础性、启蒙性

幼儿教育在整个教育体系中处于奠基石的位置。幼儿园课程是幼儿教育的载体,直接影响幼儿在这一阶段所获得的经验及发展,也为他们今后的发展奠定基础,因而具有基础性。幼儿阶段是人一生的启蒙阶段,幼儿园课程只需要向幼儿传递关于自然、社会与人类最浅显的知识和观念,来帮助幼儿认识周围世界,使他们在原有发展水平的基础上得到初步的锻炼与启迪。

2.全面性

幼儿园课程是实现幼儿教育目的的手段,是实现幼儿全面发展的中介,因此幼儿园课程就必须以实现幼儿在身体、认知、情感、社会性等方面的和谐发展为目标,要具有全面性。

3.生活性

幼儿处在身心发展的特殊时期。对于他们来说,一些基本的生活卫生习惯、生活自理能力、与人相处的态度及基本的常识等都需要在这一阶段学习,而这些东西不可能完全通过教师的讲授获得,还需要在生活的过程中习得。另外,幼儿的思维是形象的、直观的,适合他们的学习内容必须是可以感知的、具体形象的。因此,幼儿园课程必然带有浓厚的生活特征。幼儿园课程内容来源于幼儿的生活,课程实施更要贯穿于幼儿一日生活的各个环节,这种生活性是幼儿园课程的一个重要特性。要注意的是,幼儿园课程的生活性并不意味着要把教育与日常生活等同起来,混为一谈,而是要合理地加强教育与生活的联系。

4.整合性

幼儿身心发展的水平和学习特点决定了幼儿园的课程应该是高度整合的课程。幼儿园课程不应追求与现实生活割裂的或与现实生活不一致的知识系统,而应使多个学科、多个发展领域之间相互联系、相互促进,从而构成一个有机的发展整体,更好地促进幼儿的发展。

5.活动性与直接经验性

对于幼儿来讲,只有在活动中的学习才是有意义的学习,只有以直接经验为基础的学习才是可理解的学习。幼儿必须借助具体的情境、具体的事物,在参与、探索和交往中学习。所以,幼儿园课程的实施关键在于为幼儿创设丰富的活动情境,创设有利于幼儿自主、合作、探究的活动氛围,为幼儿提供各种交往互动的机会,使幼儿在一日生活活动中获得直接经验。从这一意义上来讲,幼儿园课程具有活动性与直接经验性。

6.潜在性

由于幼儿知识经验贫乏,自我辨别与自我控制的能力较低,模仿力强,幼儿园的一砖一瓦、一草一木,教师的一言一行、一举一动无时无刻不在影响着幼儿的发展。因而,幼儿园课程不仅体现在有目的、有计划的教育活动中,而且体现在环境、生活、游戏及教师不经意的行为中。从幼儿的角度来看,幼儿园课程总是蕴含在环境、材料、活动之中,潜移默化地作用于他们,影响他们的发展。因此,和小学之后的学校课程相比,突出的潜在性是幼儿园课程的重要特性。

第二节　幼儿园课程的编制

一、幼儿园课程编制模式

在幼儿园课程编制过程中,不同的课程模式会导致课程的编制以不同的方式展开。课程编制模式有目标模式、过程模式、实践模式和批判模式等。在各种课程编制模式中,目标模式和过程模式对幼儿园课程的编制所产生的影响较大。

表1-7-1　课程编制的目标模式与过程模式

项目	目标模式	过程模式
含义	目标模式是以对社会有实用价值的目标作为课程开发的基础和核心,并在此基础上选择、组织和评价学习经验的课程编制模式	过程模式是把课程设计看成一个不断发展的过程,主张应关注具有内在价值的课程内容及儿童实际的活动过程的课程设计模式
代表人物	目标模式的创始人博比特等人在二十世纪初开始了课程研究,后来经由泰勒、塔巴、惠勒等人的继承和发展以及布卢姆等人的应用,目标模式经历了发生、发展和逐渐完善的过程	二十世纪五六十年代后,英国课程理论家斯坦豪斯立足于教育的内在价值及实践,针对目标模式在课程编制中所存在的缺陷,提出了课程编制的过程模式
教育观、知识观	知识是固定的让人接受的信息,教育就是让儿童掌握这些既定的知识	知识是思维的载体,教育是儿童在能动地与外界环境交互作用中自由、创造性地探索知识的过程
课程目标	层层分解、精细,控制性强,关注目标的结果	宽泛、动态,注重引导,关注过程,关注儿童兴趣的满足
教师	课程的执行者,技能性强,需短期培训	课程的参与者、讨论的主持人,观念和能力要求高,需长期学习
儿童	接受者	建构者、探索者
方法、手段	讲授、传递,目标控制,易操作	讨论、探究,难把握
效果、评价	效果明显、快速,评价指标明确,评价简易	效果不明显、长远,评价指标较模糊,评价较难

优、缺点	优点：目标模式采用行为目标的方式设置课程目标，并以此为出发点编制课程，使整个课程的运作成为一个具体化和结构化的操作程序。这样做能提高幼儿园教育教学过程的计划性、可控性和可操作性。 缺点：由课程编制者确定的课程目标，往往难以与发展中的儿童相适应，容易忽略那些难以转化为行为的方面。按行为目标的方式确定课程目标，与学龄前儿童整体地学习知识和获得经验的学习方式之间存在距离	优点：过程模式批判了目标模式的许多弊端，强调教育和知识内在的、本体的价值；强调在教育过程中对具体情境的诊断；强调"教师即研究者"所应发挥的作用。所有这些主张对于儿童主体精神和创造性思维的培养，对于在教育中更多体现民主精神和人文精神都是十分有益的。 缺点：过程模式编制的课程往往缺乏科学性、计划性和系统性，对教育的评价往往因缺乏客观标准而带有过多的主观色彩。过程模式赋予教师过分理想化的角色和过高的要求，因此往往会因为教师难以达到这样的境地而使该课程模式不易推广

二、幼儿园课程目标

幼儿园课程目标是教育工作者对儿童在一定学习期限内的学习结果的预期，是幼儿园教育目的的具体化。它既是选择课程内容、实施课程和组织教学策略的依据，也是课程评价的标准。

考点1 幼儿园课程目标的取向

对儿童发展、社会需求和知识的性质以及这三者之间关系的不同理解，使课程目标存在不同的价值取向。在幼儿园课程中，较为常见的目标取向有行为目标、生成性目标和表现性目标。

1.行为目标

行为目标在课程领域的确立始于博比特。泰勒是行为目标的集大成者，被人们称为"行为目标之父"。泰勒认为，课程目标包括"行为"和"内容"两部分。行为目标是以儿童具体的、可被观察的行为来表述的课程目标，指向的是实施课程以后在儿童身上所发生的行为变化。如发展动手能力→发展手部动作的灵活性→会用剪刀剪纸条，发展动作的协调性→培养正确的身体姿势和节奏感→能跟着节拍做操。

行为目标一般包括三个构成要素。

（1）核心行为

核心行为是指期待儿童能够做到的某种行为，往往要用一个操作性动词表示。如"说出""比较""指认""区分"等。

（2）行为产生的条件

行为产生的条件是指核心行为发生的条件或背景。例如，能够在团体面前表达自己的意见。

（3）行为表现的标准

行为表现的标准是指核心行为表现的最低标准。例如，能够在团体面前声音洪亮地表达自己的意见。

行为目标以具体、明确、易操作、易评价的特点，在教学活动中运用得十分普遍。但是行为目标易使教师把视线仅仅放到儿童具体的、外显的行为上，而忽略对其内在品质的培养，还易使教师单纯追求教学结果，而忽略教学过程。

考题再现

【2019·长沙望城·单选】下列幼儿园课程目标中，属于行为目标的是（　　　）。

A.体验分享食物的快乐　　　　　　　　B.能够在团体面前声音洪亮地表达自己的意见

C.体验积极参与活动的成就感　　　　　　　　D.喜欢参加音乐活动

【答案】B。

2.生成性目标

英国课程论专家斯坦豪斯认为，学校教育包括四个过程：技能的掌握、知识的获得、社会价值和规范的确立以及思想体系的形成。其中前两项是可能确定的目标，后两项是难以确定的目标。因此他强调教师应根据课堂教学的实际进展情况提出相应的目标，注重课程实施过程。生成性目标强调学前教育课程不应以事先规定的目标（或结果）为中心，而应以过程为中心，应根据儿童在课程中的实际表现而展开。

3.表现性目标

表现性目标是由美国课程论专家艾斯纳提出的。表现性目标与行为目标相对，表现性目标描述的是儿童身心的一般变化，而非某种特定行为。表现性目标注重培养儿童的个性和创造性，关注儿童在复杂的教育活动中的富有个性和创造性的表现，追求儿童表现的多元性而非同质性。例如，"能避开危险，学会保护自己""喜欢参加……活动，有求知欲，情绪愉快"。

由于表现性目标描述的是儿童身心的一般变化，所以它比较适合表述中远期目标，比较适合难以用具体行为来表述的那些情感态度类目标。

考点2　幼儿园课程目标的制定依据

课程目标的制定需要考虑各种依据。一般认为，儿童发展、当代社会生活以及学科知识是制定课程目标的依据。科学地制定幼儿园课程目标，必须研究儿童、研究社会、研究学科知识。

1.对儿童的研究——基础和前提

（1）原因。幼儿园课程是为支持、帮助、引导儿童学习，促进其身心全面和谐发展而设置的，因此必须关注儿童发展。

（2）研究内容。研究儿童身心发展规律，尤其是关注儿童的发展需要。

2.对当代社会生活的研究——参考和依据

（1）原因。幼儿园课程的基本职能之一是让儿童在度过快乐而有意义的童年的同时，为积极适应未来的社会生活做准备。因此，在考虑幼儿园课程目标时，必须研究社会对儿童成长的期望和社会生活的需求。

（2）研究内容。社会对儿童成长的期望和要求。

3.对学科知识的研究

（1）原因。幼儿园课程的一个重要职能是传递社会文化知识，知识可以帮助儿童更好地认识自然、认识社会、认识自己。因此，知识是课程必不可缺的内容。

（2）研究内容。各学科领域的知识与儿童身心发展有什么关系；各学科领域的知识能促进儿童哪些方面的发展。

三、幼儿园课程内容

幼儿园课程内容是实现幼儿园课程目标的手段，课程内容必须为实现课程目标服务，课程目标指导着课程内容的选择与组织。对于教师和儿童而言，主要解决的分别是"教什么"和"学什么"的问题。

考点1　幼儿园课程内容选择的取向

1.知识取向：课程内容即教材

将课程内容看作教材的取向，会使课程编制者将课程内容的重点放在教材上，会较多地考虑知识本身的系统性和逻辑性，使之成为教与学过程中的基本材料。这种取向是将课程内容作为预设的东西，其长处在于知识的系统性和可操作性强,教师容易把握。但是这些内容不一定是儿童需要的和感兴趣的,所以课程编制者和教师需要想方设法运用各种教学技术和技巧对教材进行加工改造,试图引起儿童的兴趣。

2.活动取向:课程内容即学习活动

将课程内容看成学习活动的取向,其关注点放在儿童做些什么方面,强调课程与社会生活的联系,强调儿童在学习中的主动性。对课程内容持这种取向,会使课程编制者设计和安排大量的活动,并让儿童在参与活动的过程中去探索和发现。虽然这种取向关注了儿童的活动,但这往往是外显的活动,不会从根本上引起儿童深层次心理结构的变化。

3.经验取向:课程内容即儿童的学习经验

经验取向把课程内容看成儿童的学习经验,认定儿童是主动的学习者,决定学习的质和量的主要方面是儿童而不是教材。持这种取向的课程编制者和教师在选择内容的时候会充分顾及儿童的兴趣、需要和能力,会注重课程内容与儿童发展特征相符合,使课程内容能通过儿童与环境之间的有意义的交互作用而被儿童同化。但是,这种取向过分强调儿童的直接经验、兴趣和需要,而个体之间差异是非常大的,使得课程编制者和教师难以把握课程编制的方向。

考点2 幼儿园课程内容的范围

1.基础知识

在选择课程内容时,我们需要将幼儿必须掌握的或具有发展价值的基础知识纳入课程。这样的知识包括以下几方面。

(1)生命活动必需的知识,如与幼儿的健康、安全有关的知识。

(2)有利于幼儿解决基本的生活、交往问题的知识,如基本的社会行为规则、规则的意义等。

(3)帮助幼儿认识自己生活环境的知识,如自然和社会环境中常见事物的名称、属性等。

(4)为幼儿今后学习系统的学科知识打基础的知识,如基本的数、量、形、时间、空间概念等。

(5)为幼儿成长为未来社会的高素质公民奠基的知识,如简单的环保知识等。

2.基本的活动方式

幼儿的活动大致可分为生活、交往、学习等,具体又可分为自我服务、身体锻炼、游戏、观察、探索、交流、表达等。每种活动都包含着一些基本的方式、方法、技能与技巧,如社会交往的技能、解决问题的技能。因此,掌握基本的活动方式有利于幼儿的日常生活顺利进行。

3.发展幼儿智力和能力的内容

幼儿的智力和能力常常表现在活动时所遇到的问题中,并在解决问题的过程中得到发展。因此,教师利用生活中幼儿经常遇到的或感兴趣且有价值的问题作为课程内容,既有利于激发幼儿学习的积极性,也有利于发展他们的智力和能力。教师也可以有意"制造"一些问题,或将必要的学习内容转化为幼儿可以研究的问题,以促进幼儿智力的发展。

4.培养幼儿情感态度的经验

情感态度不是"教"出来的,它的形成是潜移默化的结果。情感态度是伴随着活动过程而产生的体验,类似的体验积累得多了,就形成了比较稳定的倾向性。这就要求教师要选择适当的内容,提供关键性的学习经验。

考点3 幼儿园课程内容选择的原则

选择幼儿园课程内容需遵循以下几项原则。

1.目的性原则

目的性原则是指选择幼儿园课程内容时必须牢牢把握幼儿园课程目标的要求,一方面要兼顾德、智、体、美诸方面的内容;另一方面也要考虑每一方面在基本知识、基本态度、基本行为上的内容,要全面、整体地考虑内容,不可偏废。

2.适宜性原则

适宜性原则是指课程内容既要符合幼儿已有的发展水平,又能促进其进一步的发展,即难度水平处在幼儿的"最近发展区"之内。

选择课程内容时遵循适宜性原则的关键是了解幼儿。了解幼儿需要注意以下两点:①掌握不同年龄阶段幼儿的一般特点;②精心观察现实中的每一个幼儿,确保个体适宜性。

3.生活化原则

对于幼儿来说,最有效的学习内容是他们能直接感知的、具体形象的内容,而这种学习内容主要来源于幼儿周围的现实生活。生活化原则要求幼儿园选择课程内容要贴近幼儿的生活,使幼儿能够通过直接感知、操作和体验获得基本态度和基本行为方面的发展。

4.兴趣性原则

兴趣性原则是指幼儿园课程内容的选择必须要考虑幼儿的兴趣。贯彻兴趣性原则,教师需要做到以下两点:①关注幼儿的兴趣,从幼儿感兴趣的事物中选择具有教育价值的课程内容;②关注必要的课程内容,使之转化为幼儿的兴趣。

5.基础性原则

基础性原则是指幼儿园的课程内容应该立足于幼儿基础素质的全面发展,并为其一生的可持续发展奠定坚实的基础。判断所选的课程内容是否具有"基础性"的参照标准是,看它是否与幼儿现在的生活、学习有直接关系;是否必须现在学,以后再学就失去最佳时机;是否是文化或人类知识中的最基本成分,而且是今后学习所必需的基础;是否具有最大的应用性和迁移性等。

6.逻辑性原则

逻辑性原则要求教师在选择课程内容的时候,能够心中有"教学大纲",眼中有"幼儿大纲",帮助幼儿在原有水平上获得提高,体现教育独特的价值。

考点4 幼儿园课程内容的组织

幼儿园课程内容的组织是指创设良好的课程环境,使幼儿园课程活动兴趣化、有序化、结构化,以产生适宜的学习经验和优化的教育效果,从而实现课程目标的过程。

就课程内容的组织的问题,泰勒曾提出过三个基本准则,即连续性、顺序性和整合性。连续性是指课程内容如何直线式地陈述;顺序性是指课程的后继内容如何既以前面内容为基础,又为以后的内容打下基础;整合性是指各种课程内容之间的横向联系。从这三个基本准则出发,幼儿园课程内容的组织方式可以分为以下三类。

1.逻辑组织与心理组织

(1)逻辑组织

逻辑组织是指根据学科本身的系统及其内在的联系组织课程内容。在幼儿园课程中,"分科教育"是一种以逻辑顺序组织幼儿园课程内容的方式。"分科教育"将课程内容分成各种学科,如语言、计算、科学、音乐、美术、体育等,并按每门学科内在的逻辑顺序组织课程内容,使这些内容保持连续性和顺序性。以逻辑顺序组织课程内容既有优点,也有缺点。其优点体现在以下三个方面:①有利于学习者获得系统知识;②有利于学习者做较严密的思维训练;③计划性相对较强,教师容易把握。其缺点表现在以下三个方面:①过分强调知识本身的系统性和逻辑性,很难照顾儿童的兴趣和需要;②与生活联系不密切;③很难照顾儿童学习能力方面的差异。

(2)心理组织

心理组织是指以适合儿童心理特点的方式组织课程内容。在幼儿园课程中,"综合教育"是一种以心理顺序组织幼儿园课程内容的方式。"综合教育"打破了学科界限,按儿童心理顺序组织课程内容,使各种课程内容之间保持整合性。这种课程内容的组织方式往往是课程编制者根据对儿童心理特征的理解而确定的,并在课程实施过程中根据儿童对课程内容的反应加以调整。以心理顺序组织课程内容,其优点体现在以下几个方面:①适合儿童身心发展规律;②调动学习者积极性;③灵活性较强。其缺点体现在以下几个方面:①教师很难把握;②且较少考虑学科。

2.纵向组织与横向组织

(1)纵向组织

纵向组织是指按照课程组织的某些准则,以先后顺序排列课程内容。纵向组织强调知识和技能的层次性,即儿童学习较为复杂的、抽象的知识是以较简单的、具体的知识为基础的。因此,纵向组织的方式有益于这种从简单到复杂、从具体到抽象的过程的依次推进。纵向组织法的优点体现在以下两点:①重视知识、技能的层次性,重视幼儿的学习特点;②课程内容的组织安排由浅入深、由易到难、由简单到复杂、由已知到未知、由具体到抽象,逐渐递进,依次推开。其缺点是教师掌握该方法的难度较大,对教师的专业素质要求较高。

考题再现

【2019·长沙望城·单选】幼儿园课程内容组织方法中的纵向组织法强调( )。

A.各种知识的融合

B.知识的运用

C.知识和技能的层次性

D.知识与儿童成长的联系

【答案】C。

(2)横向组织

横向组织是指按"广义概念"组织课程内容,即打破传统的知识体系,使课程内容与儿童已有经验连为一体。横向组织强调的是各种知识的融合、知识的运用、知识与儿童成长的联系,而不是知识本身。横向组织法的优点是促使各种知识之间、知识与儿童经验之间、儿童经验之间形成有机的联系,帮助儿童整合、贯通知识与经验。其缺点则是易出现"大拼盘"式的课程内容。

3.直线式组织与螺旋式组织

(1)直线式组织

直线式组织是指将课程内容组织成一条在逻辑上前后联系的直线,使前后内容互不重复。直线式组织有益于儿童有逻辑性地思考问题,而且对于一些接受性知识和技能的传递,具有较高的效能。

(2)螺旋式组织

螺旋式组织是指在不同的阶段,课程内容会重复出现,但是这些重复出现的内容在深度和广度上都有所加强。学龄前儿童的思维是以直觉思维为主的,因此幼儿园课程内容的组织一般较多采用螺旋式组织方式。这种组织方式在"综合教育""单元教学""方案教学"等许多幼儿园课程类型中都能看到。螺旋式组织有益于儿童在与环境的交互作用的过程中逐步获得经验,有益于儿童创造性思维的发展。

四、幼儿园课程组织

考点1 课程组织的含义

课程组织是指为达成一定的教育目的,对具体的课程内容予以具体安排,使其构成较为可行且合理的教育方案与教育计划的过程。在这个过程中,由于课程组织人员对课程本质的认识差异,人们在对课程组织的概念进行界定时出现了多种阐释。本书认为,课程组织就是身为学习者的幼儿与身为教育者的幼儿教师以及教育情境构成的一个自我运行与调节的过程。

具体到幼儿园,幼儿园课程组织就是一切有幼儿参与的教育性活动的结构化或系统化过程。

考点2　幼儿园课程组织的要素

总体上来看,幼儿园课程组织主要涉及学习者、教育者和教育情境三大要素。

1.学习者

对于幼儿园课程组织而言,学习者主要是由幼儿组成的。他们是具有主体性的个体,既具有处于这一阶段的个体的共有特征,又有自己的独特个性。从这一层面来说,幼儿园课程组织中的学习者是课程组织的出发点而非归宿,也就是说幼儿园课程组织是以推动幼儿的健康发展为基础的,它提供着幼儿园课程组织的心理学原则,幼儿是进行主动建构活动的主体。

2.教育者

在幼儿园课程组织要素中,以幼儿教师为主体的教育者控制着幼儿园课程组织的过程及其方向,因而相对于幼儿园课程组织的另一要素——幼儿来说,幼儿教师会在一定程度上决定幼儿教育的方向,而且是幼儿园课程组织的重要力量。幼儿教师受自身教育观、儿童观等思想观念的影响,通过实际的教育方式对幼儿发展产生直接或间接的影响。

3.教育情境

教育情境在幼儿园课程组织中发挥的是物质媒介的作用,是幼儿作用的对象,又是师幼共同建构的条件和结果。其中,幼儿教师所使用的"教材"或"教育方案"本身具有特殊的价值,它们虽然不是主动的课程组织者,但却是幼儿教师开展课程组织的重要依据。此外,幼儿园中的教育环境也是课程组织的基本背景,为了课程组织能取得较好的效果,教师应注意对其优化,使之具有可操作性、科学性等特征。

考点3　幼儿园课程组织的基本原则

具体来看,幼儿园课程组织应遵循的原则主要包括以下几方面。

1.纵向组织原则

纵向组织原则是指在进行幼儿园课程组织的过程中,幼儿教师可按照某种准则以先后顺序排列课程内容。对这一原则,可以做以下三个方面的理解:首先,幼儿教师可以根据人类学习的复杂程度编排课程内容;其次,幼儿教师可以根据知识的难易程度,按照由简到繁、由具体到抽象、由已知到未知的顺序排列课程内容;最后,幼儿教师可以根据人生发展的顺序排列课程内容。

2.活动化原则

从本质上来说,课程组织活动化是通过调动幼儿进行外部活动的积极性,引发其积极的内部活动。这种内部活动是幼儿智力发展的过程,也是其情感调节、态度培养、知识构建的过程。

3.目标定向原则

目标定向原则是指在组织幼儿园课程时,幼儿教师决不能凭借自己的兴趣爱好或喜怒哀乐,而要围绕具体的教育目标,选择有利于教育目标实现的组织方式。幼儿园课程组织是教育目标能否实现的关键环节。这就要求幼儿教师在进行幼儿园课程组织时需要遵循目标定向原则。

4.游戏化原则

幼儿喜爱游戏以及游戏对幼儿发展的巨大价值是幼儿园进行课程组织的根本依据,因此幼儿教师在组织课程时遵循游戏化的原则。课程组织的游戏化从本质上来说就是要使幼儿园的课程变得愉快、有趣、轻松,以帮助幼儿发展,实现教学目标,完成教学任务。它要求教育者有清醒的教育意识和明确的教育目标。

5.生活化原则

生活化原则是指把富于教育价值的生活内容纳入课程领域,增加教育中的"温情"和"人文精神"。因此,在进行幼儿园课程组织时,幼儿教师应使幼儿对幼儿园的课程感到亲切。随着幼儿年龄的增长,课程中的生活化色彩可以逐渐减少。

6.综合化原则

幼儿教师在组织课程时,必须考虑课程系统的统一性与整体性,整体把握课程的教育目标、教育方式,并通过对目标实现、内容安排、方式选择等的合理搭配与组合,取得综合性的教育成果。幼儿教师在组织课程时,需要注意实现课程目标的综合化、课程内容的综合化、教育方式的综合化等。

7.师幼同构原则

作为学习者的幼儿与作为教育者的幼儿教师同是课程组织的主体。在组织课程时,若这一对具有相对性的双主体在各自发挥独特作用的同时,通过动态的交互联系,形成一致的课程效应,便能大大增强幼儿园课程教育的效果。因此,强调幼儿与幼儿教师相互作用的师幼同构原则也是幼儿园课程组织应予以遵循的一个重要原则。

8.家园同步原则

家园同步原则是指通过家园合作,采取同步措施,形成教育合力,最终促进幼儿身心健全和谐发展。为了实现家园一体化教育,幼儿教师在组织课程时需要积极向家长宣传介绍幼儿园的课程,并使其明确家庭在幼儿园课程中应承担的责任,从而彼此合作,共同推动幼儿的成长。

五、幼儿园课程实施

课程实施是指把一项课程计划付诸实践的过程,是达到预期的教育目的和课程目标的基本途径。

考点1 课程实施的取向

课程实施的取向是指对课程实施过程本质的认识,以及支配这些认识的相应的课程价值观。课程实施的取向集中表现在对课程计划与课程实施过程关系的不同认识上。美国课程专家辛德尔、波林和扎姆沃夫将课程实施归纳为以下三个取向。

1.忠实取向

课程实施的忠实取向是指把课程实施过程看成忠实地执行课程计划的过程。这种课程取向的基本假设是,课程实施要忠实地反映课程设计者的意图,从而达成预定的课程目标。

忠实取向认为,课程变革是教师实施课程专家制定的课程变革计划的过程。课程变革是否成功主要取决于教师是否不折不扣地实施课程专家设计的课程变革计划。

在课程实施的忠实取向者看来,教师的角色是课程专家所制订课程计划的忠实执行者。教师是课程被动的"消费者",对课程知识的创造和选择没有发言权,他们应按照课程专家为课程编制的"使用说明",循规蹈矩地实施教学。为了能使教师忠实地传递课程,在课程实施前需要对教师进行适当的培训,并在课程实施中,对教师的教学进行支持和监督。

2.相互适应取向

相互适应取向是指将课程实施的过程看作课程计划者与实施者之间通过协商而相互作用的过程。这种取向的基本假设是课程实施不可能预先规定精确的实施程序,课程实施的过程应由实施者自己把握和决定,由实施者根据自己的实际情况做出最为适当的选择。

相互适应取向者认为,课程实施不是教师按照课程专家的课程计划不折不扣地去做,而是要考虑课程实施者的兴趣和需要,还要考虑教育现场中的各种条件和状况,并对专家的课程计划做出调整。

相互适应取向者认为,教师是课程专家所指定课程计划的主动、积极的"消费者"。教师对课程专家编制的课程计划的积极改造是课程实施成功的基本保证。

3.课程创生取向

课程创生取向是指把课程看成教师与儿童联合创造教育经验的过程。这些经验是教师和儿童在实际中体验到的,是情景化的和人格化的。这种取向的基本假设是课程实施是在具体教育情境中创生新的教育经验的过程,而已有的课程计划只是为这个经验创生过程提供的平台而已。

尽管教师可以运用由课程专家设计的课程和建议,但是真正创生课程并赋予课程意义的还是教师和儿童。因此,教师和儿童不是知识的接受者,而是课程知识的创造者。

有人把课程创生取向比喻为"作品的创奏""现场创作",教师的角色是课程开发者。课程创生过程是教师与儿童共同成长的过程,教师是创生课程共同体中具有活力的成员。

考点2　幼儿园课程实施的途径

幼儿园课程是通过多种途径实施的,具体包括以下几种。

1.教育教学活动

教育教学活动是教师依据课程目标和内容,有计划、有组织地设计和安排活动,以引导儿童获得有益的学习经验。教育教学活动具有目标明确、内容精选、计划性强、教师的组织指导作用明显等特点。这类活动主要用于帮助儿童获得新知识、新技能,并能整理、扩展、提升儿童原有的经验。

2.游戏

游戏是儿童最喜爱、最适合其年龄特点的活动,其中蕴含着巨大的发展价值。游戏作为学前教育的一种基本途径,其前提是教师要充分尊重儿童游戏的愿望与需要,支持和保护儿童游戏的权利,给予充分的时间、材料等的保证,还原游戏的本来面目。

3.日常生活活动

除教师专门组织的教育教学活动及游戏外,其他各项活动,如进餐、盥洗、睡眠、交往等同样蕴含着巨大的发展价值。学前教育机构的教育目标很多是通过日常生活完成的,尤其是儿童良好的生活习惯的形成、社会性行为规范的养成等。儿童在教育机构的日常生活应该成为教育的一个重要途径,这也是幼儿园教育与中小学教育的一个重要区别。

4.其他类型活动

除了前述的教育教学活动、游戏、日常生活活动外,学前教育机构还开展其他类型的活动,如节日活动、劳动、外出活动、亲子活动、家长开放日活动等。

5.家、园、社区的合作

家庭、幼儿园、社区是儿童生活、学习的主要场所。儿童的发展是彼此之间共同作用、和谐一致的结果。因此,教师应与家庭、社区建立合作伙伴关系,相互尊重、真诚合作。

考点3　影响幼儿园课程实施的因素

影响幼儿园课程实施的因素,主要有以下几个方面。

1.幼儿园课程与社会、文化的适应性

幼儿园课程的变革和教育活动的实施不可能脱离社会、文化而进行。社会、文化的价值观会通过各种渠道影响幼儿园课程的实施。

2.教育行政部门的推动和支持

各级教育行政部门通过对课程的审定、推行、监督和评估等措施和途径实现对幼儿园课程实施的导向,对幼儿园课程的实施有重大的影响。

3.幼儿园课程变革的需要

幼儿园课程变革的需要主要是指课程实施者对课程变革的需要。实施者的需要越大，课程实施的程度越大。进而言之，幼儿教育机构对课程变革的接受度是课程实施的必要条件，但不是充分条件，而实施课程计划的园长和教师对课程变革的需要才是最为关键的。

4.幼儿园课程计划本身的状况

编制新的幼儿园课程为的是变革和替代原有的课程，改变原课程中的不足之外。课程实施若要将变革引入教育实践，那么这个引入过程的成败与新课程计划本身的状况是有密切关联的。具体地说，如果新编的幼儿园课程本身具有较高的质量，具有可传播性、可操作性，与现实需求和公众认识相吻合，那么课程实施的有效性就会增加。

5.幼儿园课程实施的管理和运行机制

各级教育行政部门和幼儿园管理人员对幼儿园课程计划的实施负有领导、组织、支持和监督等责任。他们可以通过建立各种规章制度和其他各种管理运行机制，促进幼儿园课程实施的成功。在所有的管理和运行机制中，最为重要的是对直接进行课程实施的人员——教师的管理。

6.幼儿园课程编制者与实施者之间的沟通

幼儿园课程编制者与实施者之间沟通效果的好坏对课程实施能否获得成功往往起关键性作用。幼儿园课程编制者如果能与课程实施者之间实现良好的沟通，让课程实施者真正理解幼儿园课程变革或教育活动实施的要义，并通过协商和合作，相互适应和妥协，那么，课程的实施就会更为顺利。

7.幼儿园课程实施者本身的水平和能力

幼儿园课程实施者——教师的水平和能力，也在很大程度上决定幼儿园课程实施的可行性和有效性。具体地说，课程政策制定者的意图再"先进"，课程编制者的课程计划再完美，如果幼儿园课程实施者的水平不高、能力不强，仍然不可能达到课程实施的良好状态。

六、幼儿园课程评价

考点1　幼儿园课程评价的含义

幼儿园课程评价是针对幼儿园课程的特点和组成成分来分析和判断幼儿园课程的价值的过程，即评估由于幼儿园课程的影响所引起的变化的数量和程度。

幼儿园课程评价的基本要素包括幼儿园课程评价的主体、幼儿园课程评价的客体、幼儿园课程评价的标准和指标。

考点2　幼儿园课程评价的目的

幼儿园课程评价的目的有两方面。

（1）了解幼儿的实际发展状况，使教师能够针对幼儿的需要、特点及个体差异，决定教育活动的目标、内容、活动形式和指导方式等。

（2）了解课程的目标、内容、实施过程，以及幼儿整体的发展状况，从而评价课程是否符合教育目的，是否适合幼儿的发展。

考点3　幼儿园课程评价的作用

由于课程评价具有鉴定、诊断、改进、导向等作用。因此，它用于及时发现课程中所存在的问题，并以此为依据调整和改进课程，使原有课程更为完善。幼儿园课程评价的作用有两个方面。

（1）可以满足教师、课程专业人员、幼儿园行政管理人员以及其他负责课程编制人员的需要，通过课程评价检验或完善原有的幼儿园课程，或者开发和发展新的幼儿园课程。

（2）可以满足幼儿教育政策制定者、幼儿园行政管理人员以及社会其他成员获得教育方面信息的需要，以便管理课程，做出影响课程的各种决策。

考点4 幼儿园课程评价的主要模式

在幼儿园课程评价中，可供选择的评价模式和方法有以下几种。

1.目标评价模式

目标评价模式主要是在泰勒"目标模式"的基础上形成的。泰勒的"评价原理"是以目标为中心展开的，大致可以分为七个步骤：（1）确定目标；（2）根据行为和内容界定目标；（3）确定使用目标的情境；（4）设计呈现情境的方式；（5）设计获得记录的方式；（6）确定评价时使用的计量单位；（7）设计获得代表性样本的手段。

目标模式的关注点是课程结束时幼儿行为的表现与预设的行为目标的契合程度。目标模式强调目标是评价的主要出发点和依据，儿童的行为与预设行为目标的符合度越高，则课程实施的效果就越好。

2.CIPP评价模式

CIPP是背景评价（context evaluation）、输入评价（input evaluation）、过程评价（process evaluation）和成果评价（product evaluation）四种评价的第一个英文字母的缩写。CIPP模式是决策类型评价模式。其创始人斯塔费尔比姆认为，课程评价不仅仅是评价目标的达成程度，而应该为课程决策提供有用的信息。因此，课程评价的重点在于为课程决策提供材料。

（1）背景评价

背景评价是为了确定课程计划实施机构的背景，明确评价对象及其需要。其强调的是应该根据评价对象的需要，对课程目标做出判断，评定课程目标是否与评价对象的需要相一致。

（2）输入评价

输入评价主要是为了帮助决策者选择达到目标的最佳手段，而对各种可供选择的课程计划进行评价。例如，通过对课程材料、方法、设施、人员等的分析，帮助课程决策者选择适宜的课程资源。

（3）过程评价

过程评价是为执行决策服务的，主要是通过描述实际过程来确定或预测课程计划本身或实施过程中存在的问题，需要对计划实施情况不断加以检查。过程评价是在课程实施的过程中进行的。它为课程实施及时地提供信息，以便随时调整课程的实施。

（4）成果评价

成果评价是为循环决策服务的，是为了测量、解释和评判课程计划的成果。它要收集与结果有关的各种描述与判断，把它们与目标以及背景、输入和过程方面的信息联系起来，并对它们的价值和优点做出解释。

在实施CIPP评价时，评价人员可先进行背景评价，判断原课程是否需要改变，若需要进行改革，则应进行输入评价，为构建改革方案的决策提供信息。然后实施新的课程，并进行过程评价和成果评价。根据评价的结果，或接受新的课程方案，或终止该方案，重新计划、组织课程方案，再做以上过程的循环。CIPP评价模式的系统性、逻辑性较强，但是过于复杂，因此在教育实践中实施得不多。

3.外观评价模式

外观评价模式是由斯塔克提出的。他认为，评价应该从三方面收集有关课程的材料：前提条件、过程因素、结果因素。

前提条件是指课程实施之前与课程有关系的因素，如儿童的年龄、智力、师资条件、教学环境等。过程因素也叫相互作用，指的是课程实施过程中评价对象的各类活动与交往，如教学活动、游戏、人际关系等。结果因素是指实施课程计划的效果。对于这三个方面的材料都需要从"描述与批判"两个维度做出评价。描述包括课程计划打算实现的内容和实际观察到的情况这两方面的材料;评判也包括根据既定标准的评判和根据实际情况的评判两种。

4.目标游离评价模式

目标游离评价模式是由斯克里文提出的。该模式主要是想克服目标评价模式通常只考虑预期效应而不考虑非预期效应的弊病,强调评价者应该关注课程实施的实际效果,而不是其预期效应。斯克里文认为,评价者要收集有关课程计划实际结果的各种信息,这样才能对课程做出准确的判断。

目标游离评价并不是目标评价的替代模式,而是其有用的附加程序,因此在课程评价时可以将两者结合使用。

5.差距评价模式

差距评价模式旨在比较"标准"和"表现",分析二者之间的差距,以此作为改进教育教学方案的依据。差距评价模式具有五个阶段。

（1）设计阶段

设计阶段,即要界定课程计划的标准,以此作为评价的依据。课程计划的标准包含三个成分:课程的目标（预期结果）、实现目标所需的人力和物力（前提条件）以及为达成目标所从事的活动（教育过程）。对这三个成分的详细描述就是所谓的评价标准的界定。有了评价标准,才能确定课程是否在按标准运行。

（2）装置阶段

装置阶段的任务是收集课程的运行资料,包括所采用的课程目标、前提条件和教育过程,并与界定的评价标准进行对照,了解所执行的课程与计划的课程之间的符合程度。

（3）过程阶段

过程阶段的任务是要了解导向最终目的的中间目标是否达成,并进一步了解前提条件、教育过程和教育结果之间的关系,以便根据情况对它们做出调整。

（4）产出阶段

在此阶段,要评价课程的实施所产生的实际结果是否完成了最终的目标。

（5）成本效益分析阶段

成本效益分析阶段,也称为方案比较阶段。其目的在于通过比较目前完成的方案和其他方案,找出最经济有效的方案。

差距评价模式关注的是课程计划应该达到的标准（应然）与课程实施各阶段的实际表现（实然）之间的差距,并关注造成差距的原因,以便及时加以调整,这种形成性的课程评价方式有益于课程改革和发展。

考点5　幼儿园课程评价的类型

1.目标本位评价与目标游离评价

根据课程评价与预定目标之间的关系,幼儿园课程评价可以分为目标本位评价和目标游离评价。

（1）目标本位评价

目标本位评价的目的在于判断预定目标的达成度。该评价类型的依据是课程目标,优点在于评价标准清晰明确,操作简单易行;缺点在于只关注对课程目标的达成度,对于许多课程目标以外的结果不予评价,且容易忽略对课程目标本身的评价。

（2）目标游离评价

目标游离评价以课程实施的全部教育结果为评价对象,而不仅仅对课程目标评价。该评价方式强调了对所有的教育结构进行评价的重要性,缺点在于由于没有具体明确的操作步骤,所以算不上是一种完善的评价类型。

2.形成性评价与总结性评价

根据评价的作用,幼儿园课程评价可以分为形成性评价和总结性评价。

（1）形成性评价

形成性评价是指对幼儿园课程实施过程中所表现出的各种现象进行评价,目的在于诊断课程实施的问题,为进一步改进和完善课程提供依据,帮助课程编制者动态地把握课程实施,并针对问题及时地做出科学合理的调整。

（2）总结性评价（终结性评价）

总结性评价是在幼儿园课程实施之后进行的,旨在获得幼儿园课程质量的整体情况。总结性评价的目的在于通过搜集资料,对幼儿园课程实施的成效做出整体性的评价,作为推广课程或比较课程的依据。

3.量化评价与质化评价

根据评价的方法,幼儿园课程评价可以分为量化评价和质化评价。

（1）量化评价

量化评价是指收集定量的材料,对材料进行科学的分析、比较,并在此基础上做出有关幼儿发展状况、幼儿园课程实施等的评价。量化评价主张用科学的量化的数据作为评价的标准,所以常常将通过实验得出的测试分数作为主要数据进行评价。

（2）质化评价

质化评价是指通过问卷调查、观察、访谈等方法,对课程实施、幼儿变化等情况进行评价。质化评价多采用描述性的文字对实际教育情况进行评价,而不只是数据分析。

考点6　幼儿园课程评价的原则

评价应有利于发挥教师、园长及课程决策人员改进课程的主动性、积极性和研究精神。这是课程评价的总原则,具体表现在以下几方面。

1.评价应有利于改进与发展课程

（1）评价侧重于发挥诊断与改进课程的作用。

（2）评价是为了发现问题和解决问题,改进工作,促进幼儿发展。

2.评价中要发挥教师的主体性

（1）激发教师对评价的自我需要。

（2）发挥和尊重教师作为评价者的主体性。

3.评价要有利于幼儿的发展

（1）要把"对幼儿的发展是适宜的""有效促进幼儿的发展"作为根本标准。

（2）评价目标要符合幼儿身心整体发展原则,避免偏重某方面而忽略身心其他方面的发展。

（3）评价内容及方法要符合幼儿的年龄特点,应是幼儿可以理解的事物及能够接受的方法。

（4）评价时要找出幼儿的优点,发现和发挥幼儿的潜能,以提供适宜的教育方案。

（5）评价要尊重幼儿的个体差异,最好以幼儿自己的早期表现与现在的情况作比较,不要轻率地对幼儿进行相互比较。

（6）评价时要给予幼儿足够的参与机会,要接纳幼儿的看法,发展幼儿的自我评价能力,让幼儿看到自己的优点和进步,增强自信心。

（7）评价要搜集不同方面的资料,包括对幼儿连续的定期观察和记录、家长提供的资料、幼儿的学习作品等,客观地加以整理和分析,不存偏见。

（8）评价的结果要清楚、系统。教师应正面地告知家长评价结果,使他们了解幼儿的发展进度,增强对幼儿成长的认识,以利于家园合作。

4.评价要具有客观性

（1）客观的评价,不抱成见,不带偏见。

（2）收集的资料和数据要具体而全面。

考点7 幼儿园课程评价的步骤

课程评价是课程的各环节和整个系统的任务,其步骤包括以下几点。

1.诊断性评价

诊断性评价是指教师在进行活动设计之前,对幼儿的身心发展状况、学习状况、家庭背景以及过去经验等方面做出一个初步的评价,并将其作为设计幼儿园课程的依据,以及提供其他种类的评价结果进行比较的参照。

2.形成性评价

形成性评价是指教师在课程实施的过程中,不断地做出评价或形成评价,不断地调整原来的课程,使之成为最合宜的课程。这种评价范围较广,不仅用于评价某个课程设计的目标的达到情况,还用来发现和分析达到目标过程中的问题与障碍。同时,它还直接用来评价目标本身,即考察某个课程方案的价值问题。

3.终结性评价

终结性评价是指活动实施后的评价,主要评价整个活动实施的最后结果。通过和诊断性评价的结果进行比较,看看幼儿掌握了什么内容,达到了什么程度。

4.追踪评价

追踪评价是指活动实施后,过了一段时间再给予评价,以了解幼儿是否能够保持学习效果,是否获得真正的发展等。

第三节 幼儿园课程方案

一、斑克街（Bank Street）早期儿童教育方案

斑克街早期儿童教育方案也被称为"银行街"早期儿童教育方案或者发展-互动模式,是依据皮亚杰理论演化而来的儿童发展课程。

1.理论基础

斑克街早期儿童教育方案与其他教育方案最大的区别在于它本身的特点,即"发展-互动"。"发展"是指儿童生长的样式以及对儿童和成人成长特征的理解和反应的方式。"互动"包括两个方面:首先强调儿童与环境的互动,包括其他儿童、成人和物质环境的交互作用;其次指的是认知发展和情感发展的交互作用,即认知和情感的发展并不是分离的,而是相互关联的。

斑克街早期教育方案将儿童发展归为六条原理:（1）发展是由简单到复杂、由单一到多元或综合的变化过程;（2）早期获得的经验不会消失,而会被整合到以后的系统中去;（3）教育者的任务是要帮助儿童在巩固新知和提供有益于发展的挑战之间取得平衡;（4）在成长的过程中,儿童逐渐以越来越多的方式主动探索世界;（5）儿童的自我感觉是建立在与他人和与物体交互作用所获取的经验的基础之上的,而知识是在交互作用过程中通过反复地感知和自我检查而形成的;（6）冲突对于发展来说是不可缺少的,冲突解决的方式取决于儿童生活和社会文化要求的诸多有意义的因素的相互作用的性质。

2.目标、内容、方法和评价

（1）目标

斑克街早期儿童教育方案的目标主要包括以下几点:①培养儿童有效地作用于环境的能力,包括各方面

的能力以及运用这些能力的动机;②促进儿童自主性和个性的发展,包括自我认同、自主行动、自行抉择、承担责任和接受帮助的能力;③培养儿童的社会性,包括关心他人、成为集体中的一员、友爱同伴等;④鼓励儿童的创造性。

这些目标很宽泛,应根据儿童发展的阶段和文化背景的适合性而加以思考和具体化。

(2)内容

斑克街早期教育方案强调儿童的社会性发展,"社会学习"也因此成为该方案的核心。

以社会学习为核心开展的课程分为六大类:①人类与环境的互动;②人类为了生存而产生的从家庭到国家的各级社会单位及其与人类的关系;③人类世代相传;④宗教、科学和艺术等;⑤个体和群体的行为;⑥变化的世界。学习的主题可以从对家庭的研究到对河流的研究,其主要取决于儿童的年龄和兴趣,也取决于儿童的生活经验和社会要求儿童掌握的知识、技能。

(3)方法

主题网和课程轮是斑克街早期教育方案的课程设计和实施中常用的工具。课程的实施常分为以下几个步骤:①选择主题;②确定目标;③教师学习与主题有关的内容并收集资料;④开展活动;⑤家庭参与;⑥高潮活动;⑦观察和评价。

(4)评价

斑克街长期主张更宽泛的评价方法。这种评价立足于理解儿童如何了解属于自己的世界,并为儿童提供一系列的机会让他们表达自己的理解。基本技能和学科知识固然是基础,但在与环境互动时,儿童的态度和个性特征同样重要。

3.教师的作用

(1)教师在儿童社会情感发展方面扮演的角色

在儿童社会情感发展方面,教师的作用主要体现在以下两个方面。

①教师是儿童的家庭世界与儿童的同伴世界及其更大的外部世界之间的协调者。教师能给予儿童安全感,使儿童能克服焦虑和解决离开父母而面临的心理冲突,从而较好地适应社会。

②教师的作用是促进儿童自我的发展和帮助幼儿保持心理健康的状态。这就是说,教师应具有称职的母亲和心理治疗师应有的许多特点,还应具有被儿童全心全意信任的权威性。

(2)教师在儿童认知发展方面扮演的角色

在儿童认知发展方面,教师的作用主要体现在以下四个方面。

①评价儿童的思维,使之将想法变为行动,或将其想法进行概括和转换;引导儿童达到掌握概念的新水平,或引导儿童在教师控制下自主拓展内容的范围。

②对儿童的评议、疑惑和行动给予口头的回应、澄清、重述和纠正。

③培养儿童直觉的和联结性的思维。

④提出能促进儿童归纳性思维的问题。

4.与家庭共同工作

与家庭共同工作的宗旨在于"能使早期教育机构的教师与儿童生活历程中对儿童有意义的其他成人之间建立双向的关系。通过这种关系,教师能够在幼儿园与家庭之间创造联系"。与家庭的共同工作包括教师深入家庭、家长参与教育机构工作等,可以有多种形式,如斑克街家庭中心。

5.对斑克街教育方案的评价

斑克街教育方案强调让儿童进行有意义的学习,使他们感受到自己的能力;强调帮助儿童理解对他们成长而言最为重要的事物,而不是与学业成绩有关的东西;以儿童为中心,关注儿童兴趣和需要的满足,鼓励儿童主动的活动。

斑克街教育方案主要依据的是儿童发展理论,是从儿童发展的一般规律去思考和开发课程,而较少顾及儿童生活所处的文化背景。这种教育方案所指向的教育改革为的是让儿童在早期实现社会化,以克服来自家庭和社会经验的不良因素。但是这样做,儿童将不得不放弃自己的语言和文化。

二、蒙台梭利课程

蒙台梭利是意大利幼儿教育家,被誉为在世界幼儿教育史上自福禄贝尔以来影响最大的教育家。

1.理论基础

一方面,蒙台梭利十分重视遗传素质和内在的生命力,她认为正是这种内在的冲动力,促使儿童不断发展;另一方面,她也相信环境对儿童的发展能起到举足轻重的作用。

蒙台梭利坚信,遗传是第一位的。对儿童而言,生命力的表现就是自发冲动。因此,蒙台梭利将对儿童的自发冲动进行压制还是引导,看成区分教育优劣的分水岭。在蒙台梭利看来,生命力的冲动是通过儿童的自发活动表现出来的。通过活动,儿童的生命力和个性得到了表现、满足和进一步的发展。

蒙台梭利认为,生命力不仅通过自发活动呈现和发展,还表现出不同感官的敏感期。例如,儿童对颜色、声音、触摸等感觉的敏感期在2~4岁,而行为规范的敏感期则在2~6岁。蒙台梭利进一步认为,每个个体有不同的发展节律,教育必须与儿童的敏感期相符合,应以不同的教育去适应不同的节律,即要实施个别化教学,让儿童根据自己的需要进行活动。因此,儿童的自由成了教育的关键。

总之,"自发冲动、活动和个体自由"是蒙台梭利教育体系的基本因素。

在蒙台梭利教育体系中,感官教育占有特别重要的地位。从心理学角度讲,感官教育符合该时期儿童的心理发展状况;从教育学角度讲,感官教育能引发出儿童的算术、语言、书写、实际生活能力等。

在蒙台梭利教育体系中,自由、作业和秩序是蒙台梭利为儿童营造的三根主要支柱。蒙台梭利认为,自由不仅能使儿童的需要得到满足,而且还能使作业符合儿童的兴趣,使之专心于作业,从而达成良好的秩序。自由、作业和秩序是通过作业而协调统一起来的。

2.目标、内容和方法

蒙氏课程模式以培养儿童成为身心均衡发展的人为目标,通过作业的方式,让儿童把内在的生命力表现出来;在作业过程中培养儿童的注意力,在自由和主动的活动中让儿童自我纠正,使儿童在为其设置的环境中成为具有特质的人。

教育内容由四方面组成:日常生活练习、感官训练、肌肉训练和初步知识的学习。教师通过环境创设、提供蒙台梭利教具、对儿童进行观察和引导等方法,对儿童实施教育。感官训练是蒙台梭利教学法的主要特点,旨在通过视、听、触、味、嗅等感官的训练,增进儿童的经验,让儿童在考察、辨别、比较和判断的过程中提高自己的能力。在蒙台梭利的感官训练中,触觉训练最为主要。

3.教师的角色

在蒙台梭利教育模式中,教师是环境的创设者、观察者和指导者。

4.对蒙台梭利课程的评价

蒙台梭利课程强调了个别化的学习,蒙台梭利设计的教具使个别化教学的实施成为行之有效的手段。蒙台梭利课程强调儿童的主动学习和自我纠正,能使儿童身心的内在潜能得到充分的发展。

蒙台梭利教学法带有很大程度的机械化和形式化的色彩。该课程中教师的作用是比较被动的和消极的,这不利于发挥教师的主导作用;而且,课程模式偏重智力训练而忽视情感陶冶和社会化过程。

三、海伊斯科普课程

海伊斯科普课程开始于1962年,是美国"开端计划"中第一批通过的帮助处境不利的学龄前儿童摆脱贫苦的学前教育方案。其基本目的是帮助这些儿童在未来的学校学习中获得成功。

1.理论基础

海伊斯科普课程的设计者认为,该课程的理论基础是皮亚杰的儿童发展理论。课程的发展经历了三个阶段:第一阶段,课程设计者将关注点放在为儿童进入小学做好准备的知识和技能方面;第二阶段,课程设计者接受了儿童处于不同发展阶段的观点,尝试把那些代表该儿童发展阶段水平的技能教给儿童;第三阶段,皮亚杰认为儿童作为知识建构者的思想在课程中得到了体现,从那时起,课程设计者将儿童看成主动学习者,认定儿童能在其自己计划、进行和反应的活动中获得较好的学习。

2.目标、内容和方法

海伊斯科普课程方案的课程目标是以认知发展理论为基础的。其最主要的目的在于有效地促进儿童的智力和认知能力的发展,为其今后的学习成功奠定基础。

海伊斯科普课程内容是围绕关键经验所提供的各种类型的活动。关键经验包括主动学习、语言运用、创造性表征、发展逻辑推理、理解时间和空间、运动、音乐等方面,每一方面又由一些具体的关键经验组成。

课程的实施是由"计划—做(工作)—回忆"三个环节以及其他一些活动组成。这三个环节是课程实施的最重要部分。通过这些环节,儿童有机会充分表达自己所参与活动的打算,教师也能密切地参与到整个活动过程中。

3.教师的作用

教师主要是儿童解决问题活动的积极鼓励者。教师可通过以下方法鼓励儿童主动解决问题:①提供丰富的材料和活动,使儿童能对材料和活动进行选择;②明确要求儿童运用某种方式决定计划和制定目标,并在完成目标的过程中找到和评判不同解决问题的方法;③通过提问、建议和环境设计,为儿童创造与其思维发展、语言发展和社会性发展有关的关键经验的活动情境。但这对教师要求很高,教师必须在教师组织的活动与儿童自发的活动之间求得平衡。

4.对海伊斯科普课程的评价

海伊斯科普课程不要求购置和使用特殊的材料,唯一的花费在于为儿童设置学习环境。在众多的学前教育方案中,它是一种能一直高质量地服务于儿童的有系统、有组织的教育方案。同时,这一课程能使教育者自身得到很好的教育和训练。长期追踪研究的结果表明,该课程在对人的未来生活产生的影响方面,有明显的优势。

四、瑞吉欧教育体系

瑞吉欧·艾米里亚是意大利北部的一个小镇。自20世纪60年代以来,洛利斯·马拉古奇和当地的幼教工作者在这里建立了一个公共的儿童保教体系,形成了一套特殊的、创新的教育哲学和教育理念、学校的管理方法以及环境设计的想法,并使之成为一个有机整体,即瑞吉欧·艾米里亚教育体系。

1.理论基础和文化背景

(1)意大利特有的文化和政治。

(2)进步主义教育思潮的影响。

(3)建构主义理论的影响。

2.目标、内容和课程的实施

(1)目标

瑞吉欧教育体系追求的目的是儿童愉快、幸福、健康地成长。其中,主动性、创造性被视为愉快、幸福、健康的前提与核心。

（2）内容

瑞吉欧没有明确规定的课程内容，更没有固定的"教材"或预先设计好了的"教育活动方案"。课程的内容来自周围的环境，来自儿童生活中儿童感兴趣的事物、现象和问题，来自他们的各种活动。

（3）课程的实施

瑞吉欧教育体系的课程与教学主要是以"方案活动"或"项目活动"的方式展开的，方案活动是瑞吉欧教育方案的灵魂与核心。方案活动指的是儿童在教师的支持、帮助和引导下，像研究人员一样，围绕某个大家感兴趣的生活中的"课题""主题""题目"或认识中的"问题"进行研究、探讨，在共同的研究探讨中发现知识、理解意义、建构认识。方案活动在课程和教学方面的特点体现在以下几方面。

①合作教育。瑞吉欧在教学方面的突出特点在于强调师生合作对某一问题进行研究。它将教学的过程比作教师和儿童在进行乒乓球游戏。教师"必须接住儿童抛过来的球，并以某种形式推挡回给他们，使他们想和我们一起继续游戏，并且在一个更高的水平上继续游戏，或许还能发展出其他游戏"。这种游戏是双方合作进行的，离开任何一方游戏就无法继续下去。

②"一百种语言"。"一百种语言"是指儿童有自己特殊的、各种各样的表达自我、表达个人与他人关系以及与环境建立关系、认识世界的方式。瑞吉欧教育所指的"语言"包括表达语言、沟通语言、符号语言、认知语言、道德语言、象征语言、逻辑语言、想象语言和关系语言等。儿童生来就具有巨大的潜能，教育所要做的是充分尊重儿童对自身、环境、他人独特的理解与认识。当儿童能够自由地运用不同的方式进行表达和创作时，儿童的"一百种语言"才可能出现。

③弹性计划。弹性计划是一种课程计划类型，即教师预先制定出总的教育目标，但并不为每个项目或每一活动事先制定具体目标，而是依靠他们对儿童的了解以及以前的经验，对将要发生的事情提出种种假设，依赖这些假设，以形成灵活的、适宜这些儿童兴趣的目标。儿童的兴趣既包括在项目中，也包括在由教师推断和引发出来的项目发展中。瑞吉欧不预先设定每一项目和每一活动的具体目标，但这并不意味着在活动开展之前教师毫无计划，只是这种计划不是对活动的具体目标与程序的规划，而是考虑到儿童可能的想法、假设和象征活动的进行在很大程度上并不依靠开始的计划（假设），而是依靠儿童们的反应和教师灵活的策略。

④档案支持。档案是对教育过程中师生共同工作结果的系统记录，包括儿童自己的视觉表征活动作品以及对儿童指导过程中具体实例的记录。这种档案并非简单的文字记载，而是以图画、实物、照片、录音、录像、幻灯、文字说明等多种形式表现出来。它贯穿项目活动的始终，并在活动结束后延续。一个高质量的档案应当具有以下几方面的作用：促进儿童的学习，支持教师的教学，刺激家长的参与，赢得社区的理解与支持。

⑤小组工作。瑞吉欧的项目活动一般采取小组工作的方式，小组一般是3~5人，有时是2人。瑞吉欧认为，这种小组工作的方式有利于保证同伴间的合作研究。

⑥深入研究。瑞吉欧的项目活动不是匆忙走过场，而是深入且富有实效的学习。

⑦图像语言。在儿童小组围绕着一个共同的"项目"研究的过程中，瑞吉欧鼓励儿童运用他们的自然语言和表达风格，自由表达和相互交流，包括语词、动作、手势、姿态、表情、绘画、雕塑等，其中符号性的视觉表征活动（瑞吉欧称其为图像语言）尤其受到关注。

3.教师的作用

在瑞吉欧教育体系中，教师是儿童的伙伴、养育者和指导者。

4.对瑞吉欧教育体系的评价

瑞吉欧教育工作者认为，教育者必须激发儿童自主活动的欲望，并为儿童提供与他人交换自己经验的机会，找到与儿童交流的方式，使用儿童的"百种语言"，通过交往，使儿童获得从属感和参与感，获得从他人的角度看待自己的经验等。此外，受建构主义的影响，瑞吉欧教育强调知识是在不断建构中形成的，重视环境对儿童发展的教育作用，提出环境是"第三位老师"。

一、单项选择题

1.幼儿园的文化氛围、人际交往、设施材料都潜移默化地影响幼儿身心发展。这种非正式的、间接的学前教育课程称为（　　　）。

　　A.活动课程　　　　　　　　　　　　B.单元课程

　　C.隐性课程　　　　　　　　　　　　D.显性课程

2.在幼儿园中，幼儿感受到的更多的是环境、活动、材料和教师的行为，而不是教育者的教育目的和期望。这表明幼儿园的课程具有（　　　）的特点。

　　A.启蒙性　　　　　　　　　　　　　B.游戏化

　　C.生活化　　　　　　　　　　　　　D.潜在性

3.在幼儿园课程实施的取向中，课程创生取向是指（　　　）。

　　A.教师在课程实施中忠于课程计划

　　B.教师在课程实施中视具体情况适当适时调整课程计划

　　C.教师与儿童共建课程

　　D.教师自行执行课程计划，自行创造课程内容

4.幼儿园的课程设计中，以下哪个特征不属于目标模式？（　　　）

　　A.关注目标达成和结果

　　B.幼儿是建构者和探索者

　　C.以讲授为主要方式

　　D.教师是课程的执行者

5.课程内容必须紧紧围绕目标来选择，否则将会偏离方向，造成课程的无效。这体现了课程内容选择的原则是（　　　）。

　　A.目的性原则　　　　　　　　　　　B.适宜性原则

　　C.基础性原则　　　　　　　　　　　D.逻辑性原则

6.作为课程的重要组成部分，（　　　）的主要目的是改进和完善课程，为幼儿提供更适宜的教育机会和条件，促进幼儿健康和谐地发展。

　　A.游戏　　　　　　B.反思　　　　　　C.总结　　　　　　D.评价

7.海伊斯科普课程最主要的目标在于有效地促进儿童（　　　）的发展。

　　A.思维能力　　　　　　　　　　　　B.操作能力

　　C.认知能力　　　　　　　　　　　　D.情感能力

8.瑞吉欧课程方案创建于20世纪60年代，其主要创始人是（　　　）。

　　A.布卢姆　　　　　　　　　　　　　B.费尔德曼

　　C.维果斯基　　　　　　　　　　　　D.马拉古奇

二、判断题

1.活动课程与课外活动是两个内涵相同的概念。　　　　　　　　　　　　　　　　（　　　）

2.幼儿园课程具体体现在教师组织的教育教学活动之中。　　　　　　　　　　　　（　　　）

3.幼儿园的课程内容就是幼儿应学习的最具基础性的知识技能、情感态度。　　　　（　　　）

4.幼儿园课程目标与教育目标是一致的。　　　　　　　　　　　　　　　　　　　（　　　）

三、简答题

1.简述幼儿园课程内容选择的原则。

2.简述幼儿园课程实施的途径。

参考答案及解析

一、单项选择题

1.【答案】C。解析：隐性课程是指在幼儿教育机构的课程计划和课程设计中没有明确规定的无计划、无意识的活动，包括幼儿教育机构的各种环境、人际关系与文化氛围等方面。题干所述内容属于隐性课程的范畴。

2.【答案】D。解析：虽然幼儿园教育的本质是有目的、有计划的教育过程，其课程也有明确的目标和基本明确的学习领域，但由于幼儿知识经验贫乏，自我辨别与自我控制的能力较低，模仿力强，使得幼儿园的课程不是体现在课表、教材、课堂教学或"作业"中，而是蕴藏在环境中、生活中、游戏和各种活动中，并潜移默化地作用于幼儿，影响幼儿的发展。因此，和学校课程相比，突出的潜在性是幼儿园课程的重要特征。

3.【答案】C。解析：课程创生取向将课程实施视为实施者们对课程进行创造的过程。该取向认为，课程是教师与儿童共同建构经验的过程。这些经验是教师和儿童在具体、实际的情景中完成的，具有独特性、个性化特征。

4.【答案】B。解析：目标模式认为，知识是固定的让人接受的信息，教育是让幼儿掌握这些既定的知识；课程关注目标的结果；教师是课程的执行者，幼儿是接受者；主要的教学方式是讲授和传递。过程模式关注过程，关注幼儿兴趣的满足，认为幼儿是建构者和探索者。

5.【答案】A。解析：课程内容的选择要遵循目的性原则，即选择幼儿园课程内容时必须牢牢把握幼儿园课程目标的要求，一方面要兼顾德、智、体、美诸方面的要求；另一方面，也要考虑每一方面在基本知识、基本态度、基本行为上的内容，要全面、整体地考虑课程的每一个方面，不可偏废。

6.【答案】D。解析：课程评价是指检查课程的目标、编订和实施是否科学、合理，并据此做出改进课程的决策。课程评价的主要目的是改进和完善课程，为幼儿提供更适宜的教育机会和条件，促进幼儿健康和谐地发展。

7.【答案】C。解析：海伊斯科普课程最主要的目标在于有效地促进儿童的智力和认知能力的发展，为今后的学习成功奠定基础。

8.【答案】D。解析：瑞吉欧幼儿教育的主要创始人是马拉古奇。

二、判断题

1.【答案】×。解析：活动课程是一种主张以儿童从事某种活动的兴趣和动机为中心来组织，通过儿童的亲身体验来获得直接经验的课程。课外活动是指在课程计划和学科课程标准以外，利用课余时间，对儿童实行的各种有目的、有计划、有组织的教育活动。因此，活动课程与课外活动的内涵并不相同。

2.【答案】×。解析：幼儿园课程不仅体现在有目的、有计划的教育活动中，而且更重要地体现在环境、生活、游戏及教师不经意的行为中。

3.【答案】√。解析：幼儿园的课程内容是根据幼儿园的课程目标和相应的学习经验选择的蕴含在幼儿的各种活动中的基本态度、基本知识、基本技能和基本行为方式。

4.【答案】×。解析：幼儿园课程目标是幼儿园教育目标在各个领域的具体体现，幼儿园的教育目标是幼儿园制定课程目标的根本依据。

三、简答题

1.【参考答案】

（1）目的性原则。

（2）适宜性原则。

（3）生活化原则。

（4）兴趣性原则。

（5）基础性原则。

（6）逻辑性原则。

2.【参考答案】

（1）教育教学活动。

教育教学活动是教师依据课程目标和内容,有计划、有组织地设计和安排活动,以引导儿童获得有益的学习经验。

（2）游戏。

游戏是儿童最喜爱、最适合其年龄特点的活动,其中蕴含着巨大的发展价值。

（3）日常生活活动。

除教师专门组织的教育教学活动及游戏外,其他各项活动,如进餐、盥洗、睡眠、交往等,同样蕴含着巨大的发展价值。

（4）其他类型活动。

除了前述的教育教学活动、游戏、日常生活活动外,学前教育机构还开展其他类型的活动,如节日活动、劳动、外出活动、亲子活动、家长开放日活动等。

（5）家、园、社区的合作。

家庭、幼儿园、社区是儿童生活、学习的主要场所。教师应与家庭、社区建立合作伙伴关系,相互尊重、真诚合作。

第八章　幼儿园班级管理

考情分析

本章内容以识记、理解为主,主要以多项选择题的形式进行考查。其中幼儿园班级的特点与功能、幼儿园班级管理的方法与内容是重点考查内容。

学习目标

1.理解幼儿园班级的含义与基本结构,识记幼儿园班级的特点与功能。
2.理解幼儿园班级管理的含义,识记幼儿园班级管理的方法与内容。

第一节　幼儿园班级概述

一、幼儿园班级的含义

幼儿园班级是由幼儿和保教人员共同组成的集体,是幼儿园的基层组织,是实施幼儿园保教任务的基本单位。

二、幼儿园班级的基本结构

1.幼儿园班级的人员结构

（1）保教人员

班级保教人员分为教师和保育员,人员配置要求为两教一保。我国《幼儿园工作规程》和《幼儿园管理条例》指出,教师和保育员是幼儿园管理的主要承担者,他们肩负着对幼儿进行教育和保育的双重任务,因此对幼儿的身心健康起着核心作用。

（2）幼儿

幼儿是幼儿园教育的对象,是班级的主体。

考题再现

【2020·怀化麻阳·判断】幼儿园教师是幼儿园教育的组织者,是班级的主体。　　　　　　（　　）

【答案】×。

2.幼儿园班级的组织结构

（1）班集体

班集体是幼儿园班级的最基本的组织形式。开展班集体活动是我国幼儿园教育的主要方式之一。教师应加强对幼儿班集体意识的引导,并充分利用班集体的组织力量、竞争力量对幼儿进行教育和引导,使班集体在管理工作中发挥更大的作用。

（2）小组

小组是班级的基层组织形式，可分为固定小组和临时小组。固定小组是幼儿主要的生活、学习和游戏单位，是幼儿最为贴切的集体。临时小组是根据一定的需要临时组织起来的小组。临时小组又可分为指定小组和自选小组。

（3）个体

班级是由保教人员和幼儿个体组成的，个体对小组、班集体都具有重要的影响。个体的生活背景、个体已形成的特征会在一定程度上影响其在集体中的行为及与其他人的交往。

3.幼儿园班级的物质要素

（1）空间条件

空间条件包括室内条件与室外条件，它直接影响幼儿活动的充分度及活动质量。

（2）设施

《幼儿园工作规程》指出，幼儿园应当配备适合幼儿特点的桌椅、玩具架、盥洗卫生用具，以及必要的玩教具、图书和乐器等。

4.幼儿园班级的任务

幼儿园班级的任务是实行保育与教育相结合的原则，遵循幼儿身心发展的规律，实施德、智、体、美等方面全面发展的教育，促进幼儿身心和谐发展。

三、幼儿园班级的特点

1.生活节律性

班级是幼儿在园的基本生活单位，为了满足幼儿在园的基本日常生活需要，要根据幼儿的身心特点和实际需要安排一日生活。班级活动根据幼儿生活的节律而进行，这是幼儿园班级的显著特征。

2.保教一体化

班级主要的工作不是教给幼儿多少知识、技能，最重要的是保证幼儿安全、健康的成长。幼儿园教育的内容主要是生活自理和围绕幼儿生活的常识，因此教育必须在一日生活中进行，保育和教育相结合，教中有保，保中有教。

3.内外互动性

班级为幼儿提供了丰富多彩的保教活动，能够满足幼儿身心活动的需要。同时，班级内大量丰富的操作材料和玩具为幼儿提供了自由操作的物质基础；班级内的成员相对固定，为幼儿的人际交往提供了稳定的交往环境。所以，班级保证了幼儿的活动，班级为幼儿提供了相对稳定的互动环境。

4.组织权威性

带班教师、保育员每天与幼儿的朝夕相处，幼儿对他们会有一种特殊的信任和依恋的情感。教师的权威常常超过父母，幼儿模仿教师的一言一行。因此，班级的权威性决定了幼儿教师必须具备较高的专业素质和修养，必须时刻注意做幼儿的表率。

考题再现

【2018·常德武陵·多选】学前教育机构班级的特点有（　　　）。

A.生活节律性　　　　　　　　　　　B.保教一体化

C.内外互动性　　　　　　　　　　　D.组织权威性

【答案】ABCD。

四、幼儿园班级的功能

班级是幼儿园的基层组织，也是一个多功能的整体组织，对幼儿的健康成长起着良好的促进作用。因此，应充分发挥班级的作用。

1.生活功能

班级为幼儿提供了共同生活的组织环境，每个幼儿在集体中的生活行为，如如厕、喝水、吃饭等都会受到班级组织管理的影响。教师要注意科学安排幼儿一日生活各个环节，使幼儿在稳定、有规律的节奏中获得生活的安全感，通过培养幼儿的生活习惯、时间观念，促进教育生活各环节有条不紊地进行，为保教人员相互配合、步调一致提供客观保证。

2.教育功能

班级不仅是一个生活集体，也是一个教育集体。班级是开展集体教育的组织保证。班级的教育功能主要体现在以下两个方面。

（1）认知发展功能

幼儿的认知特点是以具体形象思维为主，无意记忆和无意想象占主导地位，记忆量小且速度快，想象力丰富，充满好奇心，语言发展迅速。幼儿园以游戏为基本活动形式，各个班级可根据幼儿的年龄特点采取多种形式组织丰富多彩的活动，培养幼儿的学习兴趣和好奇心，增进幼儿对外部世界的认识，在游戏活动中促进幼儿认知的发展。

（2）社会性发展功能

①班集体共同的教育目标和行为规范对班集体中每个成员都具有约束作用。幼儿在集体中学会自觉地遵守班集体的共同目标和行为规范，提高自身的集体意识，克服幼儿的自我中心性，有助于幼儿自我意识的发展。

②在班级中形成的共同舆论、价值观在潜移默化中影响着幼儿的行为和态度。教师要注意引导班级形成积极向上的舆论氛围。同时，班级的集体活动使每个人都成为"小老师"，幼儿在相互学习和监督的过程中不断成长。

③班级为幼儿提供了人际交往的平台，包括幼儿之间的交往和师幼交往。幼儿在教师的指导下，逐渐掌握人际交往的技巧，有利于幼儿社会性的发展。

考题再现

【2018·常德武陵·多选】以下说法中，反映了学前班级的教育功能的有（　　　　）。

A.班级是开展集体教育的组织保证

B.班级尤其对儿童社会性发展具有突出的作用

C.班级能够增强儿童的集体意识

D.班级能够让儿童学会保护自己

【答案】ABC。

3.社会服务功能

《幼儿园工作规程》第三条明确指出，幼儿园同时面向幼儿家长提供科学育儿指导。很多家长不具备丰富的学前教育专业知识和技能，幼儿教师承担着宣传科学的教育理念、指导家长科学育儿的任务，所以学前教育机构的班级管理具有为家长服务的社会功能。

第二节 幼儿园班级管理体系

一、幼儿园班级管理的含义

幼儿园班级管理是学前教育机构管理的核心工作，是指教师与行政人员遵循国家的学前教育政策、法规，按照学前儿童身心发展规律和保教工作的规律，采用科学的工作方式和管理手段，通过计划、组织、实施、调整等环节将人、财、物、时间、空间、信息等各要素合理组织起来，为实现国家规定的学前教育目标而进行的保教组织管理活动。

二、幼儿园班级管理的原则

1. 主体性原则

主体性原则是指既要充分发挥教师作为班级管理的主体所具有的自主性、创造性和主动性，也要充分尊重幼儿作为学习者的主体地位。贯彻主体性原则时应注意以下几个方面。

（1）明确教师对班级管理的职责和权力。

（2）教师应充分了解并把握班级的各种管理要素。

（3）教师应正确地理解和处理与幼儿之间的关系。

2. 整体性原则

班级管理应是面向全体幼儿并涉及班内所有管理要素的管理。整体性原则保证了班级全体幼儿的共同进步而不是部分幼儿的发展，确保班级各种管理要素得到充分的利用。贯彻整体性原则时应注意以下几个方面。

（1）教师对班级的管理不仅是对集体的管理，也是对每个幼儿个体的管理。

（2）教师应该充分利用班级作为一个整体的熏陶作用和约定作用。

（3）班级管理不只是对人的管理，还涉及对物、时间、空间等要素的管理。

3. 参与性原则

参与性原则是指教师在管理过程中不是以管理者的身份高高在上，而是以多种形式参与到幼儿的活动之中，在活动中民主、平等地对待幼儿，与幼儿共同开展有益的活动。贯彻参与性原则应注意以下几个方面。

（1）教师参与活动应注意灵活地转变自身角色，有时是游戏伙伴，有时是材料的提供者，有时是活动的旁观者，以适应幼儿活动的需要。

（2）在某种场合教师参与活动要根据幼儿的需要，取得幼儿的许可，教师的参与要以不干扰幼儿为前提，尊重幼儿活动的自主性。

（3）教师在活动中的指导和管理要适度。要培养幼儿的主人翁意识，引导幼儿参与管理、自我管理，师生共同营造良好的生活、学习、游戏的环境。

4. 高效性原则

高效性原则是指教师进行班级管理时，要求以最少的人力、物力和时间，尽可能地使幼儿获得更多、更全面、更好的发展，使班级呈现积极向上的面貌。贯彻高效性原则应注意以下几个方面。

（1）班级管理目标的确定要合理，计划的制订要科学。目标要合理可行，在充分考虑到幼儿的身心发展特点、所处的年龄段的同时，还要考虑到不必要的人力、物力等资源的浪费。

（2）班级管理计划的实施要严格而灵活。既要严格执行，又要根据具体情况做适当灵活的调整，以解决管理过程中的突发状况和实际问题。

（3）班级管理方法要适宜，管理过程中重视检查反馈。

三、幼儿园班级管理的方法

1.规则引导法

规则引导法是指用规则引导幼儿行为，使其与集体活动的方向和要求保持一致或确保幼儿自身安全并不危及他人的一种管理方法。规则引导法是对班级幼儿最直接和最常用的管理方法。其中，规则是指幼儿与幼儿、幼儿与保教人员、幼儿与环境、幼儿与材料之间互动的关系准则。规则引导法的操作要领包括以下几点。

（1）规则的内容要明确且简单易行。

（2）要提供给幼儿实践的机会，使幼儿在活动中掌握规则。

（3）教师要保持规则的一贯性。

2.情感沟通法

情感沟通法是指通过激发和利用师生间或幼儿间以及幼儿对环境的情感，以引发或影响幼儿行为的方法。

幼儿情感较成人外露，易受暗示和感染，因此教师可以从幼儿情感着手，对幼儿的行为加以影响和引导，以达到管理的目的。另外，幼儿的情感伴随幼儿身心活动的全过程。所以，情感沟通法可以辐射到幼儿的全部生活、教育、游戏活动中去。情感沟通法的操作要领包括以下几点。

（1）教师在日常生活和教育活动中，要观察幼儿的情感表现。

（2）教师要经常对幼儿进行移情训练。

（3）教师要保持和蔼可亲的个人形象。

3.互动指导法

互动指导法是指幼儿园教师、同伴、环境等相互作用的方法。班级活动的本质是幼儿参与的，同指向的对象发生相互作用的活动，班级活动的过程就是幼儿与不同对象互动的过程。因此，指导幼儿主动地、积极地、有效地同他人交往是班级管理的一种重要方法。互动指导法的操作要领包括以下几点。

（1）教师对幼儿互动指导的适当性。

（2）教师对幼儿互动指导的适时性。

（3）教师对幼儿互动指导的适度性。

4.榜样激励法

榜样激励法是指通过树立榜样并引导幼儿学习榜样以规范幼儿行为，从而达成管理目的的方法。榜样激励法的操作要领包括以下几点。

（1）榜样的选择要健康、形象、具体。

（2）班级集体中榜样的树立要公正，有权威性。

（3）及时对幼儿表现的榜样行为做出反应。

5.目标指引法

目标指引法是教师以行为结果作为目标，引导幼儿的行为方向，规范幼儿行为方式的一种管理方法。从行为的预期结果出发，引导幼儿自觉识别行为正误是目标指引法的基本特点。目标指引法的操作要领包括以下几点。

（1）目标要明确、具体。

（2）目标要切实可行，要具有吸引力。

（3）目标与行为的联系要清晰可见。

四、幼儿园班级管理的内容

1.生活管理

为了保证幼儿的身体正常发育、心理健康成长，保教人员围绕幼儿在园内的起居、饮食等生活方面的需要而进行的一系列管理工作称为幼儿园班级生活管理。它是保育工作的主要内容，也是顺利进行班级管理和教育教学的必要条件。没有科学规范的生活管理，幼儿就无法开展各种有目的、有规则的教育与游戏活动。

2.教育管理

班级保教人员对教育过程进行精心设计组织，对教育结果进行细致评估，对班级幼儿进行调查研究，这一系列的管理工作称为幼儿园班级教育管理。

3.物品管理

人、财、物、时间、空间、信息是幼儿园班级管理的重要因素。班级物品摆放得当能给幼儿创设一个整齐有序的环境，有利于幼儿生活和活动，有利于幼儿成长，同时也方便教师使用。班级物品包括小床、小被子等生活用品，玩具、学具等学习用品，以及钢琴、电视等教师教学物品。

4.其他管理

幼儿园班级管理除了着重进行生活、教育和物品管理外，还有许多与之相关的其他管理，如家园交流管理、班级间交流管理、社区活动管理等。其他方面的管理工作服务于幼儿园的生活管理和教育管理，也是班级常规管理的重要组成部分。

五、幼儿园班级管理的环节

1.幼儿园班级工作计划的制订

幼儿园班级工作计划是班级管理者为班级的未来确定目标，并提出达到这一目标的方法和步骤的管理活动。了解幼儿的实际状况是我们制定计划的前提条件。

2.幼儿园班级工作的组织与实施

幼儿园班级工作的组织与实施是指将班级中的教师、幼儿、材料、物品、空间、时间等要素进行合理安排，使之具有一定的系统性和整体性，并加以实行。

3.幼儿园班级工作的检查与计划调整

检查是对计划的检查，根据计划实施的情况对预先制定的计划进行调整。

4.幼儿园班级工作的总结与评估

总结是幼儿园班级管理过程的终结。它对班级工作计划的执行情况进行全面检查与评估，发现成绩和缺点，总结经验和教训。总结的过程也是一个对以往工作进行全面检查、分析和研究的过程。

这四个环节是互为条件的，前一个环节是后一个环节的基础，后一个环节是前一个环节的落实与实施。它们之间相互联系、环环相扣，形成了一个螺旋上升的链。每一次新计划的目标都比上一个计划目标水平有所提高。如此不断循环，最终促进幼儿园工作质量的提高。

强化练习

一、单项选择题

1.班级管理的原则包括主体性、整体性、（　　　）和高效性原则。

A.主动性　　　　　　　B.参与性　　　　　　　C.互动性　　　　　　　D.活动性

2.合理规划幼儿活动空间，合理安排班级物品的管理。这些工作都属于幼儿园班级管理中的（　　　）环节。

A.计划制定　　　　　B.总结评估　　　　　C.检查与计划调整　　　D.组织与实施

二、简答题

幼儿园班级管理中教师常用的方法有哪些？

参考答案及解析

一、单项选择题

1.【答案】B。解析：班级管理原则对班级的全面管理具有重要指导意义。实践证明，主体性、整体性、参与性和高效性是班级管理最基本的原则。

2.【答案】D。解析：幼儿园班级工作组织与实施包括以下几点：（1）教师间要有明确分工；（2）对幼儿进行编组；（3）合理规划幼儿活动空间；（4）合理安排幼儿在园时间；（5）班级物品的安排。

二、简答题

【参考答案】

（1）规则引导法。规则引导法是指用规则引导幼儿行为，使其与集体活动的方向和要求保持一致的一种管理方法。

（2）情感沟通法。情感沟通法是指通过激发和利用师生间或幼儿间以及幼儿对环境的情感，以引发或影响幼儿行为的方法。

（3）互动指导法。互动指导法是指幼儿园教师、同伴、环境等相互作用的方法。班级活动的过程就是幼儿与不同对象互动的过程。

（4）榜样激励法。榜样激励法是指通过树立榜样并引导幼儿学习榜样以规范幼儿行为，从而达成管理目的的方法。

（5）目标指引法。目标指引法是指教师以行为结果作为目标，引导幼儿的行为方向，规范幼儿行为方式的一种管理方法。

第九章　幼儿游戏

考情分析

本章内容以识记、理解、运用为主,主要以单项选择题、判断题、多项选择题、简答题、案例分析题的形式进行考查。其中幼儿游戏的分类、幼儿游戏条件的创设、幼儿游戏介入的策略是重点考查内容。

学习目标

1.识记幼儿游戏的特点,理解幼儿游戏的内在特征。

2.理解并区分幼儿游戏的类型,识记角色游戏、结构游戏、表演游戏等游戏的概念。

3.理解幼儿游戏的价值。

4.理解幼儿游戏条件的创设所包含的内容。

5.识记幼儿游戏介入的策略。

6.理解各类游戏指导的要求,能运用相关理论分析教师指导游戏的行为并对教师指导游戏提出建议。

第一节　幼儿游戏概述

一、游戏的含义

关于游戏有不同的解释,一般将游戏理解为儿童追求快乐的一种行为,是儿童自愿参加,以娱乐为主要目的,通过模仿和假想反映社会现实生活,并伴有快乐情绪体验的活动。

二、幼儿游戏理论

幼儿游戏理论可分为早期游戏理论和现代游戏理论两种。

考点1　早期游戏理论

早期的游戏理论又被称为传统游戏理论和古典游戏理论,主要产生于19世纪末至20世纪初。比较有代表性的理论有剩余精力说、松弛消遣说、预演说、复演说、生长说以及成熟说。

1.剩余精力说(精力过剩论)

剩余精力说的主要代表人物是18世纪德国哲学家席勒和19世纪英国哲学家斯宾塞。其主要观点是生物体都能产生一定精力来满足自身生存的需要,当需求满足之后,若还有剩余精力没有被消耗,过剩的精力就会累积从而造成压力。因此,游戏是儿童和高等动物对剩余精力的一种无目的的消耗,即游戏是剩余精力的发泄。

2.松弛消遣说（松弛说）

松弛消遣说的主要代表人物是德国哲学家拉扎鲁斯和帕特里克。该理论认为游戏不是发泄精力，而是松弛、恢复精力的一种方式，是为了恢复工作所消耗的能量。

3.预演说（练习说、生活预备说）

预演说的主要代表人物是德国哲学家、心理学家格罗斯。其主要观点是游戏是对未来生活的一种无意识的准备。儿童在遗传上继承了一些不够完善、不成熟的本能，游戏的目的就是对本能的无意识训练和准备，帮助儿童在与生俱来的本能的基础上进行练习，完善成人生活所需要的本能。

4.复演说

美国心理学家霍尔认为游戏来自种族的本能，是远古时代人类祖先的生活特征在儿童身上的复演。

5.生长说

生长说的代表人物是阿普利登和奇尔摩。其主要观点是游戏是儿童能力发展的一种模式，是机体练习技能的一种手段，是生长的结果。儿童的能力发展和成熟到一定的阶段才会有游戏。反过来，游戏是练习成长的内驱力，儿童通过游戏可以获得成长。

6.成熟说

成熟说的代表人物是荷兰的拜敦代克，其主要观点是游戏是儿童操作某些物品以进行活动，是幼稚动力的一般特点的表现，而不是单纯的一种机能。因此，游戏不能等同于练习。

考点2 现代游戏理论

现代游戏理论是指在20世纪20年代以后出现的游戏理论，诸如精神分析学派的游戏理论、皮亚杰认知发展的游戏理论、后皮亚杰学派的唤醒理论和元交际理论、以维果斯基为代表的苏联社会文化历史学派的游戏理论等。

1.精神分析学派的游戏理论

精神分析学派认为，一切生物生存的基础都离不开与生俱来的原始冲动和欲望。人需要为受压抑的冲动和欲望找到出路，需要一个不受现实原则支配的、自由自主的个人天地或领域来解决矛盾和冲突。游戏就是表现原始的、受压抑的冲动和欲望的最好途径。

（1）弗洛伊德的游戏理论

弗洛伊德关于儿童游戏的观点是从他的人格构成学说中派生出来的。弗洛伊德认为人格是由三个部分组成的，即本我、自我和超我。他把本能欲望看成人格构成中的最低境界，称为本我；社会规范则是人格构成中的最高境界，称为超我；协调本我和超我之间的矛盾冲突而获得的现实性人格则是自我。在弗洛伊德看来，自我得以调节和平衡本我与超我之间冲突和矛盾的机制，某种程度上是通过游戏实现的。游戏的这种调节机制具体表现在两个方面：①游戏能实现现实中不能实现的愿望；②游戏能控制现实生活中的创伤性事件。

（2）埃里克森的游戏理论

新精神分析学派埃里克森的游戏理论重点是关于儿童正常的自我发展是如何通过游戏实现的，既承认了游戏对本能欲望的宣泄作用，即对本我与超我冲突的调节，又超越了这一立场，强调游戏对接纳社会要求，协调本我和超我之间冲突，推进自我发展的作用，从而扩展和丰富了弗洛伊德的游戏理论。埃里克森认为游戏是自我的一种机能，调节了发展的阶段性冲突。

2.皮亚杰认知发展的游戏理论

皮亚杰认为，游戏是儿童学习新的复杂的客体和事物，巩固和扩大已有概念和技能，结合思维和行动的一种方法，也是思维的一种表现形式。游戏中同化超过了顺应。游戏的发展水平与儿童智力发展水平相适应，在智力发展的不同阶段，游戏的类型不同。

3.后皮亚杰学派的游戏理论

后皮亚杰学派的游戏理论，即游戏的唤醒理论和游戏的元交际理论出现于二十世纪六七十年代。后皮亚杰理论以探讨游戏发生的生理机制与环境的影响为特色。其中伯莱恩、哈特与埃利斯的理论是以人类有社会性内驱力，需要不断参与信息加工活动为前提，并认为个体的中枢神经系统总是通过控制环境刺激的输入量来维持和追求最佳觉醒水平的。

（1）游戏的唤醒理论

唤醒理论的代表人物是伯莱恩和哈特。该理论认为，个体的中枢神经系统通过控制环境刺激的输入量（信息加工活动）来维持和追求最佳觉醒水平。游戏的作用在于探寻和调节外部和内部刺激的数量，增强刺激，提高觉醒水平，以产生最佳的平衡，获得更多的个人满足。

（2）游戏的元交际理论

心理学家贝特森认为，游戏是人类的一种元交际手段，即本原的交往手段。游戏的价值不在于具体内容，而在于学习关于角色的概念，区分一种角色与其他角色的不同，了解行为方式与行为背景之间的制约关系。作为一种元交际，游戏是通向人类文化和表征世界的途径和必需的技能，是组成人类文化的现实与基础。

4.社会文化历史学派的游戏理论

以苏联心理学家维果斯基为代表的社会文化历史学派比较强调社会历史文化在儿童发展过程中的重要作用。他们旗帜鲜明地指出，"儿童的游戏无论就其内容还是结构来说，都根本不同于小动物的游戏，它具有社会文化历史的起源，而不是生物学的起源"。

（1）维果斯基的游戏理论

维果斯基认为，对儿童游戏进行分析和考察应当从考察游戏活动的诱因与动机开始。儿童游戏出现的诱因是儿童在发展过程中出现了大量的、超出儿童实际能力的、不能立即实现的愿望。儿童与成人的交往在游戏的发生、发展过程中起决定性作用。

（2）列昂节夫的游戏理论

列昂节夫认为，儿童游戏的发生是基于儿童心理发展所表现出的特殊的矛盾。随着年龄的增长，儿童面临的周围世界越来越广阔，而儿童的心理特点决定了儿童还不能进行抽象的静观活动，只能以行动的方式——通过用手操作物体表现出来。当儿童操作物体的需要进一步强烈，想做大人的事情又不能实现的时候，就只能在想象中解决。此时，操作活动的动机不在于操作结果，而在于操作过程。这时，游戏在儿童心理发展过程中就成为主导活动。

（3）艾里康宁的游戏理论

艾里康宁较系统地研究了儿童的游戏，并于1978年出版了《游戏心理学》。他重点研究角色游戏，认为角色游戏是儿童的典型游戏，强调角色游戏是在真实条件之外，借助想象，利用象征材料再现人与人的关系。儿童在游戏中，不仅模仿，而且创造。他还探讨角色游戏的社会起源，认为游戏作为儿童活动的一种组织形式，是由于儿童的地位在社会发展的一定阶段上发生了变化而出现的。

三、幼儿游戏的特点

游戏作为幼儿的基本活动方式，具有以下基本特征。

1.非功利性

相对于劳动而言，游戏没有社会实用价值的目的，游戏本身就是目的，而不是达到其他目的的手段。幼儿参与游戏活动既不是为了学习某类知识，也不是为了获取某种物质利益，更不是为了做给别人看。

2.自主性

游戏是幼儿自发的行为,即幼儿从事游戏活动是出于自己的兴趣和愿望,而非外在命令强迫。幼儿游戏的自主性不仅体现在游戏开始的动机方面,而且贯穿游戏的全过程,体现在游戏的主题和内容、游戏的伙伴和情节、游戏的时间(包括游戏的开始与结束)和环境等方面。

3.愉悦性

游戏会给幼儿的身心带来愉悦的感受。幼儿只有在真正自主、能进行自我实现的游戏中才能获得愉快和满足感。

4.虚构性

幼儿游戏是对现实生活的模仿,但模仿中带有想象和创造。与真实生活相比,游戏总是在假想的情景中开展。幼儿对游戏的假想表现在以下几方面。

(1)对游戏角色的假想(以人代人、以人代物)

幼儿在游戏中必须凭借想象,把自己想象、装扮成某个角色,并接受游戏伙伴所想象、装扮的角色。

(2)对游戏材料的假想(以物代物)

幼儿在运用这些游戏材料时,需要把玩具想象成真实的事物,并对其施加类似人的真实动作,甚至把它们想象为别的类似的东西。

(3)对游戏情景的假想(情景转换)

儿童在以人代人和以物代物的基础上,通过动作把自己的现状想象成生活中的某一情景。

5.有序性

任何游戏都是有规则的,这是由游戏所模仿的社会现实的特征所决定的。因此,游戏中的幼儿并非毫无限制,他们要受被模仿的某种行为所固有的规则的限制。

四、幼儿游戏的内在特征

幼儿游戏的内在特征是指幼儿在游戏中产生的对于游戏活动本身的主观感受或心理体验,简称游戏性体验。游戏性体验包括以下几种类型。

1.兴趣性体验

兴趣性体验是一种为外界刺激物所捕捉和占据的体验,是一种情不自禁地被卷入、被吸引的心理状态。兴趣性体验是游戏体验不可缺少的成分。没有这种体验,游戏就会停止。

2.自主性体验

自主性体验是由游戏活动可以自由选择、自主决定的性质所引起的主观体验,是"我想玩就玩,不想玩就不玩"或"我想玩什么就玩什么"的体验。自主性体验是幼儿游戏性体验的重要成分。

3.胜任感或成就感

胜任感或成就感是一种对自己能力的体验,这种体验可以增强游戏者的自信心。游戏可以使幼儿产生胜任感的特殊性在于幼儿可以通过想象实现对于现实环境的改造或转换,重构自己与外部环境的关系从而获得掌控感,用自己的方式来解决问题和冲突。这是游戏吸引幼儿的根本原因。

4.幽默感

幽默感是由嬉戏、玩笑、诙谐等引起的快感。

5.生理快感

游戏的生理快感主要来源于身体活动的需要和中枢神经系统维持最佳唤醒水平的需要的满足。在游戏中幼儿可以随意变换动作或姿势,可以使中枢神经系统的机能状态调整到最佳水平。

在一种活动中,不一定同时出现上述五种游戏性体验,这取决于游戏活动的类型。但是,兴趣性体验、自主性体验和胜任感是任何游戏活动都不可缺少的最基本的成分。游戏性体验是游戏的"灵魂"，对游戏活动本身具有决定性意义。一种活动是否是游戏，关键在于幼儿是否产生了游戏性体验。因此，幼儿游戏要兼具游戏性表现和游戏性体验。

五、幼儿游戏的分类

考点1　以认知发展为依据的游戏分类

以认知发展为依据的游戏分类主要以皮亚杰的理论为代表。皮亚杰根据游戏与认知发展的关系，把游戏分为练习性游戏、象征性游戏和规则（性）游戏三种。皮亚杰认为结构（性）游戏不是一种独立的、具有可明确划分发展阶段的游戏类型。但是也有研究者提出了不同的看法。例如，以色列心理学家史密兰斯基认为结构（性）游戏是儿童游戏的一个重要类型，应包括在认知型游戏的系列中。

1.练习性游戏

练习性游戏又称为感觉机能性游戏或机械性游戏，是儿童发展中最早出现的一种游戏形式。练习性游戏由简单的重复运动所组成，其动因来自感觉器官所获得的快感。比如，奔跑、跳跃、攀登、拨浪鼓、骑木马、敲打和摆弄物体等。这类游戏往往以独自游戏或各自游戏的形式发生，随着儿童年龄的增长，这类游戏的比例逐渐下降。

2.象征性游戏

象征性游戏是处于前运算阶段（2~7岁）的儿童常进行的一种把知觉到的事物用它的替代物来象征的游戏形式。儿童将一物体作为一种信号物来代替现实的客体就是象征性游戏的开始。象征性游戏的初级阶段是以物品的替代而获得乐趣，如把一根棍子想象成一匹马来骑。随着儿童年龄的增长和知识经验的不断丰富，儿童会通过使用替代物并扮演角色来模仿真实生活，这时的象征性游戏就进入角色游戏阶段。象征性游戏是学前儿童最典型的游戏形式。

3.结构（性）游戏

结构（性）游戏是指儿童按照一定的计划或目的来组织物体或游戏材料使之呈现出一定的形式或结构的活动。如拼图、搭积木、插积塑、泥工、手工游戏、用雪堆雪人、用沙筑碉堡、木工活动等。

4.规则（性）游戏

规则（性）游戏是一种由两人以上参加的，按一定规则进行的，往往具有竞赛性质的游戏。规则可以是由成人事先制定的，也可以是按照故事情节要求的，还可以是儿童按他们假设的情节自己规定的。这类游戏一般在4~5岁以后发展起来，一直延续到成年。

考点2　以社会性发展为依据的游戏分类

1.独自游戏（独立游戏）

独自游戏是指儿童独自玩耍，还没有玩伴意识的一种游戏情形。处于独自游戏阶段的儿童往往旁若无人地玩着自己的玩具。独自游戏一般出现在出生后头两年内。

2.平行游戏

平行游戏是一种两人以上在同一空间里进行的，以基本相同的玩具玩着大致相同内容的个人独自游戏。在平行游戏中，儿童玩的玩具与周围儿童的玩具相同或相仿，儿童之间相互靠近，能意识到别人的存在，相互之间有眼光接触，也会看别人怎么操作，甚至模仿别人，但彼此都无意影响或参与对方的活动，既没有合作的行为，也没有共同的目的。这类游戏正反映了2~3岁儿童游戏的社会性交往状况。

【2018·怀化溆浦·单选】儿童玩着与一群伙伴相同或相近的玩具,但并不和其他儿童共同活动,仍单独做游戏。这种游戏类型是( )。

　　A.单独游戏　　　　　　B.平行游戏　　　　　　C.联合游戏　　　　　　D.合作游戏

　　【答案】B。

3.联合游戏

联合游戏又称为分享游戏,是由多个儿童一起进行同样的或类似的游戏,没有分工,也没有按照任何具体目标或结果组织活动。儿童行为的社会性仅仅是同伴交往关系,而不是游戏合作关系。儿童相互之间可能交换材料,或进行语言沟通,提供和接受彼此的玩具,对他人的活动表示赞赏或否定,甚至攻击。从表面上看,在联合游戏中,儿童之间产生了相互联系,而实际上在涉及游戏本身的内容时,他们之间却没有共同的意愿。儿童不会使自己个人的兴趣服从小组的兴趣,每个人仍然是以自己的兴趣来进行游戏的。

4.合作游戏

合作游戏是幼儿后期出现的较高级的游戏形式,是一种有共同主题、共同目的,需要共同协商完成的游戏活动。游戏者之间有分工、协作,有领头者,也有随从者。这种游戏具有组织意味,有明显的集体意识,有共同遵守的规则。这种游戏离不开相互的配合,一般要到3岁以后才会产生,5~6岁得到发展,反映了儿童社会性发展日渐成熟的趋势。

【2020·长沙天心·单选】下列游戏类型中社会性程度最高的是( )。

　　A.独自游戏　　　　　　B.平行游戏　　　　　　C.联合游戏　　　　　　D.合作游戏

　　【答案】D。

考点3　以游戏的特征和教育作用为依据的游戏分类

我国幼儿园一般根据游戏的特征和教育作用,将游戏分为创造性游戏和规则性游戏两大类。

1.创造性游戏

创造性游戏是指儿童自主地、创造性地反映现实生活的游戏。在创造性游戏中,儿童根据自己的兴趣、爱好等开展游戏,成为游戏的主人。创造性游戏包括以下三类。

(1)角色游戏

角色游戏是指儿童通过扮演角色,运用想象,创造性地反映个人生活印象的一种游戏,通常有一定的主题。比如,"娃娃家""上医院""开餐厅"等游戏都属于角色游戏。角色游戏是幼儿期最典型、最有特色的一种游戏。

1.【2020·长沙浏阳·判断】角色游戏是幼儿时期最典型、最有特色的游戏。　　　　　　　( )

　　【答案】√。

2.【2018·长沙岳麓·单选】幼儿根据自己的兴趣和愿望,通过扮演角色进行模仿想象,创造性地表现其生活体验的是( )。

　　A.结构游戏　　　　　　　　　　　　　　B.表演游戏

　　C.角色游戏　　　　　　　　　　　　　　D.体育游戏

　　【答案】C。

（2）结构游戏

结构游戏又称建构游戏，是指儿童利用各种结构材料和玩具（积木、积塑、沙石、泥、雪、金属材料等）进行建构活动，创造性地反映现实生活的游戏。如用积木堆房子、积塑拼接、拼图、堆沙、堆雪人等都是结构游戏。根据材料性质不同，结构游戏可分为以下几种。

①积木游戏。积木游戏是指用各种积木或其他代用品作为游戏材料进行的结构游戏。

②积竹游戏。积竹游戏是指将竹子制成各种大小、长短的竹片、竹筒等，然后用它们构造物体的游戏。

③积塑游戏。积塑游戏是指用塑料制作的各种形状的片、块、粒、棒等部件，通过接插、镶嵌组成各种物体或建筑物模型。

④金属构造游戏。金属构造游戏是指以带孔眼的金属片为主要的建造材料，用螺丝结合，建造成各种车辆及建筑物的模型。

⑤拼棒游戏。拼棒游戏是指用火柴杆、塑料管、冰棒棍或用糖纸搓成纸棍等作为游戏材料，拼出各种图形的一种游戏。

⑥拼图游戏。拼图游戏是指用木板、纸板、塑料或其他材料制成不同形状的薄片并按规定方法进行拼摆的一种游戏。

⑦玩沙、玩水、玩雪的游戏。沙土是一种不定型的结构材料，幼儿可以随意操作，幼儿也可利用水、雪玩划船、堆雪人、打雪仗等游戏。

（3）表演游戏

表演游戏是儿童按照童话或故事中的情节，扮演某一角色，通过动作、语言、表情、姿势再现文学作品内容的一种游戏形式。

考题再现

【2020·长沙天心·单选】幼儿按照童话或故事中的情节扮演一定的角色，按作品规定的内容进行创造性游戏。这属于（　　）。

A.表演游戏　　　　　　　　　　　　B.角色游戏

C.结构游戏　　　　　　　　　　　　D.智力游戏

【答案】A。

2.规则（性）游戏

规则（性）游戏也称为有规则游戏，是指教师根据教育目标和儿童身心发展的特点，有组织、有计划地创编的，按照一定的规则进行的游戏活动。规则性和竞赛性是其显著特点。规则（性）游戏包括游戏的目的、玩法、规则和结果四个部分，"规则"是其核心。幼儿园中一般将规则性游戏分为三种，即音乐游戏、体育游戏和智力游戏。

（1）音乐游戏

音乐游戏一般是指根据音乐教育的任务而设计和编制的规则性游戏。它以丰富儿童的音乐经验、发展儿童的音乐能力为主要目的。

（2）体育游戏

体育游戏又称运动性游戏，是以发展儿童基本动作和运动能力为主要目的而设计的规则性游戏，具有较强的规则性、竞赛性。

（3）智力游戏

智力游戏是为发展儿童智力而设计的规则性游戏。这种游戏以生动有趣的形式开展，帮助儿童在自愿、愉快的情绪中丰富经验、增长知识，提高儿童的学习兴趣和学习效率。

考题再现

1.【2020·怀化麻阳·多选】规则游戏是成人根据幼儿发展的要求而编定的游戏。下列属于规则游戏的有（   ）。

A.表演游戏 　　　　　　　　　　　　　　B.智力游戏

C.体育游戏 　　　　　　　　　　　　　　D.音乐游戏

【答案】BCD。

2.【2020·长沙浏阳·单选】将学习的因素与游戏的形式很好地结合起来,并实现增进知识、发展智力的学习任务的规则性游戏是（   ）。

A.体育游戏 　　　　　　　　　　　　　　B.智力游戏

C.音乐游戏 　　　　　　　　　　　　　　D.感官游戏

【答案】B。

考点4　以行为表现为依据的游戏分类

1.语言游戏

语言游戏是指运用语音、语调、词语、字形而开展的游戏,如和着语音、节奏的变化而开展的绕口令、接龙等游戏。

2.动作技能游戏

动作技能游戏是指通过手脚和身体其他部位的运动而获得快乐的游戏活动,既可以是一种户外进行的身体大幅度的运动,如相互追逐、荡秋千、滑滑梯、骑三轮车、攀登等,也可以是在室内桌面上进行的穿珠、夹弹子、弹弹子、挑游戏棒、拍纸牌等相对精细的活动。

3.想象游戏

想象游戏又称为象征游戏、戏剧游戏、角色游戏、假装游戏。这类游戏的主要特征是儿童将事物的某些方面做象征性的转换,如以玩具或玩物代表实物(用一块积木代表电话、将小板凳当火车等);以某个动作代表真实的动作(张开双臂跑代表飞机在飞、双脚并拢往前跳代表小兔子在跳);以儿童自己或其他儿童代表现实或虚构的角色(扮演妈妈、医生、司机、营业员、小白兔、卡通人物等)。

4.交往游戏

交往游戏是指两个以上的儿童以遵守某些共同规则为前提而开展的社会性游戏。这类游戏以参与者之间的行为互动为特点。在使用游戏材料方面采用协商分配或轮换的形式。

5.表演游戏

表演游戏又称为戏剧游戏,是以故事或童话情节为表演内容的一种游戏形式。在表演游戏中,儿童扮演故事或童话中的人物,并以故事中人物的语言、动作和表情进行活动。表演游戏是以儿童的语言、动作和情感发展为基础的。

六、幼儿游戏的价值

游戏是儿童最喜爱的活动。儿童在游戏中学习和成长,游戏对儿童的身体、智力、创造力、情感、社会性的发展都具有重要的积极作用。

1.游戏能够促进儿童身体的发展

（1）游戏有利于提高儿童体能

体能是指人体在从事身体运动时所表现出来的能力,包括身体基本活动能力(走、跑、跳、投掷、钻爬等)和身体素质(速度、耐力、力量、平衡等)。儿童游戏富含符合生理发展规律的活动,是锻炼儿童的身体基本活动能力和提高身体素质的有效途径。

（2）游戏能增强儿童机体的适应能力

机体的适应能力是指人体在适应内、外环境中所表现出来的机能能力。儿童户外游戏为其进行日光、空气、水三大自然因素的锻炼创造了机会。让儿童充分接触阳光和空气，适量感受温热和寒冷，既符合儿童的一些生理代谢需要，又能够增强儿童对外界环境变化的适应能力，保持儿童身体的健康。

（3）游戏能促进儿童身体的生长发育

体育游戏能够促进儿童骨骼、肌肉系统的发育，促进儿童身体的生长发育，并提高其身体机能。身体生长发育的水平则是进行游戏的生理基础。

2. 游戏能够促进儿童认知和语言的发展

（1）游戏从不同方面为儿童提供了认识外部世界的途径

在游戏中，儿童可以充分发挥积极性和主动性。通过观察、感知、比较、分类、记忆、想象、思维，通过对各种游戏材料的使用、对各种游戏角色的扮演、对已有知识的更新、对生活经验的重组、对游戏动作和情节的实践，去接触、感受、探索新事物，了解物体（游戏材料）的性能及事物之间的关系。在此过程中，儿童的感知能力、注意力、记忆力、想象力、思维能力、解决问题的能力都会得到发展。

（2）游戏丰富了儿童的知识

游戏是学前儿童学习知识最有效的途径。儿童在游戏中通过使用材料和器械，从中习得了许多关于周围世界的基本知识和主要概念。通过游戏，儿童能更好地认识物体的颜色、形状、大小等特性。例如，爬攀登架时儿童会体会到空间和高低，玩水时会感觉到干和湿的对比，玩积木时会认识到大小和形状等。

（3）游戏是儿童智力发展的动力

通过游戏，儿童开始认识世界，了解事物之间的关系，知识、技能、能力都得到了相应的发展。游戏时，儿童会不断地移动、触摸、聆听、观察。这些感官刺激有助于培养儿童的注意力、观察力和判断力。

（4）游戏激发了儿童的想象力

游戏活动特别有助于发展儿童的想象力。首先，虚拟性或象征性是游戏的普遍特征。游戏以"假装"或"好像"为条件，为儿童提供了充分的想象自由和想象空间。其次，游戏符合儿童想象力发展的客观规律。在适应游戏的发展过程中，儿童的想象力会向有意性和创造性发展；在适应游戏的情节与内容过程中，儿童的想象力会更加稳定，使得他们按照预定的情节发展去构思、去想象。

（5）游戏发展了儿童的思维能力

游戏能推动儿童去思考和创作。例如，在堆积木、绘画或做手工时，儿童自然而然地会去思考、去想象，再根据已有的知识和经验，进行一些创作活动。在游戏中，儿童也会不断地探索。

（6）游戏培养了儿童的语言能力

儿童在游戏中产生了交往的需要。几个儿童共同游戏，互相之间会有语言的沟通和交流。通过交谈，促进了儿童语言的发展；通过游戏，扩大了儿童的词汇量，加深了儿童对词义的理解，他们的语言表达能力也随之得到了发展。

3. 游戏能够促进儿童创造力的发展

（1）游戏为儿童的创造性想象提供了充分的发展空间，有助于儿童个性和创造性思维品质的形成。

（2）儿童的创造性只有在自由、轻松、愉快的心理气氛中才能产生，游戏则为儿童提供了这种心理氛围。

（3）游戏可以激发儿童的好奇心和探究欲，而好奇心和探究欲是儿童创造性的"火花"。游戏则是点燃"火花"的最佳"引信"，可以使之"熊熊燃烧"。

（4）游戏可以激发儿童的发散性思维。发散性思维是儿童创造性的重要表现。在游戏中，儿童若能变换各种方式来对待物体，通过对同一游戏材料做出不同的设想和行为，或对不同的物体做出同一种思考和动作，就能扩大其与游戏材料相互作用的范围，增加相互作用的频率。

（5）游戏提高了儿童的创造性水平。

4.游戏能够促进儿童情感的发展

（1）游戏使学前儿童拥有更多积极的情绪体验

游戏时儿童可以按自己的意愿自由自在地进行活动，在快乐的气氛中，通过自己的努力完成游戏任务，从而产生愉快和满足，获得成功的体验。游戏的内容和形式丰富多彩、灵活多样，儿童在游戏中通过扮演角色能够体验到各种积极的情绪情感。

（2）游戏帮助学前儿童转移和宣泄消极的情绪体验

游戏是儿童松弛紧张情绪、宣泄消极情感的有效方式和途径。游戏促成儿童消极情绪的转移和宣泄，使其获得了心理的平衡。

（3）游戏发展了学前儿童的高级情感

游戏可以发展学前儿童的道德感、美感和理智感。

5.游戏能够促进儿童社会性的发展

（1）游戏有助于提高儿童的交往技能

儿童的游戏是一种社会活动，为儿童提供了模仿并参与社会交往的平台，扩大了儿童的社交范围，增多了儿童交往的机会。交往机会的增多就为儿童交往技能的提升提供了平台，游戏可使儿童掌握与人交往的技巧和艺术，使其社交能力得到不断的提升。

（2）游戏有助于克服儿童的自我中心意识

在游戏情境中，儿童逐渐学会与他人联系，从中明白了"我"和"你"的区别，在游戏中学会了如何与他人交往，如何满足自己和他人的需要，有助于克服自我中心意识。自我中心是儿童的一种非社会行为，有效地控制这种行为是儿童与同伴进行交往的基础，游戏对于儿童学习克制这种行为有明显的效果。

（3）游戏能培养儿童的合群行为和遵守规则的能力

儿童在参加集体游戏时，必须学会相互宽容和谦让，尝试学会与他人合作，并遵守游戏的规则，只有如此，才能保证游戏的顺利开展。因此，游戏能培养儿童的合群行为、遵守规则的意识和能力。

（4）游戏有助于锻炼儿童的意志力

在游戏中，儿童能够克服困难，坚持把事情做到底，毅力、耐心、坚持性等优秀品质得到了发展。

考题再现

【2021·永州祁阳·简答】游戏能够促进儿童社会性的发展，其具体表现在哪些方面？请简要阐述。

【参考答案】见上文。

第二节　幼儿游戏条件的创设

一、提供充分的游戏时间

保证儿童有充分的游戏时间是促进儿童发展游戏、提高游戏质量的关键因素。因此，成人要保证儿童每天有足够的游戏时间。在幼儿园的一日生活中，应提供给学前儿童充足的游戏活动时间，上午、下午可有较长的游戏时间（30~40分钟）；也可有较短的游戏时间，如早晨入园时间、活动间隙时间等。根据时间的不同可组织适合的游戏，如时间长可组织活动区的游戏或户外的游戏；活动过渡的短暂间隙时间可玩活动量小的、短小简便的游戏。

二、创设适宜的游戏空间环境

考点1　室外游戏环境

1.室外游戏环境的构成

（1）运动器械区

运动器械区主要是指攀登架、滑梯等大型组合玩具和秋千、跷跷板、转椅等中型玩具区。如果幼儿园户外空间不足，可以考虑把几种功能的玩具集于一体，并和沙池组合在一起，节省空间和成本。

（2）集体活动区

在我国，绝大多数幼儿园都有全园一起做操的习惯和上体育课的传统。所以，幼儿园还需要有一块较宽敞、平坦的空间。对游戏场地地面，经济条件较好的幼儿园可以全部软化，铺设塑胶地面或人造草坪，也可以有部分自然草坪；经济条件一般的幼儿园可以保留土质地面，不要用水泥和砖块，以防幼儿摔倒。

集体运动场地还要开展各种各样的游戏活动，利用率很高，尤其是小型自制玩具的游戏。所以，最好在四周为每个班设计一个玩具储藏室。集体运动场地的四周最好栽种高大的树木，保证在夏季能提供绿荫。

（3）沙水区

幼儿喜欢玩沙，因为沙子富有变化。幼儿园应该根据人数的多少设计几个不同规格的沙地。边缘可以用轮胎进行软化处理。沙地四周最好有高大的树木，在夏季提供树荫。条件较好的幼儿园还可以在旁边设计简单的长条形玩水池，既可以为沙池供水，也方便幼儿玩沙后洗手。

（4）种植养殖区

有条件的幼儿园应该为每个班的幼儿开辟一块种植区和养殖区，种植区、养殖区距离自己的班级较近，并有班级标牌，由幼儿自己管理，而不是交给门卫或教师管理。没有条件的幼儿园也应该利用现有场地或盆盆罐罐进行种植养殖活动。

2.室外游戏环境规划的原则

（1）安全卫生原则

在规划幼儿园室外游戏环境时，应保证游戏设施设备等无毒、坚固结实、无安全隐患。如尽量用木制品代替铁制品、尖锐突出物的安全处理，动态和静态区域的分隔，尽量使伤害减至最低甚至完全消除，维护幼儿的安全。

（2）遵循自然原则

在环境创设中，应根据现场的自然景观，如山坡、绿地、树林、溪流和当地自然植被特点、气候特点及地质特点，对其进行有效利用，创设出原生态的户外活动场地。

（3）挑战性原则

科学规划的室外游戏环境能把空间最大限度地用于游戏和探索，能够有效地激发幼儿的好奇心，幼儿没有被局限在规定的、少量的活动器材上，他们能创造性地进行游戏活动。

（4）**整体性原则**

室外游戏环境创设是为了促进幼儿全面和谐发展，因而在规划中必须保持其整体性。既要注意不同领域、不同方面内容之间的横向联系，又要在纵向上考虑由易到难、由简单到复杂，依次递进。

3.室外游戏环境规划的要点

（1）**绿化、美化、儿童化、教育化、游戏化综合考虑**

绿化、美化是幼儿园户外环境规划的基本要求。幼儿园应该尽可能扩大绿化面积，栽种各种高大的乔木和低矮的灌木，保证户外游戏活动有树荫。

儿童化、教育化、游戏化是幼儿园环境最突出的特征。户外游戏环境规划一定要根据幼儿的特点和需要设计，既让环境充满童趣，又在安全的前提下，满足幼儿各种游戏活动，如钻、爬、跑、跳等的需要，充分挖掘现有空间条件，让幼儿充分享受户外游戏的乐趣。

（2）**有适合各个年龄段幼儿需要和发展水平的活动空间**

户外游戏场地设计要充分考虑全园不同年龄段幼儿的特点和需要，例如，由于小班幼儿肢体动作发育尚不完善，容易摔跤，可以为他们设计一个专门的半开放的软游戏区，铺设软垫或人造草坪。

（3）**有适合四季游戏活动的空间设计**

户外游戏环境规划一定要根据季节交替，考虑户外游戏需要。例如，有条件的幼儿园可以设计绿色长廊，栽种紫藤、葡萄等藤蔓类植物，并架设秋千类玩具以便夏季幼儿游戏时遮阳。

（4）**巧妙利用自然元素和空间**

每个幼儿园在进行环境规划时应该因地制宜地利用空间。例如，原本低洼的地方可以设计成小河、沟渠，并架设上桥索；在高大的树木间设计秋千、摇椅、跷跷板等。

考点2　室内游戏环境

1.室内游戏环境规划的原则

（1）**因地制宜原则**

每个幼儿园和班级的室内游戏环境都有可供利用挖掘的游戏资源，在利用、改造这些资源，创设室内游戏环境时要注意因地制宜。主要体现为以下三点：①利用。充分利用原有环境与现成材料，发现和挖掘原有环境的特点，同时体现本区域的特色。②改造。在原有环境的基础上进行加工改造，重新组合。③创设。根据幼儿个性发展的需要和各种游戏活动的需要创设、扩展、延伸相应的环境。

（2）**发展适宜性原则**

在游戏环境规划时，既要考虑面向全体、符合幼儿年龄发展水平，又要考虑幼儿个体差异，符合不同幼儿发展的水平。不同年龄班的环境规划应有本班的特色。

（3）**参与性原则**

幼儿是室内游戏环境规划活动中不可缺少的参与者。

2.室内游戏区规划的要点

（1）根据各类活动的教育功能与特点规划室内游戏环境。例如，美工区、语言阅读区、科学区等应设在光线明亮、比较安静的位置；结构区场地要宽敞些，以便幼儿的建构活动。

（2）将幼儿表现出来的探索兴趣、经验、作品作为环境规划的内容源泉。

（3）动态与静态游戏区域分配得当，尽量避免动态活动区域与静态活动区域相邻，以避免幼儿进行活动时所发出的声音过大，使得临近区域的幼儿受到干扰，难以集中注意力进行活动。

（4）通常要依据班级幼儿人数提供活动区，如30人左右的班级设5~6个区域为宜。

（5）可以考虑有固定常设的区域，又可依课程、季节和幼儿情况等变换调整区域。

三、创设适宜的游戏心理环境

1.教师与幼儿之间建立和谐平等的关系

民主、平等、和谐的师幼关系是幼儿游戏的重要支柱。在幼儿的游戏中,教师既是指导者又是参与者。在幼儿游戏时,教师应当让他们自己去思考,过多的干预会限制他们,太高的期望会造成幼儿的压力,使得他们的想象创造能力发挥失常。

2.帮助幼儿建立同伴间活泼交往的、宽松和合作的环境

幼儿之间的交往是心理发展的一个重要的社会性因素。幼儿之间能力相仿,愿望和兴趣相近,心理上没有任何压力,易于建立默契的沟通。教师应多提供由幼儿合作完成的游戏,让幼儿在合作中增强交往的愿望,体验相互合作游戏带来的乐趣。

3.帮助幼儿积累一定的知识和经验

游戏活动前,教师应丰富幼儿相关的知识和经验。在智力游戏中,教师要循序渐进地按照幼儿智力发展的水平提供合适的游戏。幼儿必要的知识和智力准备在游戏活动中是必需的,是一个主要的心理环境。

4.家园协作,创设幼儿游戏的心理环境

幼儿园应该向家长宣传正确的教育观、游戏观,定期向家长介绍幼儿园游戏的进行情况。在家长了解了幼儿园游戏的内容后,可以有针对性地帮助幼儿储备一些游戏的知识和经验。教师还可以向家长介绍幼儿在游戏中的表现,让家长了解自己孩子的情况,有意识地培养孩子良好的个性品质。

四、提供充足的游戏材料和玩具

考点1 游戏材料的选择

1.为幼儿提供足够的游戏材料

幼儿是通过使用玩具材料在游戏中学习的。不同的玩具、材料有不同的功能和特点。材料的种类对幼儿游戏的具体选择有着某种定向的功能。如果教师提供的材料单一,幼儿游戏情节的发展就会受到限制。因此,在游戏中为幼儿提供多种材料,有利于幼儿通过探索接受丰富的感官刺激,利用不同的材料去替代和想象,在与材料的互动中促进发散性思维的发展。当游戏材料的品种多样化时,可促进幼儿发散性思维的发展;不同种类和数量的游戏材料摆放在一起,会影响幼儿游戏的主题和性质。

2.根据幼儿的年龄特点提供游戏材料

教师应根据各个年龄班幼儿游戏活动发展的特点,分别提供适宜种类和数量的材料。游戏材料和幼儿的年龄之间存在交叉关系,较小幼儿在游戏时需要同类的游戏材料要多一些,年龄较大的幼儿在游戏时需要不同种类的游戏材料要多一些。例如,幼儿园小班幼儿处于平行游戏或独自游戏的阶段,教师就应多准备一些相同种类的玩具和其他材料。而到了中、大班以后,则应更多地为他们准备、提供适宜于发展合作性游戏的活动材料。

3.提供与阶段教育目标、内容相匹配的游戏材料

教师要根据幼儿不同年龄特点,制定适合本班幼儿整体发展水平的阶段教育目标和内容,根据教育目标和教育内容的要求,在不同的活动区,有计划、有目的地投放与之相适应、相匹配的游戏材料,以最大限度和最大效益地促进幼儿的发展

4.尽量提供无固定功能的游戏材料

游戏材料的特性与幼儿的游戏行为有密切关系。游戏材料具有象征性,可替代生活中的人与事物。材料特征的不同(模拟物和多功能物)将引发不同水平的游戏经验;游戏材料功能固定单一,只能引发幼儿的一种行为,游戏情节的发展就会受到限制,而无固定功能的游戏材料往往可以使幼儿按着自己的想象创造游

戏的多种玩法,有利于幼儿通过探索接受丰富的感官刺激,利用不同的材料去替代和想象,在与材料的互动中促进发散性思维的发展。

5.多提供中等熟悉和中等复杂程度的游戏材料

根据研究,游戏材料的复杂程度以及幼儿对材料的熟悉程度对游戏有一定影响。当游戏材料对幼儿来说完全陌生和比较复杂时可引发他们的探究性行为;当游戏材料对幼儿来说是中等熟悉和中等复杂程度时,可引起幼儿的象征性游戏和练习性游戏。

6.将游戏材料放在可见位置

根据研究,放在中央位置的游戏材料使用率较高,并容易引起需要幼儿彼此相互作用的游戏。游戏材料的可见性也会对儿童使用游戏材料发生影响。幼儿如果看不到游戏材料,就不知道有哪些材料可以使用。幼儿越能直接看到游戏材料,就会越多地去使用游戏材料。所以,教师在投放游戏材料时,应将其放在中央位置或幼儿能直接看到的位置上。

考点2 玩具的基本要求

1.玩具应具有教育性

玩具要以促进幼儿的全面发展为目标,要有助于从多方面促进幼儿智力、体力的发展,要能激起幼儿游戏的兴趣和培养美感等。一些通过想象或色彩引起幼儿恐惧或反映低级趣味的玩具,以及一些不宜幼儿在游戏中使用的玩具都是不符合教育要求的。

2.玩具应具有艺术性

玩具是艺术品,既要符合艺术的要求,还要符合幼儿的欣赏水平和特点。这就要求玩具色彩鲜明,具有形象性,装饰美观,富有趣味性。玩具也应有民族风格,要吸取民间艺术的优点。

3.玩具应符合幼儿的身心发展水平

不同年龄的幼儿对玩具的需求是不同的。因此,为小班幼儿选择的玩具应注意种类不必过多,主要是促进动作发展的玩具及简单的智力玩具,但相同品种的玩具数量要多一些,以适应他们好模仿的特点。中、大班幼儿的玩具种类较为广泛,多样的、复杂化的体育玩具、供角色游戏用的各种玩具材料,以及具有一定难度的智力玩具等,都深受幼儿的喜爱。

4.玩具应符合卫生与安全的要求

玩具及材料是否卫生与安全是选购的最基本标准。游戏材料和玩具的涂色、原料及填充物应无毒、无异味,容易洗晒。带声响的玩具,声音要和谐悦耳,避免噪音。带毛和口吹的玩具不卫生。玩具还应绝对保证幼儿的安全,预防一切可能引起的伤害。带有硬的尖角和锋利边缘的粗糙玩具不要提供给幼儿。另外,具有发射能力的枪炮、弓箭等玩具也暗含不安全因素。

5.玩具要结实、耐用、轻便、经济

给予幼儿玩的玩具必须是结实、耐用的,易损坏的玩具会给幼儿带来失望和不快,甚至还会给幼儿带来不必要的紧张,进而降低游戏的娱乐性。玩具轻便、易于操作,便能充分满足幼儿使用玩具做游戏的愿望。玩具的价格与其功能的大小应基本相符,不要买过于昂贵、华丽而没有多大教育作用或者根本无教育作用的玩具。

考题再现

1.【2021·永州祁阳·判断】在幼儿园日常的采购当中,不要一味地去买贵的玩具,可以适当采购经济实惠型的玩具。   （   ）

【答案】√。

2.【2019·长沙望城·单选】下列各项中,不属于选购玩具应遵循的卫生安全标准是(   )。

A.玩具应无毒   B.玩具无锋利边缘

C.玩具应无声   D.玩具应无异味

第三节 幼儿游戏的介入与指导

一、教师介入幼儿游戏的角色定位、时机和策略

考点1 介入的角色定位

1.非支持性角色

（1）不参与者

当儿童游戏时，一些教师会利用这段时间准备下一次活动或写一些需要上交的书面材料。在没有成人参与的情况下，儿童往往进行的是功能性运动游戏和嬉戏打闹活动，游戏类型单一且社会性水平不高，即使是社会戏剧性游戏，游戏情节也相当简单，而且往往十分吵闹。

（2）导演者

如果教师以导演的角色介入到游戏中，告诉儿童在游戏中应该做什么，不应该做什么，完全控制了儿童游戏，这最有可能破坏儿童游戏，变成了我们说的"游戏儿童"，而不是"儿童游戏"。

2.支持性角色

（1）旁观者

教师在一旁观察儿童游戏，用语言或非语言信号（如点头、微笑）来表示对儿童游戏的关注。与完全不参与者不同的是，旁观者不是被动的，而是积极的。教师在一旁向儿童表达自己对游戏的关注，从而让儿童感受到他们游戏的价值；同时，教师虽然没有参与到游戏中，但是通过在一旁对儿童游戏的观察，了解儿童的兴趣、发展状况，并判断什么时候需要介入到游戏中。

考题再现

【2020·长沙浏阳·单选】教师在一旁观察幼儿游戏，并用语言、点头或微笑来表示对幼儿游戏的关注。这种介入游戏的方式是（   ）。

A.共同游戏者介入   B.旁观者介入
C.管理者介入   D.游戏带头人介入

【答案】B。

（2）舞台管理者

舞台管理者仍然处于游戏的边缘，不参与游戏。与旁观者不同的是，舞台管理者积极地帮助儿童为游戏做准备，并随时为正在进行的游戏提供帮助。舞台管理者对儿童关于材料的要求做出回应，帮助儿童准备服装和道具，并协助布置游戏舞台。舞台管理者也可能提出适当的故事情节或建议，以延伸儿童的游戏。

（3）共同游戏者

教师作为儿童平等的游戏伙伴积极地参与到儿童游戏中。教师在游戏中扮演的通常是小角色，儿童扮演主要角色，如儿童扮演店主，教师扮演店员。教师在扮演角色时一般让儿童主宰整个游戏，自己只是通过

一些策略,如角色扮演、假装转换以及同伴互动等进行暗示,间接对游戏产生影响。

（4）游戏带头人

与共同游戏者相比,游戏带头人角色在积极参与儿童的游戏过程中,对游戏施加了更多的影响,有意识地采取步骤来丰富和延伸游戏情节。他们提议新的游戏主题,介绍新的道具或情节元素以扩展已有的主题。通常在儿童很难自己开展游戏,或正在进行的游戏难以再进行下去的时候,教师会选择游戏带头人这一角色。

考点2　介入的时机

（1）当幼儿进入游戏出现困难时介入

当幼儿不知道自己该做什么游戏、如何去游戏时,教师的介入是引导幼儿开始游戏的关键。

（2）当必要的游戏秩序受到威胁时介入

当必要的游戏秩序受到威胁时,教师可用游戏口吻自然制止幼儿的干扰行为,并提出活动建议。

（3）当幼儿对游戏失去兴趣或准备放弃时介入

当幼儿对游戏失去兴趣或准备放弃时,教师的介入可以帮助幼儿拓展游戏内容,提高游戏技能,进一步激发幼儿游戏的兴趣。

（4）当游戏内容发展或技巧方面发生困难时介入

在这种情况下,教师可以作为游戏同伴介入游戏,给予幼儿示范,或者让幼儿相互启发、相互影响,以帮助幼儿克服困难,拓展游戏。

考点3　介入的策略

1.参与式介入

参与式介入是指教师以游戏者的身份,介入幼儿游戏。一般采用平行式介入法和交叉式介入法。

（1）平行式介入法

平行式介入法是指教师在幼儿附近,和幼儿玩相同或不同材料和情节的游戏,目的在于引导幼儿模仿。教师一般以平行角色的身份或教师的身份来参与游戏,起着暗示指导作用。

（2）交叉式介入法

教师以角色的身份参与游戏,以游戏情节需要的动作、语言来引导幼儿游戏的发展。当幼儿游戏能够顺利开展下去时,教师则可以退场,不能待得太久。

考题再现

【2018·湘潭雨湖·单选】在邮局游戏中,教师扮演"寄信人"却假装不知道要写地址或贴邮票,贴多少钱的邮票等,吸引邮局"工作人员"主动前来介绍,丰富了游戏中幼儿的角色对话。在这里,教师使用了(　　　)。

A.平行式介入法　　　　　　　　B.交叉式介入法

C.垂直介入法　　　　　　　　　D.情感性鼓励

【答案】B。

2.材料指引

材料指引是指通过教师为幼儿提供材料,引发其游戏的兴趣,从而促进游戏的延续和提升的方法。

3.语言指导

语言指导是通过教师的话语达到对游戏指导的一种方式。根据提问目的和方式的不同,可以将教师的语言分为七类。

（1）询问式语言

询问式语言一般以疑问句的形式出现。教师借助询问式语言把幼儿面临的问题情境描述出来，把需要解决的问题摆在幼儿面前，让他们思考并寻找解决途径，起到促进游戏情节发展的作用。

（2）建议式语言

建议式语言是指教师通过给予建议，指导幼儿游戏。教师在观察的过程中，当发现幼儿游戏中的情节发展停滞不前或出现困难时，给予的不是直接的指导，而是采用建议的方式。比如，当发现一个幼儿试图把娃娃放在堆满东西的桌上而不方便摆弄玩具时，教师可以建议："我觉得如果放在旁边会更好。"

（3）澄清式语言

幼儿的游戏是对现实生活的反映，但幼儿年龄小，对事物的理解可能存在偏差，有时候由于不太理解社会规则，或者模仿了社会中的一些不良现象，在游戏中表现出一些不符合规则的游戏行为。据此，教师就可以引导幼儿讨论，澄清幼儿对事情的认识，从而形成正确的观念。

（4）鼓励式语言

鼓励式语言是教师通过鼓励或表扬的方式，激励幼儿把游戏行为继续进行下去或走向深入。

（5）邀请式语言

幼儿的发展水平是不一样的，性格也有差异。比如，有的幼儿偏内向，或者社会性发展水平较差，不知道如何加入同伴游戏，总是一个人玩耍，很少会主动发起交往，或者在游戏中往往处于配角。这时教师可以运用邀请的语言，如"我们一起去超市买东西吧！""你可以帮我理发吗？""咱们去给汽车加油好吗？"等邀请幼儿与教师一起游戏或者进入游戏情境，为其创造和其他幼儿交往的机会，使他们体验到参与游戏的乐趣，并逐渐学会参与到别人的游戏中，与他人展开交往的方法。

（6）角色式语言

教师以角色身份参与到游戏中，促进游戏情节更为丰富和深入地开展。需要注意的是教师在扮演角色和参与游戏时应自然，不要露出"导演"的痕迹。这种方法和交叉式介入法非常类似，只不过在这里更强调语言的使用。

（7）指令式语言

指令式语言即直接的命令或指令。当幼儿在游戏中严重违反规则或做出一些危险举动时，教师要立即通过明确的指令性语言制止其行为，比如，"不能这样""赶紧停下来""不可以用玩具打小朋友的头，这样会很疼的"等。

二、教师指导幼儿游戏的原则

在幼儿游戏活动的过程中，教师不仅是观察者、记录者，而且还应是幼儿游戏的尊重者、支持者、参与者、引导者和干预者。

1.尊重幼儿的游戏

（1）教师要尊重幼儿游戏的意愿

幼儿有自己的兴趣和需要，教师应尊重幼儿选择游戏的意愿，让幼儿自由地、愉快地参加游戏，促进他们个性的发展。

（2）教师要尊重幼儿对游戏的选择

幼儿是游戏的主体，他们有权自己决定游戏的主题、角色分配、内容、情节，而不需要教师的包办代替、统治支配，否则只会熄灭幼儿游戏主动性、积极性的火花，阻碍幼儿创造性的发展。

（3）教师要尊重幼儿游戏的创造

在游戏中，教师应尊重幼儿的尝试和探索，允许他们自己去发现、去创造，而不应把自己的意志强加给幼儿，以免妨碍幼儿的游戏。

2.支持幼儿的游戏

教师应以幼儿的眼光来看待游戏，尽量满足幼儿游戏的各种需要，从物质和精神上对幼儿的游戏予以支持。

（1）教师要满足幼儿对游戏材料的需求，使游戏能继续下去

例如，在"医院"游戏里，教师发现"爸爸"抱着一位不小心摔断腿的"宝宝"来就诊，几个"大夫"正在为"接肢"犯愁，因为他们一时找不到可用的工具和材料。这时，教师迅速地走进储藏室，为幼儿取来小木板、塑料绳、透明胶、胶水、纱布、线绳等物品，以支持幼儿游戏的延伸。

（2）教师要满足幼儿充分游戏的心理需要

比如，进餐的时间要到了，可幼儿玩兴正浓，教师就应灵活地推迟一下进餐的时间，使幼儿的游戏能达到一个理想的境界，让幼儿充分地表现、尽情地体验，心满意足地离开游戏区。

（3）教师要关心幼儿游戏的意愿

教师应善于察言观色，从幼儿的语言、表情、动作上来揣摩幼儿的游戏心态，并且还要关心幼儿游戏的进程。教师应随着幼儿游戏的发展，不断地给予支持，站在幼儿的立场上去思考游戏的进程，清醒地意识到幼儿什么时候可能会需要教师什么样的帮助，及时给幼儿提出合理化的建议，以刺激游戏活动的进一步展开。

3.参与幼儿的游戏

（1）教师应成为幼儿游戏的参与者

要想充分发挥游戏在幼儿发展中的作用，教师就必须拥有一颗童心，和幼儿一样喜欢玩具、爱好游戏。当幼儿在玩游戏时，教师也应来到他们的身边，和他们玩同样的玩具。

（2）教师应是幼儿游戏的伙伴

当幼儿游戏时，教师加入进去，成为幼儿众多游戏伙伴中的普通一员，与幼儿处于平等的地位，享有同样的权利和义务。教师虽然有时也向幼儿提出一些有利于游戏持续发展的设想与建议，但是由于幼儿是游戏的主宰者，他们既可以采纳教师的主张，也可以否决教师的意见。

（3）教师对游戏的参与要适当

不论教师采用哪种形式参与幼儿的游戏活动，都要注意参与的时间、地点、情景和方法。只有适时、适宜、适当地参与，并及时退出，才不会干扰、破坏幼儿游戏的延续和发展。

4.引导幼儿的游戏

（1）教师要诱发幼儿的游戏

教师可用不同的方法来引发幼儿游戏的需要：一方面，在游戏场地放置一些新材料、新设备，引起幼儿开展某方面的游戏。另一方面，教师带领幼儿外出参观，让幼儿观看电影、阅读图书画册等，也能引发幼儿的某种游戏，并使幼儿知道应如何使用材料、如何开展游戏。

（2）教师要适时提出开放性问题

在幼儿游戏活动的过程中，教师要善于把握时机，提出启发性的问题，以促进游戏的发展。

（3）教师要及时提出合理化建议

当幼儿的游戏未能向前发展的时候，教师应适当地给予提示、建议，以帮助幼儿更好地开展游戏。

（4）教师要巧妙扮演游戏中的角色

教师通过扮演一定的角色，自然而然地加入游戏中，针对具体情况，进行引导。首先，可针对幼儿的特点，给予引导。如果幼儿不善交往、寡言少语，那么教师在游戏中，就可创造条件，让其有较多的交往、谈话机会。其次，可根据游戏的情节，予以引导。幼儿在游戏中，会出现各种各样的问题，需要教师明察秋毫，调停解决。

5.干预幼儿的游戏

游戏固然是幼儿对现实生活的创造性反映，但由于幼儿知识经验较为贫乏，辨别是非的能力较差，在幼儿的游戏中必然会出现与现实生活主流相悖的现象。所以，教师要注意矫正幼儿不正确的想法和做法，使幼儿的思维、想象逐渐科学化、合理化，符合现实生活逻辑，以保证幼儿的健康成长。

例如，几个幼儿在室外树荫下，商量如何玩"火烧赤壁"的游戏。教师听到后，马上扮演成"消防队员"，开来了"消防车"，对幼儿说："刚才有人拨打了119，说是这里有人想玩火，担心会发生火灾。火灾的害处很大，你们知道吗？"教师通过"消防队员"的角色身份，及时对幼儿进行消防教育，使幼儿对火有一个全面的认识，从而不再产生玩火的念头。

三、各类游戏活动的指导

考点1　角色游戏

1.角色游戏的特点

（1）角色游戏的内容取材于幼儿亲身经历的、熟悉的、印象深刻的现实生活。

（2）角色游戏的构成要素包括角色、主题、情节和游戏中的规则和材料。

（3）角色游戏一般由幼儿自己主动发起，内容由幼儿选择，人员由幼儿自愿结合，需要的玩具和材料大多由幼儿自己制作或以物取代。

（4）角色游戏的规则不是由成人预先规定，而是内隐的，从属于角色的行为规范。

（5）角色游戏的过程是创造性想象的过程。

2.角色游戏的结构

幼儿角色游戏的结构主要包括以下三方面。

（1）角色的扮演

幼儿在游戏中，扮演假装的角色，而不是他自己。在游戏中，角色是游戏的中心，幼儿常扮演他们认为重要的人物。游戏的实质在于扮演某个角色，创造某种新地位和关系。

（2）对物品的假想

在游戏中，要以游戏中的意义来看待实物，就要求摆脱对实物的知觉，学会以表象代替实物，作思维的支柱。幼儿在游戏中对物品的假想，是依赖表象而进行的思维，是一种发展思维的活动。

（3）对游戏动作和情景的假想

角色是幼儿以动作、语言来扮演的。在角色游戏中，幼儿通过使用玩具的动作来表现假想的游戏情节，并且假想各种游戏情景以表达自己的思想、感情和体验。

3.角色游戏的指导

（1）启发诱导，积极支持游戏主题的产生

开展角色游戏首先要丰富幼儿对周围生活的知识和经验。小班幼儿开始不会角色游戏，只是满足于模仿成人生活的片段动作，教师可带领幼儿一起玩些简单的游戏，逐渐使幼儿自己玩。中大班的幼儿已经能自发地玩角色游戏，教师应该支持他们的自发活动，将游戏开展得更为丰富。角色游戏着重反映人的活动及人们之间的相互关系，这是再现现实的关键。

（2）因材施教，通过合理分配角色进行个别教育

幼儿往往通过扮演角色来满足自己的愿望。幼儿都关心自己担任什么角色，在游戏中，常常会为了争夺角色而引起纠纷，这种现象在中班尤为突出。因此教师要为合理分配角色树立榜样和确定常规，使幼儿明确并学会应该怎么做。中班教师要建立主要角色轮流当、推选当的制度，对自信心差、胆子小的幼儿更应鼓励其担任主要角色。对好动的幼儿，既满足其精力充沛的需要，又对他的行动有适当限制。

（3）为开展游戏提供丰富多样的材料

游戏中的玩具和材料能引起幼儿的记忆，激发想象和思维活动，促进游戏情节的发展，增加幼儿参与游戏的愿望。场所、设备、玩具和游戏材料是幼儿进行角色游戏的物质条件，能激发幼儿游戏的愿望和兴趣，准备和提供角色游戏所需要的这些物质条件，是教师领导游戏的重要职责。

（4）教师是游戏的辅助者和支持者

角色游戏是幼儿主动、自愿的活动。教师应从参谋和支持者的角色上促进幼儿的游戏，而不是直接指挥和支配幼儿的游戏。教师的指导艺术在于保持而不破坏游戏的自发性和创造性，尊重和充分发挥幼儿的主动性、积极性和创造性。教师要以参谋和支持者的身份出现，把教师的意图化作幼儿自己的愿望，给予关心、支持和具体帮助。

（5）进行游戏活动的评价

组织幼儿评价游戏，对于游戏的开展是十分重要的，也是教师间接指导的方法之一。中大班幼儿对游戏的评价是一种自我意识的增长，也表现出对周围事物的态度和认识。

考点2　结构游戏

1.结构游戏的特点

结构性游戏是通过手的操作活动反映幼儿对周围事物的印象，因此操作性是结构游戏的主要特征。

2.结构游戏的作用

（1）使幼儿了解各种结构材料的性质，增强对数量和图形的理解，获得对称、平衡、高度、长度、厚薄、宽窄、上下、左右等概念和组合、堆积、排列各种形体的技能。

（2）有利于幼儿感知、观察和思维能力的发展，并使幼儿手指小肌肉群得到锻炼，从而刺激大脑中枢，使幼儿智能得到发展。

（3）拼插出来的成品色彩鲜艳，形象逼真，促进幼儿审美力的发展，同时游戏活动的成功体验会不断增强幼儿的求知欲望和学习的兴趣。

3.结构游戏的指导

（1）熟悉各种材料，掌握造型的基本技能

教师本身熟练掌握造型技能是领导结构游戏的有利条件，并且能由易到难、由浅入深地安排幼儿结构游戏的要求与课题。教师对各种结构材料的性能、用途若掌握得熟练，可以引导幼儿适时地利用结构材料，把结构游戏与角色游戏有机地结合起来。

（2）加深幼儿对物体和建筑的印象

结构游戏的内容来自生活，为了使幼儿在造型活动中正确表达物体的形状、特征和结构，教师要引导幼儿细致观察。除实地观察外，还可以观察照片、图片、画报、模型或同伴搭成的优秀作品。经过长期、多次的观察，可以丰富幼儿对物体的印象。

（3）教会幼儿初步的建筑结构的基本知识和一定的技能

在使用积木方面，小班最初可采取小组形式，让幼儿从不同颜色、不同形状的积木中取出方形和长方形积木来铺路，逐步学会搭墙、建门、造城、砌小桥等，使幼儿练习铺平、延长、加高围合、平衡、盖顶等方法；中班还要培养识别多种几何形体的能力，知道几何形体之间的变化，学会搭宝塔、卡车、公共汽车、楼房、亭子、木马、摇船等的技能；对大班还要求学会装饰建筑物，体验几个人合作建造的乐趣，集体完成比较复杂的课题等。

（4）注意激发幼儿结构游戏的兴趣，提高结构游戏的水平

教师经常给幼儿欣赏造型优美、色彩协调、结构简单的范例，或配合主题供给富有意义的辅助材料，引

起幼儿继续搭建的愿望。教师也可以围绕一个主题展出一组图片或成品,让幼儿比较、评议,说出自己最喜欢的建筑结构是什么,有哪些特点;或让幼儿开展比赛看谁的本领强。此外,教师还可以通过实验、提问、建议,提高幼儿的技能。

(5)充分地提供材料,适时地启发思考

建筑结构材料除了通过购买途径获得外,还可以利用清洁卫生的废旧料、半成品,如纸盒、竹节、罐头、线轴、瓶盖子、木板等制成。游戏材料不可能任何时候都齐全,要随着游戏的发展而增添,如厚纸、泡沫塑料、黏土等,可临时制作各种形体或图案,不断补充游戏的需要。

(6)培养幼儿良好的常规与习惯,发展健康的个性

要使结构游戏开展得好,幼儿必须遵守一定的规则,如爱惜玩具,建筑器材放在固定的地点;轻拿轻拆,有条理地进行工作;需要别人手中的建筑材料时,会说"请你给我一个,好不好?"在确定目的后,能坚持到底,克服困难;共同建筑时,能听从指挥,互相谦让,合作;等等。使幼儿养成积极思考、认真负责、守纪律、有礼貌的良好性格。

考点3 表演游戏

1.表演游戏的特点

表演游戏以一定的作品为依据,游戏参与者要模仿文学作品提供的人物形象,按文学作品的情节展开游戏内容,用文学作品中人物的口吻说话。它可以由幼儿自由参加、自己组织和分配角色,自己表演,不需要教师直接的安排和训练,不要求表演达到统一的规格和模式。

2.表演游戏的作用

(1)有助于帮助幼儿更好地理解文学作品。

(2)有助于发展幼儿想象力和创造力。

(3)有助于提高语言表达能力和朗诵、表演的能力。

(4)表演游戏能培养幼儿团结协作的集体观念和优良品质。

(5)表演游戏能使幼儿得到艺术美的享受,增强对文学艺术作品的兴趣,发展审美能力。

3.表演游戏的指导

(1)选择适当的游戏内容

教师为游戏选择的文学作品及其内容应健康活泼,符合幼儿的生活经验,场景集中,内容紧凑,道具比较容易制作,使幼儿可以很容易地开展游戏。角色的动作性要强,对话不宜过少,语句优美简明,情节应有起伏和重复。

(2)生动有趣地讲述故事

要唤起幼儿对文学作品的兴趣,并产生强烈的阅读愿望。教师讲述故事时,要表情丰富、吸引力强。在讲述中,教师应充分运用图片、幻灯、木偶戏等教具,及时提问,使幼儿理解作品的主题思想,认识事物形象。教师还可采用讲述、复述,桌上排演,木偶表演等方式帮助幼儿熟悉主要情节和优美的语句,激发幼儿自愿表演的欲望。

(3)带领幼儿准备表演

在幼儿基本掌握故事内容,有表演故事的要求时,教师应鼓励和支持幼儿自制代用品,帮助幼儿准备好头饰、服装、简单的道具。如地上画两条线可作为河,椅子、积木可作为房,小道具可用积塑片构成,自己制作。

(4)尊重儿童选择角色的愿望

表演游戏刚开始时,教师可以帮助幼儿分配角色,或教师与幼儿共同表演,以后再让不同能力的幼儿轮流当主角,游戏较熟悉后,可由幼儿自己讨论、协商或抽签确定谁当什么角色。

（5）及时提出有益的建议

教师对表演游戏一般不加干涉，只在幼儿忘记了某一情节，表演出现障碍，或者能力强的幼儿霸占主角或道具而引起纠纷，或幼儿过多地离开，作品被任意改变时，教师才以游戏参加者的身份提醒幼儿思考故事里的人物及游戏情节是怎样的，并为幼儿提出有益的建议，帮助幼儿将游戏顺利进行下去。

考点4　规则游戏

1.智力游戏

智力游戏的任务明确，每个智力游戏的任务不同。同时，智力游戏的形式活泼，富有趣味性和直观性。智力游戏有严格的游戏规则。游戏的结果能反映出幼儿掌握知识经验、智力发展的情况，也使幼儿感到快乐和满足。智力游戏的指导方法包括以下两点。

（1）选编合适的游戏。教师要根据教育和教学的任务，选择和编制适合本班幼儿水平的游戏。

（2）游戏的主题和规则应随年龄的增长而逐渐复杂化。教师要由易到难地提出主题和规则，借助规则使幼儿自觉控制自己的行动，努力与教师配合去发展某一方面的能力。

2.体育游戏

体育游戏的内容广泛，形式灵活有趣，对幼儿具有很大的吸引力。体育游戏中，有的包含角色和情节，有的需要运动器材的配合，有的带有竞赛性质。游戏中，教师应向幼儿提出一定的任务；提醒幼儿在游戏中必须遵守规则，游戏的动作要正确、灵活、协调、熟练；保证游戏的结果能反映幼儿的体力和运动技能状况。

3.音乐游戏

音乐游戏中幼儿用动作表现音乐，其动作要符合音乐的内容、性质、节拍、曲调等；幼儿必须很好地理解音乐，且动作优美。幼儿音乐游戏的一般组织和指导包括以下几点。

（1）选择适合幼儿的音乐游戏

在教学活动中，教师应该根据幼儿的年龄特点、知识经验以及兴趣需要等来挑选适合本班幼儿的音乐游戏，再结合本班幼儿的实际水平，根据教育目标和要求进行适当地筛选或改编。

（2）创建良好的音乐游戏环境

要让幼儿对音乐游戏产生兴趣，创建良好的音乐游戏环境至关重要。让幼儿从一开始就置身于音乐游戏所表现的意境之中，往往能激起幼儿的学习动机和欲望，引领幼儿满怀兴趣地参与音乐游戏。

（3）找准介入音乐游戏的时机

在教学活动中，教师既要把握好教与学的度，又要尽量避免过于指导而影响幼儿游戏的自由度。一是幼儿在音乐游戏中违背游戏规则而使音乐游戏无法进行时予以指导；二是幼儿在音乐游戏中遇到困难而依靠自己或同伴帮助无法解决时予以指导；三是在幼儿对音乐游戏已毫无兴趣时，教师要及时丰富音乐游戏的形式和内容。

考题再现

【2018·湘潭雨湖·单选】指导幼儿音乐游戏的策略不包括（　　　　）。

A.选择适合幼儿的音乐游戏

B.创建良好的音乐游戏环境

C.将音乐游戏与幼儿性格特点相结合

D.找准介入音乐游戏的时机

【答案】C。

第四节 幼儿游戏观察的内容与方法

一、幼儿游戏观察的内容

1.游戏与环境

（1）游戏场地的安排

①游戏场地安排是否合理，有无浪费的地方或过于拥挤的区域。

②游戏场地间是否有通道，场地间的路线、标注、边界是否清晰合理。

（2）游戏材料的投放

①游戏材料的数量是否满足幼儿的需要，是否有争抢游戏材料的现象。

②游戏材料是否符合幼儿的年龄特点，有无过难或过易的、幼儿不问津的材料。

③游戏材料是否安全卫生。

④辅助性材料的运用是否合理、效果是否良好。

（3）游戏时间的保证

①游戏开始、进行、结束的时间分配情况。

②游戏中幼儿专注的时间长短情况。

③幼儿进行一日游戏的时间长短情况。

2.游戏中的儿童

游戏中对幼儿的观察主要包括幼儿游戏中的行为和水平。

（1）观察幼儿身心发展情况——认知发展、社会性发展、身体发展、情绪情感发展等。

（2）观察幼儿对游戏的专注程度、幼儿的兴趣和偏好。

3.游戏与课程

（1）游戏中有些什么主题，这些主题的情节与内容的进展情况与现行教学之间的关系。

（2）新主题如何产生和发展。

4.游戏中的教师

教师的观念、态度、能力等因素直接决定其对游戏的指导是否恰当，对游戏有着重要的影响。

二、幼儿游戏观察的方法

1.扫描观察法

扫描观察法也叫时段定人法，是指观察者在相等的时间段里对观察对象依次轮流进行观察。此法比较适合于粗线条地了解全班幼儿的游戏情况，如可以掌握游戏开展了哪些主题，幼儿选择了哪些主题，扮演了什么角色等一般行为特点。扫描观察法一般在游戏开始和结束的时候运用较多。

2.定点观察法

定点观察法也叫定点不定人法，是指观察者固定在游戏中的某一区域定点进行观察，适合于了解某主题或区域幼儿的游戏情况，了解幼儿的现有经验，以及他们的兴趣点、与同伴的交往情况、游戏情节的发展等动态信息。定点观察法一般多在游戏过程中使用。

3.追踪观察法

追踪观察法也叫定人法,是指观察者根据需要确定1~2个幼儿作为观察对象,观察他们在游戏活动中的各种情况,固定人而不固定地点。此法适合于观察、了解个别幼儿在游戏中的发展水平。教师可以自始至终地观察,也可以就某一时段或某一情节进行观察。

强化练习

一、单项选择题

1.角色游戏过程中,教师介入时机不当的是(　　　)。

A.当幼儿在游戏中出现问题或困难时

B.当游戏秩序受到威胁时

C.当幼儿全身心投入游戏,兴趣正浓时

D.当游戏技巧方面遇到问题时

2.幼儿在游戏中常不受实际环境的具体条件和时间的限制,通过想象创造新情境。这体现了游戏的(　　　)。

A.愉悦性 　　　　　　　　　　　　　B.主动性

C.虚构性 　　　　　　　　　　　　　D.非功利性

3.青青拿了一根海绵条对着明明的头说:"我在给客人洗头发。"这种游戏属于(　　　)。

A.练习性游戏 　　　　　　　　　　　B.结构性游戏

C.象征性游戏 　　　　　　　　　　　D.规则性游戏

4.下列选项不属于室外游戏环境规划的原则的是(　　　)。

A.安全卫生 　　　　　　　　　　　　B.整体性

C.遵循自然、挑战性 　　　　　　　　D.自由性

5.下列为幼儿选择玩具和游戏材料的注意事项,正确的是(　　　)。

A.幼儿玩具高档化 　　　　　　　　　B.废旧材料不合适

C.应根据年龄特点选择玩具 　　　　　D.玩具越小越好

二、判断题

1.幼儿园的"娃娃家"游戏属于表演游戏。 (　　　)

2.从认知发展阶段分类,游戏可以分为机能性游戏、建筑性游戏、假装游戏、规则游戏。 (　　　)

3.亮亮在搭小房子,贝贝在玩小汽车,他们谁都没有注意到明明在他们周围跑来跑去玩小飞机。因此这些幼儿进行的游戏属于独自游戏。 (　　　)

4.表演游戏的直接依据是文学作品的内容情节。 (　　　)

5.教师为小班幼儿准备玩具,其种类要多一点。 (　　　)

6.教师在指导幼儿游戏时应注重游戏的结果而不是过程。 (　　　)

三、案例分析题

材料:

小班教师为幼儿创设了一个"开超市"的主题游戏,可是幼儿的反应却非常冷淡。偶尔有一两个幼儿走进来拿起一个自己喜欢的物品就走,"超市"里完全没有教师期望的情形出现。

问题:请解释这种现象产生的原因,并说明教师应如何指导小班幼儿的角色游戏。

一、单项选择题

1.【答案】C。解析:角色游戏过程中,教师介入游戏的时机包括以下几种情况:(1)当幼儿游戏出现困难时;(2)当必要的游戏秩序受到威胁时;(3)当幼儿对游戏失去兴趣或准备放弃时;(4)在游戏内容发展或技巧方面发生问题时。

2.【答案】C。解析:游戏的虚构性是指幼儿在游戏中并不是对周围生活进行翻版或机械地模仿,而是通过想象形成新的形象,用新的动作方式去重演别人的活动。在游戏中,幼儿不受实际环境的具体条件和时间的限制,通过想象创造新情境。

3.【答案】C。解析:象征性游戏是把知觉到的事物用它的替代物来象征的一种游戏形式。幼儿将一物体作为一种信号物来代替现实的客体,就是象征性游戏的开始。题干所述体现的是象征性游戏。

4.【答案】D。解析:室外游戏环境规划的原则包括安全卫生原则、遵循自然原则、挑战性原则、整体性原则。自由性原则不属于室外游戏环境规划的原则。

5.【答案】C。解析:价格昂贵的玩具不一定是好玩具,利用自然和废旧物品加工成的玩具可以充分发挥玩具的可玩性,弥补因价格高而影响购买力的不足。玩具太小容易发生幼儿将其吸入气管或吞入食道的危险,因此玩具不是越小越好。

二、判断题

1.【答案】×。解析:角色游戏是幼儿通过扮演角色,运用想象,创造性地反映个人生活的一种游戏,通常都有一定的主题,如娃娃家、商店、医院等。

2.【答案】√。解析:根据儿童认知发展的阶段,游戏可以分为练习性游戏(也称为感觉机能性游戏、机械性游戏)、象征性游戏(也称为想象游戏、假装游戏、表演游戏)、结构性游戏(也称为建筑性游戏)和规则游戏四种类型。

3.【答案】√。解析:独自游戏是指儿童独自玩耍,尚没有玩伴意识的一种游戏情形。处于独自游戏阶段的幼儿在交谈距离之内的同伴旁边玩与同伴不同的玩具,且专注地玩着自己的游戏,不和同伴交谈。

4.【答案】√。解析:表演游戏是幼儿根据文学作品中的情节、内容和角色,通过语言、表情和动作进行表现的一种游戏形式。

5.【答案】×。解析:教师应根据小班幼儿的生活经验,为其提供种类少、数量多,且形状相似的成型玩具。

6.【答案】×。解析:教师在指导时过于重视游戏的结果,可能会损害幼儿游戏的兴趣,导致游戏无法进行下去。

三、案例分析题

【参考答案】

(1)案例中的现象产生的原因。

案例中幼儿体现出的角色游戏水平符合小班幼儿角色游戏的特点。小班幼儿处于独自游戏、平行游戏的高峰期,角色意识差,游戏内容主要是重复操作、摆弄玩具;游戏主题单一,情节简单;幼儿之间交往少,主要是与玩具发生作用,与同伴玩相同或相似的游戏。

(2)针对小班幼儿的角色游戏,教师可以从以下几方面进行指导。

①教师要根据幼儿的生活经验为其提供种类少、数量多且形状相似的成型玩具,避免其为争抢玩具而发生纠纷,满足其进行平行游戏的需要。

②教师可以以平行游戏的方式指导游戏,也可以扮演一定的角色加入幼儿的游戏,在与幼儿游戏的过程中达到指导的目的。

③教师要注意幼儿规则意识的培养,让幼儿在游戏中逐渐学会独立。

第十章　幼儿园日常生活活动、教学活动和幼儿劳动

考情分析

本章内容以识记、理解为主，主要以单项选择题的形式进行考查，有时也会以简答题的形式进行考查。其中幼儿园日常生活活动的组织指导，幼儿园教学活动的特点、原则与方法是重点考查内容。

学习目标

1.理解幼儿园日常生活活动的组织指导要求。
2.识记幼儿园教学活动的特点、原则与方法。
3.了解幼儿劳动的特点、功能与内容。

第一节　幼儿园日常生活活动

一、幼儿园日常生活活动的含义

幼儿园日常生活活动是指幼儿一日活动中常规性的生活活动，主要包括来园、晨检、盥洗、饮水、进餐、如厕、午休、散步、离园等。它们是幼儿一日活动的重要组成部分，也是促进幼儿社会化的必要途径。相比集体教学活动，日常生活活动的过程又具有灵活性、重复性、随机性等特点。

二、幼儿园日常生活活动的意义

生活活动是幼儿每天都要进行的必不可少的日常活动，能使幼儿在潜移默化中掌握最基本的生活经验，促进幼儿的社会化发展。生活活动是与幼儿独立生活能力直接相连的。它既是幼儿知识、技能学习的基础，又是形成幼儿自主性和独立性的基础，并对幼儿德、智、体、美各方面的发展都有促进作用。生活活动的意义具体表现为以下三个方面。

1.培养幼儿良好的生活与卫生习惯。
2.促进幼儿智力的发展。
3.实施品德教育的有效途径。

三、幼儿园日常生活活动的组织指导

考点1 晨间接待和晨检

1.晨间接待

晨间接待环节虽然短暂,却承载着丰富的教育内容。充分利用这一环节对幼儿进行持之以恒的教育,能促进幼儿良好行为习惯的养成。

（1）礼仪教育的渗透

教师对入园的幼儿和家长应主动问候,笑脸相迎。对内向腼腆的幼儿或是有情绪的幼儿应给予关心问候,尊重幼儿的感受,耐心等待他的回应。

（2）生活自理能力的培养

晨间入园环节是幼儿养成良好生活习惯的关键时段。教师应有意识地培养幼儿的生活自理能力,也可以采取值日生的方式,让幼儿自己当小主人,在劳动中培养他们的责任意识。

（3）幼儿情绪的安抚

教师要多关注幼儿的情绪变化,并及时抓住教育契机,运用一些教育策略与家长沟通,帮助幼儿建立并保持良好的情绪,愉快地度过每一天。

（4）家园沟通契机的把握

教师可以利用晨间接待环节向家长了解、介绍幼儿的情况,有针对性地引导家长接纳科学的教育理念,帮助家长改变不适当的教育方法。另一方面也是让家长增强对教师的信任感,以达到家园合力的最佳效果。

> **考题再现**
>
> 【2020·长沙岳麓·简答】晨间接待工作是幼儿园一日生活的重要组成部分。简述幼儿园教师应如何做好晨间接待工作。
>
> 【参考答案】见上文。

2.晨检

根据各园的条件,晨间检查可以由带班教师负责,也可以由专门的护士、保健教师负责。晨间检查是为了了解幼儿的健康状况,检查幼儿的个人清洁卫生,以便做到对疾病的早发现、早预防、早隔离、早治疗。晨间检查的一般方法如下。

一看:看脸色、看皮肤、看眼神、看咽喉。

二摸:摸幼儿额头是否发热,摸腮腺是否肿大。

三问:问幼儿在家吃饭、睡眠情况是否正常,大小便有无异常。

四查:检查幼儿是否携带不安全物品。

> **备考锦囊**
>
> 幼儿园晨间检查的一般方法有多种表达,也可说为"一问、二摸、三看、四查"。尽管表达形式不同,但各说法表达的内容一致。

> **考题再现**
>
> 【2020·长沙天心·简答】幼儿园晨检主要包括哪些要点?
>
> 【参考答案】见上文。

考点2 晨间活动

1.晨间锻炼

户外活动(如早操和户外其他锻炼)前做好场地布置、户外活动玩具和运动器械的准备,注意室内外安全隐患的排查,防止发生意外事故。

2.自由活动

准备好活动材料,组织幼儿自己选择玩具,愉快参加各种活动。活动期间教师要注意观察全班幼儿的活动情况,提供适当指导。

3.晨间谈话

在晨间锻炼或自由活动结束后,由教师组织幼儿谈话。谈话内容和形式较灵活,既可以表达对刚结束的活动的体会,也可以分享家庭趣事等;既可以是全班幼儿的集体谈话,也可以是小组交流。

考点3 过渡活动

《幼儿园教育指导纲要(试行)》指出,幼儿园应"尽量减少不必要的集体行动和过渡环节,减少和消除消极等待现象"。教师要做好以下几方面的工作。

1.做好过渡前的准备

过渡活动一般需有明显的标志、确定的时间和地点。教师可以制定相对固定的一日时间表,培养幼儿的生活常规。

2.合理组织过渡活动

尽量减少过渡的次数和时间,避免拖沓和消极等待,最好自然过渡。

3.灵活安排过渡环节

在过渡活动时间里,可提醒幼儿上厕所、喝水、增减衣物和做其他身心准备;可采用幼儿喜闻乐见的儿歌、故事、游戏等方式过渡;注意活动之间的动静交替、张弛有度、劳逸结合;注意转换时机和秩序,观察幼儿的表现;对个别幼儿(如喜欢打闹的幼儿)多加关注。

考点4 盥洗活动

盥洗是培养幼儿自我服务能力的有利途径。教师应要求幼儿在掌握盥洗技能的基础上,养成科学卫生而又便捷合理的盥洗习惯。幼儿园盥洗活动主要包括洗脸、洗手、漱口、梳头等活动。安全、卫生、清洁是盥洗活动的基本要求。幼儿日常生活用品要专人专用,做到每人每日一巾一杯,每人一床位一被褥,并注意清洁消毒。洗脸、洗手等要用流动水。盥洗活动的组织主要包括以下几方面的工作。

1.做好盥洗前的准备工作

创设良好的盥洗环境,保持地面干燥,备好盥洗物品;将幼儿合理分组,指导其安静、有序地洗手、洗脸和梳头;可将正确的盥洗步骤、节约用水等要求用图像展示出来,并粘贴在盥洗处。

2.盥洗期间注意观察和指导

观察每位幼儿的盥洗过程,及时给予动作示范和语言提示;引导幼儿掌握正确的盥洗方法;维持幼儿盥洗秩序,避免拥挤、玩水、说笑与打闹;引导幼儿安静、有序地盥洗,养成勤洗手、节约用水的好习惯,并纠正不良盥洗习惯(如搓洗不仔细、甩水等)。

3.盥洗结束后做好清洁整理工作

引导幼儿正确擦干双手和面部,将衣袖放下并整理平整;引导幼儿安静、有序地离开盥洗室并及时将地面擦干。

【2018·湘潭雨湖·单选】培养幼儿自我服务能力的有利途径是(　　)。

A.睡眠　　　　　　　　　　　　　B.饮水

C.盥洗　　　　　　　　　　　　　D.如厕

【答案】C。

考点5　进餐活动

幼儿园的进餐活动重点在于保证幼儿愉快和适量进餐,主要包括以下几方面的工作。

1.做好餐前的准备工作

餐前30分钟应结束游戏活动,引导幼儿收拾、整理好玩具;做好桌面、餐具及幼儿脸、手的卫生清洁工作,定时定量提供营养丰富的午餐;营造宽松温馨的进餐氛围,安抚幼儿情绪,为愉快进餐做好心理准备,尤其不要批评幼儿。

2.进餐时注意观察和指导

观察幼儿进食情况(如习惯、速度和食量),进餐坐姿和餐具使用是否正确,及时添加饭菜,提醒幼儿注意果核、骨头、鱼刺等;与幼儿交谈时要轻声细语,不在进餐过程中批评幼儿,不催促幼儿吃饭;指导幼儿掌握正确的进餐技能;教育幼儿养成文明用餐的习惯,爱惜粮食;引导幼儿学会独立并以适当速度进餐;纠正"偏食""挑食""边吃边玩"等不良饮食习惯,教师应以正面教育和预防为主。

3.进餐结束后做好整理和清洁工作

教育幼儿不剩饭菜,爱惜粮食,养成饭后漱口、擦嘴、洗手的好习惯;做好餐后桌面、餐具的卫生清洁工作;保证餐后安静活动或散步10~15分钟。

考点6　喝水活动

幼儿园教师组织幼儿喝水时应注意以下几方面。

1.做好喝水前的准备工作

保证温度适宜的白开水(30 ℃左右),观察地面是否干燥和整洁;准确把握喝水时机,提醒或组织幼儿及时喝水;引导幼儿分组或排队有序喝水。

2.喝水活动中的观察和指导

注意观察幼儿喝水情况(取放水杯、喝水量、喝水次数等);维持幼儿喝水秩序,避免拥挤、说笑与打闹;培养幼儿独立取放水杯、有序等待、安静喝水等良好习惯;注意观察并纠正不当的饮水习惯(边走边喝、边说话边喝等);鼓励幼儿根据自身需求,大胆、主动地向教师提出喝水需求;提醒有特殊需要的幼儿(如生病的幼儿、需水量大的幼儿等)多喝水。

3.活动结束后做好整理和清洁工作

鼓励幼儿有序地将自己的水杯清洗后放回原处;及时做好饮水桶和水杯的消毒和清洁工作;保持喝水场地的干燥和整洁。

考点7　如厕活动

如厕活动的组织主要包括以下几方面的工作。

1.做好如厕前的准备工作

保持地面干燥、便池洁净,准备大小适宜的手纸;及时了解并满足幼儿的如厕需要,营造宽松、安全、和谐的如厕氛围。

2. 如厕期间注意观察和指导

组织幼儿有序如厕,提醒幼儿大小便后洗手;全程关注幼儿如厕过程,指导并帮助幼儿正确脱提裤子、便后擦屁股等;培养幼儿大小便自理的能力(托班以教师帮助为主,小班过渡到边帮边教,直至中大班幼儿能够自理),鼓励幼儿在出现异常情况时及时报告教师;了解幼儿大小便规律,培养按时如厕的习惯。

3. 做好如厕结束后的清洁和整理工作

维护幼儿如厕秩序,引导幼儿主动冲厕所、便后洗手;清理地面,保持地面干燥与整洁。

考点8 午睡活动

午睡活动的重点是保证有质量的睡眠,养成良好的睡眠习惯。教师的工作主要包括以下几方面。

1. 做好睡前的准备工作

睡前应提前10分钟铺床、开窗通风,冬天一般要通风换气5~10分钟,夏天可开窗睡觉;注意空调或风扇的强度,注意防蚊虫;入睡前应组织幼儿如厕,寄宿幼儿园晚上还应组织幼儿洗漱;组织幼儿安静、有序地进入卧室;教会幼儿自己穿脱衣服,折放好衣物和鞋子,对年龄小、生活自理能力较弱的幼儿要重点关注;拉上窗帘,调暗室内光线,营造温馨、舒适的睡眠氛围。

2. 睡眠过程中注意巡视和观察

检查幼儿睡姿,小声、亲切地督促幼儿入睡;重点观察幼儿的入睡情况,包括神色是否异常、睡姿是否正确、是否携带小玩具上床等;重点关注有特殊需要的幼儿,及时提醒多尿的幼儿排尿,注意新入园的幼儿是否有恋家、恋床、恋物等表现;睡眠需要量大的幼儿可以先进睡眠室,多睡一会儿。

3. 睡眠结束后的整理工作

提醒幼儿起床时要保持安静,鼓励幼儿自行穿衣,鼓励中大班幼儿学习整理床铺;可适当延长有特殊需要的幼儿的睡眠时间。

考点9 户外活动与体育锻炼活动

幼儿户外活动与体育锻炼时,幼儿园教师的工作主要包括以下几个方面。

1. 做好活动前的准备

做好场地布置与运动器械的准备工作,定期进行安全隐患排查,保证运动场地和器械的卫生和安全;观察和了解幼儿健康状况,判断幼儿当天的身心状况是否适合锻炼;进行安全和自我保护教育,检查幼儿的服饰、鞋带、衣帽是否便于运动。

2. 活动中的观察和指导

利用早操和户外活动的机会,有组织地进行体格锻炼,保证每日运动时间不少于2小时,掌握适宜的运动强度和密度;注意观察幼儿的面色、精神状态、呼吸等,适时增减运动量;加强运动中的安全保护和指导,避免运动伤害,发现问题及时处理,注意动作的示范和指导。

3. 运动结束后做好整理和清洁工作

以自然的放松练习结束,注意动静结合,平缓幼儿兴奋和激动的情绪;引导幼儿主动收拾运动玩具和材料;及时组织幼儿饮水,并注意观察幼儿的精神、食欲和睡眠等状况。

考点10 离园活动

离园工作的重点是保证幼儿愉快、安全地离园,教师要做好以下几方面的工作。

1. 做好离园前的准备工作

离园前的准备工作包括环境的清洁整理,幼儿仪表的检查,组织使幼儿安静的活动,如折纸、阅读等,以消除幼儿因等待带来的不安情绪,准备幼儿带回家的衣物、便条和其他教育要求。

2.家长工作和幼儿离园

教师主动与家长交流,介绍幼儿在园情况,或布置需要家长配合的工作,听取家长意见等;引导幼儿愉快、有秩序地离园回家,带好回家用品,有礼貌地同教师和同伴告别;组织安排好未能及时被接走的幼儿,防止其走失或被陌生人带走;防止幼儿擅自离园和被冒领、误领;坐园车的幼儿需要提前由教师带到园车等候点,依次上车,清点人数,教师签字并做好交接工作。

3.离园后的整理工作

待幼儿全部离园后,做好活动室的清洁卫生工作,关好门窗。

四、组织与实施幼儿园日常生活活动的基本原则

1.教育性原则

教育性原则是指在组织实施日常生活活动中要充分发掘和利用生活活动的教育价值,使幼儿的日常生活活动成为教育的有机组成部分。一方面,幼儿在园的生活是幼儿园课程内容的来源和依据。教师应通过观察幼儿表现,寻找教育契机,使生活与教育达成有机的结合。另一方面,幼儿园课程的开展与实施也渗透在幼儿的日常生活活动中。

2.情感性原则

情感性原则是指幼儿园日常生活活动的组织与实施应当给予幼儿情感上的关怀和爱护,使幼儿感到安全与温暖。情感性原则要求教师应当注意以下两点:(1)耐心细致,注意观察、体会幼儿的生理需求;(2)尊重幼儿,满足幼儿情感需求。

3.发展性原则

发展性原则是指日常生活活动的组织与实施应当充分尊重幼儿的生理和心理发展规律,建立合理生活常规,处理好照顾幼儿生活和发展幼儿独立性的关系。

第二节　幼儿园教学活动

一、幼儿园教学活动的含义

幼儿园教学活动是幼儿园教师和幼儿有目的、有计划地开展健康、语言、社会、科学、艺术等领域的基础性知识与技能的教与学的活动,目的在于促进幼儿身心健康、和谐发展。

幼儿园教学活动是由教师的"教"和幼儿的"学"组成的双边活动。"教"和"学"是矛盾统一的,教师的"教"为幼儿的"学"服务。

二、幼儿园教学活动的特点

1.生活性与启蒙性

生活性是指幼儿教学活动要从帮助幼儿积累生活的感性经验出发,其内容和途径贴近幼儿的实际生活。教学活动的设计必须针对幼儿生活中出现的问题和幼儿的实际需要,以促进幼儿适应和认识生活为重要目标。

启蒙性是指幼儿园教学活动的目标是为幼儿的身心发展奠基的,而非发展的最终结果。幼儿园教学活

动主要是引导幼儿掌握有关周围生活的物体和现象的粗浅知识。

2.活动性与参与性

幼儿的学习是以直接经验为基础的。幼儿园教学活动是在幼儿积极主动的活动中完成的,强调每个幼儿的实践与参与。在活动中,教师只有调动幼儿的多种感官,才能帮助他们在多种活动中更好地认识环境中的事物。如对于幼儿来说,告诉他们关于水果的知识,不如和他们一起去市场欣赏并购买苹果、梨、香蕉、葡萄等,和他们一起清洗并品尝这些水果的味道,和他们一起尝试用各种方式挤榨出果汁。

考题再现

【2018·湘潭雨湖·单选】教师通过和幼儿一起去市场购买苹果、梨、香蕉、葡萄,和他们一起清洗并品尝这些水果的味道,和他们一起尝试用各种方式挤榨出果汁来让幼儿认识水果。这反映了幼儿园教学活动的哪一特点?(　　　)

A.生活性与启蒙性　　　　　　　　B.活动性与参与性

C.游戏性与情境性　　　　　　　　D.多样性与灵活性

【答案】B。

3.游戏性与情境性

教师在组织教学活动时,需要借助一定的游戏或情境,加强幼儿注意的持久性,唤起和调动幼儿的有关经验和感受,吸引他们在游戏的假想情境中积极地交往、活跃地想象、主动地表达。只有这样,教育内容才能为幼儿所理解。

三、幼儿园教学活动的原则

1.活动性原则

活动性原则是指在教学活动中应保证幼儿有充分的活动,以使他们在主动的活动中学习并获得发展。贯彻这一原则时应注意以下几点。

(1)教师要为幼儿提供丰富的材料、充足的活动时间以及人际交往的机会。

(2)教师要放手让幼儿进行各种活动,要根据幼儿的个性特点进行指导,以利于幼儿的全面发展。

2.直观性原则

直观性原则是指在教学活动过程中,教师应当利用实物或教具材料,充分调动幼儿的各种感官,丰富其感性经验,使他们获得直接的、具体的感知。贯彻这一原则时应注意以下几点。

(1)根据教育目标、内容及幼儿实际恰当选择和运用直观手段

幼儿园常用的直观手段有以下几种。

①实物直观。实物直观是指通过各种实物进行的直观手段,包括观察各种实物、标本,实验和教学性参观等。

考题再现

【2018·湘潭雨湖·单选】直观教学方式一般可分为实物直观和模拟直观,下面属于实物直观的是(　　　)。

A.录像带　　　　　　　　　　　　B.图表

C.标本　　　　　　　　　　　　　D.幻灯片

【答案】C。

②模象(模拟)直观。模象直观是指通过各种实物的模拟形象而进行的直观手段,包括各种图片、图表、模型、幻灯片、录像带等。

③语言直观。语言直观是通过教师对幼儿做形象化的语言描述进行的直观手段。

（2）直观手段要与训练幼儿感官和动作相结合

运用直观手段时,应让幼儿有较多机会摆弄物体,如看、听、摸、闻、尝、做;供幼儿操作的材料力求人手一份或每组一份,以训练幼儿的感官和动手能力。

3.发展性原则

发展性原则是指教学活动要使每个幼儿在原有基础上得到最大限度的发展。贯彻这一原则时应注意以下几点。

（1）树立终身可持续发展的观念。

（2）了解幼儿的发展需要,科学选材。

4.积极性原则

积极性原则是指教师在教学活动中应注意激发幼儿主动学习的愿望,如教师可以利用目光、表情、语调、动作等表现对幼儿的期望和鼓励,引发和促进幼儿积极地与环境相互作用,得到发展。贯彻这一原则应注意以下几点。

（1）科学选材、精心设计、灵活调整教学活动计划。

（2）加强交流,建立平等的师幼关系,鼓励幼儿多方面地参与和创造。

（3）关注幼儿与众不同的行为,允许出错,促使幼儿在学习中得到积极的情感体验。

5.科学性与思想性相结合原则

科学性是指教师在教学活动中向幼儿传授的知识技能应该是正确的、符合客观规律的,所采用的组织形式和方法应符合幼儿的认知特点。思想性是指教师在教学活动中应实施德育,促进幼儿的品德和社会性发展。贯彻这一原则应注意以下几点。

（1）教师加强学习,以保障传授幼儿科学的知识,引导幼儿获得正确的经验。

（2）发挥教师的榜样作用,科学地回答幼儿的提问,帮助幼儿形成对待科学的正确态度。

（3）注重情感渗透,切忌说教。

四、幼儿园教学的方法

幼儿园常用的教学方法有直观法（观察、演示、示范等）、口授法（讲解与讲述、谈话、讨论等）、实践法（练习、操作、游戏等）。从活动主体上划分,以教师为主的方法有演示、示范、范例和讲解等;以幼儿活动为主的方法有观察、游戏、练习、表达等;谈话是教师和幼儿相互作用的活动形式。

考点1 直观法

直观法是幼儿园教学的主要方法,是教师在教育教学过程中配合讲述、讲解,向幼儿展示实物、教具或示范性实验和表演,借以说明和印证所讲授知识的一种方法。

1.观察法

观察法是指教师有计划、有目的地引导幼儿感知客观事物的一种方法。观察法符合幼儿的认识规律和年龄特点,是幼儿园教学的基本方法。

考题再现

【2018·湘潭雨湖·单选】教师通过实物引导儿童有目的地感知客观事物,丰富感性知识,扩大眼界,锻炼感知觉。该教师运用了（   ）。

　　A.观察法　　　　　　　　B.演示法　　　　　　　　C.示范法　　　　　　　　D.范例法

【答案】A。

2.演示法

演示法是指教师在教学中向幼儿出示各种实物、教具、模型进行示范性操作的一种方法。这种方法常与讲述法、谈话法一起使用。

3.示范法

示范法是指教师通过自己的语言、动作或教学表演,为幼儿提供具体模仿范例的一种教学方法。

4.范例法

范例法是指采用具有教育意义的典型事例,供幼儿直接模仿和学习。在思想品德教育中,以优秀人物为范例;在教学过程中,指向幼儿出示事先准备好的各种样品,如绘画、纸工、泥工样品等,供幼儿观察、模仿学习。

考点2 口授法(语言法)

口授法是指教师通过讲述和讲解,向幼儿描绘情境、叙述事实、解释概念、说明道理,使幼儿直接获得知识的教学方法。这是使用最早、应用最广的教学方法,也是幼儿园教育活动中应用最为经常和普遍的一种方法。幼儿园常用的口授法包括讲解与讲述、谈话、讨论等。

1.讲解与讲述法

讲解法是指教师通过口头语言向幼儿解释和说明知识、材料、规定、要求等的教学方法。讲述是运用语言向幼儿叙述事实或描绘所讲的对象。运用讲解与讲述法的要点是教师语言生动、形象、清晰、准确,富有感情,简明扼要,符合幼儿的理解能力和接受水平,能引起幼儿的兴趣,必要时可适当重复。

2.谈话法

谈话法是指教师用提问、答问、讨论等方式进行教学的方法。教师可以通过提问,引导幼儿运用已有的知识经验回答问题,借以获得新知识或检查知识、巩固知识。这种方法容易集中幼儿的注意力,激发幼儿积极的思维活动,发展幼儿的语言表达能力,提高教学效果。

考题再现

【2018·怀化溆浦·单选】( )是指教师根据儿童已有知识经验,通过提问引导儿童思考交流,以获得相应的知识经验的一种互动教育方法。

A.讲解 　　　　　　　　　　　B.讲述

C.谈话 　　　　　　　　　　　D.讨论

【答案】C。

3.讨论法

讨论法是指幼儿在教师的指导下就某种问题、现象互相启发、交换看法以获取知识的一种教学方法。讨论法是有效提高幼儿认识、情感意志与行为水平的重要方法之一。

考点3 实践法

实践法是指教师在教育教学活动中,开展以幼儿为主体的实践活动,训练幼儿的各种感官,使其进一步理解知识、巩固技能、加深记忆的一种教学方法。实践法包括练习、操作、游戏等。

1.练习法

练习法是指在教师的帮助、辅导下,通过多次练习使幼儿熟练地掌握知识和技能的一种方法。它是巩固新知识,形成技能技巧和习惯的基本方法。

2.操作法

操作法是指幼儿通过亲自动手操作直观教具,在摆弄物体的过程中进行探索,从而获得知识、经验和技能的一种教学方法。

3.游戏法

游戏法是指在教师指导下,通过有规则的游戏活动进行教学的一种方法,是深受幼儿欢迎的一种教学方式。

第三节　幼儿劳动

一、幼儿劳动的含义

幼儿劳动是根据幼儿身心发展的年龄特征和教育要求,有目的、有计划地进行的幼儿照料自己和他人、环境的力所能及的活动。

二、幼儿劳动的特点

幼儿劳动不同于成人劳动,受幼儿身心发展水平的限制,幼儿劳动具有以下特点。

1.游戏性

(1)幼儿劳动具有游戏的性质。他们从兴趣出发,以游戏的方式模仿成人劳动,边玩边做,满足于劳动过程中自己的动作,喜爱的是用来劳动的材料和工具。

(2)即使到了大班的后期,幼儿劳动中的游戏特点也不会完全消退,因此教师不能过于苛求,要给予幼儿积极的引导。

2.生活性

(1)幼儿劳动的内容是和日常生活紧密联系的生活性劳动,是从生活中的自我服务开始的。

(2)幼儿早期的劳动愿望是在生活中产生的。

三、幼儿劳动的功能

1.幼儿劳动是促进幼儿全面发展的教育手段

(1)劳动能增强幼儿的体质,发展幼儿的动作。

(2)劳动是幼儿智育的手段。

(3)劳动对形成幼儿良好的品德有着突出的作用。

(4)幼儿通过自己的劳动,使个人的仪容保持整洁,使生活环境更加美观舒适,由此也学习了初步感受美和创造美。

2.劳动对幼儿良好个性的形成有直接的影响

(1)经常参加劳动的幼儿,能体验到成功的欢乐,建立起自信,感到自己是有能力的人,从而激发学习和探索的愿望及自立、自主的精神。

(2)在劳动中能培养幼儿坚持完成任务的责任感、与同伴协同合作的能力、生活自理能力和爱劳动的习惯。

四、幼儿劳动的内容

幼儿劳动的内容有自我服务劳动,为集体服务的劳动,种植和饲养劳动以及手工劳动四个方面。

考点1　自我服务劳动

①自我服务劳动是幼儿自己照料自己的劳动,在幼儿劳动中占有重要的地位。
②自我服务劳动主要包括独立进餐,睡眠,盥洗,如厕,穿、脱衣服、鞋袜,清洁整理生活用品等。

考点2　为集体服务的劳动

为集体服务的劳动有集体劳动、个别委托劳动、值日生劳动和家务劳动几种形式。

1.集体劳动

①集体劳动是根据劳动任务,组织、指导全班或小组的幼儿,在同一时间内共同进行劳动的形式。
②集体劳动的内容主要包括清洁卫生劳动和公益性质的劳动等。如活动室或室外某区域的清扫工作,修补图书,帮厨房剥豆、摘豆等。

2.个别委托劳动

①个别委托劳动是教师根据教育的需要和幼儿的情况,有意识地将某一项劳动任务交付给幼儿去完成。
②个别委托可以是临时的,也可以是一个阶段的;可以交付一个幼儿去完成,也可以交付两三个幼儿同时去完成;交付的劳动任务可以是简单的,也可以是复杂的,有一定难度的。
③个别委托劳动是为集体服务的一种常用形式,也是幼儿乐意接受的劳动形式。
④完成被委托的劳动任务,有助于激发幼儿对劳动的兴趣,培养幼儿的责任感、独立性和自制力。

3.值日生劳动

①值日生劳动是以幼儿轮流值日来为集体服务的劳动形式。
②值日生劳动和幼儿一日生活联系在一起进行,如餐桌值日、盥洗值日、寝室值日、活动前值日、照料自然角等。幼儿园的值日生劳动一般从中班开始。

4.家务劳动

①家务劳动是家庭成员共同生活中必不可少的日常劳动,是幼儿劳动的重要形式。
②幼儿家务劳动内容,既有自我服务的内容,又有为家庭集体服务劳动的内容,主要靠家长进行指导。

考点3　种植和饲养劳动

①种植和饲养是幼儿在接触自然环境中进行的劳动。
②种植和饲养是幼儿最喜爱的劳动,不同年龄阶段的幼儿都会以极大的热情、最浓厚的兴趣,主动积极地投入种植和饲养的劳动中。
③种植和饲养劳动具有集体劳动的性质,教师可将集体劳动的指导方法和种植、饲养劳动结合起来。

考点4　手工劳动

手工劳动是幼儿运用材料进行手工制作的劳动,这是一种有趣而又有意义的幼儿劳动。

1.自制玩具

①自制玩具是教师利用收集的自然材料、废旧物品和手工材料教幼儿制作简单的玩具或游戏用品的劳动形式,是一种简单的手工劳动。
②重视幼儿制作玩具的过程,把实践的机会留给幼儿,让幼儿得到自制玩具的快乐。

2.其他手工劳动

在教师指导下,幼儿动手制作简单的学具、室内外装饰物、娱乐和体育活动的用品等,也是幼儿劳动的内容和形式。

五、指导幼儿劳动应注意的问题

1.明确幼儿劳动的目的和要求

（1）教师要对幼儿的劳动提出具体的教育要求,计划、安排好劳动的各个步骤,在劳动过程中充分发挥幼儿的主动性和创造性。

（2）不能把幼儿当作劳动力使用,或错误地把劳动当成惩罚幼儿的手段,不追求经济效益,也不开展无意义的竞赛活动。

（3）组织幼儿劳动要坚持一贯性。教师要有计划地由易到难、由简单到复杂,坚持组织幼儿劳动。

2.为幼儿劳动创设适宜的条件

（1）幼儿劳动需要适宜的劳动场所和设施,在室内要划分出自然角的位置,并提供适宜于种植和饲养的盆罐和玻璃器皿等。

（2）提供适合不同年龄幼儿使用的劳动工具,数量要充足,且符合安全要求。

（3）有目的地收集可供利用的废旧物品,在园内有意识地种植些果树等。

3.科学安排幼儿劳动的内容

（1）小班幼儿体力弱,动作不够灵活,劳动内容以培养生活自理能力的自我服务为主,也可以参加一些为集体服务的劳动和植树、饲养劳动。

（2）中班劳动的主要内容是提高自我服务劳动的质量,培养他们的独立性。

（3）大班劳动的主要内容是为集体服务的劳动和轮流承担值日,重点应放在培养幼儿劳动的自觉性、计划性和目的性上。

4.劳动形式多样化,有趣味性

（1）幼儿对劳动的兴趣和愿望,是幼儿参加劳动的内部动力。

（2）教师要注意利用生动活泼、多种多样的形式组织幼儿的劳动。

5.重视劳动过程中的安全和卫生

（1）幼儿劳动应在安全卫生的环境中进行。

（2）建立使用劳动工具的常规要求,防止事故发生。

（3）劳动量的大小和时间要适合幼儿的特点,如最长的劳动时间不要超过30分钟,防止幼儿疲劳。注意培养幼儿适宜的劳动姿势。

强化练习

单项选择题

1.幼儿通过看看、摸摸、尝尝等了解苹果的基本特征,所使用的方法是（　　　）。

A.实验法 　　　　　　　　　　　　　　　　B.测量法

C.观察法 　　　　　　　　　　　　　　　　D.操作法

2.在幼儿园常用的教学方法中,（　　　）是一种让幼儿直接感知认知对象的方法。

A.直观法 　　　　　　　　　　　　　　　　B.实验法

C.游戏法 　　　　　　　　　　　　　　　　D.活动法

3.多媒体教学中展示的图片、录像等体现了教学的（　　　）原则。

A.启发性 　　　　　　　　　　　　　　　　B.循序渐进

C.直观性 　　　　　　　　　　　　　　　　D.巩固性

4.（　　）是直观教学方法之一，是指教师通过自己的语言、动作或教学表演，为幼儿提供具体模仿的范例。

A.示范法
B.演示法
C.讲演法
D.操作法

5.在科学活动中，引导幼儿使用教师提供的电池、导线、灯泡等材料，想办法让灯泡变亮。这种教学方法是（　　）。

A.示范法
B.观察法
C.操作法
D.口授法

6.教师一边讲故事，一边逐一出示图片。这体现的教育方法是（　　）。

A.演示法
B.示范法
C.范例法
D.讨论法

7.春天来了，教师带幼儿去公园欣赏桃花，回来后组织幼儿交流桃花的特征。教师使用的教学方法是（　　）。

A.操作法和讨论法

B.观察法和讨论法

C.观察法和游戏法

D.游戏法和讨论法

8.在幼儿园盥洗活动中，要让幼儿学会正确的洗手方法，养成（　　）洗手的习惯。

A.课后
B.餐前
C.便后
D.餐前便后

参考答案及解析

单项选择题

1.【答案】C。解析：观察法是指在直接接触事物的过程中，运用多种感官直观、生动、具体地认识事物的方法。幼儿通过看看、摸摸、尝尝等了解苹果的基本特征，即运用感官直接接触来了解苹果，运用的是观察法。

2.【答案】A。解析：直观法是幼儿园教学的主要方法，是教师在教育教学过程中配合讲述、讲解，向幼儿展示实物、教具或示范性实验和表演，借以说明和印证所讲授知识的一种方法。幼儿园常用的直观法主要有观察法、演示法、示范法和范例法。

3.【答案】C。解析：直观性原则是指在教学活动过程中，教师应当利用实物或教具材料，充分调动幼儿的各种感官，丰富其感性经验，使他们获得直接的、具体的感知。幼儿园常用的直观手段包括实物直观、模象直观和语言直观。模象直观是指通过各种实物的模拟形象而进行的直观手段，包括各种图片、图表、模型、幻灯片、录像带等。因此，多媒体教学中展示的图片、录像等体现了直观性原则。

4.【答案】A。解析：示范法是直观教学方法之一，是指教师通过自己的语言、动作或教学表演，为幼儿提供具体模仿的范例的一种教学方法。

5.【答案】C。解析：操作法是指幼儿通过亲自动手操作直观教具，在摆弄物体的过程中进行探索，从而获得知识、经验和技能的一种教学方法。题干所述体现的教学方法是操作法。

6.【答案】A。解析：演示法是指教师在教学中出示实物、教具、模型，进行示范性操作的一种方法。示范法是指教师通过自己的语言、动作或教学表演，为幼儿提供具体模仿的范例的一种教学方法。范例法是指教师采用具有教育意义的典型事例，供幼儿直接模仿和学习的一种教学方法。讨论法是指幼儿在教师的指导下就某种问题、现象互相启发、交换看法以获取知识的一种教学方法。教师一边讲故事，一边逐一出示图片体现的是演示法。

7.【答案】B。解析:观察法是指教师有计划、有目的地指导幼儿感知客观事物的一种方法。教师带幼儿去公园欣赏桃花,运用的是观察法。回园后,教师组织幼儿交流桃花的特征,运用的是讨论法。

8.【答案】D。解析:幼儿园的盥洗活动包括洗手、洗脸、刷牙和漱口等。在幼儿园盥洗活动中,要让幼儿学会正确的洗手方法,养成餐前便后洗手的习惯,学会正确地洗脸、刷牙和漱口,逐步养成早晚刷牙、洗脸,饭后漱口的卫生习惯,掌握自己上厕所,会使用便纸等基本生活技能。

第十一章 幼儿园亲子活动与节日活动

考情分析

本章内容以识记、理解为主，主要以多项选择题的形式进行考查。其中亲子活动的种类、节日活动的功能是重点考查内容。

学习目标

1. 识记、理解亲子活动的内涵、功能与种类。
2. 识记"六一"儿童节活动的功能。

第一节 幼儿园亲子活动

一、亲子活动的含义、功能及种类

考点1 亲子活动的含义

幼儿园的亲子活动是指教师组织家长和孩子共同参与的活动，它是一种有利于增进教师与家长、家长与儿童的情感交流，加强教师与家长对儿童的共同了解以进一步提高教育效益的活动形式。

考点2 亲子活动的功能

1. 亲子活动既可以促进儿童身体生长，又可以促进儿童智力的发展，还可以使儿童产生良好的情绪。
2. 亲子活动让儿童体验了初步的交往关系，为儿童和儿童之间，儿童和家长之间搭建了交往平台，有助于社会性关系的发展。
3. 亲子活动联结了亲子之间的情感联系，为建立良性亲子关系打下基础，有助于儿童个性的完善和发展。

考点3 亲子活动的种类

1. 按组织形式分类

从亲子活动的组织形式上看，可以分为集体活动、小组活动、个别活动。三种形式可以相互结合，灵活运用。当参加对象的年龄不同时，更应该注意分组开展活动，进行小组指导。

2. 按内容或领域分类

从亲子活动的内容或领域来看，可以分为运动类、语言类、操作认知类、社会性类、艺术性类等类型亲子活动，以及多领域的亲子综合活动。

3.按表现形式分类

从亲子活动的表现形式来看,可以分为游戏类(亲子游戏等)、探索类(亲子制作等)、亲近自然类(亲子郊游等)、歌舞表演类(如亲子同台演出)等。

二、亲子活动的组织与指导

1.活动开始

活动开始的环节相当重要,教师要用简洁的语言向家长说明活动的主要目的、要求和主要内容,对他们提出必要的要求。接下来活动的目的是引导家长与孩子对亲子活动产生兴趣。如可以通过玩个简单的游戏,或进行简短的谈话等方式让幼儿对活动产生兴趣,将注意力集中在即将开展的亲子活动上。

2.活动进行

在活动开展前教师有必要向家长交代活动的要求,活动可以是面向集体的,也可以是分成小组或单独进行的。在活动开展当中,教师仍可能需要再次提醒。教师在指导亲子活动时重点是引导家长观察孩子的活动过程,避免包办代替,防止产生急躁情绪。教师要引导或提醒家长应尊重孩子的差异,使家长通过参加亲子活动,体验自己指导孩子学习的过程和方法。

3.活动结束

亲子活动结束后,教师不仅要评价亲子活动的情况,同时对一些还需要在家里继续进行亲子活动的家长进行必要的检查,鼓励家长自己在家里也可以创编更新、更好的活动形式和方法,使亲子活动的指导延伸到家庭,使亲子活动的目标更好地实现,使广大家长的教育能力不断提高。

为了使亲子活动开展得更为有效,也为了使家长通过参加亲子活动而提升教育水平,使亲子活动的功能得以最大限度地发挥,教师在组织与指导亲子活动时要注意以下几点。

(1)鼓励家长提出问题,开展有针对性的指导。

(2)引导家长关注孩子的成长变化,适当安排家长之间的交流,让他们对自己充满信心,对孩子的发展有更充分的认识和理解。

(3)活动内容不宜过多,注意动静结合。一般情况下,活动内容不要安排太多,大运动量的活动与安静活动要穿插进行。

(4)在分散活动中开展个别指导,与家长进行一对一、面对面的交流。

(5)重视养成教育的指导。小班的亲子活动要充分考虑到适当的休息和放松,如可以安排一些喝水、小便等生活活动的环节,教师趁此机会可以有意识地指导家长,让他们知道这也是很重要的养成教育过程。

D.多安排大运动量的活动,增加家长与儿童之间的互动

【答案】ABC。

三、设计、开展亲子活动的注意事项

1.提供适宜的活动环境

在策划和组织亲子活动时,教师应根据活动场地的大小决定活动的人数,如果人数很多,可以采取分组、分区活动;根据活动的需要提供必要的设施;活动中用到的玩具及材料要符合幼儿的年龄特点;同时要做好后勤保障,如提供饮用水、医疗服务,如厕方便的条件,保证活动的顺利进行。

2.亲子活动的指导要多样化

亲子活动的方式应多种多样,除了常规开展的比较常见的教育活动(亲子活动课程)外,还可以根据家长的不同需求、幼儿的需要与兴趣特点,开展丰富多彩的亲子活动,如"亲子俱乐部""亲子运动会"等。通过多样化的指导,增进幼儿与家长的广泛联系,使亲子活动更富有成效和更有价值。

3.充分利用各种资源

这里的资源可以理解为两个方面的资源:一是人力资源,二是物质资源。人力资源主要是指家长。在设计、开展亲子活动时,教师应充分利用家长自身的资源,发挥家长群体专业性强、社会经验丰富等优势,使亲子活动开展得很有创意。物质资源主要是指利用生活中可以利用的各种自然物、废旧材料以及亲子活动中需要的一些材料或物品。

考题再现

【2018·常德武陵·多选】亲子活动中要注意利用的资源有(　　　　)。

A.人力资源　　　　　　　　　　　　　B.物质资源

C.时间资源　　　　　　　　　　　　　D.空间资源

【答案】AB。

4.教师要处理好自己与家长的关系

在设计、开展亲子活动时,教师应主动邀请家长参与。教师和家长是合作者,不是教育者与被教育的关系。为了使亲子活动开展得更有成效,幼儿园可以将亲子活动与定期举办的家庭讲座和咨询活动相结合,使家长对幼儿园的教育、对自己孩子的发展了解得更系统、更深入,在参与亲子活动时更有把握和针对性,从而提高亲子活动的质量。

第二节　幼儿园节日活动

一、节日活动及其教育功能

1.常见的节日活动

对于幼儿园来说,常见的节日活动主要有"六一"儿童节、元旦、中秋节、毕业典礼等。节日活动可分为两类:一类是法定节日活动,如"五一"劳动节、"十一"国庆节、春节等;一类是非法定节日活动,如"六一"儿童节、教师节等。

2.节日活动的功能

不同节日活动的功能有所不同,即使同一教育功能,其侧重点也有所不同。如节日的德育功能方面,国庆节德育功能主要是爱国主义教育,"三八"节活动可以开展以儿童感恩长辈、体贴长辈、爱长辈为内容的活动。

总体来说,节日活动的功能包括娱乐功能、教育功能、文化功能等。

二、"六一"儿童节活动

考点1 "六一"儿童节活动的主要形式

从实施范围来看,"六一"儿童节活动可分为全园性的(如全园统一安排的游园活动、集体联欢等),也可以是以年龄段、班级为单位进行的集体活动。

以班级为单位的"六一"儿童节活动从组织形式上看,可分为集体活动、小组活动、个别活动。三种形式可以相互结合,灵活运用。从活动的内容表现上看,又可以分为集中教育活动、游戏活动、生活活动。

从活动的内容、主题来看,"六一"儿童节活动可分为表演类、歌唱类、朗诵类、制作类、运动类、智力竞赛类、绘画类等。

考点2 "六一"儿童节活动的功能

1.娱乐功能

"六一"儿童节对儿童来说是快乐的、幸福的,充满了欢歌笑语的。因此,娱乐功能是"六一"儿童节的根本功能,也是其首要功能。娱乐功能就是让儿童在"六一"儿童节活动中身心愉快,享受童年的欢乐。

2.教育功能

"六一"儿童节的教育功能体现在多个方面,可以从不同的角度来分,如有德育的、智育的、体育的,还有美育和劳动教育等功能;有知识的、能力的、情感的功能。从领域来看,有科学、艺术、健康、社会、语言等领域的功能。从显性功能与隐性功能来看,既有显性的功能,又有隐性的功能。

3.文化功能

我国地域广阔,民族众多,加之西方文化的影响,各地区、各民族的"六一"儿童节活动在一定程度上体现了当地的地域特色、民族传统,因此,作为儿童文化的一部分,"六一"儿童节具有传承、创新文化的功能。

考点3 "六一"儿童节活动的内容选择

1.注重娱乐性

娱乐功能是"六一"儿童节的最基本功能。因此,在活动内容的选择上首先要注重娱乐性,即考虑让儿童在活动中感到快乐、有趣,在轻松愉快的氛围中参加活动,即便是体现教育功能,也应"寓教于乐"。

2.注重教育性

很多活动在展示、开展的过程中,儿童就会得到启迪、指导,教育的影响就直接或间接地产生了。当然,不同的活动,其教育功能的侧重点不一,如时装秀,以美育功能为主;智力问答,以智育功能为主等。

3.注重安全性

对于"六一"儿童节活动,大多幼儿园是以全园形式开展的。由于人数众多,儿童的兴奋程度又很高,教师在设计、安排、开展时要注意做好安全预案工作,存在安全隐患的活动要注意避免。

4.注重参与性

"六一"儿童节是儿童的节日,每个儿童都要参与其中。尽管有些表演类、竞赛类活动限于时间和场所,不可能人人都有上台的机会,但即使这样,也要尽可能考虑到每个儿童,使其都能有参与活动的机会。

考点4 "六一"儿童节活动的策划、组织与指导

1.活动策划与准备

对于"六一"儿童节活动,教师应做好两方面的计划:一是利用常规的集中教育活动让儿童认识与了解"六一";二是利用节日庆祝的形式让儿童感受与体验"六一"。"六一"儿童节活动的策划应该是全面的,教师要考虑到活动的目标、主题、时间、地点、器材与材料、人数、活动内容、活动进程、奖品设置、安全预案工作等。

考题再现

【2018·常德武陵·多选】在策划"六一"活动时,教师应做好哪两方面的计划?(   )

A.利用集中教育活动让儿童认识与了解"六一"

B.献给孩子一个快乐而有意义的"六一"

C.利用节日庆祝的形式让儿童感受与体验"六一"

D.让儿童在活动中感到快乐、有趣,没有任何心理负担,在轻松愉快的氛围中参加"六一"活动

【答案】AC。

2.过程的组织与指导

（1）全园性活动的组织与指导

对于全园性的活动,教师首先应熟悉"六一"儿童节活动的整体安排和主要活动,然后根据活动计划,组织好本班幼儿参加活动。全园性的活动因为人多,特别是全园幼儿都集中在一起庆祝"六一"儿童节,教师要注意各项活动环节的衔接。

（2）班级性活动的组织与指导

对于班级性的活动,教师依计划进行,并视情况适当调整。对于大型的"六一"儿童节活动,教师要事先做好详细的活动安排。如果人手不够,儿童与家长是很好的人选,这既体现了儿童与家长的参与,又充分利用了人力资源。

3.注意事项

（1）教师事先做好策划和具体的准备工作

无论是全园性的还是班级性的"六一"儿童节活动,要想有序、高效、安全开展,活动紧凑而有节奏,教师事先的策划和具体的准备工作必不可少。当然,不是教师一个人在准备,儿童、家长、幼儿园等其他相关人员应共同参与策划、准备和组织实施。

（2）活动安排不可过多、过密,活动量不要太大

在策划过程中,教师不要把活动安排得过多、过密,活动量不要太大。在具体活动组织过程当中,教师应根据活动的效果和反应灵活应变,不拘泥于原有计划。在实施过程当中,要注意安全,特别是全园性的活动。如果活动太多、时间过长,也容易使儿童产生疲劳。教师要善于观察,及时做出调整。

（3）活动要面向全体，注重个别差异

活动要面向全体，注重个别差异，要注意多安排一些集体性、小组性的活动，个人表演性质的活动尽量少安排。"六一"儿童节是小朋友们自己的节日，每位儿童都应该享有感受节日快乐和喜悦的权利，教师应深入了解儿童，挖掘每个儿童的潜能，为每个儿童提供表现自己长处和获得成功的机会。

考点5　谨防"六一"儿童节活动功能的异化

1."六一"儿童节活动功能异化的表现

（1）让一部分技能好或某方面有特长的儿童参加活动，大部分儿童只是看客。

（2）提早排练，甚至放弃正常的教学活动专门排练"六一"节目，反复排练。

（3）节目的安排由教师一手操办，忽视儿童的权利和主体性、自主性等。

2."六一"儿童节活动功能异化的危害

（1）这些问题的存在导致儿童疲于排练，在反复排练的过程中，儿童的童趣、快乐消耗殆尽，造成部分儿童对"六一"儿童节产生不愉快的体验。

（2）看客身份的出现使得儿童在"六一"儿童节活动中没有主人翁的感觉，"六一"儿童节成为少部分人的节日，导致教育机会的不均等。

（3）过度排练、提早排练，使得参加排练的儿童失去了较多的正常的教育机会，造成新的教育机会的不均等；对于因技能或某方面的欠缺而不能参加排练或表演的儿童来说，心理的失落感不可避免。

考题再现

【2018·常德武陵·多选】有家长针对"六一"儿童节说："这已经成了定律了啊，每年不排节目，好像就不是过'六一'，而且越办越复杂了！""'六一'庆典里的节目太多了，孩子每次排练下来都累得不得了。"这反映出（　　）。

A.节日活动安排没有注重儿童的个别差异

B.节日功能的异化

C.节日活动的活动量过大

D.活动安排未能发挥儿童的特长

【答案】BC。

强 化 练 习

一、多项选择题

1.下列活动中哪些是从亲子活动的组织形式的角度进行划分的？（　　）

A.集体活动

B.小组活动

C.个别活动

D.亲子活动

2.下列关于"六一"儿童节活动的内容选择的说法，正确的有（　　）。

A.娱乐性　　　　　　　　　　　B.教育性

C.安全性　　　　　　　　　　　D.主体性

二、简答题

简述设计、开展亲子活动的注意事项。

一、多项选择题

1.【答案】ABC。解析:从亲子活动的组织形式上看,可分为集体活动、小组活动、个别活动。

2.【答案】ABC。解析:选择"六一"儿童节活动的内容时,应注意以下几点:(1)娱乐性;(2)教育性;(3)安全性;(4)参与性。

二、简答题

【参考答案】

(1)提供适宜的活动环境。

(2)亲子活动的指导要多样化。

(3)充分利用各种资源。

(4)教师要处理好自己与家长的关系。

第十二章　幼儿园区域活动与主题活动

考情分析

　　本章内容以识记、理解为主，主要以单项选择题的形式进行考查，有时也会以简答题的形式进行考查。其中活动区材料投放的原则、主题开发与选择的方式是重点考查内容。

学习目标

　　1.理解幼儿园区域活动的含义、类型和特点。
　　2.识记活动区的布局策略和材料投放原则。
　　3.理解幼儿园主题活动的含义、特点以及选择与开发主题的依据。
　　4.识记幼儿园选择与开发主题的方式。

第一节　幼儿园区域活动

一、区域活动的含义

　　区域活动又称区角活动、活动区活动，是指教师根据幼儿的年龄、经验、兴趣，结合一定的教育目标，在教室中精心地划分出一些区域，并且在各个区域中投放适宜的活动材料，允许幼儿自主选择活动的区角，使其在与同伴互动的过程中，得到发展的活动。在区域活动中，主要的活动形式就是游戏，主要的活动组织形式是小组活动和个别学习。活动区的设置具有开放性、可操作性、灵活性、个性化等特点，有利于幼儿进行个别活动和自由探索，有利于个体的主体性发展。

二、区域活动的基本类型

　　根据幼儿活动的功能，幼儿园区域活动可以分为"学习性"区域活动和"游戏性"区域活动两大类。

1."学习性"区域活动

　　"学习性"区域活动是以具体事物为对象的实物操作活动，其活动目标偏重于发展幼儿对客观事物及未知事物的好奇心及动手操作、探索的愿望、行为与能力。"学习性"区域活动主要由生活区、表达表现区（偏重于语言和艺术领域）、探索区（偏重于自然和科学领域）等组合而成。

2."游戏性"区域活动

　　"游戏性"区域活动是基于幼儿对已有生活经验的模仿与创造而展开的。它不仅以物为操作对象，而且在很大程度上可以以同伴为对象进行交往活动，因此，其目标也就侧重于发展幼儿的创造性想象及社会性交往能力。"游戏性"区域活动主要由角色游戏区、结构游戏区、表演游戏区等组合而成。

三、区域活动的特点

相对其他教育形式,区域活动有以下几个明显的特点。

1.幼儿自选活动内容

活动区的活动多为幼儿的自选活动,教师的直接干预较少。这样就为幼儿提供了更多的、按照自己的兴趣和能力进行活动的机会,满足幼儿发展个别化的需要。区域活动打破了传统的集体授课形式,让幼儿通过自身的操作与物质环境发生相互作用,从而获得发展。

2.幼儿的自主性活动

自主性是个性的一个方面,主要是指一个人的独立性和主动性,即不依赖他人,自己主动负责的个性特征。区域活动具有自由、自选、独立而协作的优势。以区域活动为手段培养幼儿的自主性是非常恰当的。幼儿在没有压力的环境中玩玩做做,生动、活泼、自主、愉快地活动,潜移默化地学习,更多地体验到成功的乐趣。

3.小组和个体活动

在区域活动中,幼儿可以进行个体活动,但一个区域的环境使其自然构成一个小组,所以区域活动更多是小组活动。这就为幼儿提供了更多的自由交往和自我表现的机会,增进了同伴之间的相互了解,尤其是对同伴在集体活动中不可能表现出来的才能和优点的了解。

四、区域活动的创设

考点1　活动区的布局策略

教师在具体规划和合理布置众多的区域时需要考虑以下几点。

1.各活动区之间的界限性

界限性,即各活动区要划分清楚,界限明确,便于幼儿开展活动和教师进行管理。教师在划分界限时除了考虑美观、漂亮之外,更要从教育的角度出发进行设计。

（1）平面界限的划分。教师可以借助地面的不同颜色、图案或质地来划分不同的区域。如在"娃娃家"的地面上刷上温暖的红色,在积木区的地面上铺上地毯等。

（2）立体界限的划分。教师可运用架子、柜子或其他物体隔离不同的区域,形成封闭或开放的空间。教师用的隔离物不可太高,最好适合幼儿的视线和高度,以便他们能够清楚地辨认区域,也便于教师及时观察,控制幼儿在各个活动区中的活动。

（3）悬挂、张贴不同的标牌或装饰物。教师可以用写有相关活动区的文字、图片或装饰物帮助幼儿认识、区别各个区域。在清楚划分各个区域的同时,还要注意在活动室内留出足够的便于幼儿进出的通道,保证活动区活动的顺利开展。

2.各活动区之间的相容性

相容性是指在布置活动区时要考虑各个区域的性质,尽量把性质相似的活动区安排在一起,以免相互干扰。美国学者布朗把活动区的性质描述为静态、动态、用水、不用水等特性,并据此把活动区归为下述四大类。

（1）静态、用水——自然区、手工区、美工区。

（2）动态、用水——玩沙区、玩水区、烹饪区。

（3）静态、不用水——图书区、数学区。

（4）动态、不用水——音乐区、益智操作区、积木区。

3.各活动区之间的转换性

转换性是指教师在考虑划分各个区域的同时，也要考虑幼儿可能出现的将一个活动区内的活动延伸、转换至其他活动区的需要。如幼儿在"娃娃家"的角色游戏活动，可能会延伸到积木区；幼儿在自然区观察了金鱼以后，可能就想把金鱼在水里游的情景画出来，这就延伸到了美工区。

━━━━━━━━━━◆ 知识拓展 ◆━━━━━━━━━━

活动区的规划与布置策略

（1）干湿分区：美工区、科学区要用水，而图书角不需要水，应该分开。

（2）动静分区：建构区、表演区、音乐区等属于热闹的"动"区，而图书区、数学区等活动量较小，需要安静，这样两类活动区最好离得远一些，以免相互干扰。

（3）相对封闭性：由于区域间界限不明晰，会导致幼儿无目的地"乱窜"。所以教师要利用各种玩具柜、书架、地毯等现有设施作为活动区之间的分界线。

（4）就近：美工区由于经常需要用水，最好离水源近一些；科学区、运动区需要自然的光线，而且经常需要将活动延伸到户外场地，最好选择向阳和接近户外的一面。

（5）方便通畅：教师要合理利用活动室的每个角落，充分发挥活动室内设施的作用，保证活动室内的"交通"畅通无阻。积木区、"娃娃家"等区域活动量较大，最好有一大块宽敞的地方。活动室的中央和各个门口最好不要设置活动区。

考题再现

【2018·长沙岳麓·单选】下列关于幼儿园活动区的布置，正确的是（　　　）。

A.以阅读为主的图书区与娃娃家放在一起

B.积木区与科学观察区放在一起

C.自选游戏环境的创设是由教师进行的

D.游戏活动区的设置应体现层次性和渐进发展性

【答案】D。解析：幼儿园活动区的布置要求动静分区，如"娃娃家"属于热闹的"动"区，而图书区活动量较小，需要安静，这两类区域要离得远些，A项错误。幼儿园活动区的布置要干湿分区，如科学区需要用水，而积木区不需要用水，这两类区域应该分开，B项错误。自选游戏环境的创设并不意味着一切均由教师创设，可以考虑将环境的创设作为教育的过程，引导儿童与教师共同参与创设，C项错误。游戏活动区的设置应体现层次性和渐进发展性。

考点2　活动区布局的基本程序

（1）确定活动区的数量和规模。根据幼儿人数与活动室面积来决定活动区的数量和规模。一般来说，幼儿园的每个活动区的最佳容纳量为5~7人，如活动室面积为60平方米，30名幼儿，就需要设置6~7个活动区。

（2）确定各区的空间位置。

（3）逐一布置各个活动区。创设环境和投放材料是正式开展区域活动的必要条件。

考点3　活动区材料投放的原则

区域活动的材料是幼儿主动建构知识的媒介，是幼儿在活动区的物质支持。区域活动的教育价值主要隐含在幼儿与材料之间的交互作用中，材料是开展区域活动的基础。教师投放的材料的丰富程度直接关系到幼儿活动的质量。为了使投放的材料更有价值，教师在投放活动区材料时需遵循以下原则。

1.丰富性

教师应当根据区角的活动内容,提供足量的材料和玩具,让幼儿自由地依据自己的需要选用合适的材料。活动材料的丰富性主要体现在以下两方面。

(1)不同活动内容,不同材料

区角活动内容丰富,不同的活动题材需要不同的环境和材料作为支撑。因此,教师需要有针对性地投放各种活动内容的材料。

(2)同一活动内容,多种材料

如活动内容"玩沙",除了要提供沙及沙盘外,还可提供其他操作材料,如可用于挖、埋、分割、堆积的竹片、调羹、牙签、不开刃小刀及一些可供美化作品的小饰件等,以供幼儿根据自己的创作兴趣或意图自由选用。

材料的丰富或者贫乏,依据的标准应当是关注幼儿积极行为和消极行为的增减,而不仅仅是关注材料数量上的增减。因此,教师可以多观察幼儿的行为,思考材料的数量、种类在什么情况下对幼儿来说是适合的,进而能够更好地引发幼儿参与活动的兴趣。

2.层次性

由于幼儿的个体差异,他们对事物会有不同认识,操作也会处于不同层面。因此,有些活动内容材料既要注重幼儿的普遍兴趣需要,还要兼顾幼儿个体心理发展的特殊需要和愿望。层次性体现在以下两方面。

(1)相同内容,不同年龄,材料层次不同。

(2)相同年龄,同一活动内容,材料层次不同。

3.情感性

活动区的材料有了情感和灵性,就如同有了生命,可以充分地与幼儿互动、对话,大大地激发幼儿的创造欲望,以及幼儿的内在动机和积极参与活动的愿望。如小班幼儿"打扮漂亮妈妈""让妈妈穿上花裙子""戴漂亮的项链"等,对幼儿而言,既亲切又生动,既有情趣又有挑战。

4.自然性

幼儿喜欢自然环境,利用自然材料进行的活动,深受他们欢迎。这是因为自然材料没有固定的使用方法,可被用于多种活动,且能按照个人意图做灵活变通。因此,在区角活动中,根据需要提供一些自然材料是非常必要的。

5.探索性

在活动区中投放的材料应该是能够引发幼儿动手、动脑,主动探索的材料,这样可以留给幼儿更多的操作和创作的空间,引起幼儿动手、动脑的兴趣。那些能留给幼儿更多操作空间和创作空间的"半成品"最具有探究性。相对于"成品"来说,"半成品"能够给幼儿提供更多的探索空间,更多的动手、动脑机会。此外,教师还要考虑所提供材料的引导性。材料的引导性不是教师的语言指点,更不是教师代替幼儿操作,而是内化在材料中的"指路"线索。从某种意义上讲,材料的引导性就体现在材料上或在材料之间设置一个个可以保证幼儿做对、保证达成教育目标的控制点上。教师要发掘材料以及材料之间的关联,形成具有引导作用的控制点。因此,教师要考虑幼儿的实际能力,考虑教育的目的和结果,找到材料与活动预期结果之间的关联,来投放适宜的材料。

考题再现

【2020·长沙浏阳/天心·简答】教师在投放区域活动的材料时,有哪些需要注意的地方?

【参考答案】见上文。

五、区域活动内容的设计

教师在设计和选取区域活动内容时,应注意以下三个方面。

1.体现生活性

生活性是指活动内容应该源于幼儿的生活与经验。区域活动体现和注重的是幼儿自我经验的构建过程,因此,脱离了幼儿的现实世界,他们的感知和体验将无从着手。活动内容向幼儿的生活回归,并不意味着是对生活的简单复制,而是要将幼儿感兴趣的信息进行整理、分析、筛选,发掘出其中与发展目标一致,与本地区、本园、本班幼儿实际最为贴切、最有价值的活动内容,并通过环境和材料对其进行适当的"加工和提炼",有针对性地创设环境、投放材料。

2.注重实践性

区域活动选择的内容要注重能够让幼儿操作、实验、探究,能够让幼儿自我体验、摆弄、思考,既满足活动内容本身所需要的实践功能,也满足幼儿个体自我成长与经验积累的过程。

3.综合主题性

在区域活动中,教师可以将十分重要却又无法完整纳入主题活动的学习融入。此外,区域活动也可以依托主题予以开展。

六、区域活动的实践指导

考点1　区域活动的观察方法

区域活动的观察方法主要有全面观察、重点观察、个别观察。

1.全面观察

全面观察是指教师在活动的某个阶段对班级整体活动水平进行全方位的观察,了解绝大部分幼儿的活动状况,以便进行阶段性小结、整理,预设下阶段活动目标和计划。全面观察具有时间间隔性的特征,即当活动进行到某一阶段时,需要教师运用全面观察的方法,对活动发展的整体水平进行分析判断,而在其他时间段中,教师则较少使用这种观察方法。

2.重点观察

重点观察是指教师对由活动内容组成的某一个或几个群体进行的有目的、有侧重的观察。观察内容包括活动途径、方法、过程、结果、材料运用、合作情况等,其针对性、过程性较强,与教师指导行为之间的关系较密切。

3.个别观察

个别观察是指教师对幼儿个体在活动中表现的整体发展水平及个体特殊性进行观察。它虽指向单个幼儿,但却带有整体性的特点。

考点2　区域活动的观察视角

1.活动兴趣

教师应观察幼儿经常选择哪些活动区和活动材料,经常从事什么活动,兴趣所持续的时间,并分析幼儿在活动兴趣上所表现出来的性别差异、阶段性差异和个性差异等。

2.认知水平

教师应观察幼儿选择操作材料时的目的性、有意性,幼儿基本的操作能力(模仿还是创造,单调重复还是变通,对材料暗示性的领悟程度)、操作方式(简单或复杂,单一指向或多种指向),以及操作结果(完全理解或一知半解,完成目标或部分完成,混乱无序或完美有序)等。教师可以通过观察幼儿的作品、图画、小制作、记录卡等了解其认知水平。

3.个性心理

教师应该观察幼儿对活动区的选择,以及在游戏中的行为表现:是果断选择,还是犹豫不决;是独立选择,还是需要他人启发或盲目从众;做出选择后是坚持完成,还是不停地变换内容甚至无目的地转悠;是随意摆弄还是有意探索,并从中分析幼儿的个性心理特征,努力揭示其行为背后所反映的幼儿在个性和社会性发展方面的特点。

4.规则意识

教师应观察幼儿对活动区各类规则的了解和自觉遵守情况,了解他们的"规则意识""任务意识"和自我控制能力,包括在活动中有无纠纷产生及如何解决等各方面的意识和能力。

考点3 区域活动的一般指导策略

1.利用角色转换,支持幼儿活动

(1)兴趣的关注者

一般情况下,教师应多以旁观者、欣赏者的身份出现。教师可以是听众,倾听幼儿间的交流、感受;可以是观众,观察幼儿的行为表现。在倾听和观察中,分析幼儿、阅读幼儿,磨炼自己的教育直觉,为有针对性的指导作铺垫。

(2)兴趣的激发者

当幼儿在活动中兴趣减弱或转移时,教师可以以玩伴的身份参与活动,摸清情况,激发幼儿的活动兴趣。

(3)信息的导航者

当幼儿在活动中产生疑问时,教师可以为其提供解决问题的资源或信息,帮助幼儿寻找探究问题的角度。

(4)思考的合作者

当教师面对幼儿的疑问一时也难以点拨时,可以以合作伙伴的身份出现,共同探讨、共同成长。

(5)愿望的支持者

当幼儿用自己的意愿想法进行操作时,教师应多报以赞赏的眼光,支持他们去尝试、实践自己的想法。

(6)关系的协调者

幼儿因为个性不同、技能差异、合作不愉快等因素而引发矛盾时,教师应该利用自己的影响力进行协调,但这个影响不是呵斥与指责,而是一种基于调查分析基础上的平等协商与对话。

(7)喜悦的分享者

当幼儿通过多次努力,终于感到自己有收获时,教师应该为他祝贺、为他宣传,并与整个集体一起分享他的快乐。

2.利用伙伴因素,增进幼儿切磋

教师应尊重幼儿、理解幼儿,甚至向幼儿学习,应引发幼儿同伴之间互相帮助、互相学习、友好交往的氛围。

3.利用环境材料,转嫁指导意图

教师应根据幼儿兴趣需要、运用材料、活动进程的情况,对环境材料进行适当的调整、更新和补充,不断满足幼儿活动的需要和活动的兴趣。

4.利用规则因素,方便幼儿自我调控

教师可从幼儿的理解、掌握与操作的角度去思考,与幼儿共同制订一些游戏规则,为幼儿活动提供方便,确保区角活动的有序性和有效性。

第二节　幼儿园主题活动

一、主题活动的含义

主题活动是指以贴近儿童生活的某一中心内容,即主题,作为组织课程内容的主线来组织教育教学的活动。它打破学科领域的界限,根据主题的核心内容,确定主题展开的基本线索,再顺着这些基本线索,确定主题的具体内容,并创设相应的教育环境,组织开展一系列的教育教学活动。

二、主题活动的特点

1.知识的横向联系

主题活动打破了学科领域之间的界限,将各个方面的学习有机地联系起来。这样儿童获得的经验是完整的。因为主题活动的中心是儿童生活中的一个个具体的问题和事件,如水果、超市、蝴蝶、食物等,这些事件通常很自然地包含着多个学科领域。就拿儿童认识"水"来说,主题活动可能会给幼儿有关"水的溶解""水的三态""水的保护""水和健康的关系"等多方面的经验。开展关于水的主题活动,就可以有机联系到科学、语言、社会、健康等领域的教育。

2.整合各种教育资源

主题活动往往整合了幼儿园内外各种与教育内容紧密相关的资源。幼儿园、家庭及社区中有许多丰富的教育资源,都需要充分运用到主题活动中。如主题活动"秋天到了"就有许多活动是要整合家庭资源的,"去公园看秋天的落叶""去博物馆看树叶标本"等整合了一些社区的资源。

3.生活化、游戏化的学习

主题活动涉及面广,多与儿童的生活相联系。主题活动中的许多活动都具有探索性,儿童非常感兴趣,往往边游戏边探索。如主题活动"神奇的水"中,"观察植物生长""多喝水""雨水"等都是和儿童生活密切相关的,"玩水球""会航行的船""会变颜色的水"等都是儿童十分喜爱的游戏。儿童在游戏中会获得丰富的知识经验。

4.富有弹性的计划

主题活动是建立在对儿童已有经验和活动过程的学习状况有充分了解的基础上而开展的。主题活动的计划不能是死板的,而应是富有弹性的。教师要细致地考虑与主题相关的各种可能性,在活动中要及时捕捉儿童活动的信息,并及时做出反应,调整计划。如小班主题活动"我长大了"中的"生日晚会"活动,本来计划在本班开展,但是教师在活动之前发现小班的儿童很喜欢和大班儿童一起玩。于是,教师临时调整计划,和大班的教师商议,两个班合作开展这个活动。通过这样的混龄活动,促进了小班儿童和大班儿童的交往,大班儿童帮助小班儿童,小班儿童又让大班儿童体验到长大后的自豪感。

5.需要遵循儿童"前学科"知识经验的建构规律

为了克服学前教育传统学科课程中学习内容割裂及重复的现象,主题活动以贴近儿童生活的某一中心内容作为组织课程内容的主线来组织教育教学活动。这样较充分体现了儿童学习的整体性,但却打乱了各学科领域的知识体系,难以有序地组织儿童不同的经验体系。这样易于损失领域知识经验体系的教育价值。现实中就有教师只注意主题活动中的综合,却不注意儿童的经验体系不同,导致出现儿童基本的美术表现技能、语言表达技能、基本动作能力下降的现象。可见,尽管学前儿童尚只在表象、初级概念的经验层上建构知识经验体系，但他们的学习确实存在不同的领域，而这些不同领域的学习规律、教育规律也是不同的。因此，主题活动也无法回避特定领域教育的规律性这一问题，要使主题活动对儿童发展发挥更大的价值，就应该遵循儿童"前学科"知识经验的建构规律，既保证儿童前后学习经验间的联系，又增强儿童学习经验的横向联系与整合。

三、选择与开发主题的依据

1.儿童的兴趣、需要及其教育价值

儿童感兴趣的事物中可能包含着丰富的教育价值，可以作为选择主题的依据。儿童的需要有时是教师判定的，如刚入园的小班儿童出现哭闹现象，对同伴不感兴趣，只是哭着要妈妈，这时教师可以判断儿童的需要是得到"同伴和老师的关心"，于是开展主题活动"我们的新家"，消除儿童对同伴和班级的陌生感，使之更快地融入幼儿园的班级生活。

2.有可整合的教育内容和资源

有些学习内容和学习材料会有规律地呈现，如四季的变化、节假日等，因此教师可以按照节日和季节的变换选择主题。教师自身的资源优势，如业余爱好、家庭背景和社会活动圈等都可以成为主题开发的资源库。

3.学前教育目标

主题活动是实现学前教育目标的手段，既包含教育的社会价值（培养社会所需要的人），也包含教育的个人价值（发展每个人的潜在能力）。因此，我们既要考虑儿童的兴趣和需要，也必须考虑社会的要求；既要满足儿童即时的兴趣和需要，也要促进儿童的长远发展。

四、常见的选择与开发主题的方式

主题可以由教师自行开发，也可以借鉴他人开发好的。一般来说，适合儿童的主题往往从儿童自身（生理、心理发展）和儿童的生活环境中发掘。主题以"儿童"为中心，向外扩展，范围不断扩大。常见的主题选择和开发有以下几类。

1.围绕儿童自身开展的主题

生理方面：身体的特征与功能；身体的发展与变化；身体健康、安全和保护。相应的主题如："我的眼睛用处大""会动的小手""小小营养师""我长大了"等。

心理方面：自己的爱好、兴趣、能力和情绪等。相应的主题如："我喜欢……""能干的双手""我—你—他""快乐的我"等。

2.围绕自然环境开展的主题

儿童生活中的自然环境资源十分丰富，我们可以从中挖掘，产生相应的主题。

动植物："海底世界""有趣的螃蟹""秋天的树"等。

自然现象："小雨点""台风来了""小小气象员"等。

季节变化："不一样的冬天""快乐的夏天""我喜欢的季节"等。

自然事物："神奇的风""好玩的水""漂亮的沙城堡"等。

3.围绕社会环境与生活开展的主题

随着儿童生活圈的扩大，儿童的社会接触面以及各种人际关系会不断扩大，延展到社区、各种社会机构、不同的人物角色、不同的文化、不同地域的人等。相应的主题如："我的家""快乐的幼儿园""从家到幼儿园""超级市场""中国功夫"等。

【2018·怀化溆浦·单选】"我的家""快乐的幼儿园""中国功夫"等幼儿园主题活动,其主题选择和开发的方式属于(   )。

A.围绕儿童自身开展主题

B.围绕人类与科学技术开展主题

C.围绕自然环境开展主题

D.围绕社会环境与生活开展主题

【答案】D。

4.围绕人类与科学技术开展的主题

科学的发展丰富了人类的生活,探索简单的科学原理,了解人和科学之间的关系。如主题"妈妈的助手——家用电器""汽车总动员""神奇的磁铁""手机世界""神奇的电脑"等。

5.围绕重大事件开展的主题

教师要有敏锐的眼光,结合当前国内外发生的重大事件,根据儿童的年龄特点开展活动,培养儿童的社会意识与责任感。如"奥运会""世界杯"等。

强化练习

单项选择题

1.区域活动是教师与幼儿互动的双边活动。其中,(   )是区域活动目标实现的根本。

A.教师   B.幼儿

C.环境   D.材料

2."三八"节来临,小熊老师在生活区为小班幼儿投入了不同洞眼的扣子、珠子,粗细不同的各类绳线及妈妈们的画像、头饰等材料,供幼儿"装扮妈妈"用。幼儿很快便饶有兴趣地给自己的"妈妈"制作漂亮的项链、手链等节日礼物。这体现了小熊老师注重材料投放的(   )。

①丰富性   ②层次性

③探索性   ④情感性

A.①②③   B.②③④

C.①③④   D.①②④

3.下列关于区域活动材料的投放的表述,不正确的是(   )。

A.材料要有层次性,采用渐进式投放   B.材料需要不断补充和更新

C.材料要多选用自然材料和废旧物品   D.材料的数量越多越好

4.教师在布置活动区域时,要考虑幼儿可能出现的将一个活动区的活动延伸至其他活动区的需要。这体现了活动区之间的(   )。

A.界限性   B.相容性

C.转换性   D.规则性

5.教师开展了"我会交朋友"的主题活动,将社会、科学、健康、语言等领域有机联系在一起。这反映了主题活动(   )的特点。

A.整合各种教育资源   B.知识的横向联系

C.富于弹性和计划   D.游戏化学习

6.在"三八"节期间,马老师围绕节日开展系列教育教学活动。这一系列活动可被称为(   )。

A.主题活动   B.区域活动

C.领域活动   D.生活活动

参考答案及解析

单项选择题

1.【答案】D。解析:区域活动的教育功能主要通过材料来实现。幼儿在与材料的互动中主动建构知识经验。材料不同,幼儿的操作方法不同,其在活动过程中获得的知识经验也不同。材料是区域活动目标实现的根本。

2.【答案】D。解析:小熊老师在生活区投入扣子、珠子、粗细不同的各类绳线等体现了材料投放的丰富性;投放的材料是不同洞眼的扣子、珠子,不同粗细的绳线,体现了材料投放的层次性;供幼儿"装扮妈妈"用,体现了材料投放的情感性。

3.【答案】D。解析:区域活动的材料要有层次性和结构性,采用渐进式投放,保持数量的适宜性。活动区材料的种类和数量能充分满足幼儿操作需要即可,并非越多越好。另外材料应多选用自然材料和可利用的废旧物品,保证材料的可操作性和安全性。

4.【答案】C。解析:将一个活动区的活动延伸至其他活动区体现的是活动区之间的转换性。界限性是指各活动区要划分清楚,界限明确。相容性是指把性质类似的活动区放在相邻的位置。

5.【答案】B。解析:知识的横向联系是指主题活动打破了学科领域之间的界限,将各个方面的学习有机地联系起来,使儿童获得的经验是完整的。教师开展的主题活动,将社会、科学、健康、语言等领域有机联系在一起体现了知识的横向联系的特点。

6.【答案】A。解析:主题活动是指以贴近儿童生活的某一中心内容,即主题,作为组织课程内容的主线来组织教育教学的活动。题干所述体现的是主题活动。

第十三章 幼儿园与家庭、社区的合作及与小学的衔接

本章内容以识记、理解为主，主要以单项选择题的形式进行考查，有时也会以多项选择题的形式进行考查。其中幼儿家庭教育的特点、幼小衔接的策略是重点考查内容。

学习目标

1.识记幼儿家庭教育的特点。
2.识记幼儿园与家庭合作共育的形式。
3.理解幼儿园与社区合作的含义、意义以及工作内容与方法。
4.识记幼小衔接的策略。

第一节 幼儿园与家庭的合作

一、幼儿园与家庭合作概述

考点1 幼儿园与家庭合作的含义

家园合作是指幼儿园和家庭双方积极主动地相互了解、支持、配合，共同促进学前儿童的身心和谐发展的活动。家园合作是双向的，但相对而言，幼儿园、幼儿园教师应处于主导地位。这是因为幼儿园是专业的教育机构；幼儿园教师是专业的教育工作者，懂得学前儿童身心发展的特点和规律，掌握着科学的学前教育方法。正确理解家园合作的内涵，需要把握以下几点。

第一，家园合作是一种双向互动的活动。

第二，家园合作要考虑幼儿园和家庭双方的需求。

第三，家园合作需要合作双方有积极主动的态度。

考点2 幼儿家庭教育的特点

幼儿家庭教育是一种伴随人类社会产生和发展的历史悠久的幼儿教育形式，以家庭为主要基地，以父母为主要实施者。幼儿家庭教育一般具有以下特点。

1.教育的率先性和延续性

家庭教育具有率先性。现在人们提倡胎教，而且幼儿降生后的第一个环境便是家庭，父母、长辈是幼儿的第一老师，人生最初的信息是从家庭中获得的。家庭教育的影响将不断地延续，即使在幼儿进入专门的幼

儿教育机构接受专门教育后,家庭的教育作用仍继续发挥。

2.单独性

幼儿在家庭中接受的是一个以上成人的影响教育,独生子女的家庭环境则更为突出,施教方式是单独的、非群体的。

3.随意性和随机性

家庭中对幼儿教什么及怎么教,受家庭成员的思想观念、知识水平、心态和情绪、时间条件、物质环境、家庭生活的运转方式等的影响,教育有较大的随意性;家庭教育与家庭生活相伴随,多采取"遇物则诲"的方式进行,因此又具有随机性。

考题再现

【2018·郴州汝城·单选】家庭教育多受施教者的意愿及其能力水平影响,教育儿童的目标性、计划性较少,施教的效果较差。这表明学前家庭教育具有( )的特征。

A.领先性
B.长久性
C.随意性
D.单独性

【答案】C。

4.亲情性

幼儿在成长过程中与父母建立了亲子关系,随着成长过程的延续,幼儿与家长的关系不断亲密化。家长与幼儿在教育过程中均受到亲密情感的影响。

5.丰富性

家庭教育的领域及范围很广。在不同的家庭生活环境、交往关系、生活方式中,幼儿可随之习得不同的行为规范、知识经验和生活技能等。

考点3 幼儿园与家庭合作的任务

1.促进双方取得教育共识

家园合作的首要任务是促使家长与幼儿园在教育理念、教育目标、教育内容、教育原则和教育方法等方面取得共识。

2.促进双方有效互动

家园合作的第二个任务是主动与家长沟通,促进双方有效互动,了解幼儿在家和在园的发展情况,交流和实施共育策略。

3.优化整合家庭教育资源

家园合作的第三个任务是引导家长关心、支持幼儿教育,与幼儿积极互动,力所能及地参与园、班的教育教学活动,不断提高保教质量,实现教育效益最大化。

考点4 幼儿园与家庭合作的意义

1.为幼儿身心健康发展创造良好的条件

第一,幼儿园、家庭相互合作形成合力。

第二,幼儿园充分利用学前家庭教育的资源。

2.为幼儿园教育工作创造有利的条件

第一,利用家庭、家长的资源丰富幼儿园的教育形式、内容等。

第二,交流教育信息、赢得家长对幼儿园教育的支持。

3.可以密切亲子关系,改进家庭教育

第一,家园合作为促进亲子互动、相互了解提供了新的途径。

第二,家长也可以从幼儿园获得科学育儿的知识与能力。

考点5 幼儿园与家庭衔接的内容

1.了解幼儿的家庭及在家表现情况

幼儿的家庭及其在家表现的具体情况是开展幼儿园教育的一个重要影响因素。因此,幼儿园教师应熟悉每个幼儿的家庭情况,了解幼儿在家的具体表现,如智力发展、兴趣、爱好、作息制度,以及生活习惯、游戏等实际情况,以有针对性地开展幼儿园教育。

2.向家长介绍幼儿园的各项工作

家长有权利知道幼儿在幼儿园中的受教育情况,因此,幼儿园教师有责任向家长介绍幼儿园的各项工作,取得家长的关心和支持。

3.向家长宣传幼儿教育的知识

幼儿园可以通过本园的教师或者外请专家教授向家长宣传幼儿教育的知识,帮助他们总结家庭教育经验,解决家庭教育中所遇到的实际困难。

4.向家长传授正确的教育观念和方法

一些家长在对幼儿进行家庭教育时,由于教育观念和方法的偏离,总会出现违背教育原则的现象,从而直接或间接地影响幼儿的身心发展。这时候就需要幼儿园教师凭借自己的专业特长,帮助家长掌握正确的教育观念和方法,促进幼儿身心全面健康地发展。

5.吸收家长参加幼儿园工作

幼儿园教育工作不能仅仅依靠幼儿园独自完成,还需要家长的配合与支持。因此,幼儿园应经常听取家长对幼儿园工作的意见,对一些合理的意见加以采纳,以改进幼儿园工作。

二、幼儿园与家庭合作的策略

1.沟通是幼儿园与家庭合作的基础

幼儿园与家庭的合作是建立在相互尊重、信任和支持的基础上的,建立这个基础就需要良好的沟通。良好的沟通体现在以下几方面。

(1)平等对待每位家长

①双方沟通的关键在于平等。

②给予每位幼儿家长均等的沟通机会。

(2)关爱并肯定每个幼儿

①诚挚地关爱每个幼儿,赢得家长的理解与支持。

②肯定幼儿的成长进步,建立家长与幼儿园良好沟通的渠道。

(3)善用语言交流技巧

善用语言交流技巧能够促进家园交流的效果。教师在与家长交流时,需注意以下几点:①要先扬后抑,即要先肯定孩子的优点,然后再点出不足,这样才易于家长接受;②要避实就虚,即不要一开始就切入正题,而是先谈其他方面的事情,待家长心理趋于平静的时候再自然引入主题;③要淡化孩子的缺点和错误,即不要给孩子的错误定性、定论,关键是让家长明白孩子的不足,得到家长的支持,将孩子往合理的方面引导;④当交流中产生观点分歧时,教师应当从为了孩子成长的角度去理解家长,并真诚地表达自己的看法,应尽量避免从消极的角度去评论或建议。

（4）关注家长的需要并给予指导和帮助

作为一名幼儿园教师，要利用自己所学的专业知识耐心地帮家长答疑解惑，还要做好事件的后续追踪回访工作，了解家长教育策略的实施情况及幼儿的成长信息，进一步帮助家长做好学前家庭教育的工作。幼儿园教师在帮助家长答疑解惑的过程中，及时关注与回应是关键，能让家长体会到教师的热情与爱心。

2.互助是幼儿园与家庭合作的内容

幼儿园与家庭合作的内容是指幼儿园和家庭双方利用各自所占据的学前教育资源，相互配合，发挥合作优势，共同促进幼儿的健康发展。根据幼儿园开展家园合作的实践，家园合作的内容主要包括两方面。

（1）鼓励和引导家长直接或间接地参与幼儿园教育

直接参与是指家长参与到幼儿园教育过程之中，如共同商议教育计划、参与课程设置、加入幼儿游戏活动、深入具体教育环节与教师联手配合开展活动、到园主持一些保教活动等，如"家长老师"活动（制度）、亲子活动、家长开放日等。

间接参与是指家长为幼儿园提供人力、物力支持，或将有关意见反映给幼儿园和教师，而自己不参与幼儿园教育各层次的决策和活动，如家访、随机交谈、家长会、家长联系簿、家长委员会、家长学校等。

（2）帮助家长树立正确的教育观念，掌握科学的教育方法

幼儿园在实践中充分利用幼儿园环境的创设、课程资源开发等环节，吸引家长参与其中，直接或间接地帮助家长感受新的教育观念，体验和学习科学的教育方法。

三、幼儿园与家庭合作共育的形式

考点1　个别方式的家园联系

1.家庭访问

家庭访问是家园联系中常用的一种方式，其目的在于深入了解幼儿在家中的真实情况，家长对幼儿教育的认识、态度和方法，家庭及其周围环境对幼儿身心发展的影响；针对个别幼儿的具体表现，与家长共同商讨教育幼儿的措施，介绍幼儿在幼儿园的表现，争取家长的密切合作。

每次家庭访问，事先要有简略的计划，选择适当的时间。有时可以让幼儿在场参加谈话，表示亲切，这时还可以观察幼儿在家的表现和家长对幼儿的态度；有时可以利用幼儿不在场的时间，和家长认真谈论幼儿的优缺点，研究分析改进教育的途径和交流情感等。

2.个别谈话（随机交流）

个别谈话是进行家长工作最简便、最经常、最及时的方法，教师可以利用家长到园接送孩子的时间与家长交谈有关孩子的教育情况，向家长反映问题，提出要求，商讨解决的方法。

3.家园（所）联系手册或联系卡

家园联系手册是教师与家长围绕幼儿的发展与教育进行书面联系与交流的形式，也可以制作成联系卡。用于教师与家长经常性的联系，简便易行，传递信息及时。

4.电话联系

电话联系具有方便、快捷的特点，能及时沟通幼儿在家或在园情况，迅速处理一些应急性的问题，已经成为家园沟通的重要渠道。

考点2　集体方式的家园联系

1.家长会

家长会是幼儿园对家长进行集体指导的重要形式，是将全园（所）、全班或某一类型的家长召集在一起开会的家长工作形式。家长会可定期召开。

2.家长学校

家长学校是普及家教知识的有效渠道,其主要任务是系统地向家长讲授教育子女的科学知识。家长学校通过组织家长参与学习和活动,提高家长对学前教育的认识水平和教育能力。

3.家长开放日

家长开放日是指幼儿园定期让家长来园参观或和幼儿一起参加运动会、儿童节大联欢等活动,了解幼儿在园的表现,同时得到与教师以及其他家长沟通的机会的家园合作方式。

4.家长接待日和专家咨询

家长接待日是指幼儿园安排一个固定的时间,由主管领导接待家长的来访,解答家长对园所、班级保育教育、管理等方面工作的疑问,听取家长的意见和建议,或设意见箱收集家长意见的一种家园合作方法。

专家咨询是指幼儿园聘请一些学前教育专家定期为家长提供现场咨询,为家长提供直接有效的服务。需要咨询的家长把自己平时在教育孩子方面存在的问题、困惑,以及对教师、教育机构的意见和建议与专家进行面对面的沟通与交流,以解答疑惑。这种形式很受家长欢迎。

5.家园(所)联系栏

大部分幼儿园都设有家园(所)联系栏或家教园地,有面向全体家长的、有各班自办的。家园联系栏应设在家长接送孩子的必经之处,内容要经常更新,字迹不可太小。

6.小报小刊和学习材料提供

有条件的幼儿园可举办面向家长的定期或者不定期的小报、小刊。其内容要丰富、文章精短、生动活泼,语言朴实亲切,既要有教师的话,又要有家长的话,紧紧围绕着对幼儿的教育。

第二节　幼儿园与社区的合作

一、幼儿园与社区合作的含义和意义

考点1　幼儿园与社区合作的含义

幼儿园与社区合作是指幼儿园与其所处的社区密切结合,共同为幼儿的健康成长服务。

幼儿园与社区的合作是相互的、双向的。一方面,幼儿园要和所在社区沟通、合作,充分利用社区的丰富资源环境开展幼儿园的教育活动等;另一方面,社区也在与幼儿园的合作中获得支持,丰富社区教育和精神资源。

考点2　幼儿园与社区合作的意义

1.利用社区资源更好地开展幼儿园教育工作

第一,充分利用社区环境中富有教育意义的自然和人文景观、历史文物、遗迹等,这不仅可以扩大幼儿园教育的空间与资源,更可以丰富和深化幼儿园教育的内容。

第二,社区作为一个生产功能、生活功能、文化功能兼备的居民生活小区,能为幼儿园提供所需要的人力、物力、财力、教育场所等多方面的支持,如社区的场地可以成为幼儿园的活动场所。

第三,社区文化无形地影响着幼儿园的教育。优秀的社区文化更是幼儿园教育的宝贵资源。一般来说,文化和文明程度较高的社区,幼儿园的园风相对较好,教育质量相对较高。

2.幼儿园能为社区提供教育和文化的支持

第一,为社区每个家庭乃至所在社区的全体成员提供优生、优育、优教方面的服务和指导,尤其是对社区开展早教指导。

第二,结合社区居民实际需要组织富有地域特色的各种保健、教育与服务,提高社区的教育服务水平。

第三,参与、支持社区的文化活动。幼儿园可以利用自身优势,如艺术教育优势,参与社区的文化演出、表演等活动,发挥幼儿园的教育和文化功能。

二、幼儿园与社区合作的内容和方法

考点1　幼儿园与社区合作的内容

幼儿园与社区合作的内容是指幼儿园在社区的支持下,充分利用所在社区的物质资源和人文资源开展幼儿园教育活动,在促进幼儿身心健康发展的同时,服务所在社区。根据社区资源的不同类型,幼儿园和社区合作的内容主要有以下两个方面。

1.幼儿园开发利用社区物质资源

社区有丰富的物质资源,可以为幼儿的学习提供生动、鲜活的教材、教具,有效丰富幼儿的直接生活经验。当然,社区资源只是潜在的教育资源,只有对资源进行分类和筛选,并根据幼儿发展的需要与幼儿园课程、主体相整合,才能使之成为幼儿园的课程内容。

2.幼儿园开发利用社区人文资源

人文资源主要是指本地所具有的文化特色、风俗习惯、建筑景观等,这是幼儿园可以利用的潜在课程。

考点2　幼儿园与社区合作的方法

幼儿园与社区合作的方法主要有两种:一是幼儿园要"请进来",积极有效地利用社区人力、物力和环境资源开展幼儿园教育活动;二是幼儿园教育活动要"走出去",主动融入社区、与社区资源相衔接。

1.请进来

第一,请社区成员参与幼儿园教育活动的设计。

第二,将社区资源引入幼儿园教育活动。

第三,和社区成员的互动。

2.走出去

第一,幼儿园教师主动走向社区,了解社区资源。

第二,组织幼儿走出去,感知社区生活,培养幼儿的社会认知、情感和技能。

第三节　幼儿园与小学的衔接

一、幼小衔接概述

考点1　幼小衔接的含义

幼小衔接是指幼儿园与小学根据幼儿身心发展的阶段性和连续性规律及幼儿可持续发展的需要,做好两个教育阶段的衔接工作,使幼儿顺利适应小学学习生活,并为其今后的发展打好基础。幼小衔接教育的实质是主体的适应性问题。

考点2　幼儿园教育与小学教育的差异

1.主导活动及教学方式

幼儿园的主导活动是游戏。幼儿通过动手操作等实践活动获得相关的感性经验和社会生活知识。教师在教学方法上注重直观性、趣味性,动静交替、寓教于乐,注重在日常生活中培养幼儿良好的行为习惯和感知周围事物的能力。

小学阶段的主导活动是通过教科书呈现各种学科文化知识的课堂教学,让儿童系统掌握科学文化知识。教师的教学方法相对固定、单一,注重逻辑推理,侧重于抽象思维。儿童通过听课、读书、做作业来掌握知识。

2.教育教学任务

幼儿园教育的内容是广泛的、启蒙性的,可按照幼儿学习活动的范畴相对划分为健康、社会、科学、语言、艺术五个方面。

小学阶段根据国家和地方统一的课程标准,分科目进行教育教学,通过相对独立的不同课程来实施。

3.作息制度及生活管理

幼儿园的生活节奏比较宽松,一日生活中游戏活动时间较多,生活管理也不带强制性,一般没有出勤考核要求,作息时间比较灵活。幼儿的学习与生活是综合的、整体的。

小学的生活节奏快速而紧张,作息制度非常严格,对儿童的纪律和行为规范有强制性的要求。学习和活动明显区分,且活动时间、活动量明显减少。上课实行班级授课制,且时间较长。

4.师生关系

幼儿园教师除对幼儿进行教育教学工作外,在生活上对幼儿的照顾也比较周到细致,与幼儿个别接触机会多、时间长、涉及面广,因此师幼关系密切。

小学科目多,任课教师多,师生接触主要是在课堂上,个别接触少,涉及面较窄。相对于幼儿园教师来说,小学教师对儿童的了解不够全面、深入,师生关系相对疏远。

5.环境布置

幼儿园教室的环境布置得生动活泼,充满童趣,有许多活动区域,有丰富的活动玩具和材料供幼儿动手操作、摆弄,并且这些玩具和材料经常随教育内容的变化而变化;没有固定排列的座位,幼儿可以自由选择游戏及同伴进行交往。

小学教室的环境布置得相对严肃,成套的课桌椅排列固定,儿童有固定座位,教室内没有玩具可供选择,且儿童自由选择的活动空间较少。

6.社会及成人对儿童的要求和期望

幼儿园没有升学率的压力,没有家庭作业和考试制度。教师的工作主要是根据幼儿的兴趣和需要,创设各种环境和条件,使幼儿在主动参与各种活动的过程中获得发展。

小学有明确的学习任务,学习成为儿童必须完成的任务,有严格的考试和一定的家庭作业。教师把学习成绩作为评价儿童的主要指标。儿童有升学的压力,自由少,要负担一定的社会责任。

考点3　幼小衔接的任务

1.生理适应

生理适应是指幼儿在升入小学之前,必须具备的适应小学紧张而有序的学习生活的身体条件。健康的身体是适应小学生活并进行各种活动的基础。幼儿园阶段要保证幼儿有充足的营养和休息,防治疾病,注意安全,使幼儿身心健康;要重视体育活动,使幼儿体能正常;要坚持生活制度的规律性,关心幼儿的情感和自我调节能力,使幼儿能担负起紧张的学习任务;要保护和训练幼儿的器官,特别是视觉、听觉器官,充分锻炼幼儿的小肌肉群;要培养幼儿的独立生活能力,使幼儿能独立进餐、如厕、劳动、游戏、整理学习用品,完成力所能及的任务。

2.心理适应

心理适应是指幼儿在心理上做好准备,接受离开幼儿园的小朋友和教师,做好当一名小学生的心理准备。幼儿心理上的不适应主要表现为以下几点:(1)对完成学习任务的要求不适应;(2)对严格又繁多的纪律约束不适应;(3)对缺乏关怀和照顾不适应;(4)对新的人际关系不适应。

3.能力适应

能力适应是指幼儿进入小学之后必须具备的基本学习能力、交往能力等各项能力。幼儿园应有意识、有目的地培养幼儿的任务意识、规则意识、责任感、独立性、生活自理能力和人际交往能力,以逐步提高幼儿的社会适应能力。

4.学习适应

幼儿的学习适应困难主要表现在以下几方面:(1)缺乏必要的学习习惯和学习品质;(2)读写能力不足;(3)数学能力不足。从幼儿园大班开始,教师就应将小学生应达到的基本要求融入幼儿园的一日活动之中,逐步使幼儿养成小学生应有的学习品质和行为习惯,如按时作息、按时上学、按时完成作业、遵守上课纪律、不做小动作、勤于动脑等。

考题再现

【2021·永州祁阳·简答】做好幼小衔接工作,需要培养幼儿对小学生活的适应性,请简述培养幼儿对小学生活适应性的主要内容。

【参考答案】见上文。

二、幼小衔接的实施

考点1 幼小衔接工作的指导思想

幼小衔接工作的指导思想包括以下三点。

1.长期性而非突击性

幼儿园教育是终身教育的一个重要组成部分,要为幼儿的终身发展打好基础。因此,不应当把幼小衔接工作仅仅视为两个教育阶段的过渡问题,而应把它置于终身教育的大背景下去考虑。在时间上,要把幼小衔接工作贯穿于幼儿园教育的各个阶段而不仅仅是大班后期;在内容上,要涉及幼儿发展的各个方面而不仅仅是知识准备;在人员上,要包括幼儿园全体人员、家长及有关成人,而不仅仅是大班老师。

2.整体性而非单项性

幼小衔接是全面素质教育的重要组成部分,要做好幼小衔接工作,必须促进幼儿德、智、体、美等方面的全面发展,不应仅偏重某一方面。大量事实证明,越是身心得到全面充分和谐发展的幼儿,越能较快地适应小学学习和生活。因此,要避免重智育,忽视和轻视体育、德育、美育等工作的倾向;更要避免把入学准备工作等同于教幼儿认字、学拼音、学算术的做法。在衔接中偏重某一方面是错误的,而在某一方面中又偏重某些因素则更片面。有的教师把智育理解为仅是让幼儿记忆知识、掌握技能,对智育的其他因素,如智育核心思维能力的培养则重视不够;对幼儿的学习主动性、兴趣、习惯等与智力发展密切相关的非智力因素的培养则更是忽视。

3.培养入学的适应性而非小学化

幼小衔接工作中的一大误区就是小学化倾向严重。有些幼儿园提前让幼儿学习小学的教材,用小学的教学组织形式与方法来组织幼儿园的教学活动。这些做法严重违背了幼儿的身心发展规律,是造成幼儿厌学、养成不良学习习惯的重要原因。幼小衔接重在培养幼儿进入小学生活的各种适应能力。

考点2　幼小衔接的策略

1.幼儿园全面的入学准备工作

幼儿园全面的入学准备是指幼儿在入学之前,需要达到的身心全面发展的水平,具体包括健康的身体、主动性、独立性、人际交往能力、规则意识和任务意识等方面的培养。

(1)增强体质

幼儿园除了保证幼儿必需的营养,做好保健工作外,更重要的是积极锻炼幼儿的身体,发展其手眼协调能力和运动能力。动作发展协调的、体能发展好的幼儿易于适应小学紧张的学习生活。

(2)培养主动性

培养主动性就是要培养幼儿的自信心、对周围人和事物的积极态度,激发幼儿对活动的参与欲望和兴趣,给他们提供自己选择、自己计划、自己决定的机会和条件,鼓励他们去探索、尝试,尽量获得成功的体验。

(3)培养独立性

在幼儿园阶段,要注意培养幼儿的时间观念,增强独立意识,让幼儿知道什么时候应该做什么事情,并自觉去做,逐渐减少成人的直接照顾。

(4)培养人际交往能力

幼儿人际交往能力的重要性表现在幼儿入学后对新的人际环境的适应上。人际交往能力差的幼儿胆小,不能主动与同伴交往,或与同伴不能友好相处,遇到问题也不敢找老师反映或寻求帮助等,结果没有交到新朋友,感到孤独,心情沮丧,学习兴趣降低,学校对他的吸引力也随之减弱。这一能力与主动性密切相关,应重视培养。

(5)培养规则意识和任务意识

规则意识和任务意识不是短时间内能形成的,需要幼儿教师在日常生活中时刻注意对幼儿规则意识和任务意识的培养。

考题再现

【2018·常德武陵·多选】加强儿童入小学适应所应具备的素质培养包括(　　　)。

A.主动性的培养

B.独立性的培养

C.人际交往能力的培养

D.规则意识和任务意识的培养

【答案】ABCD。

2.幼儿园专门的幼小衔接工作

幼儿园大班应当更集中、更直接地对幼儿进行入学衔接教育,在入学情感和学习能力等方面做好专门的衔接工作。

(1)入学情感的激发

大班幼儿往往急切地盼望自己快点长大,当一名光荣的小学生和少先队员,教师和家长应当保护幼儿的这种积极性,不可吓唬和威胁,以免使幼儿对小学产生抵触情绪。入学情感的激发需要做好以下几方面的工作:①组织幼儿参观附近小学;②调整幼儿园的作息制度;③逐步养成小学生应有的行为习惯;④进行毕业离园教育。

（2）学习能力的提高

①倾听能力。培养倾听能力，即培养幼儿专心听讲的能力，要求每个幼儿能保持安静和注意力高度集中，对教师的话，要听清楚、听准确。

②书写能力。由于幼儿手腕、手指的骨化过程未完成，小肌肉发育较迟，平时用手指操作活动的机会又不够充分，写字对刚入学的幼儿来说是最困难的活动之一。大班后期，教师要创造条件开展灵活运用手指操作的多样化活动，以提高幼儿手指活动的灵活性和耐力。

③语言表达能力。在幼儿的一日活动中，教师可以经常组织幼儿互相交流和倾听同伴的所见所闻，在各项活动中注意丰富幼儿词汇。

④阅读能力。学龄初期是阅读能力发展的基础阶段，教师要有计划地指导幼儿阅读，教会他们看书的方法、拿书的姿势，逐渐培养幼儿对阅读的兴趣和良好的阅读习惯。

（3）安全意识的培养

教师在组织幼儿活动时，要仔细观察幼儿的一举一动，利用各种教学活动，提高幼儿的自我保护能力，增强安全意识，如游戏安全、接送安全、饮食安全等；可用提问的方式引导幼儿说出自己的看法，说说这样做是对的，还是不对的；如果不对，应该怎样做。通过讨论，使幼儿对一些存在安全隐患的事情有更加清楚的了解，知道什么事情可以做、什么事情不可以做、什么事情应该怎样做等。

（4）引导家长走出衔接误区

幼儿园通过幼儿园园报、家园联系栏、家长开放日等多种宣传途径使家长与幼儿园统一认识、统一方法，充分发挥家长学校作用。

强化练习

一、单项选择题

1.幼儿园为了便于家长全面直观地了解幼儿在园一日生活情况，最适宜采取的家庭教育指导方式是（　　　）。

A.家长园地　　　　　　　　　　　B.家长开放日

C.家长学校　　　　　　　　　　　D.家长会

2.向家长介绍园所教育工作的基本情况和今后的工作计划，适宜采取的形式是（　　　）。

A.家访　　　　　　　　　　　　　B.开家长会

C.家长学校　　　　　　　　　　　D.教育讲座

3.在幼小衔接工作中，教师要培养幼儿主动与同伴、教师交往和友好相处的能力。这属于（　　　）方面的适应能力。

A.主动性　　　　　　　　　　　　B.独立性

C.人际交往　　　　　　　　　　　D.规则意识

4.幼儿进入小学后，需要参加的活动从以游戏活动为主转变为集体上课的形式，要完成一定量的作业，要识记大量陌生的数字、文字符号。上述情况反映了幼儿入学后将面临的新问题是（　　　）。

A.学习环境的变化

B.师生关系的变化

C.生活习惯的变化

D.主导活动及教学方式的变化

5.幼儿园实施幼小衔接工作的指导思想不包括（　　　）。

A.全面性而非重点性　　　　　　　　B.长期性而非突击性

C.培养入学的适应性而非小学化　　　D.整体性而非单项性

二、简答题

1.简述家园合作的意义。

2.简述幼儿园如何做好幼小衔接工作。

三、案例分析题

材料：

考虑到大班的幼儿马上就要升入小学了，为了更好地让幼儿适应小学的生活，张园长对大班的幼儿采取了小学化的管理方法，教学内容以识字、写字及算术为主，并在课后布置家庭作业等。

问题：你赞同张园长的做法吗？请分析以上案例，并提出合理化的建议。

参考答案及解析

一、单项选择题

1.【答案】B。解析：家长开放日是指幼儿园定期让家长来园参观或和幼儿一起参加运动会、儿童节大联欢等活动，了解幼儿在园的表现，同时得到与教师以及其他家长沟通机会的家园合作方式。

2.【答案】B。解析：家长会是将全园、全班或某一类型的家长召集在一起开会的家长工作形式。家长会可定期召开，如在开学之初，向新入园的幼儿家长介绍全园的基本情况、公布新学期的保教计划；在学期结束之际，向家长通报本学期各项工作的进展情况，并请家长一起评估保教工作。

3.【答案】C。解析：能够主动与同伴、教师交往，友好相处反映的是幼儿人际交往方面的适应能力。人际交往能力差的幼儿胆小，不会主动与同伴交往或不能与同伴友好相处，远离教师，遇到问题不敢找教师反映或寻求帮助。因此，在幼小衔接工作中，教师要注意培养幼儿的人际交往能力。

4.【答案】D。解析：幼儿进入小学后，活动从以游戏活动为主转变为集体上课的形式，要完成一定量的作业，要识记大量陌生的数学、文字符号。这体现的是主导活动及教学方式的变化。

5.【答案】A。解析：幼儿园实施幼小衔接工作的指导思想包括以下几点：（1）长期性而非突击性；（2）整体性而非单项性；（3）培养入学的适应性而非小学化。

二、简答题

1.【参考答案】

（1）为幼儿身心健康发展创造良好的条件。

①幼儿园、家庭相互合作形成合力。

②幼儿园充分利用学前家庭教育的资源。

（2）为幼儿园教育工作创造有利的条件。

①利用家庭、家长的资源丰富幼儿园的教育形式、内容等。

②交流教育信息、赢得家长对幼儿园教育的支持。

（3）可以密切亲子关系，改进家庭教育。

①家园合作为促进亲子互动、相互了解提供了新的途径。

②家长也可以从幼儿园获得科学育儿的知识与能力。

2.【参考答案】

幼儿园做好幼小衔接工作的策略包括以下几个方面。

（1）幼儿园全面的入学准备工作：①增强体质；②培养主动性；③培养独立性；④培养人际交往能力；⑤培养规则意识

和任务意识。

（2）幼儿园专门的幼小衔接工作：①入学情感的激发，包括组织幼儿参观附近小学、调整幼儿园的作息制度、逐步养成小学生应有的行为习惯、进行毕业离园教育等；②学习能力的提高，包括倾听能力、书写能力、语言表达能力、阅读能力等的提高；③安全意识的培养；④引导家长走出衔接误区。

三、案例分析题

【参考答案】

（1）我不赞同张园长的做法。幼小衔接是为了让幼儿能顺利适应小学的生活，要做好幼小衔接工作，必须促进幼儿德、智、体、美诸方面全面发展。幼小衔接工作的一大误区就是片面理解幼小衔接，把幼小衔接理解为"小学化"，如教师提前用小学的教育方式教育幼儿，提前让幼儿学习小学的教材。这些做法，严重违背了幼儿的身心发展特点，是造成幼儿厌学、养成不良学习习惯的重要原因。

（2）幼小衔接的建议如下。

幼小衔接工作应贯穿于幼儿园教育的全过程，为幼儿做好全面的入学准备工作，具体有以下几点：①增强幼儿体质，动作发展协调的、体能发展好的幼儿易于适应小学紧张的学习生活；②培养幼儿主动性、独立性；③培养幼儿的人际交往能力，良好的人际交往能力能够使幼儿更快地适应新的人际环境；④培养幼儿规则意识和任务意识。

此外，幼儿园大班应当更集中、更直接地对幼儿进行幼小衔接教育，尤其是在入学情感和学习能力方面。入学情感方面主要包括组织幼儿参观附近小学，调整幼儿园的作息制度，逐步养成小学生应有的行为习惯，进行毕业离园教育等。学习能力提高方面主要包括培养幼儿的倾听能力，即专心听讲的能力；培养幼儿的书写能力、语言表达能力和阅读能力。教师还应利用各种教学活动，提高幼儿的自我保护能力，增强幼儿的安全意识。

第十四章　幼儿园教育评价

考情分析

本章内容以识记、理解为主,主要以单项选择题的形式进行考查。其中幼儿园教育评价的类型是重点考查内容。

学习目标

1.理解幼儿园教育评价的含义、内容与功能。
2.识记并区分幼儿园教育评价的类型与方法。

第一节　幼儿园教育评价概述

一、幼儿园教育评价的含义

幼儿园教育评价是评价者以幼儿园教育目标为评价标准,在系统测量的基础上,收集幼儿园教育过程中的相关信息,对幼儿园教育及其相关要素进行客观衡量和科学判断,以促进幼儿全面发展的过程。

二、幼儿园教育评价的内容

考点1　幼儿发展评价

幼儿发展评价是指对幼儿身心发展状态(如身体发展、认知发展和社会性发展)进行评价。幼儿发展评价是面向幼儿真实世界和真实生活的,关注幼儿发展的动态过程。此类评价又有正式评价和非正式评价之分。正式评价,即一般意义上的幼儿发展评价,是对幼儿发展的各方面进行系统的评价。非正式评价一般是在具体的教育活动情景中,以发展的眼光来看待和处理幼儿成长中所遇到的问题,对幼儿发展的某个方面或某种行为表现进行评价。

幼儿的行为表现和发展变化具有重要的评价意义,教师应视之为重要的评价信息和改进工作的依据。因此,幼儿发展评价是幼儿园教育评价的重要内容之一。

考点2　教师工作评价

教师工作评价分为行政性评价和发展性评价。行政性评价通常是在目标分析的基础上指定出一套量化的评价标准体系,在工作结束时由管理者据此评定教师的工作,多采用他人评价、定量评价的方法。发展性评价是用多种评价方法(如形成性评价、自我评价等)对教师的工作进行评价。

考点3 幼儿园工作评价

幼儿园工作评价是教育评价的一个组成部分。它是依据一定的程序和标准,通过收集、整理、处理相关信息,有目的、有计划、有组织地对特定园所的各个有关方面的工作状况进行科学调查,并做出价值判断的过程。

在幼儿园工作评价中,评价主体是多样的,其价值判断的依据也有所不同。幼儿园工作评价主要有以下几种。

1.以教育系统上级主管部门作为评价主体,以幼儿园作为评价客体,其价值判断的依据是某一时期的教育方针、政策、中心任务,或某项法律、法规的贯彻实施状况,以此实现教育的宏观调控和实行有针对性的指导影响。

2.以幼儿园为评价主体,以幼儿园内部工作状况为评价客体,其价值判断的准则是自我诊断、自我总结、自我完善,从而改进工作,提高效率,促进保教质量的提高。

3.以幼儿园教师为评价主体,以幼儿为评价客体,其价值判断的依据是以幼儿的德、智、体、美各方面的发展水平为标志的教学与发展的关系状况,以此推进保育、教育工作的改革,提高保教质量。

4.以家长和社区成员为主体,其价值判断的依据为幼儿园的各项工作满足家长和社区需求的程度,通过及时的信息反馈,进行幼儿园工作的社会监督、自我完善,以提高服务质量,增强园所自身的生存能力和市场竞争力。

三、幼儿园教育评价的功能

幼儿园教育评价的功能是指幼儿园教育评价所能发挥的功效和职能。幼儿园教育评价贯穿于整个教育活动之中,并直接影响着幼儿园教育活动的开展。幼儿园教育评价的功能主要表现在以下几个方面。

1.诊断与改进功能

诊断与改进功能是指在搜集、整理和分析信息资料的基础上,对评价对象的客观情况,特别是所存在的问题进行分析诊断,为进一步的改进行动提供支持,帮助其寻求发展的途径和方法。诊断与改进是幼儿园教育评价中所具有的主要功能,也是进行幼儿园教育评价的主要目的。例如,通过对"幼儿饮食情况的调查问卷"所得数据进行分析,可以诊断出幼儿在饮食上存在的挑食、厌食问题,从而更好地与家长协调,帮助幼儿改掉不良的饮食习惯。这种评价即发挥了诊断与改进功能。

2.鉴定与选拔功能

鉴定与选拔功能是指通过对资料的分析和整理,证明或说明评价对象的客观情况,为其以后的发展或晋级提供依据。比如,通过评价可以判断某幼儿园是否达到了省级规范化幼儿园的标准,并判断其级别是一类、二类还是三类。

3.导向与调节功能

导向与调节功能是指教育评价的过程和结果对评价对象的行为取向与方式有着直接的影响,并促使评价对象朝着评价者所预期的目标发展。

第二节 幼儿园教育评价的类型与方法

一、幼儿园教育评价的类型

考点1 根据评价的主体分类

1.自我评价

自我评价也称内部评价，是指被评者通过自我认识与分析，对照一定的评价标准与要求，对自己的工作、学习状况与成就做出评价，即自己对自身进行的评价。

2.他人评价

他人评价也称外部评价，是指除了被评价者自身以外的任何人或组织对被评价者某方面的实态所进行的评价。

考点2 根据评价的参照体系分类

1.相对评价

相对评价也称常模参照评价，是指在某一类评价对象的集合中选取一个或若干个对象作为标准，然后把各个评价对象与参照标准进行比较，判断其是否达到标准所具备的特征及程度。

2.绝对评价

绝对评价也称标准参照评价，是指在评价对象集合之外确定一个客观标准，然后将各个评价对象与确定的客观标准进行比较，判断其达到客观标准的程度。

3.个体内差异评价

个体内差异评价是把某一类评价对象集合中的每一个对象的过去和现在进行比较或者同一个评价对象的若干侧面相互比较。比如，把某幼儿在学期初和学期末的动作发展测试成绩相比较，评价其取得的进步程度。

考点3 根据评价的功能分类

1.诊断性评价

诊断性评价是在教育教学活动开始之前，为使计划更有效地实施而进行的预测性评价或摸底性评价，目的在于了解教育对象的基础情况和问题，为有效制订教育计划或解决某些实际问题做准备。

考题再现

【2018·郴州汝城·单选】在幼儿刚入幼儿园时，幼儿园会对所有幼儿的身心发展情况进行摸底测试和测验，以便教师能在以后的工作中根据幼儿的特点和发展水平进行指导和帮助。这种摸底测试和测验的评价方式属于（　　）。

A.个体内差异评价　　　　　　　　　B.诊断性评价

C.形成性评价　　　　　　　　　　　D.总结性评价

【答案】B。

2.形成性评价

形成性评价是指通过诊断教育方案或计划、教育过程与活动中存在的问题，为正在进行的教育活动提前反馈信息，提高实践中教育活动质量的评价。

形成性评价一般在教育过程中持续进行，旨在及时了解教育动态过程的成效，及时反馈与调节，使计划、方案不断完善，以便顺利达到预期的目的，提高教育过程的质量。

3.终结性评价（总结性评价）

终结性评价是指在某个阶段教育活动结束后进行的，对达成教育活动目的程度做出的关于教育效果的判断。终结性评价的目的是了解这项活动达到预期目标的情况以及最终的教育效果或效益。

考点4　根据评价的方法分类

1.定量评价

定量评价是将评价对象进行数量化的分析和计算，并用数量显示对象的性质或功能，或经统计分析得出某些结论，由此判断它的价值。例如，通过问卷调查某地区幼儿园教师的工作满意度。

2.定性评价

定性评价是通过自然情景下的调查，或对各种口头的、书面的材料加以细致分析，将评价对象做概念、程度上的质的规定，然后进行分析评定，以说明评价对象的性质或程度。

二、幼儿园教育评价的方法

考点1　观察法

观察法是幼儿园教育评价中最基本的方法，是评价者在自然条件下对评价对象进行有目的、有计划的直接感知、记录，继而分析、解释这些现象和事实发生的原因或发展趋势，从而获得结论的一种评价方法。

考点2　访谈法

访谈法是调查者针对某一特定研究目的，通过与调查对象及其有关的人面对面谈话的方式了解情况，收集所需的评价信息的一种方法。

考点3　问卷调查法

问卷调查法是由评价者根据评价目的，向被调查对象发放问卷，要求被调查者以书面形式提供给评价者有关情况的一种广泛收集评价信息的方法。

考点4　档案袋评定法

档案袋评定法是指将对被评价者的观察记录、检核表以及反映其学习、成长或工作情况的相关资料放进成长记录袋里，以反映被评价者的特点和状况，以及在特定领域中的努力、进步与成就。

考点5　测试法

测试法又称测验法、测查法，是评价者根据评价工作需要，运用客观的测验项目和特定的量表来收集有关评价对象某方面特征的量化资料。在选择或编制量表时，应该注意以下几个指标。

①测验的信度。测验的信度即反映测验可信程度的指标，包括内部一致性信度和稳定性信度。

②测验的效度。测验的效度即这个测验是否测到了它所想要测到的东西，其程度如何。

③测验的难度。测验的难度即测验的难易程度。

④区分度。区分度是指某项目的测验对于不同水平的被试加以区分的程度。如果某项目上得高分的被试实际水平也高，得低分的实际水平也低，则该项目的区分度就高。

单项选择题

1.（　　）是指将对被评价者的观察记录、检核表以及反映其学习、成长或工作情况的相关资料放进成长记录袋里，以反映被评价者的特点和状况，以及在特定领域中的努力、进步与成就。

A.以游戏为基础的评价 　　　　　　　　B.真实性评价

C.档案袋评定法 　　　　　　　　　　　D.多彩光谱法

2.对幼儿进行发展评价的主体是（　　）。

A.家长　　　　　　B.社会　　　　　　C.教师　　　　　　D.教育机构

3.教师通常会问幼儿"你现在做得怎么样了？""怎样才能做得更好、更快？"这通常属于（　　）。

A.诊断性评价 　　　　　　　　　　　　B.形成性评价

C.总结性评价 　　　　　　　　　　　　D.配置性评价

4.某老师给华华小朋友做出如下评价："这个学期华华小朋友在自己吃饭、穿衣等方面进步明显，与上学期相比，更乐于与小朋友交往。"这种评价属于（　　）。

A.相对评价 　　　　　　　　　　　　　B.绝对评价

C.自身差异评价 　　　　　　　　　　　D.诊断性评价

5.幼儿园教育评价中最基本的方法是（　　）。

A.观察法 　　　　　　　　　　　　　　B.访问谈话法

C.问卷调查法 　　　　　　　　　　　　D.测验法

参考答案及解析

单项选择题

1.【答案】C。解析：档案袋评定法是指将对被评价者的观察记录、检核表以及反映其学习、成长或工作情况的相关资料放进成长记录袋里，以反映被评价者的特点和状况，以及在特定领域中的努力、进步与成就。

2.【答案】C。解析：幼儿发展评价应综合运用观察评价、成长记录袋评价、表现性评价、等级量表评价等多种方法。幼儿发展评价的实施主体为教师。

3.【答案】B。解析：题干中教师问幼儿"你现在做得怎么样了？""怎样才能做得更好、更快？"说明评价在教育活动的进行过程中，属于形成性评价。

4.【答案】C。解析：自身差异评价是指将某个评价对象的现在同过去相比较，或对其某几个侧面进行比较，以判断其发展和变化的评价方法。如"评价一位新入园的幼儿的适应状况""评价一位新教师的成长情况""比较某个幼儿在身体、认识和社会性等几方面的发展状况"等都是自身差异评价的应用。

5.【答案】A。解析：幼儿园教育评价中最基本的方法是观察法。

第二部分　学前心理学

　　本部分内容共分为八章，主要介绍了学前儿童心理、动作、认知、情绪情感与意志、个性、社会性、游戏心理的发展等相关理论知识。

　　本部分内容主要考查的题型包括单项选择题、多项选择题、判断题、填空题、简答题、论述题和案例分析题。

　　根据对往年考题的分析与总结，第二章学前儿童心理的发展、第四章学前儿童认知的发展、第六章学前儿童个性的发展、第七章学前儿童社会性的发展是重点考查内容。

第一章　学前心理学概述

本章内容以识记、理解为主，会以单项选择题的形式进行考查。其中研究学前儿童心理的具体方法是重点考查内容。

学习目标

1.理解学前心理学的研究对象和内容。
2.识记研究学前儿童心理的具体方法和原则。

第一节　学前心理学的研究对象和内容

一、学前心理学的研究对象

考点1　学前心理学的相关概念

1.心理学的概念

心理学是研究心理现象的科学。一般认为，心理现象包括心理过程和个性心理。

（1）心理过程

心理过程包括认识过程、情感过程和意志过程。

认识过程是指人脑反映客观现实的过程，包括感觉、知觉、记忆、想象、思维等过程。情感过程是指人在认识事物时产生的各种内心体验。意志过程是人在活动中为了实现某一目的，对自己行为的自觉组织和自我调节。

（2）个性心理

个性心理包括个性倾向性、个性心理特征和自我意识。

个性倾向性是人进行活动的动力系统，是个性结构中最活跃的因素，包含需要、动机、兴趣、理想、信念、世界观等因素。它们主要是在后天的社会化过程中形成的，较少受生理因素的影响。

个性心理特征是指一个人身上经常地、稳定地表现出来的心理特点，主要包括性格、气质和能力。在个性心理发展的过程中，这些心理特征较早地形成，并不同程度地受生理因素的影响。

自我意识是指主体对其自身作为客体存在的各方面的意识，包括自我认识、自我体验、自我监控等方面。

备考锦囊

心理过程从心理现象的组成部分来研究个体心理现象的共性，是个性形成的基础；个性心理从个体心理现象的表现来分析个体心理的差异性。心理过程与个性心理都是在社会实践中发展形成的。一方面，个性心理是在心理过程的基础上形成的；另一方面，已经形成的个性心理又能调节心理过程，并在心理过程中表现出来。

2.心理的实质

（1）心理是脑的机能，脑是心理活动的器官。正常发育的大脑为心理发展提供了物质基础。条件反射的出现是心理发生的标志。心理的发展从动作开始。

（2）心理是客观现实的反映。

（3）心理的反映具有能动性。

考点2　发展心理学、学前儿童心理学、幼儿心理学的研究对象

发展心理学是心理学的一门分支，是研究心理发展特点与规律的科学。发展心理学研究个体从出生到成熟时期心理的发展，主要研究对象是儿童心理的发展。

学前儿童心理学是研究0~6岁学前儿童心理发展特点和规律的科学，是发展心理学的一个组成部分或分支。

幼儿心理学是研究幼儿期（3~6岁）儿童心理发展特点和规律的科学。

考点3　历史演变

1879年，德国心理学家冯特在莱比锡大学建立了世界上第一个心理学实验室，标志着心理学的正式独立。冯特也因此被称为"心理学之父"。

1882年，德国生理学家和实验心理学家普莱尔出版了《儿童心理》，标志着科学儿童心理学的诞生。普莱尔也因此被称为"儿童心理学的奠基人"或"西方儿童心理学的鼻祖"。

在后期的儿童心理学研究中包含了学前儿童心理发展的研究。

二、学前心理学的研究内容

1.个体心理的发生

人的各种心理活动都是在学前阶段开始发生的。儿童出生时，只有最简单的感知活动，且与生理活动难以区分。人类特有的心理活动，包括知觉和注意、记忆、表象和想象、思维和言语、情感和意志以及个性心理特征，都是在出生后的早期阶段产生的。因此，个体心理的发生是学前心理学研究的重要内容。

2.学前儿童心理发展的一般规律

每个学前儿童心理发展的表现是不同的，其心理发展存在或早或晚的差别。但学前儿童心理发展的过程都是从简单、具体、被动、零乱向着较复杂、抽象、主动和成体系的方向发展的。其总体的发展趋势和顺序大致相同，存在一定的年龄阶段特征。同时，学前儿童的心理发展也受到遗传、环境等其他各种因素的影响。这些因素对心理发展的作用也是有规律可循的。因此，研究制约学前儿童心理发展过程本身的规律、特点和影响学前儿童心理发展的各种因素是学前心理学的一个重要内容。

3.学前时期心理过程和个性的发展

学前儿童心理的发展表现为各种心理过程的发展及个性的形成和发展。每种心理过程和个性特征的发展都有一般的规律，也存在各自的特点。因此，对这些规律和特点的研究也是学前心理学的重要内容。

第二节 学前心理学的研究类型、方法及原则

一、学前心理学的研究类型

1.以研究时间为标准，分为纵向研究和横向研究

纵向研究是指在较长的时间内，对某个或某些儿童进行追踪研究，以查明随着年龄的增长，其心理发展的进程和水平的变化的一种研究类型。

横向研究是指在同一时间内，研究某一年龄阶段或几个年龄阶段儿童的心理发展水平，以了解儿童心理发展的规律和年龄特点的一种研究类型。

2.以研究范围为标准，分为整体研究和分析研究

整体研究也叫系统研究，即把儿童心理发展的各个方面，作为一个相互联系、相互影响的整体结构来研究。整体研究便于找出心理发展的整体规律，但研究一般比较复杂。

分析研究又称专题研究，是对儿童心理发展的某一个别的、局部的问题进行的比较深入的研究。这种研究的适用范围比较广泛，能够比较深入地研究某一心理机能，但容易忽略局部与整体的联系。

3.以研究课题为标准，分为差异研究、相关研究和因果研究

差异研究一般是研究不同年龄儿童心理活动的区别。

相关研究是研究儿童心理发展的现象之间的关系或心理现象与其他因素之间的关系。

因果研究是研究两个变量之间的因果关系。

4.以研究对象为标准，分为个案研究和群体研究

个案研究是指对一个或少数个体进行个别的系统调查的研究类型。个案研究的优点是便于对被研究儿童进行全面、深入地考察，但其从个别儿童身上所得出的结论不能推广为所有相同年龄阶段儿童的心理发展规律。

群体研究是指将同性质的被试作为一个群体样组进行分析的研究类型。这种研究的优点是可做定量化研究，研究结果具有代表性，但组织困难，不便于进行深入研究。

二、研究学前儿童心理的具体方法

考点1 观察法

观察法是研究学前儿童心理的最基本的方法，也是托儿所、幼儿园最常用、最实用的研究方法。

运用观察法了解学前儿童，就是有目的、有计划地观察学前儿童在日常生活、游戏、学习和劳动中的表现，包括言语、表情和行为，并根据观察结果分析儿童心理发展的规律和特征。

运用观察法研究学前儿童心理时应注意的问题包括以下几点。

（1）制订观察计划时，必须充分考虑观察者对被观察儿童的影响，要尽量使儿童保持自然状态。根据观察目的和任务的不同，可以采用局外观察或参与性观察。

（2）观察记录要详细、准确、客观，不仅要记录行为本身，还应记录行为的前因后果。

（3）由于学前儿童心理活动的不稳定性，其行为往往表现出偶然性。因此，对学前儿童的观察一般应反复进行。对学前儿童行为的评定容易带有主观性，因此常常需要两个观察者同时分别评定。

【2020·长沙天心·单选】研究学前儿童心理的最基本的方法是(　　)。

A.观察法　　　　　　　B.实验法　　　　　　　C.测验法　　　　　　　D.问卷法

【答案】A。

考点2　实验法

对学前儿童进行实验,就是通过控制和改变学前儿童的活动条件,以发现由此引起心理现象的有规律性的变化,从而揭示特定条件与心理现象之间的联系。

研究学前儿童心理常用的实验法有两种,即实验室实验法和自然实验法。

实验室实验法是在具有特殊装备的实验室内,利用专门的仪器设备进行心理研究的方法。实验室实验法在研究初生头几个月的婴儿时广泛运用。实验室实验法最主要的优点是能够严格控制条件,可以重复进行,可以通过特定的仪器设备探测一些不易被观察到的情况;不足之处在于儿童在实验室环境内往往产生不自然的心理状态,由此导致所得实验结果有一定的局限性。

自然实验法是在儿童的日常生活、游戏、学习和劳动等正常活动中,有目的、有计划地控制某些条件,来引起并研究儿童心理的变化的方法。自然实验法的优点是儿童在实验过程中的心理状态比较自然,研究者可以控制儿童心理产生的条件;缺点是由于强调在自然的活动条件下进行实验,难免出现各种不易控制的因素。此外,自然活动环境不如实验室那样有各种仪器设备,因而对实验自变量和因变量的控制和记录条件不及实验室实验。

考点3　测验法

测验法是指根据一定的测验项目和量表来了解学前儿童心理发展水平的方法。测验主要用于查明学前儿童心理发展的个别差异,也可用于了解不同年龄儿童心理发展的差异。应注意的是,学前儿童的独立活动能力差,模仿性强,因此对学前儿童测验都是用个别测验,不宜用团体测验。学前儿童的心理不成熟,其心理活动的稳定性差。因此,切不可仅凭任何一次测验的结果就判断某个学前儿童的心理发展水平。判断某个学前儿童心理发展水平和状况,应运用多种方法从多方面进行考察。

考点4　调查访问法

调查访问法是指研究者通过学前儿童的家长、教师或其他熟悉儿童生活的成人,了解儿童的心理表现的方法。

考点5　问卷法

问卷法可以说是把调查问题标准化。运用问卷法研究学前儿童的心理,所调查对象主要是与学前儿童有关的成人,即请被调查者按拟定的问卷表作书面回答。

考点6　谈话法

谈话法是指通过和学前儿童交谈,来研究他们的各种心理活动的一种方法。谈话的形式可以是自由的,但内容要围绕研究者的目的展开。谈话者应有充足的理论准备、非常明确的目的以及熟练的谈话技巧。

考点7　作品分析法

作品分析法是指通过分析学前儿童的作品来了解学前儿童心理活动的一种方法,如通过儿童的绘画作品分析儿童的想象力。

三、研究学前儿童心理的原则

针对学前儿童的特点,研究其心理时,要特别注意贯彻以下几个原则。

1.客观性原则

客观性原则就是按照事物的本来面目去认识事物,也就是实事求是。在学前儿童心理研究中,客观性原则主要包括两个方面的含义。

(1)研究学前儿童的心理,必须考虑儿童生活的客观条件。

(2)任何结论都要以充分的事实材料为依据。

2.发展性原则

发展性原则是指研究者必须用发展的观点研究学前儿童,不仅要注意学前儿童已经形成的心理特征和品质,更应注意那些刚刚萌芽的新特征和品质以及心理发展的趋势。

3.教育性原则

只要研究的对象是学前儿童,这种研究工作本身必然会对儿童产生或多或少、或好或坏的影响。因此,从设计研究方案、时间安排到研究者的言行举止,都必须考虑对学前儿童可能产生的影响,尽量避免影响的消极性。

强化练习

一、单项选择题

1.学前儿童心理的研究工作必然会对儿童产生或多或少、或好或坏的影响,研究者必须充分考虑影响的积极性,尽量避免影响的消极性。这符合学前儿童心理研究的(　　　)。

A.客观性原则　　　　　　　　　　　　B.发展性原则

C.实践性原则　　　　　　　　　　　　D.教育性原则

2.通过分析儿童的绘画、手工作品等了解儿童心理的方法是(　　　)。

A.实验法　　　　　　　　　　　　　　B.测验法

C.观察法　　　　　　　　　　　　　　D.作品分析法

3.研究者通过学前儿童的家长、教师或其他熟悉儿童生活的成人,了解儿童的心理表现的方法是(　　　)。

A.调查访问法　　　　　　　　　　　　B.实验法

C.个案研究法　　　　　　　　　　　　D.观察法

4.为了了解幼儿同伴交往特点,研究者深入幼儿所在的班级,详细记录其交往过程的语言和动作等。这一研究方法属于(　　　)。

A.访谈法　　　　　　　　　　　　　　B.实验法

C.观察法　　　　　　　　　　　　　　D.作品分析法

二、判断题

1.学习学前心理学有助于更好地做好幼儿教育工作,为幼儿发展提供更加适合的环境。 (　　　)

2.测验法主要用来明确儿童心理发展的个别差异,所以宜用团体测验。 (　　　)

3.自然实验法的实验结果比较真实,并且对条件的控制也比实验室实验法严格。 (　　　)

一、单项选择题

1.【答案】D。

2.【答案】D。解析:作品分析法是指通过分析学前儿童的作品来了解学前儿童心理活动的一种方法,如通过儿童的绘画作品分析儿童的想象力。

3.【答案】A。解析:调查访问法是指研究者通过学前儿童的家长、教师或其他熟悉儿童生活的成人,了解儿童心理表现的方法。

4.【答案】C。解析:运用观察法了解学前儿童,就是有目的、有计划地观察学前儿童在日常生活、游戏、学习和劳动中的表现,包括其言语、表情和行为,并根据观察结果分析儿童心理发展的规律和特征。

二、判断题

1.【答案】√。

2.【答案】×。解析:学前儿童的独立活动能力差,模仿性强,对学前儿童的测验都是用个别测验,不宜用团体测验。

3.【答案】×。解析:实验室实验法是在具有特殊装备的实验室内,利用专门的仪器设备进行心理研究的方法。实验室实验法最主要的优点是能够严格控制条件,可以重复进行,可以通过特定的仪器设备探测一些不易被观察到的情况,取得有价值的科学的资料。自然实验法是在儿童的日常生活、游戏、学习和劳动等正常活动中,有目的、有计划地控制某些条件,来引起并研究儿童心理的变化的方法。由于自然实验法强调在自然的活动条件下进行实验,难免出现各种不易控制的因素,因此对实验自变量和因变量的控制和记录条件不及实验室实验法。

第二章　学前儿童心理的发展

考情分析

本章内容以识记、理解为主,主要以单项选择题、判断题的形式进行考查。其中学前儿童心理发展的概念(转折期、关键期、敏感期、最近发展区)、学前儿童心理发展的年龄特征是重点考查内容。

学习目标

1.识记并区分转折期、关键期、敏感期、最近发展区的概念。
2.识记学前儿童心理发展的特点和基本趋势。
3.识记学前儿童心理发展的年龄特征,重点识记幼儿期(3~6岁)的年龄特征。
4.理解影响学前儿童心理发展的因素。

第一节　学前儿童心理发展概述

一、关于学前儿童心理发展的概念

考点1　我国现时通用的儿童心理发展阶段的划分(见表2-2-1)

表2-2-1　儿童心理发展阶段的划分

发展阶段	年龄		
学前期(广义)	婴儿期(乳儿期):0~1岁		新生儿期:0~1个月
		婴儿期(狭义)	婴儿早期:1~6个月
			婴儿晚期:6~12个月
	幼儿早期(先学前期):1~3岁		
	学前期(狭义,又称幼儿期):3~6岁		学前(幼儿)初期:3~4岁
			学前(幼儿)中期:4~5岁
			学前(幼儿)晚期:5~6岁
学龄期	学龄初期:六七岁至十一二岁		
	学龄中期:十一二岁至十四五岁		
	学龄晚期或青年期:十四五岁至十七八岁		

考点2　转折期和危机期

在学前儿童心理发展的两个阶段之间，有时会出现心理发展在短期内急剧变化的情况，称为心理发展的转折期。由于学前儿童在心理发展的转折期常出现对成人的对抗行为，或不符合社会行为准则的各种表现，所以有人把转折期称为危机期。

学前儿童心理发展的转折期，并非一定出现"危机"，转折期和危机期有所区别，转折期是必然出现的，但"危机"却非必然出现。在掌握规律的前提下，正确引导学前儿童心理的发展，"危机"就会化解。

考点3　关键期、敏感期或最佳期

1.关键期

关键期的概念最初是从动物心理的实验研究中提出来的。奥地利的生态学家劳伦兹在研究小动物发育的过程中，首先提出了"印刻"的概念。印刻只在小动物出生后一个短时期内发生。劳伦兹把这段时间称为"关键期"。关键期的概念引入儿童心理学，是指学前儿童在某个时期最容易学习某种知识技能或形成某种心理特征，但过了这个时期，发展的障碍就难以弥补。

考题再现

【2018·怀化溆浦·单选】儿童在某个时期最容易学习某种知识或技能，过了这个时期，发展的障碍就难以弥补。这一时期称为（　　）。

A.关键期　　　　　B.最佳期　　　　　C.敏感期　　　　　D.转折期

【答案】A。

2.敏感期或最佳期

儿童心理发展的敏感期或最佳期是指儿童学习某种知识和形成某种能力或行为比较容易，儿童心理某个方面发展最为迅速的时期。错过了敏感期或最佳期，不是不可以学习或形成某种知识或能力，但是比起敏感期或最佳期来说，就较为困难，发展比较缓慢。学前期是心理发展的敏感期：在语言学习方面，2~4岁是敏感期；在掌握数概念方面，5~5.5岁是敏感期；4岁以前是智力发展最迅速的时期；坚持性行为的发展在4~5岁最为迅速。

考点4　最近发展区

维果斯基提出了最近发展区理论。最近发展区是指学前儿童独立表现出来的心理发展水平和在成人指导下能表现出来的心理发展水平之间的差距。儿童独立表现出来的心理发展水平，一般都低于他在成人指导下所能够表现出来的水平。通俗地说，可以比喻为，前者是"站着摘桃子"，后者则是"跳一跳摘桃子"；站着够不着的"桃子"，"跳起来"就可以"够得着"。

最近发展区的大小是学前儿童心理发展潜能的标志，也是可接受教育程度的标志，在学前儿童心理发展的每一时刻都存在。

考题再现

1.【2020·怀化麻阳·单选】儿童实际心理发展水平与经过帮助后能达到的心理发展水平之间的差距，指的是（　　）。

A.最近发展区　　　　　　　　　B.知识的建构主义

C.心理工具　　　　　　　　　　D.主客体作用

【答案】A。

2.【2019·长沙望城·单选】(　　　　)是儿童心理发展潜能的重要标志,也是儿童可接受教育程度的重要标志。

A.有意机能的发展　　　　　　　　　　B.抽象技能、概括技能的提高

C.最近发展区的大小　　　　　　　　　　D.心理活动的稳定性

【答案】C。

二、学前儿童心理发展的特点

1.高速度性

学前时期是儿童心理高速发展的时期,如一周岁的儿童刚学会迈步,两周岁的儿童已经能走得相当稳了。

2.连续性与阶段性

在心理发展过程中,当某些代表新特征的量累积到一定程度时,就会取代旧特征而处于主导地位,表现为阶段性的特征。但后一阶段的发展总是在前一阶段的基础上发生的,而且又萌发着下一阶段的新特征,表现出心理发展的连续性。

3.稳定性与可变性

儿童心理发展的稳定性是指在一定的社会文化和教育条件下,儿童在每一阶段的发展过程、速度大致是相同的。如大多数儿童1.5岁开始会说话,3岁时基本掌握母语的口语技能等。这表明儿童心理发展的年龄特征、发展过程和速度具有稳定性。

儿童心理发展的可变性是指由于儿童个体所受的社会文化和教育条件的不同,儿童个体心理发展的表现、过程、顺序、速度等也不同。例如,生活在农村的儿童和生活在城市的儿童由于生活条件和教育条件的不同,他们的心理发展过程和速度也不一样。

4.方向性、顺序性与不可逆性

从总体上看,个体的心理发展是单向的、不可逆的。如动作的发展遵循自上而下、由中心向边缘等规律。其他心理机能的发展也是按照由低级到高级的顺序发展,表现出一定程度的方向性。

5.普遍性与多样性

儿童心理发展是普遍性与多样性的统一。心理发展的普遍性模式构建了儿童心理成长的基本框架,多样性模式注意到发展的领域差异、文化差异和个体差异。

6.不平衡性与差异性

个体心理发展并不是按照相同的速度发展的,而是表现出不平衡性,具体表现为不同机能系统在发展速度、起始时间、达到的成熟水平方面不同;同一机能系统在发展的不同时期有不同的发展速率。

心理发展的差异性不仅表现在同一个体的某方面心理特征在不同时期发展不均衡或在同一时期不同方面的发展存在差异性,还表现在不同个体之间某些心理机能的发展存在差异性(个体差异性)。

心理发展的不平衡性要求我们在教育过程中要抓住儿童心理发展的关键期,个体差异性要求我们要做到因材施教。

三、学前儿童心理发展的基本趋势

1.从简单到复杂

儿童最初的心理活动只是非常简单的反射活动,以后越来越复杂。这种由简单到复杂的发展趋势表现在两个方面。

（1）从不齐全到齐全

儿童的各种心理过程在出生时并非已经齐全,而是在发展过程中逐步形成的。比如,头几个月的婴儿不会认人,一岁半之后才开始真正掌握语言,逐渐出现想象和思维。各种心理过程出现和形成的次序,服从由简单到复杂的发展规律。

（2）从笼统到分化

儿童最初的心理活动是简单的,后来逐渐复杂和多样化。例如,婴儿的情绪最初只有笼统的喜怒之别,之后逐渐分化出愉悦、喜爱、惊奇、厌恶等各种各样的情绪。

2.从具体到抽象

儿童的心理活动最初是非常具体的,以后越来越概括化。从认识过程看,最初是感觉过程,以后出现比感觉较为概括化的知觉和表象,再发展到产生思维。思维过程本身的发展趋势也是如此。从非常具体发展到略有抽象,最后形成人类典型的抽象逻辑思维。从情绪发展过程看,最初引起情绪活动的是非常具体的事物,以后才是越来越抽象的事物。

3.从被动到主动

儿童心理活动最初是被动的,之后主动性才逐渐得到发展。这种趋势主要表现在两个方面。

（1）从无意向有意发展

新生儿的原始反射是本能活动,是对外界刺激的直接反应,是无意识的。随着年龄的增长,儿童逐渐开始出现自己能意识到的、有明确目的的心理活动,然后发展到不仅能意识到活动目的,还能意识到自己的心理活动进行的情况和过程。例如,大班儿童不仅知道自己要记住什么,而且知道自己是用什么方法记住的。

（2）从主要受生理制约发展到自己主动调节

随着生理的成熟,儿童心理活动的主动性也逐渐增长。比如,两三岁的孩子注意力不集中,主要由生理不成熟所致。随着生理的成熟,其对心理活动的制约和局限作用逐渐减少,心理活动的主动性逐渐增长。四五岁的孩子在某些活动中注意力集中,而在某些活动中注意力容易分散,表现出个体的主动选择与调节。

4.从零乱到成体系

儿童的心理活动最初是零散杂乱的,心理活动之间缺乏有机的联系。比如,儿童一会儿哭,一会儿笑,一会儿说东,一会儿说西,都是心理活动没有形成体系的表现。正因为不成体系,心理活动非常容易变化。随着年龄的增长,儿童心理活动逐渐有了系统性,有了稳定的情绪,出现每个人特有的个性。

备考锦囊

对于学前儿童心理发展的基本趋势,考生可借助"简零主体（减龄主体）"的口诀进行记忆。

（1）"简"是指从简单到复杂。

（2）"零"是指从零乱到成体系。

（3）"主"是指从被动到主动。

（4）"体"是指从具体到抽象。

第二节　学前儿童心理发展的特征

一、学前儿童心理发展的一般特征

学前儿童的心理发展有其共有的一般特征,这些特征主要表现在以下几个方面。

1. 心理随年龄增长而逐渐发展

儿童的心理发展与其年龄的增长有着密切的关系，即使是都处于学前时期的儿童，也会因年龄的不同而产生心理活动的差异性。

2. 认识活动以具体形象性为主，开始向抽象逻辑性发展

学前儿童认识活动的具体形象性主要表现在以下几个方面。

（1）对事物的认识主要依赖于感知

由于儿童对事物的认识主要依靠直接的感知，因此他们对事物的认识常常停留在事物的表面现象，而不能认识事物的本质特点。

（2）表象活跃

表象是事物的具体形象在人脑中的映像，是直观的、生动形象的。儿童头脑中充满了具体形象的事物，如儿童拿着一个圆盘就会玩起"开汽车"的游戏。

（3）抽象逻辑思维开始萌芽

在整个学前期，儿童思维的主要特点是具体形象性。到了5~6岁，儿童已经明显地出现了抽象逻辑思维的萌芽。

3. 心理活动以无意性为主，开始向有意性发展

（1）认识过程以无意性为主

认识过程的无意性是指认识的过程中没有目的，不需要做任何努力，整个认识过程自然而然地进行。无意性是由外界事物的特点引起的，而且很大程度上受情绪所支配。认识过程中的无意性在儿童的认识活动中表现非常突出，特别是表现在儿童的注意、记忆和想象等心理活动之中。

（2）情绪对活动的影响大，自我控制能力差

儿童心理活动的无意性还表现在儿童的心理活动易受情绪的影响。儿童在情绪愉快的状态下，一般能够接受任务，坚持活动的时间比较长，任务完成情况比较好。如果儿童不愉快或处于恐惧、痛苦状态，活动效果就比较差。

（3）心理活动开始向有意性发展

随着年龄的增长和教育的影响，到了幼儿中期，儿童已能初步按成人的要求做事。5~6岁时，儿童已能初步控制自己的行为，有目的地进行活动，心理活动开始向有意性发展。

4. 情绪情感由易变、外露开始向稳定和有意控制发展

（1）情绪情感由易变逐渐向稳定方向发展

儿童的情绪情感比较容易变化，而且不能自觉地加以控制。年龄小的儿童情绪情感变化比较大，而随着年龄的增长和教育的影响，5~6岁的儿童情绪情感逐渐稳定。

（2）情绪情感由易外露、自我控制能力差向有意识地控制自己发展

儿童的情绪情感大部分是表露在外的，他们不会掩饰自己的情绪情感。年龄较小的儿童不会控制自己的情绪情感，常表现得比较冲动。到了幼儿晚期，儿童开始能有意识地控制自己情绪情感的外部表现。

5. 个性开始形成，向稳定倾向性发展

幼儿期是人的个性开始形成的时期，表现出初步稳定的个性倾向性。幼儿初期，儿童还没有对周围的人和物形成稳定的态度和行为方式。随着儿童与他人的交往以及活动的发展，儿童开始出现一些带有倾向性的心理特征。

（1）初步出现了具有一定倾向性的兴趣爱好

幼儿初期，儿童兴趣还不够稳定，易于变化，在随后两三年中，儿童的兴趣和活动特点出现了明显的差异。

（2）表现出较为明显的气质特点

儿童出生时就已表现出一定的气质差别，到了幼儿期，这种气质特点表现得更为突出，稳定性也逐渐增强,如有的儿童活泼、灵活,有的儿童则缓慢、呆板。

（3）表现出最初的性格特点

儿童在活动与交往中逐渐形成了对人、事和物的态度以及相对稳定的行为方式,如有的儿童霸道独占,有的儿童则随和谦让。

6.儿童的社会性发展极其重要,是其健全人格发展的基础

儿童的社会性发展是其社会性不断完善并奠定健全人格基础的过程。人际交往和社会适应是儿童社会学习的主要内容,也是其社会性发展的基本途径。

二、学前儿童心理发展的年龄特征

心理发展的年龄特征是指各个年龄阶段中,心理发展所表现出来的一般的、典型的、本质的心理特征。

考点1 婴儿期（0~1岁）

人出生后的第一年是儿童心理开始发生和一些心理活动开始萌芽的阶段。在这一年里,儿童心理发展最为迅速,心理特征变化最大。

1.新生儿期（0~1个月）

（1）适应新生活,依靠无条件反射

新生儿心理发生的基础是本能动作,如吸吮反射、眨眼反射、怀抱反射、抓握反射、巴宾斯基反射、巴布金反射等。这些都是无条件反射,是建立条件反射的基础。

▶◆◆ 知识拓展 ◆◆◀

先天的无条件反射

吸吮反射:奶头、手指或其他物体碰到新生儿的嘴唇,新生儿立即做出吃奶的动作。

觅食反射:奶头、手指或其他物体,如被子的边缘碰到了新生儿的脸,并未直接碰到他的嘴唇,新生儿也会立即把头转向物体,张嘴做吃奶的动作。这种反射使新生儿能够找到食物。

眨眼反射:物体或气流刺激睫毛、眼皮或眼角时,新生儿会做出眨眼动作。这是一种防御性的本能,可以保护自己的眼睛。

怀抱反射:当新生儿被抱起时,他会本能地紧紧靠贴成人。

抓握反射:又称达尔文反射。物体触及掌心时,新生儿立即把它紧紧握住。

巴宾斯基反射:物体轻轻地触及新生儿的脚掌时,他本能地竖起大脚趾,伸开小趾,这样,5个脚趾形成扇形。6个月以后的婴儿,不再出现巴宾斯基反射,物体接触脚掌时,代之以脚掌向内弯起,而不是成为扇形。

惊跳反射:又称莫罗反射。突然起来的高噪声刺激或被人一下子放到床上,新生儿会双臂伸直,张开手指,弓起背,头向后仰,双腿挺直。

击剑反射:又称强直性颈部反射。当新生儿仰卧时,把他的头转向一侧,他立即伸出该侧的手臂和腿,曲起对侧的手臂和腿,做出击剑的姿势。

迈步反射:又称行走反射,大人扶着新生儿的两腋,把他的脚放在桌子、地板或其他平面上,他会做出迈步的动作,好像两腿协调地交替走路。

游泳反射:让婴儿俯伏在小床上,托住他的肚子,他会抬头、伸腿,做出游泳的姿势。如果让婴儿伏在水里,他会本能地抬起头,同时做出协调的游泳动作。

巴布金反射:如果新生儿的一只手或双手的手掌被压住,他会转头张嘴;当手掌上的压力减去时,他会打哈欠。

蜷缩反射:新生儿脚背碰到平面边缘,会本能地做出蜷缩动作。

考题再现

【2018·湘潭雨湖·单选】当物体触及新生儿手掌心时,他会立即把它紧紧握住。这种反射属于(　　)。

A.莫罗反射　　　　　　　　　　　　　　B.达尔文反射

C.巴布金反射　　　　　　　　　　　　　D.巴宾斯基反射

【答案】B。

（2）条件反射的出现和心理发生

新生儿心理发生的标志是条件反射的出现。条件反射的出现,使儿童获得了维持生命、适应新生活需要的新机制。条件反射既是生理活动,又是心理活动,其出现预示着心理的发生。

（3）认识世界的开始

儿童出生后就开始认识世界。儿童最初对外界的认知活动,突出表现在知觉发生和视觉、听觉的集中上。儿童出生后就有感知觉,刚出生时,最发达的感觉是味觉。视觉和听觉的集中是注意发生的标志。注意的出现表明儿童不是被动地接受外界刺激,而是会对外界的刺激做出选择性反应。

（4）人际交往的开端

儿童从出生时就表现出同他人交往的需要。如出生后第一个月,孩子逐渐出现和母亲的"眼睛对话",在吃奶时,眼睛不时地看向母亲。

2.婴儿早期（1~6个月）

（1）视觉和听觉迅速发展

满月以后,婴儿的眼睛更加灵活了。他的视线可以追随着物体移动,而且会主动寻找视听的目标,会积极地用眼睛寻找成人,还会主动寻找成人手里摇动着的玩具。2~3个月以后,婴儿对声音的反应也比以前更积极了。他听见说话声或铃声时,会把身体和头转过去,用眼睛寻找声源。6个月以内的婴儿认识周围的事物主要靠视、听觉。因动作刚刚开始发展,能直接用手、身体接触到的事物还很有限。

（2）反射的作用增加

婴儿越来越多地依靠定向反射来认识世界,在定向反射的基础上建立条件反射。

（3）手眼协调动作开始发生

手眼协调动作是指眼睛的视线和手的动作能够配合,手的运动和眼球的运动协调一致。能抓住看到的东西是手眼协调的主要标志。

手眼协调动作的发生大致经历以下阶段:动作混乱阶段→无意抚摸阶段→无意抓握阶段→手眼不协调的抓握→手眼协调的抓握。

婴儿用手的动作有目的地认识世界和摆弄物体的萌芽是儿童的手成为认识器官和劳动工具的开端。

（4）主动招人

婴儿早期的孩子,往往会主动和别人交往。哭常常是婴儿最初社会性交往需要的体现。从3个月开始,婴儿不但会用哭来引起成人的注意,也会用笑来吸引人,喜欢别人和他玩。这时出现了最初的亲子游戏,亲子游戏可以满足婴儿的社会性交往需要。

（5）开始认生

开始认生是儿童认知发展和社会性发展过程中的重要变化,一方面表现了感知辨别和记忆能力的发展,即能区分熟人和陌生人,能够清楚地记得不同的人脸;另一方面也表现了儿童情绪和人际关系发展上的重大变化,出现了对亲人的依恋和对熟悉程度不同的人的不同态度。

3.婴儿晚期（6~12个月）

（1）身体动作迅速发展

6~12个月的婴儿逐渐学会抬头、翻身（在6个月前学会）、坐、爬、站、走等动作。这时期为婴儿准备一些适宜的玩具,对于促进其动作发展有重要的作用。

（2）手的动作开始形成

从6个月到1岁,儿童的手日益灵活,主要表现为以下几点:①五指分工动作的发展,即大拇指和其他四指的动作逐渐分开,活动时采取对立的方向,而不是五指一把抓;②双手配合,儿童开始用两只手配合拿东西,能够把一只手里的东西放到另一只手里;③摆弄物体,儿童开始针对物体进行活动;④重复动作。

（3）言语开始萌芽

6~12个月的婴儿发出的音节较清楚,还可以发出许多重复、连续的音节。这时期的婴儿已能听懂一些词,并按成人说的去做一些动作,如成人说"欢迎",他拍拍手;成人说"谢谢",他拱拱手。

（4）依恋关系发展

孩子和亲人经过1年时间的相处,亲子之间的感情日益加深,依恋关系日益发展。6个月之前的孩子离开亲人,困难较少;而将近1岁时的孩子离开亲人,分离焦虑就相当明显。

考点2 幼儿早期（1~3岁）

幼儿早期是真正形成人类心理特点的时期,具体表现为幼儿学会走路、说话,出现思维,有最初的独立性,高级心理过程逐渐出现,各种心理活动发展齐全。

1.动作逐渐发展完善

幼儿1岁以后,各种动作较以前有了明显的发展,如会走路就是一种表现。

（1）学会直立行走

1岁左右的幼儿刚刚开始学步,走路还很不稳。2岁以后,他们便能行走自如,并开始学习跑、跳和攀登等动作。但其动作仍然不灵活,比较缓慢笨拙,常会摔跤。

（2）使用工具

1岁以后,幼儿手的动作进一步发展。他们能较准确地拿住各种东西,表演各种"舞蹈"动作,还能学习使用工具,如用勺子、端碗、拼插小玩具、使用小手绢等。虽然动作不太精确,但是比起以前的动作来说,还是明显地向前发展了。

2.出现新的心理活动

（1）会说话

幼儿前期,语言能力有了突破性的发展。这时,幼儿能说出一些简单的词语和句子,对语言的理解水平也有了较大的提高。

幼儿最先理解的词语是他经常接触的物体的名称,如"灯灯";其次是对成人的称呼,如"妈妈""爸爸";再次是玩具和衣服的名称,如"球球""帽帽";还有人身体的名称,如眼、嘴、手、耳等。

1.5岁以前,幼儿的发音还很不准确,喜欢用叠音,如"车车"等;所说的句子也很不完整,常以词代句,或句子非常简单,如"妈妈要"之类。3岁左右是幼儿掌握最基本的语音阶段。

（2）想象开始萌芽

2岁左右的幼儿,已经能够在操作物体的时候进行简单的想象活动。如拿一支筷子当作小提琴学着拉,嘴里还不时地哼哼着。

（3）思维的出现

由于表象的出现,幼儿前期的幼儿已能根据已有的记忆表象对事物进行最初的概括和推理。如能把性别不同、年龄不同的人加以分类,能把年纪大的男人称作"爷爷",把小女孩儿称作"姐姐"。2岁以后还能对一些简单的事物做出判断。如成人说:"天黑了,宝宝该睡觉了。"他会说:"月亮为什么不睡?"

3.独立性开始出现

2岁左右的幼儿变得不那么顺从了,这说明幼儿独立性开始出现。独立性的出现是幼儿心理发展非常重要的一步,是人生头两三年心理发展成就的集中表现,也标志着幼儿的自我意识开始出现。这时幼儿知道"我"和他人的区别,心理水平有了很大的提高。

考题再现

【2020·长沙天心·判断】独立性的出现是儿童开始产生自我意识的明显表现。 （　　　）

【答案】√。解析:独立性的出现是儿童开始产生自我意识的表现。这时儿童知道"我"和他人有区别,在语言上逐渐分清"你""我",在行动上要"自己来"。

考点3 幼儿期(3~6岁)

3~6岁是心理活动形成系统的奠基时期,是个性形成的最初阶段。

1.幼儿初期(3~4岁)

(1)生活范围扩大

幼儿3岁以后,开始进入幼儿园。新的环境对幼儿最大的影响是从只和亲人接触的小环境,扩大到有老师和更多同伴参与的大环境。

幼儿具备了扩大生活范围的条件。首先,幼儿的身体比以前更加结实、健壮,身高、体重明显增加;同时,3~4岁幼儿的活动精力更加充沛了,睡眠相对减少了。其次,3岁幼儿动作的发展已经比较自如,能够进行各种游戏活动。此外,3岁幼儿的语言能力已基本发展起来,能够向别人表达要求和愿望,与别人进行初步的交流活动。

生活范围的扩大,引起了幼儿心理上的许多变化,使幼儿的认识能力以及人际交往能力得到了迅速发展。

(2)认识依靠行动

3~4岁幼儿的认识活动往往依靠动作和行动来进行。3~4岁幼儿的认识特点是先做再想,而不是想好了再做。如一个3岁孩子拿着一支笔在乱画,画什么,他也不去想,突然他看见自己的笔下出现了一个大圆圈,于是就说"我画的是苹果"。

3~4岁幼儿在听别人说话或自己说话时,也往往离不开具体动作,如听到故事中说"小鱼游啊游",他就把身子晃来晃去。他们的注意也与动作联系在一起,如幼儿在玩插片时,拿到一个黄颜色的,于是才注意到它,说:"咦!我有这种颜色的。"

(3)情绪作用大

在幼儿期,情绪对幼儿的作用比较大。3~4岁幼儿情绪作用更大,常常为小事哭起来。这时你对他讲道理,他是听不进去的。如果用玩具或活动转移他的注意力,他会破涕为笑。这时期幼儿情绪很不稳定,很容易受外界环境的影响和周围人的感染。

3~4岁幼儿各种认识过程的无意性都占优势:在注意方面,他们容易被色彩鲜艳和形象生动的物体所吸引;在记忆方面,他们常常无意中记住了一些事物,被迫去记忆时反而记不住;在想象方面,他们不能进行有意的想象和创造。

(4)爱模仿

3~4岁幼儿学习的主要方式是模仿。一方面是由于他们的动作认识能力比以前有所提高,另一方面是由于他们模仿的主要是一些表面现象。他们主要通过模仿来掌握和学习他人的经验。如教师表扬某个小朋友坐得直,其他小朋友都会跟着学,马上把小胸脯挺起来。

2.幼儿中期(4~5岁)

(1)活泼好动

活泼好动是幼儿的天性,在4~5岁这一阶段表现尤为突出。幼儿对什么都感到好奇、新鲜,总是摸摸这儿、看看那儿,动作灵活,思维活跃。

（2）思维具体形象

具体形象性是幼儿思维的典型特点。这时期的幼儿主要依靠头脑中的表象进行思维,他们的思维是很形象和具体的。如问幼儿:"床、桌子、椅子和被子这四种东西哪三种应该放在一起?"他们大多回答:"床、被子和椅子放在一起,因为被子放在床上,椅子放在床的旁边。"

4~5岁幼儿常常根据自己的具体生活经验理解成人的语言。例如,教师说"一滴水,不起眼",幼儿则理解成了"一滴水,肚脐眼"。

（3）开始能够遵守规则

4~5岁的幼儿已经能够在日常生活中遵守一定的行为规范和生活规则。在进行集体活动时,也能初步遵守集体活动规则。幼儿规则意识的建立有助于幼儿合作游戏的开展和游戏水平的提高,也有助于幼儿社会性的发展。

（4）开始自己组织游戏

4~5岁幼儿不但爱玩而且会玩,他们能够自己组织游戏和规定主题。他们会自己分工、安排角色。中班幼儿游戏的情节也比较丰富,内容多样化。中班幼儿在游戏中逐渐和同龄人结成伙伴关系。他们不再总是跟着成人,而是用更多的时间和小朋友相处,只有遇到困难的时候才求助成人。

考题再现

【2021·永州祁阳·单选】下列不属于幼儿中期的心理发展特征的是（　　　）。

A.开始能够遵守规则　　　　　　　　　B.开始自己组织游戏

C.活泼好动　　　　　　　　　　　　　D.抽象思维开始萌芽

【答案】D。

3.幼儿晚期（5~6岁）

（1）好学、好问

5~6岁幼儿对周围世界表现出强烈的求知欲望和认识兴趣。他们不仅问"是什么",还要问"为什么",还想知道"怎么来的""用什么做的"。这个阶段的幼儿经常提出各种各样的问题,而且一定要弄个水落石出。有的幼儿喜欢把玩具拆开,探索其中的奥秘。教师及家长要保护幼儿的求知欲,科学地回答幼儿提出的问题。

（2）抽象思维开始萌芽

5~6岁幼儿的思维仍然是具体形象的,但初步的抽象逻辑思维也开始萌芽。他们已经开始掌握一些比较抽象的概念,如左、右、坚强、勇敢等概念;能对熟悉的物体进行简单的分类;能初步了解事物的因果关系。

（3）个性初具雏形

5~6岁幼儿初步形成了比较稳定的心理特征。他们开始能够控制自己,做事也不再随波逐流,显得比较有"主见"。幼儿对人、对己、对事开始有了相对稳定的态度和行为方式,有的热情大方,有的胆小害羞;有的活泼,有的文静;有的自尊心很强,有的有强烈的责任感;有的爱好唱歌跳舞,有的显示出绘画才能等。

（4）开始掌握认知方法

幼儿出现有意地自觉控制和调节自己心理活动的能力,认知方面有了方法,开始运用集中注意的方法和有意记忆。在观察图片时,他们不再是偶然看到哪就看哪,而是有顺序地按照一定的规律去看。在绘画活动中,他们能够事先思考,"想一想再画",也能够有意地想象画面,进行构思。5~6岁幼儿不仅在认知活动中能够采取行动计划和行动方法,在意志行动中也往往用多种方法控制自己。比如在"延迟满足"实验中,幼儿会运用多种方法抗拒诱惑。

【2018·湘潭雨湖·单选】下列属于5~6岁幼儿年龄特征的是（　　　）。

A.认识依靠行动　　　　　　　　　　B.开始掌握认知方法

C.开始接受任务　　　　　　　　　　D.开始生活自理

【答案】B。

第三节　影响学前儿童心理发展的因素

一、影响学前儿童心理发展的基本因素

影响学前儿童心理发展的因素有很多，但是基本因素有三个：生物因素、环境因素和儿童的主动活动。

考点1　生物因素

1.遗传因素

遗传是一种生物现象。通过遗传，祖先的一些生物特征可以传递给后代。遗传的生物特征主要是指那些与生俱来的解剖生理特点，如机体的构造、形态、感官和神经系统的特征等。这些遗传的生物特征也叫遗传素质。遗传对儿童心理发展的具体作用表现在以下两个方面。

（1）提供发展人类心理的最基本的自然物质前提

人类共有的遗传因素是使儿童在成长过程中有可能形成人类心理的前提条件，也是儿童有可能达到一定社会所要求的那种心理水平的最初步、最基本的条件。如由于遗传缺陷造成脑发育不全的儿童，其智力障碍往往难以克服。

（2）奠定儿童心理发展个别差异的最初基础

遗传模式的差异性决定了心理活动所依据的物质本体的差异性，从而导致心理机能的差异性。新生儿由于遗传上的差异，就表现出明显的行为差异和心理活动差异。如新生儿就表现出不同的气质，对感觉刺激的敏感性不同，情绪表现也不同。

遗传素质在人的身心发展中不起决定作用。一方面，遗传素质为人的身心发展提供的是可能性，这种可能性必须在一定的环境和教育的影响下才能变为现实，如"狼孩"的事例就充分说明了这一点。另一方面，遗传素质随着环境和人类实践活动的改变而改变，即使是有好的遗传素质，如果没有得到较好的环境与教育，或者个人主观不努力，也难以有较好的发展。

2.生理成熟

（1）生理成熟为学前儿童的心理发展提供物质前提

生理成熟使学前儿童心理活动的出现或发展处于准备状态。当学前儿童的某种身体结构和机能达到一定成熟时，适时地给予适当的刺激，就会使相应的心理得以产生或发展；如果没有达到成熟所给予的准备状态，那么这时的刺激训练就没有效果。心理学家格塞尔曾做过一个著名的"双生子爬楼梯"实验，用来说明生理成熟对学习的作用。

（2）生理成熟的顺序制约着学前儿童心理发展的顺序

生理发育和成熟的顺序影响或制约着儿童心理发展的顺序。如儿童到1周岁时，发音器官和大脑皮层语言运动区的成熟才能使儿童学说话；当儿童手的骨骼肌肉系统成熟以后才能学写字。儿童心理机能的发展

是按照由低级到高级的顺序进行的,这是与大脑皮层各相应区域的成熟顺序有关的。

（3）生理成熟的个体差异是学前儿童心理发展个体差异的生理基础

由于遗传和后天环境的影响不同,儿童生理成熟的时间、速度和程度是不同的。生理成熟的差异影响并制约着儿童心理发展的差异。如有的孩子说话比较早,是因为其发音器官和大脑皮层的语言运动区发育成熟较早。

> ◆▶ **知识拓展** ◀◆
>
> **"双生子爬楼梯"实验**
>
> 双生子T和C在不同年龄开始学习爬楼梯。先让T在出生第48周起开始接受爬楼梯训练,每日练习10分钟,连续6周;而C则在出生后第53周才开始学习,C仅训练了2周,就赶上了T的水平。这个实验说明,提前学习对学前儿童并没有多大作用,因为他的生理成熟还没有达到所需的水平,技能的学习在某种程度上依赖于学前儿童生理的成熟水平。

考点2 环境因素

环境是指学前儿童周围的客观世界,包括自然环境和社会环境。教育作为社会环境中最重要的因素,在一定程度上对儿童的心理发展水平起着主导作用。

1.环境使遗传素质和生理成熟为心理发展提供的可能性变为现实

遗传素质只是物质基础,没有环境的影响,儿童心理发展的影响不可能转化为现实。如印度狼孩卡马拉和阿马拉,由于从小被狼哺育,与狼生活在一起,他们不会直立行走,不会说话,没有人的动作和情感。这说明环境使儿童所具有的遗传素质成为一种真实能力的条件。

2.社会生活条件和教育是制约学前儿童心理发展水平与方向的重要因素

（1）社会生活条件与教育水平影响儿童的心理发展水平

我们可以比较明显地感觉到教育水平先进地区与教育水平落后地区的儿童心理发展水平的差异。教育之所以能对儿童的心理产生很大的影响,是由于教育是一种有目的、有系统地对儿童施加影响的过程,能更充分而有效地利用各种因素促进儿童的发展。

（2）儿童与成人的交往活动对心理的形成与发展具有极其重要的影响作用

儿童在与成人的交往活动中学到许多行为方式,形成自己的性格。这些对儿童的心理特点有很大的影响。

（3）生活条件和教育条件是形成儿童个别差异的最重要条件

家庭的文化氛围、经济状况、人员结构、父母的教养方式等都会对儿童的心理发展产生重要的影响。儿童在幼儿园里接触的教师、开展的游戏活动等都会对他们的心理产生不同的影响。电视、手机等各种媒介也影响到儿童社会观念的建立。

考点3 儿童的主动活动

1.学前儿童自身的心理

学前儿童心理的发展过程是一个主动积极的过程。在遗传、环境影响的过程中,学前儿童本身也积极地参与并影响自身的心理发展。学前儿童对外界的影响是有自己的选择意向的。

2.学前儿童的活动

学前儿童的心理是在活动中形成和发展的。学前儿童的活动主要包括对物的操作活动和与人的交往活动。对物的操作活动使学前儿童的心理获得了非常有意义的发展,如学前儿童对黏土、颜料、水、沙子、木头的操作,可以发展其观察力、好奇心和创造性,从而形成和发展认知能力。学前儿童在与他人的交往中发展了社会性,同时也逐步形成了自己的个性。学前儿童通过与他人一起游戏,学会了为共同的目标与他人合作,形成了解别人的想法和情感的意识。

二、影响学前儿童心理发展因素的不同观点

考点1 遗传决定论

1.理论观点

儿童心理发展是由先天不变的遗传所决定的。遗传决定论强调遗传在心理发展中的作用,认为个体的发展及其个性品质早在生殖细胞的基因中就决定了,发展只是这些内在因素的自然展开,环境和教育仅起一个引发的作用。

2.代表人物

高尔顿通过著名的家谱调查得出了一条"遗传定律",认为人的遗传性1/2来自父母,1/4来自祖父母,1/16来自曾祖父母……他坚持以遗传的观点来解释个体差异。

考点2 环境决定论

1.理论观点

儿童心理的发展是环境教育的机械作用的结果。

2.代表人物

行为主义心理学派的创始人华生在其著作《行为主义》中有一段著名的论点:"给我一打健全的婴儿,我可以用特殊的方法任意地加以改变,或者使他们成为医生、律师、艺术家、豪商,或者使他们成为乞丐和盗贼,无论他的天资、爱好、脾气以及他祖先的才能、职业和种族……"华生将儿童生活的环境看成一个模具,儿童个体的发展完全取决于这个模具的形状。而这一模具的形状则取决于提供给儿童的、完全可以被控制的学习与训练内容。他完全否定了儿童的素质、年龄特征以及内部状态的作用。

考点3 二因素论

1.理论观点

二因素论将遗传决定论和环境决定论折中,认为发展是由遗传和环境两个因素共同决定的。

2.代表人物

(1)美国心理学家吴伟士认为儿童心理的发展等于遗传和环境的乘积。

(2)德国儿童心理学家施太伦认为儿童心理发展是儿童内部性质和外界环境二者的"辐合"或"会合"。

考点4 相互作用论

1.理论观点

遗传对儿童心理发展作用的大小依赖于环境的变化,而环境作用的发挥也受遗传限度的制约。

2.代表人物

瑞士心理学家皮亚杰非常重视儿童自主能动的自我调节功能在儿童发展中的关键作用,并清楚地阐释了遗传因素、环境因素和儿童活动三者的关系及其各自在儿童发展中的意义。皮亚杰认为遗传和环境都是"向量",对智力形成的影响经常在变化,这种变化视主体所具有的认识结构而定。他认为,环境并不是偶然对儿童发生作用、引起反应的刺激,而是儿童主动地寻求他可以对之进行有意义的反应的东西,主动性属于儿童。

备考锦囊

二因素论和相互作用论都强调遗传和环境两个因素对儿童心理发展的影响。但是,二因素论把遗传和环境看成两

种相互孤立存在的因素,没有揭示出它们之间的更为复杂的关系。相互作用论不仅承认遗传和环境在儿童心理发展中的作用,而且指出了两者之间的相互作用。

遗传—环境交互作用论

美国心理学家安娜斯塔西认为,儿童的任何发展既有100%遗传的作用,又有100%环境的作用,只有二者的相互作用才能促进行为的发展。遗传和环境既不是彼此独立的,也不是简单相加的关系,而是相乘的关系,它们完全交织在一起,不可分离。至于遗传和环境如何交互作用才能促进行为的发展,安娜斯塔西认为这是一个非常复杂的过程,每个儿童的遗传和环境交互作用的方式和交互作用的时间不会完全一样,因此我们能大致概括出遗传作用表现的几种可能性。

(1)相同的遗传素质在不同的环境条件下可以有不同的发展结果。

(2)不同的遗传素质在不同的环境条件下可能导致相同的发展结果。

(3)在相同的环境条件下,不同的遗传素质会导致相同的发展结果。

(4)在不同的环境条件下,相同的遗传素质可能导致相同的发展结果。

强 化 练 习

一、单项选择题

1.(　　　)认为,儿童的发展是一个顺序模式的过程,这个模式是由机体成熟预先决定和表现的。

A.弗洛伊德　　　　　　　　　B.皮亚杰

C.格塞尔　　　　　　　　　　D.华生

2.教师带着儿童到户外观察果树。小班时,他们东张西望,不能完成教师要求的观察任务;到了大班,他们能认真完成教师的要求,完整地说出果树的特征。这说明儿童心理的发展趋势是(　　　)。

A.从简单到复杂　　　　　　　B.从具体到抽象

C.从被动到主动　　　　　　　D.从零乱到成体系

3.妈妈和小龙晚上一起看图画故事书时,3岁的小龙突然把印有狐狸的一页撕下来,把纸团成一团扔到一旁。妈妈惊讶地问小龙"为什么要这样做",小龙告诉妈妈"因为狐狸是坏蛋"。原来今天下午幼儿园老师讲了一个故事,故事里的狐狸经常欺负小白兔。听了故事后的小龙很讨厌狐狸,所以一看到狐狸就忍不住想把它"扔掉"。小龙的行为主要体现了该年龄阶段幼儿心理发展具有(　　　)的特点。

A.爱模仿

B.行为受情绪支配

C.具有强烈正义感

D.活泼好动

4.一周岁时宝宝还在蹒跚学步,两个月后就走得相当稳。这说明儿童的心理发展具有(　　　)。

A.高速度性　　　　　　　　　B.不均衡性

C.整体性　　　　　　　　　　D.个别性

5.人类历史上曾出现过"狼孩"的事例。这说明了(　　　)。

A.遗传素质在人的身心发展中起决定作用

B.遗传素质在人的身心发展中不起决定作用

C.遗传素质在人的身心发展中不起作用

D.自然环境在人的身心发展中起决定作用

二、简答题

1.简述学前儿童心理发展的基本趋势。

2.简述4~5岁幼儿的心理特点。

参考答案及解析

一、单项选择题

1.【答案】C。解析:格塞尔认为,儿童发展是一个顺序模式的过程,这个模式是由机体成熟预先决定和表现的。成熟是一个由遗传因素控制的有顺序的过程,是机体固有的过程。

2.【答案】C。解析:儿童的心理活动最初是被动的,随着年龄增长,心理活动的主动性逐渐发展起来。这种趋势具体表现在两个方面:(1)从无意向有意发展。儿童的注意、记忆、情感等心理活动最初都是无意的,后来发展到以有意性为主,出现有意注意、有意记忆等。(2)从主要受生理制约发展到自己主动调节。随着儿童生理的成熟,心理活动的主动性逐渐增长。

3.【答案】B。解析:小龙是3岁的幼儿,3~4岁幼儿的年龄特征包括以下几点:(1)生活范围较大;(2)认识依靠行动;(3)情绪作用大;(4)爱模仿。题干中小龙因为讨厌狐狸而撕掉故事书上的狐狸,体现的是幼儿情绪作用大,行为受情绪支配的特点。爱模仿是3~4岁幼儿的主要学习方式,他们往往通过模仿掌握别人的经验;具有强烈的正义感是幼儿道德感发展的体现,在中大班时期较为明显;活泼好动在中班幼儿身上表现明显。

4.【答案】A。解析:学前儿童心理发展的一个明显特点就是变化迅速。题干描述说明儿童的心理发展具有高速度性。

5.【答案】B。解析:"狼孩"的事例说明,儿童出生后与人类社会隔绝,生活在动物群中,不可能形成人的心理。这也说明了遗传素质在人的身心发展中不起决定作用。

二、简答题

1.【参考答案】

(1)从简单到复杂。

具体表现在两个方面:从不齐全到齐全;从笼统到分化。

(2)从具体到抽象。

儿童的心理活动最初是非常具体的,以后越来越概括化。

(3)从被动到主动。

主要表现在两个方面:从无意向有意发展;从主要受生理制约到自己主动调节。

(4)从零乱到成体系。

儿童心理发展的方向是心理活动逐渐组织起来,形成整体,有了系统性,有了稳定的倾向,出现了个人特有的个性。

2.【参考答案】

(1)活泼好动。

(2)思维具体形象。

(3)开始能够遵守规则。

(4)开始自己组织游戏。

第三章　学前儿童动作的发展

考情分析

本章内容以识记、理解为主,会以单项选择题的形式进行考查。其中学前儿童动作发展的规律是重点考查内容。

学习目标

1.识记学前儿童动作发展的规律。
2.理解影响学前儿童动作发展的因素。

第一节　学前儿童动作发展的规律和阶段

一、学前儿童动作发展的规律

儿童的动作发展有其客观规律,每个学前儿童的动作发展都遵循如下一些客观规律。

1.从整体动作到局部的、准确的、专门化的动作(从整体到局部的规律)

儿童最初的动作是全身性的、笼统性的、弥散性的。比如,满月前儿童受到痛刺激后,会边哭喊边全身乱动。随着年龄增长,儿童的动作逐渐分化,向着局部化、准确化和专门化的方向发展。

2.从上部动作到下部动作(首尾规律)

儿童的动作发展遵循首尾原则,即头、颈等上部动作的发展要先于下部动作的发展。儿童离头部比较近的部位先学会运动。儿童运动的顺序是先学会抬头,然后俯撑、翻身、坐、爬,最后才学会站立和行走。

3.从中央部分的动作到边缘部分的动作(近远规律)

儿童最早出现的是头的动作和躯干的动作,然后是双臂和腿部的有规律的动作,最后才是手的精细动作。这种发展趋势可称为"近远规律",即靠近头部和躯体的部分动作先发展,然后是远离身体中心部分动作的发展。

4.从大肌肉动作到小肌肉动作(大小规律)

动作分为粗大动作和精细动作。粗大动作是活动幅度较大的动作,也是大肌肉群的动作,包括翻身、坐、爬、走、跑等。精细动作是手和手指的动作,是在感知觉、注意等多方面心理活动的配合下完成特定任务的能力,如画画、剪纸、穿珠子等。儿童动作的发展最初表现为粗大动作,之后逐渐转向精细动作。如扔给儿童一个球,刚开始儿童靠手臂接球,这时动作很不准确,接不住球;后来,儿童能够用手准确地接住球。

5.从无意动作到有意动作(无有规律)

儿童刚开始的动作是无意识的。随着年龄的增长,儿童逐渐能有意识地在某种目标支配下完成特定的动作,表现出从无意为主向有意为主的动作发展的趋势。

二、学前儿童动作发展的阶段

学前儿童动作发展主要经历三个阶段,分别是反射动作阶段、粗大动作阶段和精细动作阶段。粗大动作和精细动作又称基础动作。基础动作的发展模式有三种:基础位移动作,如走、跑、跳等;基础操作性动作,如投掷、接住、踢等;基础稳定性动作,如走线、走平衡木和扭动身体等。

1.反射动作阶段

婴儿最初的运动技能是反射,即对特定刺激的、非自发的、天生的反应。婴儿的有些反射活动对生命活动有着重要意义,能够一直保持下去,如呼吸反射、维持体温恒定反射以及进食和眨眼反射。另外一些对生命活动意义不大,如游泳反射、巴宾斯基反射、抓握反射等在出生几个月后会自动消失。但是这些反射活动,为婴儿未来的动作和运动能力提供了准备条件。

2.粗大动作阶段

粗大动作技能是指儿童有意识地调整身体,产生大动作的身体能力。幼儿阶段,儿童的粗大运动技能,如跑、爬、跳跃等都有非常明显的进步。这得益于儿童大肌肉和大脑皮层感知觉与运动区域的发展,使儿童的身体运动能力更具有协调性。骨骼肌肉的强壮也为儿童粗大动作的发展提供了良好的生理基础。儿童粗大动作的发展表现在坐、走和爬等能力的发展上。

3.精细动作阶段

精细动作技能涉及儿童的手眼协调和小肌肉的协调控制能力。如儿童把积木堆成房子等建筑物,能够剪纸,能够画画,开始自己穿衣吃饭。舌头、下颌、嘴唇的动作也都是精细动作。

第二节　影响学前儿童动作发展的因素

(一)遗传与成熟

遗传因素对儿童动作的发展起着非常重要的作用,身体素质的发展是以遗传因素为基础的。不同身体素质的儿童动作的发展是不同步的,如身体健壮的儿童的动作发展要早于瘦弱的儿童的动作发展。同时,动作的发展存在性别差异,如男孩儿在跳、跑和投掷等需要力气的动作上的发展要比女孩儿早;但是在另一些强调协调性和精细性的动作上,如跳绳、剪纸等,女孩儿的表现要好于男孩儿。

(二)家庭教育

幼儿期,父母的态度和期望对儿童动作的影响比较深远。有些父母急于求成,经常批评孩子的运动或者动作的表现。这可能会打击孩子的自尊心,阻碍孩子的动作发展。父母根据自己的意愿,要求孩子学习一些特殊的动作技能,或者强迫纠正孩子的一些动作行为等都可能引起孩子的反感,挫败孩子探索新动作的积极性。父母应根据孩子的发展要求,适时地给他们提供安全的环境和工具,让他们根据自己的意愿去玩耍,练习使用各种物体。

(三)游戏

游戏是儿童的主要活动,也是锻炼儿童动作技能的最佳方式。如单足跳、跳房子、踢球、接球、穿珠子、剪贴和手工制作等游戏活动,可以为儿童进行动作技能的学习提供一个很好的平台。大部分儿童都是好动、好奇、喜欢模仿的,游戏本身的特性(情境性、动作性、模仿性)符合儿童的心理特点,能够激发他们的兴趣。

一些游戏活动,如奔跑、跳跃等,可以让他们获得丰富的感知经验,为他们掌握复杂的动作技能和运动协调能力提供了良好的途径;另外一些游戏,如剪纸、绘画和穿珠子等,可以促进儿童精细动作的发展,进一步提高儿童的手眼协调能力。

（四）角色期待

社会对不同性别的儿童的活动类型具有不同的态度。如男孩儿投篮常常会受到成人的表扬和鼓励,而女孩儿玩跳绳、画画、剪纸等会受到成人的表扬。在幼儿早期,身体动作能力不存在显著的性别差异。但是随着年龄的增长,社会对不同性别的儿童期待是不同的。人们通常希望男孩儿成为体能强、积极的人,而要求女孩儿成为安静、精细动作能力较强的人。

强化练习

单项选择题

1.儿童最早发展的是身体的中部动作,然后是双臂和腿部动作,最后是腕、手及手指动作。这表明儿童动作发展遵循了(　　　)。

A.首尾律及近远律

B.近远律及大小律

C.近远律及从无意识到有意识的规律

D.首尾律及从无意识到有意识的规律

2.儿童的发展从身体的中部开始,越接近躯干的部分,动作发展越早,而远离身体躯干的肢端动作发展较迟。这是儿童动作发展中的(　　　)。

A.从上到下规律　　　　　　　　　　　　B.由近到远规律

C.由粗到细规律　　　　　　　　　　　　D.由头到尾规律

3.下列哪一种活动的重点不是发展儿童的精细动作能力? (　　　)

A.扣纽扣　　　　　　　　　　　　　　　B.使用剪刀

C.双手接球　　　　　　　　　　　　　　D.系鞋带

参考答案及解析

单项选择题

1.【答案】B。解析:儿童最早出现的是头的动作和躯干的动作,然后是双臂和腿部的有规律的动作,最后才是手的精细动作。这种发展趋势可称为"近远规律"。从四肢动作看,儿童先是学会臂和腿的动作,即活动幅度较大的"粗动作",以后才逐渐学会手和脚的动作,特别是手指的"精细动作"。这种发展趋势可称为"大小规律"。

2.【答案】B。解析:儿童动作发展是从中央部分的动作发展到边缘部分的动作。儿童最早出现的是头的动作和躯干的动作。然后是双臂和腿部的有规律的动作,最后才是手的精细动作。这种发展趋势可称为"近远规律",即靠近头部和躯体的部分先发展,然后是远离身体中心部分动作的发展。

3.【答案】C。解析:精细动作能力是指个体主要凭借手以及手指等部位的小肌肉或小肌肉群的运动,在感知觉、注意等多方面心理活动的配合下完成特定任务的能力。双手接球不仅有手的动作,还有手臂甚至全身的动作。

第四章　学前儿童认知的发展

考情分析

本章内容以识记、理解、运用为主，主要以单项选择题、判断题、简答题、案例分析题的形式进行考查。本章的所有内容都是重点考查内容。

学习目标

1. 识记感知觉的概念、特性与发展规律，理解学前儿童观察力的发展特点和培养措施。
2. 识记学前儿童注意发展的特点和注意品质的发展。
3. 理解记忆的环节，能区分不同类型的记忆，识记学前儿童记忆发展的趋势、特点与培养措施。
4. 识记无意想象与有意想象、再造想象与创造想象的概念，理解学前儿童想象的主要特征。
5. 理解学前儿童思维发展的趋势与阶段，以及学前儿童概念掌握、判断、推理、理解能力发展的趋势。
6. 理解学前儿童语音、词汇、语法、口语表达能力、言语功能及书面言语等发展特征。

第一节　学前儿童感知觉的发展

一、感知觉概述

考点1　感觉与知觉

1. 感觉

感觉是人脑对直接作用于感觉器官的客观事物的个别属性的反映。例如，当一个苹果放在人们的面前，人们用眼睛看，能知道它的颜色、形状；用鼻子闻，能知道它的气味；用手摸，能知道它的表面是光滑的。苹果的颜色、形状、气味、表面光滑等都是苹果的个别属性。人们的头脑接受加工了这些属性进而认识了这些属性，这就是感觉。

感觉可以分为外部感觉和内部感觉两大类。外部感觉主要是接受来自体外的各种刺激，反映外部事物的个别属性，主要有视觉、听觉、嗅觉、味觉与肤觉。内部感觉主要是接受机体内部的各种刺激，反映人体的位置、运动和内脏器官的不同状态，主要有运动觉、平衡觉和机体觉。

2. 知觉

知觉是人脑对直接作用于感觉器官的客观事物的整体反映。其实质是回答作用于感官的事物"是什么"的问题。例如，当一个苹果放到人们面前的时候，人们不会单纯地看苹果的颜色、闻它的气味、尝它的味道等，而是在反映苹果的这些个别属性时产生了对苹果的整个形象的反映，认识到这是苹果。

根据知觉活动中占主导地位的感受器的不同，可将知觉分为视知觉、听知觉、嗅知觉、味知觉等。

根据知觉对象的不同，可将知觉分为物体知觉和社会知觉。物体知觉就是对物的知觉，对自然界中机械、物理、化学、生物种种现象的知觉。任何事物都具有空间、时间和运动的特性，从而把知觉分为空间知觉（它包括形状知觉、大小知觉、距离知觉及方位知觉等）、时间知觉（人脑对客观现象的延续性、顺序性和周期性的反映）和运动知觉（人脑对物体空间位置移动的反映）。

考点2　感觉的特性

1.感受性与感觉阈限

人的感官只对一定范围内的刺激做出反应，只有在这个范围内的刺激，才能引起人们的感觉。这个刺激范围及相应的感受能力，我们称为感觉阈限和感受性，即刺激物只有达到一定强度才能引起人的感觉。

2.感觉适应

感觉适应是指刺激物持续作用于同一感受器而使感受性发生变化的现象。适应现象既表现为感受性的提高，也表现为感受性的降低。例如，"入芝兰之室，久而不闻其香；入鲍鱼之肆，久而不闻其臭"是典型的感觉适应。

视觉的适应有两种：一是暗适应，即从亮处到光线暗的地方，刚开始什么也看不清，过了一会儿，对弱光的感受性提高了，就能看清楚了；二是明适应，即从光线暗的地方突然走到阳光下，最初只感到刺眼，什么也看不清楚，只要过几秒，由于对强光的感受性较快地降低，很快就能看清楚了。

3.感觉对比

感觉对比是指同一感觉在不同刺激的作用下其感受性发生变化的现象。根据刺激呈现时间的不同，一般把感觉对比分为同时对比和继时对比（先后对比）。同时对比是指两个刺激同时作用于同一感受器时产生的感觉对比现象。例如，月明星稀；灰色的图形放在白色的背景上，就显得比较暗，而放在黑色的背景上就显得亮一些。继时对比是指两个刺激先后作用于同一感受器产生的感觉对比现象。例如，喝糖水后接着吃橘子，会觉得橘子很酸；吃了苦的食物之后接着喝白开水，会觉得白开水有点儿甜。

4.感觉后像

感觉后像是指刺激物对感受器的作用停止以后，感觉并不立即消失，并能短时间保留的现象。后像根据性质不同可以分为正后像和负后像。后像的品质与刺激物相同叫正后像，后像的品质与刺激物相反叫负后像。颜色视觉也有后像，一般为负后像，颜色的负后像是原来注视颜色的补色。比如，注视一个红色正方形约1分钟，然后将视线转向身边的白墙，那么在白墙上将看到一个绿色正方形后像；如果先注视一个黄色正方形，那么后像将是蓝色的。

5.联觉

联觉是一个刺激不仅引起一种感觉，同时还引起另一种感觉的现象。联觉是感觉相互作用的表现，常见的有颜色与温度联觉、色听联觉和视听联觉。在颜色感觉中容易产生联觉，如红、橙、黄等颜色类似于太阳和烈火，往往会给人温暖的感觉，又被称为暖色。色听联觉是人在听到某种声音时会产生鲜明的色彩形象。视听联觉是人在声音的作用下产生某种视觉形象。

考点3　知觉的特性

1.知觉的选择性

知觉的选择性是指人对同时作用于感觉器官的全部刺激，有选择地把某一事物作为知觉对象，把其他事物作为知觉对象的背景。

2.知觉的整体性

知觉的整体性是指人们并不把知觉对象感知为个别的、孤立的几部分，而倾向于把他们组合为一个整体。例如，面对一个残缺不全的零件，有经验的人能马上判断出它是何种机器上的何种部件。

3.知觉的理解性

知觉的理解性是指人们用过去所获得的有关知识经验,对感知对象进行加工理解,并以概念的形式表示出来。例如,面对一张X光片,不懂医学的人很难知觉到有用的信息,而放射科的医师却能获知病变与否。

4.知觉的恒常性

知觉的恒常性是指当知觉条件发生变化时,知觉的映像仍然保持相对不变,包括大小恒常性、形状恒常性、亮度恒常性、颜色恒常性。例如,从不同的角度看同一扇门,视网膜上的投影形状并不相同,但人们仍然把它知觉为同一扇门。

考点4 感知觉在学前儿童心理发展中的作用

2岁前儿童依靠感知觉认识世界,3~6岁儿童的心理活动中感知觉仍占优势。感知觉在儿童心理发展中有重要的意义和作用。

(1)感知觉是人生最早出现的认识过程,是其他认识过程的基础。

(2)感知觉是儿童认识世界和自己的基本手段。

(3)感知觉在儿童的认识活动中占主导地位。

二、学前儿童感觉发展的规律

考点1 视觉的发展

1.视觉集中

视觉集中是指通过两眼肌肉的协调,能够把视线集中在适当的位置观察物体。出生后3周的婴儿能将视线集中在物体上,出生后2个月的婴儿能够追随在水平方向移动的物体,出生后3个月的婴儿能追随物体做圆周运动。随后,视觉集中的时间和距离逐渐增加。

2.视敏度

视敏度,即视力,是指精确地辨别细致物体或处于一定距离物体的能力,也就是发觉一定对象在体积和形状上最小差异的能力。在整个幼儿期,幼儿的视敏度由低到高发展着。因此,在为幼儿准备读物或教具时,教师应当注意幼儿视敏度的发展规律。例如,年龄越小,提供的字、画应尽量大些;教学时,不要让幼儿坐在离图片或实物太远的地方,以免影响幼儿的视力和教育效果。

> **考题再现**
>
> 【2020·怀化麻阳·判断】教师应根据幼儿视觉敏感度发展的规律来组织活动。对年龄越小的幼儿,提供的字、画应越小,呈现的图片或教具不要离幼儿太远。 ( )
>
> 【答案】×。

新生儿的晶状体调节功能差,难以对视觉对象进行有效聚焦。因而,他们的视敏度比成人低。新生儿的最佳视距在20厘米左右,相当于母亲抱着孩子喂奶时,两人脸对脸的距离。

儿童的视敏度发展很快,新生儿的视敏度只有正常人的1/10,2岁时与成人相当接近。5岁是儿童视敏度发展的转折期。

3.颜色视觉

颜色视觉是指区别颜色细微差异的能力,也称辨色力。

新生儿出生后不久,就出现了颜色视觉。一般认为,婴儿从4个月开始对颜色有分化性反应,能辨别彩色和非彩色。波长较长的暖色(如红、橙、黄色)比波长较短的冷色(如蓝、紫色)更容易引起婴儿的喜爱,尤其是红色物体特别容易让婴儿兴奋。

幼儿期，颜色视觉的发展主要表现为区别颜色细微差别能力继续发展。与此同时，幼儿期对颜色的辨别逐渐和掌握颜色的名称结合起来。

幼儿初期（3~4岁）：儿童已能初步辨认红、橙、黄、绿、蓝等基本色，但在辨认紫色等混合色和蓝与天蓝色等近似色时，往往较困难，也难以说出颜色的正确名称。

幼儿中期（4~5岁）：大多数儿童能认识基本色、近似色，并能说出基本色的名称。

幼儿晚期（5~6岁）：儿童不仅能认识颜色，而且在画图时，能运用各种颜色调出需要用的颜色，并能正确说出黑、白、红、蓝、绿、黄、棕、灰、粉红、紫色等颜色的名称。

考点2　听觉的发展

1.听觉敏度

听觉敏度又称"听力敏度""听敏度"，是听觉器官对声音刺激的精细分辨能力。

新生儿出生后就能听到声音，但听觉阈限在最好的情况下也比成人高10~20分贝，最差时要比成人高40~50分贝。随着年龄的增加，婴儿的听觉阈限逐步下降。4或5岁至7岁的儿童对纯音的听觉敏度不同于成人的听觉敏度。相比之下，在不同的频率上，儿童的音阈限值比成人高2~7分贝。13岁以前儿童的听觉敏度在所有频率上都很低，在低频范围里更低一些。4~13岁儿童的音阈限值变化的大小是在低频区域内为6~7分贝，在高频区域内为2~5分贝。儿童对纯音的最低听觉阈限出现在14~19岁，也就是说，这一时期儿童的听力最好。

2.听觉定位

新生儿表现出一种原始的定位能力，他们能把耳朵正确转向声源方向。新生儿出生后5分钟就表现出听觉定位的能力。但到2~3个月时，这一能力却消失殆尽，直到4~5个月时才再次出现。一般6个月的婴儿的听觉定位能力才能达到视觉定位能力的同等水平。这种现象被称为听觉定位的U形发展。

3.听觉偏好

在最初的几个月里，言语在婴儿大脑左半球引发较大的电活动，而音乐则在右半球引发较大的电活动，这一点与成人是一致的。这就意味着在婴儿早期，大脑两半球已经出现处理不同信息的特异化，并能辨别言语和非言语。有研究表明，出生12个小时的新生儿能区别与语言有关的输入和其他非语言的听觉输入。婴儿特别注意人的嗓音，尤其是女性的嗓音，对自己母亲的声音更是敏感。即使是出生只有3天的新生儿，仅仅与母亲有过很少的接触，也能表现出对母亲声音的偏好。

4.言语听觉

儿童辨别语音的能力是在言语交际过程中发展和完善起来的。儿童在幼儿中期可以辨别语音的微小差别；到幼儿晚期，几乎可以毫无困难地辨别本民族语言包含的全部语音。

教师要注意儿童听觉方面的缺陷，尤其注意"重听"现象。"重听"是指有些儿童虽然对别人所说的话听得不清楚、不完全，但是他们常常能根据说话者的面部表情、口型及当时说话的情境，正确地猜到别人所说的内容。这种现象往往为人们所忽视，但"重听"对儿童言语听觉、言语能力和智力的发展都会带来危害，应引起人们的重视。

考点3　触觉的发展

触觉是肤觉和运动觉的联合，是幼儿认识世界的主要手段。对于新生儿和婴儿，口腔是主要的触觉器官，之后，手成了主要的触觉器官。

1.口腔探索

新生儿出生后，对物体的触觉探索最早是通过口腔的活动进行的，通过口腔触觉认识物体。1岁前，尤其是手的活动形成之前，口腔探索实质上是婴儿最重要的学习方式。

2.手的探索

手的触觉是人通过触觉认识外界的主要渠道。4~5个月时，手眼协调动作的出现，即手的触觉动作和视觉协调活动（伸手能抓住东西）是儿童认知发展的重要里程碑，也是手的真正触觉探索的开始。积极主动地触觉探索是在7个月左右发生的。

婴幼儿手部动作的发展大致经历了四个阶段，分别是本能抓握、手眼协调、动作逐渐灵活和精细动作的发展。

三、学前儿童知觉发展的规律

考点1 空间知觉

1.方位知觉

方位知觉是指对物体的空间关系和自己在空间中所处位置的知觉。儿童方位知觉的发展主要表现在对上下、前后、左右方位的辨别。据研究，3岁儿童能辨别上下方位；4岁儿童开始能辨别前后方位；5岁儿童开始能以自身为中心辨别左右；7岁后儿童才能以他人为中心辨别左右方位，以及两个物体之间的左右方位。儿童方位知觉的发展早于对方位词的掌握。

当儿童还不能很好地掌握左右方位的相对性和方位词时，幼儿园教师往往把左右方位词与实物结合起来。儿童只能辨别以自身为中心的左右方位，所以幼儿园教师面向儿童做示范动作时，其动作要以幼儿的左右为基准，即做"镜面示范"。

2.形状知觉

形状知觉是指对物体轮廓及各部分的组合关系的知觉，如对几何图形的辨别等。对幼儿期形状知觉发展的研究，往往是通过让儿童用眼或手辨别不同几何图形进行的。当视觉、触觉、动觉相结合时，儿童对几何图形感知的效果较好。儿童说出图形名称比辨认图形要晚，对形状的知觉发展在先，用词概括形状的能力发展在后。随着年龄增长，儿童的形状知觉逐渐和掌握形状的名称结合起来。

实验表明，3岁儿童基本上能根据范样找出相同的几何图形，5~7岁儿童的正确率比3~4岁儿童的高。儿童对不同几何图形辨别的难度有所不同，由易到难的顺序：圆形→正方形→半圆形→长方形→三角形→八边形→五边形→梯形→菱形。

（注：不同几何图形辨别的难易程度在不同版本的教材中表述不一，另外两种常见的表述为：圆形→正方形→三角形→长方形→半圆形→梯形→菱形→平行四边形；圆形→三角形→长方形→正方形→梯形→半圆形→菱形→平行四边形→椭圆形）

3. 大小知觉

大小知觉是指对物体长短、面积和体积大小的知觉。

婴儿期儿童已经具备了大小知觉的恒常性。知觉恒常性是指客体的映像在视网膜上的大小变化，并不导致对客体本身知觉的变化。例如，汽车开动后离我们越远，在视网膜上的影像也就越小，但观察者知觉到汽车的大小并未变化。

2.5~3岁的儿童已经能够按语言指示拿出大皮球或小皮球，3岁以后儿童判断大小的精确度有所提高。据研究，2.5~3岁是儿童辨别平面图形大小能力快速发展的阶段。

对图形大小判断的正确性由图形本身的形状而定。儿童判断圆形、正方形和等边三角形的大小较容易，而判断椭圆、长方形、菱形和五角形的大小较困难。

儿童判断大小的能力还表现在判断的策略上。4~5岁的儿童在判断积木大小时，要用手逐块地摸积木的边缘或把积木叠在一起去比较。而6~7岁的儿童，由于经验的作用，已经可以单凭视觉辨别出积木的大小。

4. 距离知觉

距离知觉是指辨别物体远近的知觉。儿童可以分清他们所熟悉的物体或场所的远近，对于比较广阔的空间距离，他们还不能正确认识。儿童常常不懂得近物大、远物小，近物清楚、远物模糊等感知距离的视觉规律，如把图画中远处的树理解为小树，把近处的树理解为大树。

深度知觉也称立体知觉，是距离知觉的一种，是指判断自身与物体或物体与物体之间距离的知觉。吉布森和沃克的"视觉悬崖"实验说明6个月大的婴儿已有深度知觉。深度知觉的发展受经验影响较大。

‹‹‹‹ 知识拓展 ››››

"视觉悬崖"实验

视崖装置：一张1.2米高的桌子，顶部有一块透明的厚玻璃，桌子的一半是用红白格图案组成的结实桌面，即"浅滩"。另一半是同样的图案，但它在桌子下方的地板上，即"深渊"。在浅滩边上，红白格图案垂直降到地面，看起来是直落到地面的，但实际上有玻璃贯穿整个桌面。在浅滩和深渊中间是一块0.3米宽的中间板。

实验过程：将参与实验的孩子放到0.3米宽的中间板上，孩子的母亲先在"深渊"一侧呼唤孩子，然后再在"浅滩"一侧呼唤孩子。

实验结果：大多数儿童只爬向"浅滩"侧，即使母亲在"深渊"侧一次次呼唤，儿童也不过去或因为想过去又不能过去而哭喊。

结论：儿童能够对不同对象之间的距离有所判断，具有深度知觉的能力。

图2-4-1 "视觉悬崖"实验

考点2 时间知觉

时间知觉是对客观现象延续性和顺序性的反映。时间本身没有直观形象，所以我们无法直接感知时间，而只能通过一些中介来感知。成人与儿童借助的中介是不同的。成人用表、日历，而儿童掌握这些工具则需要一些时间。研究表明，儿童的时间知觉表现出以下特点和发展趋势。

1. 时间知觉的精确性与年龄呈正相关

儿童年龄越大，其时间知觉的精确性越高。7~8岁可能是儿童时间知觉迅速发展的时期。

2. 时间知觉的发展水平与儿童的生活经验呈正相关

婴幼儿往往以自身的作息制度作为时间定向的依据。如"早上是去幼儿园的时间""上午是上课的时间""下午是爸爸妈妈接自己放学的时间""晚上是在家准备睡觉的时间"。严格执行作息制度，有规律的生活有助于发展儿童的时间知觉，培养其时间观念。

【2020·怀化麻阳·单选】小艾认为中饭之后是下午，晚饭之后是晚上。这种知觉是（　　　）。

A.时间知觉　　　　　　　　　　　　B.方位知觉

C.形状知觉　　　　　　　　　　　　D.深度知觉

【答案】A。

3.对时间单元的知觉和理解有一个由中间向两端、由近及远的发展趋势

大量研究表明，儿童先理解的是"天"和"小时"，然后是"周""月"或"分钟""秒"等更大或更小的时间单元。在"天"中，最先理解的是"今天"，然后是"昨天""明天"，接着才是"前天""后天""上周""下周"。对于"正在""已经""就要"三个与时间有关的常用副词的理解，同样也是以现在为起点，逐步向过去和未来延伸。

4.理解和利用时间标尺（包括计时工具）的能力与其年龄呈正相关

较小的儿童常常不能理解计时工具的意义。研究表明，大约到7岁，儿童才开始利用时间标尺估计时间。

5.用空间关系代替时间关系

"机械蜗牛"实验证明，学前儿童常常混淆时间关系和空间关系，在估计时间和再现时距时往往用空间关系代替时间关系。六七岁儿童才能分清两者，不再出现空间关系干扰时间关系的现象。

◆▶ **知识拓展** ◀◆

"机械蜗牛"实验

研究者让两只蜗牛同时从一条起跑线上开始爬行，让儿童注意观看，A蜗牛爬得快，B蜗牛爬得慢。A蜗牛停止爬行时，B蜗牛并未追上A蜗牛，即B蜗牛爬的路程比A蜗牛短。然后问儿童"哪只蜗牛爬的时间长？"不少4~5岁的儿童都认为A蜗牛爬的时间长，因为"它走得远"，6~7岁儿童才能分清时间关系和空间关系。

四、学前儿童观察力的发展与培养

观察是一种有目的、有计划、比较持久的知觉过程，是知觉的高级形态。观察力的发展在3岁后比较明显，幼儿期是观察力初步形成的阶段。

考点1　学前儿童观察力的发展

1.观察的目的性加强

随着年龄的增长，儿童观察的目的性逐渐加强。儿童常常不能自觉地去观察，观察中常常受事物突出的外部特征以及个人兴趣、情绪的支配。特别是小班的儿童，不善于自觉地、有目的地进行观察，在观察过程中常常会东张西望，忘掉观察任务。中、大班儿童观察的目的性逐渐增强，他们能够按照成人规定的观察任务进行观察，开始能够排除一些干扰。任务越具体，儿童观察的目的就越明确，观察的效果就越好。例如，让儿童找出两幅图画的不同之处，如果明确告诉他们有几处不同，观察的效果就会显著提高。

【2020·怀化麻阳·判断】有的儿童在观察时能够根据观察任务，自觉地克服困难或干扰进行观察。这说明他们观察的目的性增强。　　　　　　　　　　　　　　　　　　　　　　　　　　　　　　　（　　　）

【答案】√。

2.观察的持续性延长

儿童观察持续性的发展与观察目的性的提高有关。儿童对于喜欢的东西，观察的时间就长些。学前期

儿童观察持续的时间随着年龄的增长有显著提高。

3.观察的细致性增加

幼儿初期,儿童观察的细致性比较差,只能观察到事物的粗略的轮廓和看到面积大的或突出的特征。幼儿中晚期,儿童的观察逐渐细致,能从事物的一些属性来观察,如大小、形状、颜色、数量和空间等方面来观察,不再遗漏主要部分。

4.观察的概括性提高

幼儿初期,儿童的观察是零散、孤立的,无法知觉事物的本质特征。幼儿中晚期,儿童能够有顺序地进行观察,获得对事物各个部分及各部分之间关系的比较完整的印象。据研究,儿童对图画的观察逐渐概括化,可以分为四个阶段。第一,认识"个别对象"阶段,只能对图画中各个事物产生孤立、零碎的知觉,不能把事物有机地联系起来。第二,认识"空间关系"阶段,只能直接感知到各事物之间外表的、空间位置的联系,不能看到其中的内部联系。第三,认识"因果关系"阶段,观察到各事物之间不能直接感知到的因果联系。第四,认识"对象总体"阶段,观察到图画中事物的整体内容,把握图画的主题。儿童对图画的观察主要处于"个别对象"和"空间关系"阶段。

5.观察的系统性增强

儿童的观察是从无序性向有序性方向发展的。幼儿早期的观察是跳跃式的、杂乱无章的,东看一眼,西看一眼,缺乏系统性。经过教育和训练,中、大班儿童开始能够按照事物之间的表面联系,有组织、有顺序地进行观察。

6.观察方法的形成

儿童的观察,从以依赖外部动作为主向以视觉为主的内心活动发展。幼儿初期,儿童观察时常常要边看边用手指点,即视知觉要以手的动作为指导。随着年龄的增长,儿童有时用点头代替手的指点,有时用出声的自言自语来帮助观察。幼儿末期,儿童可以摆脱外部指导,借助内部言语来控制和调节自己的知觉。

在学前教育工作中,成人要看到儿童观察系统性的发展规律,适时进行观察方法的指导。一些观察方法,诸如顺序观察法、典型特征观察法、分解观察法、比较观察法、追踪观察法等均能有效地提高儿童观察的效果,促进儿童观察系统性的发展。成人可以通过实地观察以及设计游戏活动等对幼儿进行观察方法的训练。

成人指导语的性质,往往影响儿童观察图画的水平。例如,要求儿童看看"有些什么",容易引导儿童观察个别事物,而"在做什么"和"画的是什么事情"的指导语,可使儿童倾向于从整体观察图画。

考点2 学前儿童观察力的培养

1.帮助儿童明确观察的目的和任务

在观察中培养儿童的目的性,首先就要使儿童明确从被观察的对象中寻找什么,使观察具有明确的选择性和针对性。同时,要发挥教师的语言指导作用。观察前,教师要提出启发引导性问题。观察中,教师要进行提示,有针对性地讲解,以更好地帮助儿童明确目的,提高观察的稳定性。

2.提供丰富的观察材料,引导儿童观察概括

在观察中培养儿童的概括性,就要为儿童提供丰富的观察材料,让儿童在实际活动中学习概括。当然,教师为儿童提供的多种感知材料,要注意每次出示的物体,其本质属性不变,但要经常变化其非本质属性,以利于儿童在观察中学习概括事物的本质属性。如让儿童观察兔子的形象时,不要总是白色的,可出示其他颜色的,如灰色或黑色的,让儿童来概括兔子的本质属性。

3.启发儿童用多种感官参与观察

在进行观察活动时,要启发儿童用多种感觉器官参与观察。多渠道观察不仅可帮助儿童对被观察物体形成立体知觉和印象,也有利于提高儿童大脑皮层的分析综合活动的状态和活力。如观察兔子,不仅可用视听感官进行,还可以让儿童用手触摸,并学一学兔子是怎么跳的,从而帮助儿童获得有关兔子的完整印象。

4.教给儿童有顺序地观察的方法

在观察活动中,教师要按照事物本身的体系,用提问或提示的方法,引导儿童有顺序地观察,帮助儿童学会自上而下、从左到右、从前到后、从外到里、从近到远的观察方法。如观察动物时,可这样提示儿童:先看看动物的身体,再看看身体下面有什么(脚)……在观察中依次逐个提出问题,让儿童按提问去观察。每次如此,将大大提高儿童观察的效果。

第二节　学前儿童注意的发展

一、注意的含义、特点和分类

考点1　注意的含义

注意是一种心理状态,是心理活动对一定对象的指向和集中。

考点2　注意的特点

指向性和集中性是注意的两个基本特点。

1.指向性

注意的指向性是指在某一时刻人的心理活动选择了某个对象而离开了另外一些对象。指向性能使人有选择地反映某些事物,从而获得关于这些事物的清晰印象。

2.集中性

注意的集中性不仅指在同一时间内各种有关心理活动聚集在其所选择的对象上,而且也指这些心理活动"深入"该对象的程度。人在高度集中自己的注意时,注意指向的范围就缩小。这时他对自己周围的一切往往"视而不见""听而不闻"。

考点3　注意的分类

根据注意有无目的和意志努力的程度,可以将注意分为无意注意、有意注意、有意后注意。

1.无意注意

无意注意也称不随意注意,是指没有预定目的,无须意志努力,不由自主地对一定事物所产生的注意。无意注意是注意的初级形式,不仅人类有,动物也有。

2.有意注意

有意注意也称随意注意,是指有预先目的,必要时需要意志努力的注意。有意注意是注意的一种积极、主动的形式。

3.有意后注意(随意后注意)

有意后注意是指有预定目的,但是不需要意志努力的注意。它是有意注意向无意注意转化的一种形式,通常是由于多次练习使活动达到自动化的水平。

备考锦囊

无意注意、有意注意、有意后注意的对比如表2-4-1所示。

表2-4-1　无意注意、有意注意、有意后注意的对比

注意的种类	是否有目的	是否需要意志努力	示例
无意注意	无	不需要	老师烫了头发，幼儿都新奇地注视着老师的头发
有意注意	有	需要	幼儿专心听父母、老师讲故事而不东张西望
有意后注意	有	不需要	能够熟练地写字、骑车、在电脑键盘上打字等

二、学前儿童注意发展的趋势

1.定向性注意的发生先于选择性注意的发生

定向性注意是儿童最早出现的最初级的注意，如外界新异刺激会使新生儿把视线转向刺激物或停止哭闹。定向性注意随着儿童年龄的增长而占据越来越小的地位。

选择性注意是指儿童偏向于对一类刺激物注意得多，而在同样情况下对另一类刺激物注意得少的现象。"感觉偏好"现象就是选择性注意的一种表现。"感觉偏好"是指婴儿对某些感觉信息比较喜爱，注意它们的时间比较长。

2.无意注意的发展先于有意注意的发生发展

儿童最初只有无意注意。定向性注意和婴儿的选择性注意都属于无意注意。在整个学前期，儿童无意注意的性质和对象不断变化，稳定性不断增长，注意对象的范围不断扩大。

婴儿期有意注意还没有发生。两岁以后，儿童有意注意开始萌芽。随着言语和认识过程有意性的发展，在幼儿期，有意注意开始发展。

三、学前儿童注意发展的特点

儿童注意发展的特征是无意注意占优势地位，有意注意逐渐发展。

考点1　无意注意占优势

容易引起儿童无意注意的诱因有以下两大类。

1.刺激比较强烈，对比鲜明，新颖和变化多动的事物

在整个幼儿期，刺激物本身的特点，包括刺激物的新异性、强度（声音大小）、运动变化（小鸟飞到教室来），刺激物与背景的差异（白纸上有个黑点儿）等都可以引起儿童的注意。

考题再现

【2020·长沙天心·单选】教师在讲述故事时常常会配合夸张的语气和形象的动作。这样是为了吸引幼儿的（　　　　）。

A.广度注意　　　　　　　　　　　　　　B.选择性注意

C.有意后注意　　　　　　　　　　　　　D.无意注意

【答案】D。解析：题干中教师讲述故事时配合夸张的语气和形象的动作，其目的是运用新颖、多变、强烈的刺激吸引幼儿的无意注意。

2.与儿童兴趣、需要和生活经验有关系的事物

儿童兴趣、需要和生活经验的丰富，使得儿童对更多的事物产生无意注意。只要是儿童感兴趣和喜爱的事物都容易引起儿童的无意注意。

教师组织教育活动应考虑以下几点。

（1）教师选择和制作的玩具、教具必须是颜色鲜明、对比性强、形象生动、新颖多变的。

（2）教师说话清楚，符合儿童特点，同时说话要抑扬顿挫。

（3）恰当安排、布置教育环境，既要避免繁杂干扰，又要能适当引起儿童的注意。

（4）教育内容、方法要新颖，以游戏为主。

考点2　有意注意初步发展

1.儿童有意注意的特点

（1）有意注意受大脑发育水平的局限

有意注意是由大脑皮质的额叶部分控制的，而额叶大约在儿童7岁时才能达到成熟水平。所以，学前儿童的有意注意还没有充分发展。

（2）有意注意是在外界环境的影响下，特别是在成人的要求下发展的

儿童进入幼儿园后必须遵守各种行为规则，完成各种任务，这就要求儿童形成和发展有意注意；同时，儿童的有意注意需要成人的引导。成人的作用主要体现在两方面：一是帮助儿童明确注意的目的和任务，产生有意注意的动机；二是用语言组织儿童的有意注意，引导他们注意的指向。

（3）儿童开始掌握一些有意注意的方法

儿童有意注意的保持时间不长，且注意力容易分散。在成人的教育指导下，儿童能够逐渐学会一些保持有意注意的方法，如用手捂住耳朵以抵御外界声音的干扰。

（4）有意注意是在一定的活动中实现的

由于受整体心理发展水平的制约，学前儿童有意注意的发展水平是比较低级的。学前儿童的有意注意需要依靠活动和操作来维持。当他们有直接操作的对象时，其注意往往能保持在操作活动之中，并处于积极的活动状态下，否则其注意就容易分散。如在计算活动中，除了要求儿童注意看教师的直观演示以外，还应组织儿童自己动手去用实物计算。

2.儿童有意注意产生的条件

（1）依赖于丰富多彩的活动的开展。

（2）依赖于对活动目的、活动任务的理解程度。

（3）依赖于儿童对活动的兴趣与良好的活动方式。

（4）依赖于言语指导和言语提示。

（5）依赖于儿童的性格与意志特点。

四、学前儿童注意品质的发展

注意的品质主要包括注意的广度、注意的稳定性、注意的分配和注意的转移。

考点1　注意的广度

注意的广度也叫注意的范围，是指一个人在同一时间内能够清楚地觉察和把握对象的数量，如"一目十行""眼观六路，耳听八方"指的就是注意的范围。

儿童注意的范围比较小，但随着年龄的增长，注意的范围逐渐扩大。影响注意广度的因素主要有以下两个方面。

1.注意对象的特点

研究发现，在活动任务相同、注意的对象排列有规律的情况下，注意的范围就大些；而排列没有规律时，注意的范围就小些。注意对象颜色相同时注意范围大些；颜色多而杂时注意范围就小些。大小一致的对象，注意范围大些；大小不一的对象，则注意范围就小些。信息组块有密切联系的对象，注意的范围就大些；而信息零散毫无联系的对象,注意范围就小些等。

2.活动的任务和个人的知识经验

注意的广度还取决于活动任务的多少以及注意主体的知识经验。一般来说,如果在活动中要求的任务比较多,那么人的注意范围就要受到一些限制。另外,一个人的知识经验也影响其注意的广度。注意者的知识经验越丰富,注意的广度就越大。

考点2　注意的稳定性

注意的稳定性是指注意力集中于同一对象或同一活动中所能维持的时间长短。持续的时间越长,注意的稳定性就越高。注意的稳定性是衡量注意品质的一个重要指标。

在良好的教育环境下,儿童注意的稳定性随年龄的增加而逐渐增加。3~4岁儿童能够集中注意3~5分钟,4~5岁儿童可集中注意10分钟左右,5~6岁儿童可集中注意10~15分钟,有的甚至可以达到20分钟。

考点3　注意的分配

注意的分配是指在同一时间内,注意指向两种或几种不同的对象或活动。如儿童一边唱歌,一边跳舞;学生一边记笔记,一边听老师讲课等。在良好的教育中,随着年龄的增长,儿童注意分配的能力逐渐提高。

提高注意的分配能力应考虑以下两方面:(1)提高对同时进行的几种活动的熟练程度,如果对其中一种活动掌握得非常熟练甚至达到自动化的程度,那么注意的分配就会比较好。(2)在头脑中建立起同时进行的几种活动之间的联系。如儿童学歌舞表演时,如果理解歌词与表演动作之间的意义联系,而且唱和跳都比较熟练时,表演就比较容易准确到位。

考题再现

【2018·常德武陵·单选】幼儿在绘画时常常"顾此失彼"。这说明幼儿注意的(　　)较差。

A.稳定性　　　　　　　　　　　　　　B.广度

C.分配能力　　　　　　　　　　　　　D.范围

【答案】C。

考点4　注意的转移

注意的转移是指当环境或任务发生变化时,注意从一个对象或活动转到另一个对象或活动上。这反映了注意的灵活性。随着儿童年龄的增长、语言和自制力的发展,以及活动目的性的不断提高,儿童的注意转移能力不断提高。儿童年龄越小,注意转移越慢。小班儿童不善于灵活转移自己的注意,以至于转向注意的另一个对象时,难以从原来的对象上移开。大班儿童则能够随要求比较灵活地转移自己的注意。

考题再现

【2020·长沙岳麓·多选】幼儿注意品质的发展包括(　　)。

A.注意广度的发展

B.注意可变性的发展

C.注意转移的发展

D.注意分配的发展

【答案】ACD。

考生须分清注意的转移与注意的分散（分心），避免二者的混淆。

注意的转移是根据任务需要，有目的地、主动地转换注意对象，是注意力的改变，是为了提高活动效率，保证活动的顺利完成。

注意的分散是由外部刺激或主体内部因素干扰引起的，是消极被动的，违背了活动任务的要求，偏离了正确的注意对象，降低了活动的效率。

五、学前儿童注意的分散与防止

考点1　注意分散的原因

注意的分散是与注意的稳定相反的一种状态，是指儿童的注意离开了当前应该指向的对象，而被一些与活动无关的刺激物所吸引的现象，俗语叫作分心。例如，儿童听故事时，被教室外小鸟的叫声吸引，不能专心地听故事。引起儿童注意分散的原因包括以下几点。

（1）连续进行单调活动。

（2）缺乏严格的作息制度。

（3）无关刺激的干扰。

（4）注意转移的能力差。

（5）不能很好地进行两种注意的转换。

考点2　注意分散的防止措施

教师及家长要针对儿童注意分散的原因，采取适当措施防止儿童注意分散。

1.教师角度

（1）防止无关刺激的干扰

在儿童游戏时，教师不要一次呈现过多的刺激物。上课前教师应先把玩具、图画书等收起放好。教师上课时运用的挂图等教具不要过早呈现，用过应立即收起，对年幼的儿童更不要出示过多的教具。教师本身的衣饰要整洁大方，不要有过多的装饰，以免分散儿童的注意。

（2）根据幼儿的兴趣和需要组织教育活动

教师提供的教育活动的内容应贴近儿童的生活，应是他们关注和感兴趣的事物。

（3）灵活地交互运用无意注意和有意注意

教师可以运用新颖、多变、强烈的刺激等引起儿童的无意注意。但儿童无意注意不能持久，而且学习等活动也不是单靠无意注意就能完成的，因而还要培养儿童的有意注意。教师可向儿童讲明学习本领和做其他活动的意义和重要性，说明必须集中注意的道理，使儿童逐渐能主动地集中注意。教师应机智地运用两种注意形式，交替运用，使儿童能持久地集中注意。

（4）提高教学质量

教师提高教学质量是防止儿童注意分散的重要保证。教师要多方面改善教学内容、改进教学方法。所用的教具要色彩鲜明，能吸引儿童的注意；所用挂图或图片要突出中心；所用的语词要形象生动，能被儿童理解。此外，教师要积极引起儿童的兴趣，激发儿童的求知欲和好奇心以及良好的情感态度，以促进儿童持久集中注意，防止其注意分散。

2.家长角度

（1）制定合理的作息制度

成人应制定合理的生活作息制度，使儿童有充足的睡眠和休息。晚间不要让儿童看电视看得太晚，星期天不要让儿童外出玩得太久。要使儿童的生活有规律，保证他们有充沛的精力从事学习等活动，防止注意分散。

（2）培养良好的注意习惯

成人应培养儿童"集中注意学习""集中注意活动"的良好习惯，使他们在学习或参加其他活动时不要随便行动或漫不经心。

（3）适当控制儿童的玩具和图书的数量

提供给儿童的活动材料数量过多会导致儿童玩玩这个、看看那个，什么活动也开展不起来。成人应留下适当数量的活动材料，玩具及图书的数量应少而精，以有利于培养儿童良好的注意力。

（4）不要反复向儿童提出要求

向儿童提要求时，成人唯恐他们没听见或没记住，常爱反复说上许多遍。这种做法十分不利于培养儿童注意听的习惯，因为在他们看来，这次没有注意没关系，反正成人还会再讲。如果成人没有这些唠叨的习惯，孩子反而可能会注意认真听。

第三节　学前儿童记忆的发展

一、记忆的含义及环节

考点1　记忆的含义

记忆是人脑对过去经验的反映，是一种较为复杂的心理过程。记忆发生在感知之后，是人脑积累知识经验的心理活动，也是心理过程在时间上的延续。

考题再现

【2018·湘潭雨湖·单选】幼儿生病时去过医院，之后看到穿白大褂儿的人就害怕，这种心理活动是（　　）。

A.记忆　　　　　　　B.想象　　　　　　　C.思维　　　　　　　D.感觉

【答案】A。

考点2　记忆的环节

记忆包括识记、保持、再认和回忆（再现）三个基本环节。

1.识记

识记是记忆的第一个环节，是一种反复认识某种事物并在头脑中形成一定印象的过程。它具有选择性的特点，只有那些引起人注意的刺激才会在感知觉基础上被识记。识记既是记忆的开端，又是保持和回忆的前提。

2.保持

保持是指已获得的知识经验在头脑中储存和巩固的过程。

3.再认和回忆（再现）

再认是指感知过的事物再次出现时感到熟悉，并能识别的过程。回忆（再现）是指过去经历的事物不在面前时，在脑中重新呈现其印象的过程。

对于再认和再现的主要区别,考生可借助以下几个事例进行理解。

(1)与一位儿时的朋友久别重逢,能够认出他——再认。

(2)听出曾经听过的歌曲,叫出曾经熟识的人的名字——再认。

(3)看见乌龟想起"龟兔赛跑"的故事——再现。

(4)唱上周学过的歌曲——再现。

二、记忆的分类

记忆的分类见表2-4-2。

表2-4-2 记忆的分类

分类依据	记忆类型	定义
信息保持时间的长短	感觉记忆(瞬时记忆)	是指通过感觉器官所获得的信息在0.25~2秒以内的记忆
	短时记忆	是指获得的信息在头脑中贮存不超过1分钟的记忆;容量约为7±2个组块
	长时记忆	是指1分钟以上甚至保持终生的记忆
记忆的目的	有意记忆	是指有预定目的,且需要运用一定方法进行的记忆(幼儿教师要求儿童记忆儿歌)
	无意记忆	是指没有预定目的,不需要运用特定方法进行的记忆(儿童看过动画片后记得动画情景)
意识参与程度及能否用语言表达	外显记忆	是指个体能意识到自己记住某些信息,且能够说出来的记忆
	内隐记忆	是指个体不能意识到自己记住某些信息,说不出来的记忆
对记忆材料的理解	机械记忆	是指对记忆材料不理解,依靠反复复述的方式进行的记忆
	意义记忆	是指在对学习材料进行理解的基础上进行的记忆
记忆的内容	运动记忆(动作记忆)	以人们操作过的运动状态或动作形象为内容的记忆
	情绪记忆	以体验过的情绪或情感为内容的记忆
	形象记忆	以感知的事物的形象为内容的记忆
	语词记忆	以语言材料为内容的记忆

◆◆◆ 知识拓展 ◆◆◆

偶发记忆是指当要求儿童记住某样东西时,他往往记住的是和这件东西一起出现的其他东西。例如,教师出示小鸭子玩偶,问儿童有几只小鸭子,有的儿童却回答小鸭子是黄色的。

考题再现

1.【2020·长沙岳麓·单选】儿童喜爱什么、依恋什么、厌恶什么都是(　　)的结果。

A.运动记忆　　　　　　　　　　　B.情绪记忆

C.意义记忆　　　　　　　　　　　D.机械记忆

【答案】B。

三、学前儿童记忆发展的趋势

1.记忆保持的时间逐渐延长

1~3个月是长时记忆开始发生的阶段，3~6个月婴儿的长时记忆有很大发展，8个月左右的婴儿开始出现工作记忆。工作记忆是指把新输入的信息和记忆中原有的知识经验联系起来的记忆。

儿童长时记忆保持的时间逐渐延长。1岁前再认的潜伏期只有几天，2岁可能延长到几周。回忆的潜伏期也逐渐延长。

3岁前儿童的记忆一般不能永久保持，这种现象称为"幼年健忘"或"幼儿期健忘"。3~4岁后出现了可以保持终生的记忆。

2.记忆提取的方式逐步发展

记忆提取的方式可以分为再认和回忆。儿童最初出现的记忆全部都是再认性质的记忆。

回忆在2岁左右逐渐出现，延迟模式是儿童回忆能力发展的显著表现。在学前期，再认比回忆发展得好。

3.记忆的容量逐渐增加

儿童记忆广度的增加受生理发育的局限，不能达到成人的记忆广度。儿童记忆的范围逐渐扩大，记忆材料由形象、动作、情绪逐渐扩展到以语言形式存在的间接经验。

4.记忆的内容逐渐扩大

儿童出生2周左右出现运动记忆，6个月左右出现情绪记忆，6~12个月出现形象记忆，1岁左右出现语词记忆。在幼儿阶段，形象记忆占主要地位。

考题再现

【2020·长沙天心·判断】从记忆内容看，幼儿阶段占主要地位的记忆类型是语词记忆。（　　　）

【答案】×。

5.记忆策略逐渐获得

记忆策略是指为了提高记忆效果而采用的手段，以及对记忆活动有意识控制的心理活动。儿童的记忆策略通常表现为以下几种。

（1）视觉复述策略

视觉复述策略是指学前儿童将自己的视觉注意力有选择地集中在要记住的事物上，并不断地注视目标刺激，以加强记忆。

（2）特征定位策略

特征定位策略是指学前儿童会对目标记忆内容给予某种特定的标签以便于对其进行有效的记忆。例如，儿童记忆兔子时,往往给兔子贴上长耳朵的标签,以便记忆兔子的形象。

(3)复述策略

复述策略是指在记忆过程中,学前儿童会不断地重复记忆的内容,以便准确、牢固地记住这些信息。

(4)组织性策略

组织性策略是指学前儿童将记忆材料按不同的意义组织成各种类别,编入各种主题,使它们产生意义联系,或对内容进行改组,以便于记忆的一种策略。

四、学前儿童记忆发展的特点

1.无意记忆占优势,有意记忆逐渐发展

(1)无意记忆占优势

①无意记忆的效果优于有意记忆。3岁以前的儿童基本上只有无意记忆,他们不会进行有意记忆。而在整个幼儿期,无意记忆的效果都优于有意记忆。

②儿童无意记忆的效果随年龄的增长而提高。由于记忆加工能力的提高,儿童无意记忆继续有所发展。

③儿童无意记忆是积极认知活动的副产物。儿童的无意记忆不是由儿童直接接受记忆任务和完成记忆任务产生的,而是儿童在完成感知和思维任务过程中附带产生的结果,是一种副产物。儿童的认知活动越积极,其无意记忆效果越好。

(2)有意记忆逐渐发展

有意记忆的发展是儿童记忆发展中最重要的质的飞跃。儿童有意记忆的发展有以下特点。

①儿童的有意记忆是在成人的教育下逐渐产生的。成人在日常生活中和组织儿童进行各种活动时,经常向他们提出记忆的任务,可以促进儿童有意记忆的发展。

②有意记忆的效果依赖于对记忆任务的意识和活动动机。儿童意识到记忆的具体任务,影响有意记忆的效果。活动动机对幼儿有意记忆的积极性和效果有很大的影响。幼儿对缺乏积极性的活动,记忆效果往往比较差;而在游戏中,有意记忆的效果比较好。

③儿童有意再现的发展先于有意记忆。研究表明,儿童达到有意再现或追忆较高行为类型的年龄略早于有意记忆。

2.记忆的理解和组织程度逐渐提高

(1)机械记忆用得多,意义记忆效果好

①机械记忆用得多。可能出于两个原因:一是儿童大脑皮质的反应性较强,感知一些不理解的事物也能够留下痕迹;二是儿童对事物理解能力较差,对许多识记材料不理解,不会进行加工,只能死记硬背,进行机械记忆。

②意义记忆的效果优于机械记忆。儿童对理解了的材料,记忆效果较好。

(2)学前儿童的机械记忆和意义记忆都在不断发展

①在整个幼儿期,无论是机械记忆还是意义记忆,其效果都随着年龄的增长而有所提高。

②年龄较小的儿童意义记忆的效果比机械记忆要高得多,而随着年龄增长,两种记忆效果的差距逐渐缩小。这种现象是由于机械记忆中加入了越来越多的理解成分,机械记忆中的理解成分使机械记忆的效果有所提高。

3.形象记忆占优势,语词记忆逐渐发展

(1)形象记忆的效果优于语词记忆

形象记忆是根据具体的形象来记忆各种材料。在儿童语言发展之前,其记忆内容只有事物的形象。在

儿童语言发生后,形象记忆仍占主要地位。

（2）形象记忆和语词记忆都随着年龄的增长而发展

3~4岁儿童无论是形象记忆还是语词记忆,其水平都相对较低。其后,两种记忆都随年龄的增长而发展。

（3）形象记忆和语词记忆的差别逐渐缩小

形象和语词都不是单独地在儿童的头脑中起作用,而是随着年龄的增长有越来越密切的相互联系。一方面,儿童对熟悉的物体能够叫出其名称,那么物体的形象和相应的词就紧密联系在一起;另一方面,儿童所熟悉的词,也必然建立在具体形象的基础上,词和物体的形象是不可分割的。因此,形象记忆和语词记忆的差别逐渐缩小。

4.儿童记忆的意识性和记忆方法逐渐发展

儿童有意记忆和意义记忆的发展,意义记忆对机械记忆的渗透,语词记忆对形象记忆的渗透,以及它们的日益接近,都反映了儿童记忆过程的自觉意识性和记忆策略、方法的发展。

五、遗忘

如果识记过的东西不能再认、回忆,或者再认和回忆发生错误,就发生了遗忘。

考点1　遗忘的规律

德国心理学家艾宾浩斯最早对遗忘现象做了比较系统的实验研究。为避免经验对学习和记忆的影响,他在实验中用无意义音节作为学习材料,以重学时所节省的时间或次数为指标测量了遗忘的进程。依据这些数据绘制的曲线就是著名的"艾宾浩斯遗忘曲线"。该曲线表明遗忘进程是不均衡的,呈现先快后慢的趋势。

表2-4-3　遗忘进程

间隔	记忆量
刚刚记忆	100%
20分钟后	58.2%
1小时后	44.2%
8~9小时后	35.8%
1天后	33.7%
2天后	27.8%
6天后	25.4%
1个月后	21.1%

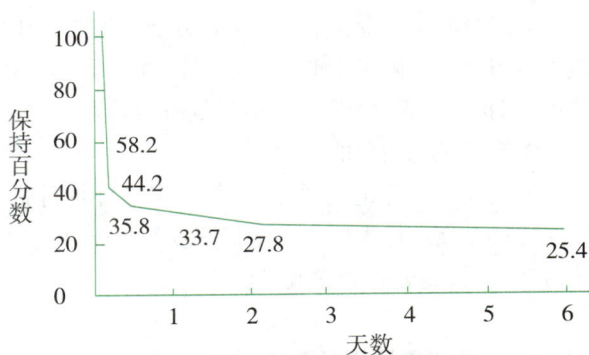

图2-4-2　艾宾浩斯遗忘曲线

考点2　影响遗忘的因素

1.识记材料的性质

识记材料的性质是指材料的种类、长度、难度及意义性等。从材料的种类看,有意义的材料比无意义的材料遗忘得慢,形象、直观的材料比抽象的材料遗忘得慢。

2.识记材料的数量与学习程度

在学习程度相等的情况下,识记材料越多,遗忘得越快,识记材料越少,遗忘得越慢。

实验证明,过度学习的材料比恰能背诵的材料记忆效果要好一些。但过度学习有一定限度,花费在过度学习上的时间太多,会造成精力与时间的浪费。

3.识记任务的长久性与重要性

一般来说,长久的识记任务有利于材料在头脑中保持时间的延长,不重要和未经复习的内容容易遗忘。

4.识记方法

识记方法是幼儿学习的重要手段。研究表明,以理解为基础的意义识记比机械识记的效果好得多。

5.时间因素

根据遗忘规律,记忆的最初阶段遗忘速度快,随后逐渐变慢。学习内容的保存量随时间减少。

6.识记者的态度

识记者对识记内容的需要、兴趣等对遗忘的速度也有一定的影响。研究表明,在人们的生活中,不占重要地位的、不引起人们兴趣的、不符合个人需要的事情容易遗忘。

7.识记材料的系列位置

在一项实验中,实验者要求被试学习并回忆词表,回忆时可以不按原来的先后顺序。结果发现,最后呈现的项目最先回忆起来,其次是最先呈现的那些项目,而最后回忆起来的是词表的中间部分。在回忆的正确率上,最后呈现的词遗忘得最少,其次是最先呈现的词,遗忘最多的是中间部分。这些在回忆系列材料时发生的现象叫作系列位置效应。最后呈现的材料最易回忆,遗忘最少,叫近因效应。最先呈现的材料较易回忆,遗忘较少,叫首因效应。

考点3 根据遗忘规律科学地组织复习

1.及时复习

根据艾宾浩斯遗忘曲线,遗忘在学习之后立即开始,而且遗忘的过程最初进展得很快,以后逐渐缓慢。在组织儿童复习时,对儿童刚学过的东西要及时复习,尽量在遗忘快速期之前加深记忆的程度,以减少或防止遗忘。

2.合理分配复习时间

合理分配复习时间,需要做到分散复习与集中复习相结合。集中复习是指连续进行的复习。分散复习是指复习之间间隔一定时间的复习。对于儿童来说,要把分散复习与集中复习相结合,复习时眼、耳、手、脑并用,以提高复习的积极性,增强复习的效果。

3.利用记忆恢复的规律

记忆恢复又称记忆回涨,是指学习某种材料后,相隔一段时间所测量到的保持量,比学习后立即测量到的保持量要高。成人应当以记忆恢复的规律来正确看待儿童的记忆,并利用这一规律组织儿童的学习、游戏等活动,以提高教育教学效果。

六、学前儿童记忆力的培养

1.教学内容具体生动,识记材料要形象且富有趣味性

幼儿的记忆主要是无意记忆,对能吸引他的、他感兴趣的和能引起其情感体验的事物,幼儿就能记住,反之,则较难记住。因此,在幼儿园的各项活动中,教师要精心设计活动方案,准备丰富多彩、形象鲜明的教具和玩具,提供幼儿能直接操作的游戏材料,同时,教师的语言要生动有趣,绘声绘色。这样不但能够吸引幼儿的注意,使教学内容成为记忆的对象,而且由于富有感情色彩,容易引起幼儿的情感共鸣,反过来又加深了记忆,提高了记忆效果。

2.帮助幼儿明确记忆目的

有意记忆的形成和发展是幼儿记忆发展中最重要的质变,所以除了充分利用幼儿的无意记忆外,还要注意培养他们的有意记忆。教师或家长在日常的生活和各种活动中,要经常向幼儿提出明确具体的任务,提出

具体的要求。需要注意的是,在向幼儿提出明确、恰当的记忆要求的同时,对幼儿完成记忆任务的情况要给予及时的肯定和赞扬,这样会使幼儿更好地进行主动记忆。

3.帮助幼儿进行及时、合理的复习

幼儿记忆保持时间短,记忆精确性差,容易发生遗忘。因而,帮助幼儿进行及时、合理的复习十分重要。根据遗忘"先快后慢"的规律,教师在教育活动中要帮助幼儿及时复习,赶在大量遗忘发生之前将学习内容进行巩固,复习的次数要多,每次复习的间隔要短,以后次数可以逐渐减少,间隔也可以逐渐延长。这样做,可以收到事半功倍的效果。

4.帮助幼儿理解记忆材料

实验表明,幼儿意义记忆的效果优于机械记忆,幼儿材料理解得越深,记得就越快,保持时间也越长。因此,在幼儿教育活动中,教师应该采用多种方法,尽量帮助幼儿理解所要记忆的材料。同时,还要指导幼儿在记忆过程中进行积极的思维活动,逐渐学会从事物的内部联系上去记忆材料。这样在理解的基础上记,在积极思维的过程中记,幼儿记忆就很容易,不仅效果好,也有助于幼儿意义记忆和认识能力的提高。

5.让幼儿利用多种感官参与记忆过程

为了提高幼儿记忆的效果,可以采用协调记忆的方法,记忆过程中要尽量调动幼儿的多种感官参与,形成多类型的表象,并与需要记忆的对象在大脑中建立多方面联系,加深对物体的记忆。在幼儿园教育活动中,教师要创造机会,尽量让幼儿多看一看、摸一摸、闻一闻、尝一尝,调动幼儿各种感官都投入到记忆活动中,让幼儿在记忆过程中既听又看,还能动手操作等,从而获得多方面的感性认识,这样就容易记得完整、牢固。

6.教给幼儿多种记忆方法

(1)归类记忆法

归类记忆法是把许多同类的事物归为一类,将记忆材料整理成为有适当次序的材料系统,这样可以扩大幼儿记忆的容量,使材料记得更容易、更牢固。

(2)比较记忆法

比较记忆法是对相似而又不同的记忆对象进行比较分析,找出它们的相同点和不同点,用以帮助记忆的方法。

(3)整体记忆和部分记忆

整体记忆是将材料整体一遍遍地进行记忆,直到完全记住为止。部分记忆是将材料分成几个部分,一部分一部分地记,最后合成整体记忆。如果材料数量不多,一般用整体记忆的方法;当材料较长或幼儿已有的知识经验难以理解时,用部分记忆效果好。通常最好的方法是两种方法并用。

(4)联想记忆法

联想记忆法是利用记忆对象与客观现实的某种联系,建立多种联想而进行记忆。

(5)歌诀记忆法

歌诀记忆法就是把要记忆的内容编成歌谣或歌诀进行记忆。

第四节 学前儿童想象的发展

一、想象的含义及特点

考点1 想象的含义

想象是对头脑中已有的表象进行加工改造,建立新形象的过程。

考点2 想象的特点

想象的两大特点是形象性和新颖性。

1.形象性

形象性是指想象处理的主要是直观生动的图像信息,而不是词和符号,但它们不是原有表象的简单再现。

2.新颖性

新颖性是指想象产生的新形象不同于个体亲身感知过的,简单再现于人脑中的记忆表象。它可以是个体从未亲身经历过、现实中尚未存在或者根本不可能存在的事物的形象。

二、想象的分类

考点1 无意想象和有意想象

按照想象的目的性和计划性,可以把想象分为无意想象和有意想象。

1.无意想象

无意想象又称不随意想象,是指没有预定目的,在一定刺激的影响下,不由自主地进行的想象。无意想象是一种最简单、最初级的想象。如儿童看见玩具听诊器,就想象自己是医生,给娃娃看病;看见香蕉,就拿起来当电话等。

2.有意想象

有意想象又称随意想象,是指根据预定目的,在一定意志努力下自觉进行的想象。例如,科学家提出的各种假设,文学艺术家在脑中构思的人物形象,学生完成某项学习任务获得的某些知识和经验,工程师的建筑物蓝图设计等,都是有意想象。

考点2 再造想象和创造想象

根据有意想象的新颖性、独立性和创造性程度的不同,可以把有意想象分为再造想象和创造想象。

1.再造想象

再造想象是指根据言语的描述或图形符号的示意,在头脑中形成相应事物新形象的过程。例如,小朋友们听老师讲《龟兔赛跑》的故事,仿佛看见了沉稳而踏实的乌龟和灵活而骄傲的小兔子赛跑的情景。幼儿期主要以再造想象为主,如几个小朋友在一起拿着玩具锅、铲、勺子等"过家家",用笔给洋娃娃打针等,整个游戏过程就是以再造想象为线索。

再造想象从内容上分为四类。

①经验性想象。学前儿童凭借个人生活经验和生活经历开展想象活动。例如,一个中班男孩儿对"夏景"的想象是"小姐姐坐在河边,天热,她想洗澡,她还想洗脸,因为脸上淌汗"。

②情境性想象。学前儿童的想象活动是由画面的整个情境引起的。例如,一个中班男孩儿对"夏景"的想象是"有个小女孩儿在小河边玩水,手里拿着手帕当小船玩,又不敢放手,怕被水冲走"。

③愿望性想象。在想象中表露出个人的愿望。例如,一个大班男孩儿观察"雪景"后想象说"他想上学,想当一名学生。他还想上班,当一名老师"。

④拟人化想象。把客观物体想象成人,用人的生活、思想、情感、语言等去描述。例如,一个大班女孩儿观察"雪景"后想象是"小女孩儿看见了雪人,雪人在看小女孩儿,眼睛望着她,两只手一动一动的,脚在跳舞,嘴巴在唱歌"。

考题再现

【2019·长沙望城·单选】中班的妮妮在参观海底世界时对妈妈说:"小鱼都在看着我,跟我打招呼。"妮妮是在进行(   )。

A.经验性想象   B.情境性想象

C.愿望性想象   D.拟人化想象

【答案】D。

2.创造想象

创造想象是指根据一定的目的和任务,不依据现成的描述,在头脑中独立地创造出某种新形象的心理过程。例如,设计师在脑中构思新型宇宙飞船的形象;作家在头脑中塑造新的典型人物的形象。创造性想象具有独立性、首创性、新颖性的特点,是人类创造性活动不可或缺的心理成分。

幻想是创造想象的一种特殊形式,是指向未来的并与个人愿望相联系的想象。幻想又分为积极幻想和消极幻想。符合事物发展规律的有可能实现的幻想叫理想;不符合事物发展规律,根本不可能实现的幻想叫空想。

三、学前儿童想象发展的趋势

学前儿童想象发展的一般趋势是从简单的自由联想到创造性想象,一般表现在以下三个方面。

(1)从想象的无意性,发展到有意性。

(2)从想象的单纯再造性,发展到创造性。

(3)从想象的极大夸张性,发展到合乎现实的逻辑性。

四、学前儿童想象的主要特征

考点1 以无意想象为主,有意想象开始发展

1.无意想象的特点

在儿童的想象中,无意想象占重要地位。儿童的无意想象主要有以下特点。

(1)想象无预定目的,由外界刺激直接引起

想象往往并不指向某一预定目的,儿童在游戏中的想象往往随玩具的出现而产生。例如,儿童拿起小竹竿,想象它是一匹小马,可以进行骑马活动。

(2)想象的主题不稳定

儿童的想象缺乏明确的目的,也就很难形成一个稳定的主题,并且外界事物对儿童的想象活动影响较

大,因此儿童常常会被外界事物所干扰,难以保持想象主题的稳定。儿童的想象是在情境中进行的,情境变化,想象的主题也随之变化。如儿童画画,常常画了一朵花,突然又想起什么,又开始画一艘船,等会儿又画小鸡、面包,显然是缺乏明确、稳定的主题。

(3)想象的内容零散、不系统

由于想象的主题没有预定目的,儿童想象的内容总是零散的,想象的形象之间不存在有机的联系,没有系统性。儿童绘画常常有这种情况,画了"小猫",又画"飞机",最后又画"面包"。总之,儿童往往想到什么就画什么。

(4)以想象过程为满足

儿童想象往往不追求达到一定的目的,只满足想象进行的过程。例如,小班儿童往往对某个故事百听不厌。一个儿童常常给小朋友讲故事,乍看起来有声有色,既有动作又有表情,实际听起来毫无中心,没有说出任何一件事情的情节。儿童在绘画过程中的想象也是如此,常常在一张纸上画了一样又画一样,直到把画面填满为止,甚至最后把所画的东西涂满黑色,自己口中念念有词,感到极大的满足。

考题再现

【2018·湘潭雨湖·单选】小班幼儿往往对某个故事百听不厌,其主要原因是( )。

A.以想象过程为满足 B.想象的内容零散

C.想象受情绪影响 D.想象具有夸张性

【答案】A。

(5)想象受情绪和兴趣的影响

儿童在想象过程中常表现出很强的兴趣性和情绪性。情绪高涨时,儿童想象就活跃,不断出现新的想象结果。另外,兴趣也影响儿童的想象。儿童对感兴趣的活动会长时间去想象,专注于这个活动;而对不感兴趣的活动,则缺乏想象,往往是消极地应付或远离这项活动。

备考锦囊

对于幼儿无意想象的特点,考生可利用"提木桶过河"这个口诀进行记忆。

(1)提——题,想象的主题不稳定。

(2)木——目,想象无预定目的,由外界刺激直接引起。

(3)桶——统,想象的内容零散、不系统。

(4)过——以想象过程为满足。

(5)河——和,想象受情绪和兴趣的影响。

2.有意想象的萌芽和发展

有意想象在幼儿期开始萌芽,幼儿晚期有了比较明显的表现。具体表现为,在活动中出现了有目的、有主题的想象;想象的主题逐渐稳定;为了实现主题,能够克服一定的困难。但是总的来说,6岁前儿童有意想象的水平还很低。在游戏条件下,儿童有意想象的水平较高;在非游戏条件下,如严肃的实验中,想象的有意性水平就很低。苏联心理学家纳塔杰用实验证明了这一点。他将4~6岁的儿童作为实验对象,要求儿童了解想象内容的非真实性,去想象与感知相反的内容。这种想象需要一定的意志努力,所以这个实验被称为"定势想象实验"。

该实验结果说明:(1)不能形成想象定势的儿童人数随着年龄的增长而减少;(2)在所进行的实验中,各年龄儿童形成想象定势的数量随着年龄的增长而增加;(3)4岁儿童完全不能形成想象定势的比例相当大,而在能够形成定势的儿童中,出现定势的实验数相当少,五六岁儿童出现定势的人数虽然有所增加,但是从实验总数来看,出现定势的比例也不大。

有意想象是需要培养的,成人组织儿童进行各种有主题的想象活动,启发儿童明确主题,准备有关材料,如游戏中的玩具、绘画的材料等,成人及时的语言提示对于儿童有意想象的发展起重要作用。

考点2 以再造想象为主,创造想象开始发展

1.再造想象的特点

再造想象在儿童的生活中占有主要的地位。学前期的想象大多是再造想象。学前期是大量吸收知识的时期,儿童依靠再造想象来间接了解知识。学前期再造想象的主要特点如下。

(1)儿童的想象常常依赖于成人的语言描述或根据外界情境的变化而变化

儿童想象具有很大的无意性,缺乏独立性。如果老师不提示,单纯看图像,儿童常常不能独立展开想象,进行游戏。儿童在听故事时,想象随着成人的讲述而展开。

(2)儿童的再造想象常常是记忆表象的极简单加工,缺乏新异性

儿童常常没有目的地摆弄物体,改变着它的形状,当改变了的形状正巧比较符合儿童头脑中的某种表象时,儿童才能把它想象成某种物体。这种无意想象的形象与头脑中保存的有关事物的"原型"形象相差不多。

2.创造想象的特点

学前期是创造想象开始发生的时期。学前期创造想象的主要特点如下。

(1)最初的创造想象是无意的自由联想,可称为表露式创造,这是最初级的创造。

(2)儿童创造想象的形象和原型只略有不同,或者在常见模式的基础上有一点改造。

(3)情节越来越丰富,从原型发散出来的数量和种类增加,以及能够从不同中找出相同。

考点3 想象具有夸张性,容易将想象与现实相混淆

1.儿童想象夸张性的表现

(1)夸大事物某个部分或某种特征

儿童在想象中常常把事物的某个部分或某种特征加以夸大。例如,一个儿童画小孩儿放风筝,把小孩儿的手画得很长,比身体几乎长了3倍。

(2)混淆假想与真实

儿童常将想象的东西和真实相混淆,表现在以下三个方面。

①把渴望得到的东西说成已经得到的。例如,有的儿童看到别人有漂亮的娃娃,他会说:"我家也有。"可事实是他没有。

②把希望发生的事情当成已经发生的事情来描述。例如,一位中班小朋友听邻居讲去玄武湖公园玩的事,很开心。于是这位小朋友也有了去玄武湖玩的愿望。他把玩的"过程"想象了一下(根据别人的描述而想象),然后到幼儿园对同伴说他自己去玄武湖公园玩的"经历"。

③在参加游戏或欣赏文学作品时,往往身临其境,与角色产生同样的情绪反应。例如,幼儿园里小班儿童正在玩"狡猾的狐狸,你在哪里"的游戏,当老师扮演的狐狸逮着小鸡(小朋友饰),假装要吃她的时候,这个孩子大哭起来拼命挣扎地说:"你是老师,怎么可以吃人呢!"

考题再现

【2018·长沙岳麓·单选】在老鹰抓小鸡的游戏中,被"老鹰"抓到的幼儿吓哭了,以为自己真的要被"吃掉"。这是因为幼儿( )。

A.想象易与现实相混淆　　　　　　　　　B.想象的主题不稳定

C.想象受情绪影响　　　　　　　　　　　D.想象受兴趣影响

【答案】A。

2.儿童想象夸张性产生的原因

儿童想象的夸张现象是儿童的心理发展水平的反映。

（1）认知水平的限制

儿童在观察事物的时候，常常只感知到其中某些突出的特点，而且往往是非本质特点。儿童记忆中所保持的形象比较贫乏，对事物的特征掌握不完全，在想象过程中反映的也只是一些突出的非本质的特征。儿童思维的概括性不足，因而不能恰当地把握本质特征，思维的相对性差，片面性大，因而往往走极端。在想象中往往也是过分地夸大，大的东西大极了，小的东西小极了。

儿童常常把想象与真实混淆。这和儿童感知的分化发展不足，以及想象与记忆的混淆有关。由于感知的分化不足，儿童往往意识不到事物的异同，察觉不到事物的差别；想象与记忆的混淆，使儿童分不清哪些是由于渴望得到而反复想象的形象，哪些是真实经历过的记忆形象。

（2）情绪对想象的影响

儿童把想象与现实混淆，这是常见的现象，但是儿童并不是完全不顾事实而沉溺于脱离现实的幻想，并不是完全分不清想象与真实的区别。儿童常常满足于想象的过程。由于情绪的作用，儿童虽然知道想象与现实不符，但仍然迷恋于想象过程。游戏中的想象，更多地表现了儿童的情绪和愿望。

（3）儿童想象受其在认知中地位的制约

儿童的想象是一端接近于记忆，另一端接近于创造性思维的阶段。在成人的认知活动中，想象可以作为思维的一个部分，而在儿童的认知活动中，想象与思维则有认知发展等级的区别。儿童想象的夸张性，想象与真实混淆，想象受情绪左右等特点，都说明想象还没有达到创造性思维的水平。当儿童进入学龄期以后，想象逐渐深入现实，想象的特点才与思维融合。

（4）想象表现能力的局限

想象总要通过一定手段来表现，儿童想象的夸张与事实不符，往往受表现能力的限制。如我们在日常生活中会发现，幼小的儿童存在把脸憋得通红、说话不太流畅的现象，这可能是因为儿童的想象非常丰富，但受自身语言表达能力的限制，而出现"心有余而力不足"的现象。

五、学前儿童想象力的培养

1.丰富儿童的知识经验

儿童生活内容越丰富，头脑中存储的各类事物的形象越多，想象的素材就越多，从而有助于想象力的发展。教师及家长要有计划地带儿童到社区、动物园、博物馆等进行参观、旅游活动，启发他们认识各种事物，拓宽视野。

语言可以表现想象，语言水平直接影响着想象的发展。儿童在表达自己想象的内容时能进一步激发其想象活动，使想象内容更加丰富。因此，教师在丰富儿童表象的同时，要发展儿童的语言表达能力。

2.充分利用文学、艺术等形式，激发儿童的想象力

文学活动中的讲故事能发展儿童的再造想象。语言教育活动中的创造性讲述更能激发儿童广泛的联想，使他们在已有的经验基础上构思、加工，创造出自己满意的内容。如续编故事，老师将故事的前半部分讲清楚，让儿童自己结合经验和想象往下讲，效果很好。

幼儿园多种艺术教育活动，也是培养儿童想象发展的有利条件。如美术活动中的主题画，要求儿童围绕主题开展想象。而意愿画能活跃儿童的想象力，使他们无拘无束地构思，创造出各种新形象。这都是发展儿童想象力的有效途径。

3.开展各种游戏活动，鼓励和引导儿童大胆想象

游戏是儿童的基本活动，其中角色游戏和构造游戏最能激发儿童的想象。玩具和游戏材料是引起儿童

想象的基础。要为儿童提供合适的玩具与材料,如半成品等,让儿童在制作过程中加工、制造、想象。

4.在活动中进行适当的训练,提高儿童的想象力

有目的、有计划地训练是提高儿童想象力的重要措施。除通过讲故事、绘画、听音乐等活动培养儿童想象力外,还可以采用其他形式。如在纸上画好一些线条和几何形体,让儿童通过添画,来完成整幅画面;播放几组声音的录音,让儿童想象这几组声音并描述发生了什么事情;给儿童几幅顺序颠倒的图画,让其重新排列,并叙说整个事情的经过等。经常进行这样的训练,可使儿童想象的内容广泛而又新颖。

第五节　学前儿童思维的发展

一、思维的含义及特点

考点1　思维的含义

思维是借助语言、表象或动作实现的对客观事物概括的和间接的认识,是认识的高级形式。它反映的是客观事物的本质及其规律性的联系。

考点2　思维的特点

思维具有间接性和概括性两个特点。

1.间接性

思维的间接性是指人们借助于一定的媒介和一定的知识经验对客观事物进行间接地认识。如医生通过听诊判断、推测病情。

2.概括性

思维的概括性是指在大量感性材料的基础上,把一类事物共同的特征和规律抽取出来,加以概括。如看到月亮周围出现"晕"的时候就会刮风,太阳周围出现"晕"的时候就会下雨,从而得出"月晕而风,日晕则雨"的结论。

二、思维的过程与形式

考点1　思维的过程

人在头脑中运用存储在长时记忆中的知识经验,对外界输入的信息进行分析、综合、比较、分类和概括的过程称为思维过程。分析和综合是思维的基本过程。

（1）分析是指在头脑中把事物的整体分解为各个部分或各个属性。

（2）综合是指在头脑中把事物的各个部分、各个特征、各种属性结合起来,了解它们之间的联系,形成一个整体。

（3）比较是指把各种事物和现象加以对比,确定它们的相同点、不同点及其关系。

（4）分类是在思想上抽出各种事物与现象的共同的特征和属性,舍弃其个别特征和属性的过程。在分类的基础上,人们就可以得到对事物概括的认识。

（5）概括分为初级概括和高级概括。初级概括是在感知觉、表象水平上的概括;高级概括是根据事物的内在联系和本质特征进行的概括。

思维的基本形式有概念、判断和推理。

（1）概念是指人脑对客观事物本质属性的认识。

（2）判断是指概念与概念之间的联系，是事物之间或事物与它们的特征之间的联系的反映。

（3）推理是指从具体事物或现象中归纳出一般规律，或者根据一般原理推出新结论的思维活动。前者叫归纳推理，后者叫演绎推理。

三、学前儿童思维的发生

1.发生时间

1岁左右，学前儿童的手的动作开始出现了两个新的功能：一是运用工具，二是表达意愿。这两种功能的出现为学前儿童思维的萌芽提供了直接的前提。2岁以前是学前儿童思维发生的准备时期。

2.发生标志

出现最初的用语词的概括是儿童思维发生的标志。儿童概括的发生发展过程可以分为以下三个阶段。

（1）直观的概括。儿童逐渐根据物体最鲜明、最突出的外部特征进行概括。

（2）动作的概括。儿童学会了用物体进行各种动作，逐渐掌握各种物体的用途。

（3）语词的概括。儿童开始能够按照物体的某些比较稳定的主要特征进行概括，舍弃那些可变的次要特征。

考题再现

【2020·长沙浏阳/天心·判断】语词概括的出现标志着儿童思维的真正发生。　　　　（　　）

【答案】√。

四、学前儿童思维发展的趋势

考点1 思维方式的变化

从思维发展的方式看，儿童的思维最初是直觉行动思维，然后出现具体形象思维，最后发展起来的是抽象逻辑思维。

1.直觉行动思维

直觉行动思维又称直观行动思维，是主要以直观的、行动的方式进行的思维。它是最低水平的思维，其主要特点如下。

（1）思维是在直接感知中进行的，思维不能离开对具体事物的直接感知。

（2）思维是在实际行动中进行的，思维不能离开儿童自己的动作。

（3）思维典型方式是尝试错误，其活动过程依靠具体动作，是展开的，而且有许多无效的多余动作。

直觉行动思维在2~3岁儿童身上最为明显，在3~4岁儿童身上还常有表现。处于直觉行动思维阶段的儿童离开了实物就不能解决问题，离开了玩具就不会游戏。在行动之前，儿童主观上并没有预定目的和行动计划，也不可能预见自己行动的后果。

2.具体形象思维

具体形象思维是指依靠事物的形象和表象来进行的思维。它是介于直觉行动思维和抽象逻辑思维之间的一种过渡性的思维方式。具体形象思维是幼儿期典型的思维方式。一般认为，2.5~3岁是儿童从直觉行动思维向具体形象思维转化的关键年龄。其主要特点如下。

（1）具体形象性。儿童的思维主要是依赖事物的具体形象或表象以及它们之间的关系来进行的。

（2）具有了进行初步抽象概括的可能性。中班儿童能逐渐认识事物的属性，开始根据事物的本质特征进行思维。但是，他们掌握的概念往往只与具体的对象联系在一起，与物体的感知特点和感知具体情境密切联系，还不能反映该类对象的一般特征。

考题再现

【2018·长沙岳麓·单选】幼儿时期思维的主要特点是（　　　）。

A.直观行动性　　　　　　　　　　　　B.具体形象性

C.抽象逻辑性　　　　　　　　　　　　D.聚合思维

【答案】B。

3.抽象逻辑思维

抽象逻辑思维是反映事物的本质属性和规律性联系的思维，是使用概念、判断和推理来进行的。它是高级的思维方式。严格地讲，学前期的儿童还没有这种思维方式，只是有了这种思维方式的萌芽。如儿童遇到什么事情都喜欢追根究底，问个"为什么"，表明儿童正在努力探索事物内在的奥秘和事物的因果关系。这正是儿童抽象逻辑思维活动的表现。

考点2　思维工具的变化

儿童思维方式的发展变化是与所运用的思维工具的变化相联系的。直觉行动思维所用的工具主要是感知和动作，具体形象思维所用的工具主要是表象，而抽象逻辑思维所用的工具则为语言所代表的概念。

研究表明，不同年龄儿童思维过程中动作和语言的作用变化可以分为以下三个阶段。

1.思维活动主要依靠动作进行，语言只是行动的总结

幼儿初期，儿童拿到图形后马上动手，他们不能说出目标和计划。拼完后，他们惊讶地发现自己拼出了图画，然后说："我拼了一个男孩儿在骑马。"此时，其语言只是总结自己的动作，并不能支配动作。

2.语言伴随动作进行

幼儿中期，儿童在解决问题的过程中往往是一边说一边做，语言和动作似乎总是相伴随的。儿童在开始行动之后，只能很笼统地说出要拼什么东西。在行动过程中，他们用语言概括着每一个解决问题的动作，同时计划着下一步的动作，并开始学会把每一次小的结果同总任务加以对照。其总结性语言比动作要多得多。

3.思维主要依靠语言进行

幼儿晚期，在行动之前儿童已能够完全用语言表述行动的目的和计划。他们看到小图形时，就已经能分辨出它们的特征，找出它们之间的联系，而且已能用语言表示各实物之间的关系。此时，他们的语言先于动作而出现，并起着计划动作的作用。动作结束之后，其语言只不过是动作前语言的简单重复，有时比动作前的语言还要少。

三个阶段思维工具的变化，直接导致了思维方式的变化，语言在动作中所起的作用也随之发生了变化。

考点3　思维活动的内化

儿童思维的发展呈现出由外部的、展开的，逐渐向内部的、压缩的方向发展的趋势。

直觉行动思维的活动的典型方式是尝试错误。其活动过程主要依靠展开的、外部的具体动作。这种思维在行动之前，儿童主观上并没有预定的目的和行动计划，也不可能预见自己行动的后果。所以他们是在混乱的尝试错误的过程中逐渐出现了最初的、短暂的行动目标和行动计划。随着以后分析、评价的发展，幼儿逐渐出现了系统的尝试错误或最初的探索性行为。

考点4 思维内容的变化

最初的思维由于依靠直接感知和实际行动进行,思维内容仅限于感官所能及的事物,所反映的内容只是表面的外部联系,而且往往只是事物的非本质特征。随着思维的内化,思维在头脑内部进行,其内容逐渐间接化、深刻化,并且能够全面地反映事物的关联,反映的范围日益扩大,而且越来越接近事物的本质。

五、学前儿童思维发展阶段

皮亚杰提出,儿童思维的发展可以分为四个阶段:感知运动阶段、前运算阶段、具体运算阶段和形式运算阶段。每一个阶段都表明儿童适应环境的一种新的水平。

考点1 感知运动阶段(0~2岁)

感知运动阶段是儿童智力发展的萌芽阶段。在这个阶段,儿童只能依靠感知和动作来适应外界环境。根据儿童所表现出来的行为模式,这一阶段可分为六个子阶段。

1.反射活动阶段(0~1个月)

新生儿天生具有的无条件反射,在这一阶段为了适应外界环境而不断重复出现,但是它们并不是机械地重复,而是有练习的因素。天生的反射通过练习得以巩固和发展。

2.最初习惯阶段(1~4个月)

最初习惯阶段又称初级循环反应阶段。在这个阶段,儿童形成了条件反射,即习得性动作。这些习得性动作是通过机体的两种器官的整合,把不同动作联结起来而形成的,如用眼寻找声源是视和听的结合。初级的习得性动作变成自动性动作,称为习惯性动作或初级循环反应。

3.有目的动作形成阶段(4~10个月)

在婴儿的视觉和抓握开始协调后,就过渡到有目的动作形成阶段。这一时期的婴儿能重复他片刻前偶然做出的动作,如反复挤压一只会叫的塑料鸭子。这表明主体活动与客体之间有了一定的联系,但这种联系仍是过渡性的。因为这种联系具有偶然性,是偶然的发现引起了需要,而不是需要引起了新的发现,而且这里的需要也只是单纯的重复动作的需要,而不是对结果的需要。这说明手段与目的之间还没有分化。

4.方法和目的分化与协调阶段(10~12个月)

在此阶段,动作目的和方法开始发生分化。动作从一开始就明显地表现出它是用来达到目的的方法。例如,婴儿抓住成人的手,向自己不能取得的物体的方向拉动,或是用成人的手揭开被遮盖的物体。同时,动作目的与方法之间开始协调,婴儿开始用新的方法而不是原有方法去达到目的。不过,这个阶段所用方法都只是熟悉的动作,只是运用已有的手段去对付未曾遇见过的新情况而已。这个阶段婴儿还出现了"客体永久性"观念。儿童能够找到不在眼前的物体,如藏在枕头下面的一个物体,即确信在眼前消失了的东西仍然存在。在这以前,物体在儿童眼前消失,他就不去找了,似乎物体已经不存在。这些都说明儿童已经处于智慧的萌芽阶段。

5.感知运动智慧阶段(11、12~18个月)

感知运动智慧阶段又称三级循环阶段。这一阶段,儿童能够在偶然中发现新的方法,开始探索达到目的的新手段。例如,一个玩具放在毯子上,这是一个婴儿够不到的地方,婴儿试图直接取得这个玩具,失败以后,偶然地抓住了毯子的一角,由此发现毯子的运动同物体运动之间的关系,于是开始拖动毯子,以便取得玩具。在这里,对新动作的发现是偶然的。由于对这种偶然得到的动作结果产生兴趣,婴儿从此开始对这种情境进行反复试验,不断变换方法,试验的方法或多或少地带有系统性。这个阶段还没有形成按照一定目的和方向去构成新方法的能力。

6.智慧的综合阶段（18~24个月）

智慧的综合阶段是感知运动阶段的终结和向前运算阶段过渡的阶段。在这一阶段中，儿童不仅用外部动作来寻找新方法，而且也用头脑内部的动作达到突然的理解或顿悟。例如，儿童面对一个稍开口的火柴盒，内有一只顶针，他首先使用外部动作试图打开这个火柴盒（这是第五阶段的动作），失败以后，他停止了动作，细心地观察情况，同时把自己的小嘴缓慢地反复地一张一合，或是用手模仿一张一合的样子。这就是在头脑中进行了使火柴盒的口张开的动作，最后，他突然把手指插进盒口，成功地打开了盒子，取得了顶针。这种头脑中完成的内部动作的出现，说明其产生了智力的最初形态，标志着感知运动协调的完成，同时向新的阶段——前运算阶段的过渡。

考点2　前运算阶段（2~7岁）

与感知运动阶段相比，前运算阶段儿童的智慧在质方面有了新的飞跃。进入前运算阶段，儿童能运用表象和符号思维，即儿童能用某一事物代表或表征其他事物来描述外部世界。本阶段可分为两个子阶段。

1.前概念阶段或象征思维阶段（2~4岁）

前概念阶段或象征思维阶段的主要特点是思维开始运用象征性符号进行，出现表征功能，或称象征性功能。儿童可以用一物代表另一物，后者是与之有意义联系的事物。

前概念阶段没有形成一般的类的关系，只有"半个别""半一般"的关系。一方面，儿童思维中的物体减少了个别性，带有某些一般性、概括性；另一方面，儿童思维中的类是几种样品复制的个体。比如，2岁7个月的儿童会把几条小虫当作一条小虫。

前概念的"半个别""半一般"的特点，还表现为认为个别成分并不在整体之中，没有形成整体概念。这个阶段的儿童不能理解从一堆零钱中拿出的零钱是这堆零钱中的一部分。

这个阶段的儿童由于不能掌握部分与整体的关系，只认为部分与部分是直接等同的，因此他们常常运用的是转导推理。例如，父母对幼儿说"橘子黄了才能吃"，幼儿得出"青菜要等到黄了才能吃"的结论。

前概念思维是"中心化"的思维，或称"自我中心思维"。这一阶段，儿童在同一时间内只能考虑到事物的一种特征，不能同时照顾两种特征。

考题再现

【2019·长沙望城·单选】皮亚杰把认知发展分为四个阶段，儿童的认知开始出现象征功能的阶段是（　　　　）。

A.感知运动阶段　　　　　　　　　　　　B.前运算阶段

C.具体运算阶段　　　　　　　　　　　　D.形式运算阶段

【答案】B。

2.直觉思维阶段（4~7岁）

直觉思维阶段是前概念思维向运算思维过渡的中间阶段。直觉思维的特点是既能反映事物的一些客观逻辑，同时还受直接感知形象的影响，因此又称为"半逻辑"思维。直觉思维向非中心化前进了一步，儿童开始能够同时照顾到事物的两个维度，但非中心化仍然不足。

前概念思维反映的是个别与个别的联系。直觉思维则开始反映事物整体的复杂结构。但是，直觉思维仍然是具体的、依靠表象的。

在直觉思维阶段，儿童的思维逐渐向现实靠近，神话故事式的思维成分减弱了。儿童逐渐放弃了自我中心的"前概念"，开始追求客观的认识。他们常常追究事物的因果关系，但是仍然把无生命的物体看作有生命的。

概括地讲，前运算阶段的儿童思维活动有以下几个特点。

（1）具体形象性。儿童主要借助于表象进行思维，还不能进行运算思维。

（2）不可逆性。不可逆性是指不能反过来考虑问题。在儿童看来事物关系是单向的、不可逆的，如儿童只知道自己有个哥哥，但不知道自己就是哥哥的弟弟。

考题再现

【2020·怀化麻阳·单选】有的幼儿不能理解"当A＞B时，则B＜A"。这反映出思维的（　　）。

A.不可逆性　　　　　B.表面性　　　　　C.经验性　　　　　D.绝对性

【答案】A。

（3）泛灵论。前运算阶段的儿童还不能很好地把自己和外部世界区分开，认为外界的一切事物都是有生命、有感知、有情感、有人性的。

考题再现

【2020·怀化麻阳·单选】下列幼儿的提问中，体现了幼儿思维的泛灵性特征的是（　　）。

A.这幅画里的小兔子眼睛是什么是黑的？　　　　　B.太阳公公晚上在天上睡觉吗？
C.蚂蚁需要冬眠吗？　　　　　D.花儿为什么会有香味？

【答案】B。解析：由于人晚上需要睡觉，幼儿便认为太阳公公晚上需要在天上睡觉，这体现了幼儿思维的泛灵性特征。

（4）刻板性。当儿童注意集中在某个方面时，他就不能同时关注其他的方面。儿童只能把握事物的静态，而很难理解事物是发展变化的、有中间状态的，很难理解事物的相对性。

（5）没有守恒概念。守恒是指儿童认识到事物的本质不因外部现象的变化而变化的能力。前运算阶段的儿童是没有守恒概念的，思维受眼前的实际事物表面特征的影响。例如，给儿童看两个同样大小、用橡皮泥捏成的圆球，他会说两个一样大，所用的泥也一样多，但是当着他的面把一个圆球拉成香肠的形状，再问他，他会说现在这个比另一个大，用的泥多了。

（6）自我中心性。儿童认为别人眼中的世界和他看到的世界一样。

◆▶ 知识拓展 ◀◆

"三山"实验

"三山"实验是皮亚杰证明儿童自我中心主义倾向的著名实验。在"三山"实验中，他把大小不同的三座山的模型放在桌子中央，四周各放一把椅子。儿童被带着围绕三座山的模型散步，可以从不同的角度观察这三座山的模型。散步之后，实验者让儿童坐在其中的一把椅子上，将三个玩具娃娃放在其他椅子上，然后问儿童放在其他位置上的玩具娃娃看到的是什么。实验结果显示，不到4岁的儿童根本不懂得问题的意思。4~6岁的儿童不能区分他们自己和娃娃所看到的景色，不管观察者看到了什么景色，他们总是选择自己所看到的景色。能够区别不同观测点的第一个信号出现在大约6岁时，这时儿童表现出他们知道区别所在，但是不能指出来。在8~9岁时，他们能够理解自己与娃娃的观测点之间的某些联系。在这个经典的范例中，8岁以下的儿童被认为是自我中心者。因为他们是基于自己的立场，不能想象出自己以外的任何立场。

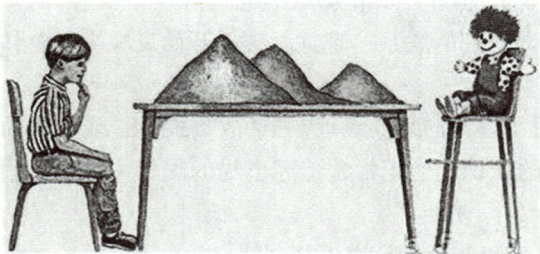

图2-4-3　"三山"实验

【2020·怀化麻阳·判断】"三山"实验是心理学家斯金纳做过的一个著名实验。　　　　　　（　　）

【答案】×。

考点3　具体运算阶段（7~11岁）

儿童的认知结构由前运算阶段的表象图式演化为运算图式。皮亚杰认为,该时期的心理操作着眼于抽象概念,属于运算性（逻辑性）的,但思维活动需要具体内容的支持。具体运算阶段的儿童的思维具有以下特点。

（1）守恒性。守恒是指儿童认识到即使客体的外部形状发生了变化,其特有的属性也不会变。

（2）去自我中心。去自我中心是指儿童逐渐学会从他人的角度看问题。随着儿童年龄的增长,他们逐渐能接受别人的意见,修正自己的看法。去自我中心是儿童社会性发展的重要标志。

（3）进行群集运算。由于儿童思维出现了守恒和可逆性,因此他们可进行群集运算。

考点4　形式运算阶段（11岁以后）

这个时期,儿童思维发展到抽象逻辑推理水平。思维特点如下。

（1）思维形式摆脱思维内容。形式运算阶段的儿童能够摆脱现实的影响,关注假设的命题,可以对假设命题做出有逻辑的和富有创造性的反应。

（2）进行假设-演绎推理。假设-演绎推理是先提出各种解决问题的可能性,再系统地评价和判断正确答案的推理方式。假设-演绎的方法分为两步:首先提出假设,提出各种可能性;然后进行演绎,寻求可能性中的现实性,寻找正确答案。

六、学前儿童思维发展的一般特点

考点1　思维的直观行动性在发展

幼儿初期,儿童的思维还保留着相当的直觉行动性,但同婴儿期相比已发生了质的变化。主要表现在以下几方面。

（1）思维解决的问题复杂化了。在有问题、有情节的活动中,儿童所解决的问题比婴儿期要复杂得多,而且还学会了用间接的方式提出要求。

（2）思维解决问题的方法比较概括化。3岁后儿童思维所依靠的行为逐渐概括化,解决问题过程中的某些具体行为已被压缩或省略。

（3）思维中语言的作用逐渐增强。随着儿童年龄的增长,语言对思维的调节作用越来越大。到了幼儿中期以后,动作只是起到加强和补充语言的作用。

考点2　思维的具体形象性占据主导地位

在直觉行动思维的基础上,儿童思维的具体形象性逐渐获得了发展。在思维中,表象逐步代替了那些被压缩、被省略了的行为,随着其作用的逐渐增大,进而分化出来成为儿童思维的主要形式。儿童的具体形象思维主要表现出以下几个方面的特点。

1.具体性

儿童思维的内容是具体的。儿童在思考问题时,总是借助于具体事物或具体事物的表象。如"交通工具"这个概念比较抽象,而"小汽车"这个概念较为具体,所以儿童掌握"小汽车"这个概念比掌握"交通工具"这个概念要容易。儿童对具体的语言容易理解,对抽象的语言则不易理解。如老师说"喝完水的小朋友把杯子放到柜子里去",刚入园的儿童都没有反应。但老师如果说"明明,把杯子放到柜子里去吧",这时明明就理解老师的意思。对刚入园的儿童来讲,"小朋友"这个词是不具体的,每个幼儿的名字才是具体的。

典型的儿童思维过程是具体事物可以在眼前,也可以不在眼前,但头脑中必须有事物的表象。如让儿童算一下2加3等于几,儿童感到困难;但如果说2个苹果加上3个苹果是几个苹果,儿童就会比较容易地回答这个问题。

2.形象性

儿童思维的形象性表现为儿童依靠事物的形象来思维。儿童的头脑中充满着各种颜色和形状的事物的生动形象。比如,爷爷总是长着白胡子,奶奶总是头发花白的,穿军装的才是解放军,兔子总是"小白兔"等。

具体性和形象性是具体形象思维的两个最为突出的特点。

3.经验性

儿童的思维常常根据自己的生活经验来进行。比如,儿童把热水倒入鱼缸中,问他为什么这样做时,他会说:"老师说了喝开水不生病,小鱼也应该喝开水。"

4.拟人性

儿童往往把动物或一些物体当人来对待。他们以自己的行动经验和思想感情赋予小动物或玩具生命,和它们说话,把它们当作好朋友。如他们认为太阳公公能看见小朋友在玩。他们还提出拟人化的问题,如"风是车轮放出来的吗?"等。

5.表面性

儿童思维只是根据具体接触到的表面现象来进行的,往往只是反映事物的表面联系,而不是事物的本质联系。比如,一个5岁的儿童注视着阿姨给小婴儿喂奶,看到奶水从阿姨的乳房里流出来,他认真地问:"阿姨,那里面也有咖啡吗?"

儿童只从表面理解事物,因而不理解词的转义。比如,儿童听妈妈说:"看那个女孩儿长得多甜!"他会问:"妈妈,你舔过她吗?"

儿童也难以理解"反话"。一位老师用反话对一个小朋友说:"你吃不吃饭?不吃饭就脱衣服睡觉去吧!"孩子果真放下饭碗到床上脱衣服去了。

6.固定性

儿童思维的具体性使儿童的思维缺乏灵活性。在日常生活中,儿童常常"认死理"。比如在美工活动中,小朋友都在等着老师发剪刀,可是发到中途剪刀发完了,老师又去拿。另一位老师给他们拿手工区的剪刀,他们说什么都不肯要。这时去拿剪刀的老师回来说:"没有剪刀了,你们就用手工区的吧!"这几个小朋友仍然不愿意用手工区的剪刀。

7.片面性

由于不能抓住事物的本质特征,儿童的思维常常是片面的。他们不善于全面地看问题。在解决问题的过程中,儿童常常只照顾到事物的一个维度,而不能同时顾及两个维度,所以还不能形成守恒。

思维的片面性还常常使儿童"好心办坏事"。比如,一个儿童想在妈妈下班前帮助妈妈把饭做好,他把米洗好了放在锅里,却没有加水,结果帮了"倒忙"。

8.近视性

思维的近视性表现在儿童只能考虑到事物眼前的关系而不会更多地去思考事情的后果。比如,一个男孩儿摔破了头,左右额头上都缝了针。父母感到很不安,担心他将来留下疤痕。可是孩子特别高兴地说:"我这样就像汽车了,有两个车灯。"他不停地做出开汽车的动作,跑来跑去。正是由于儿童思维的这种近视性,常常引发成人和儿童之间的矛盾。成人给儿童的告诫,儿童往往不能理解。

考点3 思维的抽象逻辑性开始萌芽

抽象逻辑思维是成年人思维的典型方式。这种思维能力在个体身上很晚才能完全获得,但它绝不是在某个时刻为个体所立刻获得的。幼儿初期,儿童还不能形成这种思维方式。但在幼儿晚期,特别是5岁以后,儿童明显地出现了抽象逻辑思维的萌芽,主要表现为以下几方面。

1.开始获得可逆性思维

幼儿开始获得可逆性思维,如幼儿开始认识到如果在一堆珠子中减去几个,然后增加相同数目的珠子,这堆珠子的总数将保持不变。

2.开始能够去自我中心化

去自我中心化是指幼儿认识到他人的观点可能与自己的有所不同,幼儿能站在他人的立场和角度考虑问题。

3.开始使用逻辑原则

幼儿获得的重要逻辑原则有不变性原则和等价原则,前者指一个客体的基本属性不变,后者指如果A的某种属性等于B,B等于C,则A等于C。

七、学前儿童思维基本过程的发展

考点1 分析综合的发展

分析是在思维中将对象的整体做一定的分解,划分出对象的因素、属性、特征等不同的成分;综合则是将分析出的各个成分加以整合。

儿童在分析综合活动中,对事物复杂的组成部分还不能把握。研究表明,对3~6岁儿童来说,要求分析的环节越少,相应的概括就完成得越好。

考点2 比较的发展

比较是确定事物之间异同的思维过程。比较是分类的前提,通过比较才能进行分类和概括。

儿童还不能完全掌握比较,他们的比较有以下特点和发展趋势:①逐渐学会找出事物的相应部分;②先学会找物体的不同之处,后学会找物体的相同之处,最后学会找物体的相似之处。

考题再现

【2020·长沙浏阳/天心·判断】在进行比较时,幼儿一般先学会找不同处,再学会找相同处。　　　　　　(　　)

【答案】√。

考点3 分类的发展

分类是在确认对象的共同特征后,将对象归并为一定种类的思维过程。

1.学前儿童分类的类型

(1)不能分类

把性质上毫无联系的一些图片,按原排列顺序或按数量平均地放入各个木格里,不能说明分类原因;或任意把图片分成若干类,也不能说出分类原因。

(2)依感知特点分类

依颜色、形状、大小或其他特点分类。例如,把桌子和椅子归为一类,因为都有四条腿。

（3）依生活情境分类

把日常生活情境中经常在一起的东西归为一类。例如，儿童把鸡蛋放入蔬菜类，因为都是餐桌上常见的。

（4）依功用分类

儿童只能说出物体的个别功用，而不能加以概括。例如，桌、椅是"写字用的"，碗、筷是"吃饭用的"，车、船是"运人用的"等。

（5）依概念分类

如按桌、椅、纸、笔以及交通工具、玩具、家具等分类，并能给这些概念下定义，说明分类原因，如说车、船都是载人的、运东西的交通工具等。

2.学前儿童分类的年龄特点

（1）4岁以下儿童基本上不能分类。

（2）5~6岁儿童处于不会分类向开始发展初步分类能力的过渡时期。该年龄不能分类的情况已大大减少，而主要依据物体的感知特点，并和情境联系起来进行分类。例如，有的儿童把几只动物放在一起，因为它们"不大也不小"（意思是大小相同）。

（3）5.5~6.5岁儿童发生了从依靠外部特点向依靠内部隐蔽特点进行分类的显著转变。其分类特点迅速向6岁儿童的特点靠近。

（4）6岁以后，儿童开始逐渐摆脱具体感知和情境性的束缚，能够依据物体的功能及其内在联系进行分类，说明他们的概括水平开始发展到一个新的阶段。

考点4　概括的发展

儿童的概括水平是处于表面的、具体的感知和经验的概括到开始进行某些内部的、靠近本质概括的发展阶段。

八、学前儿童概念的发展

考点1　学前儿童掌握概念的方式

概念是思维的基本形式，是人脑对客观事物的本质属性的反映。

学前儿童掌握概念的方式大概有两种类型。①通过实例获得概念，如带儿童到花园散步，告诉他"这是树""这是花"等。学前儿童获得概念几乎都是通过这种方式学习的结果。②通过语言理解获得概念，如通过给概念下定义、讲解的方式帮助儿童掌握概念。

考点2　学前儿童掌握概念的一般特点

幼儿的概括能力主要属于形象概括水平，后期开始向本质抽象水平发展，这就决定了他们掌握概念的基本特点如下。

1.以掌握具体实物概念为主，向掌握抽象概念发展

幼儿所掌握的概念以实物概念为主。在实物概念中，基本上掌握的是日常生活中具体物体的名称。如树、桌子、花、椅子、床等。幼儿晚期，开始能够掌握一些生活中常见的抽象概念，但幼儿对这类概念的掌握也离不开事物的形象和具体活动的支持。例如，幼儿对"勇敢"的理解是"打针不哭""摔跤不哭"。

2.掌握概念的名称容易，掌握真正的概念困难

每个概念都有一定的内涵和外延。概念的内涵是指概念所反映的事物的本质特征。概念的外延是指概念所反映的具体事物,即适用范围。儿童掌握概念通常表现在掌握概念的内涵不精确,外延不恰当。这是由于幼儿基本是通过实例的方式来获得概念的,而成人常常从各种实例中选择一些儿童常见的概念向儿童介绍,这可能会起到一种消极的定势作用,使得概念的范围较局限,造成其内涵和外延的不准确。

考题再现

【2020·怀化麻阳·多选】学前儿童掌握概念的一般特点有(　　　　)。

A.内涵不精确,外延不恰当

B.以掌握实物概念为主,向掌握抽象概念发展

C.掌握概念容易,而掌握概念的名称困难

D.以高层次概念的掌握为主

【答案】AB。

考点3　学前儿童掌握概念的基本特点

1.学前儿童掌握实物概念的特点

学前儿童掌握的概念大多是实物概念。有人通过下定义的方式来研究儿童掌握实物概念的特点,他们发现不同年龄学前儿童掌握实物概念的程度有所不同。小班儿童所掌握的实物概念主要是他们所熟悉的事物,给物体下定义多属直指型,如问儿童:"什么是狗?"他就会指着玩具狗说:"这是狗!"中班儿童已能掌握事物某些比较突出的特征,给物体下定义多属列举型,如"狗有四条腿,还有毛"。大班儿童开始初步掌握某一事物较为本质的特征,如功用特征或若干特征的总和,给物体下定义多属功用型,如"狗是看门的",但他们还不能按照物体的本质特征进行概括,以形成实物概念。

儿童下定义可以分为以下四种水平。

(1)完全不会说。

(2)不会下定义。同义反复、举出实例,或只说出某种非本质的、重要的特征,属于实际上不会下定义的水平。

(3)依据具体特征下定义。儿童从物体的功用、动物的习性或物体的某种比较重要的具体特征来下定义,说明了儿童思维的具体性。例如"鱼在水里游""鸟会飞"。

(4)接近下定义水平(初步概念水平)。儿童只能做出带有初步概括性的、接近正确的解释。

2.学前儿童掌握数概念的特点

(1)学前儿童数概念的萌芽

学前儿童数概念的发生可分为以下几个阶段。

①辨数。儿童对物体大小或多少有模糊的认识。

②认数。儿童产生对整个数目的知觉。如2~3.5岁的儿童不会数数,但是能根据成人提示拿出1个、2个或3个物品。

③点数。儿童能逐一按物数数,并说出总数。

(2)学前儿童数概念的发展

学前儿童数概念的形成主要经过以下几个阶段。

①掌握数的顺序。一般3岁儿童已经能够学会口头数10以内的数。这时,他们记住了数的顺序,但是并不会真正去数物体。

②掌握数的实际意义。当儿童学会口头数数以后,逐渐学会手口一致地数物体,即按物点数,然后学会说出物体总数。这时,可以说是掌握了数的实际意义。该阶段儿童已具备了初步的计数能力,但还没有形成数概念。

③掌握数的组成。掌握数的组成是儿童形成数概念的关键。儿童知道两个或更多的数群可以合并成为一个更大的新数群;一个数群又可以分成两个或更多的子群。儿童掌握了数的组成之后,就形成了数概念。

(3)学前儿童计数能力的发展

计数是一种以确定物体的数量为目的,以数数的操作为手段,以数作为结果的有目的、有手段、有结果的操作活动。计数活动的实质是将被数物体这一集合的元素与自然数列这一集合的元素建立一一对应的关系。根据儿童计数的水平,可以把儿童计数能力的发展过程分为以下几个阶段。

①口头数数

口头数数是指按顺序说出自然数的能力,是口头上的唱数,没有手与实物的对应。儿童口头数数是机械记忆的结果,并不代表对数的实际意义的理解。一般3岁左右的儿童在成人的影响下能够按顺序机械地背出一些自然数,但该年龄段的儿童还没有理解自然数的实际意义,尚未形成数词与事物之间的一一对应关系,往往不能正确地用这些数来表示物体的数量。具体表现为以下几点。

A.一般只能从"1"开始往下数,若中途遇到干扰,数数就无法继续。

B.不能从中间某数开始往下数,更不会倒着数。

C.在口头数数时,常常有漏数或循环重复数的现象。

这种口头数数能力的发展对儿童学习计数有一定的积极意义。它能使儿童知道数词的名称,掌握自然数的顺序,而这恰恰是正确计数所不能缺少的前提。

②按物点数(点数实物)

按物点数是指用手逐一指点物体,同时有顺序地逐个说出数词,使说出的每个数词与手点的每一个物体一一对应。3岁左右的儿童能用手逐一指点物体,同时有顺序地说出数词,但往往说不出总数。按物点数活动比口头数数活动要复杂。要做到正确地点数需有多种感觉分析器的参与,如当儿童边点数实物边说出数词时,其手、眼、口、脑需要协调。但4岁前的儿童由于大脑皮质的抑制机能较差,手眼动作不灵活,再加上口头数数不熟练,因此常常出现以下几种手口不一致的现象。

A.口能从1~10顺着数,但手却不能按实物一个个地点,而是乱点。

B.虽能按实物一个个地点,但口却乱说,如边点实物边说1、2、5、8、9、10等。

C.口与手虽然能有节奏地配合,但不是一对一地配合,如数两个数,点一个实物,或者数一个数,点两个实物。

③说出总数

说出总数是指儿童会按物点数后,能够用说出的最后一个数来代表所数过的物体的总数。一般4岁以后的儿童大多能够数出10以内物体的总数。儿童能手口一致地点数并正确说出总数标志着儿童学会了计数,理解了数的实际意义。儿童知道将最后说出的数作为所数过的一个集合元素的总数,则意味着儿童的计数能力发展到了一个新水平,即形成了最初的"数"概念。

④按数取物

按数取物是指按照一定的数目拿取同样多的物体。这是对"数"概念的实际运用。按数取物首先要求儿童记住所要取的数目,然后按数目取出相应的实物。

⑤目测数数

目测数数主要是指儿童凭借视觉把握物体的数量,即用眼看实物,在心中默数,并说出总数。儿童在学习计数时,需要借助手指逐一指点物体,才能正确地说出数词;直到他们的计数能力比较熟练,才改变为默数。

⑥按群计数

按群计数是指计数时不以单个物体为单位,而是以群体为单位,如2个、2个地数。随着计数能力的发展,5岁后儿童开始能按群计数。这表明幼儿"数"概念的抽象能力获得了更高的发展,因为数群概念是将代表一个物体群的数作为一个整体去把握,而不使用实物和逐一计数的方法确定物体群的数量。

3.学前儿童掌握空间概念的特点

(1)学前儿童掌握左右概念的特点

学前儿童对空间概念中的"上下""前后"较易掌握,而对"左右"概念较难掌握。在整个学前阶段,儿童只出现最初的左右概念,不能真正掌握比较概括的、灵活的左右概念。五六岁的儿童只是固化地辨识自己的左右方位,并把它和词联系起来。

(2)学前儿童掌握长度、面积、体积概念的特点

①学前儿童无长度守恒概念,依实物的形象判断长短。

②五六岁儿童对实物等分概念已积累了一定生活经验,但幼儿能够完成任务的水平因题目不同而不同。

③7岁前儿童不能形成体积概念的稳定性,体积守恒概念没有形成。

4.学前儿童掌握时间概念的特点

(1)学前儿童就对时序的概念明显地受时间循环周期长短的影响。五六岁儿童已经能够正确地认识一日之内的三个较大的时间单位(早上、中午、晚上)。但对一周之内的时序的认知明显低于对一日之内时序的认知,对一年之内四季的认知水平更低。

(2)学前儿童对一日时间的延伸(昨晚和明早)低于对当日之内时序(上午、下午、晚上)的认知,对昨晚的认知又低于明早的认知。

(3)学前儿童对时序的认知带有固定性。

(4)学前儿童以自身生活经验为时间关系的参照物。

(5)时间概念的形成和儿童说出时间词语相互促进,但不同步。

(6)学前儿童对时序的认知经过四个连续的阶段:①不能对有关时间的刺激物归类;②在知觉水平上做出分类;③能把某一特点的时序与具体生活事件联系起来,并用故事的形式正确叙述先后发生的连续事件;④能够摆脱具体和直观的生活内容,把时间关系抽象出来,真正形成时间概念。

(7)学前儿童掌握时间概念的发展过程,还表现在逐渐把时间因素和空间因素分开。4~5岁儿童还常常分不清事物的空间关系和时间关系,在估计时间和再现时距时往往用空间关系代替时间关系。7岁以后儿童基本上能够区分时间关系和空间关系。如5岁儿童往往认为"走4米花10秒时间"比"走2米花20秒时间"所用的时间长。

5.学前儿童掌握科学概念的特点

(1)经过专门的教学才能掌握

学前儿童所掌握的概念主要是日常概念,而不是科学概念。日常概念是在日常和别人交往中或个人积累经验的过程中掌握的。科学概念要经过专门教学才能掌握。

（2）学前儿童主要依靠亲身经历来领会概念的内涵

学前儿童通过和成人或其他儿童交往，通过自己的各种活动，在掌握语言的同时，也掌握了有关的概念。

（3）学前儿童在日常生活中所获得的一些科学知识和经验可以为科学概念的获得奠定基础

儿童可以学习一些浅显的科学知识，但不必要求掌握严格的科学概念。有许多科学概念不是儿童的思维水平所能够掌握的。在选择教材时，教师应该注意回避儿童不能理解的科学概念。

九、学前儿童判断、推理的发展

考点1 学前儿童判断的发展

学前儿童判断的发展具有以下几个特点。

1.判断形式间接化

从判断形式看，学前儿童的判断从以直接判断为主，开始向间接判断发展。

2.判断内容深入化

从判断内容看，儿童的判断首先反映事物的表面联系，然后向反映事物本质联系发展。例如，对斜板上皮球滚落下来的原因，3~4岁的儿童认为"球站不稳，没有脚"；5~6岁的儿童能够按实物隐蔽的、比较本质的联系做出判断和推理，认为"皮球是圆的，它要滚"。

3.判断根据客观化

从判断根据看，儿童以对待生活的态度为依据开始向以客观逻辑为依据发展。幼儿初期，儿童常常不能按事物本身的客观逻辑进行判断，而是按照"游戏的逻辑""生活的逻辑"进行的。例如，3~4岁的儿童认为球会滚下去是因为"它不愿意待在椅子上"，物体会浮起来是因为"它想洗澡"。

4.判断论据明确化

从判断论据看，儿童起先没有意识到判断的论据，以后逐渐开始明确意识到自己的判断论据。3~4岁儿童或者以别人的论据作为论据，如"妈妈说的"，或者只能说出模糊的论据，如"不会飘，它在水里待不住"。随着儿童的发展，他们开始找寻论据，但是最初的论据往往是游戏性的或猜测性的。幼儿晚期，儿童不断修改自己的论据，努力使自己的判断有合理的论据。

考点2 学前儿童推理的发展

1.学前儿童推理的类型

（1）转导推理（传导推理）

儿童最初的推理是转导推理。转导推理是从一些特殊的事例到另一些特殊事例的推理。这种推理不是逻辑推理，而是前概念的推理。比如，父母对儿童说"橘子黄了才能吃"，儿童得出"橘子黄了才能吃，那么青菜也要等到黄了才能吃"的结论。

（2）归纳推理

归纳推理是从个别到一般的推理。学前儿童已经具备了一定的归纳推理，他们的推理是根据表面特征进行的推理，还没有完全抓住概念的本质。

（3）演绎推理

演绎推理是从一般到个别的推理。演绎推理的典型形式是三段论。三段论是从两个反映客观事物的联系和关系的判断中推出新的判断，包括大前提、小前提和结论三部分。学前晚期儿童经过专门的教学训练，能够正确运用三段式推理。如儿童根据"水果可以生吃"（大前提）和"苹果是水果"（小前提），可以推出

"苹果可以生吃"的结论。

（4）传递推理

传递推理是一种关系推理，是对传递关系的推理。大多数6岁儿童已具有真正意义上的传递推理能力。例如，他们能够根据"毛毛比灰灰高，灰灰比天天高"，推导出"毛毛比天天高"。

（5）类比推理

类比推理是对事物或数量之间关系的发现和应用。3岁儿童还不会进行类比推理，4岁儿童的类比推理开始发展，5~6岁儿童主要处于由低水平推理向较高水平推理过渡的阶段。

2. 学前儿童推理发展的一般趋势

（1）推理过程随年龄增长而发展。

（2）儿童推理方式由展开式向简约式转化。展开式是指儿童的推理是一步步进行的，推理过程缓慢，主要是通过外部语言和动作表现出来的。简约式是指儿童的推理活动是独立而迅速地在头脑中进行的。5岁以前的推理发展以展开式为主，6岁开始简约式占优势。

十、学前儿童理解的发展

理解是个体运用已有的知识经验去认识事物的联系、关系乃至其本质和规律的思维活动。学前儿童对事物的理解有以下发展趋势。

1. 从对个别事物的理解，发展到理解事物的关系

这一发展趋势很明显地反映在儿童的"看图讲述"活动中。小班儿童往往只能指出图画中的个别人物或人物的个别动作，或者图画中对儿童最有吸引力的事物。在成人的引导下，大一些的儿童开始能理解人物之间的一些简单关系。大班末期的儿童在观察比较简单的图画时，已能基本把握整个画面的内容，甚至能用一句话概括出图画所反映的主题，说明他们已经理解了这幅图画。

2. 从主要依靠具体形象来理解事物，发展到依靠语言说明来理解

由于言语发展水平的限制以及儿童思维的特点，他们常常依靠行动和形象理解事物。如小班儿童在听故事或者学习文学作品时，常常要依靠形象化语言和图片等辅助手段才能理解。随着年龄的增长，他们逐渐能够摆脱对直观形象的依赖，而靠言语描述来理解。但在有直观形象的条件下，理解的效果更好。所以，教师向儿童进行道德品质教育时，不要用说教方式，可将道理寓于生动的故事中。

3. 从对事物做简单、表面的理解，发展到理解事物较复杂、较深刻的含义

儿童的理解往往很直接、很肤浅，年龄越小越是如此。例如，一个儿童歪歪斜斜地坐着，如果教师讽刺地说："看他坐得多好！"其他小朋友可能会模仿他的样子，以为老师在表扬他。所以，教师对儿童（尤其是小班儿童）不要说反话，要坚持正面教育。

4. 从与情感密切联系的理解，发展到比较客观的理解

儿童对事物的情感态度，常常影响他们对事物的理解。因此，儿童对事物的理解常常是不客观的。有个孩子的妈妈给他出加法题："爸爸打碎了3个杯子，小宝打碎了2个杯子，一共打碎了几个杯子？"孩子听后哭了，说他没有打碎杯子。

5. 从不理解事物的相对关系，发展到逐渐能理解事物的辩证关系

儿童的思维常常是比较刻板的。他们对事物的理解比较固定、绝对，难以理解事物的中间状态或相对关系。例如，看动画片时，每出来一个人物，儿童总是爱问"他是好人还是坏人"类似的问题。同时，对于"左右"这样具有相对性的概念，儿童掌握起来很困难。所以，教师与儿童面对面站着时，要进行镜面示范。

第六节　学前儿童言语的发展

一、语言和言语

考点1　语言

语言是人类在社会实践中逐渐形成和发展起来的交际工具,是一种社会上约定俗成的符号系统。语言是一种社会现象。人们在改造客观世界的活动中,产生了交际的需要,伴随着交际就产生了语言。人类有了语言后,就可能在较短时间内认识和掌握科学知识和生活经验。用语言作为工具进行交际的时候,就是语言活动。

考点2　言语

言语是运用语言进行实际活动的过程,言语是一种心理现象。人使用汉语或英语或俄语等进行交际,这里的汉语、英语、俄语,就是作为交际工具的各种语言。如讲课时老师用的是汉语这种语言,而讲述的过程则是言语,它是一个动态的过程。

二、言语的种类

根据活动的目的和是否发声,言语可以分为内部言语和外部言语。

考点1　内部言语

内部言语是在外部言语的基础上产生的一种自问自答或不出声的言语活动,具有隐蔽性和简略性。

考点2　外部言语

外部言语又包括书面言语和口头言语。

1.书面言语

书面言语是指人借助文字来表达思想感情、传授知识经验的言语。它的形式主要有三种:写作、朗读、默读。

2.口头言语

口头言语是指通过人的发音器官所发出的语言声音来表达思想和感情的言语,包括对话言语和独白言语。

①对话言语是指两个或两个以上的人直接进行交际的言语活动,如聊天、讨论等。

②独白言语是一个人独自进行的,与叙述思想、情感相联系的,较长而连贯的言语,如演讲、做报告等。

◆◆◆ 知识拓展 ◆◆◆

皮亚杰着重研究了2~7岁儿童的言语,将儿童的言语划分为两大类:自我中心言语和社会化言语。

1.自我中心言语

自我中心是指儿童把注意力集中在自己的动作和观点之上的现象。在言语方面的自我中心表现为讲话者不考虑在与谁讲话,也不在乎对方是否在听他讲话,他或是对自己说话,或由于和一个偶然在身边的人共同活动感到愉快而说话。

自我中心言语共分为三个范畴。

（1）无意义字词的重复

儿童为了说话的愉快而重复这些字词和音节。他并没有想要和什么人说话，甚至他在讲一些有意义字词时，也是如此。

（2）独白

儿童对自己说话，似乎在大声地思考，而不是对任何人说话。

（3）双人或集体的独白

在有人存在的情况下，儿童之间相互说话，但并不构成沟通思想或传递信息的功能。说话的儿童并不要求旁人参与谈话，也不要求旁人懂得这种谈话，更不注意旁人的观点，旁人只起一个刺激物的作用。这种双人或集体的独白实际上只是儿童在别人面前大声地对自己讲话。这一现象在3~4岁儿童身上表现得最为明显。

2.社会化言语

社会化言语有下列四种。

（1）适应性告知

当儿童把某些事情告诉他的听众而不是讲给自己听，或者当儿童在对自己讲话的同时也在与别人合作，或者他与他的听众进行对话时，便产生了适应性告知。适应性告知实际上是儿童要促使别人听他讲话并且想方设法影响别人，也就是说，是在传递思想。

（2）批评和嘲笑

这是一类有关别人的工作和行为的话。它与特定的听众相关联，担负有强烈的情感因素，肯定自己而贬低别人，如"我有一支铅笔，比你的好"。

（3）命令、请求和威胁

这一类语言在儿童中有明确的相互作用，如"让开一点儿，我看不见！""妈妈，到这儿来！""慢点儿，不要进来！"。

（4）问题与回答

这两类语言都是社会化语言。儿童提出的问题大多要别人答复，而儿童的回答有拒绝和接受两种。不过，这些回答不是有关事实的答复而是有关命令和请求的答复，如"你把它（戏票）还给我，好吗？""不，我不需要它，我在船上。"。

考题再现

【2020·长沙浏阳/天心·单选】幼儿在搭积木时不断将自己的想法说出来，但并不是用作和他人交流。这种言语是（　　）。

A.概括性言语　　　　　　　　　　B.情境性言语

C.问题性言语　　　　　　　　　　D.自我中心言语

【答案】D。

三、言语发生的机制

考点1　后天论

后天论者强调后天的环境和学习对言语获得的决定作用，以模仿说和强化说最具代表性。

1.模仿说

模仿说因其模仿程度的不同分为机械模仿和选择性模仿。

美国心理学家阿尔波特首先提出模仿论，他强调儿童学习语言是对成人的简单翻版，儿童在这一过程中完全是机械被动的接受者，因此被称为机械模仿论。

社会学习理论流派代表人物班杜拉认为,婴儿主要是通过对各种社会言语模式的观察学习(即模仿学习)而获得言语能力的,其中大部分是在没有强化的条件下进行的。

怀特赫斯特提出了选择性模仿说,认为儿童是通过对成人语言的选择性模仿来学习语言的。儿童能模仿成人话语的结构,并在新的情景中用以表达新的内容,或组合成新的结构。这种模仿不仅在形式上与范例相似,更重要的是在功能上相似,是在正常的自然情景中发生的语言获得模式。

2.强化说

强化说的代表人物是斯金纳。强化说认为言语的学习依赖于成人或社会的强化,以逐渐形成操作条件反射系统。强化说强调提供正确的语言范式和强化对幼儿言语获得的积极作用。

考点2 先天论

先天论强调先天禀赋的作用,其主要观点为人类习得语言是生理上预设好的,语言能力仅仅是由基因携带的,按照某种生物时间表自然展现的遗传能力。其中,比较有影响的是乔姆斯基的"先天语言能力说"和伦内伯格的"自然成熟说"。

1.先天语言能力说(转换生成语法说)

①语言是利用规则去理解和创造的,而不是通过模仿和强化得来的。

②语法是生成的。婴儿先天具有一种普遍语法,言语获得过程就是由普遍语法向个别语法转化的过程。这一转化是由先天的语言获得装置(LAD)实现的。

③每个句子都有其深层和表层结构。句子的深层结构(语义)通过转换规则变为表层结构(语音等),从而被感知和传达。

2.自然成熟说(关键期理论)

自然成熟说的代表人物是勒纳伯格,其主要观点是生物的遗传素质是人类获得语言的决定因素;语言以大脑的基本认识功能为基础;语言的获得有个关键期,约从2岁开始到青春期为止。

考点3 认知学说

以皮亚杰为代表的认知发展理论强调环境与主体相互作用对言语发生和发展的重要影响。皮亚杰认为,语言是儿童的一种符号功能,语言源于智力并随思维的发展而发展;语言是在主客体之间相互作用的基础上,由于动作的发展和协调产生了逻辑后才出现的。

四、学前儿童言语发生发展的趋势

言语活动包括对语言的接受,即感知(口头语言的听、书面语言的看)和理解(听懂、看懂)过程;发出语言,即说或写。儿童言语活动的这两种过程,在发生发展过程中并不是完全同步的。其趋势主要体现在以下两方面。

1.语音知觉发展在先,正确语音发展在后

语音知觉是指对语言中语音的辨别,即能够辨别语音的差别,再进一步则能够说出语音的名称。很小的婴儿已经能够区别语音的差异。比如,2~3个月的婴儿,能够分辨语音的细微差异,而这时婴儿还不能发出音节分明的语音。

2.理解语言发生发展在先,语言表达发生发展在后

儿童学习语言是从理解语词开始的。大约在6个月以后,婴儿已能"听懂"一些词。其实那只是根据父母说话的音调(语调)变化做出不同的反应。1~1.5岁儿童能理解的词的数量增长得很快。但是,儿童一般在1岁左右才能说出少数几个词,而在1.5岁以后,才"开口说话"。

五、学前儿童言语发生与发展的阶段

1.前言语阶段（0~1岁）

在儿童真正掌握语言之前，有一个准备阶段，称为前言语阶段或言语发生的准备阶段。言语发生的准备表现在两个方面：①说出词的准备，包括发出语音和说出最初的词；②理解词的准备，包括语音的辨别和对语词的理解。前言语阶段可分为以下三个小阶段。

（1）简单发音阶段（0~3个月）

新生儿因呼吸而发声，哭是儿童最初的发音。这阶段的发音是一种本能行为，没有任何符号意义，天生聋哑的儿童也能发出这些声音。

（2）连续重复同一音节阶段（4~8个月）

这一阶段，婴儿发出的声音中，不仅韵母增多，还出现了声母，而且会连续重复同一音节，如ba-ba，da-da等。其中有些音节与词音很相似，如ha-ha，ma-ma等。这些音还不具有符号意义。

（3）学话萌芽阶段（9~12个月）

这一阶段，儿童所发的音明显增加了不同音节的连续发音，音调也开始多样化，听起来仿佛是在说话。当然，这些"话"仍然是没有意义的。这一阶段，儿童开始能模仿成人的语音，这一进步，标志着儿童学话的萌芽。

2.言语发生阶段（1~3岁）

言语发生的标志是说出最初的词和掌握其意义。言语的发生分为以下两个阶段。

（1）理解语言迅速发展的阶段（1~1.5岁）

在这个阶段，儿童理解的语言大量增加，但是说出的语词很少，甚至出现一个短暂的相对停顿或沉默期。这时，儿童只用点头、摇头或手势和行动示意，不开口说话，甚至停止了独处时的自发发音活动。

（2）积极说话的发展阶段（1.5~3岁）

儿童说话的积极性很高，语词大量增加，语句的掌握也迅速发展。

3.基本掌握口语阶段（3~6岁）

3岁到入学前是儿童基本掌握口语的阶段。儿童在掌握语音、词汇、语法和口语表达能力方面都在迅速发展，为入学后学习书面语言打下了基础。

六、学前儿童语音的发展

考点1　语音形成的阶段

语音的形成大致经历了四个阶段：0~2个月出现噪音，3~4个月出现啊咕声，4~8个月出现喃喃语声，9~12个月开始发出语音。

考点2　掌握本民族全部语音

3~6岁是能够掌握本民族全部语音的年龄。随着生理上的成熟、言语知觉的发展，儿童的发音能力也迅速发展，特别是3~4岁期间发展尤为迅速。3~4岁是儿童语音发展的飞跃期，无论学习世界哪种民族语言的发音，都很容易学会。但是，在此以后，学习语音的趋势逐渐收缩。研究表明，4岁儿童能基本掌握母语的全部发音。4岁以后儿童发音逐渐趋向方言化。因此，必须注重学前儿童的发音，特别是3~4岁儿童的正确发音。

考点3　发音错误的集中点和难点

儿童发音的错误，大多数发生在辅音上，如n、l、g、k、zh、ch、sh等音。

儿童发音的难点在于掌握发音部位和发音方法。对3~4岁儿童来说，可以采用儿歌、绕口令等方法，引导他们多做发音练习。

七、学前儿童词汇的发展

考点1　词汇数量的增加

3~6岁是人一生中词汇量增加最快的时期。学前儿童的词汇量随着年龄增长而增加。据资料统计表明，3岁幼儿的词汇数量为800至1100个，4岁为1600至2000个，5岁则增至2200至3000个，6岁时词汇数量可达3000至4000个。4~5岁是儿童词汇量增长的活跃期。

由于儿童的思维发展和经验水平有限，儿童在理解词的过程中，常常会出现下列两种错误。

（1）过度泛化

过度泛化是指将词所代表的物体或事件扩大，如将所有有翅膀的动物都称为"鸡"。

（2）词义缩小

词义缩小是指儿童把最初所掌握的词仅仅理解为最初与这个词结合的事物，如认为"衣柜"仅指自家的衣柜。

考点2　词类范围的扩大

1.学前儿童掌握各类词的顺序

儿童一般先掌握实词，然后掌握虚词。实词中最先掌握的是名词，其次是动词、形容词，最后是数量词。儿童也能逐渐掌握一些虚词，如介词、连词，但这些词在儿童词汇中所占的比例很小。在儿童的词汇中，最初名词占主要地位，但随着年龄的增长，名词在词汇总量中所占的比例逐渐减少，4岁以后，动词的比例开始超过名词。

2.词类的运用

词频率是指使用词的频繁程度。学前儿童对自己所掌握的词，使用的次数并不相同。在学前儿童词类的运用中，词频率最高的是代词；使用动词的频率多于名词；使用名词的频率较高。

备考锦囊

学前儿童对各类词的顺序和运用可通过口诀进行记忆：先掌实，后掌虚，实词依次是名动形；要说谁最受欢迎（频率高），代词当属第一名。

考题再现

1.【2020·长沙浏阳/天心·单选】从词汇类别来看，幼儿最先掌握的是（　　）。

A.量词　　　　　　　　　　　　B.形容词

C.名词　　　　　　　　　　　　D.动词

【答案】C。

2.【2018·湘潭雨湖·单选】下列词汇中，幼儿使用频率最高的是（　　）。

A.名词　　　　B.代词　　　　C.动词　　　　D.语气词

【答案】B。

考点3　词义逐渐丰富和加深

随着生活经验的丰富与思维的发展，儿童对词的概括性也逐渐发展，对词义的理解趋向丰富和深刻化。如"兔子"一词，对年龄较小的儿童来说，只是意味着兔子的外形特征；而对年龄较大的儿童来说，则还包括兔子的生活习性、兔子和人类的关系等。

此外，儿童使用词语的积极性在增加，既能理解又会运用的积极词汇在增多，只理解不会正确使用的消极词汇也在增多，于是出现乱用或乱造词的现象。如把"一个人"说成"一只人"，把"一条裤子"说成"一件裤子"等。

3~5岁的儿童常常自己造词，出现"造词现象"。有人认为，这是由于成人的词不足够儿童用，是儿童早期创造才能的表现。实际上，这是儿童词汇贫乏、词义掌握不确切时出现的一时现象。比如，儿童能够区别大红和粉红，但尚未掌握粉红这个词，便将其说成"小红"，类似的还有把灰色说成"小黑""淡黑"。当儿童确切掌握了有关词义时，他就不会出现这种错误。

八、学前儿童语法的发展

词汇是语言的"建筑材料"，语法是使用规则。人要用语言进行交际，还必须把词联结成句子，即按语法造句子。儿童在与环境的相互作用中，自然掌握了一些基本语法结构和句型。研究资料表明，儿童对语法的掌握有以下发展趋势。

考点1　句型的发展

从句子的类型看，儿童所说出的句子经历了从不完整句到完整句、从简单句到复合句、从无修饰句到修饰句、从陈述句到非陈述句的过程。

1.从不完整句到完整句
最初，儿童句子的结构是不完整的。儿童的不完整句包括单词句和电报句。

（1）不完整句

①单词句。单词句是指用一个词代表的句子，一般出现于1~1.5岁。例如，当儿童说"妈妈"这个词时，既可能代表要妈妈抱，也可能代表请求妈妈帮他拾起一个东西，还可能代表要妈妈给他某种吃的东西。

②电报句。电报句又称双词句，是由两个单词组成的不完整句，有时也由三个词组成，一般出现于1.5~2岁（或1.5~2.5岁）。例如，"妈妈抱""爸爸班班""饼饼没"等。

（2）完整句

2岁以后，儿童逐渐出现比较完整的句子。完整句的数量和比例随年龄的增长而增长。到6岁左右，98%的儿童使用完整句。完整句又分为简单句和复合句、陈述句与其他多种句型（疑问句、祈使句等）、无修饰句与修饰句。

2.从简单句到复合句

（1）简单句

简单句是指句法结构完整的单句。2岁后，儿童使用简单句的数量逐渐增加。发展的趋势是，简单句所占比例逐渐减少，复合句逐渐增加，但总的来说，简单句的比例较大。

（2）复合句

复合句是指由两个或两个以上意思关联比较密切的单句组成的句子。学前初期，复合句的比例相当小。复合句的比例虽然随年龄的增长而增长，但到学前晚期，仍然在50%以下。

3.从无修饰句到修饰句

儿童最初的句子是没有修饰语的,如"宝宝画画""汽车走了"。2.5岁儿童已经开始出现一定数量的简单修饰语,如"两个娃娃玩积木"。3岁开始出现复杂修饰语,如"我玩的积木"。2岁儿童运用修饰语仅占20%,3岁达50%。3~3.5岁是复杂修饰语句的数量增长最快的年龄。到4岁,有修饰的语句开始占优势。

4.从陈述句到非陈述句

儿童最初掌握的是陈述句。在整个学前期,简单的陈述句仍然是基本的句型。

考点2 句子结构的变化

1.句子结构和词性从混沌一体到逐渐分化

儿童的句型从简单到复杂的变化,也反映了句子结构逐渐分化的发展趋势。儿童一开始只能说一些连主谓语也不分的单词句。以后,单词句逐渐分化为只有主谓结构和动宾结构的双词句。再往后,句子的结构越来越复杂,层次也越来越分明了。

2.句子结构从松散到逐步严谨

儿童最初的句子不仅简单,而且不完整,常常漏掉或缺少一些句子成分。简单句出现以后,儿童的句子才初具结构基架。

3.句子结构由压缩、呆板到逐步扩展和灵活

由于认识的局限性和词汇的贫乏,儿童最初说出的语句只有表明事情的核心词汇,因此显得内容单调、形式呆板。随着年龄增长,儿童开始能加上一些修饰语(如形容词、副词等),使句子的成分变得复杂起来,表现的内容也逐渐丰富、富有色彩和感染力了。

考点3 句子含词量的增加

2岁儿童主要使用单词句(70%),其次是双词句(22.4%);2.5岁儿童仍以单词句为主(37.96%),但三词句已上升到第二位(21.6%);3岁儿童主要使用三词句(21.5%);3.5岁儿童的句子长度发展到6~10个词(21.2%);到了4岁,儿童使用句子的长度有较大的发展,出现了11个词以上的句子。从此开始,这种长度的句子逐年增加,但相对儿童语言的总句数来讲,这种长度的句子还是占少数。

考点4 语法意识出现

儿童对语法的意识从4岁开始明显出现。这时,儿童会提出有关语法结构的问题,逐渐能够发现别人说话中的语法错误。

九、学前儿童口语表达能力的发展

儿童在掌握语言成分的基础上,口语表达能力也逐渐发展起来。

1.对话言语的发展和独白言语的出现

从交际的方式而言,口语可分为对话式和独白式两种。对话是在两个人之间互相交谈,独白则是一个人独自向听者讲述。

幼儿前期的儿童,大多在成人的陪伴下进行活动。他们的交际多采用对话形式。进入幼儿期,对话言语进一步发展。他们不但能提出问题和要求、回答问题,还能在协调行动中进行商议性对话。如进行角色游戏时,他们会互相商量安排游戏情节等。

由于儿童独立性的发展、活动范围的扩大,在他们和同伴或成人的交往中,需要独立向别人传达自己的

思想感情,自己的知识经验等,这就促进了他们独白言语的产生和发展。

2.情境性言语的发展和连贯性言语的产生

情境性言语是指儿童在独自叙述时不连贯、不完整并伴有各种手势、表情,听者需结合当时的情境,观察手势、表情,边听边猜才能懂得言语的意义的一种言语形式。这种言语是儿童从不连贯言语向连贯言语发展过程中的一种言语形式。连贯性言语则指句子完整、前后连贯,能反映完整而详细的思想内容,使听者从语言本身就能理解所讲述的意思的言语。3~4岁的儿童,甚至5岁的儿童言语仍带有情境性。他们说话断断续续的,并辅以各种手势和面部表情,对自己所讲的事,丝毫不做解释,似乎谈话对方已完全了解他所讲的一切。随着年龄的增长,儿童连贯性言语逐渐得到发展。6~7岁的儿童开始能把整个思想内容前后连贯地表述;能用完整的句子,说明上下文的逻辑关系。

3.讲述的逻辑性逐渐提高

儿童讲述的逻辑性逐渐提高,主要表现为讲述的主题逐渐明确、突出,层次逐渐清晰。

4.逐渐掌握语言表情技巧

在专门的教育下,儿童不仅可以学会完整、连贯、清晰而有逻辑地表述,而且能够根据需要恰当地运用声音的高低、强弱、大小、快慢和停顿等语气和声调的变化,使表达更生动、更有感染力。

十、学前儿童言语功能的发展

1.言语交际功能的发展

儿童的言语为交际而产生,在交际过程中发展。学前儿童言语交际功能的发展大致可分两个阶段。

（1）3岁前,儿童所用言语主要是对话言语、情境性言语和不连贯的言语。言语的主要功能是请求、回答和提问。

（2）3~6岁,儿童言语的功能除了请求和问答外,还有陈述、商量（协调行动）、指示和命令、对事物的评价等等。与此相适应的是连贯性言语、陈述性言语逐渐发展。4岁以后,儿童之间的交谈频率大为增加,他们会在合作中谈论共同的行动。5岁以后,在儿童的争吵中已经开始出现用语言辩论的形式,而不再是单纯依靠行动了。

2.言语概括、调节功能的发展

（1）言语对认识过程的概括作用

语言的参与使学前儿童的认识过程发生了质的变化。言语中词的参与可以提高知觉的恒常性,使知觉从以孤立的、表面的特征为主导发展到以复合的、意义的特征为主导,使儿童对事物的感知越来越细微、精确、迅速、完整。

（2）言语对心理活动和行为的调节作用

言语对儿童心理活动和行为的调节功能（即自我调节功能）是和概括功能（即自觉的分析综合功能）密切联系的。儿童必须首先对自己认识过程的各种因素进行分析综合,才能对认识过程进行调节。各种心理活动的有意性的发展是由言语的自我调节功能引起的。

3.内部言语的发生和发展

（1）内部言语的发生

学前儿童的内部言语是在外部言语充分发展的基础上逐渐发展起来的。6岁左右的儿童在完成任务时,先在头脑中思考,然后再开始行动。

（2）出现内部言语的过渡形式——出声的自言自语

在儿童内部言语开始发展的过程中,常常出现一种介乎外部言语和内部言语之间的言语形式,即出声的自言自语,主要有"游戏言语"和"问题言语"两种形式。

①游戏言语。游戏言语是一种在游戏、绘画活动中出现的言语。其特点是一边做动作，一边说话，用语言补充和丰富自己的行动。这种言语通常比较完整、详细，有丰富的情感和表现力。如儿童一边搭积木——长江大桥，一边发出声音"这里面可以走人，桥洞里可以过船……"。

②问题言语。问题言语的特点是比较简短、零碎，常常在遇到困难或问题时产生，用以表示困惑、怀疑、惊奇等。然而，这时所提出的问题，并不要求别人回答。例如，在拼图过程中，儿童自言自语地说："把这个放在哪里呢？……不对，应该这样。……这是什么？……就应当把它放在这里……"四五岁儿童的问题言语最为丰富。

十一、学前儿童书面言语的发展

1.学前儿童认字的特点

学前儿童书面言语的产生是从接受性书面言语活动开始的，主要表现为识字活动，大体经历了三个基本过程。

（1）泛化阶段

字是视觉形象，学前儿童对视觉形象感知的发展服从于从笼统到分化的规律。儿童对字的认识是以整体形象来感知的，他们并不把字当作抽象符号来认识，而是当作一幅画。

考题再现

【2020·长沙天心·判断】幼儿一般不是将字当作抽象符号来认识的。　　　　　　　　　　（　　）

【答案】√。解析：幼儿的思维以具体形象思维为主，因此他们喜欢看图片，而不是抽象的符号。幼儿无法像成人那样去分析和理解汉字，他们一般不把汉字当作抽象符号来认识，而把一个个汉字当作一个个完整的、由若干线条组成的"图形"来认识。

（2）识字阶段

在多次接触字的过程中，学前儿童的感知活动从笼统走向分化，于是他们开始认识一些字。例如，经过反复接触不同字体、字形、字号的"日"字，在任何地方见到任何形象的"日"字，都可以认读出来，说明他们已经认识了这个字。

（3）再现阶段

学前儿童的识字活动主要处于前两个阶段。对字的再现是指当某个字不在眼前时，儿童可以在头脑中再现该字的形象，还可以凭借头脑中的形象，把它书写出来。对字的再现，实际上已经进入了写字阶段和默写阶段。

2.学前儿童的阅读准备——前阅读活动

（1）看书——最初的阅读活动

最初的阅读活动是看书，而非阅读。儿童并非阅读文字，而是拿书看。幼儿期的阅读基本上以看图为主。

（2）阅读的准备

①掌握有关词汇。

②掌握语法和表达能力。

③掌握基本的阅读技能：学会逐页翻书，按页码翻书，懂得遵守从左到右，从上到下的规则。

④培养阅读兴趣。

3.学前儿童的书写准备——前书写活动

（1）手的小肌肉协调性发展。

（2）对字形的空间知觉、方位知觉的发展。

（3）对笔顺的掌握。

（4）正确的执笔姿势。

十二、学前儿童言语能力的培养

儿童的言语能力是在社会环境与教育的影响下形成和发展的，因此，要重视在实践中发展儿童的言语能力。

1.有目的、有计划的幼儿园语言教育活动是发展儿童言语能力的重要途径

幼儿园的语言教育活动是根据《幼儿园工作规程》的精神，有目的、有计划地对儿童施加影响的活动。在幼儿园的语言活动中，教师应要求儿童发音正确，用词恰当，句子完整，表达清楚、连贯，并及时帮助儿童纠正语音；要运用有效的教学方法，调动儿童说话的积极性，并给予其反复练习的机会，以及做出良好的示范，促进儿童语言的发展和言语的规范化。

2.创设良好的语言环境，提供儿童交往的机会，并体验语言交往的乐趣

生活是语言的源泉。因此，教师要组织丰富多彩的活动，使儿童广泛地认识周围环境、扩大眼界、丰富知识面、增长词汇。同时，要给他们提供更多的交往机会，尤其是和小朋友的交往，并重视培养儿童在交往中用词的准确性和说出完整句子的能力。

3.把语言活动贯穿于儿童的一日活动之中

幼儿园专门的语言活动时间是有限的，教师还应在日常生活中培养儿童的言语能力。教师可以组织阅读图书、朗读文学作品等活动来帮助儿童积累文学语言；在一日生活中，儿童通过随时地观察、交谈等获得大量的感性认知，并同时复习、巩固和运用在专门的语言活动中所学过的词汇和句式，更多地学习新的词汇，学会用清楚、正确、完整、连贯的语言描述周围事物，表达自己的情感和愿望。

4.培养儿童初步的阅读理解能力

教师可以经常和儿童一起阅读，引导他们以自己的经验为基础理解图书内容，在阅读中发展他们的想象和创造能力，引导他们感受文学作品的美。

5.成人良好的言语榜样

在平时的教育活动中，教师要坚持说普通话，做到吐字清晰、正确，潜移默化地影响儿童的语言发展。

6.注重个别教育

由于每个儿童的个性特征和智力水平都存在着差异，言语的积极性和驾驭语言的能力也不一样。因此，教师在教育活动中不可忽视对儿童的个别教育。如对言语能力较强的儿童，教师可向他们提出更高的要求，让他们完成一些有一定难度的言语交往任务；对言语能力较差的儿童，教师要主动亲近和关心他们，有意识地和他们交谈，鼓励他们大胆说话，表达自己的要求、愿望，叙述自己喜闻乐见的事，给予他们更多的语言表达机会，从而提高他们的言语水平。

强 化 练 习

一、单项选择题

1.杨老师一边讲课，一边观察幼儿的反应。这体现了注意的哪种品质？（　　）

A.注意的分配　　　　　　　　　　B.注意的稳定性

C.注意的广度　　　　　　　　　　D.注意的转移

2.幼儿园老师让大家唱一下上周教大家的歌曲《我的好妈妈》，孩子们兴高采烈地唱起来。这体现了幼儿记忆的（　　　）。

A.保持 　　　　　　　　　　　　B.识记

C.回忆 　　　　　　　　　　　　D.遗忘

3.幼儿期占主要地位的想象是（　　　）。

A.再造想象 　　　　　　　　　　B.创造想象

C.自主想象 　　　　　　　　　　D.有意想象

4.毛毛对小朋友说："昨天爸爸带我去动物园了。"其实他爸爸、妈妈计划近期带他去一次动物园。他的说谎行为属于（　　　）。

A.分不清事实与想象的说谎 　　　　B.夸耀式说谎

C.掩盖式说谎 　　　　　　　　　　D.模仿式说谎

5.皮亚杰把儿童认知发展划分为四个阶段。它们依次是（　　　）。

A.前运算阶段、感知运动阶段、具体运算阶段、形式运算阶段

B.感知运动阶段、前运算阶段、具体运算阶段、形式运算阶段

C.感知运动阶段、前运算阶段、形式运算阶段、具体运算阶段

D.前运算阶段、感知运动阶段、形式运算阶段、具体运算阶段

6.下列关于儿童言语的发展的表述，正确的是（　　　）。

A.理解语言发生发展在先，语言表达发生发展在后

B.理解语言和语言表达同时、同步产生

C.语言表达发生发展在先，理解语言发生发展在后

D.理解语言是在语言表达的基础上产生和发展起来的

二、判断题

1.能辨别自己的左右是中班儿童需要掌握的。 　　　　　　　　　　　　　　　　　（　　　）

2.根据材料的意义和有关经验进行的记忆是机械记忆。 　　　　　　　　　　　　　（　　　）

三、简答题

1.简述学前儿童记忆发展的趋势。

2.简述儿童无意想象发展的特点。

四、案例分析题

材料：

陈老师带着幼儿园的孩子到园区观察果树，幼儿瞧瞧这棵，看看那棵。陈老师将幼儿集中在一起，让他们对刚才看到的情况进行表达。孩子们却说不出树木的特征和形状，但是能够知道天上的小鸟在飞，水里的鱼在欢快地游动，果树上的蝴蝶在翩翩起舞，操场上的小朋友在玩"老鹰捉小鸡"。陈老师对这种状况感到很困惑，不知道是什么原因。

问题：请分析材料所反映的幼儿注意发展的特点，并结合材料提出合理的教学建议。

参考答案及解析

一、单项选择题

1.【答案】A。解析：注意的分配是指在同一时间内把注意集中到两种或两种以上不同的活动上的特性。

2.【答案】C。解析：回忆（再现）是指识记过的事物并没有再次出现，由于其他事物的影响而使这些事物在头脑里呈现出来的过程。幼儿老师让幼儿唱上周教唱的歌曲属于回忆。

3.【答案】A。解析:再造想象在幼儿想象中占主要地位。

4.【答案】A。解析:丰富的想象力是3~6岁幼儿心智发展的特征之一。他们尚不能分辨想象与事实之间的差距,容易把想象和现实混淆,说出想象的东西来表达自己的愿望。

5.【答案】B。解析:皮亚杰提出了认知发展理论,并将个体的认知发展分为四个阶段:感知运动阶段、前运算阶段、具体运算阶段、形式运算阶段。

6.【答案】A。解析:儿童言语的发展是理解在先、表达在后。

二、判断题

1.【答案】×。解析:儿童方位知觉发展的一般趋势:3岁仅能辨别上下;4岁开始辨别前后;5岁开始能以自身为中心辨别左右;7岁后儿童才能以他人为中心辨别左右方位及两个物体之间的左右方位。

2.【答案】×。解析:机械记忆是指个体在记忆时对材料的意义、逻辑关系并不理解,只是用逐字逐句简单重复的方式进行的记忆。根据材料的意义和有关经验进行的记忆是意义记忆。

三、简答题

1.【参考答案】

(1)记忆保持的时间逐渐延长。

(2)记忆提取的方式逐步发展。

(3)记忆的容量逐渐增加。

(4)记忆的内容逐渐扩大。

(5)记忆策略逐渐获得。

2.【参考答案】

(1)想象无预定目的,由外界刺激直接引起。

(2)想象的主题不稳定。

(3)想象的内容零散、不系统。

(4)以想象过程为满足。

(5)想象受情绪和兴趣的影响。

四、案例分析题

【参考答案】

(1)案例中幼儿注意的特征是无意注意占优势,有意注意逐渐发展,注意的稳定性比较差。所以强烈的声音、鲜明的颜色、生动的形象、突然出现的刺激物或事物发生了显著变化的,都容易引起幼儿的无意注意。

(2)合理的教学建议。

①教师所选教学内容的难易程度应符合幼儿的心理发展水平。幼儿容易被其他因素吸引,有可能是教师预设的教育内容难度过高或过低,无法吸引幼儿的注意,因此,教师应选择合适的教育内容。

②教育教学方式要新颖多样、富于变化。活泼生动、色彩鲜艳的教具更能吸引幼儿的注意,因此,教师可以使用丰富的教具,从而吸引幼儿。

③活动时间要遵循幼儿注意发展的规律。幼儿园小、中、大班的活动时间应当长短有别。在良好的教育环境下,小班幼儿注意的稳定性可以保持3~5分钟,因此,建议教师要合理控制活动时间。

第五章 学前儿童情绪情感与意志的发展

本章内容以识记、理解为主,主要以单项选择题、判断题的形式进行考查,有时也会以简答题的形式进行考查。其中学前儿童良好情绪的培养方法、学前儿童高级情感的发展是重点考查内容。

学习目标

1.了解几种常见的情绪状态,理解情绪情感在学前儿童心理发展中的作用。
2.理解学前儿童情绪的特点与发展趋势。
3.识记学前儿童良好情绪的培养方法与克服不良情绪的方法。
4.识记学前儿童高级情感(道德感、理智感、美感)的发展内容与培养措施。
5.识记学前儿童四种意志品质的概念。

第一节　情绪情感概述

一、情绪和情感的区别与联系

情绪和情感是人们对客观事物是否符合人的需要而产生的态度体验。

情绪和情感是相互区别又相互联系的两个概念。一般来说,人们将情绪和情感的区别主要分为以下三个方面。

第一,情绪是和有机体的生物需要相联系的体验形式。当机体的某种生物需要得到满足时会产生积极的、肯定的情绪体验;反之,则产生消极的、否定的情绪体验。情感则是同人的高级社会性需要相联系的,是在社会文化生活中产生的情绪体验。

第二,情绪发生较早,是人和动物共有的,情感体验则是人类特有的,是个体发展到一定年龄才产生的。

第三,情感比情绪更稳定、持久。情绪随环境的变化而变化,情感则较稳固、长久。

情绪、情感虽然不尽相同,但却是不可分割的。情绪是情感的基础和外部表现,情感是情绪的深化和本质内容。

二、情绪状态的分类

根据情绪发生的强度和持续时间长短等特性,可以把情绪状态分为心境、激情和应激等三种表现形式。

1.心境

心境是一种微弱、平静而持久的情绪状态。它的强度很小,持续时间较长,具有感染力。

2.激情

激情是一种强烈的、迅速爆发而时间短暂的情绪状态。它具有明显的外部表现,同时也具有爆发性和冲动性。

> **考题再现**
>
> 【2018·郴州汝城·单选】(　　)是一种爆发式、猛烈而短暂的情绪状态。其一般表现为狂喜、暴怒、恐怖、绝望等。
>
> A.激情　　　　　　　　　　　　B.心境
>
> C.应激　　　　　　　　　　　　D.漠视
>
> 【答案】A。

3.应激

应激是人对某种意外的环境刺激所做出的适应性反应,是一种高度紧张的情绪状态。

三、情绪和情感在学前儿童心理发展中的作用

1.动机作用

情绪和情感是伴随人的需要是否满足而产生的体验,对人的行为具有推动或抑制作用。对于幼儿来说,情绪的动机作用表现得更加明显,直接影响着幼儿的各种行为。幼儿的行为目的性和受理智支配的程度很低,不能有意识地控制自己去做不愿意做的事。因此,他们比成人更多地受情绪支配。

2.组织作用

情绪是心理活动的监控者,对其他心理活动具有组织作用。积极情绪起协调、组织的作用,消极情绪起破坏、瓦解的作用。研究表明,不同的情绪状态对幼儿智力操作有不同的影响,过度兴奋不利于幼儿的智力操作,适中的愉快情绪可以提高幼儿智力活动的效果。其中,起核心作用的是幼儿的兴趣。相反,痛苦、惧怕等消极情绪对幼儿的智力活动有明显的抑制作用,痛苦、惧怕越大,操作效果越差。

> **考题再现**
>
> 【2021·永州祁阳·判断】适中的愉快情绪可以提高幼儿智力活动的效果。　　　　　　　　(　)
>
> 【答案】√。

3.信号作用

情绪和情感是人向他人表达、传递自身需要及其状态(如愉快、愤怒等)的信号。这种信号功能主要通过情绪情感的外显形式——表情及言语来实现。

> **考题再现**　.
>
> 【2018·郴州汝城·单选】情绪、情感具有(　　)功能,这种功能要通过表情及言语来实现。
>
> A.信号　　　　　　　　　　　　B.传递
>
> C.唤起　　　　　　　　　　　　D.调节
>
> 【答案】A。

4.感染作用

情感的感染作用是指在一定的条件下,一个人的情感可以影响别人,使之产生同样的情感。

四、情绪的分化理论

考点1 布里奇斯的情绪分化理论

布里奇斯的情绪分化理论是早期比较著名的理论。布里奇斯认为,初生婴儿只有未分化的一般性的激动,表现为皱眉和哭的反应;3个月时分化为快乐、痛苦两种情绪;到6个月时,痛苦又进一步分化为愤怒、厌恶、害怕三种情绪;到12个月时,快乐情绪又分化出高兴和喜爱;到18个月时,分化出喜悦和妒忌。

布里奇斯的理论在20世纪80年代伊扎德等人提出其理论前一直为较多的人所接受。现在这一理论由于缺乏有效判断情绪反应的客观指标,难以根据婴儿情绪反应本身来判别婴儿情绪,因而受到不少批评。

考点2 林传鼎的情绪分化理论

林传鼎的情绪分化理论认为儿童情绪分化的过程可以分为三个阶段。

1.泛化阶段(0~1岁)

泛化阶段儿童的情绪反应比较笼统,而且往往是生理需要引起的情绪占优势。0.5~3个月,出现了6种情绪:欲求、喜悦、厌恶、忿急、烦闷、惊骇。这些情绪不是高度分化的,只是在愉快与不愉快的基础上增加了一些面部表情。4~6个月,开始出现由社会性需要引起的喜欢、忿急。

2.分化阶段(1~5岁)

分化阶段儿童情绪开始多样化。从3岁开始,陆续产生了同情、尊重、爱等20多种情感,同时一些高级情感开始萌芽,如道德感、美感。

3.系统化阶段(5岁以后)

系统化阶段的基本特征是情绪生活的高度社会化。这个时期的道德感、美感、理智感等多种高级情感达到一定的水平,有关世界观形成的情感初步建立。

考点3 伊扎德的情绪动机分化理论

伊扎德认为婴儿出生时具有五大情绪:惊奇、痛苦、厌恶、最初步的微笑和兴趣。4~6周时,出现社会性微笑;3~4个月时,出现愤怒、悲伤;5~7个月时,出现惧怕;6~8个月时,出现害羞;0.5~1岁出现依恋、分离伤心、对陌生人的恐惧;1.5岁左右,出现羞愧、自豪、骄傲、焦虑、内疚和同情等。

伊扎德的特殊贡献:编制了面部肌肉运动和表情模式测查系统,最大限度辨别面部肌肉运动编码系统和表情辨别整体判断系统,给表情识别提供了一个客观依据。他把面部分为三个区域:额眉—鼻根区,眼—鼻—颊区,口唇—下巴区,共列出29种肌肉活动单位,编辑成号,表情是由面部这三个区域的肌肉运动组合而成的。

第二节 学前儿童情绪的发展与培养

一、学前儿童的基本情绪

考点1 痛苦和悲伤

痛苦是由于持续的、超水平的不良刺激引起的。痛苦的第一个表现形式是啼哭。啼哭是新生儿与外界沟通的第一种方式。儿童的啼哭具有明显的个别差异和性别差异。对于婴幼儿来说，身体的和心理的分离是引起痛苦的重要原因。身体的分离，如与母亲过早地别离；心理的分离，如情感剥夺、精神虐待、在团体中受排斥、不为集体接纳等。儿童学习的失败也是引起痛苦的重要原因。

悲伤一般与痛苦同步发生，是痛苦的表现形式。

考点2 笑

笑是愉快情绪的表现，儿童的笑比哭发生得晚，主要有以下类型。

1.自发性的笑

婴儿最初的笑是自发性的，或称内源性的笑。这是一种生理表现，不是交往的表情手段。

2.诱发性的笑

（1）反射性的诱发笑

新生儿在第3周时，开始出现清醒时间的诱发笑。例如，轻轻触摸或吹其皮肤敏感区4~5秒，他就会微笑。这种诱发性的微笑是反射性的，而不是社会性微笑。

（2）社会性的诱发笑

研究发现，从第5周开始，婴儿对社会性物体和非社会性物体的反应不同。人的出现，包括人脸、人声，最容易引起婴儿发笑，这表明婴儿开始出现"社会性微笑"。

3.不出声的笑和出声的笑

3~4个月前的婴儿只会笑，不会出声地笑。3~4个月才会笑出咯咯声。

4.无差别的笑和有差别的笑

婴儿4个月前的笑是不分对象的、无差别的笑。4个月左右，婴儿出现有差别的微笑。婴儿只对亲近的人笑，或者对熟悉的人脸比不熟悉的人脸笑得更多。

有差别的微笑的出现，是婴儿最初社会性微笑发生的标志。

考点3 恐惧

1.本能的恐惧

恐惧是婴儿出生后就有的情绪反应，是本能的反应。最初的恐惧不是由视觉刺激引起的，而是由听觉、肤觉、肌体觉引起的，如刺耳的声音等。

2.与知觉和经验相联系的恐惧

婴儿从4个月左右开始出现与知觉发展相联系的恐惧。引起过不愉快经验的刺激会激起其恐惧情绪，也是从这个时候开始，视觉对恐惧的产生逐渐起主导作用。

3.怕生

怕生是对陌生刺激物的恐惧反应。怕生与依恋情绪同时产生，一般在婴儿6个月左右出现。随着婴儿对母亲依恋的形成，其怕生情绪也逐渐明显、强烈。研究表明，婴儿在母亲怀里时，怕生情绪较弱；离开母亲，怕生情绪较强烈。可见恐惧与缺乏安全感相联系。人际距离的拉近或疏远，会影响儿童的安全感。

4.预测性恐惧

随着想象的发展，2岁左右的儿童出现了预测性恐惧，如怕黑、怕坏人等。这些都是和想象相联系的恐惧情绪，往往由环境的不良影响形成。与此同时，由于语言在儿童心理发展中的作用增加，成人的肯定、鼓励可以帮助儿童克服这种恐惧。

考点4 焦虑

焦虑经常与恐惧联系在一起，但焦虑不同于恐惧。恐惧有具体的对象和内容，而焦虑只是一种朦胧的、游移的、不确定的心神不定。儿童的焦虑往往与环境中的无助状态相联系,集中表现为陌生人焦虑和分离焦虑。

1.陌生人焦虑

陌生人焦虑是指婴幼儿对陌生人的警觉反应。大多数婴儿在形成对亲人的依恋之前(即出生后至六七个月之前),对陌生人的反应通常是积极的。但从六七个月以后,他们开始害怕陌生人,8~10个月时最为严重,1周岁以后强度逐渐减弱。这种陌生人焦虑到4岁时也还没有完全消失,尤其是在陌生环境里接近陌生人时,他们还会表现出警觉反应。随着儿童身心不断发展,交往技能和解决问题的能力不断提高,陌生人焦虑会逐步减弱。

2.分离焦虑

分离焦虑是指当儿童与依恋对象(经常是父母)分离时,因过度担忧依恋对象和自己的安全、过度害怕分离而表现出的焦虑行为。如哭泣、身体不适、逃避(拒绝分离、不愿或拒绝上幼儿园)等。大部分儿童从六七个月起,就会明显表现出这种分离焦虑,随着年龄的增大,分离焦虑的强度逐渐减弱。

考点5 愤怒

愤怒是一种激活水平很高的爆发式负面情绪。当强烈的愿望受到限制时,个体就会产生愤怒。婴儿产生愤怒往往是由于身体活动被限制。对于年龄较大的儿童而言,不良的人际关系或受侮辱、受欺骗、受压制的情境都会引发愤怒。持久的痛苦或恐惧也可能转化为愤怒。

二、学前儿童情绪的特点

1.情绪的易冲动性

儿童的情绪常常处于激动状态,而且来势强烈,不能自制,往往全身心都受到不可遏制的力量的支配。儿童年龄越小,这种冲动性越明显。随着年龄的增长与语言的发展,儿童逐渐学会接受成人的语言指导,调节控制自己的情绪。5~6岁儿童情绪的冲动性逐渐降低,情绪的调节控制能力逐渐加强。

2.情绪的不稳定性

婴幼儿期的情绪是非常不稳定的,容易变化,表现为两种对立的情绪在短时间内互相转换。如当儿童由于得不到喜爱的玩具而哭泣时,成人递给他一块糖,他就立刻会笑起来。这种"破涕为笑"的现象,在小班尤为明显。

3.情绪的外露性

婴儿期的儿童不能意识到自己情绪的外部表现。他们的情绪完全表露在外,丝毫不加控制和掩饰。例如,想哭就哭,想笑就笑。他们也不认为这有什么不合理。到了2岁左右,儿童从日常生活中逐渐了解了一些初步的行为规范,知道了有些行为是要加以克制的。如一个儿童摔倒会本能地哭泣,但刚一哭,马上对自己说:"我不哭,我不哭……"这时儿童的脸上还挂着泪珠,甚至还在继续哭。这种矛盾的情况,说明儿童开始产生调节自己的情绪表现的意识,但由于自我控制的能力差,还不能完全控制自己的情绪表现。幼儿晚期,儿童调节自己情绪表现的能力已有一定的发展。比如,在不愉快的时候也不哭,但这种控制是在一定范围内的。

4.情绪的易感染性

儿童情绪还容易受周围人的感染。例如,儿童刚入园时,一个小朋友哭着找妈妈,其他小朋友看见了也哭起来要找妈妈;成人对某事发笑,儿童虽不明所以,但也会跟着笑起来。随着儿童年龄的增长,到幼儿晚期,儿童的情绪趋于稳定,但仍受家长和教师的感染。因此家长和教师在儿童面前必须控制自己的不良情绪。

三、学前儿童情绪发展的趋势

考点1　情绪的社会化

1.情绪中社会性交往的成分不断增加

学前儿童的情绪活动中，涉及社会性交往的内容往往随着年龄的增长而增加。例如，有研究发现，学前儿童交往中的微笑可以分为三类：第一类，儿童自己玩得高兴时的微笑；第二类，儿童对教师的微笑；第三类，儿童对小朋友的微笑。在这三类微笑中，第一类不是社会情感的表现，后两类则是社会性情感的表现。

2.引起情绪反应的社会性动因不断增加

引起儿童情绪反应的原因称为情绪动因。婴儿的情绪反应主要是和他的基本生活需要是否得到满足相联系的。1~3岁儿童的情绪反应动因除了与满足生理需要有关的事物外，还有大量与社会性需要有关的事物，但总的来说，在3岁前儿童情绪反应动因中，生理需要是否满足是其主要动因。3~4岁儿童情绪的动因处于从主要为满足生理需要向主要为满足社会性需要的过渡阶段。在中大班儿童中，社会性需要的作用越来越大。最初出现的情绪是与生理需要相联系的，随着儿童的成长，情绪逐渐与社会性需要相联系。婴幼儿喜欢成人的接触、抚爱的动因，主要是为满足其希望与成人接触和交往的社会性需要。

3.表情的社会化

表情是情绪的外部表现。儿童表情社会化的发展主要包括理解（辨别）面部表情的能力和运用社会化表情的能力两个方面。研究表明，随着年龄的增长，儿童解释面部表情和运用面部表情的能力都有所增长。

考点2　情绪的丰富和深刻化

1.情绪的日益丰富

从情绪所指向的事物来看，其发展趋势是越来越丰富和深刻的。情绪的日益丰富包括两种含义。其一，情绪过程越来越分化。刚出生的婴儿只有少数的几种情绪，随着年龄的增长，其情绪不断分化、增加。其二，情绪所指向的事物不断增加。有些先前不能引起儿童情绪体验的事物，随着年龄的增长，引起了情绪体验。例如，2~3岁年幼的儿童，不太在意小朋友是否和他共玩；而对3岁以上儿童来说，小朋友的孤立以及成人的忽视，特别是误会、不公正对待、批评等会使儿童非常伤心。

2.情绪的深刻化

情绪的深刻化是指向事物性质的变化，从指向事物的表面到指向事物更内在的特点。例如，年幼儿童对父母的依恋，主要由于父母是满足他的基本生活需要的来源，而年长儿童则已包含对父母的尊重和爱戴等内容。

考点3　情绪的自我调节化

1.情绪的冲动性逐渐减少

幼小儿童常常处于激动的情绪状态。随着儿童脑的发育及语言的发展，情绪的冲动性逐渐减少。儿童对自己情绪的控制，起初是被动的，即在成人要求下，由于服从成人的指示而控制自己的情绪。到幼儿晚期，儿童对情绪的自我调节能力才逐渐发展。成人不断的教育和要求，以及儿童所参加的集体活动和集体生活的要求，都有利于其逐渐养成控制自己情绪的能力，减少冲动。

2.情绪的稳定性逐渐提高

婴幼儿的情绪是非常不稳定的、短暂的。随着年龄的增长，情绪的稳定性逐渐提高。但总的来说，儿童的情绪仍然是不稳定、易变化的。

3.情绪从外露到内隐

婴儿期和幼儿初期的儿童不能意识到自己情绪的外部表现。他们的情绪完全表露于外,丝毫不加控制和掩饰。随着言语和儿童心理活动有意性的发展,儿童逐渐能够调节自己的情绪及其外部表现。

四、学前儿童良好情绪的培养

1.营造良好的情绪环境

儿童的情绪不稳定,很容易受到周围环境的影响,其情绪发展主要依靠周围情绪氛围的熏陶。在幼儿园教育中应注意保持和谐的气氛,创造有利于儿童情绪放松的环境。教师应给予儿童较多的关注和关爱,应努力理解和尊重儿童,创设一个和谐、宽松、平等的环境氛围,促进儿童情绪的发展。

2.成人的情绪自控示范

成人的情绪示范对儿童情绪的发展十分重要。成人愉悦的情绪能感染儿童,让儿童开心快乐;成人不良的情绪同样会让儿童体验到紧张和焦虑。因此,成人要善于控制自己的情绪。如果教师喜怒无常,儿童会觉得无所适从,情绪也不稳定。优秀的幼儿教师应将自己的消极情绪留在教室外,调整好自己的情绪状态,以积极饱满的情绪与儿童互动,使儿童保持良好的情绪状态。

3.允许儿童适当宣泄

面对儿童的不良情绪,家长和教师可以为儿童创设发泄情绪的环境和情境,引导儿童了解多样化的发泄方法并学习自我疏导。如给儿童布置一个"情绪小屋",让儿童有一个自由的发泄空间。在儿童适当宣泄后,父母和教师再进行说服和教育。

4.帮助儿童控制情绪

成人可采用以下几种方法帮助儿童控制自己的情绪。

(1)转移法

转移法是指有意识地转移话题或做点别的事情来分散儿童的注意力,使不良情绪得到适度的控制的一种方法。3岁孩子刚进入幼儿园时往往会哭闹,教师常常用转移注意的方法,要么和他一起玩玩具,要么给他讲故事,一会儿孩子的情绪便会有所好转。对4岁以上的儿童,当他处于情绪困扰之中时,可以用精神的而非物质的转移方法。例如,孩子哭时对他说:"看这里这么多的泪水,就像下雨一样。我们正缺水呢,快来接住吧!"也许孩子会被这幽默的话语逗笑。

(2)冷却法

冷却法是指当儿童情绪十分激动时,可以采取暂时置之不理的办法,儿童自己会慢慢地停止哭闹的一种方法。当儿童处于激动状态时,成人切忌激动。例如,对孩子大声喊叫"你再哭!我打你!"或"你哭什么?不准哭,赶快闭上嘴!"之类的话语。这样的做法会使孩子的情绪更加激动,无疑是火上浇油。

(3)消退法

消退法是指在儿童情绪强烈时,不去关注或刻意控制,而是让其自然而然地减弱以至消退的一种方法。例如,有个孩子总不愿意把水果分给爸爸妈妈吃,父母要吃他手中的水果,他总要哭闹。后来父母商量好,对他的哭闹不予理睬。第一天吃水果时,父母把一个水果分成几块,孩子拿着水果哭了很久,看着父母不理会他,只好把手中的水果吃了。第二天他哭的时间缩短了。以后哭闹的时间逐渐减少,最后看着父母把他手中的水果拿去分成几块给大家吃也不哭了。

考题再现

【2020·长沙浏阳·单选】下列行为中不利于调节幼儿激动情绪的是(　　)。

A.消退　　　　　　　　　　　　　　B.冷处理

C.转移注意力 　　　　　　　　　　　　　　　　D.斥责

5.教会儿童调节自己的情绪表现

儿童表现情绪的方式更多的是在生活中学会的。因此，在生活中，有必要教给儿童有意识地调节情绪及其表现方式的技术。

（1）反思法

反思法是让儿童想一想自己的情绪表现是否合适的一种方法。例如，和小朋友为玩玩具发生争执时，想一想自己的行为对不对，还有哪些解决问题的办法。

（2）想象法

想象法是指让儿童在生活中或者游戏中，把自己想象成某个角色，利用角色特点来约束自己的一种方法。例如，当儿童遇到困难或挫折而伤心时，教他想象自己是"大哥哥""男子汉"或某个英雄人物等。

（3）自我说服法

自我说服法是指让儿童通过说服自己来学会控制自己的情绪，缓解不良情绪带来的过度行为的一种方法。例如，孩子初入幼儿园由于要找妈妈而伤心地哭泣时，可以教他自己大声说："好孩子不哭。"孩子起先是边说边抽泣，以后渐渐地不哭了。

五、在活动中帮助幼儿克服不良情绪

1.成人要善于发现与辨别幼儿的情绪

幼儿在幼儿园或家里可能会遇到许多不开心的事情，这会使他们产生紧张、焦虑等情绪，进而心理失去平衡。成人应给幼儿提供适当的机会和场合，让其发泄出来。同时应教育幼儿学会控制和调节情绪，提高情绪表现的自控能力。

2.从幼儿的情绪表现来分析幼儿的内心情感世界

幼儿的行为表现往往反映了其内心已经形成的一些品质。成人对幼儿的情绪要进行正确分析，对那些有益的部分要及时进行表扬并加以鼓励和保护；对于不良的情绪发泄，则要帮助幼儿克服并纠正。

3.要注意幼儿的个别差异，对不同的幼儿采取不同的方法

例如，小红较内向，有人说她辫子不好看时，她坐在一旁闷闷不乐，对于这样的幼儿要与她交朋友，增进情感的交流；而小明不一样，一不顺心就大哭大闹，这类幼儿的情绪"来得快，去得也快"，可以"冷处理"，等他冷静下来再与之谈心，而不要"火上浇油"。

4.注意幼儿积极情感的引导

让积极情感成为幼儿情感的主旋律，减少消极情感的产生。不要以为幼儿年龄小就不懂情感，其实幼儿的情感敏感而脆弱，更需要成人的保护和关心。因此幼儿的情感世界需要父母、教师的关注、爱护并引导其趋向成熟。

考题再现

【2020·长沙浏阳·论述】如何帮助幼儿克服不良情绪？

【参考答案】见上文。

第三节　学前儿童高级情感的发展与培养

一、道德感

考点1　学前儿童道德感的发展

道德感是因自己或别人的言行举止是否符合社会道德标准而引起的情感体验。

3岁前，儿童只有某些道德感的萌芽，如儿童在2岁左右，开始评价自己"乖不乖"。小班儿童的道德感主要是指向个别行为的，如知道打人、咬人是不好的。中班儿童不但关心自己的行为是否符合道德标准，而且开始关心别人的行为，并由此产生相应的情感。如中班儿童的告状行为就是儿童对别人行为方面的评价，是基于一定的道德标准而产生的。儿童在对他人的不道德行为表示出愤怒或谴责的同时，还对弱者表现出同情，并表现出相应的安慰行为。到了大班，儿童的道德感进一步发展和复杂化。他们对好与坏、好人与坏人有鲜明的、不同的感情。如看小人书时，往往把大灰狼和坏人的眼睛挖掉。这个年龄段的儿童的集体情感也开始发展起来。

儿童的羞愧感或内疚感也开始发展。特别是羞愧感从幼儿中期开始明显发展。儿童对自己出现的错误行为会感到羞愧，这对儿童道德行为的发展具有非常重要的意义。

总的来说，幼儿期的道德感是不深刻的，大多是模仿成人、执行成人的口头要求，是在集体活动中和在成人的道德评价的影响下逐渐发展起来的。

考点2　学前儿童道德感的培养

1.晓之以理，动之以情

在进行道德教育的过程中，教育者应该注意"晓之以理，动之以情"，以激发儿童的情感共鸣，形成正确的集体舆论。如在幼儿园集体活动中，及时表扬儿童做的好事，批评儿童的不良行为，使其从小就产生对符合社会道德行为的愉快、自豪的情感体验，对不符合社会道德行为的厌恶、羞耻等感受，从而获得正确的道德行为带来的满足感。

2.树立榜样，积极学习

随着儿童年龄的增长，道德认识也逐渐发展起来，教育者应该在具体的道德情感上阐明道德理论和规范标准，使儿童的道德情感体验不断得以具体、深刻。这时可根据儿童认知学习能力的发展，树立积极正确的榜样，让儿童模仿学习，如培养爱国主义精神，可以给儿童讲述和观看"爱国小英雄"的故事；培养儿童爱教师、爱小朋友，讲礼貌、懂文明，首先父母和老师要以身作则；培养儿童助人为乐的精神，可以给儿童讲述"阿凡提"的故事。

二、理智感

考点1　学前儿童理智感的发展

理智感是由是否满足认识需要而产生的情感体验，是人类特有的高级情感。儿童的理智感表现在对学习的兴趣、对事物的好奇和强烈的求知欲，并从中体会到获得知识的快乐。幼儿期是儿童理智感开始发展的时期。

小班儿童在成人的指导下,用积木搭出一个房子时,会高兴地拍起手来。大班的儿童会长时间迷恋于一些创造性活动,如用积木搭出宇宙飞船、航空母舰,用泥沙堆成公路、山坡等。6岁儿童理智感的发展还表现在喜欢进行各种智力游戏,如下棋、猜谜等。这些活动不仅使儿童产生由活动带来的满足、愉快、自豪等积极情感,而且还会成为促进儿童进一步去完成新的、更为复杂的认识活动的强化物。

儿童的理智感有一种特殊的表现形式,即好奇好问。幼儿初期的儿童往往问"这是什么",逐渐发展到问"为什么""怎么样"等。如果问题得到解决,儿童就会感到极大满足,否则就会不高兴。儿童理智感的另一种表现形式是与动作相联系的"破坏"行为。如崭新的玩具刚买回家,一转眼的工夫,就被孩子拆得四分五裂。

考题再现

【2021·永州祁阳·单选】幼儿喜欢进行各种智力游戏,如下棋、猜谜语等。这些活动能够满足幼儿的求知欲和好奇心,促进其(　　　)的发展。

A.道德感　　　　　　　　　　　B.正直感

C.理智感　　　　　　　　　　　D.集体荣誉感

【答案】C。

考点2　学前儿童理智感的培养

1.鼓励探索,培养兴趣

心理学家布鲁纳认为,婴儿生下来就有一种好奇的驱动力,只不过婴儿是先用"嘴"来探索世界的。刚出生的婴儿就开始积极地探索周围的环境,随着年龄的增长,看见吸引他的玩具,就伸手来抓、伸脚来踢。幼儿时期更是好奇心不断,什么都想知道,常常问"为什么"。这时教育者可以根据日常生活的特点,耐心地解答儿童提出的千奇百怪的问题,也可以和儿童共同观察,以探究问题的答案,切不可责怪"会破坏"的儿童,应恰当地教育儿童合理地探索与发现。

2.广泛阅读,扩大视野

养成良好的阅读习惯,引导儿童知晓书中有无穷尽的知识,多阅读,开阔无限的视野。教育者可根据儿童年龄特点,从简单的寓言、童话故事慢慢地过渡到文艺作品和通俗的科普读物等。

3.快乐游戏,培养能力

游戏是开发儿童智力、培养儿童动手能力的理想途径。儿童在利用各种玩具和材料进行游戏的过程中,通过想象来模拟周围的事物,如用积木搭建楼房、捏泥人等,促进动手能力以及增强动作的协调性和灵活性。

4.以趣促学,科学提问

儿童对生活中千变万化的事物和现象总是充满好奇,因此利用儿童对事物的兴趣,以兴趣促进学习,科学而巧妙地提问,能够促进儿童进一步探索,培养儿童的理智感。如教师可引导儿童对结果进行猜想,利用猜想和结果的矛盾激发儿童的探索欲。

三、美感

考点1　学前儿童美感的发展

美感是人对事物审美的体验。儿童对色彩鲜艳的艺术作品或物品容易产生喜爱之情。幼儿初期,儿童主要是对颜色鲜明的东西,新的衣服、鞋、袜等产生美感。幼儿中期,儿童能从音乐、绘画作品,以及自己从事的美术、舞蹈、朗诵活动中得到美的享受。幼儿晚期,儿童开始不满足于颜色鲜艳,还要求颜色搭配协调。

考点 2　学前儿童美感的培养

1.加强艺术熏陶,促进美感欣赏

通过音乐、体育、绘画、舞蹈等设计艺术的活动,培养儿童对美的欣赏与感受。在欢快的音乐背景下,儿童跳起快乐的舞蹈;在愉悦的心情下,儿童画出色彩缤纷的绘画;在集体欢笑的氛围下,儿童开心地律动,积极地锻炼身体、健康成长。通过对音乐、美术和舞蹈等方面的欣赏,儿童表达出自己内心的感受,丰富自己的美感体验。

2.拥抱自然以体验美

优美的大自然是培养儿童美感的主要环境背景,把儿童带到自然的怀抱中,既能享受到大自然的柔美,又能激发儿童热爱祖国山河的感情。家长和教师应利用节假日多带儿童到自然中去走走、看看,利用当地各民族的风俗与文化气氛,让儿童体验和享受大自然的美。

第四节　学前儿童意志的发展

一、学前儿童意志行动发展的特点

考点 1　学前儿童意志行动的发展

新生儿没有意志行动,只有本能的无条件反射行为。

4个月左右的婴儿的行为有了比较原始的有意性和目的性。8个月左右的婴儿能够坚持指向一个目标,并且努力排除一定的障碍,达到一定的行为目的,即出现了意志行动的萌芽。

1岁左右,婴儿表现出比较明显的意志行动。2~3岁婴儿的行动有了一定的目的性,还带有很大的冲动性。

4~5岁儿童的意志行动就较为成熟了,此时的行动不但有明确的目标,儿童还能根据目的采取相应的使目标达成的方法。儿童也不再使用"尝试错误"的方法。

5~6岁儿童在活动中不仅有明确的目的,还能自定目标和任务,在合作游戏中能根据任务要求分配游戏,共同完成游戏任务。

考点 2　学前儿童手眼协调的发展

学前儿童意志对行动的调节作用的主要标志是手眼协调。学前儿童从手眼不协调到手眼协调要经历五个阶段:动作混乱阶段、无意抚摸阶段、无意抓握阶段、手眼不协调的抓握阶段、手眼协调阶段。

9个月的儿童手眼比较协调了,能够抓住或拿到想要的东西。1岁以后,儿童的手眼协调能力逐渐发展成熟。儿童2岁左右就能不断重复某一动作而且玩得不亦乐乎。

二、学前儿童意志品质的发展

意志品质主要有行动的目的性、果断性、坚持性和自制性。

1.目的性

意志的目的性是指一个人能自觉地确定意志行动的目的,能深刻地认识到行动的正确性和重要性,并自觉地调节和支配自己的行动,使之符合行动目的的品质。有目的性品质的人,同时也具有独立性和主动性。

他们既能倾听和接受合理建议，又能坚持真理、信守原则、排除诱惑、不盲从、也不固执。与目的性相反的品质是受暗示性和独断性。

学前儿童的行动目的性可以分为四个阶段：缺乏明确目的、成人引导目的、形成自觉目的、形成明确目的。

2.果断性

意志的果断性是指一个人能够根据复杂多变的情境，善于分辨是非，迅速而合理地采取决定和执行决定的意志品质。果断性强的人，当需要立即行动时，能迅速地做出决断对策，使意志行动顺利进行；而当情况发生新的变化，需要改变行动时，能够随机应变，毫不犹豫地做出新的决定，以便更加有效地执行决定，完成意志行动。与果断性相反的品质是优柔寡断和武断。

学前儿童的果断性比较差，当他们面临动机冲突时，往往犹豫不决或草率决定。

3.坚持性

意志的坚持性是指一个人在实现预期目的的行动过程中，坚持不懈、百折不挠、持之以恒、不达目的不罢休的意志品质。意志的坚持性在于既能坚持原则，抵制各种内外干扰，又能审时度势，灵活机动地达到预定目的。所谓"锲而不舍，金石可镂"就是意志坚持性的表现。大多有成就的人，意志都有极强的坚持性。与坚持性相反的品质是动摇性或执拗性。

4.自制性

意志的自制性是指善于控制和支配自己的情绪，约束自己言行以利于任务完成的意志品质。与自制性相反的意志品质是任性和怯懦。任性的人放纵自己，对自己的言行不加约束，为所欲为，很容易受到外界的引诱和干扰而不能控制和调节自己的行动；怯懦的人在遇到困难采取行动时，表现为畏缩不前或仓皇失措。任性和怯懦这两种品质都是不能排除消极情绪的干扰，是意志薄弱的表现。

3岁左右的儿童一般还不善于控制自己的愿望和行为，喜欢做他们感兴趣的事，容易受外界因素的干扰。4~5岁的儿童就开始逐步控制自己的愿望和行为，在游戏中能够抑制自己的喜好，将好玩的玩具让给其他同伴。5~6岁的儿童一般已能够主动地控制自己的愿望和行为，服从整体的利益、规则或成人的要求，甚至能抗拒别人的干扰，坚持完成任务。

三、学前儿童意志的培养

1.独立性的培养

（1）放手让儿童自己做力所能及的事

首先，从儿童自身的生活习惯开始，家长可以要求儿童自己的事情自己做，并按照一定的要求坚持下去。例如，学习自己擦嘴、擦鼻涕、洗手、刷牙、吃饭、穿脱衣服、整理床铺、收拾玩具等。其次，在培养儿童自身生活习惯的基础上，成人应要求儿童帮大人做一些力所能及的事情。

（2）运用游戏培养儿童的独立性

喜好游戏是儿童的天性，游戏是儿童生活中极其重要的部分。家长和教师可以利用一些角色扮演游戏等，培养儿童的独立性。如成人可以在活动中启发活泼好动的儿童持续专注地扮演某个角色、从事某项活动，从而逐渐学会独立完成一件事。

（3）培养儿童独立思考的能力

教师要营造民主、和谐的学习氛围，给予儿童独立思考的时间和空间，注意艺术的提问，多引导儿童与同伴讨论以拓宽思路，培养儿童的独立思考能力。父母也不要把孩子的一切事情都安排得十分妥帖周到，从不让孩子自己去考虑；相反，要给孩子营造一个思考的空间，放开手，让孩子大胆地去想，并认真倾听孩子的想法，以利于孩子学会独立思考。

（4）培养儿童克服困难的精神

当儿童遇到困难时，成人要做他的鼓励者和支持者，和他一起研究和分析所遇到的困难并且一起去解决，事后告诉儿童在刚才的做法中，有哪些做得好的地方，并鼓励和赞赏他。成人要多给予儿童做事的机会，并在一旁为他鼓励、加油，及时地加以引导，使他可以顺利成功地完成，从而增强他的自信心。成人尤其应注意，当儿童面对困难时，不做困难"放大者"和"恐吓者"，要做困难"分析者"和"焦点转移者"。

2.果断性的培养

儿童对事物的判断能力尚在成长之中，成人要多与儿童沟通，用正确的方法循序渐进地启发引导，尝试让他们独立对一些事物做出判断，培养儿童对分析问题的兴趣。成人也不要过多干涉儿童，要让他们自己决定自己的一些事情，久而久之就会培养起儿童对事物的判断能力，并逐渐增强其果断性。

3.自制力的培养

幼儿初期的儿童自制力还很差，他们虽然知道某些要求，却不能照着做。如明知道哭闹不好，还是哭闹；明知道打人不对，还要打人。但是，儿童的自制力是在不断发展的。大班儿童就能根据成人的要求，控制自己的某些行为。他们可以为了升小学而克服自己的一些缺点，如爱哭、坐不住等。儿童自制力的培养要与自觉性的培养联系起来，使儿童明确自己行动的目的和意义，逐步养成能按照一定的要求约束自己的好习惯。

4.坚持性的培养

幼儿初期的儿童，行动的坚持性很差，如在游戏中，小班儿童就常有违反游戏规则的现象，要他好好坐着不动，坚持10分钟都很困难。幼儿晚期，在教育的影响下，随着言语和思维调节机能的不断发展，儿童能初步做到坚持行动以达到一定的比较浅近的目的。

教师要有意识地培养儿童意志的坚持性，可以从鼓励儿童一心一意地做某件事入手。长此下去，"坚持"便不再是什么困难的事了。

儿童的意志行动最终还要归根到儿童的自我控制上。因此，教师和家长应经常启发和训练儿童加强自我控制，使他们逐渐学会摆脱对外部控制的依赖，形成内在的控制力。有研究表明，帮助儿童以言语调节控制自己的行为是发展他们坚持性的有效措施。在克服困难的过程中，让儿童不断以言语指导自己的行动，常常会收到较好的效果。另外，对儿童进行抗拒诱惑和延迟满足训练也可以有效提高儿童意志的自制性和坚持性。

◆ 知识拓展 ◆

"哨兵站岗"实验

马努依连柯著名的"哨兵站岗"实验充分说明了用游戏来培养儿童的坚持性等意志品质是十分有效的。实验以3~7岁的儿童为被试，要求他们在空手的情况下保持哨兵持枪站岗的姿势。实验结果表明：（1）无论在哪一种条件下，儿童有意保持特定姿势的时间都是随年龄增高的；（2）4~5岁是儿童自觉坚持行动能力发生明显质变的年龄阶段；（3）在游戏中，儿童自觉坚持行动的时间比非游戏情境下长得多。

考题再现

【2020·长沙天心·判断】著名的"哨兵站岗"的实验主要是研究幼儿的果断性。　　　　　　　　（　　　）

【答案】×。解析：苏联心理学家马努依连柯曾做了一个"哨兵站岗"的实验，要求幼儿在空手的情况下，保持哨兵持枪站岗的姿势。该实验主要是研究幼儿的坚持性。

一、单项选择题

1.下列不属于学前儿童高级情感的是（　　）。

A.道德感　　　　　　　　　　　　B.责任感

C.理智感　　　　　　　　　　　　D.美感

2.在幼小的儿童身上常常见到脸上挂着泪水又笑起来的情况。这主要是因为（　　）。

A.儿童的情绪还是由生理需要控制着

B.儿童的意志力差

C.儿童的自我意识还未形成

D.儿童的情绪是不稳定的

3.下列关于情绪的表述，说法不正确的是（　　）。

A.情绪的发展趋势之一是日趋稳定

B.大约5岁后，儿童情绪的发展开始进入系统化阶段

C.儿童情绪态度的形成受成人长期潜移默化的影响

D.情绪在每一个人身上阈限相同、表现不同，是因为后天教育的影响

4.儿童原始的情绪反应具有的特点是（　　）。

A.与生理需要是否得到满足有直接关系

B.出生后适应新环境需要的产物

C.情绪天生具有系统化、社会性的特点

D.新生儿的情绪和间接动机相联系

二、简答题

简述如何培养学前儿童的独立性。

参考答案及解析

一、单项选择题

1.【答案】B。解析：学前儿童的高级情感包括道德感、理智感和美感。

2.【答案】D。解析：儿童情绪的不稳定性是这一现象产生的原因。

3.【答案】D。解析：情绪主要是生理因素的作用。

4.【答案】A。解析：原始的情绪与生理需要有密切关系。

二、简答题

【参考答案】

（1）放手让儿童自己做力所能及的事。

（2）运用游戏培养儿童的独立性。

（3）培养儿童独立思考的能力。

（4）培养儿童克服困难的精神。

第六章　学前儿童个性的发展

考情分析

　　本章内容以识记、理解为主，主要以单项选择题、判断题的形式进行考查，有时也会以填空题的形式进行考查。其中学前儿童个性心理特征（气质、性格、能力）的发展是重点考查内容。

学习目标

1. 理解个性的含义、特点与结构，识记埃里克森的人格发展阶段理论。
2. 了解学前儿童需要、动机与兴趣的发展特点。
3. 识记学前儿童自我认识、自我评价、自我概念、自我体验等的发展特点。
4. 识记气质、性格与能力的含义、类型及发展特点。

第一节　学前儿童个性的形成与发展

一、个性概述

考点1　个性的含义

个性是一个人比较稳定的、具有一定倾向性的各种心理特点或品质的独特组合。

考点2　个性的特点

个性作为一种区别于他人的稳定的心理品质，具有独特性、整体性、稳定性、社会性的特征。

1.独特性

由于先天和后天的发展条件不同，每个人都是以自己特有的速度、强度、稳定性和指向、对自我和他人的态度、行为方式以及能力来加以表现的。个性的独特性突出地表现了人的气质、性格和能力的差异。

2.整体性

个性是一个统一的整体结构，是由各个密切联系的成分所构成的多层次、多水平的统一体。在这个整体中，各个成分相互作用、相互影响、相互依存，使每个人的行为的各方面都体现出统一的特征。因此，从一个人行为的一方面往往可以看到他的个性，就是个性整体性的具体表现。

3.稳定性

个性的稳定性表现在一个人所有的活动和行为之中。个人偶然的行为不能代表他真正的个性，只有比较稳定的、在行为中经常表现出来的心理倾向和心理特征才能代表一个人的个性。

4.社会性

个性的本质是社会的。在人的个性的形成、发展中，人的个性的本质方面是由人的社会关系决定的。个性具有强烈的社会性,是社会生活的产物。

考点3 个性的结构

个性作为一个心理特征系统,包含三个紧密相连的子系统,即个性倾向性系统、自我意识系统和个性心理特征系统。个性倾向性系统包括需要、动机、兴趣、志向、世界观等要素。自我意识系统包括自我认识、自我体验、自我监控三个方面。个性心理特征系统包括气质、性格、能力等心理成分。

二、学前儿童个性形成和发展的阶段

1.先天气质差异(出生~1岁前)

婴儿从出生开始,就显示出个性特点的差异,这从婴儿的哭声中可以明显地看出。对新生儿的研究发现,新生儿对个别刺激的行为反应有差别,如把金属盘放到新生儿的大腿内侧,有的新生儿反应强烈,有的则没什么反应,有的悄悄往回缩等。这就是与生理联系密切的气质类型的差异。这种先天气质类型的差异作为幼儿间的差别而存在,同时又影响着父母对孩子的抚养方式,并在与父母的日常交往中越来越明显地成为孩子的个性特点。

2.个性特征的萌芽(1~3岁前)

在此阶段,随着婴儿的各种心理过程(包括想象、思维等)的逐渐齐全,婴儿的气质、性格、能力等个性特征也开始萌芽,差异性开始表现出来。到3岁左右,在先天气质类型差异的基础上,在与父母及周围人的相互作用中,婴儿间出现了较明显的个性特征的差异,成人可以从婴儿的言行举止中看到这一特点。

3.个性初步形成(3~6岁)

到幼儿期,儿童的心理水平逐渐向高级发展,特别是随着幼儿心理活动和行为的有意性的发展,幼儿个性的完整性、稳定性、独特性及倾向性各方面都得到了迅速的发展,标志着学前儿童个性初步形成。

三、学前儿童个性形成的理论

考点1 弗洛伊德的精神分析理论

奥地利的西蒙·弗洛伊德是精神分析学派的创始人,他第一次从精神动力学和精神分析的角度对幼儿的发展和行为进行了描述。弗洛伊德认为,在人格发展上存在三个主要的、连续的阶段,这些阶段主要反映在本我、自我与超我的发展过程中。

1.本我、自我、超我

(1)本我

弗洛伊德认为,婴儿的所有活动都是"本能冲动"(不是通过学习获得的倾向)以及原始的反射,是由大量不受约束的精神能量所组成的,这些精神能量几乎不顾一切地追求欲望的满足。因此,本我遵循的是快乐原则。最初阶段的婴儿会以一种压倒一切的力量追求其欲望的满足。例如,一个处于饥饿中的婴儿不会等待,马上就要吃奶。

(2)自我

婴儿在生活中也不是所有的愿望都能马上得到满足。当婴儿在饥饿啼哭时,母亲正在做其他的事情,婴儿愿望的满足总是被推迟或拒绝。在生活中,婴儿逐渐知道了不能随时随地排泄,成人的要求与儿童的需要之间会发生冲突,本我的冲动与现实之间的不断冲突导致了人格的第二种水平,即"自我"的发展。"自我"是人格中的理性水平,是儿童在与环境的相互作用中逐步形成的一种心理组织。自我遵循的是现实原则,它是人格的心理成分,一方面使本我适应现实的条件,从而调节、控制或延迟本我欲望的满足;另一方面还要协调本我与超我的关系。

（3）超我

超我是人格中的最高部分，在儿童早期已开始发展，并且主要来自对同性父母的认同。儿童努力像他人一样，接纳别人的价值观与信念，将成人对他们的要求转化为自己的行为，形成规则并自觉遵守。如果自己的行为符合自我理想，个体就感到骄傲，否则个体就感到焦虑。因此，超我遵循的是道德原则，是人格的社会成分。

2.弗洛伊德的心理和行为发展阶段理论

弗洛伊德根据不同阶段儿童的集中活动能力，把心理和行为发展划分为由低到高的五个阶段，依次是口腔期、肛门期、性器期、潜伏期和两性期。

（1）口腔期（0~1岁）

新生儿的吸吮动作既使他获得了食物和营养，又使他产生快感。因此，口腔是这一时期产生快感最集中的区域，婴儿常会把手指或其他能抓到的东西塞到嘴里去吸吮。弗洛伊德认为，寻求口腔快感的性欲倾向一直会延续到成人阶段，接吻、咬东西、抽烟或饮酒的快乐都是口腔快感发展的体现。

（2）肛门期（1~3岁）

此时儿童的兴趣集中到肛门区域，排泄时产生的轻松与快感，使儿童体验到了操纵与控制的作用。

（3）性器期（3~6岁）

在这个阶段，儿童开始关注身体的性别差异，开始对生殖器感兴趣。性欲的表现主要在于"俄狄浦斯情结"，即男孩儿对自己的母亲有性兴趣（又可称为恋母情结），而女孩儿则过分迷恋自己的父亲（又可称为恋父情结）。恋父（母）情结最终要受到压抑，因为儿童惧怕同性父母的惩罚。

（4）潜伏期（6~11岁）

进入潜伏期的儿童，性欲的发展呈现出一种停滞或退化的状态。早年的一些性的欲望由于与道德、文化等不相容而被压抑到潜意识中，并一直延续到青春期。由于排除了性欲的冲动与幻想，儿童可将精力集中到游戏、学习、交往等社会允许的活动之中。

（5）两性期（12岁以后）

两性期在青春期性器官成熟后即开始，性需求从两性关系中获得满足，有导向地选择配偶，成为较现实的和社会化的成人。

精神分析理论强调性本能、潜意识与情感在发展中所起的作用。心理的发展是有阶段的，而生命最初几年的发展则具有十分重要的意义，任何成人阶段表现出来的行为都能在个体的早期经验中找到根源，因此对儿童早期经验的关注显得非常重要。但这个理论也经常由于过分强调性冲动和攻击性的冲动而受到批评。

考点2 埃里克森的人格发展阶段理论

埃里克森是美国现代著名的精神分析学家。他改进了弗洛伊德的个性发展理论，并特别强调幼儿的发展。他的八个心理社会发展阶段是与弗洛伊德的发展阶段平行的，在每一阶段都有一个明确的发展危机或任务，而这一危机是每个人在这一阶段必须解决的。

1.信任感对不信任感（0~18个月）

第一阶段为婴儿期。儿童的主要发展任务是满足生理上的需要，发展信任感，克服不信任感，体验着希望的实现。

2.自主感对羞怯感和怀疑感（18个月~3岁）

第二阶段为儿童早期。儿童的主要发展任务是获得自主感，克服羞怯和怀疑，体验着意志的实现。

3.主动感对内疚感（3~6岁）

第三阶段为学前期或游戏期。儿童的主要发展任务是获得主动感，克服内疚感，体验着目的的实现。

4.勤奋感对自卑感（6~12岁）

第四阶段为学龄期。儿童的主要发展任务是获得勤奋感,克服自卑感,体验着能力的实现。

5.同一性对角色混乱（12~18岁）

第五阶段为青春期。这一阶段的主要发展任务是建立同一感和防止同一感混乱,体验着忠诚的实现。自我同一感（或同一性）是一种关于自己是谁,在社会中占什么样的地位,将来准备成为什么样的人,以及怎样努力成为理想中的人等一系列感觉。

6.亲密感对孤独感（成年初期）

第六阶段的主要发展任务是获得亲密感,避免孤独感,体验着爱情的实现。

7.繁殖感对停滞感（成年中期）

第七阶段的发展任务是获得繁殖感,避免停滞感,体验着关怀的实现。这里的繁殖不仅指个人的生殖能力,而且包括个人的生产能力和创造能力等。

8.完善感对绝望感（成年晚期）

第八阶段的发展任务是获得完善感,避免失望和厌恶感,体验着智慧的实现。

考题再现

【2019·长沙望城·判断】埃里克森的人格发展阶段理论认为4~5岁儿童的发展任务是培养主动性。　　（　　）

【答案】√。

第二节　学前儿童个性倾向性的发展

一、个性倾向性的含义和特征

个性倾向性是决定人对事物的态度和行为的动力系统,对一个人的心理与行为起着促进和引导的作用。儿童个性倾向性的发展主要反映在需要、动机及兴趣等方面。个性倾向性有两个基本特征:积极性和选择性。

个性积极性使人以不同的态度和积极性去组织自己的行动。例如,当一个人的需要强烈时,他的行为反应的程度就会相应比较强;而当需要较弱时,其行为反应的程度就会相对减弱。个性选择性使人有目的、有选择地对客观世界进行反应。例如,不同的需要会导致人选择不同的事物、不同的方向。

二、儿童需要的发展

需要是有机体感到某种缺乏或不平衡状态而力求获得满足的心理倾向,是有机体自身和外部生活条件的要求在头脑中的反映。儿童需要的发展遵循一个规律,即年龄越小,生理需要越占主导地位。同时,儿童的社会性需要随着年龄的增长逐渐增强,并且需要的发展呈现明显的个性特点。儿童需要发展的特点如下。

1.开始形成多层次、多维度的整体结构

儿童的需要中既有生理需要与安全需要,也有交往、游戏、尊重、学习等社会性需要,同时表现出不同层次。

表2-6-1　学前儿童需要结构模式

层次	需要等级						
	生理与物质生活	安全与保障	交往与友爱	游戏活动	求知活动	尊重与自尊	利他行为
Ⅰ	吃喝睡等	人身安全	母爱	游戏	听讲故事	信任、自尊	劳动
Ⅱ	智力玩具	躲避羞辱	友情	文娱活动	学习文化知识	求成	助人

2.优势需要有所发展

幼儿期占主导地位的优势需要由几种强度较大的需要组成,同时,每种需要在整体中所占的地位也在发生变化。在3~6岁这一阶段,不同年龄儿童需要的排序都在发生变化,说明幼儿期是需要发展的活跃期。特别应该注意的是,从5岁开始,儿童的社会性需要迅速发展,求知的需要、劳动和求成的需要开始出现。6岁时,儿童希望得到尊重的需要强烈,同时对友情的需要开始发生。这些都应该引起教师和家长的重视。

三、儿童动机的发展

动机是激发个体朝着一定目标活动,并维持这种活动的一种内在的心理过程或内部的动力。动机是在需要的基础上产生的。动机包括两个成分:人们想做什么(动机的指向)和这么做的愿望有多强(动机的力度)。

进入幼儿期以后,随着儿童社会性需要及其目的性的发展,其活动动机有了较大发展,主要表现在以下三个方面:①从动机互不相干到形成动机之间的主从关系;②从直接、近景动机占优势发展到间接、远景动机占优势;③从外部动机占优势到内部动机占优势。

四、儿童兴趣的发展

兴趣是指人们力求认识某种事物和从事某项活动的意识倾向。它表现为人们对某件事物、某项活动的选择性态度和积极的情绪反应。

最开始引起儿童兴趣的往往是与他的生存有关的,能够让他在生理、心理上得到满足和快感的事物。如可口的食物、适度的光亮、宜人的温度等直接使人愉悦的外界刺激。随着生活经验不断丰富,儿童会对一些与愉悦刺激有关的事物或经验,以及能引起他联想的事物产生兴趣。如儿童喜欢玩玩具,当他知道有些玩具可以手工制作时,他便会对手工制作产生兴趣。

第三节　学前儿童自我意识的发展

一、自我意识的结构

自我意识是主体对其自身作为客体存在的各方面的意识,是个性的重要组成部分,是个性发展水平的标志。自我意识是一个多维度结构,可以从形式和内容两方面来认识,具体内容见表2-6-2。

表2-6-2　自我意识的结构

从形式划分	认知成分	自我认识是自我意识的认知成分，也是自我意识的首要成分，是个体对自己身心特征和活动状态的认知和评价。 自我感觉和自我评价是自我认识最主要的方面
	情感成分	自我体验是自我意识的情感成分，是个体对自己所持有的一种态度。 自尊感、自信感是自我体验的具体内容
	意志成分	自我监控是自我意识的意志成分，是指个体对自己思想、情感和行为的调节和控制。 自我监控主要包括自我检查、自我监督和自我控制
从内容划分	物质自我	指对自己的身体外貌、衣着装束、言行举止以及所有物的认识与评价
	心理自我	指对自己的智力、情感与人格特征以及所持有的价值取向和宗教信仰等的认识与评价
	社会自我	指在人际交往中对自己所承担的角色和权利、义务、责任等，以及自己在群体中的地位、声望和价值的认识与评价

二、学前儿童自我意识发展的阶段

学前儿童自我意识的发展是随年龄的增长而发展的，自我意识各因素的发生具有时间性。如自我评价发生在3~4岁，自我体验发生在4岁左右，自我控制发生的年龄为4~5岁。

考点1　自我感觉的发展（1岁前）

1岁前儿童不能把自己作为一个主体同周围的客体区别开，甚至不知道手脚是自己身体的一部分。以后儿童逐渐知道了手脚是自己身体的一部分，这就是自我意识的最初级形式，即自我感觉阶段。

考点2　自我认识的发展（1~2岁）

孩子认识到自己是一个独立的人的前提是要和妈妈分离。这个过程从儿童发展中的一个有趣的现象，即"母子同一性"中可以看出。孩子很小的时候觉得自己和妈妈是同一个人，以后逐渐知道妈妈和自己是两个人，自己是一个独立的个体，才开口叫妈妈。随着孩子会叫"妈妈"，说明孩子已经开始把自己作为一个独立的个体来看待了。

考点3　自我意识的萌芽（2~3岁）

自我意识的真正出现是和儿童言语的发展相联系的。掌握代词"我"是自我意识萌芽的重要标志，能准确使用"我"来表达愿望标志着儿童自我意识的产生。

考题再现

【2019·长沙望城·判断】儿童自我意识萌芽最重要的标志是能够掌握"我"这个代词。　　　　　　（　　　）

【答案】√。

考点4　自我意识各方面的发展（3岁以后）

2~3岁时，儿童在知道自己是一个独立的个体的基础上，逐渐开始了对自己的评价，如评价自己好不好、乖不乖等，但这种评价是非常简单的。进入幼儿期后，儿童的自我评价逐渐发展起来，同时，自我体验、自我控制开始发展。

三、学前儿童自我意识各方面的发展

考点1　自我认识的发展

自我认识的对象包括自己的身体、自己的动作、自己的心理活动等。

学前儿童对自己的身体的认识经历了以下五个阶段:不能意识到自己的存在—认识自己身体各部分—能认识自己的整体形象—意识到身体内部状态—能将名字与身体联系在一起。

学前儿童对自己心理活动的意识比对自己身体和动作的意识更为困难和滞后。

考点2　自我评价的发展

自我评价发展的趋势和主要特点如下。

1.从依从性的评价发展到自己独立评价

幼儿初期,儿童还没有形成独立的自我评价。他们的自我评价依赖于成人对他的评价,往往不加考虑地轻信成人对自己的评价,自我评价只是简单地重复成人的评价,如"老师说我是好孩子"。

考题再现

【2020·长沙天心·单选】幼儿在说自己为什么是好孩子时,往往说"老师说我是好孩子"。这说明幼儿对自己的评价是(　　)。

A.独立性的　　　　　　　　　　　　B.依从性的

C.单个方面的　　　　　　　　　　　D.多个方面的

【答案】B。

2.从对个别方面的评价发展到对多方面的评价

4岁左右的儿童有一半以上可以进行自我评价,但主要是从个别方面或局部来评价自己。例如,他们在回答好孩子的原因时说"我不打人"。5岁左右的儿童则会回答"星期天我帮妈妈扫地、抹桌子、刷碗"。6岁的儿童则能从多方面进行评价,如"我是好孩子,客人来了我主动问客人好,上课发言好,帮老师收拾积木"。

3.从对外部行为的评价向对内心品质的评价过渡

儿童的自我评价基本上是对自己外部行为的评价,还不能深入到对内心品质的评价。到了6岁左右,儿童才开始出现向对内心品质评价过渡的倾向,如"我不撒谎,上课坐得好,我不欺负小朋友"。

4.从具有强烈情绪色彩的评价发展到根据简单的行为规则的理智的评价

幼儿初期,儿童往往不从具体事实出发,而从情绪出发进行自我评价。到了4岁左右,儿童开始能够初步运用一定的行为规则评价自己和他人行为的好坏。

考点3　自我概念的发展

自我概念是指个体对自己的知觉,是自我意识系统中的认知方面或描述性内容。它所反映的是人们关于自己身心特点的主观知识,所回答的是"我是谁"的问题。幼儿自我概念发展的一般趋势如下。

1.从简单到分化

年幼儿童的自我概念非常简单。他们只能简单地把自己看作"好"或"不好"、"聪明"或"愚笨"、"身体强壮"或"软弱",而不能做出更为细致的区分。随着年龄的增长,儿童逐渐认识到,在每一对两极的特征之间还存在着变差。

与此同时,儿童自我概念的维度随儿童年龄的增长而增加。幼儿时期,儿童的自我概念主要反映生理方面的内容,儿童的自我概念开始涉及其与父母及同伴的关系;入学后,儿童与学校有关的自我概念及学业自我概念开始形成。

2.发展曲线是起伏变化的

研究发现,人的自我概念的发展水平从小学到初中逐年下降,青春期后显著上升,大学毕业后又开始下降,到中年又再次上升,然后随着年龄增长又表现出平缓下降的趋势。

3.结构的复杂性随年龄增长而不断增加

儿童自我概念的发展不仅表现在儿童的自我概念从单一因素的结构逐渐发展为多层次的、整合的复杂结构,而且表现在儿童自我概念中那些区别于他人的成分不断增加。一般来讲,随着年龄的增长,儿童自我概念结构日益复杂,并逐渐变得更为稳定。

4.发展存在性别差异

伯内特的研究发现,儿童对自我的描述和评价均存在性别差异。在数学和身体技能方面,男孩儿自我概念的得分比女孩儿要高;而在阅读方面,女孩儿自我概念的得分比男孩儿高。儿童自我形象能力的发展存在性别差异,并且随年龄增长而变化,男孩儿发展比较迟缓,女孩儿发展比较迅速。

考点4 自我体验的发展

自我体验的发展始于幼儿期。4岁左右,儿童开始用语言表达自己的内心感受,如"我不高兴""我生气"等,儿童自我体验发展表现出以下特点。

1.从初步的内心体验发展到较强烈的内心体验

自我体验的发展始于幼儿期,3岁左右的儿童基本上不会用语言来表达自己的内心体验,之后逐渐开始用语言来表达内心体验,如"我不高兴""我生气"等。5~6岁时,儿童开始用修饰词"很""太"来表达自己内心强烈的体验,如"我很生气""我非常高兴""我欣喜若狂"等。

2.从受暗示性的体验发展到独立的体验

成人的暗示对儿童自我体验的产生起着重要作用,年龄越小,表现越明显。如2~3岁的儿童面对妈妈暂时离开时,如果老师说"妈妈走了,不会来接你了",他很有可能受到老师的暗示大哭起来。如果对5~6岁的儿童这样说,他就很难相信。所以,随着年龄的增长,儿童自我体验的受暗示性会逐步降低。

3.从生理相关的体验发展到社会性体验

儿童的自我体验随着年龄增长而逐渐丰富,愉快感和愤怒感出现较早,自尊感和委屈感等社会性体验发生较晚。

考点5 自尊的发展

儿童的自尊也称自尊心,是一种自己尊重自己、爱护自己并期望得到他人、集体、社会的尊重与爱护的心理。儿童的自尊心是从4岁左右开始出现的。随着年龄的增长,到了小学和初中阶段,儿童的认知能力和自我意识有了较大的发展,自尊心也随之发展。

考点6 自信心的发展

自信心是指一个人自己相信自己的愿望或预想一定能够实现的一种心理状态,是自我意识的重要组成部分。具有自信心是一个人自我意识成熟的一种表现。

儿童到了两三岁开始萌发自信心。儿童自信心在3~4岁较之4~5岁发展得更为迅速,而且表现出个体差异。研究表明,自信心较强的儿童往往能积极主动地参加各项活动,敢于表达自己的意愿;坚持自己的主张,与成人或同伴有分歧时能据理力争;在游戏及美工活动中,创造多于模仿;对新环境、新事物容易适应;对待困难不轻易退却,常常自告奋勇地说"我来试试""让我想想办法";在自选活动中,爱挑困难的任务,理由是"这样练习本领大""我会做成的""像这样的事我做过"。而自信心较弱的儿童往往表现出被动、迟疑,对自己的力量没把握,不能坚持自己的行动目标,对新环境、新事物容易产生恐惧和退缩;稍遇困难,未经努力就向成人或同伴乞求帮助。他们的内心充满了可能失败的预感和恐慌,往往会先说"我不会""我弄不好""我不行",不想付出更大的努力和尝试,宁愿随从、模仿别人或放弃目标。

考点7　自我控制与自我调节能力的发展

自我控制是指在目标受阻时,个体抑制其行为或改变行为发生的能力。儿童自我控制能力由自制力、自觉性、坚持性、自我延迟满足四个方面组成。

(1)自制力,表现为通过抑制直接的、短期的欲望而控制冲动的能力。

(2)坚持性,表现为在某种困难情境中,为达到某一目的而坚持不懈地克服困难,并在此过程中表现出持续或持久的一种行为倾向。

(3)自觉性,表现为在无人监督的情况下,对禁止体验的认识和与看护人期望相一致的动机及相应的行为上。

(4)自我延迟满足,是一种为了更有价值的长远结果而放弃即时满足的抉择取向,以及在等待中展示的自控能力。

自我调节是指在没有外部指导或监视的情况下,个体维持其行为历程达到某一特定目的的过程。通常3~4岁以后,儿童才逐渐发展起自我控制与自我调节的能力。

总的来说,儿童自我意识的发展,表现为能够意识到自己的外部行为和内心活动,并且逐渐能够适当地评价和支配自己的认识活动、情感态度和动作行为,并由此逐渐形成自我满足、自尊心、自信心、自我控制等个性特征。

第四节　学前儿童个性心理特征的发展

个性心理特征是一个人身上经常表现出来的本质的、稳定的心理特点,主要包括气质、性格和能力。

一、学前儿童气质的发展

考点1　气质的含义及特点

气质是个体表现在心理活动的强度、速度、灵活性与指向性等方面的一种稳定的心理特征。气质具有以下三方面的特点。

1.先天性(天赋性)
气质是一出生就有的,在新生儿期就有表现。

2.遗传性
气质与人的神经系统密切联系,因此,和其他心理现象相比,气质和遗传的关系更为密切。

3.相对稳定性
气质与性格、能力等其他心理特征相比,更具有稳定性。

首先,气质是人的心理活动的动力特征。气质的动力特征主要表现在心理活动的强度(如情绪体验的强度、外显动作的强度、意志努力的强度等)、速度(如知觉、思维反应的速度,情感体验产生的速度等)、稳定性(如注意的稳定性、情绪的稳定性等)和指向性(指向性又称倾向性,是指心理活动倾向于外部还是内部)等方面。

其次,气质是人的典型的、稳定的心理特征。气质是与生俱来的,且每个人都有不同的气质特征。气质给人的全部心理活动染上独特的色彩,是典型的。气质主要受个体先天生物因素的影响,受高级神经活动所制约,一经形成很难改变。

考题再现

【2020·怀化麻阳·判断】在儿童自我意识和个性心理特征中,气质出现得较晚,同时也是容易变化的心理现象。
（　　）

【答案】×。

考点2　气质的类型

1.希波克拉特对气质类型的划分

有关气质类型的理论很多,目前影响较大的是古希腊医生希波克拉特对气质类型的划分。他把人的气质分为四种基本类型,即胆汁质、多血质、黏液质、抑郁质。

（1）胆汁质

直率热情,精力旺盛;性情急躁,易不专心;反应迅速,思维敏捷,但准确性差;情绪强烈,外露,但持续时间不长,易感情用事。心理活动的明显特点是兴奋性高,不均衡,带有迅速而突发的色彩。

考题再现

【2018·郴州汝城·单选】幼儿乐乐在上课时常常坐不住,在椅子上乱动;对教师的提问,她往往没有听清楚就急着回答;画图画时往往开始很认真,但一不满意就把纸撕破。乐乐的气质类型最有可能是（　　）。

A.抑郁质　　　　　　　　　　　　B.多血质

C.胆汁质　　　　　　　　　　　　D.黏液质

【答案】C。

（2）多血质

活泼热情,充满朝气;行动敏捷,灵活机智;善于交际,适应性强;注意力容易转移,兴趣容易变换;粗枝大叶,情绪体验不够深刻并明显地表露于外。心理活动的显著特点是有很高的灵活性,容易适应变化的生活环境。

考题再现

【2018·湘潭雨湖·单选】以反应迅速、有朝气、活泼好动、动作敏捷、情绪不稳定、粗枝大叶为特征的气质类型是（　　）。

A.胆汁质　　　　　　　　　　　　B.多血质

C.黏液质　　　　　　　　　　　　D.抑郁质

【答案】B。

（3）黏液质

安静稳重,反应缓慢,沉默寡言;情绪内向;不易激动;注意稳定且难转移;沉着坚定,善于自制。心理活动的显著特点是安静、均衡。

【2020·长沙岳麓·填空】彤彤平常不爱说话，很安静，上课时不主动回答问题，但每当老师点名叫她，她却可以回答得很好；平常彤彤和其他幼儿交往很少发生冲突，不爱告状也不爱表现自己，但若是受到委屈，彤彤一整天都会情绪不好。彤彤的气质类型最可能是＿＿＿＿＿＿。

【答案】黏液质

（4）抑郁质

行为孤僻，反应迟缓；对事物反应敏感，多愁善感，善于觉察别人易疏忽的细节；情感发生较慢，但持续时间长久，体验深刻，具有内倾性。心理活动的明显特点是迟缓、内倾。

2.气质的神经活动类型说

巴甫洛夫在实验研究中揭示，高级神经系统活动的兴奋和抑制有强度、平衡、灵活性三种特性。根据这三种特性的结合，巴甫洛夫将动物的高级神经活动分为四种类型：强而不平衡型（兴奋型）；强、平衡、灵活型（活泼型）；强、平衡、不灵活型（安静型）；弱型（抑郁型）。四种高级神经活动的特点如下。

（1）强而不平衡型

兴奋占优势，条件反射形成比消退来得更快，易兴奋、易怒而难以抑制，又叫兴奋型。

（2）强、平衡、灵活型

条件反射形成或改变均迅速，且动作灵敏，又叫活泼型。

（3）强、平衡、不灵活型

条件反射容易形成而难以改变，庄重、迟缓而有惰性，又叫安静型。

（4）弱型

兴奋与抑制都很弱，感受性高，难以承受强刺激，胆小而显神经质。

这四种神经活动类型，恰恰与希波克拉特所划分的四种气质类型相对应（见表2-6-3）。

表2-6-3　气质类型对照表

巴甫洛夫的气质神经活动类型说				希波克拉特的气质类型说	
强度	平衡性	灵活性	组合类型	气质类型	主要心理特征
强	不平衡（兴奋占优势）	不灵活	兴奋型	胆汁质	容易兴奋，难以抑制，不易约束
	平衡	灵活	活泼型	多血质	反应敏捷，活泼好动，情绪外显
		不灵活	安静型	黏液质	安静沉稳，反应迟缓，情感含蓄
弱	不平衡（抑制占优势）	不灵活	抑郁型	抑郁质	对事敏感，体验深刻，孤僻畏缩

3.托马斯、切斯等人的三类型说

托马斯、切斯等人对婴儿进行了大量追踪研究。他们发现，新生儿1~3个月就有明显、持久的气质特征。这种气质特征一般不易改变，会一直持续到成年。在此基础上，他们根据儿童活动水平、生理活动的规律性、对新异刺激反应的害怕或抑制等九个维度，将婴儿的气质类型划分为以下三种。

（1）容易照看型（容易型）

容易照看型的婴儿，约占托马斯、切斯全体研究对象的40%。这类婴儿的吃、喝、睡等生理机能有规律，节奏明显，容易适应新环境，也容易接受新事物和不熟悉的人。他们一般积极、愉快、爱玩，对成人的交往行为反应积极。由于他们生活规律、情绪愉快且会对成人的抚养活动提供大量的积极反馈（强化），因而容易受到成人最大的关怀和喜爱。

（2）难以照看型（困难型）

难以照看型婴儿约占全体研究对象的10%。他们突出的特点是时常大声哭闹，烦躁易怒，爱发脾气，在饮食、睡眠等生理机能活动方面缺乏规律,对新事物、新环境接受很慢。他们的情绪总是不好,无法愉快地融入游戏中。成人需要费很大的力气才能使他们接受抚爱,很难得到他们的正面反馈。由于这种孩子对父母来说是一个较大的麻烦,因而在养育过程中容易使亲子关系疏远,需要成人极大的耐心和宽容。

（3）缓慢发动型（缓慢型）

缓慢发动型婴儿约占全体研究对象的15%。他们的活动水平很低,行为反应强度很弱,情绪总是消极、低落;但也不像困难型婴儿那样总是大声哭闹,而是常常安静地躲在一旁,逃避新事物、新刺激,对外界环境和事物的变化适应较慢。但在没有压力的情况下,他们也会对新刺激缓慢地发生兴趣,在新环境中能逐渐地活动起来。这一类儿童随着年龄的增长,随成人抚爱和教育情况不同而发生分化。

以上三种类型只涵盖了65%的儿童,另有35%的婴儿具有上述两种或三种气质类型的混合特点,属于上述类型的中间型或过渡（交叉）型。

考点3　学前儿童气质的特点与教育

1.正确认识儿童的气质特点

（1）了解儿童的气质特点

家长和教师可对儿童在游戏、学习、劳动等活动中的情感表现、行为态度等进行反复细致的观察,了解儿童的气质特点。

（2）接受儿童的气质特点

成人应接受儿童先天遗传的某些气质特征,找出儿童气质特征中的闪光点,宽容地对待他们,多多鼓励,通过言传身教帮助他们养成良好的行为习惯。在教育中要以儿童为主体,开展适合其天性的活动。

（3）不要轻易对儿童的气质类型下结论

虽然儿童表现出各种气质特征,但教师不要轻易下结论,断定一个儿童属于某种气质类型。这是由于在实际生活中,纯粹属于某种气质类型的人是极少的,某一种行为特点可能为几种气质类型的人所共有。

儿童气质发展中存在"掩蔽现象"。"掩蔽现象"是指一个人气质类型没有改变,但是形成了一种新的行为模式,表现出一种不同于原来气质类型的气质外貌。

2.根据儿童的气质特点开展教育

教师在进行教育和教学工作时,要针对儿童的气质特点,提出不同的要求,采取适当措施,区别对待。针对不同气质类型儿童的教育措施如下。

（1）胆汁质气质类型的儿童:要培养其勇于进取、豪放的品质,防止任性、粗暴。

（2）多血质气质类型的儿童:要培养其热情开朗的性格及稳定的兴趣,防止粗枝大叶、虎头蛇尾。

（3）黏液质气质类型的儿童:要培养其积极探索精神及踏实、认真的特点,防止墨守成规、谨小慎微。

（4）抑郁质气质类型的儿童:要培养其机智、敏锐和自信心,防止疑虑、孤独。

气质本身并没有好坏之分,每一种气质既有优点又有缺点。教育的目的不是设法改变儿童原有的气质,而是要帮其克服缺点,发展优点,使儿童在原有气质的基础上建立优良的个性特征。

考题再现

【2018·怀化溆浦·判断】对于胆汁质幼儿,要培养其勇于进取、豪放的品质,防止其任性、粗暴。　（　　）

【答案】√。

二、学前儿童性格的发展

考点1　性格的含义及类型

1.性格的含义

性格是个性中最重要、最核心的心理特征。它表现在人对现实的态度和惯常的行为方式中的比较稳定的心理特征。

性格和气质有密切联系，二者相互渗透、相互制约。不同气质类型可以形成相同的性格特征，相同气质类型也可以形成不同的性格特征。

2.性格的类型

（1）根据个人心理活动倾向，可以把性格分为外倾型和内倾型

外倾型的人活泼开朗，情感外露，热情大方，不拘小节，善于交际，独立性强，领导能力强，易适应环境的变化，不介意别人的评价，有时易轻率、散漫、感情用事。

内倾型的人深沉稳重，办事谨慎，三思而后行，不善于交往，反应迟缓，较难适应环境的变化，很注重别人的评价，有时显得拘谨、冷漠和孤僻。现实生活中，大多数人属于中间类型。

（2）根据个人独立或顺从程度，可以把性格分为独立型和顺从型

独立型的人具有坚定的个人信念，善于独立思考，自信心强，不易受暗示和干扰，喜欢将自己的意见强加于人。

顺从型的人遇事缺乏主见，易受暗示和干扰，不加分析地执行一切指示，屈服于他人的权势，不能适应紧急情况。

（3）根据性格的特征差异，可以把性格分为理智型、情绪型和意志型

理智型的人常以理智衡量一切，并支配自己的行为，做事能三思而后行，很少受情绪影响。

情绪型的人不善于思考，行为易受情绪左右，常感情用事。

意志型的人行动目标明确，富有主动性和自制力，行为不易受外界因素干扰。在现实生活中，只有少数人是这三种典型类型的代表，大多数人都属于中间类型。

考点2　学前儿童性格发展的年龄特点

1.活泼好动

活泼好动是儿童的天性，也是幼儿期儿童性格最明显的特征之一，不论是何种类型的儿童都有此特性。即使那些非常内向、羞怯的儿童，在家里或与非常熟悉的小朋友玩耍时，也会自然表现出活泼好动的天性。

2.喜欢交往

孩子进入幼儿期后，在行为方面最明显的特征之一就是喜欢和同龄或年龄相近的小伙伴交往。研究发现，那些被拒绝、被忽视的儿童，虽然他们很少与同伴交往，但他们会因为没有同伴一起玩耍而感到孤独。

3.好奇好问

儿童有着强烈的好奇心和求知欲，主要表现为探索行为和好奇好问。好奇表现为儿童对客观事物，特别是未见过的、新鲜的事物感兴趣，什么都想看看、摸摸。好问是儿童好奇心的一种突出表现。他们经常要问"是什么""怎么样"和"为什么"。

4.模仿性强

模仿性强是幼儿期的典型特点，小班儿童表现尤为突出。儿童模仿的对象可能是成人，也可能是儿童。对成人模仿更多的是对教师或父母行为的模仿，这是由于这些人是儿童心目中的偶像。儿童之间的相互模仿更多，模仿的多是社会行为。

【2020·长沙浏阳/天心·单选】幼儿期典型的性格特征是( )。

A.好动 　　　　　　　　　　　B.好奇

C.好模仿 　　　　　　　　　　D.爱搞破坏

【答案】C。

5.好冲动

儿童性格在情绪方面的表现是情绪不稳定、好冲动。学前儿童的性格发展中具有明显的外露性、冲动性。

备考锦囊

对于幼儿性格的年龄特征,可以用"喜欢访问活动"这个口诀进行记忆。

(1)喜欢——喜欢交往。

(2)访(仿)——模仿性强。

(3)问——好奇好问。

(4)活——活泼好动。

(5)动——好冲动。

三、学前儿童能力的发展

考点1　能力的含义及类型

1.能力的含义

能力是指人们成功地完成某种活动所必须具备的个性心理特征。如我们评价一个人,经常说某人具有较强的言语表达能力、敏锐的观察力或交往能力等,而这些能力都是通过人的活动体现出来的。反过来,这些能力又是人成功地完成某种活动的必备条件。

2.能力的类型

(1)一般能力和特殊能力

一般能力是指大多数活动所共同需要的能力,又称为智力。它包括观察力、记忆力、想象力、创造力、抽象概括能力等。一般能力以抽象概括(思维)能力为核心。创造力是高级表现。

特殊能力是指为完成某项专门活动所必需的能力,又称专门能力。它只在特殊领域内发挥作用,是完成有关活动不可缺少的能力,如数学能力、音乐能力等。完成一种活动通常需要两种能力的共同参与。

考题再现

【2019·长沙望城·判断】特殊能力是从事专门活动所需要的能力,如音乐能力、绘画能力等。 (   )

【答案】√。

(2)模仿能力和创造能力

模仿能力是指仿效他人的举止行为而引起与之相类似活动的能力。创造能力是指产生新思想、发现和创造新事物的能力,如科学发现、文学创作等。

模仿能力和创造能力是互相联系的,创造能力是在模仿能力的基础上发展起来的。但就其独特性而言,模仿是学习的基础,创造则是人成功地完成任务及适应不断变化的新环境的必备条件。

（3）认识能力、操作能力和社交能力

认识能力就是学习、研究、理解、概括和分析的能力。操作能力是指人们操作自己的肢体以及完成各项活动的能力，如运动能力、动手能力等。社交能力是指人们在社会交往活动中表现出来的能力，如组织管理能力、言语感染能力等。

考点2　学前儿童能力发展的特征

1.多种能力的显现与发展

（1）操作能力最早表现并逐步发展

从1岁开始，儿童操作物体的能力逐步发展起来，开始进行各种游戏活动。同时，儿童走、跑、跳等能力逐渐完善。儿童的各种游戏在幼儿一日生活中逐渐占据主要地位，儿童的操作能力在活动中逐渐发展、表现。

（2）言语能力在婴儿期发展迅速，幼儿期是口语发展的关键时期

儿童的言语能力是在婴儿时期开始发展起来的。从1岁左右开始，儿童的言语表达能力逐渐增强，特别是言语的连贯性、完整性和逻辑性迅速发展，为儿童的学习和交往创造了良好的条件。

（3）模仿能力迅速发展，是儿童学习的基础

儿童模仿能力的发展是随着延迟模仿一起发展起来的，延迟模仿发生在18~24个月左右。儿童的延迟模仿既可以发生在言语方面，也可以发生在动作方面。模仿能力的发展对儿童心理的发展具有重要的意义。

（4）认识能力迅速发展，是儿童学习的前提

孩子出生时只具备基本的感知能力，随着年龄的增长，各种认知能力逐渐发生、发展。儿童的各种认识能力都迅速发展起来，并逐渐向比较高级的心理水平发展；认识活动的有意性也开始发展起来，为儿童的学习、个性发展提供了必要的前提。

（5）特殊能力有所表现

在幼儿期，有些特殊才能已经开始有所表现，如音乐、绘画、体育、数学、语言等。

（6）创造能力萌芽

儿童的创造能力发展较晚，但到了幼儿晚期，出现了创造能力的萌芽。这种创造能力明显表现在儿童的绘画作品中。

2.智力结构随着年龄增长而变化

儿童智力结构是随着年龄的增长而变化发展的，其发展趋势是越来越复杂化、复合化和抽象化。不同的智力因素有各自迅速发展的年龄段。教师要根据不同年龄儿童心理的特点，在不同的阶段，对儿童智力培养的内容有所侧重。总的来说，幼儿期应该特别重视儿童观察力、注意力及创造力的培养。

3.出现了主导能力的萌芽，开始出现比较明显的类型差异

幼儿期儿童已经出现了主导能力的差异。主导能力也称优势能力，在幼儿园的教育工作中应该特别注意分析不同儿童的能力特点，发挥其主导能力，加强对其较弱能力方面的培养。

4.智力发展迅速

布卢姆以17岁为发展的最高点，假定其智力为100%，得出了各年龄段儿童智力发展的百分比:1岁，20%;4岁，50%;8岁，80%;13岁，92%;17岁，100%。

布卢姆提出的只是一个理论的假设，但关于幼儿期是儿童智力发展关键时期的观点已经被许多心理学家所认可。7岁前幼儿脑发育的研究也证明了幼儿期是儿童智力发展的关键时期。

强化练习

一、单项选择题

1.从一个人行为的一个方面可看出他的个性。这是个性（　　　）的表现。

A.独特性　　　　　　　B.整体性　　　　　　C.稳定性　　　　　　D.社会性

2.个体行为活动的动力系统是（　　　）。

A.认知过程　　　　　　　　　　　　B.情绪情感过程

C.意志过程　　　　　　　　　　　　D.个性倾向性

3.自尊心、自信心和羞愧感等是（　　　）的成分。

A.自我评价　　　　　　　　　　　　B.自我体验

C.自我控制　　　　　　　　　　　　D.自我觉醒

4.与儿童自我意识的真正出现相联系的是（　　　）。

A.言语的发展　　　　　　　　　　　B.动作的发展

C.情感的发展　　　　　　　　　　　D.意志的发展

5.需要、动机、兴趣属于人格中的（　　　）。

A.个性倾向性　　　　　　　　　　　B.个性心理特征

C.心理过程　　　　　　　　　　　　D.心理状态

二、判断题

1.气质本身并没有好坏之分，每一种气质既有优点，又有缺点。　　　　　　　　　（　　　）

2.灵灵的音乐感受和表现能力强。这种能力属于特殊能力。　　　　　　　　　　　（　　　）

3.从个别方面的评价发展到对内在品质的评价是幼儿自我评价发展的特点之一。　　（　　　）

三、简答题

1.简述幼儿性格的年龄特点。

2.简述幼儿自我评价发展的特点。

参考答案及解析

一、单项选择题

1.【答案】B。解析：个性的基本特征包括整体性、稳定性、独特性和社会性。其中个性的整体性是指一个人的个性体现在他心理的各个方面，即在一个人行为的各个方面都能看到个性的影子。从一个人行为的一个方面可看出他的个性，是个性整体性的表现。

2.【答案】D。解析：个性心理包括个性倾向性、个性心理特征和自我意识。个性倾向性表现了一个人的意识倾向，是个体行为活动的动力系统，由需要、动机、兴趣、理想、信念和价值观组成。个性心理特征包括能力、气质、性格等。它表现着个体典型的心理活动和行为特点。自我意识是个性结构中的自我调节系统，主要包括自我认识、自我体验和自我监控三种成分。

3.【答案】B。解析：自尊心、自信心和羞愧感等是从自我评价中产生的一种情感上的状态，属于自我体验。

4.【答案】A。解析：自我意识的真正出现是和儿童言语的发展相联系的。儿童在2~3岁能掌握代词"我"，这标志着自我意识的萌芽。

5.【答案】A。解析：个性倾向性系统包括需要、动机、兴趣、志向、世界观等要素。它是推动个性发展的动力因素，决定着一个人的活动倾向性、积极性，集中地体现了个性的社会实质。

二、判断题

1.【答案】√。解析:气质是个体表现在心理活动的强度、速度、灵活性与指向性等方面的一种稳定的心理特征。气质本身并没有好坏之分,每一种气质既有优点,又有缺点。

2.【答案】√。解析:特殊能力是指为完成某项专门活动所必需的能力,又称专门能力。它只在特殊领域内发挥作用,是完成有关活动不可缺少的能力。音乐感受和表现能力属于特殊能力。

3.【答案】×。解析:从对个别方面的评价发展到对多方面的评价是幼儿自我评价发展的趋势和主要特点之一。

三、简答题

1.【参考答案】

幼儿性格的年龄特点具体表现在以下几个方面。

(1)活泼好动。活泼好动是幼儿的天性,也是幼儿期儿童性格最明显的特征之一,不论是何种类型的幼儿都有此特性。

(2)喜欢交往。孩子进入幼儿期后,在行为方面最明显的特征之一就是喜欢和同龄或年龄相近的小伙伴交往。

(3)好奇好问。幼儿有着强烈的好奇心和求知欲,主要表现为探索行为和好奇好问。好奇表现为幼儿对客观事物,特别是未见过的、新鲜的事物感兴趣,什么都想看看、摸摸。好问是幼儿好奇心的一种突出表现。

(4)模仿性强。模仿性强是幼儿期的典型特点,小班幼儿表现尤为突出。幼儿模仿的对象可以是成人,也可以是幼儿。

(5)好冲动。幼儿性格在情绪方面的表现就是情绪不稳定、好冲动。

2.【参考答案】

幼儿自我评价发展的主要特点如下。

(1)从依从性的评价发展到自己独立评价。

(2)从对个别方面的评价发展到对多方面的评价。

(3)从对外部行为的评价向对内心品质的评价过渡。

(4)从具有强烈情绪色彩的评价发展到根据简单的行为规则的理智的评价。

第七章　学前儿童社会性的发展

考情分析

本章内容以识记、理解、运用为主,主要以单项选择题、判断题的形式进行考查,有时也会以案例分析题的形式进行考查。其中依恋的类型、亲子关系的类型、同伴交往的类型、亲社会行为与攻击性行为的影响因素是重点考查内容。

学习目标

1.理解依恋的类型与亲子关系的类型。
2.识记同伴交往的类型与影响因素,能运用同伴交往的类型与影响因素解决教育教育问题。
3.识记学前儿童亲社会行为的发展特点与影响因素。
4.识记学前儿童攻击性行为的分类、发展特点与影响因素。
5.识记学前儿童道德发展的影响因素。

第一节　学前儿童社会关系的发展

一、学前儿童亲子关系的发展

亲子关系是指父母在养育子女的过程中,与其相互作用而形成的稳定的人际交往模式。

考点1　依恋

依恋是婴儿寻求并企图保持与另一个人亲密的身体和情感联系的一种倾向。它是儿童与父母相互作用过程中,在情感上逐渐形成的一种联结、纽带或持久的关系。

1.依恋发展的阶段

一般认为,婴儿与主要照料者(母亲)的依恋大约在第六七个月里形成。婴儿依恋的发展可以分为以下四个阶段。

(1)无差别的社会反应阶段(0~3个月)

在此期间,婴儿对人的反应几乎都是一样的,哪怕是对一个精致的面具也会表示微笑。他们喜欢所有的人,最喜欢注视人的脸,见到人的面孔或听到人的声音就会微笑,以后还会咿呀"说话"。

(2)有差别的社会反应阶段(3~6个月)

这时期,婴儿对母亲和其他所熟悉的人的反应与陌生人的反应有了区别。婴儿在熟悉的人面前表现出更多的微笑、啼哭和咿咿呀呀,对陌生人的反应明显减少,但依然有这些反应。

（3）特殊情感联结阶段（6个月~2岁）

婴儿从六七个月开始，对依恋对象的存在表示深深的关注。当依恋对象离开时，就会哭喊，不让其离开；当依恋对象回来时，会显得十分高兴。

（4）目标调整的伙伴关系阶段（2岁以后）

这时的儿童随着认知水平和语言能力的提高，自我中心减少，已经能够理解父母的需要，能从父母的角度看待问题，并与之建立起具有"目标—矫正"的双边"伙伴关系"。他们开始能认识和理解母亲的情感、需要、愿望，知道她爱自己，不会抛弃自己。他们已经能理解父母离去的原因，知道他们什么时候回来，可以忍受矛盾、纠结，为了达到特定目的而采取有意行动，分离焦虑也随之降低。

2.儿童依恋的类型

美国心理学家安斯沃斯等人采取"陌生情境法"进行实验，根据婴儿在陌生情境中的表现，将依恋分为以下三种类型。

（1）焦虑－回避型

在陌生情境中，母亲是否在场对焦虑－回避型儿童的探究行为没有影响，他们对于母亲的存在抱着无所谓的态度。当母亲离开时，他们没有反抗，也很少紧张、不安；当母亲回来时，他们也往往不予理睬，忽略母亲，并不会对母亲的回归表示出高兴的情绪。这类儿童接受陌生人的安慰和接受母亲的安慰一样。所以，有的人把这类儿童称为"无依恋的儿童"。这类儿童约占20%。

（2）安全型

安全型儿童与母亲在一起时，能安逸地玩弄玩具，并不总是依偎在母亲身旁。母亲在场使儿童感到足够的安全，能在陌生的环境中进行积极的探索和操作，对陌生人的反应也比较积极。当母亲离开时，儿童的操作、探索行为会受到影响，明显地表现出苦恼、不安，想要母亲回来。当母亲回来时，儿童会立即寻求与母亲的接触，并很容易平静下来，继续去做游戏。这类儿童占65%~70%。

（3）焦虑－反抗型

在陌生情境中，焦虑－反抗型儿童难以主动地探究周围环境，而且探究活动很少，表现出明显的陌生焦虑。当母亲离开时，儿童极度反抗。当母亲回来时，他们拒绝去探究，仍表现出明显的焦虑不安。实际上，这些儿童抗拒母亲的安慰和接触。他们的行为表现出一种愤怒的矛盾心理，对母亲缺乏信心，不能把母亲当作"安全基地"。这类儿童占10%~15%。

3.影响依恋安全性的因素

（1）稳定的照看者

稳定的照看者是儿童依恋形成的必要条件。这个人通常是母亲。母亲在儿童依恋的形成过程中扮演着重要的角色。如果由于某种原因导致照看者不稳定，将对儿童依恋的形成起到破坏性作用。

（2）照看的质量（包括照看的态度和环境）

儿童与照看者之间互动的方式决定着依恋形成的性质。母亲对儿童的敏感性是影响儿童依恋形成的关键因素。敏感的母亲对儿童是易接近的、接受的、合作的。如果母亲对儿童的需要不敏感，教养行为又不适当，儿童则会形成不安全型依恋。

（3）儿童的特点

依恋关系是亲子双方共同构筑的。因此儿童自身的特点也决定了建立这种关系的程度。

（4）家庭的因素

正常家庭，尤其是婚姻美满、成人之间充满温馨、较少有摩擦的家庭，会使儿童依恋的安全感增强。相反，成人之间充满愤怒的交往、对孩子不适宜的照看，将会直接影响孩子的安全依恋。

4.良好依恋的形成

（1）注意"母性敏感期"期间的母子接触

有研究认为，最佳依恋的发展需要在"母性敏感期"使孩子与母亲接触。

（2）尽量避免父母亲与孩子的长期分离

研究表明，孩子与父母的长期分离会造成孩子的"分离焦虑"，从而影响孩子正常的心理发展。特别是在孩子长到6~8个月后分离，会产生严重的影响。因为这个时期是孩子与他人建立情感联系的关键时期。所以，父母应尽量自己负担起抚养、教育孩子的责任。

（3）父母亲与孩子之间要保持经常的身体接触

父母亲应经常抱孩子，适当地和孩子一块玩耍。

（4）父母亲对孩子发出的信号要及时地做出反应

父母亲对孩子发出的信号要敏感地做出反应，要注意孩子的行为（如找人、哭闹等），并给予一定的关照。

考点2 亲子关系的类型

"家长是孩子的第一任教师，家庭是孩子最早接触的环境"。儿童最早建立的人际关系是与父母之间的关系，即亲子关系。良好的亲子关系对儿童的健康成长具有重要的作用。

亲子关系通常分为三类：民主型关系、专制型关系和放任型关系。其中民主型关系最有益于儿童健康、全面地发展。

1.民主型

父母对孩子是慈祥的、诚恳的，善于与孩子交流，支持孩子的正当要求，尊重孩子的需求，积极支持子女的爱好、兴趣；同时对孩子有一定的控制，常对孩子提出明确而又合理的要求，将控制、引导性的训练与积极鼓励孩子的自主性和独立性相结合。在这样的家庭中，父母与子女的关系融洽，孩子的独立性、主动性、自我控制、信心、探索性等方面发展较好。

考题再现

【2018·郴州汝城·单选】明明的父母发现明明在幼儿园里学习了儿歌后就常常在家里唱儿歌。经过交流后，明明的父母得知明明很喜欢唱儿歌。于是，明明的父母就带他去商场选购儿歌磁带，并最终购买了明明自己挑选的一盘磁带。上述案例体现了（　　）的亲子关系。

A.专制型 　　　　　　　　　　　　　B.放任型

C.民主型 　　　　　　　　　　　　　D.冷漠型

【答案】C。解析：明明的父母善于发现孩子的兴趣爱好，支持明明的决定，体现了民主型的亲子关系。

2.专制型

父母给孩子的温暖、培养、慈祥、同情较少，对孩子过多地干预和禁止，对孩子的合理要求不予满足，不支持孩子的爱好兴趣，更不允许孩子对父母的决定和规定有不同的表示。这类家庭培养的孩子或是变得驯服、缺乏生气，创造性受到压抑、无主动性、情绪不安，甚至带有神经质，不喜欢与同伴交往、忧虑、退缩、怀疑；或是变得自我中心和胆大妄为，在家长面前和背后言行不一。

3. 放任型

父母对孩子或是关怀过度、百依百顺、宠爱娇惯;或是不关心、不信任、缺乏交谈,忽视他们的要求;或是只看到他们的错误和缺点,对孩子否定过多;或是任其自然发展。这类家庭培养的孩子,往往容易形成好吃懒做、生活不能自理、胆小怯懦、蛮横胡闹、自私自利、没有礼貌、清高孤傲、自命不凡、害怕困难、意志薄弱、缺乏独立性等许多不良品质。

考点3　父母的教养方式

1. 权威型

权威型教养方式的父母对儿童的态度是积极肯定和接纳的,热情地对儿童的要求、愿望和行为进行反应,尊重儿童的意见和观点,同时向儿童提出明确的要求并制定规则,对儿童的良好行为表现表示支持和肯定,对不良行为表示不快。这种教养方式下,多数儿童表现为有较强的独立性和自主性,善于自我控制和解决问题,有较强的自尊心和自信心,并且喜欢与人交往,对人友好。因此,亲子间关系和谐,儿童喜爱父母、尊重父母,在发生分歧时,他们能进行讨论、协商,尊重每一个人的意见。

2. 专制型

专制型教养方式的父母对儿童有很高的控制性,并提出较高的行为标准,对儿童常常采取拒绝的态度和训斥、惩罚等消极反应,要求儿童无条件遵守规则,很少考虑儿童的愿望与需求。当儿童违反规则或者没有达到要求时,父母通常会表示愤怒,采用体罚或其他惩罚方式。这种教养方式下,儿童大多数缺少主动性和探究精神,表现出更多的焦虑、胆小、畏缩、抑郁等负面情绪和行为,自尊心和自信心较低,不善于人际交往。因此,亲子间关系较为紧张,父母对儿童有较高的要求,过分严厉,儿童比较害怕父母,对父母的要求言听计从。

3. 放纵型

放纵型教养方式的父母对儿童充满了积极肯定的情感,表现出过分的接纳和肯定,缺乏控制,很少对儿童提出要求和制定相关规则,而让其随意支配自己的行为,对儿童不适宜的行为采取忽视或默许的态度,很少发怒或训斥、纠正儿童。这种教养方式下,儿童往往比较容易冲动,当父母要求做的事情违背自己的意愿时,他们会以哭闹的方式寻求即时的满足,同时缺乏责任心,攻击性较强,在任务面前缺乏恒心和毅力。因此,亲子间关系看似和谐,但儿童对父母过度依赖,父母给予儿童过度的爱,多数时候会满足儿童的要求。

4. 忽视型

忽视型教养方式的父母对儿童漠不关心,不对儿童提出任何行为的要求,和儿童之间缺少交流,不关心儿童情感和社会性发展的需求。这种教养方式下,儿童具有较强的冲动性和攻击性,不顺从,易发怒,自尊心水平较低,很少为他人考虑,并且容易出现适应性障碍。因此,亲子间关系较为冷漠,父母对儿童关心较少,儿童也不会和父母主动沟通,亲子双方相互缺少关注。

考题再现

【2020·长沙天心·单选】很容易出现适应障碍,具有较强的攻击性和冲动性,易发怒且自尊心水平较低,很少为他人考虑的幼儿。其父母的教养方式是( )。

A. 民主型　　　　　　B. 专断型　　　　　　C. 放纵型　　　　　　D. 忽视型

【答案】D。

二、学前儿童同伴关系的发展

同伴关系是指年龄相同或相近的儿童之间的一种共同活动并相互协作的关系,具有平等、互惠的特点。

考点1　同伴交往的类型

根据儿童的同伴接纳水平,可以把儿童分为以下五种类型:受欢迎型、被拒绝型、被忽视型、一般型、矛盾型。

1.受欢迎型

受欢迎型儿童喜欢与人交往,在交往中积极主动,且常常表现出友好、积极的交往行为,因而受绝大多数同伴的接纳和喜爱,在同伴中享有较高的地位,具有较强的影响力。在受欢迎型儿童中,女孩儿明显多于男孩儿。

2.被拒绝型

被拒绝型儿童和受欢迎型儿童一样,喜欢交往,在交往中活跃、主动,但常常采取不友好的交往方式,如强行加入其他小朋友的活动、抢夺玩具、大声叫喊、推打小朋友等。这类儿童的攻击性行为较多,友好行为较少,因而常常被多数儿童排斥、拒绝,在同伴中地位低,同伴关系紧张。在被拒绝型儿童中,男孩儿显著多于女孩儿。

3.被忽视型

被忽视型儿童与前两类儿童不同。这类儿童不喜欢交往,常常独处或一个人活动,在交往中表现得退缩或畏缩,很少对同伴做出友好、合作的行为,也很少表现出不友好、侵犯性行为。因此,既没有多少同伴主动喜欢他们,也没有多少同伴主动排斥他们。他们在同伴心目中似乎是不存在的,被大多数同伴忽视和冷落。在被忽视型儿童中,女孩儿多于男孩儿,但男孩儿也有一定的比例。

4.一般型

一般型儿童在同伴交往中的行为表现既不是特别主动、友好,也不是特别不主动或不友好;他们既非为同伴特别地喜爱、接纳,也非特别地被忽视、拒绝,因而在同伴心目中的地位一般。

5.矛盾型

矛盾型儿童被某些同伴喜欢,同时又被其他同伴不喜欢。

考题再现

【2018·怀化溆浦·单选】一些儿童被部分同伴喜爱,同时又被其他同伴讨厌。根据这种同伴关系,可将这类儿童归于(　　)儿童。

A.一般型　　　　　　B.受欢迎型　　　　　　C.被忽视型　　　　　　D.矛盾型

【答案】D。

备考锦囊

有些考题会针对不同同伴交往类型的细微差别进行考查,考生应能分辨出不同的同伴类型,尤其是后三种同伴类型的细微差异。

受欢迎型——交往积极主动,大多数同伴喜欢。

被拒绝型——交往方式不友好,大多数同伴排斥、拒绝。

被忽视型——爱独处、交往中退缩,同伴忽视。

一般型——交往中主动性一般,同伴既不喜欢也不忽视。

矛盾型——有的同伴喜欢,有的不喜欢。

考点2　同伴交往中的问题儿童

1.被忽视型儿童

被忽视型儿童往往体质弱、力气小、能力较差,积极行为与消极行为均较少,性格内向、慢性、好静、不太活泼、胆小、不爱说话、不爱交往,在交往中缺乏积极主动性且不善交往,孤独感较重,对没有同伴与自己玩感到比较难过与不安。

2.被排斥型儿童

被排斥型儿童往往体质强,力气大,行为表现最为消极、不友好,积极行为很少,能力较强、聪明、会玩、性格外向、脾气急躁、容易冲动、过于活泼好动,喜欢交往,在交往中积极主动,但又很不善于交往,对自己的社交地位缺乏正确评价(估计过高),对有没有朋友一起玩不太在乎。

考点3　影响同伴交往的因素

1.早期亲子交往的经验

儿童在与父母交往的过程中不但实际练习着社交方式,而且当发现自己的行为可以引起父母的反应时,可以获得一种最初的"自我肯定"的概念。这种概念是儿童将来自信心和自尊心的基础,也是其同伴交往积极、健康发展的先决条件之一。

2.儿童自身的特征

儿童的身心特征一方面制约着同伴对他们的态度和接纳程度,另一方面也决定着他们在交往中的行为方式。首先,性别、长相、年龄等生理因素影响着儿童被同伴选择和接纳的程度。其次,儿童的气质、情感、能力、性格等个性、情感特征影响着他们对同伴的态度和交往中的行为特征,由此影响同伴对他们的反应和其在同伴中的关系类型。对儿童同伴交往影响最大的是其在交往中的积极主动性、交往行为及交往技能。

3.活动材料和活动性质

活动材料,特别是玩具,是儿童同伴交往中的一个不可忽视的影响因素,尤其是从婴儿期到幼儿初期,儿童之间的交往大多围绕玩具发生。活动性质对同伴交往的影响主要体现在自由游戏的情境下,不同社交类型的儿童表现出交往行为上的巨大差异;而在有一定任务的情境下,如在表演游戏或集体活动中,即使是不受同伴欢迎的儿童,也能与同伴进行一定的配合、协作。因为活动情境本身已规定了同伴间的关系,对其行为有许多制约性。

考点4　同伴关系的功能

1.帮助发现自我的功能

在实际的交往中,儿童逐渐地认识到他人的特征以及自己在他人心目中的形象和地位,学会与其他人共同参加活动,学会如何相互作用和如何处理与其他人的矛盾,学会如何坚持自己的主张或放弃自己的意见。在同伴互动的过程中,儿童确定了自己相对于同龄伙伴的角色和地位,并在平等的环境中认识到领导者与追随者的角色。这样可以帮助儿童去自我中心,从而有利于其自我概念和人格的发展。

2.赋予社会知觉的功能

同伴交往使儿童意识到积极的、富有成效的社会交往是通过与伙伴的合作而获得的。没有与同伴平等交往的机会,儿童将不能学习有效的交往技能,不能获得控制攻击性行为所需要的能力,也不利于社会知觉的形成。

3.提供情感支持的功能

归属与爱的需要和尊重的需要是人类的基本需要。儿童这种需要的满足更多地从一般的同伴集体中获得。比如在不熟悉或有威胁的环境中,或由于父母不在身边而无法得到抚慰时,同伴提供了一定的情感支持。儿童可以从同伴交往中得到宽慰、同情和理解,因在感情上得到同伴的支持而产生安全感和责任感。他们相互帮助克服情绪上和心理上可能出现的问题,从而获得良好的情感发展。

考点5 同伴交往的意义

学前儿童的两大人际关系分别是亲子关系和同伴关系。随着年龄的增长，儿童与成人的交往持续减少，与其他儿童的交往则持续增加。同伴交往对儿童的社会化进程及发展具有独特、重要的意义。

1.同伴交往有利于儿童学习社交技能和策略，促进其社会行为向友好、积极的方向发展

（1）同伴交往有助于促进儿童社交技能及策略的获得

一方面，儿童在与同伴交往中需要自己去引发和维持交往活动，而且儿童从同伴那儿得到的反应远比从父母那儿得到的要模糊和缺乏指导性，儿童必须提高自己的社交技能，使其信号和行为反应更富有表现性，以使交往活动得以顺利进行。另一方面，在同伴交往中，儿童会遇到各种不同的交往场合和情景。这要求儿童能根据这些场合与不同的情景性质来确定自己的行为、反应，发展多种社交技能和策略，以适应这种变化。

（2）在同伴交往中，同伴的反馈有助于儿童的社会行为向积极、友好的方向发展

与亲子交往相比较，同伴交往中同伴反馈更真实、自然和即时。儿童积极、友好的行为，如分享、微笑等，能马上引发另一个儿童的积极反应，得到肯定性的反馈；消极、不友好的行为，如抢夺、抓人等，则会马上引发其他儿童的反感，或引起相应的行为。儿童正是在与同伴的交往中通过不断地调整、修正自己的行为方式，掌握、巩固较为适宜的交往方式。

2.同伴交往是学前儿童积极情感的重要后盾

儿童与儿童之间良好的交往关系使儿童产生安全感和归属感，成为儿童的一种情感依赖，对学前儿童具有重要的情感支持作用。在日常生活中，学前儿童在与同伴交往时经常表现出更多的、更明显的愉快、兴奋情绪和无拘无束的交谈，而且能更放松、更自主地投入各种活动中。同伴关系良好的儿童往往感到很愉快，反之，则会产生消极的情感体验。

3.同伴交往可以促进学前儿童认知能力的发展

不同的儿童带有各自不同的生活经验和认知基础，他们在共同的活动中也会做出各不相同的具体表现（同样的玩具，也可能玩出不一样的花样）。因此，同伴交往为儿童提供了分享知识经验、相互模仿、学习的重要机会。

同伴交往也为儿童提供了大量的同伴交流、直接教导、协商、讨论的机会。儿童常在一起探索物体的多种用途或问题的多种解决方式。这非常有助于儿童扩展知识，丰富认知，发展自己的思考、操作和解决问题的能力。

4.同伴交往有助于儿童自我概念和人格的发展

儿童通过与同伴的比较进行自我认知。同伴的行为和活动就像一面"镜子"，为儿童提供自我评价的参照，使儿童能够通过对照更好地认识自己，对自身的能力做出判断。良好的同伴交往可以促进儿童人格的健康发展，甚至在儿童处于不利的发展状况的情况下，可以抵消不良环境对其发展的影响。

考点6 帮助儿童建立良好同伴关系的策略

1.利用生活中的自然情景，帮助儿童建立宽松和谐的同伴关系

在生活中，教师可以利用一些自然发生的情景，帮助儿童寻找游戏伙伴，鼓励儿童多结交新朋友，及时表扬那些主动与同伴一起玩玩具的儿童，促使儿童之间建立起平等友好的关系，培养人际交往的积极情感。

2.开展各种活动，增加交往机会

愉快的交往经验可以提高儿童的自信心，而自信心的增强又会引发更强的交往主动性，两者相互促进，形成良性循环。

3.教给儿童必要的社会交往技能

社会交往技能是指在与人交往和参与社会活动时表现的行为技能。教师可采用角色扮演等行之有效的方法来培养儿童良好的交往技能，如分享、合作、谦让、助人、抚慰等，使儿童在与人、事、物的相互作用中逐步提高交往能力。当儿童之间发生争执时，教师尽量不充当"裁决者"，而是鼓励儿童寻找争执的原因，商量协调的方法，帮助儿童掌握正确的交往技能。

4.通过游戏培养儿童交往的兴趣，增加交往的行为方式

游戏是儿童最乐于参与的活动，在游戏中培养儿童交往的兴趣与能力是又一条重要途径。游戏中，儿童以愉快的心情，兴趣盎然地再现着现实生活，对老师的启发、诱导很容易接受。结构游戏、角色游戏等创造性游戏具有群体性，是儿童对社会生活的一种再现。儿童通过自己的或与同伴的共同活动，把最感兴趣的事情反映出来，从中学会共处、学会合作。

5.积极争取家长配合，保持家园教育的一致性

交往能力的培养是一个长时间的连续过程，家长和教师只有一致要求，共同培养，才能取得较好的效果。为了协调家园教育，教师可通过家长会、家园联系专栏等做好家长工作，帮助家长认识培养孩子良好的交往习惯与能力的重要性，争取家长的积极配合，共同培养孩子良好的交往行为。

第二节 学前儿童社会性行为的发展

一、学前儿童亲社会行为的发展

考点1 亲社会行为的含义和分类

亲社会行为又称为积极的社会行为，是指一个人帮助或打算帮助他人，做有益于他人的事的行为和倾向。亲社会行为是儿童社会化的重要指标，又是儿童社会化的结果。儿童的亲社会行为主要有同情、关心、分享、合作、谦让、帮助、抚慰、援助、捐献等。亲社会行为的发展是儿童道德发展的核心问题。

依据亲社会行为的动机，可以将儿童亲社会行为划分为两种：自主的亲社会行为和规范的亲社会行为。自主的亲社会行为是指行为的动机是出于对他人的关心。规范的亲社会行为是指行为发出者期待通过此类行为获得报偿、奖赏或者为了避免受到批评。

考点2 学前儿童亲社会行为的发展阶段

1.3岁前儿童的亲社会行为

研究发现，在儿童很小的时候，亲社会行为就出现了，并以不同的方式表现出来。一般认为，2岁左右，儿童已经出现了亲社会行为的萌芽。

2.3~6岁儿童亲社会行为的发展

随着年龄的增长、生活范围的扩大、交往对象的增多，3~6岁儿童表现出越来越多的亲社会行为。其发展特点主要体现在以下三个方面。

（1）随着年龄的增长，亲社会行为的总量不断增加，形式逐渐丰富化、多样化。

（2）亲社会行为的自发性有所增加。

（3）识别他人需要帮助的线索的能力和移情能力逐渐增强。

考点3　学前儿童亲社会行为发展的特点

1.儿童的亲社会行为不存在性别差异。

2.儿童的亲社会行为主要指向同伴,极少数指向教师。

3.儿童的亲社会行为指向同性伙伴和异性伙伴的次数存在年龄差异。小班儿童的亲社会行为指向同性、异性伙伴的次数接近,而中、大班儿童的亲社会行为指向同性伙伴的次数不断增多,指向异性伙伴的次数不断减少。

4.在儿童的亲社会行为中,合作行为最为常见,再次为分享行为和助人行为,安慰行为和公德行为较少发生。

考题再现

【2018·长沙岳麓·单选】在以下学前儿童的亲社会行为中,最少发生的是(　　　)。

A.分享行为　　　　　　　　　　B.安慰行为

C.合作行为　　　　　　　　　　D.助人行为

【答案】B。

考点4　学前儿童亲社会行为的影响因素

1.移情

移情是体验他人情感的能力,是儿童亲社会行为产生的基础。移情训练有助于培养和提高儿童的亲社会行为。移情可以使儿童摆脱自我中心,产生利他思想,从而引发亲社会行为的产生。移情可以引起儿童的情感共鸣,让儿童产生同情心和羞耻感。

考题再现

【2021·永州祁阳·判断】自我意识是儿童亲社会行为产生的基础。　　　　　　　　　　(　　　)

【答案】×。

2.儿童日常的生活环境

（1）家庭

家庭对孩子亲社会行为的影响,主要表现在两个方面:第一,榜样的作用,父母自身的亲社会行为是孩子模仿学习的对象;第二,父母的教养方式是关键因素。人们普遍认为,民主的家庭更有利于培养孩子的亲社会行为。

（2）同伴

同伴关系对儿童的亲社会行为具有非常重要的作用。在儿童的安慰、帮助、同情等能力形成的过程中,同龄人起着决定性的作用。

3.社会生活环境

每一种文化在赞同和鼓励亲社会行为方面显然是不同的。电视对儿童亲社会行为也会产生影响。

二、学前儿童攻击性行为的发展

考点1　攻击性行为的含义

攻击性行为是一种以伤害他人或他物为目的的行为。攻击性行为最大的特点是具有目的性。

考点2　攻击性行为的分类

1.身体动作攻击与言语攻击

从攻击的方式来看,攻击性行为可以分为身体动作攻击(生理性攻击)与言语(性)攻击。

(1)身体动作攻击

身体动作攻击主要是指借助身体动作表现的攻击性行为,如打、推、踢等。

(2)言语攻击

言语攻击主要是指借助言语表达来实现的攻击性行为,如威胁、辱骂、嘲笑、诽谤、说坏话等。

2.工具性攻击与敌意性攻击

从攻击的动机来看,攻击性行为可以分为工具性攻击与敌意性攻击。

(1)工具性攻击

工具性攻击是指幼儿为了获得某个物品所做出的抢夺、推搡等动作。这类攻击本身指向一个主要的目标或某一物品的获取,具有缺乏预先的设想和深思熟虑的特点。

(2)敌意性攻击

敌意性攻击则以人为指向目标,目的在于打击、伤害他人,如嘲笑、讽刺、殴打等,具有深思熟虑的特点。

3.无意性攻击与表现性攻击

从攻击的有意性来看,攻击性行为可以分为无意性攻击与表现性攻击。

(1)无意性攻击

无意性攻击是指由于过失行为而给他人带来伤害的一种侵犯行为,如在捉迷藏游戏中因追得太紧而撞倒小伙伴。这类侵犯行为是在无意中而非以伤害他人为目的的情况下发生的。

(2)表现性攻击

表现性攻击是指仅仅为了获得快乐体验而做出的一种侵犯行为。攻击者的目的不是从受害人那里得到反应或者是破坏物品,攻击者只是被快乐的身体感觉的体验所吸引。例如,一个幼儿用自己的自行车猛撞小伙伴的四轮车后座,仅仅是因为自己喜欢受到突然的撞击的感觉。当幼儿发起表现性攻击时,幼儿并不会体验到愤怒、沮丧或者敌意的情绪。

4.反应性攻击与主动性攻击

从攻击的功能来看,攻击性行为可以分为反应性攻击与主动性攻击。

(1)反应性攻击

反应性攻击是由个体感知到他人的敌意挑衅引起的,是对外界威胁性刺激的一种防御反应,旨在缓解来自外界的威胁感受,因而带有强烈的情绪因素,如愤怒、发脾气或失去控制等。

(2)主动性攻击

主动性攻击是个体并没有受到直接的挑衅或怂恿,而将攻击作为达到理想目标的有效办法,如通过强制、控制、威吓同伴以达目的。

考点3　学前儿童攻击性行为发展的特点

1岁左右儿童开始出现工具性攻击行为,到2岁左右,儿童之间表现出一些明显的冲突,如打、推、咬等。幼儿期儿童的攻击性行为在频率、表现形式和性质上发生了很大的变化。从频率上看,4岁之前,攻击性行为的数量逐渐增多,到4岁最多,之后数量逐渐减少。

儿童攻击性行为有如下特点。

(1)攻击性行为频繁,主要表现为了玩具或其他物品而争吵、打架,行为更多是破坏玩具、物品或直接争夺。

（2）儿童更多依靠身体上的攻击，而不是言语的攻击。

（3）出现从工具性攻击向敌意性攻击转化的趋势。

（4）儿童的攻击性行为存在明显的性别差异。

考点4　学前儿童攻击性行为的影响因素

1.父母的惩罚

研究发现，攻击性强的男孩儿的父母对他们的惩罚更多，而且即使他们的行为正确，也经常施以惩罚。惩罚对攻击性和非攻击性的儿童会产生不同的影响。惩罚对于非攻击性的儿童能抑制其攻击性，对于攻击性的儿童则不能，反而会加重其攻击性行为。

考题再现

【2021·永州祁阳·判断】惩罚一定是抑制儿童攻击性行为的有效手段。　　　　　　　（　　）

【答案】×。

2.榜样

电视上的攻击性行为作为一种负面榜样会增加儿童以后的攻击性行为。过多的电视暴力还能影响儿童的态度，使他们将暴力看作一种解决人际冲突的、可以接受的和有效的途径。相关幼儿的实验研究也表明，模仿是儿童攻击性行为产生的一个原因，看过攻击性行为的儿童更容易产生攻击性。

3.强化

当儿童出现攻击性行为时，父母或教师不加制止或听之任之，就等于强化了儿童的攻击性行为。此外，儿童从同伴之间也能学会攻击性行为，如一个儿童成功地运用了攻击策略来控制同伴，这会加强和增加他以后的攻击性。

4.挫折

攻击性行为产生的直接原因主要是挫折。挫折是人在活动过程中遇到障碍或干扰，自己的目的不能实现、需要不能满足时产生的情绪状态。研究认为，一个受挫折的孩子很可能比一个心满意足的孩子更具攻击性。对于孩子来说，家长或教师的不公正是挫折感产生的主要原因。

考题再现

【2021·永州祁阳·判断】攻击性行为产生的直接原因主要是挫折。　　　　　　　　（　　）

【答案】√。

第三节　学前儿童道德的发展

一、皮亚杰的道德发展理论

皮亚杰采用"对偶故事法"对儿童的道德判断进行了研究。他认为，儿童的道德发展是一个从低级到高级、从他律到自律逐渐发展的、有阶段的过程。

1.前道德阶段

前道德阶段的儿童尚没有道德的概念。儿童还不能把自己与外界区分开来，将自己与外界混为一谈。

规则对儿童来说不具有约束力,儿童不能把规则当成一种义务去遵守。皮亚杰把这一阶段称作道德的自我中心主义。

2.他律道德阶段

服从权威、遵守规则是这一阶段儿童的主要特征。儿童会服从父母、教师等权威者,认为权威者制定的规则是固定的,不可改变的,必须绝对地服从与遵守,谁破坏了规则谁就要受到惩罚。皮亚杰把儿童绝对服从规则的倾向称为道德实在论。他认为,成人的约束和滥用权力对儿童的道德发展极其有害。

3.自律道德阶段

在自律道德阶段,儿童的道德判断已经开始摆脱了外在的约束,以是否公平来作为判断行为好坏的标准,当儿童从利他主义的角度去考虑就是产生了公正观念。在皮亚杰看来,公正观念是一种出于关心和同情人的真正道德关系。儿童在进行道德判断时,应首先考虑到同伴的情况,从关心和同情的出发点去判断,皮亚杰把这称为道德相对论。

—— ▶ 知识拓展 ◀ ——

部分学者将皮亚杰道德发展理论分为四阶段,具体如下。

1. 自我中心阶段

自我中心阶段的儿童还不能把自己同外在环境区分开来,而是把外在环境看作自身的延伸;规则对儿童来说不具有约束力;他们还不能做出道德判断,直接接受行为的结果。皮亚杰认为儿童在5岁以前还是"无律期",是以"自我中心"来考虑问题的。

2. 权威阶段

权威阶段又称他律道德阶段。在这一阶段,儿童的道德判断受外部的价值标准所支配和制约,表现出对外在权威的绝对尊敬和顺从的愿望,他们认为规则是必须遵守的,是不可更改的,只要服从权威就是对的,如听父母或大人的话就是好孩子。

3. 可逆性阶段

可逆性阶段也称自律道德阶段。此阶段的儿童已不把准则看成不可改变的,而看作同伴间共同约定的;儿童意识到同伴间的社会关系是应当相互尊重的;准则对他们来说具有一种保证他们相互行动、互惠的可逆特征。同伴间的可逆关系的出现标志着道德由他律阶段开始进入自律阶段。他们不再无条件地服从权威,而是受到自己的主观价值标准所支配。

4. 公正阶段

公正阶段的儿童开始倾向于主持公正、公平等。他们认为公正的奖惩不能是千篇一律的,应根据个人的具体情况而进行。

二、科尔伯格的道德发展理论

科尔伯格是皮亚杰道德发展理论的追随者。同时,他又在皮亚杰道德发展理论的基础上,进一步做了修改、提炼和扩充,并于20世纪50年代提出了一套自己的儿童发展阶段论。科尔伯格提出道德发展理论,采用"道德两难故事法"(最经典的就是"汉斯偷药"的故事)让儿童对道德两难问题做出判断。

—— ▶ 知识拓展 ◀ ——

"汉斯偷药"——道德两难故事

在欧洲,一个妇女由于得了癌症快要死了,医生认为有一种药可以救她。同城的一个药商有这种药,但是他要用高于药本身十倍的价钱来卖它。得病妇女的丈夫汉斯向他认识的一个人去借钱,但是他仅仅凑够了药费的一半。药商拒绝便宜一些卖这种药,并且让汉斯以后再来买。汉斯很绝望,为了救妻子的命,他闯进这个人的药店把药偷了出来,结果被警察逮捕了。

科尔伯格将道德判断分为三个水平,每一水平包括两个阶段,六个阶段依照由低到高的层次发展,具体如表2-7-1所示。

表2-7-1 科尔伯格道德发展理论

三水平	六阶段	含义
前习俗道德水平(大约在学前期至小学低、中年级)	以服从与惩罚为取向(服从与惩罚定向)	处于这个水平上的儿童认为规则是由权威制定的,必须无条件地服从。服从权威或规则只是为了避免惩罚。他们认为违背了规则应该受罚。行为的好坏也是依行为所得的结果来评定。受赞扬的行为就是好的,受惩罚的行为就是坏的
	以工具性目的为取向(快乐的相对主义)	儿童不再把规则看成绝对的、固定不变的东西。他们已认识到任何问题都是多方面的。他们还认为,一个人最终总要根据自己的需要和兴趣做出决定。正确的行动包含着能够满足个人需要的行动。个体服从规则是为了得到好的待遇
习俗道德水平(大约自小学高年级开始)	以人际合作的道德观为取向("好孩子"定向)	这个阶段的儿童希望保持人与人之间良好的、和谐的关系,希望被人看作好人,要求自己不辜负重要人物,如父母、朋友、教师的期望,保持相互的尊重、信任。他们认为好的行为就是能使别人高兴,受到别人赞扬的行为
	以维持社会秩序为取向(社会秩序与权威的支持)	这个阶段的儿童注意的中心是维护社会秩序,认为每个人应当承担社会的义务和职责。正确的行为就是尽到个人的职责,尊重权威,维护普遍的社会秩序
后习俗道德水平(大约自青年末期接近人格成熟时始)	以社会观念为取向(民主地承认法律)	与阶段四的儿童呆板地信奉个人要严格维护法律与权威相比,本阶段的儿童看待法律比较灵活,认为法律是为了使人们能和睦相处,如果法律不符合人们的需要,可以通过共同协商和民主的程序加以改变
	以价值观念为取向(普遍的原则)	个人有了某种抽象的、超越法律的普遍原则的较确定的概念,这些原则包括对全人类的正义和个人的尊重。这个阶段的个体不仅能认识到社会秩序的重要性,而且领悟到不是所有的社会都能实行完美的原则

三、学前儿童道德形成与发展的影响因素

影响个体道德形成与发展的因素分为外部因素和内部因素两类。外部因素即环境影响因素,内部因素即自身主观因素。

1.外部因素

(1)家庭教育方式

家庭教育方式分为民主型、专制型和放任型三种。一般而言,民主、平等、信任和宽容的家庭教养方式和家庭氛围有助于儿童的优良态度与品德的形成与发展。若家长对待子女过分严格或放任,则儿童更容易产生不良的、敌对的行为。

(2)社会风气

社会风气由社会舆论、大众媒介传播的信息、各种榜样的示范作用等构成。任何一个时代的社会风气都有积极的一面,也有消极的一面。社会上良好的和不良的风气都有可能影响个体,尤其是影响年轻一代人的道德信念与道德价值观的形成。

（3）同伴群体

归属某个团体是人的一种基本需要。对青少年学生而言,这种团体包括正式的班集体和非正式的小团体。其中,同伴群体的行为准则和风气对儿童态度与道德行为的形成与发展有重要的影响。

（4）学校教育

学校有专门的教师和教材。教师遵循儿童的身心发展规律,协调各种教育影响和教育力量,对儿童的品德施加有目的、有计划、有步骤的影响,引导他们形成和发展社会所期望的道德品质。因此,学校教育是儿童品德形成和发展的主导力量。

2.内部因素

（1）认知失调

人类具有一种在思想和认识上维持平衡和一致性的需要,即力求维持自己的观点、信念与行为的一致,以保持心理平衡。如果出现态度和行为不一致的情况,将使人产生不舒服和紧张的心理状态。此时,人们或改变认识或态度,或改变自己的行为方式,从而使态度与行为重新恢复一致。因此,认知失调是态度和品德改变的原动力。

（2）态度定势

态度定势即个体由于过去的经验,对所面临的人或事形成的具有某种肯定或否定、趋向或回避、喜好或厌恶的内心倾向。这种事先的心理准备或态度定势常常支配着人对事物的预期与评价,进而影响人是否接受有关的信息和接受的量。在品德形成和发展过程中,态度定势影响着个体对不同规范、信念、榜样等的选择和接受。

（3）道德认知

道德认知是个体对一定社会道德关系及其理论、规范的理解和看法,以及由此形成的对各种道德现象进行的是非判断。态度、品德的形成与改变取决于个体对已有的道德准则和规范的理解水平及掌握程度,取决于已有的道德判断水平。

考题再现

【2020·怀化麻阳·多选】下列选项中,哪些属于影响幼儿道德品质的外部因素?（　　　　）

A.道德认知

B.家庭教育方式

C.同伴群体

D.态度定势

【答案】BC。

第四节　学前儿童性别角色的社会化

一、学前儿童性别概念的发展

儿童性别概念的发展要经历三个阶段:性别认同、性别稳定性和性别恒常性。性别认同是儿童对自己和他人性别的正确标定。性别稳定性是儿童对个体一生性别保持不变的认识。性别恒常性是对人的性别不因其外表和活动的改变而改变的认识。在这些成分中,性别认同出现的年龄最早,在1.5~2岁;然后是性别稳定性,在3~4岁;最后是性别恒常性,在6~7岁。

1.性别认同

在汤普森的研究中,首先向2~3岁的儿童提供一些具有不同性别的洋娃娃和杂志的图片,然后要求儿童按照性别把这些图片分类,并同时问儿童自己的性别以及他们的性别与这些图片是否一样。接下来给每一个儿童拍摄一张快照,让他们把照片添加到已经分类的图片中。最后把两张中性物品的图片分别标上"好"或者"坏",或者标上"给男孩儿"或"给女孩儿",让他们从中选一个带回家去。

从研究结果来看,2岁儿童的性别认同水平还很低,他们已经开始知道一些特定的活动与物体同男性相联系,而另外一些同女性相联系。例如,领带是"爸爸的",口红是"妈妈的"。但是这一阶段的儿童还不知道自己与其他一些人属于同一性别。到2.5岁时,儿童开始能够正确回答自己的性别,并且能够区分图片中人物的性别,也开始知道自己与图片中的同性别的人更相似。到3岁的时候,他们对上述问题的理解有了更进一步的提高,但是他们仍然不能根据性别来挑选与自己性别合适的物体。

2.性别稳定性

儿童的性别稳定性一般在3~4岁的时候就出现了。这一年龄的儿童能够认识到性别在一生中是稳定不变的。斯雷比和弗瑞曾在研究中向被试提出以下问题来考察儿童的性别认知稳定性:"当你是个婴儿的时候,你是个男孩儿还是个女孩儿?""当你长大以后,你是当爸爸还是当妈妈?"研究结果表明,4岁以上儿童才能对以上问题做出正确回答。儿童性别稳定性的发展早于性别恒常性。

3.性别恒常性

科尔伯格认为,性别恒常性是儿童性别认知发展中的一个重要里程碑。儿童首先对自己的性别认识产生了恒常性,然后才能应用到别人身上。其发展顺序大致表现为以下几点:自身的性别恒常性、与自己相同性别的他人的性别恒常性、异性的性别恒常性。

儿童性别认同、性别稳定性与性别恒常性之间的关系具有以下特征:(1)性别认同的产生早于性别稳定性;(2)性别恒常性出现得最晚,儿童所处的生活环境对其性别恒常性的发展影响不大;(3)大约在九岁,儿童开始能够用语言解释性别的稳定性和恒常性。

二、学前儿童性别角色的发展特点

考点1 性别角色的认知

1.知道自己的性别,并初步掌握性别角色知识(2~3岁)

儿童的性别概念包括两个方面:一方面是对自己性别的认识,另一方面是对他人性别的认识。儿童对他人性别的认识是从2岁开始的,但这时还不能准确地说出自己是女孩儿,还是男孩儿。直到2.5岁左右,大多数儿童能准确说出自己的性别。同时,这个年龄段的儿童已经具有了一些关于性别角色的初步知识,如女孩儿要玩娃娃,男孩儿要玩汽车等。

2.自我中心地认识性别角色(3~4岁)

这个阶段的儿童已经能明确分辨出自己的性别,且关于性别角色的知识逐渐增多,如男孩儿和女孩儿在衣服和游戏、玩具方面的不同等。但这个时期的儿童能接受各种与性别习惯不符的行为偏差,如认为男孩儿穿裙子也很好。

3.刻板地认识性别角色(5~7岁)

这个阶段的儿童不仅对男孩儿和女孩儿在行为方面的区别认识得越来越清楚,同时开始认识到一些与性别有关的心理因素,如男孩儿要胆大、勇敢等。儿童对性别角色的认识也表现出刻板性,他们认为违反性别角色习惯是错误的,如一个男孩儿玩娃娃会遭到同性别孩子的反对等。

考点2 性别角色的认同

性别角色认同是指获得真正的性别角色，即根据社会文化对男性、女性的期望而形成相应的动机、态度、价值观和行为，并发展为性格方面的男女特征。

3~4岁儿童已经可以认识到，人的性别不因其年龄、情景的变化而改变，即一个人的性别在人的一生中是稳定不变的。

考点3 性别角色的偏爱

性别偏爱是个体对男性角色或女性角色的偏爱倾向。研究发现，2岁时儿童就能够选择适合自己性别的玩具和游戏，如男孩儿喜欢手枪、汽车之类的玩具，而女孩儿则喜欢玩具娃娃。女孩儿在性别偏好中受性别刻板的影响小于男孩儿，在遵守性别相应行为上没有男孩儿那么严格，有更多的女孩儿选择异性玩具，并有时候希望自己是男孩儿，而男孩儿却不这样认为。

三、学前儿童性别行为的发展特点

考点1 儿童性别行为的产生（2岁左右）

2岁左右是儿童性别行为初步产生的时期，具体体现在儿童的活动兴趣、同伴选择及社会性发展三个方面。例如，通常14~22个月的男孩儿在所有玩具中更喜欢卡车和小汽车，而同样年龄的女孩儿则更喜欢玩具娃娃或柔软的玩具。儿童对同性别玩伴的偏好也出现得很早。在托幼机构中，2岁的女孩儿就表现出更喜欢与其他女孩儿玩，而不喜欢跟男孩儿玩。2岁的女孩儿更加遵从父母或其他成人的要求，而男孩儿对父母要求的反应则更趋于多样化。

考点2 儿童性别行为的发展（3~7岁）

进入幼儿期后，儿童之间的性别角色差异日益稳定、明显，具体体现在以下三个方面。

1.游戏活动兴趣方面的差异

从幼儿期的游戏活动中，已经可以看到男女孩儿明显的兴趣差异。男孩儿更喜欢有汽车参与的运动性、竞赛性游戏，女孩儿则更喜欢过家家的角色游戏。

2.选择同伴及同伴相互作用方面的差异

进入3岁后，儿童选择同性别伙伴的倾向日益明显。研究发现，3岁的男孩儿就明显地选择男孩儿而不选择女孩儿作为伙伴。还有研究发现，男孩儿和女孩儿在同伴之间的相互作用方式也不同。男孩儿之间更多打闹、为玩具争斗、大声叫喊、发笑；女孩儿则很少有身体上的接触，更多的是通过规则协调。

3.个性和社会性方面的差异

幼儿期，儿童在个性和社会性方面已经开始有了比较明显的性别差异，并且这种差异不断发展。一项跨文化研究发现，在所有文化中，女孩儿早在3岁时就对照看比她们小的婴儿感兴趣。还有研究显示，4岁女孩儿在独立能力、自控能力、关心他人三个方面优于同龄男孩儿，6岁男孩儿的好奇心、情绪稳定性和观察力优于女孩儿，6岁女孩儿对人与物的关心优于男孩儿。

第五节　影响学前儿童社会性发展的因素

一、儿童自身因素对学前儿童社会性发展的影响

1.气质对学前儿童社会性发展的影响

（1）气质影响儿童的社会认知

进入幼儿园后，由于儿童的气质特征更加明显，由此决定的思维的灵活性、注意的稳定性等都会不同，因而在社会认知方面会表现出更加明显的差异。

（2）气质影响儿童的社会交往

儿童气质的差异能预示他们怎样与别人交往，也能预示他们的自我调节能力。易带儿童的气质类型特点表现为生理机能活动有规律，他们的情绪一般积极、愉快，不害怕接触新事物，因此更有机会去认识事物，其独立能力令自信心增强，更能发挥主观能动性，使其适应行为更趋良好。而难带和迟缓的儿童气质类型特点属于缺乏规律性，情绪消极甚至烦躁易怒，对新刺激、新事物及其变化适应缓慢且有畏惧、退缩现象。这阻碍了其更多的与外界环境相协调适应的机会，使其行为经常达不到社会化，从而降低了社会生活能力。

2.自我意识对学前儿童社会性发展的影响

自我意识是主体对自身特性以及自身与他人及周围事物关系的认识。儿童在社会性发展的过程中，只有对自己有一定的了解和认识，才能逐渐地对自己的认知、态度、情感和行为做出适当的调节。学前儿童社会性发展在自我意识方面主要表现在独立性上。自我的发展有助于儿童妥善处理自己与环境、与他人的关系，如认识他人的态度、体验他人的情感等。自我意识的发展是儿童社会化的转折点，也是个性最终形成的必要条件。

3.认知发展水平对学前儿童社会性发展的影响

儿童社会认知的早期表现为母婴依恋，婴儿依恋能力的产生和发展是以其认知能力为基础的，即婴儿对社会性刺激物的感知觉方面的能力。婴儿依恋的表现形式是随其认知能力的变化而变化的。

二、家庭对学前儿童社会性发展的影响

1.家庭生活环境对学前儿童社会性发展的影响

家庭生活环境不仅包括物质环境，也包括精神环境。家庭物质环境是满足儿童生存的基本条件，家庭物质条件的好坏在某种程度上，对儿童的社会性发展有较大的影响。家庭精神环境是指对儿童身心发展起着重要作用的家庭中人与人之间的关系和由此而形成的家庭中的心理氛围。它在儿童成长过程中产生整体的影响。

2.家庭教养方式对学前儿童社会性发展的影响

家庭教养方式是指父母对子女抚养教育过程中所表现出来的相对稳定的行为方式，是父母各种教养行为的特征概括。父母是儿童的第一任交往对象，更是他们习得社会规则的重要来源。父母教育观念和教养方式直接影响着父母对儿童的态度。对儿童进行教育的期望、目标、途径、策略及行为是影响儿童社会化的重要因素。

三、幼儿园对学前儿童社会性发展的影响

1.幼儿园物质环境对学前儿童社会性发展的影响

幼儿园物质环境主要包括了幼儿园如何进行空间布置与材料运用的方方面面。幼儿园物质环境如同教师一般，对儿童的认知具有激发性，使儿童处于积极的探究状态，在各种尝试中使用材料、发现问题和解决问题，从而获得对世界的认识，对儿童社会性的发展具有潜在的、深刻的影响。

2.师幼互动对学前儿童社会性发展的影响

师幼互动是指在幼儿园中，贯穿于学前儿童一日活动中，教师与学前儿童之间的相互作用、相互影响的行为及过程。在幼儿园中，教师是学前儿童的主要交往对象，教师的情感态度等对儿童有着重要影响。因此，教师的爱应当是无条件的，要给每一个儿童安全感和亲近感。教师如果把儿童当作有独立人格的人，爱护他们的自尊心，尊重他们的人格，就会与他们建立起和谐、平等、互相依赖的师幼关系，进而帮助学前儿童建立起安全感、归属感，促进他们与他人、与同伴的正向交往。

3.同伴交往对学前儿童社会性发展的影响

同伴关系是指年龄相同或相近的儿童之间的一种共同活动并相互协作的关系，主要是指同龄人之间或心理发展水平相当的个体之间，在交往过程中建立和发展起来的一种人际关系。同伴关系对儿童社会性发展的作用主要表现在以下几方面：首先，同伴交往有利于促进儿童认知能力的发展；其次，同伴交往有利于儿童社会交往能力、亲社会行为的发展；最后，同伴交往为其将来社会角色扮演做好积极的准备。因此，同伴关系是学前儿童社会性发展的重要指标。

四、社区与大众传媒对学前儿童社会性发展的影响

1.社区对学前儿童社会性发展的影响

社区是大众的公共资源，社区教育有助于儿童明确社会人的角色，拓宽儿童的视野，增加儿童对社会知识的了解，帮助儿童更好地融入社会。因此，幼儿园应该积极利用社区资源以拓展幼儿园课程的学习空间，幼儿教师要把社区的物力、人力条件转化为幼儿园学习活动的重要资源。同时，幼儿园还要大力寻找社区中能提供知识、技能、经验和奉献自己的时间、劳动，为他人服务的个人，社区人力资源可以到幼儿园为儿童进行生活、学习内容的有效补充。

2.大众传媒对学前儿童社会性发展的影响
（1）积极影响

①大众传媒给学前儿童带来大量的信息，丰富其知识经验，拓宽其视野，促进其智力的发展。大众传媒所传播的各种丰富信息不仅能增进儿童的社会经验、拓宽其视野，而且传媒中专门根据学前儿童心理特征和知识需求创办的学前儿童杂志、节目等，还能为学前儿童提供其所需的相应知识，促进其智力的发展。

②帮助学前儿童是非观和道德观的初步建立。大众传媒中所宣传的正面的是非观和道德观更易于使学前儿童理解和接纳，从而建立起初步的是非观和道德观。

③使学前儿童能更早地了解时事信息，感受着时代气息，更易于与社会、时代融为一体。在大众传媒的传播中，学前儿童能接触到许多时事方面的信息，虽然有些是学前儿童并不能完全理解的，但经常沉浸其中会使学前儿童对时事的敏感度和关注度都要更高些，也让学前儿童能紧跟时代的步伐、更易于融入社会。

（2）消极影响

①大众传媒传播的信息良莠不齐，会影响儿童个性的形成及世界观、人生观、价值观。在这样一个对信息全盘接收的阶段，大众传媒中一些不利于儿童成长的内容，会深深地影响着学前儿童的健康和发展。长此

以往,不仅会影响到儿童的心理健康,而且对儿童的个性形成也是很不利的。如动画片中的暴力行为使学前儿童在未明确是非的情况下盲目地模仿,不利于学前儿童社会性发展。

②沉迷于电视、手机和网络游戏有害于儿童的身体、社会交往与学习。身体方面最直接受到影响的是儿童的视力,间接受到影响的还有学前儿童的身体素质。因为久坐看电视、电脑、手机等,缺乏适当的户外运动和体育锻炼,儿童的身体素质也会受到影响。过多地看电视、电脑、手机等也影响学前儿童社会交往方面的发展。因为儿童待在家里看电视、玩游戏的时间过多,相应地用在与同伴交往游戏上的时间就减少了。大众传媒也会影响学前儿童的学习习惯和能力方面的发展。虽然儿童在看电视的过程中可以接收到各种信息,但面对着快速闪过的画面,儿童很少有选择和思考的机会。久而久之,儿童就会形成一种被动接收的学习习惯,缺乏主动的思考和探索,学习的能力也会随之减弱。

考题再现

【2021·永州祁阳·简答】简述大众传媒对学前儿童社会性发展的益处和弊端。

【参考答案】见上文。

强化练习

一、单项选择题

1.下列不属于亲社会行为发展内容的是(　　)。

A.助人与分享　　　　　　　　　　　　B.合作

C.赞许　　　　　　　　　　　　　　　D.安慰与保护

2.攻击性行为产生的直接原因主要是(　　)。

A.榜样

B.强化

C.父母的惩罚

D.挫折

3.(　　)是儿童亲社会行为产生的基础。

A.自我意识　　　　　　　　　　　　　B.态度

C.认知　　　　　　　　　　　　　　　D.移情

4.在幼儿的同伴交往类型中,被拒绝型幼儿主要表现出的特点是(　　)。

A.社会交往的积极性很差

B.既漂亮又聪明,总是得到教师的特殊关照

C.长相难看,衣着陈旧,不爱干净

D.精力充沛,社会交往积极性很高,常有攻击性行为

5.道德认知是儿童社会认知发展的重要内容。将儿童道德认知发展分为三个水平和六个阶段的研究者是(　　)。

A.维果斯基　　　　　　　　　　　　　B.皮亚杰

C.科尔伯格　　　　　　　　　　　　　D.奥苏伯尔

二、判断题

1.学前儿童同伴关系具有平等、互惠的特点。　　　　　　　　　　　　　　　　　　　　(　　)

2.学前儿童的攻击性行为会随着年龄的增长呈现增多的态势,所以大班儿童的攻击性行为最多。(　　)

<h2 style="text-align:center; color:green;">参考答案及解析</h2>

一、单项选择题

1.【答案】C。解析:亲社会行为又叫积极的社会行为,是指一个人帮助或打算帮助他人,做有益于他人的事的行为和倾向。人们在共同的社会生活中经常会表现出类似这样的行为,比如帮助、分享、合作、安慰、捐赠、同情、关心、谦让、互助等,心理学家把这一类行为称为亲社会行为。赞许不属于亲社会行为的内容。

2.【答案】D。解析:攻击性行为产生的直接原因主要是挫折。

3.【答案】D。解析:移情是体验他人情感的能力,是儿童亲社会行为产生的基础。

4.【答案】D。解析:在幼儿的同伴交往类型中,被拒绝型的幼儿经常精力充沛,社会交往积极性很高,常有攻击性行为。

5.【答案】C。

二、判断题

1.【答案】√。解析:同伴关系是指儿童与其他儿童之间的关系,是年龄相同或相近的儿童之间共同活动并相互协作的关系。学前儿童同伴关系具有平等、互惠的特点。

2.【答案】×。解析:研究者发现,4岁以前儿童的攻击性行为随着年龄的增长逐渐增多,到4岁时最多,但这之后其数量则逐渐减少。

第八章　学前儿童游戏心理的发展

考情分析

本章内容以识记、理解为主,会以单项选择题的形式进行考查。其中幼儿游戏心理的发展趋势是重点考查内容。

学习目标

1.理解儿童游戏的含义与心理结构。
2.识记学前儿童游戏心理的发展趋势,重点识记幼儿游戏心理的发展趋势。

第一节　学前儿童游戏心理概述

一、儿童游戏的含义

尽管有关游戏的论述有很多,但是,由于对游戏本质特征的理解存在明显分歧,因此仍然没有形成一个被广泛接受的定义。从心理学的视角分析,游戏是多种心理成分参与并且以某种行为方式表现出来的复合性心理活动。

二、儿童游戏的心理结构

就一般的心理结构而言,每个游戏几乎都具有认知和情感两种基本成分,其外部行为表现主要有语言和动作两种方式。

1.儿童游戏的心理结构:认知、情感和社会化

（1）儿童游戏的心理结构中,认知是重要因素

认知的基本成分是感知、记忆、想象、思维。其中,创造性想象是最活跃的成分之一。任何游戏均在假想的情境中创造性地反映现实或自我。无论是角色扮演还是结构造型或物品替代,均需要建立在一定程度的想象之上。创造性想象不仅构成了游戏兴趣的源泉,而且是创造性游戏的基本条件。

（2）儿童游戏的心理结构中,动机和情绪是基本成分

在基本成分中,内源性动机和愉快的情绪体验是最稳定的成分。这种内源性动机最为直接的表现就是儿童游戏兴趣中心指向游戏过程而非结果。这种直接的兴趣使得儿童在活动中极为投入,且获得一种愉快的情绪体验。这种积极的情绪体验反过来强化了游戏的动机。

游戏过程中儿童情绪体验的性质往往决定了游戏过程的创造性、积极性和主动性。情绪体验对游戏具有双重影响:积极的成功体验有助于游戏过程的灵活性和主体性的发挥,而消极的挫折体验则可能破坏游戏的吸引力,不利于主体性的发挥和创造性的发展。

（3）游戏是学前儿童的主要社会生活方式，直接构成了儿童心理发展的主要社会条件

学前儿童在游戏中开始初级社会化并且建立初步复杂的社会关系。在游戏中，儿童不仅获得一些粗浅的交往技能，更重要的是，通过游戏，儿童可以逐渐解除自我中心，学会与他人合作、关心他人、认识并认同成人的社会角色。

2.儿童游戏的行为表现方式：语言和动作

游戏过程中的儿童语言具有两种形态：游戏语言和角色语言。游戏语言体现儿童对游戏的向往、追求和在游戏中体会的满足。角色语言决定于特定角色的规定性，不仅是表演过程中"人物造型"的需要，而且是角色体验及其外化的表征方式。在一定意义上，角色语言充分地展示了假想中的"自我"。

游戏过程的动作包括表情、手势及材料操作，也是情感交流、角色扮演或造型的基本表现方式。表情、手势和语言一起共同表现游戏情节及主题，而操作则是外部动作与内部思维、想象在材料使用上的综合表现。游戏材料的操作不仅反映了游戏的创造性和主体性，而且体现了游戏情境的激励功能。

第二节　学前儿童游戏心理的发展趋势

一、学前儿童游戏心理的发展过程

皮亚杰把儿童游戏的发展划分为练习性(机能性)游戏、象征性游戏、规则性游戏三个基本阶段。

1.练习性游戏阶段（0~2岁）

练习性游戏阶段是个体游戏发展的最初阶段，相对于认知发展的感知运动阶段。儿童的游戏以动作为主，实质上是感知动作的自我训练。其作用是使已获得的技能巩固化，并将已经掌握的动作重新组织。儿童经过反复练习动作，从控制自己的动作和体验动作与结果之间的因果关系中得到快乐和满足。

2.象征性游戏阶段（2~7岁）

象征性游戏阶段的儿童的认知处于前运算阶段，语言已经获得并有很大发展，具体形象思维占主导地位。思维中的形象是对外界事物的表征，表明儿童已经获得符号功能，能以意义所代，代表意义所指，能以假想的情境和行为反映客观事物或主观愿望。于是，儿童具有了象征性游戏的能力。

3.规则性游戏阶段（7~11、12岁）

规则性游戏主要是有组织的集体游戏，这种游戏带有公开的竞争性，需要个体间协同活动。规则性游戏出现在儿童的认知进入具体运算阶段以后。因为对规则的理解和把握，需要儿童具有一定的逻辑运算能力和社会交往的协调能力。

二、婴儿游戏心理的发展趋势

1.游戏的类型以练习性游戏为主，并且主要表现为感觉-动作游戏

最初，婴儿往往用同样的动作对待所有的物品。随着婴儿年龄的增长，婴儿逐渐对物体本身的外形特征和功能发生了兴趣。于是，婴儿的游戏动作开始分化，形成了初步的游戏动作技能。

2.游戏的认知结构不断分化

2岁左右的儿童由于动作的重复练习，以及语言和思维的发展，在物体的摆弄、操作的基础上，出现了象征性游戏的萌芽，即开始出现一种物体替代另一种物体的游戏活动。这种代替活动的出现表明儿童的游戏已初步具有象征性的功能。

3.游戏的社会成分不断增加

婴儿的练习性动作最初针对自己的身体,如不断吮吸手指、抚弄脚趾等,然后才指向环境。在此过程中,假装动作产生并逐步发展起来。起初,婴儿假装的动作都和自己相关,以自己为中心。婴儿晚期,儿童开始出现对他人的假装动作,模仿动作也复杂起来。

三、幼儿游戏心理的发展趋势

1.游戏类型日益齐全,并且以象征性游戏为主导

幼儿的精力旺盛、兴趣广泛、富于想象、乐于交往、敢于探索。于是,在幼儿期,各种类型的游戏都开始形成或进一步得到发展。其中,以角色游戏为主要形式的象征性游戏是整个幼儿期的主要游戏类型。

2.游戏的象征功能不断丰富、完善

幼儿初期,幼儿在游戏中的象征性活动主要采用与实物相似的替代物。进入幼儿中期,幼儿开始逐渐脱离专用替代物,能够按照自己的理解和需要来选择合适的替代物。在游戏中,幼儿不仅能够以物代物,而且能够以物代人、以人代人。于是,幼儿游戏的象征性功能明显增强。同时,游戏的目的和预测性也随之增强。

3.游戏的社会性成分日益多样化

小班幼儿往往各自扮演自己的角色,全然不会顾及其他角色,因而,游戏过程中常常出现脱节甚至相互争吵的情况。进入中班后,幼儿开始学会合作并且能够反映角色之间的关系。他们用语言共同协商,确定游戏的主题、内容、规则。在大班幼儿的角色游戏中常常出现一个主要角色,并且和几个有关的社会性角色建立联系。

考题再现

【2020·怀化麻阳·多选】下列关于幼儿游戏心理的发展趋势的表述,正确的有(   )。

A.游戏的认知结构封闭

B.游戏的象征功能不断丰富、完善

C.游戏类型日益齐全,并且以象征性游戏为主导

D.游戏的社会性成分日益多样化

【答案】BCD。

强 化 练 习

一、单项选择题

1.个体游戏发展的最初阶段,相对于认知发展的感知运动阶段的是(   )。

A.练习性游戏阶段

B.象征性游戏阶段

C.规则性游戏阶段

D.创造性游戏阶段

2.游戏过程中的儿童语言具有两种形态:游戏语言和(   )。

A.角色语言   B.结构语言

C.表演语言   D.动作语言

二、判断题

1.游戏过程中,儿童认知的性质往往决定了游戏过程的创造性、积极性和主动性。　　　　　　　　（　　）

2.象征性游戏阶段的儿童的认知处于感知运动阶段。　　　　　　　　　　　　　　　　　　　（　　）

参考答案及解析

一、单项选择题

1.【答案】A。解析:练习性游戏阶段是个体游戏发展的最初阶段,相对于认知发展的感知运动阶段。

2.【答案】A。解析:游戏过程中的儿童语言具有两种形态:游戏语言和角色语言。

二、判断题

1.【答案】×。解析:游戏过程中,儿童情绪体验的性质往往决定了游戏过程的创造性、积极性和主动性。

2.【答案】×。解析:象征性游戏阶段的儿童的认知处于前运算阶段,语言已经获得并有很大发展,具体形象思维占主导地位。

本部分内容共分为八章，主要介绍了学习理论、学习方式与特点、学习动机、学习迁移、问题解决与创造性学习、个别差异、学习评价等相关理论知识。

本部分内容主要考查的题型包括单项选择题、多项选择题、判断题。

根据对往年考题的分析与总结，第二章学前儿童学习与学习理论、第四章学前儿童的学习动机、第五章学前儿童的学习迁移是重点考查内容。

第三部分 学前教育心理学

第一章 学前教育心理学概述

考情分析

本章内容以识记、理解为主,会以单项选择题的形式进行考查。其中学前教育心理学的研究原则与方法是重点考查内容。

学习目标

1.识记学前教育心理学的研究原则与方法。
2.理解学前教育心理学的发展历程。

第一节 学前教育心理学学科概述

一、学前教育心理学的学科性质和任务

考点1 学前教育心理学的学科性质

学前教育心理学是一门主要研究学前儿童学习的规律与特征,以及教师如何有效开展教育教学活动,促进儿童的学习与发展等问题的交叉学科。

从研究内容和研究方法上看,学前教育心理学与幼儿教育心理学体系基本一致。两者的区别主要在于研究对象略有不同。学前教育心理学的研究对象更广泛些,包括0~6岁的学前儿童;幼儿教育心理学的研究对象主要是3~6岁的幼儿。

考点2 学前教育心理学的任务

学前教育心理学的主要任务包括以下几点。
(1)揭示学前儿童学习特点与有效教学的规律。
(2)形成有中国特色的学前教育心理学理论。
(3)科学指导幼儿园教师的教学实践。

二、学前教育心理学的研究原则与研究方法

考点1 学前教育心理学的研究原则

1.客观性原则

客观性原则是指学前教育心理学研究要贯彻实事求是的精神,即根据学前教育心理现象的本来面貌来研究其本质、规律与机制。采取实事求是的态度、遵循客观性原则是进行学前教育心理学研究的前提条件。

2.发展性原则

学前教育心理学研究心理活动的变化规律的过程是动态的。学前教育心理学必须在动态的过程中研究教育情境中师幼的心理特征及其间的相互作用关系。教师也应以发展的观点对待学前儿童,在发展的动态过程中影响受教育者。

3.实践性原则

实践性原则是指学前教育心理学的研究应从学前教育实践的需要出发,研究的课题应来源于实践,研究过程要紧密结合实践,研究成果要接受实践检验并服务于实践。

4.教育性原则

学前教育心理学研究要贯彻教育性原则,严禁有损儿童身心健康发展的不道德研究。研究者在研究的选题、方法和程序的使用上不应损伤被试儿童的身心发展。学前儿童的身心处在迅速发展时期,可塑性极强,消极的刺激可能给他们的发展带来终身的伤害。

考点2　学前教育心理学的研究方法

学前教育心理学的研究方法有多种,如观察法、测量法、实验法、访谈法、问卷法、作品分析法等。这里介绍三种常用方法。

1.观察法

观察法就是有目的、有计划地观察学前儿童在自然生活条件下心理活动的外部表现,如语言、动作、表情等,并根据观察结果来判断他们的心理发展水平和规律。

2.实验法

实验法包括实验室实验法和自然实验法。实验室实验法是指在特定的实验室内借助专门的实验仪器,控制一定的条件,探索自变量和因变量之间关系的一种研究方法。自然实验法是指实验者按照研究的目的,有计划地在学前教育教学过程中,控制或变更某些条件,从而研究处于这种条件下,学前儿童心理活动和心理发展规律的一种研究方法。

3.访谈法

访谈法是通过与学前儿童谈话,了解学前儿童心理现象的方法。例如,可以和学前儿童进行"我喜欢的老师以及为什么喜欢"的谈话,从中了解学前儿童心目中模范老师的样子。

第二节　学前教育心理学的发展历程

学前教育心理学作为新兴的学科,经历了一个漫长的发展过程。其发展过程主要包括以下三个阶段。

一、萌芽时期(十八世纪初至二十世纪四五十年代)

十八世纪初至二十世纪四五十年代是学前教育心理学的萌芽时期。在这一时期,学前教育心理学尚未成为一门独立的学科。这一时期的特点是学前教育心理学的思想散见于一些学者的著作和研究中,学者们主要从幼儿心理发展的角度来思考学前教育,未能摆脱发展心理学、学前心理学的痕迹。在学前教育心理学萌芽时期有三位主要代表人物,即法国的卢梭、德国的福禄贝尔和意大利的蒙台梭利。

表3-1-1　学前教育心理学萌芽时期的代表人物及其主要思想和突出贡献

代表人物	主要思想	突出贡献
卢梭	学前教育必须符合儿童的年龄特点与学习特点，让儿童顺其自然地发展才是最好的教育	（1）其著作《爱弥儿》被誉为"儿童宪章和儿童权利宣言"。 （2）关于婴幼儿心理发展与教育的论述，可以看作最早的学前教育心理学思想
福禄贝尔	强调幼儿期在人生发展过程中的独立地位，认为学前教育应以游戏为基础，让儿童的内在需要和愿望在生动活泼的游戏中得到满足，并专门为幼儿设计了一套玩具——恩物	（1）福禄贝尔于1837年创建了一所学前教育机构，并于1840年正式将其命名为"幼儿园"。这是世界上第一所幼儿园。 （2）由福禄贝尔确立的"游戏是幼儿园教育活动的基本形式"这一教育原则已成为研究学前儿童教育心理的重要理论依据
蒙台梭利	认为儿童不是被动、消极地接受环境的刺激与影响，而是积极、主动地与环境发生相互作用。因此，教师必须为儿童创造一个能激发其主动性的"有准备的环境"	（1）1907年创办了"儿童之家"。 （2）重视幼儿（3~7岁）的感官教育，认为这一时期既是感觉运动能力发展的敏感期，也是感受活动和智能互相关联形成的时期。 （3）其思想为学前教育心理学的发展提供了理论基础

二、初创时期（二十世纪六十年代至八十年代）

二十世纪六十年代至八十年代，学前教育在世界范围内受到普遍重视，获得了前所未有的高速发展。这一时期被称为学前教育心理学的初创时期。在这一时期，教育学者与心理学者更加关注学习在儿童发展与教育中的重要地位，各种学前教育方案层出不穷。

考点1　直接教学方案

二十世纪六十年代，贝雷特和英格曼依据行为主义学派的学习理论与原则，创建了贝-英学前教育方案，在此基础上又提出了直接教学模式。他们认为，学习是学习者在某种特定情境中由经验引起的行为上的持久改变。直接教学模式特别针对处境不利（主要指家庭经济条件差）的儿童，为其提供早期补偿教育。

考点2　认知主义教育方案

美国威斯康星大学实验幼儿园的"奥苏伯尔方案"，是以认知学习理论为基础的学前教育方案的代表。事实上，"奥苏伯尔方案"的基础是三种认知学习理论：一是奥苏伯尔的有意义学习理论，二是布鲁纳的发现学习理论，三是皮亚杰的发展理论。但它主要受奥苏伯尔的意义学习理论的影响，认为学前阶段儿童习得基本概念，必须通过概念形成与概念同化这两个过程来完成。

考点3　建构主义教育方案

建构主义有多种流派。其中，以皮亚杰的个人建构主义学习理论为基础的学前教育方案主要有两种。一种是凯米-德芙里斯的学前教育方案。这一方案虽然定型较晚，直至1987年才在芝加哥、休斯敦、阿拉巴马等地的公立与私立学前教育机构中实施，但被认为是比较正统的，而且是唯一被皮亚杰本人认可的建构主义学前教育模式。另一种是海伊斯科普学前教育方案。海伊斯科普学前教育方案从皮亚杰建构主义学习理论中提取了两个最重要的原则:个体智能的发展有可预见的序列,儿童逻辑推理的发展与其认知结构密不可分。儿童学习与发展不是通过教师的直接教授获得的,而是儿童自主、积极建构的过程。

可见,在初创期,学前教育心理学已转向对儿童学习心理的关注。

三、发展时期(二十世纪八十年代至今)

二十世纪八十年代,学前教育心理学由一个研究领域逐渐成熟为一门独立的学科。1982年,日本学者若井邦夫等撰写了《学前教育心理学》一书,较为全面地阐述了学前儿童学习与教育的问题。我国在近些年也出版了《学前教育心理学》等多本相关著作,标志着学前教育心理学的迅速发展。

考点1　对早期教育价值的新认识

二十世纪九十年代以来,随着脑科学对早期人脑发展及其影响机制研究的不断突破,早期教育及其价值备受关注。研究发现,学前儿童的学习与发展存在关键期。在关键期内,学前儿童学习某些知识经验或形成某种行为比较容易。如果错过了这一时期,在较晚的阶段弥补则非常困难,甚至是不可能的。

个体发展的关键期又与脑发育的关键期有着密切联系。在幼儿期,脑的发展也最为迅速有效。脑的结构和技能在幼儿期的发展并非处于一种纯粹的自然状态,而是在很大程度上受环境和教育的影响与制约,特别是早期环境、教育和经验对儿童大脑发育有着深远影响。

考点2　对学前儿童学习特点的新发现

近年来,现代心理学不断取得新进展,特别是人本主义学习理论、建构主义学习理论、后现代主义心理学理论的转向,使人们对学前儿童学习特点的认识也日趋深入。对于儿童是一个什么样的学习者、儿童学习的主要方式、儿童学习的条件、儿童学习的环境、儿童学习的个体差异等已经形成了较为一致的认识。

(1)什么样的学习者。儿童是主动的学习者。他们从直接接触的客体、社会经验以及文化传承中,主动建构对周围世界的认识。

(2)学习的方式。游戏是儿童学习及发展情绪、认知与社会能力的重要方式。游戏使儿童有机会了解世界,在游戏中与人互动、表达与控制情绪、发展想象力。

(3)学习的条件。儿童处于安全的环境和受重视的群体中,才能获得最佳的发展与学习。教师要为儿童创设健康、安全的物质与心理环境,教师要与儿童建立良好的师幼关系。

(4)学习的环境。儿童在日常生活情境中,通过体验与主动参与,学习效果最佳。儿童的学习以行为实践为主,而不是依靠对文字符号的简单识记。

(5)学习的个体差异。儿童的学习存在个体差异。不同的儿童有不同的认知与学习方式。

强 化 练 习

一、填空题

1.学前教育心理学的萌芽时期是在_____。

2.美国威斯康星大学实验幼儿园的"奥苏伯尔方案"是以_____为基础的学前教育方案的代表。

3.敏感期的概念是由_____提出来的。

4.直接教学方案是由_____创立的。

5.卢梭的_____被誉为"儿童宪章和儿童权利宣言"。

6.福禄贝尔认为幼儿园教育活动应以_____为基本形式。

二、简答题

简述我国学前教育心理学的任务。

参考答案及解析

一、填空题

1.【答案】十八世纪初至二十世纪四五十年代

2.【答案】认知学习理论

3.【答案】蒙台梭利

4.【答案】贝雷特和英格曼

5.【答案】《爱弥儿》

6.【答案】游戏

二、简答题

【参考答案】

（1）揭示学前儿童学习特点与有效教学的规律。

（2）形成有中国特色的学前教育心理学理论。

（3）科学指导幼儿园教师的教学实践。

第二章　学前儿童学习与学习理论

考情分析

本章内容以识记、理解为主,主要以单项选择题、判断题的形式进行考查。其中斯金纳的操作性条件作用理论的基本规律是重点考查内容。

学习目标

1.理解学习的概念,识记加涅和奥苏伯尔关于学习的分类。

2.理解桑代克的学习规律、巴甫洛夫的经典性条件作用理论的基本规律以及斯金纳的操作性条件作用理论的基本规律。

3.理解布鲁纳的认知–发现学习理论和奥苏伯尔的有意义接受学习理论。

4.理解建构主义学习理论的几种教学方式。

5.理解马斯洛与罗杰斯的学习理论的基本内容。

第一节　学习概述

一、学习的含义

1.广义的学习

广义的学习是指个体由于经验而产生的行为或行为潜能的相对持久的变化,包括动物的学习和人类的学习。这个定义包括以下几个要点。

第一,学习使个体的行为或行为潜能发生了变化。行为的变化是外显的,可以被观察到的;而行为潜能的变化则往往是内隐的,不能立即在当前行为中表现出来。

第二,学习所引起的行为或行为潜能的变化是相对持久的。

第三,学习是由反复经验引起的。

2.狭义的学习

狭义的学习是指人类的学习。人类的学习与动物的学习有本质的区别:一是人类不但要在社会实践中形成个体的直接经验,还要掌握人类社会积累的文化知识,形成各种间接经验;二是人类的学习是以语言为中介,通过人际交往活动而实现的;三是人类的学习是自觉的、有目的的、积极主动的过程。

二、学习的分类

考点1　加涅关于学习的分类

1.加涅的学习层次分类

美国心理学家加涅早期根据学习情境由简单到复杂、学习水平由低级到高级的顺序,把学习分为八类。

（1）信号学习

信号学习是指学习对某种信号刺激做出一般性和弥散性的反应。这类学习属于巴甫洛夫的经典条件反射。

（2）刺激－反应学习

刺激－反应学习是指学习使一定的情境或刺激与一定的反应相联结，并得到强化，学会以某种反应去获得某种结果。这类学习属于桑代克和斯金纳的操作性条件反射。

（3）连锁学习

连锁学习是指学习联合两个或两个以上的刺激－反应动作，以形成一系列刺激－反应动作。各种动作技能的形成，都离不开这类学习。

（4）言语联结学习

言语联结学习是指形成一系列的言语单位的联结，即言语连锁化。

（5）辨别学习

辨别学习是指学习一系列类似的刺激，并对每种刺激做出适当的反应。

（6）概念学习

概念学习是指学会认识一类事物的共同属性，并对同类事物的抽象特征做出反应。例如，将猫、狗、鼠等概括为"动物"，就是概念学习。

（7）规则或原理学习

规则或原理学习是指学习两个或两个以上概念之间的关系。

（8）解决问题学习

解决问题学习是指学会在不同条件下，运用规则或原理解决问题，以达到最终的目的。

2.加涅的学习结果分类

加涅根据学习结果的不同，把学习分为五种。

（1）言语信息的学习

言语信息的学习是指对有关事物的名称、时间、地点、定义以及特征等方面的事实性信息的学习，即掌握以言语信息传递（通过言语交往或印刷物的形式）的内容，学习结果是以言语信息表现出来的。这一类学习通常是有组织的，学习者得到的不仅是个别的事实，而且是根据一定的教学目标获得的许多有意义的知识，使信息的学习和意义的学习结合在一起，构成系统的知识。

（2）智慧技能的学习

智慧技能的学习是指运用符号或概念与环境进行交互作用的能力的学习。言语信息的学习帮助学生解决"是什么"的问题；而智慧技能的学习要解决"怎么做"的问题，用以对外界的符号、信息进行加工处理。

（3）认知策略的学习

认知策略的学习是指调控自己的注意、记忆和思维等内部心理过程的技能的学习。认知策略具有调控执行过程的功能，能激活和改变其他的学习过程。认知策略与智慧技能的不同在于智慧技能指向学习者的外部环境，而认知策略则支配着学习者在应对环境时其自身的行为，即"内在"的东西。

（4）态度的学习

态度的学习是指影响个人对人、事、物采取行动的内部状态。加涅提出三类态度：①对家庭和其他社会关系的认识；②对某种活动所伴随的积极的情感，如音乐、阅读、体育锻炼等；③有关个人品德的某些方面，如爱国家，关心社会需要和社会目标，尽公民义务的愿望等。

（5）动作技能的学习

动作技能的学习是指通过身体动作质量的不断改善而形成的整体动作模式的学习，如体操技能、写字技能、作图技能、操作仪器技能等。它也是能力的一个组成部分。

美国心理学家奥苏伯尔强调有意义的接受学习,强调对学校情境中的学生学习进行研究。奥苏伯尔从两个维度对认知领域的学习进行了分类,如表3-2-1所示。

表3-2-1　奥苏伯尔的学习分类

分类依据	学习类型	含义
学习材料与学习者原有知识的关系	机械学习	学习者并未理解符号所代表的知识,只是依据字面上的联系,记住某些符号的词句或组合,死记硬背
	有意义学习	符号所代表的新知识与学习者认知结构中已有的适当观念建立起非人为的、实质性的联系
学习进行的方式	接受学习	教师把学习内容以定论的形式传授给学生。对学生来讲,学习不包括任何发现,只需要把学习内容与自己已有的知识相联系
	发现学习	学习的内容不是以定论的形式教给学生,而是由学生自己先从事某些心理活动,发现学习内容,然后再把这些内容与已有知识相联系。因此,发现学习和接受学习的根本区别在于学生在将新旧知识相联系之前,是否有一个发现的过程

从学习内容看,我国学者将学习分为知识学习、技能学习、道德品质或行为习惯的学习。

1.知识学习

知识学习即知识的掌握,是指通过一系列心智活动来接受和运用知识,在头脑中建构起相应的认知结构的过程。

2.技能学习

技能学习是指通过学习或联系,建立合乎法则的活动方式的过程。

3.道德品质或行为习惯的学习

道德品质或行为习惯的学习是指把外在于主体的行为要求转化为主体内在的行为需要的过程。

第二节　行为主义学习理论

行为主义学习理论的主要代表人物是桑代克、巴甫洛夫、斯金纳和班杜拉等。该学习理论的核心观点是学习过程是有机体在一定条件下形成刺激与反应的联结从而获得新的经验的过程。由于行为主义强调刺激-反应的联结,故而属于联结派学习理论。从桑代克的"试误说"到巴甫洛夫的经典性条件作用理论再到斯金纳的操作性条件作用理论,从通过情境刺激、反应与强化直接形成联结获得经验的条件作用理论,到通过观察间接形成联结获得经验的观察学习理论,行为主义学习理论的发展逐步完善。

一、桑代克的联结主义理论

桑代克是美国心理学家、动物心理学的开创者,也是心理学联结主义的建立者和教育心理学体系的创始人。他使教育心理学从教育学和儿童心理学中分化出来,成为一门独立的学科。因此,他被称为教育心理学的奠基人。

考点1 桑代克的联结主义理论的基本内容

桑代克联结主义理论的基本观点集中在对学习实质、学习过程和学习规律的认识上。他通过"饿猫开笼取食"实验,提出了学习的联结-试误说,联结公式为S-R。桑代克的联结主义理论是教育心理学史上第一个较为完整的学习理论。其主要观点如下。

（1）学习的实质就在于形成刺激与反应之间的联结。刺激与反应之间的联结是直接的,并不需要中介的作用。

（2）学习的过程是一种渐进的、盲目的、尝试错误的过程。在此过程中随着错误反应逐渐减少,正确反应逐渐增加,最终在刺激与反应之间形成牢固的联结。后人也称这种理论为尝试错误论,简称"试误说"。

━━━━━◆◆◆ 知识拓展 ◆◆◆━━━━━

"饿猫开笼取食"实验

实验中,桑代克让一只饥饿的猫学会打开迷笼的门,逃出迷笼并取得笼外的食物。他将饥饿的猫放入迷笼之中,并在迷笼之外,即饥饿的猫触碰不到的地方放置食物。饿猫刚刚进入迷笼时,乱叫乱抓。后来,偶然的机会,饿猫触动了开门设施,得以出逃并取得食物。在以后的实验中,饿猫在迷笼中尝试开门的错误和盲目动作随尝试次数的增加而逐步减少。直至最后,一放入迷笼之中,饿猫就会触动开门的机关,出逃并取食。

考点2 桑代克的学习规律

桑代克提出了学习的主律和副律。学习的主律有三条:准备律、练习律、效果律。

1.准备律

准备律是指学习者在学习开始时的预备定势。学习者如果有某种反应行为的预备性倾向,当他做出了这种活动时,他就会有满意感;假如不让他做出这种行为,他就会产生烦恼。学习者没有准备而被强制做出某种活动时也会有烦恼感。

2.练习律

刺激与反应之间的联结会由于重复或练习而加强;反之,联结力量会减弱。对于已经形成的某刺激与某反应的联结,正确地重复这一反应会增强这一联结。也就是说,重复应用一种受到奖励的正确反应可以增强这个联结的力量,经常不用则导致这一联结减弱或遗忘。

3.效果律

刺激和反应之间的联结可因应用和满足而加强,也可因失用和烦恼而减弱。

学习的副律有五条:多重反应原则、倾向和态度原则、选择性原则、同化或类化的原则、联想交替原则。

考点3 桑代克的联结主义理论在学前教育中的运用

1.试误过程是学前儿童学习的必要途径

桑代克认为,学习必须经历问题—试探—偶然成功—淘汰与选择—整合与协调的练习过程,才能建立刺激与反应的联结。因此,对学前儿童试误学习的最好支持就是为学前儿童提供动手、动口机会,让他们经历试误的完整过程。学前儿童在这个过程中学习发现问题,进行探索,在不同的可能中选择,最后达到解决问题、增长见识的目的。让学前儿童经历这个过程,比只告诉他们知识要点和答案要有意义得多。因此,试误过程是学前儿童学习的必要途径。

2.诱发学习动机是使学前儿童自然投入学习的前提

根据准备律,要使儿童进入学习状态,首先要激发他们的学习动机。需要是动机的本质内容。学前儿童最重要的需要有安全的需要、寻求关注的需要、活动玩耍的需要、满足好奇心的需要等。教师可以设置外部吸引条件,如学习内容有新异性、活动性、变化性,通过满足儿童好奇心和玩耍的需要,吸引儿童自然进入学习状态;对善于动脑筋想办法的儿童表示赞赏,对出错的儿童多加鼓励,通过满足他们寻求关注和心理安全的需要,把儿童的积极性引向学习。

3.外部鼓励是学前儿童维持学习的重要条件

学前儿童的学习在效果律上表现得很明显,他们的学习常常受行为的结果影响。比如,堆沙堡、搭积木时如果顺利,他们就会乐此不疲;如果总是垮塌,他们就会失去兴趣。试误学习有许多未知数,不能保证必然成功,而试误学习的意义和魅力正在于此。所以教师要特别注意在学前儿童的试误学习过程中,善于使用奖励或表扬等方式来肯定他们良好的学习行为,否则他们很容易放弃学习。

4.课堂延伸是学前儿童巩固学习的重要手段

根据练习律,教师可通过课堂延伸,引导学前儿童在课后对学过的知识进行巩固操练。

二、巴甫洛夫的经典性条件作用理论

巴甫洛夫是俄国生理学家,也是最早提出经典条件反射的人,于1904年获得诺贝尔奖。

考点1　巴甫洛夫的经典性条件作用理论的基本内容

巴甫洛夫最早通过精确的实验对条件反射进行了研究。在研究狗的消化腺的分泌变化时,他发现消化腺分泌的多少与外在刺激的性质和出现的时间有密切关系,并且当铃声和喂食反复多次配对呈现后,只给狗听铃声,不呈现食物,狗也会分泌唾液。其中食物被称为无条件刺激,由食物引起的唾液分泌称为无条件作用;铃声原来是一种中性刺激,和食物在时间上多次结合后,成了条件刺激;铃声和唾液分泌之间建立了一种新的联系,称为条件作用。一个原是中性的刺激与一个无条件刺激相结合,使动物学会对那个中性刺激做出反应。

－－－－－－◆ 知识拓展 ◆－－－－－－

"狗的唾液分泌"实验

在实验中,巴甫洛夫将狗置于经过严格控制的隔音实验室内,食物通过遥控装置可以送到狗面前的食物盘中,狗的唾液分泌量通过仪器可以随时测量并记录。实验开始后,首先向狗呈现铃声刺激,铃响半分钟后便给予食物,然后观察并记录狗的唾液分泌反应。当铃声与食物反复配对呈现多次以后,单独呈现铃声,发现狗也能做出唾液分泌反应。这说明狗对铃声建立了条件反射。

考点2　巴甫洛夫的经典性条件作用理论的基本规律

1.获得与消退

(1)获得

条件反射的获得是指条件刺激(如铃声)反复与无条件刺激(如食物)相匹配,使条件刺激获得信号意义的过程,即条件反射建立的过程。

(2)消退

条件反射的消退是指在条件反射形成后,如果条件刺激重复出现多次而没有无条件刺激相伴随,则条件反应会变得越来越弱,并最终消失。

2.泛化与分化

(1)泛化

泛化是指人和动物一旦学会对某一特定的条件刺激做出条件反应以后,其他与该条件刺激相类似的刺激也能诱发其条件反应。例如,曾经被一条大狗咬过的人,看见非常小的狗也可能产生恐惧。

（2）分化

分化是指通过选择性强化和消退使有机体学会对条件刺激和与条件刺激相类似的刺激做出不同的反应。例如，为了使狗能够区分圆形和椭圆形光圈，只在圆形光圈出现时才给予食物强化，而在呈现椭圆形光圈时不给予强化，那么狗便可以学会只对圆形光圈做出反应而不理会椭圆形光圈。

泛化和分化是互补的过程。泛化是对事物的相似性的反应，分化则是对事物的差异性的反应。泛化能使我们的学习从一种情境迁移到另一种情境。分化则能使我们对不同的情境做出不同的恰当反应，从而避免盲目行动。

考点3　巴甫洛夫的经典性条件作用理论在学前教育中的运用

1.把学习任务与积极、快乐的事件相联结

在幼儿园的教育教学过程中，通过教师的引导，如果学前儿童能够把要学习的任务和玩具、贴小红花、游戏等快乐的事件联系起来，那么他们在学习过程中就会很愉快，也很容易接受教师的教育，获取相关的知识，形成良好的行为习惯。

2.帮助学前儿童认识情境和事物的差异性与相似性，对客观事物形成正确的认识和判断

幼儿园教师要帮助学前儿童认清情境和事物的差异性和相似性，对客观事物形成正确的认识和判断，避免产生不必要的消极泛化。例如，一名幼儿在幼儿园因与其他小伙伴玩耍、打闹，受到教师的严厉斥责，此后该幼儿不仅害怕与其他幼儿玩耍，而且连进入幼儿园都感到害怕。显然，该幼儿已产生了消极的泛化，把上幼儿园和受到教师的斥责形成了联结。因此，针对学前儿童学习活动上的不适当行为，教师不要采用过于强烈的批评、惩罚、刁难、讽刺等刺激手段，以免使学前儿童产生恐惧、紧张、惊慌的情绪而导致各种障碍。

三、斯金纳的操作性条件作用理论

斯金纳是美国心理学家，新行为主义学习理论的创始人。他提出了有别于巴甫洛夫的经典条件作用的另一种条件作用，并将两者做了区分，在此基础上提出了自己的行为主义理论——操作性条件作用理论。

考点1　斯金纳的操作性条件作用理论的基本内容

斯金纳认为所有行为都可分为两类：应答性行为和操作性行为。应答性行为是由已知的刺激引起的，正如巴甫洛夫的经典性条件作用的行为，有机体被动地对环境刺激做出反应。而操作性行为则是由有机体自身发出的，最初是自发的行为，如吹口哨、站起来、小孩儿丢掉一个玩具又拿起一个玩具等，这些行为由于受到强化而成为特定情境中随意的或有目的的操作。有机体主动地进行这些操作作用于环境，以达到对环境的有效适应。相应地，他把条件作用也分为两类：应答性条件作用（即经典性条件作用）和反应性条件作用（即操作性条件作用）。经典性条件作用是刺激（S）-反应（R）的联结，反应是由刺激引起的；而操作性条件作用则是操作（R）-强化（S）的过程，重要的是跟随操作后的强化（即刺激）。

操作性条件作用理论是根据斯金纳用自己发明的一种学习装置"斯金纳箱"做的经典实验提出来的。斯金纳通过"白鼠按压杠杆"实验发现，有机体做出的反应与其随后出现的刺激条件之间的关系对行为起着控制作用，能影响以后反应发生的概率。他认为，学习实质上是一种反应概率上的变化，而强化是提高反应概率的手段。如果一个操作（自发反应）出现以后，后面跟有强化刺激，则该操作的概率就提高；已经通过条件作用强化了的操作，如果出现后不再跟有强化刺激，则该操作的概率就降低，甚至消失。这就是操作性条件反射的基本过程。

"白鼠按压杠杆"实验

实验中,斯金纳往箱内装上一个杠杆,杠杆与一个提供食丸的装置连接。他将饥饿的白鼠关在箱内,白鼠在不安地乱跑过程中偶然压到了杠杆,供丸装置中的食丸会自动滚到食盘内,白鼠吃到了食丸。以后白鼠多次通过按压杠杆得到了食丸。由于食物强化了白鼠按压杠杆的行为,因此白鼠后来按压杠杆的频率迅速上升。

◆━━ 备考锦囊 ━━◆

表3-2-2　经典性条件作用与操作性条件作用的比较

比较范畴	经典性条件作用	操作性条件作用
主要代表人物	巴甫洛夫	桑代克、斯金纳
行为	应答性行为（无意的、情绪的、生理的）	操作性行为（有意的）
顺序	行为发生在刺激之后	行为发生在刺激之前
学习的发生	中性刺激与无条件刺激的匹配	行为后果影响随后的行为
示例	幼儿将活动（开始是中性的）与教师的热情联结在一起,于是活动能引发幼儿的积极情绪	幼儿回答问题后,受到表扬,于是回答问题的次数增加

考点2　斯金纳的操作性条件作用理论的基本规律

1.强化

强化是一种操作,其作用在于改变同类反应在将来发生的概率。强化物则是一些刺激物,它们的呈现或撤除能够增加反应发生的概率。

（1）正强化和负强化

呈现愉悦性刺激以提高反应概率的过程即正强化,如儿童做对了某件事后得到成人的物质奖励或表扬。取消厌恶性刺激以提高反应概率的过程即负强化,如儿童因有改正错误的行为表现,所以家长取消了限制儿童看电视的禁令。无论正强化还是负强化,其最终目的都是提高反应的概率。

考题再现

【2018·怀化溆浦·判断】原来被老师禁止和小朋友们一起玩游戏,现在解除这种令人不愉快的刺激。这属于正强化。　　　　　　　　　　　　　　　　　　　　　　　　　　　　　　　　（　　）

【答案】×。解析:教师解除令人不愉快的刺激,体现了负强化。

（2）一级强化和二级强化

一级强化满足人和动物的基本生理需要,如食物、水、安全、温暖与性等。二级强化是指任何一个中性刺激与一级强化反复结合后,自身获得强化效力。其可分为社会强化（如拥抱、微笑等）、信物（如钱、奖品等）和活动（如玩游戏、听音乐等）。

（3）普雷马克原理

普雷马克原理最早由普雷马克提出,是指利用频率较高的活动来强化频率较低的活动,从而促进低频活动的发生,如"你吃完这些蔬菜,才可以吃甜点"。

（4）强化程式

强化程式是指反应受到强化的时机和频次。强化程式可分为连续强化程式与间隔强化程式。间隔强化程式根据时间和比率、固定和可变两个维度组合出四种强化程式。强化程式的分类情况如表3-2-3。

表3-2-3　强化程式的分类情况

程式		定义	示例	反应建立方式	强化终止后的反应
连续强化		给予每个反应强化	一开灯就亮	迅速学会反应	反应迅速消失,毫无持续性
间隔强化	定时强化	固定时段后给予强化	按时发工资	随强化时间的临近,反应数量迅速增加,强化后反应数量骤减	反应具有很短的持续性,当强化时间过去不再出现强化物时,反应速度迅速降低
	定比强化	固定反应次数后给予强化	计件工作	反应建立迅速,强化后反应会暂停	反应具有很强的持续性,当达到预期的反应数而不再有强化物时,反应速度降低
	变时强化	不定时给予强化	随堂测验	反应建立缓慢、稳定,强化后反应不会暂停	反应具有更强的持续性,反应降低的速度缓慢
	变比强化	在不定反应次数后给予强化	买彩票、老虎机	反应建立迅速,强化后反应几乎不会暂停	反应具有最强的持续性,一直保持很高的水平,不会消失

2.逃避条件作用与回避条件作用

逃避条件作用和回避条件作用都属于负强化的条件作用类型。

（1）逃避条件作用

当厌恶刺激出现时,有机体做出某种反应,从而逃避了厌恶刺激,则该反应在以后的类似情境中发生的概率就会增加,这类条件作用称为逃避条件作用。它揭示了有机体是如何学会摆脱痛苦的。在日常生活中,逃避条件作用也不乏其例。如看见路上的垃圾后绕道走开,感觉屋内人声嘈杂时暂时离开屋子等。

（2）回避条件作用

当预示厌恶刺激即将出现的刺激信号呈现时,有机体也可以自发地做出某种反应,从而避免了厌恶刺激的出现,则该反应在以后的类似情境中发生的概率便增加,这类条件作用称为回避条件作用。它是在逃避条件作用的基础上建立的,是个体在经历过厌恶刺激的痛苦之后,学会了对预示厌恶刺激的信号做出反应,从而免受痛苦。

3.消退

消退是指有机体做出以前曾被强化过的反应,如果在这一反应之后不再有强化物相伴,那么此类反应在将来发生的概率便降低。在操作性条件作用中,无论是正强化的奖赏,还是负强化的逃避与回避条件作用,其作用都在于增加某种反应在将来发生的概率,以达到塑造行为的目的。消退则不然,消退是一种无强化的过程,其作用在于降低某种反应在将来发生的概率,以达到消除某种行为的目的。因此,消退是减少不良行为、消除坏习惯的有效方法。

考题再现

1.【2020·长沙岳麓·单选】教师要求学生利用业余时间完成额外的数学和阅读作业,几周后发现学生只完成数学作业,没有完成阅读任务。于是教师改变规则,只让学生在业余时间做阅读,其结果是学生在业余时间变得少做数学而多做阅读了。该教师应用了行为的（　　）来取消对完成数学作业的强化。

A.分化　　　　　　　　　　　　B.泛化

C.消退　　　　　　　　　　　　D.维持

【答案】C。解析:题干中,教师改变了做作业的规则,是利用消退取消对完成数学作业的强化,从而塑造学生在业余时间多做阅读的行为。

2.【2020·长沙浏阳·单选】某教师对喜欢打小报告的学生采取故意不理会的方式。这是一种（　　）。

A.惩罚　　　　　　　　　　　　B.正强化

C.负强化　　　　　　　　　　　D.消退

【答案】D。解析：题干中,该教师通过不理会喜欢打小报告学生的方式来抑制其行为,这是一种消退。

4.惩罚

（1）正惩罚

正惩罚是指当一个不良行为出现时,给予一个令人厌恶的刺激(如指责、批评等),以减少类似行为的发生。

（2）负惩罚

负惩罚是指当一个不良行为出现时,撤销一个令人愉快的刺激(如教师因为幼儿打架而取走他的一朵小红花),以减少类似行为的发生。

惩罚并不能使行为发生永久性的改变,只能暂时抑制行为,而不能消除行为。因此,在教育过程中,教师应多用正强化的手段来塑造儿童的良性行为,用不予强化的方法来消除消极行为,更应慎重地对待惩罚,因为惩罚只能让儿童明白什么不能做,但并不能让儿童知道什么能做和应该怎么做。

◆◆ **知识拓展** ◆◆

1.在正强化中,愉快刺激是根据具体情况来说的。如幼儿违反纪律时,教师总是发怒并大声训斥,幼儿却越来越不像话。这种情况下,幼儿行为的目的是引起教师的注意,教师的"发怒"和"训斥"正是幼儿期待的效果,因此提高了幼儿该行为的发生频率。

2.惩罚和负强化的区别:①目的不同,惩罚的目的是阻止不良行为的发生,负强化的目的是激励良好行为的发生;②实施方式不同,惩罚是当个体表现不良时使用,负强化是当正在受惩罚的个体表现好时使用;③后果不同,惩罚的结果是不愉快的,而负强化的结果是愉快的。

3.只要是强化,无论正负都会使行为发生的频率提高;只要是惩罚,无论正负,总会使行为发生的频率降低。

◆ **备考锦囊** ◆

强化、惩罚、消退三个概念是历年考试的高频考点,也是易错点。表3-2-4是对该知识点的归纳。

表3-2-4　强化、惩罚与消退的对比分析

规律		刺激物	行为发生的频率	例子
强化	正强化	给予一个愉快刺激	提高	给予表扬
	负强化	摆脱一个厌恶刺激	提高	免做家务,取消限制玩游戏的禁令
惩罚	正惩罚	呈现一个厌恶刺激	降低	关禁闭
	负惩罚	撤销一个愉快刺激	降低	禁吃KFC
消退		无任何强化物	降低	不予理会

考点3　斯金纳的操作性条件作用理论在学前教育中的运用

1.运用代币法强化矫正幼儿的行为

根据斯金纳的强化原理,一些学者提出了代币强化的方法。它适用于干预、矫正幼儿的消极学习行为。代币是一种象征性强化物,小红花、小红星、盖章、卡通贴纸、特制的塑料币等都可作为代币。当幼儿做出教师所期待的积极行为后,教师就发给他们数量相当的代币作为强化物。幼儿可以用一定数量的代币兑换喜欢的奖励物或活动。奖励虽然是塑造行为的有效手段,但是奖励的运用必须得当,否则便会强化不良行为。

2.程序教学

程序教学是将学习材料分解为有逻辑联系的"小步子"（小项目），由易到难安排好学前儿童学习的进程。它遵循操作性条件作用理论的四条原则：小步递进原则、积极反应原则、及时强化原则和自定步调原则。在程序教学过程中，学前儿童必须对每一个学习内容做出反应。如果回答正确，就会获得积极的强化，并进入下一阶段的学习；如果回答不正确，程序就提供若干有利于找出正确答案的信息，帮助学前儿童重新解决问题。"早教机"就是运用了程序教学的原理，激发学前儿童的学习兴趣，增加学前儿童学习的信心，强化其学习效果。因此，在斯金纳的倡导下，20世纪60年代，程序教学一度成为世界范围内的教学改革运动的热门话题，当前的计算机辅助教学研究也是程序教学的继续。当然程序教学也存在致命的弱点，即无视学前儿童学习的智力活动，妨碍他们的独立思考，严重影响了他们智力技能的培养。

3.掌握学习

掌握学习也可称完全学习、精熟学习，由美国心理学家布卢姆提出。它是指学习者必须掌握本阶段的学习任务，然后才能进入下一阶段继续学习。没有达到标准水平的儿童要接受额外时间的指导，直到达到标准为止。其主要目的是为接受能力较弱的儿童提供及时、额外的帮助，使他们达到较高的成绩和取得较快的进步。在接受能力较弱的儿童得到正确指导的同时，接受能力较强的儿童可以强化充实相同或相似的学习内容。

四、班杜拉的社会学习理论

班杜拉是美国心理学家，1977年《社会学习理论》一书的出版标志着班杜拉社会学习理论体系的诞生。

考点1　班杜拉的社会学习理论的基本内容

班杜拉认为，儿童社会行为的习得主要是通过观察、模仿现实生活中重要人物的行为来完成的。并且班杜拉认为，任何有机体观察学习的过程都是在个体、环境和行为三者相互作用下发生的，行为和环境是可以通过特定组织而加以改变的，三者对于儿童行为塑造产生的影响取决于当时的环境和行为的性质。

◆◆◆ 知识拓展 ◆◆◆

班杜拉经典观察实验

班杜拉将实验过程分为两个阶段，第一个阶段是让三个（A、B、C）不同班级的幼儿看三段录象。录像中的一部分内容是相同的，都是一个大孩子在一间屋子里击打一只充气玩具，接着屋子里出现了一个成人，三个班级的幼儿随后所看录像的内容就不一样了。A班幼儿看到的镜头是成人不满地在孩子的脑袋上拍打了几下，以示对孩子这种行为的惩罚；B班幼儿则看到进来的成人亲昵地摸了摸孩子的头，似乎是对孩子这种行为的赞许；C班幼儿看到成人进屋以后，既没有对孩子表示惩戒，也没有对孩子表示赞赏，只是若无其事地招呼孩子离开那间屋子。看完录像以后，实验者让三个班级的幼儿分别待在不同的教室里，里面放有一只充气玩具，观察者则在教室外观察幼儿的行为反应，结果看到B班幼儿主动攻击玩具的次数最多，C班次之，A班最少。

考点2　班杜拉社会学习的规律

1.观察学习

班杜拉特别重视观察对儿童学习的影响，他把儿童的观察学习分成了四个过程。

（1）注意过程

有机体通过观察所处环境的特征，注意到那些可以为他所知觉的线索。一般而言，儿童往往更倾向于选择那些与自身条件相类似的或者被他认可为优秀的、权威的、被得到肯定的对象作为知觉的对象。

（2）保持过程

有机体通过表象和言语两种表征系统来记住他在注意阶段已经观察到的榜样的行为，并用言语编码的方式存储在自身的信息加工系统中。

（3）复制过程（动作表征与再现过程）

有机体从自身的信息加工系统中提取从榜样情境中习得并记住的有关行为，在特定的环境中模仿。这是有机体通过自行练习使习得的不完整的、片段的、粗糙的行为得到弥补的过程，最终使一项被模仿的行为通过复制过程成为有机体自己熟练的技能。

（4）动机过程

有机体通过前面三个阶段已经基本上掌握了榜样的有关行为，但在现实生活中，个体却并不一定在任何情境中都会按照榜样的行为去反应。班杜拉认为这主要是由于"机会"或"条件"不成熟，而"机会"或"条件"的成熟与否，则主要取决于外界对此行为的强化程度。

2.自律学习

按班杜拉的社会学习理论的解释，个体在社会情境中因受别人行为表现的影响而学习到新的行为。而这一新行为的获得，需要经由观察模仿的历程。后来，班杜拉又将观察学习的意义扩大，认为个体除了在观察别人行为而产生替代学习之外，还会经由自我观察学到新的行为。自律行为的建立是20世纪70年代班杜拉研究经由自我观察而建立新行为的主题之一。班杜拉将动机阶段的意义延伸，从而发展成他的自律行为养成的三阶段历程理论。

（1）自我观察是指个人对自己行为的观察。

（2）自我评价是指个人经自我观察后，按照自己所定的行为标准评判自己的行为。

（3）自我强化是指个人按自定标准评判过自己的行为之后，在心理上对自己的行为做出的奖励或惩罚。

3.强化

班杜拉将强化分为三类：直接强化、替代性强化和自我强化。

（1）直接强化

直接强化是指个体做出反应并体验自己反应后果而受到的强化。

（2）替代性强化

替代性强化是指个体因看到榜样的行为被强化而受到的强化。

（3）自我强化

自我强化是指个体能观察自己的行为，并根据自己的标准进行判断，由此强化或惩罚自己。

考点3　班杜拉的社会学习理论在学前教育中的运用

1.注意周围榜样的影响，为儿童树立有吸引力的榜样

儿童时时刻刻都可能处在观察学习之中。儿童具有好奇心强和喜欢尝试的特点，具有新异性和夸张性的事物容易吸引儿童去模仿，如小丑、恶作剧、反面角色、危险动作等。所以，成人应该根据儿童的年龄特征，为他们树立健康、积极、有吸引力的学习榜样。

2.遵循榜样学习的心理过程，提高榜样学习的效果

遵循观察学习的四阶段原理，在引导儿童向榜样学习时，首先要组织他们的注意，使榜样及其行为进入他们的视线，接着要帮助儿童借助形象或语词的方式记住榜样行为的要点，再通过实际操作保证儿童有体力和技能做出与榜样相同的行为，并且创设条件，让儿童有机会在实际情境中做出这种行为。

3.注意使用三种强化措施，以自我强化为终极目标

对于儿童而言，对其行为的直接强化，能够使他预期到自己的行为可能受到奖励；对其进行替代强化，使他因看到榜样的行为受强化而受到鼓舞。这些都是激励儿童做出良好行为不可缺少的外部诱因。但人的行

为走向成熟的标志之一是摆脱外部奖惩的控制，行为受自己内心左右，所以在使用直接强化和替代强化的同时，要注意引导儿童自我强化，如引导儿童对自己说"我做得很好""我喜欢自己"等。

4. 防止儿童获得习得性无助，增强儿童自我效能感

习得性无助是后天形成的，往往与养育他的成人有密切的关系。父母和教师对儿童的一些不经意的言语、态度、行为都可能会让儿童获得习得性无助。儿童天生就是积极的、喜欢尝试的。如果儿童的每一次尝试，成人都报以厉声呵斥，久而久之，儿童对自己要做的事情就变得不自信了，从而自我效能感降低。因此，父母和教师应多鼓励儿童，防止儿童获得习得性无助，增强儿童自我效能感。

第三节　认知主义学习理论

认知主义学习理论是在行为主义学习理论基础上发展起来的。认知主义学习理论认为，学习不是在外部环境的支配下被动地形成S–R联结，而是主动地在头脑内部构造认知结构；学习不是通过练习与强化形成反应习惯，而是通过顿悟与理解获得期待；有机体当前的学习依赖于他原有的认知结构和当前的刺激情境，学习受主体的预期引导，而不是受习惯所支配。认知主义学习理论主要包括格式塔学派的学习理论、托尔曼的符号学习理论、布鲁纳的认知–发现学习理论、奥苏伯尔的有意义接受学习理论等。

一、格式塔学派的学习理论（苛勒的完形–顿悟说）

格式塔心理学家苛勒曾在1913—1917年，对黑猩猩的问题解决行为进行了一系列的实验研究，从而提出了完形–顿悟学说。其主要包括以下两方面的内容。

1. 学习是通过顿悟过程实现的

苛勒认为，学习是个体利用本身的智慧与理解力对情境与自身关系的顿悟，而不是动作的积累或盲目的尝试。顿悟是以对整个问题情境的突然领悟为前提的。

2. 学习的实质是在主体内部构造完形

完形是一种心理结构，是在机能上相互联系和相互作用的整体过程，是对事物关系的认知。学习过程是一个不断进行结构重组，不断构建完形的过程。

---◆▶ 知识拓展 ◀◆---

"黑猩猩顿悟"实验

在苛勒的黑猩猩问题解决的系列实验中，他把黑猩猩置于笼内，笼外放有香蕉，香蕉与笼子之间放有木棒。对于简单的问题，只要使用一根木棒便可获取香蕉，复杂的问题则需将两根木棒接在一起（一根木棒可以插入另一根木棒），方能获取香蕉。在复杂的问题情境中，黑猩猩最初用两根竹竿来回试着拨香蕉，但都拨不着，后来无意把小竹竿的末端插入了大竹竿，使两根竹竿连成了一根长竹竿，并马上拨到了香蕉。在第二天重复这一实验时，苛勒发现黑猩猩很快就能把两根竹竿连起来取得香蕉，而没有漫无目的地尝试。

二、托尔曼的符号学习理论

托尔曼从白鼠方位学习实验中提出了符号学习理论。其基本观点如下。

1. 学习的实质是期望的获得

学习是整体性和有目的性的行为。整体行为总是坚持指向一定的目标或对象，学习的目的性是人类学

习区别于其他动物学习的主要标志。期望是个体依据已有经验建立的一种内部准备状态,是通过学习而形成的关于目标的认识和期待。期望是托尔曼学习理论的核心概念。

2.学习过程是形成认知地图的过程

学习是对完形的认知,是形成认知地图的过程。托尔曼最有说服力的动物学习实验有位置学习实验和潜伏学习实验等。根据潜伏学习实验,托尔曼认为外在的强化并不是学习产生的必要因素,不强化也会出现学习。在此实验中,动物在未获得强化前学习已出现,只不过未表现出来,托尔曼称之为潜伏学习。

3.学习规律

托尔曼认为说明学习需要三种定律:①能力律,涉及学习者的特性、能力倾向和性格特点,这些决定着学习者能够成功掌握的任务与情境的类型;②刺激律,涉及材料本身所固有的条件,其各个部分的属性及其对领悟解决的帮助;③涉及材料呈现方式的定律,如呈现的频率、练习的分布、奖赏的运用等。

三、布鲁纳的认知－发现学习理论

布鲁纳是美国著名的认知教育心理学家。他主张学习的目的在于以发现学习的方式,使学科的基本结构转变为学生头脑中的认知结构。因此,他的理论被称为认知－结构论或认知－发现说。

考点1　布鲁纳的认知－发现学习理论的基本内容

1.学习的实质是主动地形成认知结构

布鲁纳认为,学习的本质不是被动地形成刺激－反应的联结,而是主动地形成认知结构。认知结构是指一种反映事物之间稳定联系或关系的内部编码系统,或者说是某一学习者的观念的全部内容与组织。学习者不是被动地接受知识,而是主动地获取知识,并通过把新获得的知识和已有的认知结构联系起来,积极地建构新的知识体系。

由此,布鲁纳十分强调认知结构在学习过程中的作用,认为认知结构可以给经验中的规律性以意义和组织,使人能够超越给定的信息,举一反三、触类旁通。他主张应当向学生提供具体的东西,以便他们"发现"自己的认知结构。

2.学习包括获得、转化和评价三个过程

布鲁纳认为,学习活动首先是新知识的获得。获得了新知识以后,还要对它进行转化,我们可以超越给定的信息,运用各种方法将它们变成另外的形式,以适应新任务,并获得更多的知识。评价是对知识转化的一种检查,通过评价可以核对我们处理知识的方法是否适合新的任务,或者运用得是否正确。

3.教学的目的在于理解学科的基本结构

由于布鲁纳强调学习的主动性和认知结构的重要性,所以他主张教学的最终目标是促进学生对学科结构的一般理解。学科的基本结构是指学科的基本概念、基本原理及基本态度和方法。

理解学科的结构就是允许学生将自己原有的认知结构与学科结构有意义地联系起来去理解。布鲁纳认为,学生理解了学科的基本结构,就容易掌握整个学科的具体内容,容易记忆学科知识,就能够促进学习迁移,提高学习兴趣,并促进智力和创造力的发展。

4.提倡发现学习

发现学习是布鲁纳主张的最佳学习方式。他认为,儿童学习和掌握一般原理、规则与知识技能固然重要,但更为重要的是要发展他们积极的学习态度与能力,即探索新情境、新问题的学习态度,做出假设,推测关系,应用于实践的能力,解决新问题或发现新事物的探究态度。布鲁纳主张,教师的主要任务不是传授知识,而是让儿童进行发现学习。所谓发现,不是说要让儿童发现人类尚未知晓的事物,而是让儿童用自己头脑通过探索过程亲自获得知识。他指出发现学习的几种主要作用:(1)提高智力的潜力。儿童自己提出解决

问题的探索模型,学习如何对信息进行转换和组织,从而超越这种信息。(2)使外部奖赏向内部动机转移。布鲁纳认为,通过探索获得的发现会使儿童产生喜悦感,这比外部的奖赏更能激发儿童的学习兴趣。(3)帮助信息保持和检索。他认为传统的记忆法难以有效保持和检索信息,而按照一个人自己的兴趣和认知结构组织起来的材料,最有希望在记忆中"自由出入"。

5.掌握学科基本结构的教学原则

(1)动机原则。所有学生都有内在的学习愿望,内部动机是维持学习的基本动力。学生具有三种最基本的内在动机,即好奇内驱力、胜任内驱力和互惠内驱力。

(2)结构原则。任何知识结构都可以用动作、图像和符号三种表象形式来呈现。动作表象是借助动作进行学习,无须语言的帮助;图像表象是借助表象进行学习,以感知材料为基础;符号表象是借助语言进行学习,经验一旦转化为语言,逻辑推导便能进行。

(3)程序原则。教学就是引导学习者通过一系列步骤,有条不紊地陈述一个问题或大量知识的结构,以提高他们对所学知识的掌握、转化和迁移的能力。

(4)强化原则。为了提高学习效率,学习者还必须获得反馈,知道结果如何。因此教学规定适合的强化时间和步调是学习成功的重要的一环。知道结果应恰好在学生评估自己作业的那个时刻。

考点2　布鲁纳的认知-发现学习理论在学前教育中的运用

1.重视学前儿童在活动中的主体地位,充分发挥学前儿童的自觉能动性

在发现学习的过程中,学前儿童不再是静坐的听众或观众了,而是教学活动的主体。教师要引导学前儿童主动参与教学活动,积极投入学与教的互动,在不断地探究中获得新的信息,从而大大提高学前儿童学习的自觉能动性。

2.重视学前儿童探索学习的过程

布鲁纳认为在教学过程中,儿童是一名积极的探究者。教师的角色是为儿童创设独立探究的情境,提供探究的机会和材料,而不是提供现成的知识。他认为,教一门学科,不是要建造一个小型藏书室,而是要让儿童自己去思考,参与知识获得的过程。儿童探索学习的过程,就是他们主动参与建立学科知识体系的过程,同时学前儿童的探索需要教师积极引导。总之,我们要重视学前儿童学习的过程而非结果。

3.重视培养学前儿童的直觉思维

直觉思维是"以熟悉有关知识领域及其结构为依据,使思维者可实行跃进、越级和采取捷径的思维方式"。布鲁纳认为,"机灵的推测、丰富的创设和大胆、迅速地做出实验性结论是从事任何一项工作的思想家极其珍贵的财富"。他认为过去在教学中只注重培养儿童的分析思维能力是不够的,还应注意发展儿童的直觉思维。他指出在发现、解决问题的过程中,常常由直觉思维"猜测"出正确的答案,然后由分析思维去检验与证明。要培养学前儿童的直觉思维必须鼓励他们先去大胆猜测,然后再去进行验证,这也是发展学前儿童创造能力的一条途径。

4.重视培养学前儿童的内在动机

发现学习是一种积极主动的学习过程,所以在学习过程中起作用的是学前儿童的内部学习动机,实践也表明发现学习更容易激发学前儿童的智慧潜能和内部动机。布鲁纳强调,学习的最好动机是对学习材料本身的兴趣,不宜过分重视奖励、竞争之类的外在刺激。

四、奥苏伯尔的有意义接受学习理论

奥苏伯尔是美国著名的认知教育心理学家,于1976年获得美国心理学会颁发的桑代克教育心理学奖。他对学习理论的贡献是提出了"有意义学习"的概念。

考点1　有意义学习的实质和标准

奥苏伯尔提出,有意义学习过程的实质,就是符号所代表的新知识与学习者认知结构中已有的适当观念建立起非人为的和实质性的联系。他认为有意义学习需具备两条标准。

第一,新的符号或符号代表的观念与学习者认知结构中的有关观念具有实质性联系。实质性联系是指新的符号或符号代表的观念与学习者认知结构中已有的表象和已经有意义的符号、概念或命题的联系。如如果一个熟背九九乘法表的儿童的新旧观念建立了实质性的联系,他就会知道"九八七十二"和"八九七十二"这两个口诀是等值的。

第二,新旧知识的非人为的联系,即新知识和认知结构中有关观念在某种合理的或逻辑基础上的联系。如学习者原有认知结构中已有"三角形内角之和等于180°",现在学习新命题"四边形的内角之和等于360°",他们可能推导出任何四边形都可以分为两个三角形,所以四边形的内角和自然是360°。这种联系就是合理的而非人为的联系。

考点2　有意义学习的条件

有意义学习的产生既受学习材料本身性质(外部条件)的影响,也受学习者自身因素(内部条件)的影响。

1.外部条件

从客观条件来看,有意义学习的材料本身必须具有逻辑意义。一般来说,学生所学的教材,是人类认识世界的概括,具有逻辑意义。

2.内部条件

从主观条件来看,实现有意义学习的条件主要有以下几个方面:(1)学习者认知结构中必须具有能够同化新知识的适当的认知结构。(2)学习者必须具有有意义学习的心向。有意义学习的心向是指学习者具有积极主动地将符号所代表的新知识与认知结构中的适当知识加以联系的倾向性。(3)学习者必须积极主动地使这种具有潜在意义的新知识与认知结构中有关的旧知识发生相互作用,使认知结构或旧知识得到改善,使新知识获得实际意义,即心理意义。有意义学习的目的就是使符号代表的新知识获得心理意义。

考点3　有意义学习的类型

有意义学习分成三种类型:符号学习、概念学习和命题学习。

1.符号学习

符号学习又称代表性学习,是指学习单个符号或一组符号的意义,或者说学习符号代表什么。奥苏伯尔认为,儿童最初对于某个词代表什么、有什么意义是浑然不知的。例如,"猫"这个符号对儿童最初是无意义的,在儿童多次看到猫,经常听到成人说"猫"的声音,加之成人的指导和纠正性反馈,儿童逐渐学会用"猫"(语音)代表他们实际见到的猫。"猫"这个声音符号对儿童来说也就具有了意义。

2.概念学习

概念学习主要掌握同类事物共同的关键特征,是较高形式的有意义学习。如学习"三角形"这一概念,关键特征就是三角形和三条相连接的边,而与其大小、颜色和形状等特征无关。

3.命题学习

命题学习是学习若干概念之间的关系。命题学习有三种形式,即下位学习、上位学习和并列结合学习,这也是奥苏伯尔概括的获得新知识意义的三种同化模式。

(1)下位学习(类属学习)

下位学习是指学习者将概括程度处在较低水平的概念或命题,纳入自身认知结构中原有概括程度较高水平的概念或命题中,从而掌握新学习的有关概念或命题。按照新知识对原有知识产生影响的不同,下位学习又可以分为派生类属学习和相关类属学习。

①派生类属学习。派生类属学习是指新知识是学习者认知结构中原有观念的特例或实证。例如，幼儿已掌握"水果"概念，学习的新概念是"火龙果"，教师只要告诉幼儿"火龙果也是一种水果"，幼儿就懂得了火龙果具有水果的本质属性，原有水果概念的本质属性并没有发生改变。在该案例中，新学习的内容只是作为已有内容的特例，或只是作为已有内容的证据或例证而加以学习的，因此新学习的内容虽然使原有概念得到了充实或证实，但并未使原有概念发生本质属性的改变。在这样的情况下，新内容作为派生材料，其学习比较容易。

②相关类属学习。相关类属学习是指新知识纳入原有的观念后，使原有的观念得到进一步扩展、深化、精确、限制或修饰。通过新内容的学习，已有内容因得到丰富而与原来的意义有所不同。例如，幼儿已经知道"不打架、听家长和老师的话是好孩子的表现"。后来这个幼儿又进一步学习"不骂人也是好孩子的表现""不嘲笑别人的缺点也是好孩子的表现"时，这些新的学习内容都属于已有内容"好孩子"这一概念中，因此其属于下位学习。但新的学习内容使已有概念"好孩子"的内涵得到扩展和丰富。实际上，新认知结构中的"好孩子"这一概念相对于原有认知结构中的"好孩子"的意义已经发生了质的变化。这时的下位学习被称为相关类属学习。

（2）上位学习（总括学习）

当认知结构中已经形成了几个观念，现在要在这几个原有观念的基础上学习一个包含程度更高的命题时，便产生了上位学习。例如，幼儿学习了"苹果""梨""香蕉""葡萄"等概念后，再学习"水果"概念，就是上位学习。

（3）并列结合学习

当新的命题与认知结构中原有的特殊观念既不能产生从属关系，又不能产生总括关系时，它们在有意义学习中可能产生联合意义，这种学习称为并列结合学习。例如，儿童学习26个英文字母时，它们之间既不能产生从属关系，又不能产生总括关系，这种学习就是并列结合学习。

考点4　促进有意义学习的教学策略——先行组织者策略

奥苏伯尔认为，影响接受学习的关键因素是认知结构中适当的、起固定作用的观念的可利用性。为此，他提出先行组织者策略。"先行组织者"是先于学习任务本身呈现的一种引导性材料，要比学习任务本身有较高的抽象、概括和综合水平，并且能清晰地与认知结构中原有的观念和新的学习任务关联起来。先行组织者的主要功能是在学习者能够有意义地接受学习新内容之前，在新旧知识之间架设起"桥梁"，即使新知识与原有知识清晰地联系起来，为有意义地接受学习新知识提供认知框架或固着点。

考点5　奥苏伯尔的有意义接受学习理论在学前教育中的运用

1.正确认识学前儿童的机械学习

因为学前儿童年龄小，生活阅历少，所以符号学习较为常见，如认识各种动物、植物和背诵儿歌、诗句等。而符号学习大多是机械学习，对于学前儿童来说，机械学习必不可少，而且可以为后来的意义学习储备知识基础，因此学前儿童的机械学习具有一定的价值。

2.丰富学前儿童的生活经验，促进学前儿童形成各种实物的初级概念

学前儿童要进行有意义学习，必须以丰富的知识和经验作为基础。因此，家长和教师要随时随地引导学前儿童观察周围环境和事物，以发现事物之间的不同和相同之处，培养学前儿童的观察和辨别能力。同时，家长和教师要鼓励学前儿童将所见所闻与他人交流，引导学前儿童用语言来表达各种事物，并及时对学前儿童的语言表达给予恰当的反馈，促进学前儿童初步理解口头语言的意义，为以后的书面语言的理解打下基础。此外，家长和教师还可以通过让学前儿童扮演各种角色游戏，体验各种角色的语言和行为，丰富学前儿

童的生活经验,促进学前儿童形成丰富的初级概念,为以后更复杂的意义学习打下良好的基础。

3.合理设计和组织教学活动,促进学前儿童的有意义学习

在教学活动过程中,教师的讲解固然重要,但同时也要体现出学前儿童的主体地位,在课堂上创造条件引导儿童与教师进行互动,大量采用图解或图画以及例证,运用演绎方法,逐步深化,促进学前儿童理解学习材料,进行有意义学习。

第四节　建构主义学习理论

建构主义学习理论是从行为主义发展到认知主义以后的进一步发展。它不仅研究学习者的内部认知过程与结构,而且批判认知主义的客观主义立场,认为世界并非完全客观存在的,每个儿童对世界的理解和认知是多元的、有差异的,知识是每个儿童根据自己原有的经验,通过实践活动而不断生成的,不是独立于儿童而客观存在的。

一、建构主义学习理论的基本内容

考点1　如何看待知识——知识是生成的

建构主义学者对知识本质的理解可归纳为以下几点。

1.知识并不是对现实的准确表征

知识只是一种解释、一种假设,不是最终答案。相反,它会随着人类的进步而不断地被修正、推翻,并随之出现新的假设。而且,知识并不能精确地概括世界的法则,在具体问题中并不是拿来便用、一用就灵的,而是需要针对具体情境进行再创造的。

2.知识不是通过感觉或交流而被个体被动接受的,而是由认知主体主动建构生成的

建构主义者认为,知识不可能以客体的形式存在于具体个体之外。尽管通过语言符号赋予了知识一定的外在形式,甚至这些命题还得到了较普遍的认可,但这并不意味着学习者对这些命题有同样的理解,因为这些理解只能由个体基于自己的经验背景而主动建构起来,它取决于特定情境下的学习历程。

3.知识是在个体与经验社会的对话中建构起来的

在建构的过程中,为了适应不断扩展的经验,个体的图式会不断进化,所有的知识都是在这种个体与经验世界的对话中建构起来的。

4.知识是不断生成和变化的

随着个体认识特点的变化,知识也是不断生成和变化的。例如,对幼儿来说,水是透明的;对于小学生来说,水是无色无味的;而对中学生来说,水则是两个氢原子和一个氧原子的结合。很难说哪一种关于水的知识是绝对正确的,因为认识主体在不同的时期有不同的认知特点,所以知识有不同的生成建构方式。

考点2　如何看待学习过程——学习是主动建构的

建构主义学习理论认为,学习是儿童自主建构关于事物及其表征的过程。它不是外界的直接翻版,而是通过已有的认知结构对新信息进行加工。

1.学习的主动建构性

建构主义认为,学习不是由教师向儿童传递知识的过程。儿童不是被动的信息接收者,而是主动的信息建构者。学习者要主动地建构信息,这种建构不可能由其他人代替。

在这里,建构在于学习者通过新旧知识经验之间的反复的、双向的相互作用,来形成和调整自己的经验结构。在这种建构过程中,一方面,学习者对当前信息的理解需要以原有的知识经验为基础,超越外部信息本身;另一方面,对原有知识经验的运用又不只是简单的提取和套用,个体同时需要依据新经验对原有经验本身也做出某种调整和改造,即同化和顺应两方面的统一。

2.学习的社会互动性

建构主义强调,学习是通过对某种社会文化的参与而内化相关的知识和技能,掌握有关工具的过程。这一过程常常通过一个学习共同体的合作互动来完成。学习共同体是指由学习者及助学者(包括教师、专家、辅导者等)共同构成的团体,他们彼此之间经常在学习过程中进行沟通交流,分享各种学习资源,共同完成一定的学习任务,因而在成员之间形成了相互影响、相互促进的人际联系,形成了一定的规范和文化。

3.学习的情境性

建构主义者提出了情境性认知的观点。他们强调学习、知识和技能的情境性,认为知识是不可能脱离活动情境而抽象存在的,学习应该与情境化的社会实践活动结合起来。知识存在于具体的、情境的、可感知的活动中,只有通过实际活动才能真正为人所了解。人的学习应该与情境化的社会实践活动联系在一起,人们通过对某种社会实践的参与而逐渐掌握有关的社会规则、工具、活动程序等,形成相应的知识。

考点3 如何看待学习者——学前儿童是有主体性的

1.儿童在学习中不是一块"白板"

建构主义者强调,儿童在任何时候都不是空着脑袋进入课堂的。儿童在以往的学习中、在日常生活中已经形成了各种直观的经验,即使有些问题他们并没有接触过,也没有现成的经验,但他们可以基于以往的相关经验,对自身的各种经验进行重新组织,以形成对新问题的解释。这说明,儿童在遇到问题时,是从已有的经验背景出发进行解决的。教学不能无视儿童的原有经验与前结构,而要把儿童的原有经验作为新信息或新知识的生长点或平台。教师不能只做简单的知识传递工作,而要注重儿童对各种问题的理解,倾听他们的想法,引导儿童形成新的知识结构。

考题再现

【2020·长沙岳麓·单选】吴老师在教育教学过程中,始终认为学生走进教室来上课并不是空着脑袋来的,他们在自己的学习生活中已经积累了非常丰富的经验,学生对于问题的看法和解释也不是无中生有,而是从他们自己的经验背景出发,推出符合逻辑的假设。吴老师的学生观符合( )的观点。

A.行为主义教学理论　　　　　　　　　B.认知教学理论

C.情感教学理论　　　　　　　　　　　D.建构主义教学理论

【答案】D。

2.儿童是主动的建构者

建构主义认为,事物的意义并非完全独立于个体而存在,而是源于学习者的主动建构。由于每个儿童以自己的方式理解事物的某些方面,所以教学要增进儿童之间的合作,使他们能发现彼此不同的观点及其原因。因此,建构主义学者很重视儿童的合作学习。

二、建构主义学习理论的教学方式

考点1 随机通达教学

斯皮罗的认知弹性理论(认知灵活性理论)把学习分为两种:初级学习和高级学习。建构主义者在探讨高级学习的基础上提出了适合高级学习阶段的教学模式——随机通达教学。

随机通达教学的基本原理:对于同一教学内容,要在不同时间、重新安排的情境下,带着不同的目的、从不同的角度多次进行学习,以此来达到获得高级知识的目标。建构主义者认为,学习的关键在于建构起围绕关键概念组成的网络结构,包括事实、概念、策略以及概括化的知识,从而形成随机通达的状态。

随机通达教学的具体操作如下:①呈现情境;②随机进入教学;③思维发散训练;④协作学习;⑤效果评价。

考点2 抛锚式教学

抛锚式教学(情景式教学)是指建立在有感染力的真实事件或真实问题基础上的教学。抛锚式教学的主要目的是使学生在一个完整、真实的问题背景中,产生学习的需要,并通过镶嵌式教学以及学习共同体中成员间的互动、交流,即合作学习,凭借自己的主动学习、生成学习,亲身体验从识别目标到提出和达到目标的全过程。抛锚式教学的主要环节包括:①创设情境;②确定问题;③自主学习;④协作学习;⑤效果评价。

对于抛锚式教学的内涵可以从以下几点来理解。

(1)儿童的学习应与现实情境相类似,以解决儿童在现实生活中遇到的问题为目标。学习要选择真实性任务,不能将学习内容抽象化、脱离具体情境,而应呈现不同情境中的类似问题。

(2)这种教学过程与儿童解决现实问题的过程相类似。教师不是将事先准备好的内容教给儿童,而是提出儿童可能遇到的问题,支持儿童自主探索,在特定情境中解决问题。

(3)这种教学不采用独立的、脱离情境的测验方法,而是采用融合式测验法。在学习中,解决具体问题的过程本身反映了儿童的思维过程和学习效果,或是进行与学习(问题解决)过程一致的情境化评估。

在运用抛锚式教学过程中教师应遵循两个基本原则:一是学与教的活动应该围绕"锚"来进行,以激发儿童主动探究与解决问题;二是课程组织材料应该允许儿童互动与探索。例如,初学弹吉他的乐谱上都附有指法图,以帮助学习者灵活记忆各种指法。

考点3 支架式教学

围绕教师和儿童在教和学过程中的作用,建构主义者提出了支架式教学,即当儿童面对新的学习任务时,教师应该用直观的教学方法给儿童做出示范。一旦儿童的能力有所增强时,就应当逐渐减少指导的数量。教师在学习中的作用就像"脚手架"在建筑、修桥中所起的作用一样,当儿童需要时,脚手架就会提供支持;当项目展开时,便需要适时地调整或去除脚手架,不要对儿童自己能做好的事情给予过多的帮助。支架式教学的具体环节如下。

(1)搭脚手架——围绕当前学习主题,按"最近发展区"的要求建立概念框架。

(2)进入情境——将儿童引入一定的问题情境(概念框架中的某个节点)。

(3)独立探索——让儿童独立探索。探索的内容包括确定与概念有关的各种属性,并将各种属性按其重要性排序。探索开始时,先由教师启发引导(如演示或介绍理解类似概念的过程),然后让儿童自己去分析;在探索过程中教师要适时提示,帮助儿童沿概念框架逐步攀升。起初可以多一些引导帮助,以后逐渐减少——愈来愈多地放手让儿童自己探索;最后要争取做到无需教师引导,儿童自己能在概念框架中继续攀升。

(4)协作学习——进行小组协商、讨论。讨论的结果有可能使原来确定的、与当前所学概念有关的属性增加或减少,各种属性的排列次序也可能有所调整,并使原来多种意见相互矛盾、态度纷呈的复杂局面逐渐变得明朗、一致起来。在共享集体思维成果的基础上达到对当前所学概念比较全面、正确的理解,即最终完成对所学知识的意义建构。

（5）效果评价——对学习效果的评价包括儿童个人的自我评价和学习小组对个人的学习评价。评价内容包括自主学习能力、对小组协作学习所做出的贡献、是否完成对所学知识的意义建构。

三、建构主义学习理论在学前教育中的运用

1.为学前儿童创造良好的学习环境

根据建构主义学习理论，学前教育工作者应主动为学前儿童提供一种动态的、变化的学习环境，创设与教育相适应的良好的环境，为学前儿童提供活动和表现能力的机会，通过操作、探索、讨论等多种形式实现学前儿童学习中的自我建构、合作建构，促进学前儿童自主学习和合作学习。

2.提供适合学前儿童的学习情境，促进意义建构

意义建构是建构主义学习过程的终极目标。要进行意义建构，就必须提供适合学前儿童的学习情境。因此，教育活动的设计应考虑到学前儿童已有的认知水平和已有经验，太容易或太难的任务都不利于培养学前儿童的主动探究精神。此外，还要重视学前儿童的兴趣和需要，根据循序渐进的原则，有计划地选择和组织相应的教学活动内容，促进每个学前儿童积极主动地探索和自主地进行意义建构，促进他们能力和个性的全面发展。

第五节　人本主义学习理论

人本主义学习理论是在精神分析理论、行为主义理论之后兴起的一股思潮，因此被称为"第三势力"。人本主义强调人的价值，把人置于中心位置。它是将个人的需要、利益、价值、尊严等置于最高价值的一种哲学观点。人本主义心理学者认为，人有决定自己行为的力量，个人不是被动的环境的接受者，他们有选择自己生活方式的自由。人本主义学习理论的代表人物主要有马斯洛、罗杰斯等。

一、马斯洛的学习理论的基本内容

马斯洛是人本主义心理学的创始人之一。他认为，个体成长的内在力量是动机，而动机又由多种不同性质的需要组成。各种需要按照由低到高的层次包括以下几方面。

1.生理需要

生理需要是指维持生存及延续种族的需要，如对食物、水分、养分、排泄、睡眠等的需要。

2.安全需要

安全需要是指希望受保护与免遭威胁，从而获得安全感的需要。

3.归属与爱的需要

归属与爱的需要是指每个人都有被他人或群体接纳、爱护、关注及支持的需要。

4.尊重的需要

尊重的需要是在生理、安全、归属与爱的需要得到基本满足后产生的对自己社会价值追求的需要。尊重的需要包括自尊与他尊两方面。

5.求知的需要

求知的需要又称认知和理解的需要，是指个人对自身和周围世界的探索、理解及解决疑难问题的需要。

6.审美的需要

审美的需要是指对对称、秩序、完整结构以及对行为完美的需要。

7.自我实现的需要

自我实现的需要是指个人渴望自己的潜能能够得到充分的发挥,实现自己理想和抱负的需要。

马斯洛指出,只有当个体的低级需要得到满足时,才可能寻求更高一级的需要。在实际教育活动中,教师往往更多关心幼儿的生理需要。可是,幼儿的心理需要也不容忽视,如安全的需要。环境的安全与幼儿的安全感是幼儿学习与发展的重要前提与基础。

备考锦囊

马斯洛于1943年提出需要层次理论,他把人的基本需要分为生理需要、安全需要、归属与爱的需要、尊重的需要和自我实现的需要。又于1954年把人的需要分为生理需要、安全需要、归属与爱的需要、尊重的需要、求知的需要、审美的需要和自我实现的需要。

若题干强调五种基本需要,考生需围绕生理需要、安全需要、归属与爱的需要、尊重的需要和自我实现的需要作答。若题干描述的是七种需要,考生需注意求知的需要和审美的需要。

二、罗杰斯的学习理论的基本内容

1.人类生来就有学习的潜能

好奇心是儿童与生俱来的,在合适的条件下,每个儿童所具有的发现、学习、丰富知识与经验的潜能和愿望都能得到释放和实现。学习不是外部刺激的产物,而是个体的一种内在潜能。儿童的学习是主动的、有意义的,不是被动、机械的接受学习;是生活经验的积累,而非系统的学科知识体系。教育的基本原则是使儿童身心获得主动、全面、和谐的发展。

2.在安全氛围中的学习效果最好

罗杰斯认为,在一种相互理解和支持的环境里,在没有等级评定和鼓励自我评价的支持性环境里,儿童会较少感到学习的紧张与压力,能以积极的心态投入学习活动,取得进步。为此,教师要营造自由宽松的氛围,向儿童提供充分选择的机会。在幼儿期,儿童的自我意识仍很脆弱,教师的一个眼神、一句评价都会对他们产生重要影响。为此,教师对儿童的探索创新活动中的表现应多持肯定、鼓励、接纳、欣赏的态度,让儿童感觉到教师对自己活动很感兴趣,是能提供有益建议的"大朋友"。这种安全感和自由感对儿童自信心的培养、认知监控能力的发展都是大有裨益的。

3.涉及学习者个体因素(包括情感与理智)的学习最持久和深刻

罗杰斯区分了两种学习。一种是无意义学习,即让儿童死记硬背一些材料,只涉及心智训练的一种学习。另一种是有意义学习,即对个人产生重要意义与价值的学习。罗杰斯提出,"意义学习把逻辑与直觉、理智与情感、概念与经验、观念与意义等结合在一起。当我们以这种方式学习时,我们就成了一个完整的人"。例如,喝白开水是幼儿园许多小朋友不喜欢做的事。有位教师在小朋友喝水之前端来了两盆花,一盆是鲜艳美丽的,一盆是快要枯死的,请小朋友观察哪盆花漂亮。小朋友都一起将手指指向了那盆鲜艳美丽的花,教师及时给予肯定:"对,老师也喜欢那盆鲜艳美丽的花,那你们知道另外那盆花为什么快要枯死了吗?因为每当工人叔叔给它浇水的时候,它就说'我不要喝水,不要喝水,我才不喝水呢!你把水给别的花吧!'由于它每天都不喝水,就变成现在这个样子。小朋友想要做漂亮的孩子吗?"小朋友都说要漂亮。老师说:"小朋友如果不喝水也会像缺水的小花儿一样不漂亮了。"说完,教师给每个小朋友倒了一杯水,不一会儿他们都喝完了。

4.意义学习大多是做中学

在罗杰斯看来,最有效的学习方式是教师通过设计各种问题情境,让儿童直接面对问题情境(包括日常生活问题、社会问题、个人问题、研究问题等),形成研究小组,共同合作研究与解决问题,这是一种做中学的学习方式。例如,有位教师发现某儿童交往的主动性较差,于是安排了一次邀请舞的活动。教师事先安排交往能力强的儿童主动邀请胆小的儿童做舞伴,让他们在活动中体验与同伴一起游戏的快乐。然后鼓励他们尝试去主动邀请别人,与其他儿童一起跳舞。通过做中学,儿童提升了交往的意识与能力。

5.儿童意义学习的四要素

(1)学习具有个人参与性,即整个身心(包括情感和认知等方面)投入学习活动中。

(2)学习应成为自我发起的行为,即虽然需要环境与教育的外部推动与激发,但必须是儿童自主探究的,要有主动学习的内在动力。

(3)学习是全方位的,即它能使儿童在行为、态度、情感,乃至个性等各方面发生变化,而不只是单一方面的认知或行为的改变。

(4)学习应以儿童的自我评价为主。自我评价一方面能有效降低儿童面对外部评价时的紧张与压力,另一方面又能激发儿童形成自主学习的意识。

备考锦囊

表3-2-5 奥苏伯尔的有意义学习与罗杰斯的有意义学习的对比

比较范畴	认知派的有意义学习	人本主义的有意义学习
代表人物	奥苏伯尔	罗杰斯
概念	将符号所代表的新知识与学习者认知结构中已有的适当观念建立起非人为的和实质性的联系	有意义学习是指所学的知识能够引起变化,全面渗入人格和人的行动之中的学习
学习结果	是在对事物理解的基础上,据事物的内在联系所进行的学习,即新的学习材料如何纳入已有知识的系统之中	学习不仅是简单的积累,还渗入个人的行为之中,渗入他为未来而选择的一系列活动之中。学习使其态度和人格发生变化,是智德融为一体的人格教育和价值观的熏陶
概念范畴	属于认识范畴	属于知情统一
举例说明	教师在课堂上教授学生"烫"的意义,在教学中使用只对教师有意义的材料	当儿童触到一个取暖器时,他就可以学到"烫"这个词的意义,同时学会了以后对所有的取暖器都当心

三、人本主义学习理论在学前教育中的运用

人本主义学者非常重视情感在教育中的应用。相对认知主义学习理论,人本主义学习理论的成就主要体现在情感和态度两方面。

1.教师效能感训练

教师效能感训练是指鼓励教师运用诸如积极倾听与解决冲突等技术,建立开放、真诚的课堂沟通情境。当教师允许或鼓励儿童表达情感体验,并能解释和复述儿童的话语时,积极倾听就会发生。教师效能感训练主要是促进教师的民主、平等意识,从而帮助教师成为人本主义的教学者,最终形成师生积极的、融洽的交往氛围,促进儿童成长。

2.吸引学业成功

人本主义学者提出,成功的教学首先要保证儿童获得学业成功。吸引学业成功就是要使儿童认识到自己是"有责任心、有能力、有价值的人"。为了传递这一信息,有吸引力的学习要求教师知道儿童的姓名,与每个儿童都有个别交流,让儿童感受到教师对自己的尊重,与儿童坦诚相待,不随意拒绝任何一个儿童。

3.价值澄清

价值澄清也称价值观辨析，是一种人本主义教学方法。人本主义学者认为，儿童必须经过一步步地辨别和分析，才能形成清晰的价值观念，用以指导自己的道德行动。价值澄清的途径是儿童在成人帮助下，对一系列可供选择的方式进行考察，然后做出自由的价值选择、估价，并按照本人价值选择的方式行动。在价值澄清的过程中，教师必须注意把道德教育与儿童需要相联系，让儿童在生活中直接思考一些价值选择途径，使他们对幼儿园和周围的人产生积极态度。具体做法是，根据儿童道德发展的阶段特征，结合儿童的兴趣，使用图书、电影电视、卡通等儿童喜闻乐见的形式，通过班级群体的相互影响进行价值辨析。

4.非指导性教学

人本主义学者将罗杰斯的"非指导性咨询"思想运用到教育教学中，形成了非指导性教学方法。非指导性教学认为，儿童不是被动、被迫、消极的接受学习者，不是被教师控制与操纵的客体。教师应该与儿童形成平等的对话关系，而不是作为权威者、评判者来要求儿童必须接受其指导。教师的责任主要是以热情、友好、真诚的态度支持、鼓励和帮助儿童自主思考与行动，而不能采用控制的方法。非指导性教学主张，儿童有思考问题的自主权、选择权和对行动负责的能力，他们可以在教师的帮助而非直接指导下，形成更好的自我知觉。

强化练习

一、单项选择题

1.根据学习的定义，下列现象中属于学习的是（　　　）。

A.猴子练习攀爬　　　　　　　　　　B.儿童模仿别人的行为

C.蜜蜂采蜜　　　　　　　　　　　　D.病症导致的行为改变

2.根据经典性条件作用原理，食物可以诱发狗的唾液分泌反应，食物属于（　　　）。

A.条件反应　　　　　　　　　　　　B.无条件反应

C.条件刺激　　　　　　　　　　　　D.无条件刺激

3.低年级的小明擅自离开座位时，王老师不予理会，转而表扬那些坚持不动的学生，小明也不擅自离开座位了。王老师用到的是（　　　）。

A.直接强化　　　　　　　　　　　　B.自我强化

C.替代性强化　　　　　　　　　　　D.间隔强化

4."顿悟说"的代表人物是（　　　）。

A.巴甫洛夫　　　　　　　　　　　　B.斯金纳

C.苛勒　　　　　　　　　　　　　　D.桑代克

5.社会学习理论认为，儿童是通过（　　　）来实现社会化的。

A.自我意识　　　　　　　　　　　　B.自我强化

C.自我认知　　　　　　　　　　　　D.对榜样的模仿

6.罗杰斯的"以学生为本""让学生自发学习""排除对学习者自身的威胁"的教学原则属于（　　　）。

A.非指导性教学模式　　　　　　　　B.结构主义课程模式

C.发展性教学模式　　　　　　　　　D.最优化教学模式

二、判断题

1.惩罚法是一种简单易行且效果显著的行为矫正法。成人可以有意、无意地运用惩罚法来消除幼儿的不良行为。　　　　　　　　　　　　　　　　　　　　　　　　　　　　　　　　　　　　（　　　）

2.奥苏伯尔认为,发现是教育学生的主要手段,学生掌握学科基本结构的最好方法就是发现学习。（　　）

3.桑代克认为,学习的实质是有机体在刺激与反应之间建立联结的过程。该过程实现的途径是反馈的过程。（　　）

4.在学习观上强调学习的主动构建性、社会互动性和情境性的心理学流派是建构主义学习理论。（　　）

5.斯金纳强调学习的主动性和认知结构的重要性,主张教学的最终目标是促进学生对学科结构的一般理解。（　　）

6.奥苏伯尔根据学习进行的方式,将学习分为意义学习和机械学习。（　　）

7.苛勒认为学习的过程是一种渐进的、盲目的、尝试错误的过程。（　　）

参考答案及解析

一、单项选择题

1.【答案】B。解析:学习是个体在特定情境下由于练习和反复经验而产生的行为或行为潜能的比较持久的变化。

2.【答案】D。解析:食物属于无条件刺激。

3.【答案】C。解析:替代性强化是班杜拉社会学习理论中的一个概念。一般来说,学习者如果看到他人成功的行为、获得奖励的行为,就会增强产生同样行为的倾向;如果看到失败的行为、受到惩罚的行为,就会削弱或抑制产生这种行为的倾向。根据题干描述,小明看到在座位上坚持不动的学生受到表扬后也能够不擅自离开座位,属于替代性强化。

4.【答案】C。解析:苛勒是“顿悟说”的代表人物。

5.【答案】D。解析:班杜拉的社会学习理论认为,环境、人和行为三者是交互作用的。人的行为是人借助于内部认知因素与环境相互作用的结果,也是儿童对榜样行为进行观察学习的结果。

6.【答案】A。解析:题目所述的教学原则是美国心理学家、教育家罗杰斯倡导的非指导性教学模式的教学原则。

二、判断题

1.【答案】×。解析:消退法是一种简单易行且效果显著的行为矫正法。对幼儿施行惩罚法,会对幼儿的生理及心理造成很多副作用,成人应慎用惩罚法。

2.【答案】×。解析:布鲁纳认为,发现是教育学生的主要手段,学生掌握学科的基本结构的最好方法是发现学习。发现学习是指给学生提供有关的学习材料,让学生通过探索、操作和思考,自行发现知识、理解概念和原理的教学方法。奥苏伯尔提出的是有意义接受学习理论。

3.【答案】×。解析:该过程实现的途径是尝试错误的过程。

4.【答案】√。

5.【答案】×。解析:题干所述是布鲁纳的主张。

6.【答案】×。解析:奥苏伯尔根据学习进行的方式,将学习分为接受学习和发现学习。

7.【答案】×。解析:桑代克认为学习的过程是一种渐进的、盲目的、尝试错误的过程。苛勒认为,学习是个体利用本身的智慧与理解力对情境与自身关系的顿悟,而不是动作的积累或盲目的尝试。

第三章　学前儿童学习的基本方式与特点

考情分析

本章内容以识记、理解为主，会以单项选择题的形式进行考查。其中3~6岁幼儿学习的方式是重点考查内容。

学习目标

1.了解0~3岁儿童学习的基本方式，识记3~6岁幼儿学习的方式。
2.理解学前儿童学习的主要特点。

第一节　学前儿童学习的基本方式

一、0~3岁儿童学习的基本方式

考点1　0~3岁儿童学习的主要方式

国内外研究者通常将婴儿的学习方式概括为习惯化与去习惯化、经典条件作用、操作条件作用以及模仿。

婴儿获得经验的过程，虽然也可表现出某些主动性，如在习惯化与去习惯化中婴儿显露的某种选择行为，以及在操作条件作用中主动发出的行为，但更多是在环境刺激作用下进行的，如通过经典条件作用，婴儿学到多种持久的行为和能力。

1.习惯化与去习惯化

习惯化是个体不断或重复受到某种刺激而对该刺激的反应逐渐减弱的现象。它是人脑的一种功能，是为了排除那些熟悉却仍重复出现的刺激物，以免使脑负担过重的一种方式，为新异刺激保留注意的空间。习惯化表明婴儿已习得了这种刺激，这时如果有另外的新异刺激出现，婴儿的注意会转向它。对熟悉刺激的反应恢复和增加，就是去习惯化。通常研究者们把婴儿的习惯化和对新异刺激的反应现象看作婴儿特有的学习方式。习惯化与新异反应的适当运用是促进婴儿学习的有效手段。

2.经典条件作用

经典条件作用就是心理学家巴甫洛夫研究的条件反射，是婴儿学习最主要的方式。在建立条件作用时，其基础反射是天生的神经反射，主要出现在婴儿早期。新生儿的神经系统发展十分迅速，出生后不久，通过喂奶与乐音的前后出现，多次重复后，婴儿在听到乐音时吮吸加速，这就是在吮吸无条件反射的基础上建立了条件反射，乐音成了条件性刺激。

实验证明，3个月的婴儿能很快地形成条件联系。这些条件联系包括延缓性的、分化性的和消退性的。6~12个月婴儿出现了辨别不同人脸的认知能力。他们会区分依恋对象、熟人和陌生人，并产生对陌生人的焦虑反应。婴儿还会形成条件反射的消退,即已经建立的条件联系,如果长时间不予以强化,便会消失。

3.操作条件作用

操作条件作用是婴儿在教育者影响下形成的条件反射学习方式。婴儿的许多习惯和行为都是通过自身操作习得的,操作条件作用表现出婴儿学习的主动性。操作条件作用以奖励某种行为为重点。随着婴儿年龄的增长,在婴儿学习中,起作用的条件反射强化方式更多的是操作性条件作用。操作条件作用的强化物可以是物质的,也可以是精神的。对婴儿来说,称赞、夸奖等作为强化手段的力量,逐渐胜过物质形式的强化。

4.模仿

模仿是婴儿学习的一种特殊方式。婴儿出生后就能看、能听,这是婴儿的先天能力。同时,婴儿的看和听也受后天条件的影响。看和听的经验在婴儿脑中不断积累,注意、记忆也随之发展。婴儿又通过自身的动作活动反映出他们看到的和听到的,这就是模仿。出生12~21天的新生儿就有了模仿行为;5~6个月的婴儿出现了有意向的模仿;10~22个月的婴儿更多的是对他们理解了的动作和对他们有意义的动作做出模仿。这种模仿行为在性质上的改变说明新生儿早期的模仿反应只是一种不随意的自动化反应,随着大脑皮质的发展,逐渐被有意模仿取代。

考点2　0~3岁儿童学习的其他方式

美国远西实验室的研究者通过观察,还发现3岁前婴儿的其他一些学习方式:学习图式、因果关系、使用工具以及理解空间。

1.学习图式

学习图式是婴儿学习,特别是1岁前婴儿发现学习的基础性学习方式。通过使用图式,如敲打、伸手够物等方式,婴儿获得对周围事物的有价值的信息。学习图式帮助婴儿发现应该如何最佳地使用物体以及如何运用新的、有趣的方法使用物体。图式包括简单图式、混合图式和社会性图式三种。

（1）简单图式

简单图式是指敲打、抓、握物体等发现物体性质的动作图式。这种图式能帮助婴儿对物体进行初步的分类:硬的物体如积木,软的物体如棉花球,黏性的物体如贴纸,等等。

（2）混合图式

混合图式是指婴儿运用几种简单图式去探索,学会运用综合方式解决新问题。

（3）社会性图式

社会性图式是指婴儿与人交往的图式。例如,理解听音乐与舞蹈、说再见与离开、上床准备与睡觉之间的关系。

2.因果关系

几个月大的婴儿不知道扔一个玩具,玩具会掉到地上并发出响声;也不知道扔一个球,球会滚很远。随着年龄增长,婴幼儿逐步明白了事件与结果之间的关系。他们学会了通过使用自己的身体或自己的主动行为引起因果关系事件的发生;知道其他人与物体也能引起因果关系事件的发生;知道物体的特定部分,如车轮、灯的开关、门把手、电视机开关等,能使特定的事情发生。

婴儿对因果关系的学习与他们的不断探索、体验和实验密不可分。正是通过体验与探索,他们逐步建立了事物之间因果联系的图式,并对这种因果关系形成清楚的认识。

3.使用工具

工具是婴儿实现他们所期望行为的重要中介。婴儿常用的工具有哭喊、手的动作、养育者或某个物体。通过使用工具,婴儿学会借助工具拓展自己的力量。婴儿使用工具主要经历以下三个阶段。

（1）将自己的身体作为工具

婴儿的探索活动主要借助自己的身体进行。如当他哭喊时，总能引发养育者的抚慰反应，经过多次重复，婴儿就懂得了"哭喊是一种重要的方式"。婴儿将自己的身体作为工具，还包括用他们的手去够物体、向需要的物体方向蠕动、推动物体、使用他们的嘴作为工具去保持或抛弃物体等几种情况。

（2）将养育者作为工具

婴儿另一种显示自己使用工具的意识的方式是让他人为自己做事。婴儿常常让养育者为自己捡玩具、为玩具上发条、替自己取物品或为自己打开密封容器。在观察中发现，7~8个月的婴儿还不会走路，但他会让养育者带他到远处去探索。将他人作为工具，是婴儿认知与学习发展的重要一步。

（3）将物体作为工具

年龄大一些的婴儿开始将物体作为工具。例如，婴儿能发现如何使用小棒去拿到一个离自己稍远的物体；为拿到床底下的鞋子，把自己的脚作为工具；为拿到书架高处的玩具，他会搬一个小椅子，站到椅子上去取玩具。随着思维的发展，婴儿能想出物体作为工具的新用途，并利用这一新用途达成目标。

4.理解空间

距离、运动、视角等也是婴儿早期学习的重要方面。婴儿通过撞击物体、将物体挤成紧密的形状、从不同角度观察物体，学会空间关系；当婴儿去拿物体的时候，他们就开始学习距离概念；当他们开始运动的时候，他们能发现影响运动的障碍物；他们会发现有些空间过小，不适合填放东西，如钻到小桌子底下，他们就很难出来；他们同样也会发现当一个球滚到远处时，看上去变小了，而滚到离自己近的地方，看上去就变大了。婴儿就像小科学家，不断地通过探索与发现来了解物体空间关系。

二、3~6岁幼儿学习的方式

幼儿学习的方式随着语言的发生及其在心理活动中作用的增长而有所变化。幼儿学习的方式主要有观察模仿学习、操作学习、语言理解的学习等。幼儿对不同的学习内容会采取不同的学习方式。

考点1　观察模仿学习

观察是幼儿学习的主要方式。幼儿主要通过感官直接接触，即视觉、听觉、触觉、嗅觉、味觉等广义的观察来学习。幼儿的观察学习常常与模仿相联系，其模仿学习比婴儿要多。幼儿主要模仿一些表面的现象，特别是不自觉地模仿亲人和教师的行为举止。因此幼儿园教师要常常为幼儿树立榜样让他们学习。但是幼儿也会模仿一些不良行为，甚至养成坏习惯，教师在这方面需要注意与引导。

考点2　操作学习

操作学习是幼儿重要的学习方式。幼儿对物体的探究与发现，对周围世界的探索都离不开操作活动。操作学习的重要性表现在以下几个方面。

1.操作活动是幼儿探索世界的主要方式

幼儿在操作、摆弄实物的过程中会发现事物之间的因果联系。因此，操作活动成为幼儿探索自身与物体、物体与物体之间关系的重要方式。同时，通过操作，幼儿借助感知觉及改变物体的部分属性，从不同视角来观察物体。

2.操作学习可以弥补幼儿语言理解和表达的不足

当幼儿不能通过语言来表达自己的思想时，他常常利用操作活动来辅助。例如，当教师让幼儿想一想"把石头、塑料和纸放到水里会怎么样"时，幼儿往往很难回答，因为他需要通过操作活动才能直观地感受和思考。

3.操作学习是提高幼儿运动技能最重要的方式

幼儿的学习方式可以概括为两大类型：言语学习和操作学习。言语学习是指主要借助于言语交流，通过意义理解获取知识。操作学习是指主要借助于实物操作，通过动作内化获取知识。这两种学习方式对于幼儿发展来说都是重要的。在学习内容上，有些操作学习的知识、技能是言语学习所无法获得的。例如，学习舞蹈、游泳、滑冰，甚至玩具、工具的使用，都要靠操作学习去掌握。

4.操作学习会使幼儿获得成就感与自我价值感

在操作物体的过程中，幼儿通过操作活动引发物体一系列的变化。这不仅能促进幼儿对事件因果关系及其他相关关系的认识，从而提高其认知与智力水平，而且使幼儿获得主体的经验，认识到自己在改造外部物体中的重要作用。

考点3　语言理解的学习

语言理解的学习用于在成人的讲解和指导下对行为与态度的学习。与婴儿相比，幼儿大量使用语言理解的学习方式，包括倾听、提问、对话等。与成人相比，幼儿的学习更多依赖于从感性入手、从归纳入手的学习方式。成人苦口婆心的讲解，幼儿常听不进去，其中的重要原因就是过多地使用了抽象说教。

考点4　综合性的学习方式

幼儿的学习方式往往是综合性的，在某种学习活动中兼有几种学习方式，特别是语言、观察和操作学习的结合。

考点5　交往中的学习

与成人、同伴的交往活动能促进幼儿各方面的学习与发展，具体表现在以下几方面。

1.交往能满足幼儿的认识性动机

（1）帮助幼儿尽可能地扩大认识范围、加深认识程度，使其有可能揭示事物和现象之间的因果关系及各种其他关系。

（2）促使幼儿认识到周围世界中很多事物与人类活动有关，学习并掌握人类正确运用物体的动作，促进实物活动的产生和发展。

（3）激发幼儿言语的产生与发展。理解周围人的言语并用语言与非语言的方式积极地与他人交流，是幼儿期最重要的发展与收获。

2.交往能满足幼儿得到认可与支持的需要

幼儿需要成人的支持与关爱。成人的支持与肯定能使幼儿感到安全与温馨，有助于幼儿在安全的心理氛围中积极地发现与探索。

3.交往能促进幼儿自我意识的生成

由于交往的对象不是一般的客观世界，而是有个性的人。因此，幼儿交往活动中对他人的主观反映（对他人的意识）以及通过他人而形成的对自己的主观反映（自我意识）是交往的特殊产物。

4.交往能促进幼儿主动性与创造性的发展

与同伴的交往有利于促进幼儿主动性与创造性的发展。在同伴交往中由于双方在知识经验、地位等方面的平等性，幼儿能够注意同伴的想法、考虑同伴的愿望，同时能自主评价同伴的意见，协调自己的愿望和行为来相互适应。这不仅有助于增强幼儿的交往能力，同时也有助于幼儿发挥主动性，克服自我中心化。

考点6　游戏活动

游戏是幼儿学习和发展社会性、情绪及认知能力的重要方式。游戏让幼儿有机会了解世界、在群体中与人互动、表达与控制情绪、发展想象力。

考题再现

【2018·怀化新晃侗族·多选】3~6岁幼儿的学习方式有（　　　）。

A.观察模仿学习　　　　　B.操作学习　　　　　C.经典条件作用　　　　　D.语言理解学习

【答案】ABD。解析：经典条件作用是婴儿的一种学习方式。

第二节　学前儿童学习的主要特点

一、容易被扼杀的学习主动性

从出生开始，幼儿就积极地与客体交往，不断建构对周围人和事物的认识。幼儿会积极地从观察及参与人际活动中（包括与父母、教师、同伴等的互动）学习，从亲自操作及思考过程中（包括观察周围的人、事、物，思考、提问及提出答案）学习。幼儿学习的主动性主要表现在以下几方面。

1.好奇

对什么事情都想知道个究竟，了解是什么、为什么。事物的新颖性可以引起幼儿学习的主动性。

2.好问

对不了解的事情都要提出问题，甚至打破砂锅问到底。这一方面是受好奇心的驱动，另一方面是幼儿对提问没有心理障碍，不像成人那样有各种思想顾虑。

3.好探究

幼儿喜欢动手，通过动手了解事物。

4.好模仿

幼儿喜欢模仿，通过模仿而学习。

二、从兴趣出发的学习积极性

幼儿往往是为了"好玩"而学习。幼儿愿意做有趣的事情，他们的学习积极性也主要是从兴趣出发的。没有兴趣的学习，幼儿往往不能坚持进行；有兴趣的学习，幼儿可以坚持较长时间。有些家长反对甚至禁止幼儿游戏，强迫幼儿"学功课"。但是，这种做法带来的学习效果并不好，这是因为家长不了解幼儿的这种学习特点。对一些"无意义的学习"，幼儿常常自发地将其游戏化，反而产生了学习兴趣。

三、学习的无意性与内隐性

幼儿的学习以无意学习为主。在学习过程中运用的记忆往往是无意记忆。正因为幼儿学习的无意性特点，教师在教育教学活动中要注意两个事项。

第一，避免过多要求幼儿有意性的学习。幼儿的年龄特点决定了他们的注意力不能长时间集中。如教师让幼儿注意听讲，幼儿却去看窗外的小鸟，就是因为其注意是以无意注意为主的。也就是说，幼儿会去注意外界那些有声有色的、新奇的和活动的东西。即使如此，无意注意在这个年龄段稳定集中的时间也比较短暂，这和幼儿大脑的生理发育程度有关，是不可强求的。

第二，幼儿无意学习的特点，可以使幼儿轻松地学到东西，在学习中不费力。幼儿的无意学习需要教师有意识地创造条件并加以引导。适宜的学习环境和条件对幼儿的无意学习能起到很好的引导作用。

内隐学习是幼儿学习的重要特征。内隐学习具有随意性，是在刺激结构高度复杂，关键信息不明显的情况下，即在无意识状态下，无目的、自动化的加工活动。幼儿常常出现内隐学习，如教师在组织集体教育活动时，有一个幼儿没有参与，在教室的角落独自玩积木，但事后对幼儿进行测试时，发现教师讲的不少内容该幼儿都学会了。

四、经验与体验作用的显著性

个体的经验和情感体验在幼儿学习中的作用十分明显。幼儿与中小学生及成人不同，主要不是依靠语言和文字符号来学习。幼儿的学习主要以行为实践为主，直接参与的经验是幼儿学习的要素，幼儿教育应该以真实的经验和真实的事件为基础。在幼儿一日生活中，无论是教师指导的活动，还是幼儿游戏与自由活动，都应尽可能地给予幼儿动手操作、直接观察和实验的机会，让他们获得亲身的经验和体验，并能用自己的语言、操作等方式表达与表现。

幼儿亲身的经验往往与情绪体验相联系。情绪在幼儿心理活动中的作用甚至大于理智，幼儿的许多活动是情绪性的而非理性的。实验证明，不同的情绪状态对婴幼儿的智力操作有不同的影响。愉快的强度与操作效果之间为倒U形关系，即适中的愉快情绪使智力操作效果达到最优。

五、语言指导下的直观形象性

直观形象性是幼儿学习的突出特点。幼儿比较容易接受直观形象的学习内容，而在语言指导下使用直观材料或实际活动则最适合幼儿。事物形象应当与语言相结合，这是因为语言中绘声绘色的描述能激活幼儿头脑中的形象，有助于幼儿理解与记忆。无言语的机械练习或单凭口头的说教都不符合幼儿的学习特点。

六、对环境的极大依赖性

幼儿的学习受环境影响很大。幼儿需要安全的环境，包括物质的和心理的安全环境，更重要的是心理的安全氛围。处于安全及受尊重的群体环境中，幼儿才能获得最佳的发展与学习。马斯洛的需要层次理论指出，除非个体的身体和心理两方面的安全感都能被满足，否则不可能产生学习行为。儿童的心理是敏感而脆弱的，只有在安全的环境中，他们的身体需要才能得到满足，心理才能产生安全感；在受尊重的环境中，幼儿才不会有压抑感。因此，教育必须为幼儿提供健康的物质与心理环境。另外，丰富的、有挑战性的环境能使幼儿获得更多的信息加工材料，并且能使其思维活跃。

七、不容忽视的个别差异性

幼儿的学习存在个体差异。不同的幼儿有不同的认知与学习方式，也会用不同的方式表达其认知与理解。学习类型差异的研究发现，幼儿在学习方式上有偏好，如在学习通道上，有些幼儿比较倾向视觉性的学习，有些则偏向听觉及触觉等；在场依赖性上，有些幼儿是场依赖性的，而有些则是场独立性的。幼儿经由多样化的学习方式了解万事万物，并将其对事物的了解用多种方式表达出来。

一、单项选择题

1.当刺激多次重复出现时,婴儿好像已经认识了它,对它的反应强度减弱。这种现象称作(   )。

A.记忆的潜伏期　　　　　　　　　　B.回忆

C.客体永久性　　　　　　　　　　　D.习惯化

2.在婴儿期,儿童常常通过哭、喊、扔东西等方式来吸引成人的关注。这反映了他们所采用的学习方式是(   )。

A.模仿　　　　　　　　　　　　　　B.操作学习

C.使用工具　　　　　　　　　　　　D.习惯化

3.在引导和促进幼儿学习与发展的过程中,成人常常采用说教的方式,效果往往不理想,而给予幼儿亲身体验的机会却收到很好的效果。这说明幼儿的学习特点是(   )。

A.对环境的依赖性　　　　　　　　　B.经验与体验作用的显著性

C.无意性　　　　　　　　　　　　　D.从兴趣出发的学习积极性

二、填空题

1.婴儿学习的主要方式是_____、_____、_____和模仿。

2.幼儿学习的主要方式是_____。

三、简答题

简述学前儿童学习的特点。

参考答案及解析

一、单项选择题

1.【答案】D。解析:习惯化是个体不断或重复受到某种刺激而对该刺激的反应逐渐减弱的现象。

2.【答案】C。解析:婴儿的探索活动主要借助自己的身体进行。如当他哭喊时,总能引发养育者的抚慰反应,经过多次重复,婴儿就知道了"哭喊是一种重要的方式"。这就是婴儿使用工具的第一个阶段——将自己的身体作为工具。

3.【答案】B。解析:幼儿的学习主要以行为实践为主,直接参与的经验是幼儿学习的要素。幼儿教育应该以其真实的经验和真实的条件为基础。

二、填空题

1.【答案】习惯化与去习惯化;经典条件作用;操作条件作用

2.【答案】观察

三、简答题

【参考答案】

(1)容易被扼杀的学习主动性。

(2)从兴趣出发的学习积极性。

(3)学习的无意性与内隐性。

(4)经验与体验作用的显著性。

(5)语言指导下的直观形象性。

(6)对环境的极大依赖性。

(7)不容忽视的个别差异性。

第四章　学前儿童的学习动机

考情分析

本章内容以识记、理解为主，会以单项选择题、判断题的形式进行考查。其中学习动机的分类是重点考查内容。

学习目标

1.理解学习动机的含义，识记不同类型学习动机的概念并能对其进行区分。
2.了解学习动机理论（强化理论、需要层次理论等）的基本内容及对学前教育的启示。
3.理解学前儿童学习动机的激发与培养措施。

第一节　学习动机概述

一、学习动机的含义和成分

考点1　学习动机的含义

学习动机是动机在学习活动中的表现，是指引起和维持个体进行学习活动，并使活动朝向一定学习目标，以满足某种学习需要的一种内部心理状态。学习动机是直接推动个体进行学习的原因和内部动力，是激励和指引个体进行学习的一种需要。

考点2　学习动机的成分

学习动机的两个基本成分是学习需要和学习期待，两者相互作用形成学习的动机系统。

1.学习需要

学习需要是个体从事学习活动的最根本动力，是指个体在学习活动中感到有某些欠缺而力求获得满足的心理状态。它包括学习的兴趣、爱好和信念等。学习兴趣是学习动机中最活跃的成分。从需要的作用看，学习需要即学习的内驱力，所以学习需要又称学习内驱力。新的学习需要可以通过直接发生和间接转化两种途径来形成。

2.学习期待

学习期待是个体对学习活动要达到的目标的主观估计。学习期待所指向的目标可以是成绩，也可以是奖品、教师的赞扬、名誉和地位等。学习期待是学习目标在个体头脑中的反映，不等于学习目标。诱因是指能够激起有机体的定向行为，并能满足某种需要的外部条件或刺激物。学习期待是静态的，诱因是动态的。学习期待就其作用来说，就是学习的诱因。外在诱因可分为三种：理智诱因、情绪诱因、社会诱因。

学习需要和学习期待两者密切相关。学习需要在学习动机中占主导地位，是产生学习期待的前提之一。

学习期待指向学习需要的满足,促使主体去达到学习目标。

二、学习动机的分类

考点1　内部动机与外部动机

根据动机产生的诱因来源,可将学习动机分为内部动机和外部动机。

1.内部动机

内部动机是由个体的内部需要引起的动机,主要指儿童对学习本身感兴趣。如好奇心、求知欲、直接兴趣。一般来说,由内部动机支配下的学习行为更具有持久性。

考题再现

1.【2020·怀化麻阳·单选】下列选项中,代表内在动机情境的是(　　　)。

A.小甲把学习和父母的奖励联系在一起

B.老师对小乙数学作业表示不满意

C.老师在班上表扬三好学生

D.暑假时小丙每天独自看几小时书

【答案】D。

2.【2018·怀化溆浦·判断】根据动机的来源进行划分,幼儿的好奇心属于内部动机。(　　　)

【答案】√。

2.外部动机

外部动机是在外部刺激的作用下产生的,是为了获得某种奖励而产生的动机。例如,有些儿童为了得到教师和家长的喜欢或称赞而学习。如果没有奖励,他们学习的劲头就不足,即学习动机就会减弱,甚至消失。在早期阶段,外部动机对儿童具有重要意义。

考点2　主导性动机与辅助性动机

根据学习动机在活动中所起的作用不同,可将学习动机分为主导性动机与辅助性动机。

1.主导性动机

主导性动机是指在学习活动中表现较为强烈、稳定,并且处于支配地位、起主要作用的动机。

2.辅助性动机

辅助性动机是指在学习活动中表现较弱、较不稳定,并且处于辅助性地位、起次要作用的动机。

在儿童的成长过程中,活动的主导性动机是不断变化与发展的。当主导性动机与辅助性动机的关系较为一致时,活动动力会加强;如果两者存在矛盾冲突,活动动力会减弱。

考点3　近景性动机与远景性动机

根据学习动机起作用时间的长短,可将学习动机分为近景性动机和远景性动机。

1.近景性动机

近景性动机是指向近期目标的动机。例如,幼儿为得到小红星,积极发言,认真听讲;幼儿为上台表演而练琴。

2.远景性动机

远景性动机是指向长远目标的动机。例如,幼儿为将来成为钢琴家而练琴。远景性动机一旦形成,往往不容易为情境中的偶然因素而改变,能在较长时间内起作用,因而具有较高的稳定性和持久性。

考点4　认知内驱力、自我提高内驱力和附属内驱力

奥苏伯尔认为,在学校情境中,促进学生学习的成就动机主要包括三个方面的内驱力决定成分,即认知内驱力、自我提高内驱力和附属内驱力。

1.认知内驱力

认知内驱力是指在要求理解、掌握知识以及系统地阐释问题或解决问题的需要的基础上产生的一种内驱力,属于内部动机。认知内驱力指向学习任务本身,即为了获得知识。满足认知内驱力的奖励由学习本身提供。

2.自我提高内驱力

自我提高内驱力是指通过自身努力,胜任一定的工作,取得一定的成就,从而赢得一定的社会地位的内驱力。自我提高内驱力属于外部动机。自我提高内驱力与认知内驱力的区别:认知内驱力指向知识内容本身,以获得知识和理解事物为满足;自我提高内驱力指向一定的社会地位,以赢得一定的地位为满足。

3.附属内驱力

附属内驱力是指个人为了获得长者或权威的赞许或认可,而表现出来的把学习或工作做好的需要。它既不直接指向学习任务本身,也不把学业成就看作赢得地位的手段,而是为了获得长者或同伴的赞许和接纳。附属内驱力是一种间接的学习需要,属于外部动机。它有比较明显的年龄特征。在年龄较小的儿童身上,附属内驱力是成就动机的主要成分。随着儿童年龄的增长和独立性的增强,附属内驱力不仅在强度上有所减弱,而且在附属对象上也从家长和教师转移到同伴身上。

三、学习动机对学习的作用

学习动机是学习活动顺利进行的支持性条件。学习动机对学习的作用表现在两个方面:影响学习过程和影响学习效果。

考点1　学习动机对学习过程的影响(学习动机的功能)

1.激发功能(引发学习行为)

儿童对某些知识或技能产生迫切的学习需要时,就会引发学习内驱力,唤起内部的激动状态,产生焦急、渴求等心理体验,并最终激起一定的学习行为。学习动机还能够增强儿童学习的准备状态,激活相关的背景知识,提高学习效率。

2.指向功能(定向学习行为)

学习动机以学习需要和学习期待为出发点,使儿童的学习行为在初始状态时就指向一定的学习目标,并推动其为达到目标而努力学习。

3.维持功能(维持学习行为)

学习动机使儿童在学习过程中,集中注意力,克服不利影响,提高努力程度,遇到困难时坚持不懈,直达学习目的。

4.调节功能(调节学习行为)

学习动机调节学习行为的强度、时间和方向。如果行为活动未达到既定目标,动机还将驱使儿童转换行为活动方向以达到既定目标。

考点2　学习动机对学习效果的影响

学习动机对学习效果的影响可分为两个方面:学习动机对整体学习活动的影响和学习动机对具体学习活

动的影响。

1.学习动机对整体学习活动的影响

总体而言,学习动机越强,有机体学习活动的积极性越高,从而学习效果越佳。学习动机作为一种非认知因素,对学习效果的影响并不是直接发生的,而是必须通过学习者的学习行为才能作用于学习效果。学习动机作为一种非智力因素,会直接对学习起促进作用。但是,不能认为学习动机与学习结果是一种单向的影响关系,动机并非学习的先决条件。因此,当儿童尚未表现出对学习有适当的兴趣或动机之前,教师没有必要推迟学习活动。对于那些尚无学习动机的,尤其是年龄较小的儿童,最好的教学方法是把重点放在学习的认知方面而不是动机方面,致力于有效地教他们掌握有关知识,让他们获得成功的体验。儿童尝到了学习的乐趣,就可能产生要学习的动机。

2.学习动机对具体学习活动的影响

对一项具体的学习活动而言,学习动机对学习效果的影响较为复杂。在具体的学习中,为使学习更有成效,就要避免过高和过低的动机。只有当学习动机的强度处于最佳水平时,才能产生最好的学习效果。

美国心理学家耶克斯和多德森认为,中等程度的动机水平一般最有利于学习效果的提高。同时,他们还发现,最佳的动机水平与任务难度密切相关:任务较容易,最佳动机水平较高;任务难度中等,最佳动机水平也适中;任务越困难,最佳动机水平越低。这便是有名的耶克斯-多德森定律,简称倒"U"形曲线(见图3-4-1)。

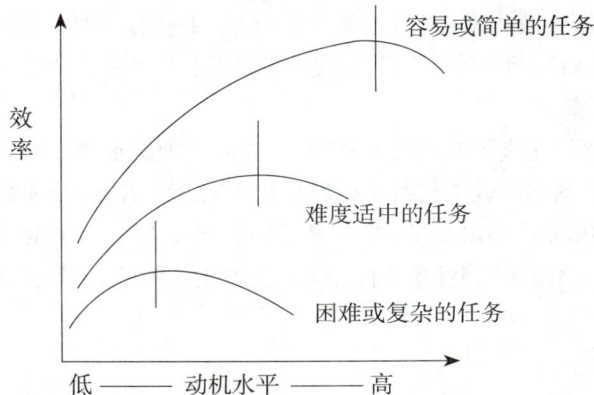

图3-4-1　耶克斯-多德森定律的倒"U"形曲线

第二节　学习动机理论与学前儿童的学习动机

一、强化理论

考点1　强化理论的基本内容

学习动机的强化理论是由行为主义学习理论家提出来的。强化理论认为动机是由外部刺激引起的一种对行为的冲动力量,强化是引起动机的重要因素;采取强化原则,可通过奖励与惩罚的措施来维持儿童的学习动机。

考点2　强化理论对学前教育的启示

在学习活动中,学校可以采用奖励(赞许、奖品、给予权利、高分数等)与惩罚(训斥、剥夺权利、低分数等）的办法督促学前儿童学习。但在实践过程中，应注意：①根据个体的具体情况正确选择强化物；②慎重使用惩罚；③恰当使用表扬与批评。

二、需要层次理论

考点1　需要层次理论的基本内容

美国人本主义心理学家马斯洛认为，人的行为动机是在需要的基础上被激发起来的。人具有七种基本需要：生理需要、安全需要、归属与爱的需要、尊重的需要、求知的需要、审美的需要、自我实现的需要。其中生理需要、安全需要、归属与爱的需要、尊重的需要被称为缺失性需要。缺失性需要是生存所必需的，必须得到一定程度的满足。求知的需要、审美的需要、自我实现的需要属于成长性需要。成长性需要虽不是生存所必需的，但具有积极的社会适应意义。

需要层次从低级到高级排列，较低级的需要至少达到部分满足之后才能出现对较高级需要的追求。

考点2　需要层次理论对学前教育的启示

1.教育者应注意满足学前儿童低层次的需要，为高级需要的产生提供条件

在学前教育中，学前儿童缺乏学习动机在某种程度上与那些缺失性需要未得到充分满足有很大的关系。因此，教师既要关心学前儿童的饮食、睡眠等生理需求，更要满足学前儿童渴望关爱、友谊、尊重等的精神需求。

2.创建民主、和谐的教学氛围

在幼儿园里，如果儿童之间充满了激烈的矛盾冲突，或者教师经常嘲笑和惩罚儿童，就会使教学环境变得压抑和紧张。而这种压抑、紧张的教学气氛难以满足儿童安全的需要、爱和尊重的需要，学前儿童身心时刻受到"威胁"，难以产生求知欲望。反之，在民主、和谐的教学环境中，儿童感受到教师的信任和关怀，确信自己是被理解的和安全的，不会遭人嘲笑和惩罚，才有可能产生学习的渴望，并积极探索，勇于创新。

三、成就动机理论

考点1　成就动机理论的基本内容

成就动机是由心理学家默里提出的概念，是指一种努力克服障碍、施展才能，力求又快又好地完成某事的愿望或趋势。后经其他心理学家的研究，逐步形成了一种动机理论。成就动机是在需要的基础上产生的，是激励个体乐于从事自己认为非常重要或有价值的工作，并力求取得成功的内在驱动力。

成就动机理论的主要代表人物阿特金森认为，成就动机由两种相反倾向组成，一种称为力求成功的动机，一种称为避免失败的动机。力求成功者的目的是获取成就，所以他们会选择有所成就的任务，而成功概率为50%的任务是他们最有可能选择的，因为这种任务能给他们提供最大的现实挑战，有助于他们通过努力来提高自尊心和获得心理上的满足。当他们面对完全不可能成功或稳操胜券的任务时，动机水平反而会下降。相反，避免失败者则倾向于选择非常容易或非常困难的任务，如果成功概率大约为50%时，他们会回避这项任务，以防止自尊心受损和产生心理烦恼。选择容易的任务可以保证成功，使自己免遭失败；选择极其困难的任务，即使失败，也可以找到适当的借口，得到自己和他人的原谅，从而减少失败感。

考点2　成就动机理论对学前教育的启示

成就动机理论对学前教育的启示主要表现为，教师应根据学前儿童成就动机的差异，区别对待不同儿童的学习活动。在教育实践中对力求成功者，应通过给予新颖且有一定难度的任务、安排竞争的情境、严格评

定分数等方式来激起其学习动机;而对避免失败者,则要安排竞争较少或竞争性不强的情境,如果其取得成功,则要及时表扬给予强化,对其评价时要求稍稍放宽些,并尽量避免在公众场合下指责其错误。

四、归因理论

考点1 归因理论的基本内容

归因是人们对自己或他人活动及其结果的原因的解释和评价。在学习和工作中,人人都会体验到成功与失败,同时还会去寻找成功与失败的原因,这就是对成就行为的归因。

归因理论由海德首先提出,韦纳对其进行系统研究。韦纳认为人们倾向于将活动成败的原因归结为六个因素,即能力、努力程度、任务难度、运气(机遇)、身心状态、外界环境等。同时,韦纳认为这六个因素可归为三个维度,即内部归因和外部归因(内在性)、稳定归因和不稳定归因(稳定性)、可控制归因和不可控归因(可控性)。最后,将三维度和六因素结合起来,组成了归因模式(见表3-4-1)。

表3-4-1 韦纳成败归因理论中的六因素与三维度

因素	维度					
	内在性		稳定性		可控性	
	内部	外部	稳定	不稳定	可控	不可控
能力	★		★			★
努力程度	★			★	★	
任务难度		★	★			★
运气		★		★		
身心状态	★			★		★
外界环境		★		★		★

韦纳认为,每一维度对动机都有重要影响。

1.在内在性维度上

如果将成功归因于内在因素,则会产生自豪感,从而提高动机;归因于外在因素,则会产生侥幸心理。如果将失败归因于内在因素,则会产生羞愧感;归因于外在因素,则会生气。

2.在稳定性维度上

如果将成功归因于稳定性因素,则会产生自豪感,从而提高动机;归因于不稳定因素,则会产生侥幸心理。如果将失败归因于稳定因素,则会产生绝望感;将失败归因于不稳定因素,则会生气。

3.在可控性维度上

如果将成功归因于可控制因素,则会积极地去追求成功;归因于不可控制因素,则会绝望。如果将失败归因于不可控制因素,则会生气;归因于可控制因素,则会努力追求成功。

值得注意的是,归因是个体对自己成败原因的主观解释和推论,在一定程度上会受他人影响而改变。

考点2 归因理论对学前教育的启示

归因理论是从结果来阐述行为动机的,因此教师在教育中应注意多观察学前儿童的行为表现,根据学习行为及其结果来推断学前儿童的心理特征,并了解和分析学前儿童心理活动发生的因果关系,从特定的学习行为及结果来预测学前儿童在某种情况下可能产生的行为。此外,教师要注意引导学前儿童进行积极的自我归因,即凡事自己主动承担责任,遇到困难应主动、积极地寻求可以自己解决的方法,并善于从失败中吸取教训等。

五、自我效能感理论

考点1　自我效能感理论的基本内容

自我效能感是指人们对自己是否能够成功地从事某一成就行为的主观判断。这一概念最早由行为主义心理学家班杜拉提出，属于社会学习理论。班杜拉认为，个体的自我效能感决定他在成就情境中的行为动机。

自我效能感高的人在有关的活动中行为积极性高，乐于付出努力和采取策略来应付遇到的问题、解决面临的困难，而当问题和困难得到解决和克服的时候，他当初的效能感就得到了证实，就会维持它原来的动机。即便当个体偶尔遇到前所未有的困难时，他有能力取得成功的信念也有助于克服先前操作的消极方面，诱发动机行为。

自我效能感低的人在学习活动上的积极性也低，不愿付出过多的努力和采取相应的策略应付困难、解决问题，这必然导致活动结果不尽如人意，反过来又降低了他的自我效能感。

考点2　影响自我效能感的因素

影响自我效能感的因素主要有以下四个方面。

1.个人自身的成败经验

个人自身的成败经验是影响自我效能感最主要的因素。一般来说，成功的学习经验会提高学生的自我效能感；相反，失败的学习经验则会降低学生的自我效能感。

2.替代性经验

一个人的自我效能感是个人在与环境互动的过程中形成的。

3.言语劝说

用言语说服学生相信自己具有完成给定任务的能力，会使学生在遇到困难时付出更大的努力。

4.情绪唤醒

通过调整学生的情绪状态，减轻紧张和负面的情绪倾向，可以起到改变自我效能感的作用。

考点3　自我效能感理论对学前教育的启示

当儿童在遭遇困境时，教师和家长应该在鼓励和支持中，让儿童更多地体会到克服困难的愉悦感，而不是简单地进行奖励或惩罚。简单的奖励或惩罚会带给儿童较低的自我效能感。如果儿童自我效能感低，那么在选择任务时会缺乏足够的勇气，在困难情境中会缺乏坚持性，在人际交往中也会缺乏必要的主动性。因此，幼儿园教师应通过提供支持性的帮助来提高儿童的自我效能感，让他们能大胆、自信、积极主动地参与各项教育活动。

第三节　学前儿童学习动机的激发与培养

一、学前儿童学习动机的激发

1.设置问题情境，激发儿童的认知兴趣与求知欲

认知失调理论指出，在面临认知冲突时，儿童的认知兴趣与求知欲会被激发出来。因此，教师应创设激发儿童探索欲望的问题情境，即在活动内容与儿童已有的认知结构之间产生一种不协调或矛盾，激发儿童产

生"这是什么？""为什么是这样的呢？"等一些冲突性问题，从而激发儿童主动探索与发现。同时，教师还要设计有趣的活动内容，让儿童积极参与学习活动，做到让儿童动起来。

2. 重视儿童学习活动中的游戏动机

游戏是儿童认识世界的重要方式。游戏适应儿童心理发展的需要，符合儿童心理发展的水平。形式多样的游戏可以在最大程度上淡化教育痕迹。

皮亚杰指出，游戏有三种类型：练习性游戏、象征性游戏和规则性游戏。教师可以运用这三种类型的游戏，激发儿童玩的动机，并使其在游戏中学习各种知识技能。

3. 为儿童学习创设安全、开放、温馨的氛围

根据马斯洛的需要层次理论，儿童在产生求知的需要前，必须先满足基本的生理、安全、归属与爱的需要。因此，为激发儿童学习与探索的主动性，教师必须创设安全、开放、温馨的学习氛围。

4. 让儿童体验学习的成功与快乐

获得成功与快乐是儿童学习的重要动力。假如儿童在追求成功的过程中屡遭失败，其学习动机就难以维持。教师必须针对儿童学习的个别差异，使每个儿童获得成功的体验，取得努力之后的满足感，肯定自己的价值。教师在评价儿童学习时，应该重视儿童学习的努力与进步，并予以积极表扬。教师不能用"一刀切"的标准，使在集体中处于下游的儿童总是受到批评。

5. 运用适宜反馈激发儿童的学习动机

韦纳的归因理论指出，儿童内部或外部归因的形成与教师的评价和影响有关，教师的反馈对儿童的学习归因与学习动机有很大影响。教师的反馈无论是正面的（赞许或鼓励）还是负面的（批评或训斥），均会成为儿童对自己学习成败归因的根据。

二、学前儿童学习动机的培养

1. 了解和满足儿童的需要，促进学习动机的产生

儿童的学习动机产生于需要，需要是儿童学习积极性的源泉。教师应该通过多种方法了解儿童的学习需要，采取一些强化和训练手段使外部的学习要求内化为儿童自己的学习需要。

2. 重视立志教育，对儿童进行成就动机训练

通过立志教育增强儿童的责任感与使命感，启发儿童自觉、勤奋地学习。研究证明，成就动机训练对提高儿童的学习动机有极大的作用。

3. 帮助儿童确立正确的自我概念，获得自我效能感

自我效能感是一种主观判断，与个体的自我概念有密切的关系。要培养儿童的自我效能感应该从培养正确的自我概念入手。培养自我效能感的方法包括创造条件使儿童获得成功的体验、为儿童树立成功的榜样等。

4. 培养儿童积极的归因观

引导儿童相信成功与努力之间有必然联系，有助于培养儿童的学习动机。教师训练儿童归因的步骤：①了解儿童的归因倾向；②让儿童进行某种活动，并取得成功体验；③让儿童对自己的成败进行归因；④引导儿童进行积极归因。

5. 培养儿童对学习的兴趣

学习兴趣是学习动机的重要心理成分，是一种指向学习活动本身的内部动机。学习兴趣的特点是在从事学习活动或探求知识的过程中伴有愉快的情绪体验，从而产生进一步学习的需要。

6. 利用原有动机的迁移，使儿童产生学习的需要

教师在儿童缺乏学习动机时，将儿童对其他活动的积极性迁移到学习活动中。教师要发现儿童的闪光点，并把这些闪光点与学习联系起来，使其转化为学习需要和学习兴趣。

强化练习

单项选择题

1.为了获得老师的表扬,洋洋每天晚上主动阅读、积累。这一学习动机是(   )。

A.社会交往内驱力   B.自我提高内驱力

C.附属内驱力   D.认知内驱力

2.动机是推动人们行为的内部动力,直接影响工作效率。关于动机和工作效率的关系,下列说法不正确的是(   )。

A.动机越低,效率越低

B.动机越高,效率越高

C.动机过高,效率反而会降低

D.动机适中,效率最高

3.一次小测验后,明明只得了80分。拿到成绩后,明明对张老师说:"张老师,我生病了,在这次考试中没有发挥好。"此处,明明的归因是(   )。

A.内在的、不稳定的、不可控的

B.内在的、稳定的、可控的

C.外在的、不稳定的、可控的

D.外在的、稳定的、可控的

参考答案及解析

单项选择题

1.【答案】C。解析:认知内驱力是一种源于学习者自身需要的内部动机。它是一种要求了解和理解事物、掌握知识、系统地阐述问题和解决问题的需要。自我提高内驱力是一种通过自身努力,胜任一定的工作,取得一定的成就,从而赢得一定的社会地位的需要。附属内驱力是指个人为了获得长者或权威的赞许或认可,而表现出来的一种把学习或工作做好的需要。

2.【答案】B。解析:根据耶克斯-多德森定律,动机强度与工作效率之间的关系是呈倒"U"形的,即在一定范围内,动机越低,效率越低,工作效率随着动机强度的增大而提高,直至达到动机的最佳强度,此后随着动机强度的增大,效率反而会下降。中等强度的动机水平最有利于工作效率的提高。

3.【答案】A。解析:韦纳认为,人们从六个因素进行自我行为成败归因,即能力、努力程度、身心状态、任务难度、运气、外界环境。六个因素又可按照三个维度进行划分。按照内外维度划分,能力、努力程度、身心状态属于内在因素,任务难度、运气、外界环境属于外在因素。按照稳定性维度划分,能力、任务难度属于稳定因素,努力程度、运气、身心状态、外界环境属于不稳定因素。按照可控性维度划分,努力程度属于可控制因素,能力、任务难度、运气、身心状态、外界环境属于不可控因素。题干中明明将自己考试没考好的原因归为生病了(身心状态)属于内部的、不稳定的、不可控的归因。

第五章　学前儿童的学习迁移

考情分析

本章内容以识记、理解为主，会以单项选择题、判断题的形式进行考查。其中学习迁移的分类是重点考查内容。

学习目标

1.理解学习迁移的含义，识记不同类型学习迁移的概念，并能对其进行区分。
2.了解几种学习迁移理论（形式训练说、相同要素说等）。
3.理解学前儿童学习迁移的影响因素和促进策略。

第一节　学习迁移概述

一、学习迁移的含义

学习迁移也称训练迁移，是指一种学习对另一种学习的影响，或习得的经验对完成其他活动的影响。迁移广泛存在于各种知识、技能、行为规范与态度的学习中。迁移是学习的一种普遍现象，平时常说的"举一反三""触类旁通""闻一知十"等就是典型的迁移形式。

二、学习迁移的分类

考点1　正迁移与负迁移

根据迁移的性质和结果，可将学习迁移分为正迁移和负迁移。

1.正迁移

正迁移也称助长性迁移、积极迁移，是指一种学习对另一种学习产生积极的促进作用。如幼儿在幼儿园养成了上课认真听讲，举手发言的习惯，能很快适应小学的学习生活。

2.负迁移

负迁移也称抑制性迁移、消极迁移，是指一种学习对另一种学习产生消极的阻碍作用。如幼儿学习了英语字母后，再去学习汉语拼音，常常会用英语来念汉语拼音。

考点2　顺向迁移与逆向迁移

根据迁移作用的方向，可将学习迁移分为顺向迁移和逆向迁移。

1.顺向迁移

顺向迁移是指先前学习对后继学习产生的影响。如幼儿在幼儿园学到的知识和技能对小学学习产生的影响。

考题再现

【2018·郴州汝城·判断】当幼儿面临新的问题情境时，如果他利用原有的知识、经验与技能去解释新的问题，就是顺向迁移。
（　　）

【答案】√。解析：幼儿利用原有的知识、经验与技能去解释新的问题体现的是先前学习对后续学习的积极影响，属于顺向迁移。

2.逆向迁移

逆向迁移是指后继学习对先前学习产生的影响，即后继学习引起先前学习中已形成的认知结构的变化，可能是充实、修正，也可能是重组或重新建构。如幼儿都认为"会飞的动物都是鸟"，但到了小学和中学，随着所学知识和经验越来越丰富，对"鸟"这个概念的认识越来越准确，就会知道原来并不是所有会飞的动物都是鸟，对以前脑海中的"鸟"的概念进行了修正。

考点3　一般迁移与具体迁移

根据迁移内容的普遍性与特殊性，可将学习迁移分为一般迁移和具体迁移。

1.一般迁移

一般迁移也称普遍迁移、非特殊迁移，是将一种学习中习得的一般原理、方法、策略和态度等迁移到另一种学习中。例如，一个儿童在幼儿园特别爱去阅读区看书，这种热爱阅读的习惯可能会迁移到家庭中，甚至会迁移到以后的小学、中学阶段。

2.具体迁移

具体迁移也称特殊迁移，是指将一种学习中习得的具体的、特殊的经验直接迁移到另一种学习中去，或经过某种要素的重新组合，以迁移到新情境中去。例如，在英语学习中，当学完单词eye（眼睛）和ball（球）后，再学习eyeball（眼球）时，即可以产生特殊迁移。也就是说，利用具体的相同字母组合的迁移来进行新的学习。

考点4　水平迁移与垂直迁移

根据迁移内容的抽象和概括水平，可将学习迁移分为水平迁移和垂直迁移。

1.水平迁移

水平迁移也称横向迁移、侧向迁移，是指先行学习内容与后继学习内容在难度、复杂程度和概括程度上处于同一水平的学习活动之间产生的影响。如通过加、减、乘法学习后获得的一些运算技能会促进除法运算学习；又如直角、钝角、锐角、平角等概念之间的关系是并列的，都处于同一抽象和概括水平，各种概念的学习会相互影响。可见，水平迁移具有正迁移的效果，能起到举一反三、闻一知十、触类旁通的作用。

2.垂直迁移

垂直迁移也称纵向迁移，是指先行学习内容与后续学习内容是不同水平的学习活动之间产生的影响。垂直迁移表现在两个方面：一是自下而上的迁移，即下位的较低层次的经验影响上位的较高层次的经验的学习，如儿童学习"苹果、梨、香蕉"等概念后，再学习"水果"概念；二是自上而下的迁移，即上位的较高层次的经验影响下位的较低层次的经验的学习，如儿童先学习"水果"概念，再学习"苹果、梨、香蕉"等概念。

【2020·长沙浏阳·单选】难度不同的两种学习之间的相互影响是(　　)。

A.垂直迁移　　　　　　　　　　　　B.水平迁移

C.顺向迁移　　　　　　　　　　　　D.逆向迁移

【答案】A。

考点5　低路迁移与高路迁移

根据迁移的自动化程度,可将学习迁移分为低路迁移与高路迁移。

1.低路迁移

低路迁移是指反复练习的技能自动化的迁移。低路迁移的发生是自然的、自动化的。一个非常熟练的技能从一种情境迁移至另一种情境时,通常不需要思维活动或者只需要很少的思维活动,这就是低路迁移。例如,一旦你学会了骑某一辆自行车,你就会把这种技能迁移到另一辆自行车上。

2.高路迁移

高路迁移是指有意识地将在某一情境下习得的抽象知识运用到新的情境中。如利用做笔记策略来阅读文章;儿童学习了绘画技能,他就将这种技能运用到美工活动中,先画好动物图像,再裁剪。

三、学习迁移理论

考点1　形式训练说

形式训练说是最早的关于迁移的理论,其心理学基础是官能心理学,该学派的代表人物是18世纪德国心理学家沃尔夫。官能心理学认为,人的心智是由注意、知觉、记忆、思维、想象和意志等官能组成的。心智的各种官能是各自分开的实体,分别从事不同的活动。形式训练说的基本主张是迁移要经历一个形式训练过程才能产生,认为迁移是通过对各种官能分别进行训练来实现的,并认为迁移的发生是自动的。

形式训练说重视能力的培养和学习的迁移,强调对有效的记忆方法、工作方式和学习习惯以及一般的有效工作技术加以特殊训练。但形式训练说缺乏科学的依据,引起了一些研究者的怀疑和反对。

考点2　相同要素说

桑代克于20世纪基于他的"面积估计"实验提出了相同要素说这一学习迁移理论。他认为只有当两个机能的因素中有相同的要素时,一个机能的变化才会影响另一个机能的习得。也就是说,只有当学习情境和迁移情境存在共同成分时,一种学习才能影响另一种学习,即产生学习迁移。两种情境中的相同要素越多,迁移的量和可能性越大。

相同要素说虽然对学习迁移的研究和实际教学起到了积极的作用,但它只看到学习情境的作用,完全忽略了主体因素对学习迁移的影响,否认了迁移过程中复杂的认知活动。简而言之,相同要素是学习迁移产生的客观必要条件,但不是唯一条件。

考点3　概括化理论(经验类化说)

美国心理学家贾德于1908年做了"水下击靶"实验,提出了概括化理论。该理论认为,前期学习获得的东西之所以能迁移到后期的学习中,是因为在前期学习中获得了一般原理,这种原理可以部分或全部地运用于两种学习中。两种学习活动之间存在共同要素仅仅是知识产生迁移的必要前提,而迁移产生的关键是学习者在两种活动中通过概括形成的能够泛化的共同原理。只要一个人对他的经验进行了概括,就可以完成从一种情境到另一种情境的迁移。对原理概括得越好，在新情境中学习的迁移就越好。

"水下击靶"实验

贾德把十一二岁的小学高年级学生分成A、B两组练习水中击靶。A组在学习完光在水中的折射原理后进行练习，B组只进行练习、尝试，不学习原理。当A、B两组达到相同的训练成绩后，增加水中目标的深度，结果继续击靶时，学过原理的A组学生练习成绩明显优于未学过原理的B组学生。贾德认为这是因为学过原理的A组学生已经把折射原理概括化，从而对不同深度的靶子都能很快做出适应和调整，把原理运用到不同深度的特殊情境中。这一实验说明对原理概括得越好，在新情境中学习的迁移就越好。

考点4　关系转换说（关系理论）

格式塔心理学家提出关系转换说。苛勒的"小鸡啄米（小鸡觅食）"实验是支持关系转换说的经典实验。

关系转换说认为，迁移是学习者突然发现两个学习经验之间关系的结果，是对情境中各种关系的理解和顿悟，而非由于具有共同成分或原理自动产生。学习迁移的重点不在于掌握原理，而在于察觉到手段和目的之间的关系，这是实现迁移的根本条件。该理论从理解事物关系的角度对经验类化的迁移理论进行了重新解释，并通过实验证明迁移产生的实质是个体对事物间的关系的理解。

"小鸡啄米"实验

先让小鸡学会辨别一种浅灰色纸和一种深灰色纸，小鸡在浅灰色纸上能啄到谷粒，在深灰色纸上不能啄到谷粒，两种纸常常交换位置，经过40~60次训练，小鸡学会了拣浅灰色纸啄米。之后变换条件，把深灰色纸换成更浅灰色纸，观察小鸡对浅灰色纸和更浅灰色纸的反应。结果有70%的小鸡啄新的更浅灰色纸，只有30%的小鸡仍啄原来的浅灰色纸。

考点5　认知迁移理论

美国学者罗耶提出了认知迁移理论。他认为认知迁移理论具有一个前提，即领会是学习迁移的必要条件，但不是充分条件。在没有领会的条件下虽然也可以习得信息，但在回忆或使用未被领会的信息的条件是极为有限的。因此，要形成学习迁移，领会是必不可少的。

第二节　促进学前儿童学习的迁移

一、影响学前儿童学习迁移的主要因素

1.学习对象的相似性

学习对象相似性的大小主要是由两个任务中含有的共同成分决定的，较多的共同成分将产生较大的相似性，并导致迁移的产生。共同成分既可以是学习材料（如刺激）、学习中的环境线索、学习结果（如反应）、学习过程、学习目标等方面的，也可以是态度、情感等方面的。教师在教学中可以有意识地提供与先前的知识相类似的学习情境，便于儿童模仿，以达到学习迁移的效果。因此，到了大班，幼儿园要努力从学习内容、学习环境、学习态度等方面着手与小学衔接，让儿童顺利地适应小学的学习。

2.学前儿童原有的认知结构和生活经验

原有的学习对后继学习的影响是比较常见的一种迁移方式。原有认知结构的特征直接决定了迁移的可

能性及迁移的程度。根据奥苏伯尔的认知结构迁移理论，儿童原有的相应背景知识是迁移产生的基本前提条件。已有的背景知识越丰富，越有利于新的学习，即迁移越容易。

3.学前儿童的概括水平

原有的认知结构的概括水平对迁移起到至关重要的作用。一般而言，经验的概括水平越高，迁移的可能性越大，效果越好；经验的概括水平越低，迁移的范围越小，效果也越差。对于儿童来说，要使他们的知识经验有高度的概括性很难，但可以通过引导儿童进行分析、综合、比较等活动来理解、发现事物之间的共同点，从而提高他们的概括水平。

4.学习的定势

定势，即先于一定的活动而又指向该活动的一种动力准备状态。定势的形成往往是由于先前的反复经验，它将支配个体以同样的方式去对待后继的同类问题。正因如此，定势在迁移过程中也起到一定的作用。定势对迁移的影响表现为两种：促进和阻碍。定势既可以成为正迁移的心理背景，也可以成为负迁移的心理背景，或者成为阻碍迁移产生的潜在的心理背景。

定势对迁移究竟是积极的影响还是消极的影响取决于许多因素。但关键是要使儿童意识到定势的这种双重性，具体分析学习情境，既要考虑如何充分利用积极的定势解决问题，同时又要打破已形成的僵化定势，灵活地、创造性地解决问题。

除了上述影响迁移的一些基本因素外，年龄、智力、学习者的态度、教师的指导、外界的提示与帮助等都在不同程度上影响着迁移的产生。

二、促进学前儿童学习迁移的策略

1.关注情感因素对儿童学习迁移的影响

各种学习迁移理论从不同侧面探讨了儿童的学习迁移，但也存在不足，特别是对情感因素在儿童学习迁移中的重要影响有所忽视。对儿童来说，影响学习迁移的一个重要因素是情感因素，特别是儿童对学习和对幼儿园的态度。儿童如果认为幼儿园是一个令人愉快的、能获得有益知识和经验的地方，而且与同伴建立了良好、融洽的关系，那么学习迁移就比较容易产生；相反，如果儿童对教师、幼儿园有害怕或厌恶的情绪，则不利于其学习迁移的产生。

2.为儿童提供具体、形象、直观的事物

经验类化说、认知迁移理论均指出，儿童在学习迁移中必须形成共同原则和一般概念，这样才能导致迁移的产生。但这些理论可能更适用于年龄较小的儿童。对儿童来说，其思维发展处于具体运算阶段，未完全形成抽象逻辑、概括推理能力，因此儿童产生学习迁移常常要借助具体、形象、直观的事物，如图片与实物。儿童学习迁移更多表现在先后学习内容之间、较为具体的相同要素之间的相互影响，而不是抽象概括的原理。因此，相同要素说、产生式迁移理论更能解释儿童的学习迁移过程。

3.丰富儿童的日常生活，使其在学习中发生迁移

经验类化说和认知结构迁移理论均强调儿童原有知识经验和认知结构在学习迁移中的重要作用。为了促进儿童的学习迁移，必须丰富儿童在日常生活中的各种体验与经验。认知灵活理论的奠基人斯皮罗指出，学习情境主要体现在生活中。生活中充满各种各样的知识，要使儿童能解决不同生活情境中的新问题，就必须丰富儿童的生活实践，使他们形成对生活的各种丰富体验与感性知识，这有助于儿童在学习中更好地迁移。

4.提高儿童的分析与概括能力

儿童的分析能力和概括能力是影响学习迁移的又一重要因素。如果儿童分析能力和概括能力强，那么他就很容易分析、概括出新旧知识之间的共同点，掌握新旧知识之间的联系，这样就有利于知识经验的迁移；反之，就很难将以前所学的知识、技能迁移到当前的学习中来。儿童的分析能力和概括能力又是在知

识学习和不断迁移中形成和发展的。要提高儿童这方面的能力,教师应该在教学过程中对儿童进行相应的训练。

强化练习

一、单项选择题

1.根据迁移内容的抽象和概括水平,迁移可分为(　　　)。

A.正迁移与负迁移

B.顺向迁移与逆向迁移

C.水平迁移与垂直迁移

D.一般迁移与具体迁移

2.用迁移的观点来看,"温故而知新"属于(　　　)。

A.顺向正迁移　　　　　　　　　　B.顺向负迁移

C.逆向正迁移　　　　　　　　　　D.逆向负迁移

3.认为迁移是具体的、有条件的迁移理论是(　　　)。

A.形式训练说　　　　　　　　　　B.相同要素说

C.经验类化说　　　　　　　　　　D.关系转换说

二、填空题

1.先前学习对后继学习的影响称为_____。

2.形式训练说的理论基础是_____。

参考答案及解析

一、单项选择题

1.【答案】C。解析:同一概括水平的经验之间和不同概括水平的经验之间都可发生迁移,同一水平之间的迁移是水平迁移,不同水平之间的迁移是垂直迁移。

2.【答案】A。解析:以迁移的性质和结果为标准,迁移可以分为正迁移和负迁移。正迁移是指一种学习对另一种学习产生积极的促进作用;负迁移是指一种学习对另一种学习产生消极的阻碍作用。以迁移作用的方向为标准,迁移可以分为顺向迁移和逆向迁移。顺向迁移是指先前学习对后继学习产生的影响;逆向迁移是指后继学习对先前学习产生的影响。"温故而知新"体现的是先前学习的知识对后继学习产生的积极影响,属于顺向正迁移。

3.【答案】B。解析:相同要素说认为迁移是具体的、有条件的。

二、填空题

1.【答案】顺向迁移

2.【答案】官能心理学

第六章　学前儿童的问题解决与创造性学习

考情分析

本章内容以识记、理解为主，会以单项选择题的形式进行考查。其中影响问题解决的主要因素是重点考查内容。

学习目标

1. 理解问题与问题解决的含义。
2. 识记影响问题解决的主要因素。
3. 理解学前儿童创造性的表现、影响因素与培养措施。

第一节　问题解决概述

一、问题与问题解决

考点1　问题的含义及种类

1. 问题的含义

问题是指给定信息和要达到的目标之间有某些障碍需要被克服的刺激情境。每一个问题都必然包含三种成分：给定信息、目标、障碍。

2. 问题的种类

按照问题的组织程度，可以把问题分为有结构的问题（结构良好的问题）和无结构的问题（结构不良的问题）。

有结构的问题是指已知条件和要达到的目标都非常明确，个体按一定的思维方式即可获得答案的问题。无结构的问题是指已知条件与要达到的目标都比较含糊，问题情境不明确，各种影响因素不确定，不易找出解答线索的问题。

考点2　问题解决的含义、类型及特点

1. 问题解决的含义

问题解决是由一定的情境引起的，按照一定的目标，应用各种认知活动、技能等，经过一系列的思维操作，从问题的起始状态到达目标状态，使问题得以解决的过程。

2.问题解决的类型

问题解决可以分为两类:一是常规性问题解决,即使用常规方法来解决有结构的、有固定答案的问题;二是创造性问题解决,即综合应用各种方法或通过发展新方法、新程序等来解决无结构的、无固定答案的问题。

3.问题解决的特点

一般来说,问题解决具有目的性、序列性、认知性三大特点。

二、问题解决的过程与影响因素

考点1　问题解决的过程

一般把问题解决的过程分为发现问题、理解问题(明确问题/分析问题)、提出假设和检验假设四个阶段。

从完整的问题解决过程来看,发现问题是首要环节。理解问题就是把握问题的性质和关键信息,摒弃无关因素,并在头脑中形成有关问题的初步印象,即形成问题的表征。对问题的表征既包括问题的表面特征,也包括其深层特征。其中深层特征是解决问题的关键。提出假设就是提出解决问题的可能途径与方案,选择恰当的解决问题的操作步骤。检验假设就是通过一定的方法来确定假设是否合乎实际、是否符合科学原理。

考点2　影响问题解决的主要因素

1.问题的特征

个体解决有关问题时常常受到问题的类型、呈现方式等因素的影响。教师在课堂中进行各种形式的提问、各种类型的课堂和课后练习、习题或作业等,都是学习情境中常见的问题形式。不同的问题呈现方式将影响个体对问题的理解。

2.已有的知识经验

已有经验的质与量都影响着问题的解决。与问题解决有关的经验越多,解决该问题的可能性也就越大。研究发现,学优生头脑中储存的知识经验显著地多于学困生。可以说,拥有某一领域的丰富知识经验是有效解决问题的基础。但若大量的知识经验以杂乱无章的方式储存于头脑中,则对有效的问题解决毫无帮助。显然,知识经验在头脑中的储存方式决定了问题能否有效解决。

3.思维定势与功能固着

思维定势是指由先前的活动所形成的并影响后继活动趋势的一种心理准备状态,有时也称为"心向"。它在思维活动中表现为一种易于以习惯的方式解决问题的倾向。定势在问题解决中有积极影响,也有消极影响。

功能固着是指个体在解决问题时往往只看到某种事物的通常功能,而看不到它其他方面可能有的功能。功能固着影响人的思维,不利于新假设的提出和问题的解决。

考题再现

【2018·常德武陵·单选】有人认为蜂蜜的用途只是食用,很难想到它还可以美容和做药材。这在心理学上称(　　)。

A.功能固着　　　　　　　　　　　　B.思维定势

C.认真风格　　　　　　　　　　　　D.顿悟

【答案】A。

4.原型启发

具有启发作用的事物或现象叫原型。原型启发是指从其他事物或现象中获得的信息对解决当前问题的启发。任何一个人对某一项目的发明创造或革新都不是凭空想象出来的,在开始时总要受到某种类似的事物或模型的启发。例如,鲁班被带齿的丝茅草划破了手而发明了锯子;瓦特看到水烧开时冒出的蒸汽把壶盖顶起来受到启发,发明了蒸汽机;牛顿看到苹果掉到地上,发现了万有引力定律;人们通过对鸟翅膀构造的研究,设计飞机机翼;通过对蝙蝠超声波定位的仿效,制造出雷达等,都体现了原型启发。

5.动机与情绪状态

动机和情绪状态影响问题解决的效果。在一定限度内,情绪和动机强度与问题解决的效率成正比,但动机太强或太弱,情绪过于高昂或过于低沉,都会降低问题解决的效率。一般而言,中等强度的动机和相对适中的情绪激动水平,有利于问题的解决。

6.个性特征或人格特征

个体的人格差异也会影响解决问题的效率。理想远大、意志坚强、自尊、自信、自立、自强等优良的人格品质都会提高解决问题的效率;缺乏理想、意志薄弱、骄傲懒惰、缺乏自尊、自卑等消极的人格特点都会妨碍问题的解决。

除了上述因素外,个体的智力水平、认知风格、世界观和生理状态等也制约着问题解决的方向和效果。

三、提高学前儿童问题解决能力的措施

1.不断增加和提高儿童知识储备的数量与质量

知识记忆得越牢固、越准确,提取得也就越快、越准确,成功解决问题的可能性也就越大。教师应尽力帮助儿童牢固地记忆知识,运用各种方法尽可能地让儿童深刻领会和理解所学知识,以便牢固地记忆和有效地应用。

2.教授与训练儿童问题解决的方法与策略

第一,要帮助儿童对问题形成正确的表征,如用学过的知识来解释问题,用草图、列表等回忆有关的信息。

第二,要帮助儿童养成分析问题的习惯,对问题的情境、问题的目标要很好地把握。

第三,要指导儿童善于从记忆中提取信息,鼓励儿童从不同角度去看问题,要突破原来的事实和原则限制。

第四,训练儿童陈述自己的假设及步骤的能力,教师要给儿童以充分的时间进行思考解答。实践证明,在时间紧迫的情况下让儿童做难题,得到的效果是不好的。教师要鼓励儿童验证解答,防止以偏概全。

3.提供多种解决问题的机会

教师应避免低水平的、简单的提问或重复的问题解决,应考虑问题的质量,根据不同的教学目的、教学内容、教学手段等来精选并设计各种问题。多种问题的解决可以调动儿童主动参与学习的积极性,提高儿童知识应用的变通性、灵活性与广泛性。

4.培养儿童思考问题的习惯

教师要鼓励儿童经常观察身边的事物,主动发现问题。在明确问题的基础上,教师可以鼓励儿童从不同的角度,尽可能多地提出各种假设,而不要对这些想法进行过多的评判,以免让儿童过早地局限于统一解决问题的方案中。同时,教师应着重培养儿童的元认知能力,以有效地调控问题解决的过程。

第二节 学前儿童的创造性及其培养

一、学前儿童创造性的含义和表现

考点1 学前儿童创造性的含义

学前儿童创造性是指儿童根据一定的目的或意愿，在已有知识经验的基础上，用新颖、独特的方法产生具有个人价值的产品的心理品质。

考点2 学前儿童创造性的表现

1.儿童创造性的前提是了解和接触事物的"心向"

了解和接触事物的心向，即具有好奇心是儿童创造性的重要前提。3~6岁儿童对周围事物有强烈的好奇心，总有问不完的问题。这种好奇心是创造力不可缺少的条件。

2.儿童创造性就是善于组织自己的"材料"

对儿童来说，创造性并非要创造一个新奇的产品，更多地表现在能根据经验，组织这些经验与"材料"。儿童会根据自己的经验摆弄新奇的东西。例如，儿童会拆钟，看是什么在推动指针走；拆开玩具按自己的意愿重新组装，或者利用普通材料和各种废弃物制作玩具等。在摆弄操作过程中，儿童不断积累自己的经验与组织"材料"，这同样是创造性活动的过程。

3.儿童创造性突出表现在想象力上

儿童的创造性在很多时候表现在想象力上，这与其年龄特点有重要关系。3~6岁儿童正处于探索周围事物的关键期，好奇心强，较少受社会文化的影响。如"桌子"在成人看来就是吃饭、看书、写字的地方，但儿童则会认为它还是可以藏猫猫的地方。儿童的想象力十分丰富，较少受已有知识经验的制约。

4.儿童创造性常常体现在游戏活动中

爱好游戏是儿童的天性，游戏中蕴藏着儿童的学习需要和教育契机。儿童创造性地反映现实生活，在游戏中体现得最为淋漓尽致。这是由游戏的本质决定的。

二、影响学前儿童创造性的因素

1.智力

高智商是高创造性的有利条件，但创造性与智力的关系并非简单的线性关系，两者既有独立性，又在某种条件下具有相关性。它们之间的关系可以归纳为以下几点：①低智商不可能有高创造性；②高智商可能有高创造性，但也可能有低创造性；③低创造性者可能具有较低的智商，但也可能有较高的智商；④高创造性必须有中等以上水平的智商。即高智商虽非高创造性的充分条件，但却是高创造性的必要条件。

2.个性

个性通常是指个人具有的比较稳定的、有一定心理倾向的心理特征的总和。高创造性的人一般具有的个性特征包括以下几点：①具有幽默感；②强烈的好奇心；③有抱负和强烈的动机；④较高的独立性和批判性；⑤对含糊的容忍性；⑥喜欢幻想；⑦良好的心理承受能力，善于自我调整的品质等。

3.环境

家庭、幼儿园和社会环境对人的创造性思维的发展具有重要影响。

父母的受教育程度、管教方式以及家庭气氛都在不同程度上影响儿童的创造性。研究表明,父母受教育程度较高,对子女的要求不过分严格,对子女的教育采取适当的辅导策略,家庭气氛比较民主,则有利于儿童创造性的培养。

在幼儿园方面,如果幼儿园气氛较为民主,教师不以权威方式管理儿童;教师鼓励儿童的自主性,允许儿童表达不同的意见;儿童活动较为自主,教师允许儿童在自行探索中发现知识,则有利于儿童创造性的培养。

4.知识

原有知识的激活和运用在创造性过程中具有重要意义。因为不管是对问题的分析、推理,还是类比、联想,都离不开学习者原有的知识经验。

三、学前儿童创造性的培养

1.创设情境,激发求知欲

求知欲作为一种动机在智力活动中的作用相当大,是推动人进行活动以达到一定目的的内部动力。研究表明,怀疑能引起儿童的探究反射,即怀疑能够激发儿童的求知欲。有了这种反射,思维便应运而生。

2.营造宽松的活动环境

教育既有培养创造精神的力量,也有压抑创造精神的力量。在活动过程中,教师应尊重每个儿童,宽容其错误,允许他们发表新意见,提出新见解;应尊重儿童的差异,充分解放儿童的创造力,为各层次、各类型儿童的创造性思维能力的培养提供理想空间,营造宽松的环境。

3.有意识支持并促进儿童的创造性思维

创造性思维是以感知、记忆、思考、联想、理解等能力为基础,以综合性、探索性和求新为特征的高级心理活动。创造性思维有两种最基本的类型:发散思维和辐合思维。创造性活动要经过从发散思维到辐合思维,再从辐合思维到发散思维,多次循环而完成。这两种思维是辩证的、相辅相成的。其中发散思维占主导地位,是创造性思维的核心。

教师可根据发散思维的特点从以下几方面有意识地培养儿童的创造性。

(1)展开联想,培养其发散思维的流畅性。流畅性是指发散思维的量,即在较短的时间内产生较多的联想。世界上的客观事物总是相互联系的,具有各种不同联系的事物反映在头脑中,可以形成各种不同的联想。

(2)克服思维定势,培养其发散思维的变通性。变通性是指发散思维的灵活性,即思维能做到触类旁通,举一反三,突破常规。思维定势是指人对刺激情境以某种习惯方式进行反应。思维定势有助于迅速找到解决问题的途径,但有时也会使人陷入定势的陷阱。

(3)肯定儿童的超常思维,培养其发散思维的独特性。独特性是指发散思维的新奇成分。在活动过程中,时常有些儿童表现出超常、独特、非逻辑性的见解,教师要及时地对这些见解给予肯定。这是培养发散思维独特性的方式。

创造性思维不能孤立培养。作为创造能力的成分之一,它与创造性人格的培养密不可分。缺乏创造性人格,会制约儿童创造性思维发展的程度。教师应全面培养儿童的创造性人格和创造能力,促进两者协调发展,使培养目标落到实处。

4.培养儿童的好奇心与想象力

好奇心与想象力是创造力的翅膀,富于好奇心与想象力正是儿童天然的心理特征。儿童的想象力有时很奇特,因此对儿童想象出来的东西和创造出来的作品,教师不能简单地予以指责和否定,而应采用适当的方法激发儿童的创造性。

5.蒙台梭利的感知训练与儿童的创造力

蒙台梭利教具及其感知训练方法对儿童学习有重要的促进作用。蒙台梭利认为3~6岁儿童首先应该从感知训练开始,使他们直接接触实物,储存大量的感性经验。教具是具体的,可以丰富儿童的感性知识。儿童可以自由地摆弄、操作、比较、分类、鉴别各种教具。经过多次手和脑的活动,可以从认识物体的外部特征发展到认识事物之间的关系。有了丰富的感性经验之后,儿童就会对事物进行概括,去发现、思考、判断、推理,举一反三,从而使思维抽象化。儿童创造力的形成不是凭空的,需要大量知识经验的积累。蒙台梭利教学法强调通过对儿童感知觉的反复练习,帮助儿童获得大量知识经验。

强 化 练 习

单项选择题

1.小李认为一定要用螺丝刀才能拧螺丝,而想不到利用小刀等其他工具。这体现了( )对问题解决的影响。

A.倒摄抑制　　　　　　　　　　　　B.前摄抑制

C.反应定势　　　　　　　　　　　　D.功能固着

2.找一个儿童,让他先说8遍"老鼠",待他说完后,问他"猫最怕什么",他会说老鼠。这是因为( )。

A.定势的影响

B.儿童的大脑发育不完善

C.儿童问题解决的方式不完善

D.功能固着

3.熟知铅笔是写字用的,却想不到铅笔也可以当作画线的尺子。这属于( )。

A.思维定势　　　　　　　　　　　　B.功能固着

C.缺乏生活经验　　　　　　　　　　D.粗心大意

参考答案及解析

单项选择题

1.【答案】D。解析:功能固着是指个体在解决问题时只看到某种事物的通常功能,而看不到该事物其他方面的功能。小李认为一定要用螺丝刀才能拧螺丝是功能固着的体现。前摄抑制是指先学习的材料对记忆后学习的材料的干扰作用。倒摄抑制是指后学习的材料对记忆先学习的材料的干扰作用。反应定势是指以最熟悉的方式做出反应的倾向。

2.【答案】A。

3.【答案】B。

第七章　学前儿童的个别差异与适宜性教学

考情分析

本章内容以识记、理解为主，会以单项选择题的形式进行考查。其中认知风格的类型是重点考查内容。

学习目标

1. 理解学前儿童的个体差异、个性差异和性别差异。
2. 理解适宜性教学的含义与适宜性教学法的方式。

第一节　个别差异概述

一、学习类型差异

考点1　学习类型的含义

学习类型又称学习风格或学习方式，是指个体在学习时所具有的或偏爱的方式，即学习者在研究和解决某一学习任务时所表现出来的具有个人特色的方式。

考点2　学习类型的基本构成要素

"学习类型"最初由美国圣·约翰大学的邓恩夫妇提出。他们将儿童学习类型分为五大类要素。

1.环境类要素

环境类要素包括儿童对学习环境安静或热闹的偏爱，对光线强弱的偏爱，对温度高低的偏爱，对坐姿正规或随便的偏爱。

2.情绪类要素

情绪类要素包括自我激发动机、家长激发动机、教师激发动机、缺乏学习动机、学习坚持性强弱、学习责任感强弱、对学习内容组织程度的偏爱等。

3.社会性要素

社会性要素主要表现为独立学习或结伴学习、竞争或合作，包括儿童是否喜欢独立学习，是否喜欢结伴学习，是否喜欢与成人一起学习，是否喜欢与各种不同的人一起学习。

4.生理性要素

生理性要素主要是指个体对外界环境中的生理刺激（如声音、光线、温度等）、一天内时间节律和在接受外界信息时对不同感觉的偏爱。如是喜欢听觉刺激，还是喜欢视觉刺激或动觉刺激；学习时是否爱吃零食；

清晨学习还是下午或晚上学习效果最佳;学习时是否喜欢活动。

5.心理性要素

心理性要素包括分析和综合、对大脑左右半球的偏爱、沉思与冲动等因素。

考点3　认知风格差异

认知风格没有优劣之分,只是表现了学生对信息加工方式的某种偏爱,主要影响学生的学习方式。学生认知风格的类型主要分为场独立型与场依存型、沉思型与冲动型、辐合型与发散型、具体型与抽象型、整体型与序列型。

1.场独立型与场依存型

美国心理学家赫尔曼·威特金将认知方式分为场独立型与场依存型。

认知风格为场独立型的学生,在对客观事物做判断时,常常利用自己内部的参照,不易受外来因素的影响和干扰;在认知方面独立于他们的周围背景,倾向于在更抽象的和分析的水平上加工信息,独立地对事物做出判断。

认知风格为场依存型的学生,对物体的知觉倾向于以外部参照作为信息加工的依据,他们的态度和自我知觉更易受周围人们,特别是权威人士的影响和干扰,善于察言观色,注意并记忆言语信息中的社会内容。

2.沉思型与冲动型

沉思型认知风格是指在有几种可能解答的问题情境时,个体倾向于深思熟虑且错误较少。

冲动型认知风格是指个体倾向于很快地检验假设,且常常出错。

区分沉思型与冲动型认知风格的标准是解答问题的反应时间与精确性。

3.辐合型与发散型

辐合型认知风格是指个体在解决问题的过程中常表现出辐合思维的特征,表现为搜集或综合信息与知识,运用逻辑规律,缩小解答范围,直至找到唯一正确的答案。

发散型认知风格则是指个体在解决问题过程中常表现出发散思维的特征,表现为个体的思维沿着许多不同的方向扩展,使观念发散到各个有关方面,最终产生多种可能的答案而不是唯一正确的答案,因而容易产生新颖的观念。

4.具体型与抽象型

具体型认知风格的学生在进行信息加工时,善于深入地分析某一具体观点或情境,但必须向他们提供尽可能多的有关信息,否则很容易造成他们对问题的偏见。这类学生在结构化教学方法(如讲解法和演绎法)的指导之下,学习成绩会更好。

抽象型认知风格的学生在对事物进行认知时,能够看到某个问题或论点的众多方面,可以避免刻板印象(对人和事物认知的先入为主性),能够容忍情境的模糊性并能进行抽象程度较高的思考。这类学生在非结构教学方法的指导(如归纳法和发现法)之下,学习成绩会更好。

5.整体型与序列型

英国心理学家帕克把认知风格分为整体型与序列型。

整体型认知风格的学习者倾向于事先预测整个问题将涉及的各个子问题的层次结构以及自己将采取的方式。他们总是试图把一系列的子问题组合起来进行整体思考。

序列型认知风格的学习者则重视这一系列子问题的逻辑顺序,第一种假设成立后再进一步考虑第二种假设,逐步推导出问题的结果。他们解决问题的过程表现为一环扣一环,在子问题快解决完的时候,他们才会对学习内容形成一种比较完整的看法。一般来说,男生倾向于整体型的认知方式,女生比较倾向于序列型的认知方式。

二、学习能力差异

学习能力包括智力、先前知识、创造能力等。智力类型差异是指根据个体在知觉、记忆、表象、思维和言语等活动中的特点与品质不同,智力表现形式也不同。加德纳的多元智力理论反映了儿童在智力类型方面的差异。

加德纳认为过去对智力的定义过于狭隘,未能正确反映一个人的真实能力。他认为,人类的智能至少可以分成七个范畴,后来增加至九个。这九个范畴的内容如下。

（1）语言智能。语言智能主要是指有效地运用口头语言及文字的能力,即听说读写能力。

（2）逻辑数学智能。逻辑数学智能是指有效运用数字和推理的智能。

（3）空间智能。空间智能是指人对线条、形状、结构、色彩和空间关系的敏感以及通过平面图形和立体造型将它们表现出来的能力。

（4）肢体运作智能。肢体运作智能是指善于运用整个身体来表达想法和感觉,以及运用双手灵巧地生产或改造事物的能力。

（5）音乐智能。音乐智能是指人敏感地感知音调、旋律、节奏和音色等的能力,表现为个人对音乐节奏、音调、音色和旋律的敏感以及通过作曲、演奏和歌唱等表达音乐的能力。

（6）人际智能。人际智能是指能够有效地理解别人及其关系,以及与人交往的能力。

（7）内省智能。内省智能是指认识到自己的能力,正确把握自己的长处和短处,把握自己的情绪、意向、动机、欲望,对自己的生活有规划,能自尊、自律,会吸收他人的长处的能力。

（8）自然探索智能。自然探索智能是指认识植物、动物和其他自然环境（如云和石头）的能力。

（9）存在智能。存在智能是指人们表现出的对生命、死亡和终极现实提出问题,并思考这些问题的倾向性。

三、性别差异

1.身体发育的性别差异

女孩儿比男孩儿在身体发育方面,发育得更快、成熟得更早。学龄前的女孩儿比男孩儿更善于跳跃、做节律运动,保持平衡。女孩儿在9~10岁便进入青春发育前期,而男孩儿要到11~12岁。

2.智力的性别差异

（1）两性智力差异与年龄阶段的关系

在学前阶段,两性智力差异不明显,特别是在婴儿期,智力上几乎没有区别;在幼儿期,女孩儿的智力略优于男孩儿的智力;小学阶段开始,女孩儿的智力明显优于男孩儿的智力;在青春期,女孩儿智力的发展优势开始下降。到男孩儿发育高峰期,男孩儿智力逐渐优于女孩儿。

（2）两性智力发展水平的平衡性

男女智力的总体水平大致相等,即两性智力发展水平具有平衡性。但在智力发展的分布上,男孩儿在智商优异和智力低下中所占比例要比女孩儿多,女孩儿的智力发展较为均匀。

3.兴趣的性别差异

（1）男孩儿的注意多为物体定向。他们爱摆弄物体,拆散玩具,主动进行实验,积极参加发明、创造性活动。

（2）女孩儿的注意为人物定向。她们喜欢关注人与人之间的关系。

4.行为的性别差异

不同性别的儿童的社会交往学习存在非常显著的差异,特别是在轮流意识、合作上,女孩儿的学习水平显著高于男孩儿。儿童在自我控制能力方面同样存在差异,女孩儿在自我控制能力上普遍要强于男孩儿。

第二节　针对个别差异的适宜性教学

一、适宜性教学的含义

适宜性教学源于美国的发展适宜性教学主张,是美国幼儿教育协会在1987年的"符合孩子身心发展的专业幼教"声明中提出的。适宜性教学包括两方面的适宜:年龄适宜与个别差异适宜。随着对儿童学习方式差异认识的不断深入,以及多元文化社会中儿童社会文化背景的差异性,美国幼儿教育协会对适宜性教学又进行了改进,更突出了教学中的个别差异适宜。在个别差异的适宜性教学中,教师不仅需要为每个儿童创造机会,让他们使用所偏好的学习方式增强学习优势,而且还要帮助他们发展其他相对较弱的学习领域。

二、适宜性教学法的主要方式

考点1　资源利用模式

资源利用模式是指在教学过程中充分利用儿童的长处和优点,以求人尽其才。在传统的大班教学下,很难使所有儿童各尽所长。因此,教师要多开展区域活动,发现儿童的优势领域。正如多元智力理论所指出的那样,儿童的智能优势中心已经有了明显的差异,有的擅长语言智能,有的擅长音乐智能,还有的擅长空间或视觉智能等。教师必须尊重这种差异,才能保证教学的高效率和高质量。

考点2　补偿模式

补偿模式通常是指儿童在某一方面的不足可以由另一方面的强项去补偿,以求"失之东隅,收之桑榆"。每一个儿童均有不同的学习表现,存在着个别差异。如在某些智能方面比较占优势的儿童,在与他们求知方式吻合的学习活动中取得成功后,会很自觉地协助那些在该项智能方面较为弱势的,或对学习活动提不起兴趣的儿童,采取不厌其烦的态度去帮助他们进行活动。教师要把握好儿童好学的心理,提供有效的学习环境及材料,让儿童的学习潜能发挥出来。

考点3　治疗模式

治疗模式是指针对儿童某一方面能力缺陷,给予针对性的教育。如补偿教育就是为促进社会经济地位不利的儿童对基本认知学习技巧的学习的治疗教学模式。

补偿教育是指针对在经济上和社会地位上处于不利地位,没有机会享受正规教育,丧失良好教育权利的儿童进行的教育。补偿教育是以"文化剥夺理论"为基础的。它认为经济上处于贫困状况的儿童,之所以在学校中难以获得学业上的成功,是由其在语言、阅读、认知、社会性以及情感等方面存在的能力不足或缺陷造成的。造成这种能力不足的根本原因是社会和文化背景的限制。所以,补偿教育的目的是通过向这些所谓的文化欠缺的儿童提供特殊的教育计划以弥补他们在语言、阅读、认知、社会性以及情感等方面的不足。

考点4　个别化教育方案

个别化教育方案最先用于对特殊儿童的干预和矫正。由于对儿童个体差异与发展的关注,它逐渐在儿童教育领域中得以应用,即为每个儿童的发展提供个别化、适宜的教育方案。

个别化教学的特色在于它是一种"评价－教学"的过程，即先了解、鉴定每一位儿童的学习情况与特殊需要，然后为其提供适当而且必需的教学。

个别化教学的策略大体有三种：①通过调整儿童的学习速度适应其需求；②为不同的儿童设计与提供不同程度的多样性教材；③适当调整教师的角色，减少教师的权威色彩，以温馨、尊重、包容的态度面对儿童，启发儿童主动学习。

在个别化教育方案中最常用的是档案袋评价，即为每个儿童设立相应的学习档案袋，根据其不同的学习特点进行个别化指导。

考点5　性向与教学处理交互作用模式

性向与教学处理交互作用理论也称为"教学相适"理论，由克隆巴赫提出。其主要观点是教学应配合儿童的性向。教师对不同性向的儿童应采取不同的教育措施，以发挥最大的教学效果。其教育启示是没有任何一种教学与教材可以适合所有儿童；教师不应轻易放弃任何儿童，而要采用适宜的教学方法。

三、学前教育阶段实施适宜性教学的方法

1.幼儿园
幼儿园可以从以下几方面入手进行适宜性教学。
（1）平衡、协调发展多种智能。
（2）进行个别化的学习。
（3）社区化的学习。
（4）自由探索，完整记录。
（5）有多元化思维和多元角色扮演的专业师资。
（6）家长和教师良好互动。

2.教师
（1）教学方式
①在探索型主题活动中促进儿童多元智能的发展。
②从多元智能的各个方面给予儿童综合的、全面的评价。
③在课程实施中让儿童按照自己的方式发现问题、解决问题。
（2）评价方式
①从多个领域评价儿童的发展。
②展示儿童的优势。
③评价凸显激励作用，珍视和鼓励每一个儿童在原有基础上的进步。

强 化 练 习

一、单项选择题

1.对客观事物做判断时，倾向于自己独立判断的认知方式属于（　　）。

A.冲动型

B.沉思型

C.场独立型

D.场依存型

2.小辛平时易受暗示,屈从权威,喜欢按照他人的意见办事,不善于应付紧急情况。他的这种认知风格属于(   )。

A.场独立型   B.场依存型

C.内倾型   D.外倾型

二、判断题

1.幼儿个别差异主要指幼儿在幼儿园学习与教学情境下,在智力、能力、性别、学习方式,以及学习志向、学习水平等方面的差异。   (   )

2.冲动型幼儿解答问题速度快,但错误多;沉思型幼儿解答问题时,谨慎全面,错误少。   (   )

三、简答题

简述幼儿教师应如何实施适宜性教学。

参考答案及解析

一、单项选择题

1.【答案】C。

2.【答案】B。解析:场独立型的人不易受外来因素的影响和干扰,倾向于独立地对事物做出判断。场依存型的人更易受周围的人,特别是权威人士的影响和干扰,缺乏主见、易受暗示。内倾型的人不善于表露情感、表现行为,与人交往显得沉静而孤僻。外倾型的人善于表露情感、表现行为,与人交往显得开朗而活跃。小辛易受暗示、屈从权威等特点表明他的认知风格属于场依存型。

二、判断题

1.【答案】√。

2.【答案】√。

三、简答题

【参考答案】

(1)教学方式方面。

①在探索型主题活动中促进儿童多元智能的发展。

②从多元智能的各个方面给予儿童综合的、全面的评价。

③在课程实施中让儿童按照自己的方式发现问题、解决问题。

(2)评价方式方面。

①从多领域评价儿童的发展。

②展示儿童的优势。

③评价凸显激励作用,珍视和鼓励每一个儿童在原有基础上的进步。

第八章 幼儿学习评价

考情分析

本章内容以识记、理解为主,会以单项选择题的形式进行考查。其中幼儿学习评价的方法是重点考查内容。

学习目标

1.理解幼儿学习评价的含义与意义。
2.识记幼儿学习评价的方法。

第一节 幼儿学习评价概述

一、幼儿学习评价的含义

幼儿学习评价是指教师收集有关幼儿学习表现的各种素材和信息,并以某种参照为标准,对幼儿的学习进行解释、价值判断,以评定幼儿学习水平的过程。幼儿的学习评价为有效指导幼儿的进一步学习,帮助幼儿解决学习中遇到的问题提供依据。

二、实施幼儿学习评价的意义

1.有助于教师了解幼儿的学习水平

通过学习评价,教师可以全面了解幼儿的学习情况,包括幼儿学习的兴趣、特点、学习中的优势领域与弱势领域等。

2.有助于为教师开展个别化的适宜性教学提供依据

开展幼儿学习评价有助于教师有计划地对每个幼儿进行系统、全面的观察,并在此基础上对每个幼儿的学习进程与成效进行判断。通过评价,可以发现每个幼儿在哪些方面达到了预期目标,哪些方面的学习还存在明显问题,需要教师进一步指导和帮助。

3.有助于家园合作,帮助家长了解幼儿的学习情况

家庭在幼儿发展中具有不可替代的重要作用,要使家庭教育在幼儿学习中真正发挥作用,促进家园合作,必须首先让家长全面了解幼儿的学习情况。教师对每个幼儿的学习评价,可以为家长了解自己的孩子提供重要参考,使家长迅速掌握孩子学习的相关信息。评价不仅可以帮助家长了解孩子的进步和不足,还有助于家长全面了解幼儿教育的目标、内容。这样,家长在教育孩子的过程中会更有针对性,也会主动配合教师开展教育活动。

4.有助于改进教育教学过程

通过幼儿学习评价，教师可以从中发现自身工作中的成功之处与需要改进的问题。

（1）教师可以根据幼儿的学习情况分析班级教育目标是否恰当，是否符合本班幼儿的发展水平。

（2）通过对幼儿发展情况的分析，教师可以了解教育内容、方法及手段的选择是否适宜。

（3）通过对每一个幼儿发展变化情况的分析，教师可以了解针对个别幼儿所确定的目标是否恰当，个别教育的方法、途径是否有效。

三、有效幼儿学习评价的特征

1.幼儿的学习评价是整体性评价

幼儿学习评价的整体性特点是与幼儿学习特点密切相关的。幼儿的学习大多发生在日常生活中，他们的学习是笼统的、综合的、整体性的。

2.幼儿的学习评价是多元评价

在对幼儿学习进行评价时必须采用多元评价法。多元评价主要指三方面的多元性。

（1）评价目的多元化

教师不仅要关注幼儿认知的学习与发展，而且要关注幼儿各方面的学习，包括语言学习、情感教育、社会性学习等多个方面。

（2）评价主体多元化

在评价幼儿学习时，不仅教师是评价主体，家长、幼儿、同伴等都是评价的重要成员，他们的积极参与可以帮助教师更科学、准确地了解幼儿的学习进程与水平。

（3）评价方式多元化

通过对幼儿的观察、谈话、幼儿作品的分析，以及与其他工作人员和家长的交流等多元化的方式了解幼儿的发展和需要。

3.幼儿的学习评价是动态的发展性评价

教师必须以动态的发展性眼光来看待幼儿的学习。在对幼儿的学习进行评价时，必须运用过程性、发展性评价。教师的注意力不应放在幼儿学习活动的结果上，而应放在学习活动的过程上。

4.幼儿的学习评价是个别化评价

教师应该关注幼儿在经验、能力、兴趣、学习特点等方面的个体差异，避免用简单划一的标准评价不同的幼儿。

5.幼儿的学习评价是在学习中评价，在评价中学习

幼儿的学习评价是课程的一个有机组成部分，评价过程应成为与学习环境融为一体的动态发展过程。在课程中教师对幼儿进行特定领域的评价，并以评价的信息来指导课程的安排。

第二节　幼儿学习评价的目标与方法

一、幼儿学习评价的目标

1.为幼儿提供反馈信息，促进其学习。

2.帮助教师发现幼儿学习的问题，改善教学。

3.改善幼儿的学习态度和情感体验。

4.修改教学方案、教学计划。

二、幼儿学习评价的方法

考点1 自然观察法

自然观察法是指在日常生活的自然状态下,教师有目的、有计划地对幼儿的行为进行直接观察、记录,从而获得对幼儿学习的了解。

自然观察法是幼儿教育心理学的常用方法,非常适合对幼儿学习的研究。因为3~6岁幼儿的语言能力还很有限,难以用语言表达更多的信息,其发展变化常常表现在外显行为之中。因此,自然观察法就成为幼儿学习评价最基本的搜集评价信息的方法。通过自然观察,教师得到的评价信息不仅真实,而且十分丰富。

自然观察法的主要特点是不对幼儿的行为进行人为干预和控制,教师与幼儿都处于自然状态下,能够观察到幼儿在日常生活中最真实、最典型、最一般的行为。

自然观察法分为时间抽样观察法、事件抽样观察法和行为核查观察法三种。

1.时间抽样观察法

时间抽样观察法是对特定时间内幼儿所发生的行为进行观察和记录的方法。其主要观察行为是否出现。时间抽样观察可以每天一次或数次,每次在规定的时间内进行,以若干分钟为一个时间单位,在观察过程中教师要对所观察到的行为进行分类和记录。

2.事件抽样观察法

事件抽样观察法是观察者事先确定观察目的,选择某种或某类事件作为观察的目标,在观察中等待该种事件的发生并仔细观察事件全过程并加以记录的方法。事件抽样观察法注重观察行为发生的全过程。它不受时间限制,只要行为出现,就加以记录。

3.行为核查观察法

行为核查观察法是观察者事先确定观察项目,在观察中核查行为是否发生或出现的方法。具体做法是,将要观察的项目和行为预先列出表格,然后核查行为是否发生或出现,并在所列的行为或项目上画"√"。因为核查表实际是观察目的具体化的体现,所以使用这种方法可使观察更具有针对性。

考点2 情景观察法

情景观察法是指在实际的教育情景下,教师按照研究目的控制和改变某些条件,将幼儿置于与现实生活场景类似的情景中,观察在该特定情景中幼儿的学习。

情景观察法主要具有三方面优点:首先,可以通过一次活动集中地获得大量信息;其次,既可控制和改变某些条件,保证观察的效果,又可保持情景的自然和真实性,易于观察到幼儿的自然表现;最后,方法比较简便,可以结合幼儿园的各种教育活动经常使用。

考点3 谈话法

谈话法是通过与幼儿面对面的交谈搜集评价信息的方法。它以面对面的方式进行,访谈内容事先准备好,通常可获得较深入的反应讯息,也可获得纸笔以外的资料。运用此方法需要教师对谈话内容进行记录,然后对谈话记录进行分析。谈话法常用于搜集有关幼儿在学习活动中的动机、态度、自我认识等方面的信息。

谈话法的优点是可以弥补自然观察法和情景观察法的不足,能较快地了解幼儿学习中某些难以用行为表现出来的认知方面的问题,丰富已有的资料。此外,谈话过程也是教师与幼儿相互作用的过程,有助于教师更深入地了解幼儿。

考点4　问卷调查法

问卷调查法是由评价者根据评价目的,向被调查对象发放问卷调查表,广泛搜集幼儿学习信息的一种方法。在幼儿学习评价中使用问卷调查法,目的是向家长了解幼儿在家庭环境中的行为表现。问卷调查法的优点是能在短时间内获得大量评价信息,但有时通过这种方法得到的信息不够准确和真实。

强 化 练 习

简答题
1.简述幼儿学习评价的意义。
2.简述幼儿学习评价的目标。

参考答案及解析

简答题
1.【参考答案】
(1)有助于教师了解幼儿的学习水平。
(2)有助于为教师开展个别化的适宜性教学提供依据。
(3)有助于家园合作,帮助家长了解幼儿的学习情况。
(4)有助于改进教育教学过程。
2.【参考答案】
(1)为幼儿提供反馈信息,促进其学习。
(2)帮助教师发现幼儿学习的问题,改善教学。
(3)改善幼儿的学习态度和情感体验。
(4)修改教学方案、教学计划。

本部分内容共分为七章，主要介绍了各系统生长发育的特点与保健要点、学前儿童的生长发育、营养与膳食、疾病与意外事故、安全与教育、心理卫生问题、卫生保健制度等相关理论知识。

本部分内容主要考查的题型包括单项选择题、判断题、简答题。

根据对往年考题的分析与总结，第一章学前儿童生理解剖特点与卫生保健、第三章学前儿童营养与膳食、第四章学前儿童疾病及意外事故的处理与预防是重点考查内容。

第四部分 学前卫生学

第一章 学前儿童生理解剖特点与卫生保健

考情分析

　　本章内容以识记、理解为主,主要以单项选择题、判断题的形式进行考查。其中学前儿童身体各系统生长发育的特点与保健要点是重点考查内容。

学习目标

　　识记、理解学前儿童身体各系统生长发育的特点与保健要点。

第一节 神经系统

一、神经系统概述

考点1 神经系统的组成

　　神经系统由中枢神经系统和周围神经系统两部分组成,如图4-1-1。

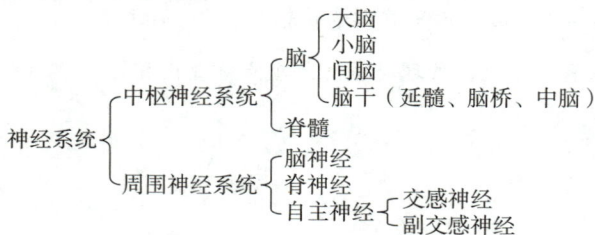

```
                                          ┌ 大脑
                                ┌ 脑 ─────┤ 小脑
                                │          │ 间脑
                ┌ 中枢神经系统 ─┤          └ 脑干（延髓、脑桥、中脑）
                │               └ 脊髓
神经系统 ───────┤
                │               ┌ 脑神经
                └ 周围神经系统 ─┤ 脊神经
                                └ 自主神经 ─┬ 交感神经
                                            └ 副交感神经
```

图4-1-1 神经系统的组成

1.中枢神经系统

中枢神经系统包括脑和脊髓。脑位于颅腔内,脊髓位于脊柱的椎管内。

（1）脑

脑由大脑、小脑、间脑和脑干四部分组成。

①大脑。大脑是中枢神经系统的最高级部分,也是人类进行思维和意识活动的器官。大脑分左、右两半球,表面凹凸不平,凹陷处称为"沟"（深的叫裂）,隆起处称为"回","沟"与"回"大大增加了大脑的表面积。这些沟裂将大脑表面分成额叶、顶叶、颞叶和枕叶四部分。其中从额部和颞部向后延伸的额叶是四叶中最大的一叶。它担当着最重要的责任,进行最高深的智力活动,主要负责各种随意运动,包括从最简单的身体动作到复杂的思维、语言和交谈活动。顶叶内有接收触觉的主要功能区和与空间感觉有关的功能

区。颞叶与耳大致处在同一水平位置上,主要与听觉、嗅觉、味觉及情感有关。大脑皮层后部的枕叶是四叶中最小的一叶,主要负责接收并处理视觉图像。儿童大脑皮质各区域成熟的先后顺序为枕叶、颞叶、顶叶、额叶。

②小脑。小脑位于大脑后下方,脑干背侧。小脑通过神经纤维与脑干、大脑、脊髓发生联系。小脑能处理大脑发向肌肉的信号,维持肌肉的紧张度,控制人体的活动,并保持人体随意运动的平衡与协调。

③间脑。间脑在脑干上方,大部分被大脑覆盖,包括丘脑和下丘脑。

④脑干。脑干将脑与脊髓联结起来,自下而上可分为延髓、脑桥和中脑。脑干中有调节呼吸、循环、吞咽等基本生理活动的神经中枢。脑干受损伤,可危及生命。

(2)脊髓

脊髓是中枢神经系统的低级部位。从脊髓发出的许多神经,通过椎间孔,分布于躯干、四肢和内脏,称为脊神经。来自躯干、四肢及内脏器官的刺激先传到脊髓,再传入脑。如果脊髓受到横断损伤,损伤面以下的身体各部位将失去与脑的联系,发生感觉和运动障碍,称为截瘫。

2.周围神经系统

周围神经系统包括12对脑神经、31对脊神经及自主神经,它们分布于全身各处。中枢神经系统通过周围神经系统与身体各部分联系,调节全身各部分的活动。

(1)脑神经

脑神经支配头部各器官的运动,并接收外界的信息,产生视觉、听觉、嗅觉、味觉等。

(2)脊神经

脊神经主要支配躯干和四肢的运动和感受刺激。

(3)自主神经

自主神经从脑和脊髓发出,分布于内脏器官。在中枢神经系统的控制下,自主神经通过支配内脏器官的活动,调节机体的营养、呼吸、循环、内分泌、排泄、生长及生殖等生理活动,并影响机体的新陈代谢。自主神经可分为交感神经和副交感神经两类。它们分布于同一器官,作用相反,相互制约,使内脏器官的活动协调、准确。

考点2　神经系统的基本活动方式

神经系统的基本活动方式是反射。反射是指在中枢神经参与下,机体对刺激做出的反应。反射可分为无条件反射和条件反射两种。

1.无条件反射

无条件反射是生来就具备的本能,是较低级的神经活动。如食物进入口腔会反射性地引起唾液分泌,就是一种无条件反射。

2.条件反射

条件反射是后天获得的。它建立在无条件反射的基础上,是一种高级神经活动。条件反射的建立提高了人适应环境的能力。如想到梅子就分泌唾液,就是一种条件反射。

考点3　大脑皮质活动的特性

1.优势原则

人们学习和工作的效率与有关的大脑皮质区域是否处于"优势兴奋"状态有关。若有关的大脑皮质区域处于兴奋状态,人们的注意力会比较集中,理解力、创造力也会大大增强,思维变得非常活跃,从而提高学习或工作的效率;反之,效果不理想。兴趣能促使"优势兴奋"状态的形成。人们对感兴趣的事物往往表现得特别专注,对其他出现的无关刺激则可"视而不见""听而不闻"。

2. 镶嵌式活动原则

当人在从事某一项活动时，只有相应区域的大脑皮质在工作（兴奋过程），与这项活动无关的区域则处于休息状态（抑制过程）。随着工作性质的转换，工作区与休息区不断轮换。好比镶嵌在一块板上的许多小灯泡，忽闪、忽灭。这种"镶嵌式活动"方式，使大脑皮质的神经细胞劳逸结合，维持高效率。

3. 动力定型

条件反射的形成过程是大脑皮质形成暂时神经联系的过程。若一系列的刺激总是按照一定的时间、顺序先后出现，重复多次后（强化），这种时间和顺序就在大脑皮质上"固定"下来（神经联系的牢固建立），每到一定时间大脑就自然地重现这一系列的活动，并提前做好准备。这种大脑皮质活动的特性就叫动力定型。建立动力定型以后，脑细胞能以最经济的消耗获得最大的工作效果。

4. 睡眠

睡眠是大脑皮质的抑制过程。有规律的、充足的睡眠是生理上的需要。睡眠可以消除疲劳，使精力和体力得到休息和恢复。

二、学前儿童神经系统的特点

1. 脑的重量增长迅速

妊娠3个月时，胎儿的神经系统已基本成形。出生前半年至出生后一年是脑细胞数目增长的重要阶段。新生儿出生时，脑组织尚未发育完善，脑的重量约350克。随着年龄的增长，脑的重量也随之迅速增长，1岁就达950克，6岁为1200克，7岁左右已基本接近成人。与此同时，脑的功能也逐渐复杂、成熟和完善起来。脑的迅速发育为建立各种条件反射提供了生理基础，也为实施早期教育提供了物质基础。

2. 中枢神经系统的发育不均衡

人出生时，脊髓和延髓已基本发育成熟。这就确保了婴幼儿的呼吸、消化、血液循环和排泄等系统的正常活动，也保证了新陈代谢的调节。小脑的发育相对较晚，这是儿童早期肌肉活动不协调的主要原因。3岁时，儿童小脑的功能逐渐加强，从而使肌肉活动的协调性也随之增强起来。5~6岁时，儿童就能准确协调地进行各种动作，如走、跑、跳、上下台阶，而且能很好地维持身体平衡。但儿童大脑皮质发育尚不成熟，直到学龄前期，大脑皮质各中枢才接近成人水平，为儿童智力的迅速发展提供了可能性。

3. 大脑皮质的兴奋与抑制过程发展不均衡

学前儿童大脑皮质活动过程的特点是兴奋过程强于抑制过程，即兴奋占优势，主要表现为容易激动，控制自己的能力较差。随着年龄增长，学前儿童大脑皮质的功能日趋完善，表现为兴奋过程和抑制过程同步加强。兴奋过程的加强，使儿童睡眠时间逐渐减少；抑制过程的加强，使儿童逐渐学会控制自己的行为和较精确地进行各种活动。

4. 自主神经发育不完善

学前儿童的交感神经兴奋性强，而副交感神经兴奋性较弱。比如，婴幼儿心率及呼吸频率较快，但节律不稳定；肠胃消化能力极易受情绪影响。

三、学前儿童神经系统的卫生保健

1. 制定和执行合理的生活制度

幼儿园应根据儿童的生理特点，为不同年龄的儿童安排好一天的活动时间和内容。生活有规律，形成良好习惯，使儿童大脑皮质在兴奋与抑制过程中有规律地交替进行，可以更好地发挥神经系统的功能。

2.保证充足的睡眠

睡眠与儿童的生长发育关系密切。长时间睡眠不足,会影响儿童身体和智力的发育。儿童年龄越小,神经系统越脆弱,所需要的睡眠时间就越多,体弱儿童更应保证睡眠充足。因此,幼儿园要培养儿童午睡和夜间按时睡眠的习惯。

3.保证空气新鲜

儿童脑耗氧量几乎占全身耗氧量的1/2,成人只占1/4。因此儿童生活的环境应空气新鲜,以满足儿童对氧气的需求等。

4.提供合理营养

营养是大脑发育的物质基础。充足的营养能促进脑的发育,营养不良则会给脑的发育带来不良的影响。营养不良使高级神经活动发生障碍,表现为学习时注意力涣散、记忆力减退、反应迟钝、语言发展缓慢等。因此应为儿童提供优质蛋白质、脂类、无机盐等,以保证儿童神经细胞发育的数量及质量。

5.创造良好的生活环境,使学前儿童保持愉快的情绪

心情舒畅、精神愉快是儿童身心健康发展的基本保证。情绪不愉快、精神过于压抑,会抑制脑垂体的分泌,使儿童消化不良,生长发育迟缓,心理不能得到健康发展。幼儿园保教人员要关心热爱儿童,全面、细致地照顾他们,努力为他们创造一个轻松愉快的生活环境。

6.安排丰富的活动及适当的体育锻炼

丰富的活动,特别是适合儿童年龄特点的体育锻炼,能促进脑的发育,提高神经系统反应的灵敏性和准确性。为使大脑两半球均衡发展,应让儿童两手同时做手指操、进行攀爬和做各种基本体操。还应注意让儿童尽早使用筷子进餐,学会使用剪刀,玩穿珠子游戏等。

第二节 视觉器官和听觉器官

一、视觉器官——眼睛

考点1 眼睛的结构和功能

眼睛是由眼球和眼的附属部分组成的。

1.眼球

眼球是感受光线刺激的视觉器官,由眼球壁和内容物两部分组成。

（1）眼球壁

①外膜。眼球壁的最外层的前1/6是透明的角膜,后5/6是坚韧的巩膜(白眼珠)。角膜上有丰富的神经末梢,任何微小的刺激或损伤都能引起疼痛。

②中膜。眼球壁的中间一层,最前面是虹膜。我们说的"黑眼珠""蓝眼珠",实际上就是虹膜的颜色。虹膜中间的圆孔叫瞳孔(瞳仁)。瞳孔能根据外界光线的强弱自行调节。光线弱时瞳孔放大,光线强时瞳孔缩小,以控制落在视网膜上的光线量。虹膜往后是睫状体,睫状体发出的悬韧带与晶状体相连。

③内膜。眼球壁最里面的一层是视网膜,可以感受光线的刺激。

（2）内容物

眼球里面的内容物有房水、晶状体和玻璃体,它们和角膜共同组成眼的折光系统。眼球内容物还使眼球具有一定的张力,以维持眼球的形状。

①房水。房水是透明的液体,有营养角膜和晶状体的作用,并能保持一定的眼内压,使角膜有一定的曲度和紧张度。

②晶状体。晶状体位于瞳孔之后,借助悬韧带与睫状体相连,以固定其位置。晶状体的形状如同双凸透镜。凸度的大小可以调节。

③玻璃体。玻璃体为透明的胶质,除有折光作用外,因玻璃体充满眼球腔,还可起支撑眼球的作用。

2.眼的附属部分

眼的附属部分包括眼睑、结膜、泪器、眼外肌和眼眶。

(1)眼睑

眼睑起保护眼球的作用。它时开时闭,使泪液润湿眼球表面,保持角膜光泽,并能清除灰尘和细菌。睡眠时眼睑闭合,阻挡光线进入并减少泪液蒸发。

(2)结膜

结膜是一层薄而透明的黏膜,覆盖在眼睑内面和巩膜上。

(3)泪器

泪器包括泪腺、鼻泪管等。

(4)眼外肌

眼外肌管理着眼球的运动,共6条。

(5)眼眶

眼眶是包容眼球等组织的类似四边锥形的骨腔。

考点2 学前儿童眼睛的特点

1.5岁以前可以有生理性远视

儿童眼球的前后距离较短,物体往往成像于视网膜的后面,称为生理性远视。随着眼球的发育,眼球的前后距离变长。一般到5岁左右,儿童就可达到正常的视力。

2.晶状体有较好的弹性

儿童晶状体的弹性好,调节范围广,使近在眼前的物体,也能因晶状体的凸度加大,成像在视网膜上。因此,即使儿童把书放在离眼睛很近的地方看,也不觉得眼睛累。但长此以往,就会使睫状体疲劳,形成近视眼。所以,要教育儿童阅读时保持眼与图书的适当距离。

3.玻璃体透明度大,视力比较敏锐

辨色力在儿童1周岁时才出现,3岁时已发育完全。但儿童最初只能辨别红、黄、蓝等基本颜色,对相近的颜色还不能清楚地分辨,这必须通过训练来发展。

◆▶ 知识拓展 ◀◆

若光线经过折光物质不能准确地在视网膜上聚焦成像,大脑皮层不能收到清晰的信号,难以形成清晰的图像,称为屈光不正。屈光不正包括近视、远视和散光等。

考点3 学前儿童眼睛的卫生保健

1.教育学前儿童养成良好的用眼习惯

教育学前儿童不要在阳光直射或过暗处看书、画画;不躺着看书;不在走路或乘车时看书;集中用眼一段时间后,应远望或去户外活动,以消除视觉疲劳;看电视要有节制;学前儿童的座位要隔一段时间进行调换,以防眼斜视。

2.为学前儿童提供良好的采光环境、适宜的读物和教具

学前儿童活动室的光线要适中。当学前儿童画画、写字、阅读时,光线应来自左上方,以免造成暗影。学前儿童的读物,字体宜大,字迹、图案应清晰;教具大小适中,颜色鲜艳,画面清楚。

3.注意眼的安全和卫生

教育学前儿童不玩有可能伤害眼睛的危险物品,如竹签、弹弓、小刀、剪子等。不放鞭炮,不撒沙子。教育儿童不要用手揉眼睛,自己的手绢、毛巾等要专用,并且保持清洁。保教人员要定期消毒毛巾等卫生用品。教育儿童最好用流动的水洗手、洗脸,以防眼病。

4.定期检查学前儿童的视力

要定期检查学前儿童的视力,以便及时发现,及时矫治。幼儿期是视觉发育的关键时期和可塑阶段,也是预防和治疗视觉异常的最佳年龄阶段。

5.培养和发展学前儿童的辨色力

颜色鲜艳的玩具、教具,可以使学前儿童色觉得到发展。因此,应组织学前儿童进行辨认颜色的活动,使学前儿童学会区别近似的颜色并说出它们的名称。

6.供给学前儿童足够的营养

学前儿童的饮食中要注意供给充足的维生素A、胡萝卜素、钙等营养素,以利于眼睛的良好发育。

二、听觉器官——耳

考点1 耳的结构和功能

耳是听觉和平衡觉器官,分为外耳、中耳和内耳三部分。外耳和中耳是声波的传导器官,内耳是听觉器官的主要部分。

1.外耳

外耳包括耳郭和外耳道两部分。耳郭主要由软骨和皮肤构成,能收集声波。外耳道的外三分之一由软骨构成,软骨外的皮肤上有耳毛和能分泌耵聍的耵聍腺。外耳道是声波进入中耳的通道。

2.中耳

中耳包括鼓膜、三块听小骨和咽鼓管开口。鼓膜介于外耳和中耳之间,是一块椭圆形的薄膜。三块听小骨外连鼓膜,内与耳蜗相连,可以把鼓膜振动传到耳蜗。中耳的空隙叫鼓室,鼓室有通向咽部的咽鼓管开口。吞咽时,空气从咽部进入中耳,使鼓膜两侧的气压相等,保证鼓膜正常振动,人们才能听到清晰的声音。

3.内耳

内耳包括耳蜗、半规管和前庭。耳蜗内有数千根听觉神经纤维末梢,并充满液体。声波使鼓膜振动并带动听小骨,听小骨振动引起耳蜗内液体的振动,听神经将振动转化为神经信号传送到大脑皮层听觉中枢,形成听觉。半规管和前庭内有位觉感受器,人体运动时,特别是头部位置改变时,位觉感受器将刺激传到大脑,形成位觉。

考点2 学前儿童耳的特点

1.外耳道壁骨化未完成

5岁前,儿童外耳道壁还未完全骨化和愈合,耳道也短,容易发生感染。10岁以后,儿童的外耳道壁骨化才逐渐完成。12岁时,听觉器官发育完全。

2.咽鼓管短、粗,倾斜度小,易患中耳炎

学前儿童咽鼓管比较短,管腔宽,位置平直,鼻咽部的细菌易经咽鼓管进入中耳,引起急性化脓性中耳炎。

3.脑膜血管与鼓膜血管相连

学前儿童的脑膜血管与鼓膜血管相连，会由此感染脑膜炎或其他脑的疾病。

4.耳蜗的感受性较强，对噪音更敏感

学前儿童的基膜纤维的感受能力比成人强，听觉比成人敏锐。

5.耳郭易生冻疮，外耳道易生疖

儿童的耳郭因皮下组织很少，血液循环差，易生冻疮。虽天暖可自愈，但到冬季不加保护又会复发。

因眼泪、脏水等流入外耳道，或挖耳屎损伤外耳道，外耳道皮肤易长疖。长疖疼痛可影响儿童睡眠，且在张口、咀嚼时疼痛加剧。

考点3 学前儿童耳的卫生保健

1.禁止用锐利的工具为学前儿童挖耳

外耳道内分泌的耵聍有保护作用，在张口、咀嚼时会自行脱落。若耵聍较多，发生栓塞，可请医生取出。对儿童不能随意用耳匙在无照明条件下取耵聍。因为，挖耳容易损伤外耳道，引起外耳道感染。若不慎损伤鼓膜，则会影响听力。

2.预防中耳炎

保持鼻、咽部的清洁，既可预防感冒，又可预防中耳炎。要教会儿童正确擤鼻涕的方法（即轻轻堵住一侧鼻孔，擤完再擤另一侧），同时擤鼻涕时不要太用力，以免将鼻咽部的分泌物挤入中耳，导致感染。不要让儿童躺着进食、喝水。如果污水进入外耳道，可将头偏向进水一侧，单脚跳几下，将水排出。

3.避免噪声的影响

噪声是指使人感到吵闹或为人所不需要的声音，它是一种环境污染，会影响儿童听力的发展。要防止儿童受噪声的影响，平时成人与儿童讲话时，声音要适中，不要大喊大叫，家电声音切勿开得太响。另外，教育儿童听到过大的声音要张嘴、捂耳，预防强音震破鼓膜，影响听力。

4.避免药物的影响

一些耳毒性抗生素，如链霉素、卡那霉素、庆大霉素等都会损害耳蜗，可致感觉性耳聋。

5.发展学前儿童的听觉

尽管儿童听觉敏锐，但由于知识经验缺乏，不能较好分辨声音，因此需要经常组织儿童欣赏音乐、唱歌等活动，培养其想象力；引导儿童听一些大自然的声音，如风声、雨声、鸟叫声，以促进儿童的听觉分化；严格限制使用耳聋性药物对儿童的听力进行检测。

第三节 运动系统

一、运动系统的构造与功能

运动系统由骨、骨骼肌和骨连接组成。它们占人体体重的大部分，并构成人体的基本轮廓，具有保护、支持、运动等功能。

考点1 骨的组成、结构和成分

（1）人体有206块骨头，约占体重的20%。按其部位不同，可分为颅骨、躯干骨和四肢骨三部分。

（2）骨的基本构造包括骨膜、骨质和骨髓三部分。骨膜是骨表面的一层薄膜，含有丰富的血管和神经；

骨膜含有大量成骨细胞,可使骨长粗。骨膜内坚韧的结构就是骨质。骨髓填充于骨髓腔内,能制造血细胞。

（3）骨的成分主要包括无机盐和有机物。无机盐主要是钙、磷化合物,使骨坚硬;有机物主要有骨胶原等蛋白质,使骨具有韧性和弹性。

考点2 骨骼肌的组成和成分

骨骼肌是运动系统的动力部分。在神经系统的支配下,骨骼肌能随着人的意愿而收缩,所以又被称为随意肌。人体全身的骨骼肌约有600块,约占成人体重的40%,包括头颈肌、躯干肌和四肢肌。

骨骼肌的基本单位是肌纤维。许多肌纤维集合在一起,外包以疏松结缔组织膜组成肌束。很多肌束被结缔组织包裹在一起成为一块骨骼肌。骨骼肌借其肌腱部分附着在骨骼上。血管和神经沿结缔组织的包膜,分布到肌纤维上,以调节肌肉的收缩、营养、代谢和发育。

考点3 骨连接的形式

骨连接主要有三种形式。

（1）直接连接。如颅骨,骨与骨之间有骨缝,随着年龄增长,骨缝逐渐骨化。

（2）半直接连接。如椎骨,骨与骨之间的连接物是橡胶样的软骨柱,既能支撑身体,又有弹性,能在一定范围内活动。

（3）关节。关节是四肢骨之间及躯干骨之间连接的主要形式。关节包括关节面、关节囊和关节腔。关节面包括关节头和关节窝,二者相互嵌合,表面有软骨,可减少活动时产生的摩擦和震动。包围着关节面的纤维组织叫关节囊,能保护关节;关节囊外有韧带,起固定关节的作用。关节囊与关节面之间的间隙称关节腔,充满滑液,能润滑关节。

二、学前儿童运动系统的特点

考点1 骨骼

（1）儿童骨骼的弹性大,可塑性强,软骨较多,骨骼易变形。

（2）骨膜较厚,骨的再生能力较强。若发生骨折,可能为不完全骨折,即骨折部位还有部分骨膜相连,称为"青枝骨折"。

（3）婴幼儿颅骨骨化尚未完成,有些骨的连接处仅以一层结缔组织膜相连,称囟门。前囟在颅顶中央,约在出生后12~18个月闭合。囟门闭合的时间,反映婴幼儿颅骨骨化的程度。

（4）新生儿时期的腕骨都是软骨。随着年龄增长,腕骨逐渐钙化。在10岁左右,8块腕骨才全部钙化。所以,儿童手腕的负重能力差,不要让儿童提拎较重的物品。

（5）新生儿时期,脊柱几乎是直的。随着儿童的生长发育,从抬头、坐立到能行走时才初步形成脊柱的四个生理弯曲(颈曲、胸曲、腰曲、骶曲)。因此,在整个发育时期,都要注意培养儿童良好的体姿,预防脊柱变形。

（6）婴幼儿时期,髋骨由髂骨、坐骨和耻骨借软骨连接起来,一般在18~25岁才骨化成为一块完整的骨。所以要避免儿童从高处向硬的地面上跳,特别是女孩子,以免伤着骨盆的骨头,影响未来骨盆的发育和成年后的生育功能。

◆▶ **知识拓展** ◀◆

青枝骨折

在植物的青嫩枝条中,常常会见到折而不断的情况。儿童的骨成分中含有较多的有机物,外面包裹的骨膜又特别厚,因此具有很好的弹性和韧性,不容易折断。当遭受外力、发生骨折时,就会出现与植物青枝一样折而不断的情况,人们把这种特殊的骨折称为"青枝骨折"。青枝骨折多见于儿童。

考点2　肌肉

1.容易疲劳

儿童肌肉成分中水分较多,蛋白质、脂肪、无机盐较少,肌纤维细,肌肉的力量和能量储备都不如成人,因此容易疲劳。但儿童新陈代谢旺盛,氧气供应充分,消除疲劳比成人快。

2.大肌肉发育早,小肌肉发育晚

儿童的大肌肉发育较早,小肌肉发育较晚。如儿童会跑、会跳了,可是要让他画条直线却很难。这种现象就与儿童各肌肉群发育的早晚不同有关。

考点3　关节

儿童的关节窝较浅,关节附近的韧带较松,肌肉纤维比较细长,所以关节和韧带的伸展性和活动范围比成人大,尤其是肩关节、脊柱和髋关节的灵活性与柔韧性明显地超过成人。但关节的牢固性较差,在较强外力作用下容易发生脱臼,并常伴有关节囊撕裂、韧带损伤、肿胀、疼痛、失去运动功能。

考点4　足弓

儿童足弓周围韧带较松、肌肉细弱,若长时间站立、行走,足底负重过多,易引起足弓塌陷。若足弓塌陷,易形成扁平足。轻度扁平足者感觉不明显,重度扁平足者在跑、跳或行走时会出现足底麻木或疼痛。

三、学前儿童运动系统的卫生保健

1.教育学前儿童保持正确姿势

为防止骨骼变形,形成良好体态,需注意以下几点:不宜过早坐站,不宜睡软床和久坐沙发。

正确站姿:头端正,两肩平,挺胸收腹,肌肉放松,双手自然下垂,两腿站直,两足并行,前面略分开。

正确坐姿:头略向前,身体坐直、背靠椅背;大腿和臀部大部分坐在座位上;小腿与大腿成直角,两手自然放在腿上,脚自然放在地上。有桌子时,身体与桌子距离适当;两臂能自然放在桌子上,不耸肩或塌肩,坐时两肩一样高。

2.组织适当的体育锻炼和户外活动

体育锻炼和户外活动可使肌肉更健壮有力,可刺激骨的生长,使身体长高,并促进骨中无机盐的积淀,使骨更坚硬。锻炼时血液循环加快,可为骨骼、肌肉提供更多的营养。户外活动时适量接受阳光照射,可使身体产生维生素D以预防佝偻病。

3.衣服要宽松适度

儿童不宜穿过于紧身的衣服,以免影响血液循环;鞋过小会影响足弓的正常发育。衣服、鞋应宽松适度,过于肥大会影响儿童运动,易造成意外伤害。

4.供给充足的营养

骨骼的生长需要大量蛋白质、钙和磷等,还需要维生素D促进钙、磷的吸收;肌肉生长及"能量"的贮存,需要大量蛋白质和葡萄糖。合理膳食是保证骨骼、肌肉发育的重要条件。

第四节　循环系统

一、循环系统的构造与功能

循环系统包括血液循环系统和淋巴系统。血液循环系统是血液在体内流动的通道,淋巴系统是静脉系统的辅助系统。循环系统的组成如图4-1-2所示。

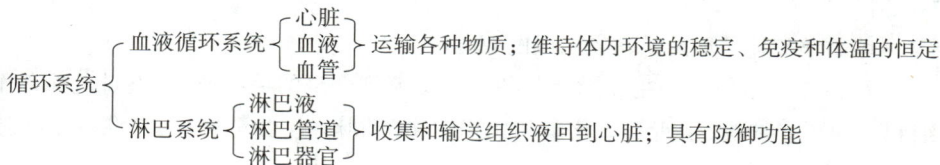

循环系统 { 血液循环系统 { 心脏 血液 血管 } 运输各种物质;维持体内环境的稳定、免疫和体温的恒定
　　　　　 { 淋巴系统 { 淋巴液 淋巴管道 淋巴器官 } 收集和输送组织液回到心脏;具有防御功能

图4-1-2　循环系统的组成

考点1　血液循环系统

血液循环系统由心脏、血液和血管组成。

1.心脏

心脏是人体最重要的器官之一,是循环系统中的动力。人的心脏外形像桃子,位于横膈之上,两肺间偏左。心脏是一个主要由心肌构成的中空器官,有左心房、左心室、右心房、右心室四个腔。左心室与主动脉相连,右心室与肺动脉相连,左心房与肺静脉相连,右心房与上、下腔静脉相连。左右心房之间和左右心室之间均由间隔隔开,故互不相通,心房与心室之间有瓣膜,这些瓣膜使血液只能由心房流入心室,而不能倒流。

心脏的作用是推动血液流动,向器官、组织提供充足的血流量,提供氧和各种营养物质,并带走代谢的最终产物(如二氧化碳、无机盐、尿素和尿酸等),使细胞维持正常的代谢和功能。

2.血液

血液由血浆和血细胞组成,合称全血。血细胞悬浮于血浆中,有红细胞、白细胞和血小板。

（1）血浆

血浆相当于结缔组织的细胞间质,为浅黄色液体。其中除含有大量水分外,还有无机盐、纤维蛋白原、白蛋白、球蛋白、酶、激素、各种营养物质、代谢产物等。这些物质没有一定的形态,但具有重要的生理功能。

（2）血细胞

血细胞分为红细胞、白细胞、血小板三类。

①红细胞。红细胞呈双面凹陷的圆盘状,直径约为7.5微米,没有细胞核,细胞质内没有细胞器而有大量血红蛋白。血红蛋白具有与氧和二氧化碳结合的能力,所以红细胞能供给全身组织所需要的氧,带走组织内所产生的二氧化碳。

②白细胞。白细胞在血液中呈球形,能穿过毛细血管壁进入周围组织中。根据细胞质中是否含有特殊颗粒,可把白细胞分为粒细胞和无粒细胞。白细胞能吞噬异物产生抗体,在机体损伤治愈、抗御病原的入侵和对疾病的免疫方面起着重要的作用。

③血小板。血小板也称血栓细胞,在流动的血液中呈双面凸起的圆盘状,侧面看呈梭形,直径为2~4微米。血小板的功能是参与止血与凝血。

3.血管

血管是血液循环的通道,分为动脉、静脉、毛细血管。

①动脉。动脉的特点是管腔较小,管壁较厚且富有弹性。动脉能运送足量的血液至不同的组织,而且使间隙的心脏射血变为持续的外周血流灌注,同时血管内皮细胞产生多种血管活性物质,调节血管局部和整个心血管系统的功能。

②静脉。静脉数量比动脉多,口径大,管壁薄,易扩张。当人体处于静止状态时,静脉内容纳60%~70%的循环血量,故又叫容量血管。

③毛细血管。毛细血管在各类血管中的口径最小,数量最多,总的横截面积最大,血流速度最慢,管壁最薄,仅由单层内皮细胞和基膜组成,通透性很好,有利于血液与组织进行物质交换。

4.血液循环途径

血液循环是由体循环和肺循环两条途径构成的双循环。

①体循环。血液由左心室射出经主动脉及其各级分支流到全身的毛细血管,在此与组织液进行物质交换,供给组织细胞氧和营养物质,运走二氧化碳和代谢产物,动脉血变为静脉血;再经各小静脉,上、下腔静脉及冠状窦流回右心房。

②肺循环。血液由右心室射出经肺动脉及其各级分支到肺毛细血管,在此与肺泡进行气体交换,吸收氧气并排出二氧化碳,静脉血变为动脉血;然后经肺静脉流回左心房。

考点2 淋巴系统

淋巴循环是血液循环的辅助装置,包括淋巴液、淋巴管、淋巴结、扁桃体等。

1.淋巴液和淋巴管

细胞代谢的废物及细胞间的水分,渗透进淋巴管,形成淋巴液。毛细淋巴管分布于全身,逐渐汇合成较大的淋巴管,最后汇集到两根较粗的淋巴干上。淋巴干与上、下腔静脉相通,淋巴液由此进入静脉,加入血液循环。

2.淋巴结

淋巴管道上有许多大小不一的扁圆形小体称为淋巴结。淋巴结大多成群存在,身体浅表部位的淋巴结群主要在颈部、腋窝、腹股沟等处。淋巴细胞随淋巴液进入血液循环,参与机体的免疫功能。不同部位的淋巴结能过滤一定范围的淋巴液,扣留并消灭其中的异常细胞和病菌。同时,淋巴结会肿大、疼痛,所以淋巴结的状况可作为诊断疾病的参考。

3.扁桃体

扁桃体位于咽部后壁两侧,与机体免疫有密切关系。

二、学前儿童循环系统的特点

考点1 学前儿童心脏的特点

1.心脏占体重的比例相对大于成人

新生儿心脏重为20~25克,占体重的0.8%,成人为0.5%;5岁时为出生时的4倍;9岁时为出生时的6倍;青春期后增加到12~14倍,达到成人水平。

2.心脏排血量较少

学前儿童心肌纤维细嫩,弹性纤维少。因此,其心室壁较薄,心脏收缩能力差,每搏输出量少,心脏负荷力较差。故不宜做时间较长或剧烈的运动。

3.心率快

学前儿童新陈代谢旺盛、心脏容量小、心肌收缩力较弱，故每搏输出量比成人少，因而只有提高搏动频率才能适应机体组织的需要。因此，年龄越小，心率越快。一般到10岁后就基本稳定下来。

考点2　学前儿童血液的特点

学前儿童血液的特点包括以下几点。

（1）学前儿童血液总量占体重的8%~10%。儿童年龄越小，比例越大。但儿童的造血器官易受伤害，某些药物及放射性污染对造血器官危害极大。

（2）生长发育迅速，血液循环量增加很快，喂养不当或儿童严重挑食、偏食，容易引起贫血。

（3）血液中血小板数目与成人相近，但血浆中的凝血物质（纤维蛋白、钙等）较少，且红细胞数目和血红蛋白量不稳定。一旦出血，凝血较慢。

（4）白细胞中中性粒细胞比例小，白细胞吞噬病菌能力较差，因此一旦发生感染，容易引起扩散。

考点3　学前儿童血管的特点

学前儿童血管的特点包括以下几点。

（1）血管壁较柔软，管径相对较粗。

（2）毛细血管丰富，血流量大，供氧充足。

（3）血管长度比成人短，血液在体内循环一周所需要的时间短。

（4）血管管壁薄，弹性小。

（5）心肌收缩力弱，心脏排出的血量比较少，再加上动脉管径较粗，血液在血管中流动的阻力小，血压较成人低。儿童年龄越小，血压越低。

三、学前儿童循环系统的卫生保健

1.合理营养

学前儿童新陈代谢旺盛，必须要提供充足的营养，尤其是要供给富含蛋白质、铁的食物，预防缺铁性贫血。同时也要减少胆固醇和饱和脂肪酸的摄入，从幼儿期开始就要预防动脉硬化。

2.合理组织体育锻炼

运动前要做好准备活动，运动量要适度，进行适当的体育运动和锻炼，有利于改善学前儿童心肌纤维的收缩性和弹性。剧烈运动后不要立即停止运动和喝大量的水，防止增加心脏负荷。

3.科学合理安排一日活动

学前儿童一日活动的安排要科学合理，注重劳逸结合、动静交替，对不同体质的学前儿童要因材施教，避免长时间的精神紧张，要保证充足的睡眠，消除疲劳，减轻心脏负担。

4.穿着要宽松适度

学前儿童的衣服和鞋袜不宜过小、过紧，以免影响血液循环和心脏的功能。

5.注意预防传染病

学前儿童的血液中具有吞噬作用的白细胞数量较少，抗病能力差，易患传染病。因此，要随时关注学前儿童的起居和活动，预防各种传染病，从而避免因各种传染病引起的心脏病。

第五节　呼吸系统

一、呼吸系统的构造与功能

人体不断吸进氧气,呼出二氧化碳的过程称为呼吸。呼吸是通过呼吸系统完成的。呼吸系统由呼吸道(鼻、咽、喉、气管、支气管)和肺组成。肺是气体交换的场所,其余的器官是气体的通道。鼻、咽、喉统称为上呼吸道,气管、支气管则称为下呼吸道。

考点1　呼吸道

1.鼻

鼻是呼吸道的起始部分,也是嗅觉器官。鼻腔内有鼻毛和黏膜,黏膜能分泌黏液,鼻毛和黏液能阻挡、吸附灰尘和细菌,对吸入的空气有湿润和加温的作用。

2.咽

咽是呼吸道与消化道的共同通道。鼻咽部后壁两侧上方,有一对咽鼓管开口,通过咽鼓管与中耳鼓室相通。

3.喉

喉既是呼吸道的一部分,也是发音器官。喉腔的前上部有一块叶状的会厌软骨,吞咽时,喉上升,会厌软骨就会遮住喉的入口,防止食物进入气管。喉腔侧壁左右各有一条声带,两条声带之间的空隙称为声门裂。说话时,声带拉紧,声门裂缩小,呼出的气流冲击声带,引起声带振动而发出声音。

4.气管、支气管

气管上接喉的下方,下端在胸腔内分为左、右支气管。气管和支气管管壁里覆盖着有纤毛的黏膜,能分泌黏液,粘住空气里的灰尘和细菌。纤毛不断地向喉部摆动,把粘有灰尘和细菌的黏液推向喉头,最后咳出来的称为痰。

考点2　肺

肺位于胸腔内,是呼吸系统的主要器官,是气体交换的场所。左、右支气管分别进入左、右两肺,在肺内形成树枝状分支,愈分愈细,最后形成肺泡管,附有很多肺泡。肺泡壁很薄,外面缠绕着毛细血管网和弹性纤维。弹性纤维使肺泡富有弹性。毛细血管与肺泡紧贴在一起,有利于进行气体交换。

二、学前儿童呼吸系统的特点

考点1　呼吸器官的特点

1.鼻腔

婴幼儿的鼻和鼻腔相对短小,鼻腔狭窄,黏膜柔嫩,富有血管,缺少鼻毛,故过滤空气的能力差,易受感染。感染疾病时,很容易引起鼻黏膜的充血、肿胀、流涕,从而造成鼻腔闭塞而张口呼吸。

2.咽

学前儿童耳咽管较宽、短,而且平直,上呼吸道感染时,易并发中耳炎。

3.喉

学前儿童喉腔狭窄，黏膜柔嫩，富有血管和淋巴组织，有炎症时易引起喉头狭窄。由于神经系统功能发育不完善，喉部保护性反射功能差，容易发生异物进入气管的状况。

4.气管、支气管

学前儿童气管、支气管管腔较狭窄，管壁和软骨柔软，缺乏弹性组织，黏膜覆于血管，黏液腺分泌黏液少，管腔较干燥，黏膜上的纤毛运动差，故易感染而发炎肿胀，引起呼吸困难。

5.肺

学前儿童肺的弹力组织发育差，间质发育旺盛，血管丰富，充血较多而含气较少。6~7岁时，肺泡的组织结构与成人基本相似，但肺泡量较少，且易被黏液堵塞，所以容易发生肺不张、肺气肿和肺淤血。

考点2　呼吸运动的特点

1.呼吸量少，频率快

婴幼儿胸廓短小呈圆桶形，呼吸肌较薄弱，肌张力差，呼气和吸气动作表浅。因此吸气时肺不能充分扩张，换气不足，使每次呼吸量较成人少。而该年龄段代谢旺盛，需消耗较多的氧气，因此只能通过加快呼吸频率来满足生理需要。年龄越小，呼吸频率越快。

2.呼吸节律不稳定

婴幼儿年龄较小，调节呼吸运动的神经中枢发育尚未完善，呼吸的节律常不稳定。因呼吸肌较弱，以腹式呼吸为主。

三、学前儿童呼吸系统的卫生保健

1.培养学前儿童良好的卫生习惯

首先，要让儿童养成用鼻呼吸的习惯，充分发挥鼻腔的保护作用；其次，要教育儿童不要用手挖鼻孔，以防鼻腔感染或鼻出血；再次，要教会儿童擤鼻涕的正确方法；最后，还要教育儿童养成打喷嚏时用手帕捂住口、鼻，不随地吐痰，不蒙头睡觉等好习惯。

2.保持室内空气新鲜

新鲜空气里含有充足的氧气，能促进人体的新陈代谢，有利于儿童呼吸系统健康，使儿童情绪饱满、心情愉快。因此，室内应经常开窗，通风换气。

3.科学组织学前儿童进行体育锻炼和户外活动

经常参加体育锻炼和户外活动，可以加强呼吸肌的力量，促进胸廓和肺的正常发育，增加肺活量。户外活动还能提高呼吸系统对疾病的抵抗力，预防呼吸道感染。

4.保护学前儿童声带

学前儿童的声带比较薄和短，声门肌肉容易疲劳。因此应选择适合儿童音域的歌曲和读物，尽量避免让儿童大声唱歌或喊叫，防止声带变厚，声音嘶哑。朗诵和唱歌的时间也不宜过长，中间要适当休息，防止声带疲劳。

5.严防异物进入呼吸道

培养儿童安静进餐的习惯，不要边吃边玩，以免将食物呛入呼吸道。不要让儿童玩扣子、硬币、玻璃球、豆类等小物件，以免他们把这些小物件放入鼻孔。

6.教育学前儿童以正确的姿势活动和睡眠

以正确的姿势坐、站、走以及睡眠，才能保证学前儿童脊柱、胸廓的正常发育和呼吸运动的正常进行。

7.睡觉打鼾要查鼻咽

增殖腺又名咽扁桃体、腺样体,位于鼻咽后壁上,可因炎症而肥大,将鼻腔通路堵塞,使人只能用口呼吸。用口呼吸不利于健康,睡觉时鼾声大作,睡不安稳;呼吸浅,可致"漏斗胸"等。儿童入睡后应安稳香甜,很少打鼾;若睡觉时鼾声大作,要查查鼻咽,看其是否患有"增殖腺肥大"。

第六节　消化系统

一、消化系统的构造与功能

消化系统由消化道和消化腺组成。消化道包括口腔、咽、食管、胃、小肠、大肠和肛门,消化腺包括唾液腺、胃腺、肠腺、胰腺和肝脏。

考点1　消化道

1.口腔

（1）牙齿

牙齿是人体最坚硬的器官。人一生有两套牙齿,即乳牙和恒牙。牙齿分牙冠、牙颈和牙根三部分,露出于口腔的部分叫牙冠,嵌入牙槽的部分叫牙根,牙根与牙冠之间是牙颈。牙齿主要由牙本质构成。在牙冠部位,牙本质外层为乳白色的牙釉质,极坚硬,损坏后不能再生。在牙根部位,牙本质外层是牙骨质。牙中空腔为牙髓腔,充满着牙髓,有丰富的血管和神经。牙受龋蚀波及牙髓时伴有剧烈的疼痛。

牙齿的主要功能是咀嚼、磨碎食物,使食物和消化液混合,还能辅助发音。

牙齿的形态可分为切牙、尖牙、前磨牙、磨尖牙四种类型。成人口腔中一般有32颗牙齿。

（2）舌

舌面上有味蕾,能辨别味道。舌能帮助搅拌和吞咽食物,并能帮助发音。

（3）唾液腺

唾液腺包括腮腺、颌下腺和舌下腺,能分泌唾液进入口腔。唾液含水分、淀粉酶、溶菌酶等。

2.食管

食管是一条输送食物的肌性管道,是咽和胃之间的消化管。食管起初很短,随着颈部的伸长和心肺的下降,逐渐增长。新生儿的食道长10~11厘米,弹力组织和肌层不太发达,容易出现"溢乳"的现象。

3.胃

胃是消化管中最膨大的部分,上连食管,下连十二指肠,具有容纳食物、分泌胃液和对食物进行初步消化的作用。胃有前、后两壁和上、下两缘。上缘较短且凹陷,称胃小弯;下缘大而凸,称胃大弯。胃的入口称贲门,与食管相连;胃的出口称幽门,与十二指肠相接。

4.肠

从胃的幽门到肛门的这段消化管被称为肠。人的肠分为小肠、大肠和直肠。小肠又可分为十二指肠、空肠和回肠。小肠的作用是消化食物和吸收营养物质。小肠内有肠液、胆汁和胰液,通过这三种消化液和消化酶的共同作用可将碳水化合物转化成葡萄糖,将蛋白质转化成氨基酸,将脂肪转化成甘油和脂肪酸,进而被小肠吸收进入血液供人体新陈代谢。大肠的作用是吸收食物残渣中的水和无机盐,形成粪便,通过直肠经肛门排出体外。

考点2　消化腺

1.肝脏

肝脏是以代谢功能为主的一个器官,也是人体最大的消化腺,位于胆囊的前端、右边肾脏的前方和胃的上方。正常肝呈红褐色,质地柔软。

2.胰腺

胰腺是人体第二大消化腺,位于胃的后方。胰腺分为两部分:外分泌部和内分泌部。胰腺的外分泌部分泌的胰液,有分解蛋白质、糖类和脂肪的功能。内分泌部又称胰岛,其分泌的胰岛素和胰高血糖素直接进入血液,调节血糖的代谢。

二、学前儿童消化系统的特点

考点1　口腔

1.牙齿

牙齿的发育始于胚胎第六周,到出生时已有20个乳牙牙胚。生后6~8个月时,下中切牙萌出;2~2.5岁出齐20颗乳牙。乳牙萌出过程中,恒牙已开始发育。一般于6岁左右,在乳磨牙的后面长出第一恒磨牙,并不与乳牙交换,称"六龄齿"(上下左右共4颗)。乳牙因牙釉质薄,牙本质较松脆,易生龋齿。

考题再现

【2019·长沙望城·单选】6岁左右的幼儿最先萌出的恒牙是第一恒磨牙,上下左右共(　　　)颗。

A.2　　　　　　B.4　　　　　　C.6　　　　　　D.8

【答案】B。

2.舌

婴幼儿的舌短而宽,灵活性较差,搅拌食物及协助吞咽的能力不足。

3.唾液腺

婴幼儿的唾液腺在初生时已形成,但唾液腺的分泌功能较差,3~6个月时逐渐完善。由于婴幼儿的吞咽能力较差,加上口腔比较浅,所以唾液往往流到口腔外面,这种现象称为"生理性流涎"。这种现象随着年龄的增长而消失。

考点2　食管

学前儿童的食管与成人相比较短并且窄,黏膜较薄,管壁肌肉组织和弹性纤维发育较差,容易受到损伤。

考点3　胃

学前儿童年龄越小,胃的容量越小。因胃壁肌肉组织、弹力纤维及神经组织发育较差,蠕动能力不及成人。由于胃腺数目少,分泌的胃液在质和量上均不如成人,其酸度和酶的效能也没有达到成人的标准,所以消化能力较弱。

考点4　肠

1.吸收能力较强

学前儿童肠管的总长度相对比成人长,其肠管总长度约为身长的6倍,成人则仅为4.5倍。学前儿童肠黏膜的发育较好,有丰富的血管和淋巴管,因此吸收功能比成人强。

2.消化能力较差

学前儿童肠壁肌层及弹力纤维发育得不完善，肠的蠕动功能比成人弱，容易发生肠道功能紊乱。此外，学前儿童小肠内各种消化液的质量差，所以其消化能力较差。

3.肠的位置固定较差

学前儿童的肠系膜发育不完善，所以肠的位置固定较差，如坐便盆或蹲的时间过长容易出现脱肛现象。由于肠壁薄、固定性差，若腹部受凉、饮食突然改变、腹泻等，可使肠蠕动加强并失去正常节律，从而诱发肠套叠。

考点5 肝脏

学前儿童肝脏相对比成人大，肝细胞发育不健全，肝功能也不完善；胆囊小，分泌胆汁较少，对脂肪的消化能力较差；糖原储存较少，饥饿时容易发生低血糖；肝解毒能力差，损害肝功能的药物要慎用。

考点6 胰腺

学前儿童的胰腺很不发达，对淀粉类和脂肪类的消化能力较弱，主要依靠小肠液的消化。随着年龄的增长，学前儿童胰腺的结构与功能不断完善。

三、学前儿童消化系统的卫生保健

1.注意口腔卫生

（1）定期检查牙齿。应每半年检查牙齿一次。若发现龋齿，需及时进行适当处理。

（2）培养学前儿童早晚刷牙、饭后漱口的习惯。要教会儿童刷牙的正确方法：顺着牙缝竖刷，刷上牙自上而下，刷下牙自下而上；磨牙的里外要竖刷，咬合面横刷；刷牙时间不要太短，要使牙齿里外及牙缝都刷到。为儿童选择刷头小，刷毛较软、较稀的牙刷，每3个月左右更换一次。每次刷牙后将牙刷清洗干净、甩干，刷头向上放在干燥的地方。

（3）让学前儿童勤于咀嚼，不吃过冷过热的食物。要让儿童常吃含纤维素较多的食物，如蔬菜、水果、粗粮等，可以清洁牙齿。高度的咀嚼功能是预防牙齿畸形的最有效、最自然的方法之一。

（4）纠正学前儿童某些不良习惯。为保证儿童牙齿的正常发育，防止牙列不齐，应注意不要让儿童吸吮手指、托腮、咬下嘴唇、咬手指甲、咬铅笔和尺子等其他硬物。

2.培养学前儿童良好的饮食习惯

就餐时细嚼慢咽；避免吃饭时随意谈笑，防止食物误入气管；饮食定时定量，不暴饮暴食，尽量吃饱；少吃零食，少吃甜食，不挑食，不偏食，不吃不卫生的食物；吃完东西后及时漱口。

3.饭前饭后不做剧烈运动

饭前饭后剧烈运动会抑制消化，也易导致阑尾炎。饭前应安排儿童在室内进行较安静的活动，饭后宜轻微活动，不宜立即午睡，最好组织儿童散步15~20分钟再入睡。

4.培养学前儿童定时排便的习惯

让儿童养成定时排便的习惯，不要让儿童憋着大便，以防形成习惯性便秘。组织儿童经常参加运动，多吃蔬菜、水果，搭配着吃点粗粮，多喝开水，预防便秘。

5.保持愉快情绪安静进餐

组织儿童进餐时，可播放轻松愉快、悠扬悦耳的音乐。如果在餐厅吃饭，餐厅灯光应该柔和，墙壁粘贴水果等壁画，激发儿童食欲，增强消化器官的消化功能。进餐前后不宜处理儿童行为上的问题，以免影响儿童的食欲。

第七节　泌尿系统

一、泌尿系统的构造与功能

泌尿系统由肾脏、输尿管、膀胱和尿道组成。肾脏是生成尿液的器官,输尿管、膀胱和尿道是排尿的通道,而膀胱还有暂时储存尿液的作用。

考点1　肾脏

肾脏是人体最重要的排泄器官。它位于腹腔后壁,腰部脊柱的两侧,左右各一,重约300克,形状似蚕豆,外缘凸出,内缘凹入。凹入部分是肾脏的大门,肾的血管、神经、淋巴管和输尿管等由此出入。

肾脏由肾盂和肾实质两部分组成。肾盂是肾内一个漏斗形的空腔,与输尿管相通。肾实质部分又分为颜色较深的皮质和颜色较浅的髓质两部分。每个肾包括100多万个肾单位。肾单位是肾脏结构和机能的基本单位,包括肾小球和肾小管。肾小球由一团毛细血管和包在其外面的肾小囊组成。肾小囊与肾小管连接。几根肾小管开口于集合管,集合管开口于肾盂。

考点2　输尿管

输尿管是一对输送尿液的肌性管道,上端始于肾盂,下端开口于膀胱。输尿管壁由平滑肌组成,从肾盂向下不停蠕动,将尿液送入膀胱。

考点3　膀胱

膀胱位于盆腔内,与输尿管、尿道相通,是储存尿液的肌性囊袋。其大小、形状、位置及壁的厚薄均随充盈程度、年龄和性别而有所不同。肾脏形成的尿液流入肾盂,通过输尿管流入膀胱暂时储存。成人储尿350~500毫升。膀胱有通向尿道的开口,在膀胱和尿道交界处有较厚的环形平滑肌,称尿道括约肌。尿道括约肌收缩时,尿道口关闭;舒张时,尿道口开放,尿液排出。

考点4　尿道

尿道是膀胱通向体外的管道,起于膀胱,止于尿道外口。男性的尿道细长,约20厘米,兼有排精的功能;女性的尿道较短而粗,长3~5厘米,且开口处接近肛门,故容易受感染。

二、学前儿童泌尿系统的特点

1.由"无约束"到"有约束"排尿

婴儿时期,当膀胱内尿液充盈到一定量时,就会发生不自觉的排尿。这是由于大脑皮质发育尚未完善,对排尿尚无约束能力。在婴儿半岁左右,可以从"把尿"开始,训练婴儿自觉排尿的能力。1岁左右,一般婴儿就会用动作、语言表示"要撒尿"了,可训练其坐便盆排尿。经过训练,一般到了3岁左右,幼儿白天就可以不再尿湿裤子,夜间也不再尿床。

2.尿道短,容易发生上行性泌尿道感染

婴幼儿的尿道短,新生女婴尿道仅1~2厘米长。女孩儿不仅尿道短,而且尿道开口离阴道、肛门很近,尿

道口容易被粪便等污染。若细菌经尿道上行,到达膀胱、肾脏,可引起上行性泌尿道感染。所以特别要注意女孩儿外阴部的清洁,擦大便应从前往后擦,勤换尿布,每天要洗屁股。

3.早晨起来眼泡肿了,要查查尿

3岁以后,儿童易患急性肾炎。该病的主要表现是浮肿、血尿。浮肿部位最早是面部,尤其眼睑浮肿最明显。血尿是指尿呈浓茶色或洗肉水样。急性肾炎常常是在儿童得了猩红热、扁桃体炎、脓疱疮等感染之后,发生的一种与免疫有关的疾病。所以,预防急性肾炎,要从预防上述感染入手。患急性扁桃体炎要用抗生素彻底治疗。患猩红热或脓疱疮以后1~2周,要查尿常规,以便早发现异常。

三、学前儿童泌尿系统的卫生保健

1.供给充足的水分

每天让学前儿童饮适量的开水,使体内的代谢产物及时随尿排出体外。另外,充足的尿液对尿道有清洗作用,可以减少感染。

2.养成学前儿童定时排尿的习惯

从学前儿童3个月起,就应培养其定时排尿的习惯。睡觉前后、哺乳前后训练小便。若训练得当,1岁左右儿童即能表示要大小便,并能主动自己去小便,2~3岁后夜间不小便,4~5岁后不尿床。教师在组织学前儿童集体活动前,要提醒其排尿,并掌握好时间间隔;不要让学前儿童憋尿,憋尿会使膀胱失去正常功能而发生排尿困难,并易造成感染。

3.注意会阴部的清洁卫生,预防尿路感染

每晚睡前应给学前儿童清洗外阴部。不要让儿童坐地上和穿开裆裤,特别是女孩儿。教会学前儿童便后擦屁股的方法,即从前往后擦。托幼机构的厕所和便盆要经常冲洗,定期消毒。注意制止个别儿童玩弄生殖器。

第八节　皮肤

一、皮肤的构造与功能

皮肤覆盖在人体的表面,保护机体免受外界环境的直接刺激。身体各部位皮肤的厚薄不同,手掌心和足底处的皮肤最厚,约有4毫米;眼皮等处的皮肤最薄,只有0.5毫米。

考点1　皮肤的构造

皮肤主要由表皮和真皮构成。表皮外有一层已死亡的表皮细胞,称为角质层;真皮下有一层皮下脂肪组织。真皮里有丰富的血管、神经、毛囊。皮肤的附属物包括毛发、指甲、皮脂腺和汗腺等。

考点2　皮肤的功能

1.保护功能

表皮内的黑色素细胞可吸收阳光中的紫外线,生成黑色素,阻挡紫外线深入人体内。真皮较厚,具有一定的弹性和韧性,与皮下脂肪一起使皮肤能抵御、缓冲外力的摩擦、挤压和冲击。皮肤的感觉神经末梢丰富,可产生触觉、温度觉等。

2.调节体温功能

汗液蒸发可降低体温;皮下脂肪能保存体内热量,维持体温。

3.代谢功能

皮肤中有一种7-脱氢胆固醇,可吸收紫外线转化成维生素D。通过出汗,皮肤能排泄少量无机盐、废物和水。

二、学前儿童皮肤的特点

1.保护功能较差

与成人相比,学前儿童角质层还未发育成熟,真皮及纤维组织较为薄、嫩,皮肤极为敏感、嫩滑。因此,皮肤很容易受到外界的损伤。

2.调节体温的功能差

与成人相比,学前儿童皮肤毛细血管网较密,通过皮肤的血量较多,皮肤的表皮面积较大。因此当环境温度升高时,幼儿皮肤的温度也随之升高。这也说明,学前儿童神经系统的体温调节作用还不稳定,很难适应外界环境变化,因此易感冒。

3.渗透作用强

学前儿童的皮肤薄嫩,渗透作用强。有机磷农药、苯、酒精等都可经皮肤被吸收到体内,引起中毒。

三、学前儿童皮肤的卫生保健

1.培养学前儿童良好的卫生习惯

父母应培养学前儿童养成良好的卫生习惯。夏季勤为儿童洗澡,汗湿的衣物要尽快换下,因为皮肤表面的皮质和汗液中的有机物易滋生细菌,堵塞汗腺开口和皮脂腺,影响正常代谢;冬季要注意润泽保护皮肤,勤晒被褥。要勤剪指甲,勤洗手,因为指甲缝中易藏污纳垢,污染食物,引起消化道疾病。

2.注意衣着卫生

对不同年龄的学前儿童和不同季节的衣着应有不同的要求。学前儿童年龄越小,体温调节能力越差。天气寒冷时应多穿衣服,注意防寒保暖;天气闷热时注意防暑降温;夏季衣服要选择浅色棉布、易于通风透气,尽量不用化纤织品,以免发生皮肤过敏或感染皮肤病。

学前儿童的衣服应宽大舒适,样式简单大方。帽子应与气候相适应,鞋的大小以合适为宜。

3.不用刺激性的洗涤、护肤品

为保护学前儿童的皮肤,不要让学前儿童用含有刺激性的化妆品和香皂,不要给学前儿童涂口红、涂指甲油、烫发、戴耳环等。

4.经常组织学前儿童户外活动

经常带学前儿童到户外活动锻炼,多接受阳光的照射和气温、气流的刺激,可增强抵抗力,提高耐寒和抗病能力。

第九节 内分泌系统

一、内分泌系统的构造与功能

内分泌系统是人体内的调节系统,由许多内分泌腺组成。人体的主要内分泌腺有脑垂体、甲状腺、甲状旁腺、肾上腺、胰岛、胸腺、松果体和性腺等。其中胸腺与机体的免疫功能有关,松果体有防止性早熟的作用。对幼儿影响较大的内分泌腺有脑垂体、甲状腺、胸腺。

考点1　脑垂体

脑垂体是人体最重要的内分泌器官,被称为"内分泌之王"。在4岁以前和青春期,脑垂体的生长最为迅速,机能也最活跃。脑垂体能分泌多种激素,如生长激素、促甲状腺素、促性腺皮质激素、促性腺素、催产素、催乳素等。这些激素对人体的新陈代谢、生长发育和生殖具有重要的调节作用。

生长激素是脑垂体分泌的影响生长发育的一种最重要的激素。幼年时,如果生长激素分泌不足,会引起"侏儒症",即身材矮小,性器官发育不成熟,但智力正常;如果生长激素分泌过多,儿童时期生长过快,会引起"巨人症",成年以后则可患有"肢端肥大症"。

考点2　甲状腺

甲状腺是人体中最大的内分泌腺,位于喉下部和气管两侧,分左右两叶。甲状腺能分泌甲状腺素,碘是合成甲状腺素的主要成分。甲状腺素具有调节机体的新陈代谢,促进儿童的生长发育和提高神经系统的兴奋性等功能。

甲状腺素分泌过多或不足都会影响人体有关生理功能。如甲状腺功能亢进,甲状腺分泌甲状腺素过多,可引起突眼性甲状腺肿,表现为新陈代谢过于旺盛,病人食量大增,身体却逐渐消瘦,神经系统的兴奋性增高,容易激动、紧张或烦躁。如果甲状腺功能减退,甲状腺分泌甲状腺素不足,会使人体代谢缓慢,神经系统兴奋性降低,反应迟缓,智力下降,记忆力减退等。学前时期甲状腺功能低下,会引起呆小病(克汀病),主要表现为智力低下,反应迟钝,身材矮小。

考点3　胸腺

胸腺是人体中与免疫功能有密切关系的内分泌系统。它在出生后两年内生长很快,以后随年龄而继续增长,至青春期后逐渐退化,成人胸腺组织被脂肪组织代替。产生于骨髓的淋巴干细胞,本身不具备免疫功能,当这些细胞通过血液循环到达胸腺时,在胸腺素的作用下便具备了免疫功能。

二、学前儿童内分泌系统的特点

1.脑垂体分泌的生长激素较多

作为人体最重要的内分泌器官,脑垂体的主要功能是分泌生长激素。生长激素具有促进人体生长发育的作用。然而,在昼夜间,脑垂体分泌生长激素的速度是不均匀的。夜间睡眠时生长激素的分泌量较多,白天分泌量则较少。学前儿童特别是新生儿的睡眠时间较长,生长激素分泌量就会增加,骨骼生长发育就会加速。这也是幼儿在出生头一年身高增长较快,随后增长速度逐渐缓慢趋于平衡的原因。

2.碘缺乏影响学前儿童甲状腺功能

作为人体最大的内分泌腺,甲状腺主要的功能是分泌甲状腺素,调节新陈代谢,促进骨骼的生长发育。碘是合成甲状腺素的重要原材料,碘缺乏对学前儿童的甲状腺功能产生严重影响。在我国的一些缺碘地区,幼儿患佝偻病和呆小病的较多,这说明了碘缺乏对幼儿骨骼发育的影响很大。

3.胸腺发育不全影响学前儿童的免疫系统

胸腺分泌胸腺素,骨髓制造的淋巴干细胞只有在胸腺素的作用下才能发挥免疫功能。因此,胸腺发育不全会影响胸腺素的分泌,进而对机体的免疫功能产生影响,导致呼吸道感染、腹泻等疾病。

三、学前儿童内分泌系统的卫生保健

1.供给学前儿童科学、合理的营养
科学、合理的营养是保证学前儿童内分泌系统发挥功能的前提。

2.制定和执行合理的生活制度
合理的作息是根据学前儿童的年龄特点,安排其睡眠、进餐、游戏、作业、运动等活动,使每个环节在时间、顺序和次数上间隔合理。保证儿童生活的丰富多彩与劳逸结合是促进其内分泌系统生长发育的有利条件。

3.营造良好的家庭氛围
良好的家庭氛围包括符合学前儿童生长特点的共同的兴趣爱好、和睦的家庭关系、合理的作息制度、科学的日常膳食等。父母要避免不良的生活习惯,为儿童营造温馨、健康的家庭氛围,培养儿童良好的饮食习惯、作息习惯、兴趣爱好等。

第十节　生殖系统

一、生殖系统的构造与功能

生殖系统是人体内和生殖密切相关的器官的总称。生殖系统由外生殖器官和内生殖器官组成。男性外生殖器官有阴囊和阴茎;内生殖器官有睾丸、输精管、附睾、射精管、前列腺和精囊等。女性的外生殖器官有阴蒂、大阴唇、小阴唇、前庭及前庭大腺和阴阜;内生殖器官有阴道、子宫、输卵管和卵巢。生殖系统有分泌性激素、产生生殖细胞和繁殖后代的功能。

二、学前儿童生殖系统的特点

在各系统发育过程中,生殖系统发育最晚,其主要通过下丘脑—垂体促性腺激素—性腺轴调节。学前儿童生殖系统发育极为缓慢。到青春期时,生殖系统才处于一个发育高峰期。青春期前,男女两性生殖系统的发育呈现以下特点。

对男性而言,在胎儿期,睾丸具有重要的内分泌的功能。它促使生殖管道和外生殖器向着男性方向发展。新生儿期和幼儿期的睾丸不分泌雄激素,外生殖器处于幼稚阶段,无明显变化。12岁以前,睾丸处于幼稚未成熟阶段,为青春期前阶段。

对女性而言,其在娩出时外阴较丰满,乳房隆起或有少许泌乳。与母体及胎盘分离后,女性体内激素水平迅速下降,上述生理现象很快消退。在出生后4周至8岁的阶段,下丘脑促性腺激素释放激素分泌处于抑制状态,垂体促性腺激素水平低下,卵巢内原始卵泡可持续自主发育,到初级卵泡阶段即凋亡,无分泌雌激素的功能,生殖器呈幼稚型。8岁后,垂体促性腺激素开始分泌,卵巢具备了分泌雌激素的功能。

三、学前儿童生殖系统的卫生保健

1.普及性知识
3岁左右,学前儿童常会提问"为什么他站着小便"之类的问题;5~6岁时出现恋父、恋母的情感,并提出

"我是怎么来的"之类的问题。学前期是形成性角色、发展性心理的关键期。教师应注意对学前儿童进行科学的、随机的性教育，使学前儿童形成正确的性别自我认同，并提高自我保护意识，防范性侵害。

2.穿衣要适当

儿童尽量穿纯棉内衣。男孩儿的内衣和外裤尽量宽松，过紧不利于睾丸的发育。

3.保持外生殖器官的卫生

让学前儿童养成每天清洗外阴部的习惯。若学前儿童出现玩弄生殖器的现象，或出现"习惯性擦腿动作"，成人不要责骂学前儿童，要以有趣的事情转移其注意力并查明学前儿童出现这类行为的原因。

强化练习

一、单项选择题

1.幼儿往往做一件事的坚持性较差。教师需要经常变换活动内容和方式，这是利用了大脑皮质活动的哪一种特性？（　　　）

A.优势原则　　　　　　　　　　　　B.镶嵌式活动原则

C.动力定型　　　　　　　　　　　　D.抑制原则

2.幼儿不宜过早学习写字，是因为（　　　）。

A.小肌肉群发育晚　　　　　　　　　B.脊柱生理性弯曲未固定

C.腕骨未钙化　　　　　　　　　　　D.肌肉易疲劳

3.不宜让幼儿拎提太重的东西。这是因为幼儿（　　　）。

A.大肌肉群发育早，小肌肉群发育晚

B.腕骨要到10岁左右才钙化完成

C.骨头的韧性强、硬度小、易变形

D.脊柱生理性弯曲尚未定型

4.下列选项中符合婴幼儿心率特点的是（　　　）。

A.年龄越小，心率越快　　　　　　　B.年龄越小，心率越慢

C.时常忽快忽慢　　　　　　　　　　D.时常停止

5.幼儿气管、支气管的自净能力差，易患肺炎，所以保教人员要（　　　）。

A.做好开窗通风的工作　　　　　　　B.培养幼儿良好的洗手习惯

C.教给幼儿正确的擤鼻涕的方法　　　D.常晒被褥

6.在下列消化系统的功能中，幼儿较成人强的是（　　　）。

A.胃的消化功能　　　　　　　　　　B.肠的吸收功能

C.肝的解毒功能　　　　　　　　　　D.牙齿的咀嚼功能

7.婴儿对排尿无约束能力的主要原因是（　　　）。

A.膀胱发育不完善　　　　　　　　　B.肾发育不完善

C.大脑皮质发育不完善　　　　　　　D.尿道发育不完善

8.幼年时期，脑垂体分泌的生长激素不足，会得（　　　）。

A.侏儒症　　　　　　B.呆小症　　　　　　C.肢端肥大症　　　　　　D.巨人症

二、简答题

1.简述学前儿童神经系统的卫生保健措施。

2.简述学前儿童呼吸系统的卫生保健措施。

参考答案及解析

一、单项选择题

1.【答案】B。解析:镶嵌式活动原则是指大脑皮质的不同部位执行着不同的任务,当从事某一活动时,只有相应部分处于工作状态,其他部分处于抑制状态,大脑皮质即形成了兴奋区与抑制区——工作区与休息区互相轮换的复杂活动方式。教师需要经常变换活动内容和方式,这是利用了大脑皮质活动的镶嵌式活动原则。

2.【答案】A。解析:幼儿大肌肉群发育早,小肌肉群发育较晚,不宜过早进行手的精细动作,如书写活动。

3.【答案】B。解析:儿童腕骨的发育是逐渐进行的。新生儿时期的腕骨都是软骨,随着年龄的增长,腕骨逐渐钙化,直到10岁左右才钙化完成。所以,幼儿手腕的负重能力差,不要让幼儿拎提太重的物品。

4.【答案】A。解析:幼儿年龄越小,心率越快。幼儿心肌薄弱,心脏容量小,为满足新陈代谢的需要,心跳较成人快。

5.【答案】A。解析:幼儿的气管、支气管的纤毛运动能力不如成人,自净能力差。若空气污浊,幼儿易患肺炎,所以保教人员要做好开窗通风的工作。

6.【答案】B。解析:幼儿肠黏膜发育得较好,有丰富的血管和淋巴管,因此吸收功能比成人强;但屏障作用小,也容易吸收食物中的有害物质,从而引起中毒。

7.【答案】C。解析:当膀胱内的尿液充盈到一定量时,婴儿就会不自觉地排尿。这是由于婴儿大脑皮质发育尚未完善,对排尿尚无约束能力。

8.【答案】A。解析:脑垂体分泌生长激素,促进机体生长发育。在幼年时期,如果生长激素分泌不足,则生长迟缓,可患垂体性侏儒症,表现为身材矮小,但智力正常。

二、简答题

1.【参考答案】

(1)制定和执行合理的生活制度。

(2)保证充足的睡眠。

(3)保证空气新鲜。

(4)提供合理营养。

(5)创造良好的生活环境,使学前儿童保持愉快的情绪。

(6)安排丰富的活动及适当的体育锻炼。

2.【参考答案】

(1)培养学前儿童良好的卫生习惯。

(2)保持室内空气新鲜。

(3)科学组织学前儿童进行体育锻炼和户外活动。

(4)保护学前儿童声带。

(5)严防异物进入呼吸道。

(6)教育学前儿童以正确的姿势活动和睡眠。

(7)睡觉打鼾要查鼻咽。

第二章　学前儿童的生长发育

考情分析

本章内容以识记、理解为主，会以单项选择题的形式进行考查。其中学前儿童生长发育的规律与测量指标是重点考查内容。

学习目标

1.理解学前儿童生长发育的规律与影响因素。
2.识记学前儿童生长发育的测量指标。

第一节　学前儿童生长发育的规律

一、学前儿童生长发育是由量变到质变的过程

人体从孩童到成人经历了复杂的变化过程，从不显露的细小的量变到根本的质变。这种变化不仅表现为身高和体重的增加，也表现为器官的逐渐分化、功能的逐渐成熟。学前儿童生长发育的量变与质变通常是同时进行的，如在大脑逐渐增大和增重的过程中，大脑皮质的记忆、思维和分析的功能也在不断地发展。

二、学前儿童生长发育有一定的程序性

学前儿童生长发育的程序性表现为既有阶段性又有连续性。儿童生长发育是有阶段的，每个阶段都有其独特的特点。但是，各阶段间又是相互联系、相互衔接的，不能跨越。前一阶段的生长发育为后一阶段奠定必要的基础，任何一阶段的发育受到阻碍，都会对后一阶段的发育产生不良影响。如在说单词之前，必须先学会发音，同时要学会听懂单词；能吃固体食物之前必先能吃半流质食物；会走路之前必先经过抬头、转头、翻身、直坐、站立等发育步骤。

三、学前儿童生长发育的不均衡性

考点1　生长发育的速度不均衡

人的生长发育是快慢交替的，因此发育速度曲线并不是随年龄呈直线上升，而是波浪式上升的。在整个生长发育时期，全身和大多数器官、系统有两次生长突增高峰，第一次是在幼儿时期，第二次是在青春发育的初期。以身高、体重为例：儿童出生后的第一年增长最快，身高约是出生时（50厘米）的1.5倍，体重约是出生时（3千克）的3倍；2岁以后，生长速度逐渐缓慢下来，并保持相对的稳定，平均每年身高增加4~5厘米，体

重增加1.5~2千克;直至青春期生长速度出现第二次生长高峰。这时,身高平均每年增加7~8厘米,体重平均每年增加5~6千克,以后增长速度又逐渐减慢。

考点2　身体各部分的生长速度不均衡

在生长发育的过程中,身体各部分的生长速度也不完全相同。例如,在出生后的整个生长发育过程中,头颅增加1倍,躯干增加2倍,上肢增加3倍,下肢增加4倍,身体的形态从出生时的头颅特大、躯干较长和四肢短小,发育到成人时的头颅较小、躯干较短和四肢较长。

考点3　各系统的生长发育不均衡

身体各系统及器官的发育时间和速度也不均衡,有的系统发育较早,有的系统发育较晚。同一系统在不同时期的生长发育速度也是不同的。学前儿童神经系统发育得最早,尤其是大脑,在胎儿期和出生后一直快速发育,6岁时脑重已达到成人的90%。淋巴系统的发育也比较早,10岁左右达到高峰,几乎是成人水平的200%,之后淋巴系统中的个别器官逐渐萎缩。生殖系统在青春期以前几乎没有发展,进入青春期后则迅速发育。

身体各系统的发育时间和速度虽然各有不同,但机体是统一的整体,各系统的发育是相互联系、相互影响、相互制约的。例如,体育锻炼不仅能促进肌肉、骨骼的发育,也能促进神经系统的发育,神经系统的发育又能更好地协调运动系统的活动。

四、学前儿童生长发育的相互关联性

生理的发育与心理的发育密切相关,即生理发育是心理发育的基础,心理的发展影响生理的功能。生理的缺陷会引起儿童心理活动的不正常,如身材矮小、斜视、耳聋、口吃的儿童常会产生自卑感。所以,对儿童的生理缺陷,除应进行必要的治疗外,还应鼓励他们克服困难,树立信心。

心理的状态也会影响生理的发育,如儿童情绪不好时,消化液分泌会减少,使食欲减退,影响儿童的消化和吸收。情绪正常的儿童应该是抬头、挺胸、活泼、积极参与幼儿园的各项活动的,而长期情绪受压抑的儿童,会表现出种种病态,如站立不直、弯腰驼背、行动迟缓、精神不振、注意力不集中等。

五、学前儿童生长发育的个体差异性

虽然学前儿童的生长发育有一定的规律,但是由于每个儿童的先天遗传素质与后天环境条件并不完全相同,因而无论是身体的形态还是机体的功能都存在个体差异。例如,有些儿童先会开口讲话,后会走,有些儿童刚好相反,先会走,后会说;有些儿童生性活泼、好动,有些儿童则比较文静、内向;有些儿童生来和别人好相处,有些儿童则比较难接近。没有两个儿童的发育水平和发育过程一模一样,即使在一对同卵双生子之间也存在差别。

第二节　学前儿童生长发育的影响因素

学前儿童生长发育过程受多种因素的影响,概括起来包括先天遗传因素和后天环境因素。遗传因素为学前儿童的生长发育提供了可能性,决定了生长发育的潜力或最大限度;环境因素则可在不同程度上影响遗传因素所赋予的生长潜力的发挥,最后决定发育的速度及可能达到的程度。也就是说,环境因素决定了生长发育的现实性。

一、遗传因素

遗传是很重要的内在因素,染色体上的基因是决定生物性状遗传的物质基础,也决定个体生长发育的可能性。研究表明,学前儿童生长发育的特征、潜力、趋向、限度等都受父母双方遗传因素的影响。父母的遗传因素不仅能预示子女的身高、体重,甚至决定子女的体型,并且在很大程度上还影响子女神经系统和内分泌系统的发育。大量研究结果还证实,人的体型、躯干和四肢的比例受种族遗传的影响。

二、环境因素

影响生长发育的环境因素有很多,如营养、体育锻炼和劳动、疾病、生活制度以及社会发展状况等。

考点1 营养

营养是生长发育的物质基础,尤其是充足的热量和优质的蛋白质、各种维生素、矿物质以及微量元素等都是生长发育所必需的。营养素的缺乏,各种营养素的摄入不均衡,膳食结构不合理等,不但会影响正常的生长发育,还会引起营养不良和各种营养缺乏症。当前,随着我国社会经济的发展、人民生活水平的提高,儿童营养条件大为改善,更应注意均衡营养和平衡膳食。集体儿童机构应根据各年龄段儿童营养的需要,结合收费标准和市场供应情况做好计划膳食。

考点2 体育锻炼和劳动

适宜的体育锻炼和劳动能增强儿童体质,减少疾病,提高健康水平,是促进儿童身体发育的重要因素。参加体育锻炼能促进新陈代谢,提高呼吸、循环、运动以及神经系统的调节功能,增强机体对外界的适应能力和对疾病的抵抗能力。从小进行体育锻炼不仅能增强体质,而且还对促进智力发展和培养良好的个性起到积极作用。

考点3 疾病

各种急、慢性疾病对生长发育都有直接的影响,其影响程度取决于病程的长短、病变的部位和疾病的严重程度。疾病可以干扰正常的能量代谢,增加对各种营养物质的消耗,有些疾病还能严重影响器官的功能,使生长发育停滞不前甚至倒退。例如,学前儿童腹泻,不仅影响营养物质的吸收,并可消耗体内原有的物质。长期腹泻的儿童,可导致机体营养不良,体重减少,严重影响生长发育;佝偻病的患儿抵抗力低下,易患感染性疾病,严重的可引起骨骼发育障碍。

考点4 生活制度

合理的生活制度能使学前儿童身体各部分有规律、有节奏地活动,这样能有效地消除疲劳,身体的营养消耗也能得到及时的补充,也有利于学前儿童从小养成良好的生活习惯。所以,托幼机构应制定科学、合理的生活制度并严格执行,保证学前儿童的健康成长。

考点5 其他因素

社会发展状况,特别是经济状况、社会制度等因素也影响学前儿童的生长发育。季节对生长发育也有一定的影响。一般来说,在春季(3~5月),学前儿童的身高增长较快,秋季(9~11月)体重增长较快。各种环境污染,如铅污染对学前儿童的生长发育有不利的影响。药物及性别也对学前儿童的生长发育产生影响。

第三节 学前儿童生长发育的测量

运用一定的评价指标和评价方法对儿童的生长发育进行评价,有利于掌握儿童生长发育的状况,并提出有效的改进措施,促使儿童健康成长。儿童的生长发育评价指标一般包括形态指标、生理功能指标以及心理指标等,其中形态指标最为常见。

一、学前儿童生长发育的测量指标

考点1 形态指标

生长发育的形态指标是指身体及其各部分在形态上可测出的各种量度,如身高、体重、头围等,最重要和最常用的形态指标是身高和体重。

1.身高(身长)

身高是人体站立时颅顶到脚跟(与地面相及处)的垂直高度,是最基本的形态指标,也是反映骨骼生长发育的重要指标,常被用以表示全身生长的水平和速度。

2.体重

体重是指人体(包括组织、器官、体液等)的总重量。它与身高之间的相互比例,是衡量儿童营养状况的重要标志。

3.头围

头围的大小反映脑和颅骨的发育程度。因胎儿期脑的发育在全身处于领先地位,故出生时头相对较大。新生儿头围平均值为34厘米,1岁时头围增加约12厘米,第二年增加2厘米,第三年增加1~2厘米。因此,头围的测量在出生后头两年意义重大,有助于了解儿童大脑的发育情况,对诊断智力低下也有一定的参考意义。

4.胸围

胸围是指经过胸中点的胸部水平围度。胸围在一定程度上说明身体形态和呼吸功能的发育(如胸廓和肺),并能反映体育锻炼的效果。婴儿出生时胸围比头围小1~2厘米,一般在1岁时赶上头围,头胸围交叉时间与儿童的营养状况有关。

5.坐高

坐高是从头顶至坐骨结节的长度。它与身高相比较能反映躯干和下肢的比例关系,其增长反映了脊柱和头部的增长。

> **备考锦囊**
>
> 考生要掌握形态指标所包含的内容,即身高、体重、头围、胸围、坐高,并将其与生理功能指标进行区分。形态指标更多的体现在外在维度的变化上,生理功能指标是各个系统功能的体现。

考点2 生理功能指标

生理功能指标是指身体各器官、各系统在生理功能上可测出的各种量度。如反映循环系统功能的心率、脉搏和血压;反映呼吸系统功能的肺活量、呼吸频率;反映肌肉力量的握力、拉力、背肌力等。血液中红细胞数和血红蛋白等生化指标也是常用的生理功能指标。这些指标有助于对儿童生长发育状况进行全面评价。

考点3　心理指标

关于儿童心理发展的研究，一般通过感觉、知觉、语言、记忆、思维、情感、意志、行为、性格及社会适应力等进行观察。心理指标测试采用的是经过专门设计的、国内外公认的测试量表或问卷调查表，必须由专业人士负责操作，以保证结果的可靠性和有效性。

二、学前儿童生长发育的测量方法

考点1　身高（身长）的测量

身高的测量可采用两种方法。一种是工具测量法，即使用量床、量尺等工具对学前儿童的身高进行测量。3岁以下儿童采用量床测量，以厘米为单位，精确至小数点后一位；3岁以上儿童用身高计或固定于墙壁的立尺，以厘米为单位，精确至小数点后一位。另一种是公式计算法，即采用数学方法对学前儿童、少年、青少年群体的平均身高进行计算。一般2~12岁身高的估算公式为：年龄×5+80厘米。

考点2　体重的测量

学前儿童体重的测量一般在清晨空腹排便后，裸体或仅穿内衣的情况下进行。婴儿体重测量采用卧位式电子秤，精确到0.01千克；儿童体重测量采用坐式杠杆秤，精确到0.1千克。测量前校正秤的零点，然后将儿童置于坐卧式杠杆秤上，然后移动砝码至相应刻度并读数，记下测量值。

考点3　头围的测量

从双眉上最突出处，经枕后结节绕头一周的长度，就是儿童的头围。测量头围时，我们所用的工具为软尺。测量时，软尺需紧贴皮肤，零点固定于儿童额头眉间处，右侧经枕骨最突出处，绕回至零点。需要注意的是，测量用的软尺不能过于柔软，手势不能过松或过紧，否则测出的数据可能会出现误差。

考点4　胸围的测量

3岁以下儿童采用卧位或立位测量胸围，3岁以上儿童采用立位测量。测量时儿童两手自然平放或下垂，两眼平视。测量者立于前方或右方，用左拇指将软尺零点固定于乳头下缘，右手将软尺经右侧绕背部，以两肩胛下角下缘为准，经左侧面回至零点，取平静呼吸气时的中间读数。

考点5　坐高的测量

坐高是头顶至坐骨结节的长度。3岁以内儿童测量坐高，即测量顶臀长，测量方法：体位同测身长，测量者左手提起幼儿小腿，膝关节屈曲，同时使骶骨紧贴底板，大腿与底板垂直，移动足板使其压紧臀部，读刻度，精确至0.1厘米。3岁以上儿童采用坐高计进行测量，测量方法：儿童坐在坐高计的坐盘上，先身体前倾，骶部紧靠立柱，然后坐直，两大腿并拢，膝关节屈曲成直角，足尖向前，两脚平放在地面上，测量者移下头板使与头顶接触，读刻度，精确至0.1厘米。

一、单项选择题

1.幼儿生长发育最常用的评价指标是（　　　）。

A.生理功能指标　　　　　　　　　　B.生化指标

C.形态指标　　　　　　　　　　　　D.心理指标

2.儿童身高和体重增长最为迅速的时期是（　　　）。

A.0~2岁　　　　　　　　　　　　　B.3~4岁

C.5~6岁　　　　　　　　　　　　　D.6~10岁

3.评价学前儿童生长发育的指标有形态指标、生理功能指标、心理指标。下列不属于形态指标的是（　　　）。

A.头围　　　　　　　　　　　　　　B.体重

C.坐高　　　　　　　　　　　　　　D.性格

二、简答题

简述学前儿童生长发育的一般规律。

参考答案及解析

一、单项选择题

1.【答案】C。解析：身高和体重等形态指标是幼儿生长发育最常用的评价指标。

2.【答案】A。解析：在人的生长发育过程中，共有两个生长发育的高峰。第一个突增期在 2 岁以前，第二个突增期在青春期。

3.【答案】D。解析：生长发育的形态指标是指身体及其各部分在形态上可测出的各种量度。形态指标包括身高、体重、头围、胸围、坐高。性格不属于生长发育的形态指标。

二、简答题

【参考答案】

（1）学前儿童生长发育是由量变到质变的过程。

（2）学前儿童生长发育有一定的程序性。

（3）学前儿童生长发育的不均衡性。

①生长发育的速度不均衡。

②身体各部分的生长速度不均衡。

③各系统的生长发育不均衡。

（4）学前儿童生长发育的相互关联性。

（5）学前儿童生长发育的个体差异性。

第三章　学前儿童营养与膳食

考情分析

本章内容以识记、理解为主，会以单项选择题的形式进行考查。其中第一节营养基础知识是重点考查内容。

学习目标

1.识记六大营养素的生理功能、食物来源和缺乏症状，重点识记无机盐和维生素的相关内容。

2.理解学前儿童膳食配制的原则，识记培养学前儿童良好饮食习惯的内容。

第一节　营养基础知识

一、营养素的含义

营养素是指食物中所包含的、能维持生命和健康并促进机体生长发育的化学物质。人体所需的营养素包括蛋白质、脂肪、碳水化合物（糖类）、无机盐、维生素和水。其中，产生热能的有蛋白质、脂肪、碳水化合物（糖类）；不产生热能的有无机盐、维生素和水。

二、学前儿童的生理及营养特点

1.身高、体重稳步增长，神经细胞分化已基本完成，但脑细胞体积的增大及神经纤维的髓鞘化仍继续进行，因此应提供足够的能量和营养素。

2.咀嚼及消化能力有限，因此应注意烹调方法。

3.尚未养成良好的饮食习惯和卫生习惯，因此应注意营养教育。

4.该时期容易发生的主要营养问题是缺铁性贫血、维生素A缺乏、锌缺乏。农村地区儿童还易出现蛋白质、能量摄入不足。

5.该时期处于快速生长发育期，加之儿童活泼好动，代谢旺盛，因此对各种营养素的需要量相对比成人多，但是由于其消化功能尚未发育完善，对食品的种类、数量、配制以及卫生要求又较高。

考题再现

【2020·长沙岳麓·单选】下列关于学龄前儿童的生理及营养需要的特点的表述，错误的是（　　　）。

A.各种营养素需要的量相对比成人多　　　　B.咀嚼能力及消化能力有限

C.良好的饮食和卫生习惯尚未形成　　　　D.能量的摄入应减少

【答案】D。

三、六大营养素的主要功能及来源

考点1 蛋白质

蛋白质与核酸是生命的物质基础。蛋白质是人体细胞的重要成分。

1.蛋白质的生理功能

（1）构造新细胞、新组织和修补组织

人体的任何一个细胞、组织和器官中都含有蛋白质。皮肤、毛发、韧带、血液等都以蛋白质为主要成分，骨骼中也含有蛋白质。人体的发育以及受损细胞的修复和更新都离不开蛋白质。

（2）调节生理功能

蛋白质是构成酶、激素、抗体等的基本原料。以上这些物质都具有调节生理功能的作用。

（3）供给能量

蛋白质能产生热能，为身体提供能量。此项不是其主要功能，因为如果蛋白质分解代谢的产物过多，对肾脏有危害。

2.蛋白质的组成——氨基酸

蛋白质的基本组成是氨基酸。人体必须从食物中摄取蛋白质，经过消化，分解为氨基酸，再组合成人体的多种蛋白质。氨基酸共二十多种，分为必需氨基酸和非必需氨基酸。

（1）必需氨基酸

必需氨基酸是指在人体不能合成，必须由食物中的蛋白质提供的氨基酸。对儿童来说，必需氨基酸有九种：赖氨酸、色氨酸、苯丙氨酸、蛋氨酸、亮氨酸、异亮氨酸、苏氨酸、缬氨酸和组氨酸。对成人来说，组氨酸不是必需氨基酸，只有前八种为必需氨基酸。1岁以内的儿童还应该多补充组氨酸和精氨酸。

（2）非必需氨基酸

非必需氨基酸并不是指人体不需要的氨基酸，而是指体内能自己合成，或可由其他氨基酸转化得到的，不必从食物中直接摄取的氨基酸。

3.蛋白质的营养价值

食物中蛋白质的营养价值是由必需氨基酸的种类是否齐全、比例是否恰当，以及消化率的高低来决定的。一般来说，动物蛋白质中所含必需氨基酸的种类齐全、比例适当，为优质蛋白质。植物蛋白质因所含必需氨基酸种类不全，营养价值较低。大豆蛋白质所含氨基酸很丰富，属于优质蛋白质。

几种营养价值较低的蛋白质混合后食用，其所含必需氨基酸的种类和数量得以取长补短，提高了营养价值，称为蛋白质的互补作用，如八宝粥、素什锦。

4.蛋白质的食物来源

含有蛋白质的食物分为两类，一类是含植物性蛋白质的食物，主要有花生、核桃、葵花籽、莲子、谷类、薯类、豆类；另一类是含动物性蛋白质的食物，主要有肉类、鲜奶类和蛋类。

5.学前儿童蛋白质需要量

学前儿童因为生长发育，不但需要蛋白质补充消耗，还要构成新的组织，所以需要的蛋白质比成人多。若长期缺乏蛋白质，尤其是优质蛋白质，可导致生长发育迟缓、体重过轻、头发枯黄易脱落、贫血、抵抗力下降，甚至智力障碍。但如果饮食中蛋白质过多，儿童易出现便秘及食欲减退，大量蛋白质的代谢产物会增加肾脏的负担。

考点2 脂肪

脂肪是甘油和脂肪酸的化合物，是磷脂、糖脂、胆固醇等化合物的总称。

1. 脂肪的生理功能

（1）储存能量

人体自身能量的储存形式为脂肪。脂肪的产热量最高，所占空间小，储存在皮下、腹腔等处。人在饥饿时首先消耗脂肪。

（2）保护机体

脂肪层如同软垫，可以保护和固定器官，使器官免受撞击和震动的损伤；脂肪不易导热，可以减少热量散失，有助于御寒。

（3）构成组织的成分

脂肪是组成人体细胞的主要成分，磷脂、固醇及糖脂一起构成细胞膜的类脂层；磷脂构成神经纤维的髓鞘。

（4）促进脂溶性维生素的吸收

维生素A、维生素D、维生素E、维生素K等不溶于水而溶于脂肪。膳食中适量脂肪的存在，有利于脂溶性维生素的吸收。

（5）提供必需脂肪酸

必需脂肪酸不能在人体内合成，必须由食物脂肪供给。

（6）增进食欲

在烹调食物时，油脂可使食物变得美味，引起食欲。脂肪在消化道内停留的时间较长，可增加饱腹感。

2. 脂肪的食物来源

膳食中的脂肪来源主要是各种植物油和动物脂肪。一般情况下，植物油含不饱和脂肪酸较多，其中必需脂肪酸含量较高，如豆油、花生油、菜籽油、芝麻油等，仅椰子油含饱和脂肪酸多为例外。动物脂肪含饱和脂肪酸较多，其中必需脂肪酸含量低，如猪油、牛油、羊油等，但动物脂肪中也有含不饱和脂肪酸较多的情况，如鱼脂、鱼肝油等。

3. 学前儿童脂肪需要量

学前儿童膳食中脂肪类食物如摄入过多，可导致肥胖；如长期摄入不足，会导致生长发育迟缓，免疫力下降，容易发生感染性疾病。

考点3 碳水化合物

碳水化合物又称糖类，是人体的重要营养素之一。

1. 碳水化合物的生理功能

（1）提供热能

碳水化合物为热能的主要食物来源。每日由碳水化合物供给的热能应占总热能的50%以上。

（2）构成组织

碳水化合物也是构成体内组织的成分，如核酸中的核糖、抗体中的糖蛋白、细胞膜中的糖脂等。

（3）维持神经系统的生理功能

神经系统所需的热能，完全要由碳水化合物的代谢产物——葡萄糖来提供。

（4）合成肝糖原和肌糖原

吸收入血的糖叫血糖。血糖经过血液循环，供给各个器官使用。若有多余，则以肝糖原和肌糖原的形式储存于肝脏和肌肉中。肝糖原的水平直接影响机体对化学毒物的解毒能力。肝糖原不足则对化学毒物的解毒作用下降。

（5）有抗生酮作用

碳水化合物是供给机体热能的主要来源，一旦供给不足，机体将动用体内储备的脂肪供给热能。脂肪的大量消耗常导致氧化不完全,从而产生过多的对人体有害的酮体。因此,碳水化合物有抗生酮作用。

（6）减少蛋白质的消耗

碳水化合物供给充足可以避免机体消耗过多的蛋白质作为热能来源,以保证蛋白质充分发挥其重要的生理功能,因此碳水化合物具有保护蛋白质的作用。

2.碳水化合物的组成

食物中所含的碳水化合物,一部分可被人体吸收,一部分则不能被消化吸收,两部分各有其生理作用。

（1）可被吸收的碳水化合物

能被人体吸收的碳水化合物包括单糖（葡萄糖、果糖、半乳糖等）、双糖（蔗糖、麦芽糖、乳糖等）及多糖（淀粉、糊精等）。

（2）不能被吸收的碳水化合物

不能被人体吸收的碳水化合物包括粗纤维、果胶等,总称"膳食纤维"。

3.碳水化合物的食物来源

碳水化合物的食物来源很丰富,有淀粉类食物,如米、面等;有根茎类食物,如土豆、红薯等;有含糖的其他食物,如蜂蜜、水果、蔬菜等。

4.学前儿童碳水化合物需要量

学前儿童膳食中碳水化合物如摄入过多,会导致肥胖;如摄入不足,会导致体内蛋白质消耗增加,影响生长发育。如果膳食纤维摄入过多,会影响无机盐,如铁、钙、锌等的摄入。

考点4 无机盐

存在于人体的各种元素,除碳、氢、氧和氮主要以有机物的形式出现外,其余各种元素,可统称为无机盐（又称矿物质）。人体中的无机盐有二十多种,按其占人体比重分为常量元素（钙、镁、钾、钠、磷）和微量元素（铁、锌、铜、锰、碘、硒、氟）。

1.钙

（1）生理功能

钙构成骨骼和牙齿。

（2）食物来源

含钙丰富的食物有奶类、鱼、虾、豆类和绿叶蔬菜等。

（3）影响钙吸收的因素

①维生素D能够帮助机体吸收钙。

②谷类和豆类的外皮中含有的植酸,一些蔬菜,如菠菜、芹菜中含有的草酸,均可与钙结合成不溶性钙盐——植酸钙和草酸钙,降低钙的吸收率。

2.铁

（1）生理功能

铁是人体内含量最高的微量元素,是合成血红蛋白的重要原料之一,参与体内氧的运输和利用。机体缺铁,可患缺铁性贫血。

（2）食物来源

动物性食物中,如肝、血、蛋黄、瘦肉等含铁量较多,吸收率高;植物性食物中,如豆类、绿叶蔬菜虽然含铁量不低,但吸收率较低。

（3）影响铁吸收的因素

①维生素C可以促进三价铁还原成二价铁,利于铁的吸收。

②乳类中含铁极少,以牛奶喂养的孩子要及时添加含铁量丰富的食物。

③谷物中含有的植酸,某些蔬菜中含有的草酸,均会影响铁的吸收。

3.碘

(1)生理功能

碘是构成甲状腺素的原料。

(2)食物来源

食物中含碘最丰富的是海产品,如海带、紫菜、淡菜、海鱼、海虾、贝类等。

(3)碘缺乏症

如果因为水土缺碘,造成孕妇孕期摄取碘不足,胎儿会患上严重的碘缺乏症,也称呆小症(克汀病)。

考题再现

【2018·湘潭雨湖·单选】婴幼儿缺( )会导致生长发育减慢、智力低下,甚至患呆小症或散发性克汀病。

A.磷   B.铁

C.锌   D.碘

【答案】D。

4.锌

(1)生理功能

锌是许多种酶的组成成分,参与蛋白质和核酸的代谢。锌对于促进儿童生长,保持正常味觉,促进创口愈合以及提高机体免疫功能均有重要作用。

(2)食物来源

锌的食物来源主要是动物性食物,如肉类、奶类、鱼类、蛋类等。瘦肉、鱼及牡蛎含锌量较高;蔬菜、水果含锌量较少。

(3)锌缺乏症

若儿童饮食中长期缺锌,会使食欲减退,生长发育迟缓,味觉异常,可有异食癖。

备考锦囊

钙、铁、碘、锌等常见无机盐的功能、来源及缺乏症是易混淆知识点。表4-3-1对该知识点进行了归纳。

表4-3-1 常见无机盐的功能、来源及缺乏症

名称	功能	来源	缺乏症
钙	构成骨骼和牙齿	奶类、鱼、虾、豆类和绿叶蔬菜等	佝偻病、骨质疏松、软骨病
铁	合成血红蛋白,参与体内氧的运输和利用	肝、血、蛋黄、瘦肉等含铁量较多且吸收率高;豆类、绿叶蔬菜等含铁量不低,但吸收率较低	缺铁性贫血
碘	构成甲状腺素的原料	海带、紫菜、淡菜、海鱼、海虾、贝类等	碘缺乏症,也称呆小症(克汀病)
锌	参与蛋白质和核酸的代谢	肉类、奶类、鱼类、蛋类	食欲减退,生长发育迟缓,味觉异常,可有异食癖

考点5 维生素

维生素是一类有机化合物,在物质代谢中起着重要的作用,它们大多不能在体内合成,必须由食物供给。根据维生素的溶解性质,可分为脂溶性维生素和水溶性维生素两类。脂溶性维生素包括维生素A、维生素D、

维生素E、维生素K,水溶性维生素包括B族维生素（维生素B_1、维生素B_2、维生素B_6、叶酸、维生素B_{12}）和维生素C等。

1.维生素A

（1）生理功能

维生素A具有维持上皮组织正常、促进机体生长发育,维持人体正常视觉的功能。

（2）食物来源

维生素A主要来源于动物性食品,如动物肝脏、蛋黄、乳类等。某些植物性食品,如菠菜、豌豆苗、红心甜薯、胡萝卜中等含有胡萝卜素,在肠道内可转变为维生素A。

（3）维生素A缺乏症及维生素A中毒

缺乏维生素A会引起夜盲症,进一步发展,会形成角膜及结膜干燥粗糙,眼泪减少,出现眼干燥症。还可有皮肤干燥、粗糙,毛发干脆、易于脱落等症状,并易于反复发生呼吸道、消化道感染。

维生素A急性中毒表现为食欲减退、烦躁、呕吐、前囟隆起。维生素A慢性中毒表现为骨痛、毛发脱落、体重不增等。

2.维生素B_1

（1）生理功能

维生素B_1参与糖的代谢,保证机体能量的供给,从而保持神经系统、肌肉、消化系统、循环系统的正常生理功能。

（2）食物来源

含维生素B_1较为丰富的食物有谷类、豆类、硬壳果类、动物内脏、蛋黄等。其中,谷类的谷壳、谷胚中含有的维生素B_1较丰富,而精米、富强粉中所含维生素B_1较少。因此,应多吃粗加工的粮食,以便获得丰富的维生素B_1。

（3）维生素B_1缺乏症

维生素B_1缺乏可导致多发性神经炎、心脏扩大及浮肿等。维生素B_1缺乏症俗称"脚气病"。

3.维生素B_2

（1）生理功能

维生素B_2是机体中许多重要辅酶的组成成分,参与糖类和脂肪的代谢。

（2）食物来源

维生素B_2广泛存在于各种食物中,如乳类、动物肝脏、肉类、鱼类、蛋类、绿叶蔬菜、豆类、粗粮等。

（3）维生素B_2缺乏症

缺乏维生素B_2会引发口角炎、面部脂溢性皮炎、阴囊炎等。

4.维生素C

（1）生理功能

维生素C又称为抗坏血酸,它在体内具有多种生理功能。

①促进胶原合成。维生素C有促进胶原合成的作用,有益于伤口愈合、止血。

②参与胆固醇代谢。维生素C参与胆固醇的代谢,降低血液中胆固醇的含量,对防治心血管疾病有一定作用。

③使铁还原。维生素C能使三价铁还原为二价铁,有利于铁的吸收,可用于缺铁性贫血的辅助治疗。维生素C还能使叶酸被激活,对防治巨幼细胞性贫血也有辅助作用。

④增强免疫力。维生素C能增强人体免疫力,具有一定的防癌、抗癌作用。

（2）食物来源

维生素C广泛存在于新鲜的蔬菜和水果中，尤其是深色蔬菜，如韭菜、菠菜、青椒等，另外在山楂、鲜枣、猕猴桃、刺梨等水果中含量也较高。维生素C为水溶性，怕热怕碱，因而在储存和烹调过程中极易被破坏，现切现洗，急火快炒可以减少维生素C的消耗。

（3）维生素C缺乏症

维生素C缺乏症是一种以多处出血为特征的疾病。维生素C缺乏症除可以引起皮下出血（出现瘀斑）、牙龈出血等多处出血外，还可引起骨膜下出血，以致肢体在出血局部疼痛、肿胀。

5.维生素D

（1）生理功能

维生素D能够促进小肠吸收钙和磷，具有抗佝偻病的作用，又被称为抗佝偻病维生素。

（2）食物来源

维生素D主要来源于含脂肪较多的海鱼、动物肝脏、蛋黄、奶油等食物。在日光紫外线的照射下，人体皮肤里的7-脱氢胆固醇可以转变成维生素D。

备考锦囊

常见维生素的功能、来源及缺乏症如表4-3-2所示。

表4-3-2　常见维生素的功能、来源及缺乏症

名称		功能	来源	缺乏症
维生素A		（1）维持上皮组织正常。 （2）促进机体生长发育。 （3）维持人体正常视觉	（1）动物性食品：动物肝脏、蛋黄、乳类等。 （2）植物性食品：菠菜、豌豆苗、红心甜薯、胡萝卜等	夜盲症，皮肤干燥、粗糙，毛发干脆、易于脱落等
维生素B	维生素B$_1$	参与糖的代谢，保证机体能量的供给	谷类、豆类、硬壳果类、动物内脏、蛋黄等	脚气病
	维生素B$_2$	参与蛋白质、糖、脂肪的代谢	乳类、动物肝脏、肉类、鱼类、蛋类、绿叶蔬菜、豆类、粗粮等	口角炎、面部脂溢性皮炎、阴囊炎
维生素C		（1）促进胶原合成。 （2）参与胆固醇代谢。 （3）使铁还原。 （4）增强免疫力	新鲜的蔬菜和水果	皮下出血（出现瘀斑）、牙龈出血、骨膜下出血等
维生素D		促进小肠吸收钙和磷	海鱼、动物肝脏、蛋黄、奶油等	佝偻病、骨质疏松

考点6　水

1.水的生理功能

（1）细胞的主要成分

水是构成身体组织细胞的主要成分。细胞内液约占体重的40%，细胞外液约占体重的20%。

（2）代谢的媒介

水是机体物质代谢必不可少的溶液媒介，机体内一切化学变化都必须有水的参与才能进行。

（3）运输作用

水是血液和尿液的主要成分，具有运输营养物质和排除废物的功能。

（4）润滑作用

水是体腔、关节、眼球等器官良好的润滑剂。如泪液可防止眼球表面干燥,关节滑液对关节起润滑作用。

（5）调节体温

人体通过血液循环将体内代谢产生的热量运送到体表散发,以保持体温的相对恒定。

2.水的来源

水主要来源于日常生活中摄取的食物中的水和饮水。

3.学前儿童水需要量

学前儿童对水的需要量比成人多,年龄越小,需要量越大。此外,儿童对水的需要量还与天气的温度、活动量的大小和食物的种类等因素有关。

第二节　学前儿童膳食

一、学前儿童膳食配制的原则

1.提供合理的、营养平衡的膳食

（1）膳食应多样化

为了保证儿童的健康,促进儿童的生长发育,应让儿童摄取多种食物,以获得丰富的营养和充足的热能。儿童膳食应贯彻食物多样性的原则,主食与副食搭配,粗粮与细粮结合,荤食与素食结合,尽可能保证每天摄取五大类食物,以获得充足的营养。

（2）膳食的搭配要合理

在摄取多种多样食物的同时,还应注意到食物之间的搭配,做到平衡膳食。例如,膳食中优质蛋白质最好占蛋白质摄入总量的50%以上。

各种营养素供热占总热能的百分比:蛋白质占总热能的10%~15%,脂肪占总热能的25%~35%,碳水化合物占总热能的50%~60%。

三餐之间的搭配应遵循以下原则:早餐高质量,中餐高质量、高热量,晚餐清淡、易消化。从数量上看,儿童各餐热能的分配应为:早餐占全天热能的25%~30%,午餐占30%~40%,午点占10%左右,晚餐占25%~30%。

2.烹制方法应适合儿童的年龄特点与喜好

烹调时,在尽可能地保存各种食物营养素的同时,应做到细、烂、软、嫩,便于儿童消化。同时,还应做到味美色香,花样多,以增进儿童的食欲。

3.讲究饮食卫生

应保证提供给儿童的食物、膳食制作过程、餐具等均合乎卫生标准。如膳食原料应选择新鲜的,需防止食物变质,不吃腐败的食物,厨房及其设备应保持清洁卫生,餐具应及时清洗消毒,工作人员应注意个人卫生等。

二、各年龄阶段学前儿童膳食的配制

考点1　1岁以内婴儿的喂养

1.母乳喂养

母乳含有新生儿需要的全部营养,而且搭配合理,是最好的食物和饮料。只要母亲身体状况许可,就应尽可能实行母乳喂养。母乳有以下优点。

(1)营养素种类齐全、比例适宜。

(2)所含蛋白质和脂肪颗粒小,容易被消化吸收。

(3)所含乳糖比其他乳类多,能提供较多的热能。

(4)因直接喂哺不需加工,故温度适宜,所含维生素等营养素不被破坏;卫生、方便。

(5)含有一定种类和数量的抗体,尤其产后12天以内的初乳含量最高,可增强婴儿的机体抵抗力。初乳中还含有抑制细菌繁殖的溶菌酶,也对新生儿具有一定保护作用。此外,母乳喂养可增进母子亲密接触、增加情感交流,让婴儿倍感温暖、舒适、安全,有利于其心理健康发展。

2.人工喂养

因母乳缺乏或其他原因不能以母乳喂养,可选用其他乳类、乳制品或豆制代乳粉等食物喂养,称为人工喂养。进行人工喂养时需注意:应选择既富含营养,又易于消化的婴儿食品,一般以配方奶粉为好。婴儿的奶具应及时清洗消毒。两顿奶之间应喂适量的水。人工喂养的婴儿,出生后应遵医嘱服用适量的鱼肝油,并坚持晒太阳。

3.添加辅食

为了保证供给婴儿足够的营养,提高婴儿的咀嚼和吞咽能力,使婴儿逐渐适应乳类以外的各种食物,应逐渐给婴儿添加半流食和固体食物。而且,保证婴儿逐步添加辅食,还有利于今后的断奶。添加辅食应遵循如下原则。

(1)循序渐进,逐步适应。辅食的添加应由少到多,由一种到多种,由稀到干,由软到硬,由细到粗,适时添加,循序渐进。如蛋黄的添加可在婴儿4个月时开始,每天只喂一次,可喂1/4个蛋黄,持续3~4天,若一切正常,可逐渐加量。水果和蔬菜的添加,最初可喂婴儿吃一点儿水果汁、蔬菜汁,以后可以喂其水果泥、菜泥,长牙后可喂其碎菜和软水果。

(2)辅食应在喂奶前添加,防止婴儿吃饱奶后不吃辅食。

(3)炎热的夏季或婴儿生病时,应暂时延缓添加新辅食。

(4)辅食的种类以及添加量应结合婴儿的月龄、健康状况及营养需要而定,可增可减,灵活掌握。若添加过早,会引起婴儿的消化不良;添加过晚,可引起婴儿营养不良和断奶困难。在给婴儿添加辅食的时候,还应注意观察婴儿在精神、食欲、睡眠、大小便等方面有无异常,若出现问题应及时调整。

考点2　1~3岁儿童的膳食

1~3岁的儿童,生长发育十分旺盛,对营养的需求量大。牙齿逐渐出齐,咀嚼能力有所提高,胃的容积逐渐增大,胃肠消化能力也在逐渐增强,已基本接受了成人的饮食。儿童的消化能力以及对各种食物的适应能力与成人相比较差,成人需要为儿童专门调配膳食。

这一时期为儿童准备的食物,应做到碎、细、烂、软、嫩,以符合他们娇嫩的消化系统。此时期儿童的主食如米饭、面条等应做得软些,馒头、包子、花卷、馄饨、饺子等应做得小些。在菜肴方面,为儿童准备的鱼、鸡、鸭等带骨、带刺的食物,应先脱骨去刺或剁成馅做丸子、带馅食品或做成肉末烹制,蔬菜应切成碎末状。儿童达到2岁后,肉和蔬菜可切成小丁、小块或细丝状。儿童的食物都不应带有辛辣味。

儿童膳食的烹制应做到色鲜味美,不宜使用色素。在外形上,主食可做成儿童喜爱的小动物的形象,如金鱼卷、刺猬包、蝴蝶卷等,这可大大提高儿童的食欲。

考点3　3~6岁儿童的膳食

3~6岁的儿童的乳牙已全部出齐,咀嚼能力和消化能力比3岁前有所增强。他们的膳食种类已与成人基本接近,食物的烹制也无须像以前那样过于细致,属于向成人膳食的过渡阶段。如饭不用做得很软、肉和菜不必切得太碎,可以在成人的协助下吃少刺的鱼,带骨的鸡肉、猪肉等。但膳食仍需注意,要易于消化吸收,色香味俱全。

三、培养学前儿童良好的饮食习惯

1.按时定位,餐前准备

进食前,告诉儿童要吃饭了。对1~2岁的儿童,要求他们洗好手,戴上围嘴,坐在自己的小椅子上。3岁左右的儿童可以在吃饭前帮忙做一些就餐的准备,如擦桌子、拿筷子,放好自己用的小匙、小盘、小碗。儿童看到固定的餐具,想到马上要吃饭了,会增加食欲。

2.细嚼慢咽,专心进餐

进食时细嚼慢咽,专心而不说笑、不看电视,切忌放任儿童端着饭碗到处走,边玩边吃,以免发生危险。每顿饭应有大致的时间限制,不要让儿童拖得太久,以免饭菜太冷,导致其胃部不适、消化不良。

3.饮食定量,控制零食

除了三餐、两次点心之外,要控制零食,使儿童养成吃好三餐的好习惯。另外,教育儿童不要贪食,以免消化不良。

4.饮食多样,不能偏食

偏食是一种不良的饮食习惯,不仅影响儿童的健康,而且当其形成固定的口味后,长大成人也难再适应多样化的膳食。膳食多样化才能使人体获得全面的营养。应鼓励儿童进食各种不同食物,不挑食、不偏食、不厌食。

5.讲究卫生和礼貌

讲究卫生,如餐前洗手,餐后漱口,不吃不清洁、不新鲜的食物,不喝生水,不捡掉在桌上或地下的东西吃,使用自己的水杯、餐具等。

从儿童上桌吃饭开始,就应培养其良好的就餐礼貌,如咀嚼、喝汤时不应发出大的声响,夹菜时不能东挑西拣、不糟蹋饭菜等。特别是要让儿童懂得谦让,不把好吃的独占。

强化练习

一、单项选择题

1.维生素是人体内必不可少的营养素,缺乏(　　)会导致口角裂开发炎,感染舌炎,并影响视觉功能。

A.维生素A　　　　　　B.维生素B₁　　　　　C.维生素B₂　　　　　　D.维生素C

2.学前儿童体内缺少(　　)会出现生长发育迟缓、体重过轻、贫血、精神疲乏,甚至出现智力发育障碍、营养不良性水肿等症状。

A.脂肪　　　　　　　　　　　　　　B.碳水化合物

C.蛋白质　　　　　　　　　　　　　D.维生素

3.阳光中的紫外线照射到皮肤上可生成（　　　）。

A.维生素A B.维生素B

C.维生素C D.维生素D

4.（　　　）能促进视觉细胞内感光物质的合成与再生,促进生长发育,有利于提高机体免变力,缺乏则会引起夜盲症。

A.维生素B₂ B.维生素C

C.维生素D D.维生素A

5.制定食谱时,要遵循的原则不包括（　　　）。

A.满足幼儿对某些食品的喜好 B.促进幼儿食欲

C.符合幼儿消化能力 D.不含对机体有害的物质

二、判断题

1.已知人体必需的营养素可以概括为五大类:蛋白质、脂肪、碳水化合物（糖类）、无机盐（矿物质）和水。

（　　　）

2.母乳为婴儿的天然食品,如用母乳喂养,添加辅食可在半年之后。 （　　　）

三、简答题

简述学前儿童良好饮食习惯的培养措施。

参考答案及解析

一、单项选择题

1.【答案】C。解析:维生素B₂的主要功能是参与蛋白质、糖和脂肪的代谢。儿童缺乏维生素B₂会口角裂开、发炎及患舌炎等,并影响视觉功能。

2.【答案】C。解析:膳食中蛋白质摄入量不足,会导致学前儿童生长发育迟缓、体重过轻、贫血、精神疲乏,甚至出现智力发育障碍、营养不良性水肿等症状。

3.【答案】D。解析:阳光中的紫外线照射在皮肤上,会使皮肤上的7-脱氢胆固醇转化为维生素D,从而促进钙和磷的吸收。因而,晒太阳是人体获得维生素D最简便的方法。

4.【答案】D。解析:维生素A的主要功能是合成视紫红质,以维持暗光下的视觉。缺乏维生素A暗适应能力下降,因此引起夜盲症。

5.【答案】A。解析:满足幼儿对某些食品的喜好并不有利于幼儿健康。幼儿对某些食品的喜好,成人应适度满足。

二、判断题

1.【答案】×。解析:碳水化合物（糖类）、脂肪、蛋白质、维生素、水和无机盐（矿物质）是人体所需的六大营养素。

2.【答案】√。解析:婴儿出生后的6个月内应该纯母乳喂养,母乳是最适合婴幼儿的天然食物,营养丰富且比例合适,容易被婴儿吸收和消化。

三、简答题

【参考答案】

（1）按时定位,餐前准备。

（2）细嚼慢咽,专心进餐。

（3）饮食定量,控制零食。

（4）饮食多样,不能偏食。

（5）讲究卫生和礼貌。

第四章 学前儿童疾病及意外事故的处理与预防

本章内容以识记、理解为主,主要以单项选择题、判断题的形式进行考查。其中第二节学前儿童常见病及预防、第三节学前儿童常见意外事故及预防是重点考查内容。

学习目标

1.理解传染病的基本特性及一般临床特点。
2.识记学前儿童不同传染病的病因、症状、预防与护理措施。
3.识记学前儿童不同常见病的病因、症状与预防措施。
4.识记学前儿童常见意外事故的处理与预防措施。

第一节 学前儿童传染病及预防

一、传染病基础知识

考点1 传染病的基本特性

传染病是由病原体(细菌、病毒、寄生虫等)侵入机体引起的,并能在人群之间、人与动物之间传播的疾病。传染病的基本特性如下。

1.有病原体

病原体是指周围环境中能使人感染疾病的微生物。传染病的病原体无论是病毒、细菌或其他病原体,都是有生命的活体。它们的共同特性是可以在适合的条件下生长、繁殖,并产生对人体有害的代谢产物。每种传染病都各有其特异的病原体,如麻疹的病原体是麻疹病毒,肺结核的病原体是结核杆菌等。

2.传染性

病原体可以经过一定的途径,由患者、其他动物或带有病原体的物体传染给健康人,所以传染病都具有传染性。不同传染病的传染性有强有弱,传染期有长有短,传播途径也各不相同。如呼吸道传染病通过空气飞沫传播,胃肠道传染病通过水、食物、手、苍蝇等传播。

3.流行性和季节性

由于传染病的病原体可以在一定条件下广泛地传播,使某一时期或某一地区同时出现较多的患者,所以传染病具有流行性。在流行时某些传染病具有地方性,如血吸虫病只局限于一定区域。某些传染病具有季节性,如流行性乙型脑炎主要发生于夏秋季,呼吸道传染病多发于冬春季。

4.免疫性

传染病痊愈后,人体对该传染病有了抵抗能力,产生不感受性。有些传染病痊愈后可获终身免疫,如麻疹;而有的免疫时间很短,如流感。

考点2 传染病的一般临床特点

传染病的发展过程具有从一个阶段进展到另一个阶段的规律性。一般可分为以下几个时期。

1.潜伏期

自病原体侵入机体到最初症状出现为止的时期叫潜伏期。潜伏期有长有短,如细菌性痢疾约1周,麻风病一般可长达2~5年。多数传染病的潜伏期较恒定。

2.前驱期

在各种传染病典型症状出现之前,一般会出现头痛、低热、食欲不振等前驱症状,一般时间为1~2日。有的发病急骤,可不出现前驱期。前驱期患者已具有传染性。

3.发病期

病症由轻而重,逐渐出现某种传染病特有的症状。如猩红热出现细密皮疹,乙型脑炎出现颈项强直等典型特征。多数传染病发病过程中伴随发热,但不同传染病发热持续的时间长短不同。这一时期一般又可分为上升期、高峰期和缓解期三个阶段。

4.恢复期

体温逐渐下降,主要症状大部分消失,病情好转,直至完全康复。但也有的病情会恶化,或发生并发症。如在伤寒恢复期,可并发肠穿孔或肠出血;在猩红热恢复期,可并发急性肾炎。所以在恢复期仍需加强护理,直到痊愈。

考点3 传染病发生和流行的三个环节

传染病的流行必须具备传染源、传播途径和易感人群三个环节,缺少其中任何一个环节,都不能流行。当传染病流行时,切断其中任何一个环节,流行即可终止。

1.传染源

传染源是指传染病患者、病原体携带者和受感染的动物。病原体可存在于传染源的呼吸道、消化道、血液或其他组织中,并能通过传染源的排泄物或分泌物直接或间接地传染给健康的人。就大多数传染病来说,传染病患者是主要的传染源。

2.传播途径

病原体由传染源到达健康人体内所经过的途径叫传播途径。常见的六种传播途径是空气飞沫传播、饮食传播、虫媒传播、日常生活接触传播、医源性传播、母婴传播。

3.易感人群

易感人群是指容易受这种传染病传染的人群。例如,一群未出过麻疹的幼儿就是麻疹的易感人群。人群的易感性决定于人群中每个人的免疫状态。人群中某种传染病的易感患者越多,则发生该传染病流行的可能性就越大。

考点4 传染病的预防

消灭和控制传染病的流行,必须坚决贯彻"预防为主"的方针。针对传染病流行的三个环节,可采取必要的预防措施。

1.控制传染源

早发现患者及病原体携带者,可有效控制传染病的传播。不少传染病在发病以前已经具有了传染性,特别是发病初期的传染性最强。对患者必须做到"三早"：早发现、早隔离和早治疗，以防止传染源的蔓延。幼儿园应完善并坚持执行健康检查制度。

2.切断传播途径

要切实搞好疫源地的消毒、隔离管理，在发生烈性传染病时可考虑封锁疫区。对肠道传染病要做好隔离工作，呕吐物要经过严格的消毒处理，并加强对饮食、水源和粪便的管理；对呼吸道传染病除隔离外，要实行湿式打扫，防止灰尘飞扬。还要加强通风换气，采用紫外线照射或乳酸蒸气消毒，以保持空气新鲜。教育幼儿养成良好的卫生习惯，对患儿所在的班级，要进行彻底的消毒。

3.提高易感人群的抵抗力

平时成人应帮助幼儿养成良好的卫生习惯和严格执行幼儿作息制度，让幼儿多接触阳光与空气，多参加户外活动和适宜的体育锻炼，为幼儿提供合理的营养，以增强其机体的抵抗力。在传染病流行期间应保护易感者不与传染源接触，并根据实际情况，做好预防接种工作。

二、学前儿童传染病种类及预防和护理

考点1 水痘

1.病因

水痘是由水痘病毒引起的呼吸道传染病，病毒存在于患者的口、鼻分泌物和皮疹内。从病人发病日起到皮疹全部干燥结痂，都有传染性。病初，主要经飞沫传播，皮肤疱疹破溃后，可经衣物、用具等间接传播，多在冬春季流行。病后可终身不再患病。

2.症状

在皮疹出现前常有发热等前驱症状。1~2天后出现皮疹，皮疹特点为向心性，先见于头皮、面部，渐延及躯干、四肢。皮疹初为红色的小点，1天左右转为水疱，3~4天后水疱干缩，结成痂皮。干痂脱落后，皮肤上不留斑痕。发疹期多有发热、精神不安、食欲不振等全身症状。在病后1周内，由于新的皮疹陆续出现，陈旧的皮疹已结痂，也有的正处在水疱的阶段，所以在患者皮肤上可见到三种皮疹：红色小点、水疱、结痂。出疹期间，皮肤刺痒。

3.预防

隔离患儿至皮疹全部干燥结痂为止。没出过水痘的儿童要避免和患儿接触。接触者检疫21天。

4.护理

儿童发热时应卧床休息；室内保持空气清新，吃容易消化的食物，多喝水；注意皮肤清洁；疱疹上涂龙胆紫，可使疱疹尽快干燥结痂；剪指甲，避免抓破皮肤，引起感染；勤洗内衣和床单。

考点2 麻疹

1.病因

麻疹是儿童常见的呼吸道传染病，病原体为麻疹病毒。病毒存在于患儿的血液、眼和鼻分泌物及大、小便中，主要经飞沫传播。未患过麻疹及未接种过麻疹减毒活疫苗的儿童，均易受感染。病毒离开人体后，生存力不强，在流动的空气中或日晒下半小时即可杀灭。患过一次麻疹后，可获得终身免疫。

2.症状

病初3~4天可有发热、咳嗽、流鼻涕、眼怕光、流泪等症状。大多数患儿在发热后2~3天，口腔两侧的颊黏膜上有灰白色的小点，针头大小，外周有红晕，称科氏斑。这种麻疹黏膜斑是早期诊断麻疹的重要依据。发热后3~4天开始出皮疹。皮疹先见于耳后、颈部，渐至面部、躯干、四肢，最后手心、脚心出疹。皮疹与皮

疹之间可见到正常的皮肤。出疹期间全身症状加重，高热、咳嗽，常有呕吐、腹泻。出疹一般持续3~4天，疹子顺利出齐后开始消退，体温渐恢复正常。皮疹消退后留下褐色的斑点，经2~3周斑点完全消失。

3.预防

接种麻疹减毒活疫苗或注射胎盘球蛋白、丙种球蛋白，使人体能够自动免疫或被动免疫。做好患儿的隔离消毒。医务人员及家属接触患儿后，不应立即接触易感幼儿，避免传染。

4.护理

患儿需隔离，居室应保持空气流通，但不宜让风直接吹着患儿。多喝温开水及热汤，促进血液循环，并有助于皮疹出透。食物应富有营养、易于消化，不必过于忌荤和忌油，特别是蛋白质和各种维生素，以免病中或病后发生维生素缺乏症。要经常注意皮肤、眼、鼻和口腔的清洁，以免发生并发症。患儿出疹发高烧应采取降低体温的措施，以免高烧不退，加重病情，甚至引起抽风。

考点3　风疹

1.病因

风疹是由风疹病毒引起的呼吸道传染病。风疹病毒在体外生存能力很弱，因此传染性较小。风疹病毒主要经空气飞沫传播。

2.症状

一般无前驱症状，也可有低烧、咳嗽等；发热1~2天内开始出皮疹，皮疹从面部、颈部开始出，24小时内遍及全身，手掌、足底一般没有皮疹；皮疹一般在3天内消退，不留痕迹。发疹期间患者会发热或有轻度周身症状，并常有耳后和枕部淋巴结肿大，发病初期无科氏斑。本病愈后情况良好，并发症少。

3.预防

给易感儿童皮下注射风疹减毒活疫苗，使机体产生抗体。

4.护理

儿童发热期间应卧床休息，食用流质或半流质食物；饮食应有营养、易消化；注意保持皮肤卫生；孕妇应避免接触风疹病人，特别是在怀孕早期更应注意。

考点4　手足口病

1.病因

手足口病是近几年在我国儿童中发病率较高的一种由肠道病毒引起的传染病。患者是主要传染源，在患者的水泡液，咽分泌物，粪便，用过的毛巾、手绢、玩具、食具、衣物、水、食物及苍蝇叮爬过的食物中均可带有病毒，与患者密切接触和空气飞沫都可传播。手足口病的患者以3岁以下儿童发病率最高，4岁以下占发病数的85%~95%。4~7月是手足口病的高发期。

2.症状

①潜伏期一般为3~7天，没有明显的前驱症状，多数患儿突然起病，也可出现轻微症状，如发烧、全身不适、咽痛、咳嗽等。

②患儿口腔内颊部、舌、软腭、硬腭、口唇内侧、手心、足心、肘、膝、臀部和前阴等部位，出现小米粒或绿豆大小、周围发红的灰白色小疱疹或红色丘疹。疹子"四不像"，即不像蚊虫咬、不像药物疹、不像口唇牙龈疱疹、不像水痘。

③口腔内的疱疹破溃后即出现溃疡疼痛，患儿流涎拒食。

④临床上不痒、不痛、不结痂、不结疤，患儿尿黄。

手足口病一般一周内可康复，愈后不留痕迹，但如果此前疱疹破溃，极容易传。

3.预防

最主要的是要帮助儿童养成良好的卫生习惯，做到饭前便后洗手、不喝生水、不吃生冷食物，勤晒衣被，多通风，不到人群聚集、空气流通差的公共场所。托幼机构和家长发现可疑患儿，要及时到医疗机构就诊，并及时向卫生和教育部门报告，及时采取控制措施。轻症患儿不必住院，可在家中治疗、休息，避免交叉感染。

4.护理

①消毒隔离。患儿一般需要隔离2周，其用过的物品要彻底消毒。房间要定期开窗通风或进行空气消毒，保持空气新鲜、流通，温度适宜。

②饮食营养。患儿宜卧床休息1周，多喝温开水。若在夏季得病，患儿容易脱水和出现电解质紊乱，需要适当补充水和营养，宜吃清淡、温性、可口、易消化、软的流质或半流质食物，禁食冰冷、辛辣、咸等刺激性食物。

③口腔护理。要保持患儿口腔清洁，饭前饭后用生理盐水漱口，或用棉棒蘸生理盐水轻轻地清洁口腔。还可将维生素粉剂直接涂于患儿口腔糜烂部位，或涂鱼肝油，也可让其口服维生素B_2、维生素C，辅以超声雾化吸入，促使糜烂早日愈合，预防细菌继发感染。

④皮疹护理。保持患儿皮疹部位、衣服、被褥清洁，衣着要舒适、柔软，经常更换；要防止患儿抓破皮疹。

备考锦囊

编者总结了幼儿常见的出疹性传染病的出疹特点，考生可参考表4-4-1进行学习。

表4-4-1　常见出疹性传染病的出疹特点

种类	出疹特点
水痘	皮疹呈向心性分布，躯干最多，手掌、足底较少
麻疹	皮疹先见于耳后、颈部，渐至面部、躯干、四肢，手掌与足底有皮疹
风疹	皮疹从面部、颈部开始出，24小时内遍及全身，手掌、足底一般无皮疹
手足口病	皮疹特别之处在于患儿口腔内有疱疹，且疱疹破溃后出现溃疡疼痛

考点5　流行性感冒

1.病因

流行性感冒是由流感病毒引起的急性呼吸道传染病。患儿通过咳嗽、打喷嚏等方式排出病毒，经呼吸道感染他人。四季均可流行，以冬春季居多。其流行特点是突然发病、迅速蔓延、患者众多，但流行过程较短。病后免疫力不持久。

2.症状

潜伏期为数小时至一两天。起病急、高热、寒战、头痛、咽痛、乏力、眼球膜充血，个别儿童可出现暂时性皮疹，或有腹泻、咳嗽、气喘等症状。经三五天可退热，重症则需十天左右。部分儿童有明显的精神症状，如嗜睡、惊厥等。儿童常并发中耳炎。

3.预防

应增强儿童机体的抵抗力，平时加强体育锻炼，让儿童多晒太阳，多参加户外活动。衣着要适宜，天气骤变时，应及时给儿童添减衣服。冬春季时，不带儿童或少带儿童去拥挤的公共场所，避免感染。居室要定期消毒。要保持儿童活动室、卧室的空气新鲜。

4.护理

高热时应卧床休息;儿童居室要有阳光,空气新鲜;多喝开水;饮食应有营养,易消化;对高热儿童应适当降温,采用药物降温和物理法降温。

考点6 流行性腮腺炎

1.病因

流行性腮腺炎是由流行性腮腺炎病毒所致的急性呼吸道传染病,病原体为腮腺炎病毒。病原体存在于患者的唾液中,主要通过飞沫和直接接触患者传播。多流行于冬春两季。患者愈后可获得终身免疫。

2.症状

流行性腮腺炎起病急,可有发烧、畏寒、头痛、食欲不振等症状出现。多数患儿无前驱症状。腮腺肿胀可先见一侧,1~2天后则波及另一侧,腮腺肿大,边缘不清楚,有触痛。在腮腺高度肿胀时,多数患者有发热等周身症状,白细胞数增加,4~5天后肿胀渐消、症状也随之减轻。

3.预防

隔离患者,保护易感儿童。接触者可服用板蓝根冲剂预防。

4.护理

患儿应卧床休息;多喝开水,应给流质或半流质饮食,避免吃酸的食物,以减轻咀嚼时的疼痛;多用盐开水漱口,以保持口腔的清洁;腮部疼痛时可热敷或冷敷,也可外敷清热解毒的中药,体温太高可用退热药;同时要预防并发症的发生。

考点7 流行性乙型脑炎

1.病因

流行性乙型脑炎简称"乙脑",病原体是乙型脑炎病毒,病毒由蚊虫叮咬而进入人体,经过血液循环,最后集中于中枢神经系统的脑组织,引起病理变化和症状。

猪是本病的主要传染源。其他的动物,如牛、羊、驴、狗、猫、鸡、鸭、鹅等也可成为传染源,使人感染"乙脑"。该病多发生于儿童,流行于夏秋季。

2.症状

流行性乙型脑炎起病急,病起即有高热。1~2日后病情剧增,出现惊厥、嗜睡、神志不清或昏睡,肢体强直或瘫痪等症状。血常规检查时,白细胞数量剧增。体温升高5~6天后,即逐渐下降至正常,患者也逐渐清醒。若体温持续不降,多于1个月内死亡。有7%~15%的患者在痊愈后出现失语、四肢无力、运动障碍、智力减退等后遗症。

3.预防

灭蚊是预防"乙脑"及控制其流行的关键。预防接种是保护儿童的有效措施之一,可在流行期前1~2个月接种"乙脑"疫苗。

4.护理

要让患儿多饮水和吃易消化的食物,昏迷时可由皮下静脉注射葡萄糖盐水;多帮助患儿翻身,以免发生褥疮。

考点8 猩红热

1.病因

猩红热是由溶血性链球菌引起的急性呼吸道传染病,主要通过空气飞沫直接传播,也可通过玩具、毛巾、书籍等间接传播,多发生于冬春两季。

2.症状

患儿均有发热,多在发病后24小时内出现皮疹,皮疹由耳后及颈部延到全身。皮疹为弥漫性针尖大小红点,似寒冷时的"鸡皮疙瘩",抚摸有砂纸感。用手紧压后,皮肤红晕隐退,经十余秒后肤色恢复原样。腋下、腹股沟、肘部及臀部等处皮疹密集形成一条条横线状疹,称帕氏征,脸部两颊发红,但口唇周围明显苍白。出疹后3~4天,舌苔脱落,露出生牛肉样舌面,舌乳头红肿,似成熟的杨梅,故称"杨梅舌"。病后1周左右,皮疹消退,体温恢复正常。

3.预防

一旦发现有感染症状,应对患儿进行隔离处理;也可用药物预防。

4.护理

患儿应卧床休息,防止继发感染;饮食以流质、半流质为宜;注意口腔清洁,一日数次用淡盐水漱口;不要用手撕脱皮,以免感染;病后2~3周注意查尿,避免发生急性肾炎。

考点9 病毒性肝炎

1.病因

甲型病毒性肝炎是由甲型肝炎病毒引起的肝炎,病毒存在于患者的粪便中。粪便污染了食物和水源,经口造成传染。多数患者愈后良好,感染后能产生持久的免疫力。

乙型病毒性肝炎由乙型肝炎病毒所致。婴幼儿感染后,易成为病原体长期携带者或慢性肝炎患者。乙型肝炎病毒存在于患者的血液、粪便、唾液、鼻涕、乳汁等中。含有病毒的微量血液,可通过输血、注射血制品、共用注射器等途径传播。由于患者的唾液和鼻咽分泌物中也含有病毒,所以接触患者的牙刷、食具也可传染。

在乙型病毒性肝炎患者及带病毒者的血液中,"乙型肝炎表面抗原"为阳性,可借此与甲型病毒性肝炎区别。

2.症状

肝炎分为黄疸型肝炎和无黄疸型肝炎。甲型肝炎多为黄疸型肝炎,乙型肝炎多为无黄疸型肝炎。儿童主要表现有食欲减退、恶心、乏力,或偶尔呕吐、腹泻,肝大并有压痛、肝功能异常,不喜欢吃油腻食物等。部分人有黄疸,尿色加深,肝功能不正常。出现黄疸后2~6周,黄疸消退,食欲、精神好转,肝功能逐渐恢复正常。少数儿童感染乙型肝炎后无任何症状,仅"乙型肝炎表面抗原"呈阳性,成为不自觉的传染源。

3.预防

重点是切断传播途径,加强粪便管理,保护水源。对可疑者及甲肝密切接触者,应医学观察45天。养成个人良好的卫生习惯,教育儿童饭前便后洗手。餐具需严格消毒,或实行分食制。患儿的食具、水杯、牙刷、毛巾等均要专用,并每日煮沸消毒一次。不要生吃或半生吃食品,尤其是不要生吃小海鲜,因为它们体内附有大量病毒,进入人体内可导致甲肝等病。幼儿园工作人员应定期体检。要严格筛查献血人员及慎重选择血制品。注射器、针头应使用一次性的。对易感者可注射免疫球蛋白预防。

4.护理

患儿必须卧床休息,生活有规律,适当增加蛋白质和糖的摄入,多吃水果、蔬菜;少吃脂肪性食物,以免加重肝脏的负担。

考点10 细菌性痢疾

1.病因

细菌性痢疾是儿童常见的肠道传染病,由痢疾杆菌所引起。儿童可因接触患儿和带菌者的粪便,以及粪便污染的衣物、用品等,通过手、食物、水及饮食进入胃肠道而受感染。人对痢疾有普遍的易感性,患病后免疫力不稳定且不持久,因此可多次重复感染。细菌性痢疾发病有明显的季节性,以夏秋季发病最多。

2.症状

细菌性痢疾起病急,体温在39 ℃以上,每日大便次数10次以上,便中带黏液及脓血。常有恶心、呕吐、腹痛、便后有肚胀下坠的感觉。少数患儿有惊厥、昏迷、呼吸衰竭等全身中毒症状。病程超过两个月者称慢性痢疾。

3.预防

加强卫生宣传教育;培养儿童饭前便后洗手、不饮生水、不吃不洁净的变质食物的习惯;做好水源及饮食卫生管理,同时做好灭蝇工作;纠正儿童吮吸手指的不良习惯。

4.护理

儿童发热时应卧床休息,饮食以流质或半流质为主,忌油腻或有刺激性的食物;儿童病情好转后逐步恢复正常饮食,并注意加强营养;卧床期间应遵医嘱服药,还要注意消毒隔离。

备考锦囊

传染病的传播途径是重要考点。编者总结了儿童常见传染病的传播途径,以帮助考生记忆。

1. 水痘——空气飞沫传播、接触传播。

2. 麻疹——空气飞沫传播。

3. 风疹——空气飞沫传播。

4. 手足口病——饮食传播、空气飞沫传播、接触传播。

5. 流行性感冒——空气飞沫传播。

6. 流行性腮腺炎——空气飞沫传播、接触传播。

7. 流行性乙型脑炎——虫媒传播。

8. 猩红热——空气飞沫传播、接触传播。

9. 甲型传染性肝炎——饮食传播。

10. 乙型传染性肝炎——医源性传播、母婴传播、接触传播。

11. 细菌性痢疾——饮食传播、接触传播。

第二节　学前儿童常见病及预防

一、常见营养性疾病

考点1　佝偻病

1.病因

维生素D缺乏是患佝偻病的主要原因。维生素D的来源途径有两个。一是内源性,由紫外线照射皮肤,使皮肤中的7-脱氢胆固醇转化为维生素D。户外活动少就会因紫外线照射不足而使机体缺乏维生素D。二是外源性,即从各种食物中获得,如蛋黄、牛奶、动物肝脏等。因此,日光照射不足,喂养不当,疾病和药物,维生素D和钙、磷吸收障碍等均可造成维生素D缺乏性佝偻病。

2.症状

一般表现为婴幼儿烦躁爱哭,睡眠不安,食欲不振,枕部、前额秃发,夜间多汗,肌肉松弛,发育迟缓,坐立和行走都比健康儿童开始得晚。

骨骼畸形表现为颅骨软化，头呈方形；胸廓骨骼软化，使胸骨前凸，形如"鸡胸"，或内陷呈"漏斗胸"；长骨的骨端肿大，以腕部和踝部最为明显；脊柱后凸，骨盆扁平，腹部膨大呈"蛙状腹"，会站会走的儿童可出现下肢弯曲，成"O"或"X"形，下肢畸形。以上症状不一定全表现在一个患者身上，有时只发生1~2种症状。

总之，维生素D缺乏性佝偻病患儿出牙较迟，牙齿不整齐，易患龋齿；大脑皮质功能异常，条件反射形成缓慢；表情淡漠，语言发育迟缓，免疫力低下，易并发感染、贫血。

3.预防

（1）增加户外活动，每日晒太阳的时间不应少于2小时，应尽可能暴露皮肤。在室内接受阳光照射时，注意不要隔着玻璃窗户，因为玻璃会影响皮肤对紫外线的吸收。

（2）合理营养，提倡母乳喂养，按时添加辅食，补充富含维生素D、钙、磷和蛋白质的食物。

（3）定期检查，及早发现维生素D缺乏并及时采取治疗措施。

（4）适当情况可根据医嘱进行药物预防。

考点2　缺铁性贫血

1.病因

缺铁性贫血的病因包括以下几点。

（1）先天性贮铁不足。正常足月新生儿可从母体摄取铁并贮铁充足。早产儿、双胎儿等可因体内储存的铁少，且出生后发育迅速而出现贫血。

（2）铁摄入量不足。饮食缺铁，如长期以乳类为主食，摄入铁少；儿童严重偏食、挑食等原因造成铁的摄入量不足。

（3）生长发育过快。随着体重的增加，血液量也不断增加。因为铁是合成血红蛋白的原料，生长过快会造成体内缺铁，血红蛋白含量下降。

（4）铁丢失过多。长期腹泻可致铁的吸收和利用发生障碍，钩虫病等引起消化道长期失血，都会使机体因铁丢失过多而致贫血。

2.症状

由于缺铁使红细胞数目，特别是血红蛋白含量低于正常人，故患儿面色苍白，口唇、耳垂、结膜、指甲床等处均缺乏血色，易头晕、头痛、疲倦、心悸等。患儿因脑组织长期供氧不足，易导致精神不振、食欲减退、烦躁易怒。这不仅严重影响儿童的生长发育，而且会影响儿童智力的发展。

3.预防

提倡用母乳喂养婴儿，并及时添加含铁丰富的辅助食品，如蛋黄、肉末、肝泥等；注意维生素C的补充，因为维生素C可提高机体对食物中铁的吸收；及时治疗胃肠道慢性出血等各种疾病；纠正儿童挑食、偏食的习惯。

备考锦囊

佝偻病一般表现为婴幼儿烦躁爱哭，食欲不振，枕部、前额秃发；骨骼畸形表现为头呈方形，"鸡胸"、"O"或"X"形腿。

缺铁性贫血一般表现为患儿面色苍白，口唇、耳垂等处缺乏血色，易头晕、头痛，精神不振、食欲减退、烦躁易怒。

考点3　肥胖症

因体内脂肪积聚过多，体重超过相应身高标准体重的20%，即为肥胖。超过标准体重20%~30%者为轻度肥胖；超过30%~50%者为中度肥胖；超过50%者为重度肥胖。无内分泌疾病或找不出引起肥胖的特殊原因的肥胖症为单纯性肥胖。肥胖儿童中99%以上属于单纯性肥胖。

1.病因

肥胖症是一种由遗传因素、环境因素及生活方式（如社会、行为、文化、膳食、活动量和心理因素）等多因素引起的复杂疾病。脂肪的积聚是由于摄入的能量超过消耗的能量，即多食或消耗减少，或两者兼有而造成的，从而引起肥胖。其中，进食过多、不良进食行为（如不吃早餐、经常吃快餐、进食速度快、喜吃零食、晚上进食等）、运动不足是肥胖发生的主要原因。另外，单纯性肥胖具有遗传倾向。遗传因素对肥胖形成的作用占20%~40%。

2.症状

肥胖患儿除体重超常外，一般都表现出食欲特佳、食量大，特别是喜食淀粉类和脂肪类食物。过食、少动与肥胖成为恶性循环。智力与性的发育一般正常。肥胖患儿行动笨拙，体型不美观，会带来种种心理问题，如常被人取笑，因而很少交朋友，产生孤独感。由于肢体不灵活，不愿意参加集体游戏，产生自卑感。

3.预防

预防儿童肥胖可从饮食入手：注意科学喂养，谷物辅食不宜过早，牛奶加糖不要过多，少饮糖水或含糖多的饮料，少食油脂类食品，每日需进食一定量的粗粮、蔬菜和水果。每天应保证适当的活动。定期测体重，若发现超重应及时采取措施。

考题再现

【2019·长沙望城·单选】对体检中发现的超重、肥胖幼儿要进行干预管理。下列管理肥胖的措施中不提倡对幼儿实施的是（　　）。

A.药物治疗　　　　　　　　　　　B.减少静坐时间

C.控制进食量　　　　　　　　　　D.多运动

【答案】A。解析：对于超重、肥胖幼儿的干预管理，首选的方法应是饮食管理和充分运动，而不是药物治疗。

二、常见五官疾病

考点1　龋齿

1.病因

（1）口腔中细菌的破坏作用。变形链球菌和乳酸杆菌在口腔的残留食物上繁殖产酸，酸使牙釉质脱钙，形成龋洞。

（2）牙面、牙缝中的食物残渣。临睡前吃东西或口含食物睡觉，滞留在牙面、牙缝中的食物残渣是造成龋齿的重要因素之一。

（3）牙齿结构上的缺陷。

①牙釉质发育不良。牙釉质的发育与钙、磷、氟等矿物质及维生素D的供给量有关。氟是增进抗龋能力的最主要的微量元素。牙釉质内含氟量低则容易受酸腐蚀。

②牙齿排列不齐。因牙齿排列不齐，不易刷干净，使食物残渣和细菌存留。

2.症状

根据龋洞的深浅和龋洞距牙髓的远近可将其分为五度。在临床上，Ⅰ度龋无自我感觉；Ⅱ度龋对冷、热、酸、甜刺激有过敏反应；Ⅲ度龋反应更为明显；Ⅳ度龋即牙本质深层龋，并伴有牙髓发炎，这时可出现剧烈疼痛和肿胀等症状；Ⅴ度龋为残根。

3.预防

（1）注意口腔卫生。要培养儿童早晚刷牙、饭后漱口、少吃甜食，睡前不吃零食的习惯。

（2）为儿童提供合理的膳食，保证钙、磷的摄入量。

（3）药物防龋。饮用含氟的水，或使用含氟的牙膏等。

（4）窝沟封闭防龋。窝沟封闭是指不去除牙体组织，在牙表面的点隙裂沟涂布一层黏结性树脂，保护牙釉质不受细菌及代谢产物侵蚀，达到预防龋齿发生的一种有效防龋方法。

（5）定期进行口腔检查。儿童每半年检查一次，及早发现龋齿，早期进行治疗。

（6）加强锻炼，多组织户外活动，使儿童多吸收阳光中的紫外线，使牙骨正常生长，增强抗龋的能力。

（7）预防乳牙生龋。乳牙有病及时治疗，恒牙才能正常萌出。

考题再现

【2021·永州祁阳·单选】对于幼儿龋齿的防治措施，下列说法错误的是（　　）。

A.可对乳牙进行窝沟封闭

B.因乳牙脱落后还会有恒牙萌出，故可以不用管乳牙

C.定期进行口腔检查，幼儿每半年检查一次

D.注意口腔卫生，饭后漱口，早晚刷牙

【答案】B。

考点2　斜视

1.病因

两眼视轴不能同时注视同一目标，仅一眼视轴指向目标，而另一眼视轴偏向目标之外的现象称为斜视。

儿童发生斜视之初多属间歇性。当儿童精神紧张、疲劳、情绪不佳、发热或受到外伤时，大脑兴奋性增高，会引起两侧眼球运动暂时不协调而出现斜视。时间久了，间歇性斜视会逐渐发展为固定性斜视。

2.矫治

斜视不仅影响容貌状态，还会导致弱视。国内外的研究证实，斜视治疗得越早，效果越好，恢复双眼单视功能的机会越多。否则，只能达到美容的效果，原来斜视眼的视力得不到改善，将终生成为"立体盲"。

3.预防

预防儿童斜视，要做到以下几点。

（1）预防斜视要从婴幼儿时期抓起，成人要注意仔细观察儿童的眼睛发育和变化。

（2）儿童在发热、出疹时，家长应加强护理并经常注意其双眼的协调功能，观察眼位有无异常情况。

（3）要经常注意儿童的眼部卫生或用眼卫生情况。

（4）对有斜视家族史的儿童，尽管外观上没有斜视，也要在2周岁时请眼科医生检查一下，看看有无远视或散光。

（5）儿童看电视时，要注意保持一定距离，不能让儿童每次都坐在同一位置上，应时常左中右交换位置。

考点3　弱视

眼球没有器质性病变而戴矫正镜片后视力仍不能达到正常称为弱视。弱视属于儿童视觉发育障碍性疾病。弱视的治疗年龄越小（最好在学龄前），疗效越高，成年后则治愈无望。

1.病因与症状

弱视的病因与症状包括以下几点。

（1）斜视性弱视。斜视是指眼睛在注视某一方向时，仅一眼视轴指向目标，而另一眼视轴偏离目标，表

现为两眼的黑眼珠位置不匀称。因斜视使儿童产生复视（视物像成双），为了排除这种紊乱，大脑抑制来自偏斜眼的视觉冲动，日久形成弱视。

（2）屈光参差性弱视。由于两眼的屈光参差比较大，两眼所形成的物像清晰度和大小不等，致使双眼物像不易或不能融合为一，日久形成弱视。

（3）形觉剥夺性弱视。婴幼儿时期，由于某种原因，某只眼缺少光刺激，致使光刺激不能充分进入眼球，剥夺了黄斑接受正常光刺激的机会，形成弱视。故对婴幼儿眼病护理需要遮盖眼睛时，应特别慎重，必要时可采取交替遮盖双眼的方法。

（4）先天性弱视。发病机制目前尚不十分清楚，可能与新生儿视网膜发育不良有关。先天性弱视和形觉剥夺性弱视的预后较差。斜视性弱视和屈光参差性弱视预后较好，关键在于早发现、早治疗。

2.预防与治疗

弱视的治疗关键在于早期发现。儿童入园后，每学期应检查一次视力，对视力不正常、验光配镜也得不到矫正者，应进一步送医院检查。对有斜视或视觉障碍表现的，如经常用歪头偏脸的姿势视物的儿童，应加强对其观察，及时通知家长，尽早带儿童去医院做进一步诊断。

考点4　中耳炎

1.病因

中耳炎，俗称"烂耳朵"，是中耳鼓室黏膜的炎症。婴幼儿的咽鼓管相对成人的要平坦和短粗，接近水平位置，若鼻咽部感染后，病菌极易由此进入鼓室，当抵抗力减弱或细菌毒素增强时会产生炎症。

2.症状

其症状表现为耳内疼痛（夜间加剧）、耳鸣、发热、恶寒、口苦、小便红或黄、大便秘结、听力减退等症状。如鼓膜穿孔，耳内会流出脓液，疼痛会减轻。急性期治疗不彻底，会转变为慢性中耳炎，随体质、气候变化，耳内会经常性流脓液，时多时少，严重的会危及儿童的生命。

3.预防

预防感冒是预防中耳炎的积极措施。临床发现，75.8%的中耳炎是由感冒引起的。婴幼儿感冒后，家长或教师应用干净手帕或餐巾纸帮助其轻轻地揩去鼻涕等分泌物，以防止鼻涕倒流进入耳内。不正确的擤鼻涕方法，如两手捏住两侧鼻翼猛力地擤鼻涕，很容易引发中耳炎。成人要教会儿童擤鼻涕的正确方法，即擤鼻涕时先压住一侧鼻孔擤，然后再压住另一侧鼻孔擤，擤时不可太用力。不要随便给儿童掏耳朵，稍不留神就会刺破皮肤和耳膜，从而导致中耳炎。此外，游泳时若耳内灌了水，应及时用棉签或棉球吸出耳内的污水。预防异物进入儿童耳道。

三、常见消化系统疾病

考点1　胃炎

1.病因

饮食不合理、挑食、偏食、受凉等均可导致胃炎的发生。

2.症状

急性胃炎常有上腹疼痛、恶心、呕吐和食欲减退等症状，其临床表现轻重不等。慢性胃炎临床表现并无特异性，且年龄越小，症状越不典型。绝大多数表现为上腹部或脐周疼痛反复发作，部分患儿部位不固定，经常出现于进食过程中或餐后，轻者为间歇性隐痛，严重者为剧烈绞痛，往往伴有呕吐。

3.预防

慢性胃炎要注意饮食规律,定时适当,食物宜软易消化,避免食用过硬、过冷、过酸、粗糙的食物和酒类以及含咖啡因的饮料;改掉睡前进食的习惯;避免精神紧张;尽量不用或少用对胃有刺激性的药物。

考点2 腹泻

婴幼儿腹泻分为非感染性和感染性两大类。非感染性腹泻称消化不良;感染性腹泻除细菌性痢疾、鼠伤寒外,其他皆称为小儿肠炎。

1.病因

由于婴幼儿消化器官发育不够完善和消化功能较弱,故稍有不慎,往往会导致消化不良,主要原因有以下两个方面。

(1)食物因素。腹泻多由喂养不当引起,如过早过多地喂给婴幼儿淀粉或脂肪性食物,可使消化系统的分泌和运动功能紊乱,引起腹泻。此外,个别婴幼儿由于肠内特殊酶类的缺乏,如脂肪酶缺乏等,导致消化、吸收障碍而引起慢性腹泻。

(2)感染因素。感染分肠道感染和肠道外感染两大类。肠道感染包括细菌和病毒感染,如吃了被污染的食物,或食具被污染,夏秋季多见;肠道外感染常为呼吸道感染、泌尿道感染或其他传染病的症状之一,故又被称为症状性腹泻。

2.症状

腹泻症状轻者一日泻数次至十余次。粪便黄色或黄绿色,呈稀糊状或蛋花样,体温正常或低热,一般情况尚好,不影响食欲。腹泻严重者一日泻十至数十次,粪便呈水样,有黏液,食欲减退,伴有频繁呕吐,严重时出现高热、呼吸障碍、嗜睡和昏迷等症状,甚至发生惊厥,危及生命。

3.预防

腹泻时,儿童的消化能力下降,这时应限制饮食,停止食用不易消化的食物,以减轻胃肠道的负担,还要注意腹部保暖,以利于疾病的恢复,同时应让儿童服用口服补液盐。儿童腹泻减轻后,再慢慢恢复平时的饮食。腹泻时,因大便次数增加,大便稀,再加上大便中酸性代谢产物大量增加,会刺激肛门周围的皮肤发红。因此,每次大便后成人要用温水给儿童洗屁股,洗后用柔软的干毛巾吸净水,涂上一点鞣酸软膏,以防皮肤溃烂。

考题再现

【2020·长沙天心·单选】对学前儿童腹泻的护理,下列说法错误的是（　　　）。

A.温水洗屁股　　　　　　　　　　　B.腹部保暖

C.禁止进食　　　　　　　　　　　　.D.可口服补液盐

【答案】C。

四、常见呼吸系统疾病

考点1 上呼吸道感染

上呼吸道感染(简称上感)是由细菌或病毒引起的鼻咽部炎症。体弱儿童常反复发生上呼吸道感染。

1.症状

上呼吸道感染的症状包括以下几点。

(1)上感症状轻重不同。年龄较大儿童多为鼻咽部症状,如鼻塞、流鼻涕、打喷嚏、咳嗽、乏力,可有发热,一般经3~4天可自愈。年龄较小儿童(3岁以下)可出现高热、精神不振、食欲减退、呕吐、腹泻等症状,病程从1~2天到10余天不等,有的可因高热出现惊厥。

（2）可能引发急性化脓性中耳炎、淋巴结炎、气管炎、支气管炎等。

（3）若出现高热持续不退、咳嗽加重、喘憋等症状时需及时诊治。

2.护理和预防

（1）护理

患儿宜卧床休息,多喝开水。饮食应有营养、易消化。对高热患儿可用药物降温和物理降温法,使其体温降至38 ℃左右。

（2）预防

应加强锻炼,多组织儿童在户外活动。早晨坚持用冷水洗脸。组织儿童户外活动时,穿戴不宜过暖,并根据季节变化,提醒儿童增减衣服。合理安排饮食,保证儿童的营养需要,但不宜饮食过饱或过于油腻,以免消化不良使抵抗力下降。活动室及卧室应经常通风,保持空气新鲜。冬春季节,少带儿童到公众场所,避免与上感患者接触。

考点2　肺炎

1.病因

肺炎可由病毒或细菌感染引起,是3岁以下儿童冬春季节的常见病。儿童患有佝偻病或感染麻疹、百日咳以后,容易发生肺炎。

2.症状

肺炎患儿一般有发热、咳嗽、气喘等症状。重者面色青灰、呼吸困难、精神差,甚至会抽风、昏迷。

3.护理

肺炎的护理措施包括以下几点。

（1）居室环境。房间内要保持空气新鲜。冬季开窗通风时要避免对流风。冬天,保持室内适当的湿度,以防干燥空气对呼吸道的刺激。室温最好维持在18~22 ℃,要有充足的日照。

（2）一般护理。穿衣盖被均不宜太厚,过热会使儿童烦躁而加重气喘。一般可平卧,但需经常变换体位,以减少肺部淤血,并防止痰液积存一处,有利于炎症消散。如有气喘,可用枕头将背部垫高,取半坐姿势,以利呼吸。

（3）饮食。婴儿患肺炎常会呛奶。喂母奶时,将患儿抱起来坐着喂奶,并控制奶汁的流出,不要太冲;喂牛奶时,橡皮奶头孔要小,每吸几口,拔出奶头,让婴儿休息一会儿,则可减少呛咳。注意勤喂水。

考点3　扁桃体炎

1.病因与症状

（1）急性扁桃体炎

儿童在受凉、疲劳或感冒后,抵抗力下降,侵入扁桃体隐窝内的溶血性链球菌大量繁殖,而引起急性扁桃体炎。该病起病急,高热,患儿可能因高热而发生惊厥,咽痛导致吞咽困难,头痛,全身不适。

（2）慢性扁桃体炎

急性扁桃体炎反复发作可致慢性扁桃体炎。扁桃体隐窝内的细菌不断放出毒素,可使儿童经常头痛、疲倦,常有低热;咽部不适,发干、发痒、疼痛;还可引起风湿热、急性肾炎等变态反应性疾病。

2.护理

患急性扁桃体炎,应卧床休息,多喝开水,需彻底消除扁桃体炎症后,方可停药。已患慢性扁桃体炎,符合手术适应症者,可切除扁桃体。

3.预防

（1）增强体质，提高对环境冷热变化的适应能力；加强体格锻炼，多在户外活动，多晒太阳。

（2）季节变换之时，应注意儿童的冷热，随时增减衣服。

（3）保持儿童活动室、卧室空气新鲜，温暖季节可开窗睡眠，冬季要有合理的通风制度。

（4）合理安排儿童的一日生活，提供平衡的膳食；避免因过累或饮食过于油不易消化，使儿童抵抗力下降。

（5）冬春季，少去人多的公共场所。

（6）教会儿童洗手的方法，勤洗手。

考题再现

【2018·常德武陵·单选】（　　）是由溶血性链球菌感染引起的，幼儿在疲劳受凉后容易发病。

A.急性扁桃体炎　　　　　　　　　　B.肺炎

C.缺铁性贫血　　　　　　　　　　　D.猩红热

【答案】A。

五、常见皮肤病

儿童常见的皮肤疾病有痱子和脓疱疮。

考点1　痱子

1.病因

夏季气温高，湿度大，出汗过多，不易蒸发，汗液使表皮角质层浸渍，使汗腺导管口闭塞，在汗孔处发生疱疹和丘疹，产生痱子。

2.症状

痱子多发生在多汗或容易受摩擦的部位，如头皮、前额、颈部、胸部、腋部、腹股沟等处。初起，皮肤出现红斑，后形成针尖大小的小疹或水疱，自觉刺痒或有灼痛感。

3.预防

保持室内通风凉爽。儿童要勤洗澡，及时擦汗及更换衣服；长痱子后先用温水洗净皮肤，再涂抹痱子粉或痱子药水，避免搔抓，勿用肥皂洗擦。长在面部三角区的痱子严禁挤脓，以免发生并发症。夏季多进食清凉解暑药膳，如绿豆糖水、绿豆粥、清凉糖水等。

考点2　脓疱疮

1.病因

脓疱疮是由细菌引起的皮肤传染病。大多由金黄色葡萄球菌、乙型溶血性链球菌或两者的混合感染所致。发病时间一般在夏季和初秋闷热天气。

2.症状

脓疱疮一般长在皮肤的暴露部位，如面部、颈部和双手等。病程不定，有时可长达数周或数月。脓疱疮的传染性比较强。如果脓疱破裂，会流出黄色稀薄脓液，脓液所流过之处，又会感染上新的脓疱。刚开始为水疱，之后迅速浑浊化脓，水疱周围会有红晕。数日后脓疱破裂，流出黄水后形成蜜黄色脓痂，脓痂掉后痊愈，不会留下瘢痕。儿童抵抗力弱，脓疱疮如不及时得到治疗会出现高热，伴有淋巴管炎、淋巴结炎，甚至引发变态反应性疾病。

3.预防

注意个人卫生。多洗澡、勤换衣服,保持皮肤清洁。合理安排饮食、睡眠和活动。儿童患病时应隔离,所穿过的衣服要消毒。在托幼机构,发现患者要及时隔离,接触过的物品要煮沸消毒。不能消毒的物品可在太阳底下暴晒。

六、常见寄生虫病

考点1 蛔虫病

1.病因

蛔虫病是由人食入感染性虫卵而使蛔虫寄生于人体所致。蛔虫的受精卵自粪便排出,如温度和湿度适宜,就发育成感染性虫卵。儿童在地上爬滚玩耍,饭前不洗手,吸吮手指或生吃未洗净的瓜果、蔬菜,均可将感染性虫卵吞入。虫卵在小肠内可以发育为成虫,成虫能存活1~2年。

2.症状

轻者无症状,大量蛔虫寄生可引起消化不良、厌食、偏食,导致营养障碍。儿童表现为面黄肌瘦、贫血、生长迟缓等,也可有阵发性脐周腹痛、呕吐症状。蛔虫排出的毒素,刺激神经系统,使儿童睡眠不安,易惊醒,夜间磨牙。蛔虫有移行和钻孔的习惯,当虫体过多,特别是服用不足量的驱虫药,可激惹蛔虫钻入胆管(胆道蛔虫病)、阑尾(蛔虫性阑尾炎)或其他部位,引起肠道梗阻、炎症、穿孔等严重并发症。

3.预防

改善环境卫生,讲究饮食卫生和个人卫生,饭前便后洗手,不吃不洁净的瓜果及生菜。开展普查普治,每年可选择秋冬季集体服用驱蛔药一次。推行粪便无害化处理,消灭蛔虫卵。

考题再现

【2019·长沙望城·单选】下列预防蛔虫病的做法不包括( )。

A.教育幼儿饭前便后洗手

B.尽可能消除幼儿园内的蟑螂

C.生吃带皮的瓜果蔬菜以补充营养

D.及时给幼儿修剪指甲

【答案】C。

考点2 蛲虫病

1.病因

蛲虫病为蛲虫寄生于人体小肠下段至直肠所引起的疾病。因雌虫排卵时引起皮肤瘙痒,儿童抓痒时,虫卵污染手,经口感染。

2.症状

当雌虫移至肛门周围产卵时,可引起肛门和会阴部奇痒。由于搔伤,可使局部皮肤糜烂。雌虫产卵多发生于儿童夜间入睡后。此时儿童往往哭闹不安、易烦躁、夜惊,食欲也会受影响,偶尔虫卵也可侵入邻近器官,引起异位并发症,如阑尾炎等。

3.预防

提倡儿童穿封裆裤睡觉,饭前便后洗手,纠正吮手指的不良习惯,常剪指甲,勤洗会阴部,勤换洗内裤和被褥。因蛲虫寿命很短,一般仅两个月,只要避免重复感染即可自愈。

第三节 学前儿童常见意外事故及预防

一、学前儿童常见意外事故的原因与急救原则

考点1 学前儿童常见意外事故的原因

1.学前儿童运动功能不完善

学前儿童正处在身体生长发育和心理迅速发展的时期,各器官系统发育不成熟,运动功能不完善。1岁左右,儿童学会独自行走时,意外伤害事故便相应增多。儿童头部占身体的比例大而且重,常会摔跤,头面部便成了受伤的对象。随着儿童动作能力的提高,受伤的部位扩展到了四肢。

2.学前儿童对危险因素缺乏认识

学前儿童对生活环境的认识水平较低,缺乏对外界事物的理解和判断,会尝试去做他们自己不能做的事而引起意外伤害。如用手去摸插座导致触电,玩火导致烧伤,在河边玩耍发生溺水事故。像这样由于缺乏对危险事物的认识而发生的意外伤害事故,在托幼机构及家庭中比比皆是。

3.学前儿童好奇、好动、活泼、易冲动

学前儿童具有强烈的好奇心,活泼好动,有时还会情绪激动和冲动。这一特点易使儿童忽略周围的环境,丧失理智和判断能力,从而出现各种事故。如与他人争抢玩具,发生打斗;想看窗外的情景,站在小椅子上不慎摔倒。

4.集体环境中,儿童人数较多、教师人数较少

学前儿童意外事故不仅来自危险的行为,而且来自危险的生活、活动环境。如活动场地狭小,水、电等安全设施不完善等,都是发生意外事故的隐患。因此,既要教育儿童小心谨慎,又要改善儿童生活和活动环境,注意安全。

考点2 托幼机构的急救原则

1.挽救生命

呼吸和心跳是最重要的生命活动。在常温下呼吸、心跳若完全停止4分钟以上,生命就有危险,超过10分钟则很难起死回生。如果患儿呼吸、心跳已很不规律,快要停止或刚刚停止时,还是迟迟不做急救,往往会造成不可挽回的后果。所以一旦患儿的呼吸、心跳发生严重的障碍时,当务之急是立即实施人工呼吸、按压心脏等急救措施,抓住最初的几分钟到十多分钟时间,以期恢复患儿的自主呼吸,维持其血液循环。

2.防止残疾

发生意外后,在实施急救措施挽救生命的同时,还要尽量防止患儿留下残疾。如儿童发生严重摔伤时,可能造成腰椎骨折,施救时就不能用绳索、帆布等担架抬救患儿,也不能抱或背患儿,这样会损伤脊髓,造成其终身残疾,而一定要用门板之类的木板担架转运患儿。

3.减少痛苦

意外事故造成的损伤往往是很严重的,常常会给患儿的身心带来极大的痛苦,因而在搬动、处理时动作要轻柔,语气要温和。不要认为救命要紧,其他都不管不顾,这样会加重患儿的病情。

常见急救技术

1.口对口（鼻）人工呼吸法

人工呼吸就是用人为的力量来帮助患者进行呼吸，使其恢复自主呼吸的一种急救方法。口对口（鼻）人工呼吸法是最简便且行之有效的一种人工呼吸法，其操作要领如下。

（1）畅通呼吸道

救护者要尽量清除患儿口鼻中的污泥、杂草等。解开患儿衣领，将其颈部垫高，使其头部往后仰，并使舌根抬起，保持呼吸道通畅。

（2）进行吹气

①针对婴儿的吹气方法。用嘴衔住婴儿的口鼻，往里吹气，每隔2~3秒吹一次气。吹气时不要太用力，见到其胸部隆起，便把嘴松开，再压其胸部，帮助呼气。这样有节奏地进行，直至把患儿送到医院，或患儿又恢复了均匀的自主呼吸。吹气时要观察其胸部是否隆起，若吹气后不见胸部隆起，可能因为呼吸道仍不通畅，或自己的动作不合理，要及时纠正自己的动作，并清除呼吸道分泌物。

②针对较大儿童的吹气方法。救护者深吸一口气，捏住患儿的鼻孔，对准患儿的嘴，向里用力吹气。吹完一口气，嘴离开，放松患儿鼻孔，轻压其胸部。这样有节奏地进行，每隔3~4秒吹一次。如果患儿牙关紧闭，也可对着鼻孔吹气，其方法与口对口吹气一样。

2.胸外心脏按压法

胸外心脏按压法是指病人因某种原因心脏突然停止跳动、血液循环停止，通过外力挤压促使心脏内的血液输送到全身各组织器官，从而维持生命最低需要的一种心肺复苏术。其具体操作步骤如下。

（1）使患儿仰卧。救护者应让患儿仰卧在床上或地上，并尽量为患儿背部垫上木板，解开患儿的衣服。

（2）按压心脏的方法以下。

①针对3岁以下婴幼儿的按压方法。左手托其背，右手用手掌根部或用食指和中指垂直按压其胸骨偏下方，使胸骨下陷2~3厘米，每分钟按压80~100次。

②针对较大儿童的按压方法。救护者把右手掌放在患儿胸骨偏下方，左手压在右手上，成交叉式，每分钟按压60~80次。

实施胸外心脏按压时，要注意按压力度，不宜用力过大、过猛；按压面积不宜过大，按压部位要准确。按压部位不准确易导致胸骨、肋骨骨折，以致发生内脏损伤的严重后果。

二、学前儿童常见意外事故的处理与预防措施

意外事故发生后，必须在现场争分夺秒地进行正确而有效的急救，以减少损伤，把事故的严重性降到最低点，甚至避免非正常死亡。保教人员意识到幼儿园安全工作的重要性，掌握一定的急救知识是非常重要的。

考点1　小外伤

1.跌伤

幼儿奔跑、跳跃时不慎跌倒，很容易蹭破膝盖、胳膊肘，这在夏季更为常见。幼儿跌伤后，应先观察其伤口的深浅。如果伤口小而浅，只是擦破了表皮，可先用凉开水冲洗伤口，然后涂抹红药水；如伤口大或深，出血较多，要先止血，将伤部抬高，立即送医院处理。如果皮肤未破，伤处肿痛，颜色发青，可局部冷敷，防止皮下继续出血；一天后再热敷，以促进血液循环和吸收，减轻表面肿胀。

2.割伤

幼儿在使用剪刀、小刀等文具或触摸打碎的玻璃器皿时,划破了手,皮肤割裂、出血。其具体处理办法是用干净的纱布按压伤口止血,止血后,可用碘酒消毒伤口,敷上消毒纱布,用绷带包扎。如果是玻璃器皿扎伤,还应用镊子清除碎玻璃片后再进行包扎。

3.挤伤

幼儿的手指经常会被门、抽屉挤伤,严重时可导致指甲脱落,给幼儿造成痛苦。若无破损,可用水冲洗,进行冷敷,以便减轻痛苦;疼痛难忍时,可将受伤的手指高举过心脏,缓解痛苦。若指甲掀开或脱落,应立即去医院。

4.刺伤

有些花草、木棍、竹棍带刺,扎入幼儿皮肤后,有时有一部分露出皮肤,产生刺痛感,应立即取出。可先将伤口清洗干净,然后用消毒过的针或镊子顺着刺的方向把刺全部挑、拨出来,并挤出淤血,随后用酒精消毒伤口。有的刺难以拔除,则应送医院处理。

5.扭伤

扭伤多发生在四肢的关节部位,肌肉、韧带等软组织因过度牵拉而受到损伤。损伤的局部充血、肿胀和疼痛,活动受到限制。初期应停止活动减少出血,采用冷敷,以达到止血、消肿、止痛的目的。经1~2天后,出血已停止,可热敷促进消肿和血液的循环。

备考锦囊

扭伤后应立即进行冷敷,以止血、止痛,而不是热敷。

扭伤1~2天后可进行热敷,以加速血液循环,减轻肿胀,而不是冷敷。

考题再现

【2021·永州祁阳·单选】幼儿在户外活动中扭伤时,教师的下列做法中正确的是( )。

A.立即按摩扭伤处,然后继续活动

B.立即停止活动,热敷扭伤处

C.观察是否骨折,若无,则继续活动

D.立即停止活动,冷敷扭伤处

【答案】D。

考点2 异物入体

1.外耳道异物

外耳道异物,常可引起耳鸣、耳痛。活体昆虫进入外耳道,可用灯光诱其爬出,如不成功可滴入油类,将其淹死,再行取出。对于体积较小的异物,可让幼儿将头歪向有异物一侧,单脚跳,以促使异物从耳中掉出来。对于不易取出的异物,应去医院处理,以免损伤外耳道及鼓膜。

2.鼻腔异物

鼻腔异物多因幼儿好奇将异物塞入鼻腔而引起。如果是小物体被塞进鼻孔,可让幼儿压住无异物的鼻孔,用力擤鼻,迫使异物随气流排出;也可用纸捻刺激鼻黏膜,使异物随喷嚏排出。若异物出不来,应去医院处理,切不可用镊子夹,以免损伤鼻黏膜,造成鼻出血,特别是不能用镊子去夹圆形的异物,否则会越夹越深,一旦异物滑向后方掉进气管,就会非常危险。

3.咽部异物

咽部异物因鱼刺、骨头渣扎入扁桃体或其附近组织而引起,吞咽时疼痛加剧。可用镊子小心取出,切不可采用硬吞食物的方法，迫使异物下咽，这样会把异物推向深处，一旦扎破大血管就会很危险。对于难以取出的异物，应去医院处理。

4.喉部异物

喉部异物因异物滑入喉部而引起。患儿有呛咳、喘鸣、吸气困难、面色苍白、发绀等症状。若异物过大，堵塞声门，可因窒息导致死亡。处理的方法是速将幼儿抱起，使其头低脚高，并用手掌拍其背部，使幼儿咳嗽时咳出异物；如不能咳出，应立即送医院处理。

5.气管异物

幼儿在进食或口含小物体时哭闹、嬉笑，十分容易将食物或放在口中的小物体吸入气管。幼儿气管有异物时，会出现呛咳、吸气性呼吸困难、憋气、面色青紫等症状。此时情况紧急，应立即加以处理。若发生在年龄较小的幼儿身上，可将其倒提起来，拍背。若发生在年龄较大的幼儿身上，可让其趴卧在成人腿上，头部向下倾斜，成人轻拍其后背，或成人站在幼儿身后，用两手紧抱幼儿腹部，迅速有力地向上勒挤。若仍不能取出，立即送往医院处理。

6.眼部异物

常见的眼部异物有小飞虫、尘埃、植物飞絮等。眼部有异物时，切记不要让幼儿揉眼，以免损伤角膜。一般情况下，可将其眼睑翻出，用干净手绢轻轻擦去异物。若异物牢固地嵌插在角膜上，幼儿会感到十分疼痛，为了不损伤角膜，必须去医院处理。

考题再现

【2020·长沙浏阳·判断】幼儿眼睛进入异物时切勿让幼儿揉搓眼睛。　　　　　　　　　（　　）
【答案】√。

考点3　咬伤与蜇伤

1.蚊子、臭虫等咬伤

夏秋季蚊虫增多，被蚊虫叮咬的机会也随之增多。被蚊子、臭虫咬伤时，可用乙醇擦患处，严重者可用虫咬水或清凉油擦拭。

2.蜈蚣咬伤

蜈蚣毒液呈酸性，受伤后可用肥皂水、氨水或小苏打等碱性溶液冲洗伤口并冷敷，然后送医院处理。

考题再现

【2021·永州祁阳·单选】幼儿被蜈蚣咬伤后，下列正确的处理方法是（　　　）。
A.用酸性溶液涂抹伤口　　　　　　　　B.用肥皂水冲洗伤口
C.用温水冲洗伤口　　　　　　　　　　D.用食用醋涂抹伤口
【答案】B。

3.狗、猫咬伤

凡是被狗、猫咬伤，千万不要急着到医院找医生诊治，而是应该立即、就地、彻底地清洗伤口。冲洗伤口一是要快，分秒必争。因为时间一长，病毒就进入人体组织，侵犯中枢神经。二是要彻底。要用力挤压伤口周围的软组织，而且冲洗的水量要大、水流要急，最好是对着自来水龙头急水冲洗。三是伤口不可包扎。除个别伤口大，有伤需要止血外，一般不上任何药物，也不需要包扎。因为狂犬病毒是厌氧的，在缺乏氧气的情况下，狂犬病毒会大量生长。正确处理伤口后，应尽快把幼儿送医院，及时注射狂犬疫苗。

4.黄蜂蜇伤

黄蜂也叫马蜂。人被黄蜂蜇伤，轻者只是伤处红肿、疼痛，重者可有气喘、呼吸困难等症状。黄蜂毒液呈碱性,可在伤口涂弱酸性液体,如食醋。若有气喘等过敏症状,可服用马来酸氯苯那敏、苯海拉明等,并送医院治疗。

5.蜜蜂蜇伤

蜜蜂的毒液呈酸性,伤口可涂弱碱性液体,如淡碱水、肥皂水等。

备考锦囊

蜈蚣、蜜蜂与黄蜂的毒液性质与蜇伤处理措施会结合实际的生活情境以单项选择题的形式考查。编者对其进行了总结,以帮助考生记忆。

表4-4-2　蜈蚣、蜜蜂与黄蜂的毒液性质与蜇伤处理措施

动物	毒液性质	蜇伤处理措施
蜈蚣	酸性	用肥皂水、氨水或小苏打等碱性溶液冲洗伤口并冷敷
蜜蜂		可在伤口处涂弱碱性液体,如淡碱水、肥皂水等
黄蜂(马蜂)	碱性	可在伤口处涂弱酸性液体,如食醋等

考题再现

【2020·长沙浏阳·判断】幼儿若被蜜蜂蜇伤,可用肥皂水涂抹伤口。　　　　　　　　　　(　　)

【答案】√。

考点4　烧(烫)伤

烧(烫)伤是由火焰、开水、热粥、热汤、化学物质、电击等作用于身体表面所致的损伤。随着幼儿园、家庭使用电热饮水机的日益普及,幼儿烫伤现象明显增多。洗澡时,如没有调节好水温,也会造成烫伤。因幼儿皮肤薄嫩,故对幼儿造成的损伤比成人要严重。

1.烧伤的处理

立即扑灭幼儿身上的火焰,脱去或剪去已着火的衣服,用干净被单包裹烧伤部位,不要弄破水疱,不要弄脏烧伤部位,立即转送医院治疗。

2.烫伤的处理

打开自来水开关,让流动的水不断冲洗伤处,进行冷却处理,防止烫伤范围继续扩大。若是隔着衣服,先要用冷水使烫伤处冷却20~30分钟,然后剪开衣服,再脱下来,在烫伤处涂抹烫伤膏、獾油等,并保持创伤面的清洁。对烫伤面积较大的幼儿,应用干净被单将伤者包裹起来,送医院治疗。

3.烧(烫)伤的预防

烧(烫)伤的预防措施包括以下几点。

(1)教育幼儿不玩火,炉子周围应有围栏。

(2)开水、热饭、热汤应放在特定地方,以免幼儿打翻。

(3)手提开水时,要提防幼儿从旁突然冲出;给幼儿洗澡时,要先倒凉水,后倒热水。

考点5　中暑、冻伤

1.中暑

中暑是指人体长期处于高温状态,导致体温调节功能紊乱引发的一系列中枢神经系统及循环系统障碍,症状为头晕、头痛、发热、心烦、呕吐、乏力,甚至高烧、神昏、心慌、抽搐、昏厥等。发生中暑时,教师应迅速将中暑者移至阴凉通风处,解开其衣扣,并用冷毛巾或冰袋敷其头部。与此同时,让幼儿服用清凉饮料、人

丹、十滴水等。

2.冻伤

冻伤分为全身冻伤和局部冻伤。幼儿多为局部冻伤,多发生在耳郭、手、足等部位,仅伤及皮肤表层。其症状为局部红肿,感到痒和痛。在冻伤部位可涂上冻疮药膏,伤愈后不留疤痕,但再受冻易复发。平时应注意不要给幼儿穿过小的鞋子,洗手后将手仔细擦干,注意经常按摩手、脚、耳、鼻等处。

3.中暑、冻伤的预防

中暑、冻伤的预防措施包括以下几点。

(1)高温天气,不论运动量大小,都要注意多饮水,不要等到幼儿觉得口渴时再饮水。注意补充盐分和矿物质,不要饮用过凉的冰冻饮料,以免造成胃部痉挛。

(2)幼儿夏季宜穿着质地轻薄、宽松和浅色的衣物;冬季要注意保暖,宜穿深色衣服,使身体多获得一些热量。

(3)高温时应减少户外锻炼,户外活动应避开正午前后时间段,应尽量选择在阴凉处进行。冬季阳光好的天气,多带幼儿进行户外活动,既能促进身体产热,提高幼儿的抗寒能力,又有利于皮肤的血液循环,使身体暖和。

(4)夏季少食高油、高脂食物,减少热量摄入。冬季在幼儿膳食中适当添加富含蛋白质、脂肪、糖类、维生素及微量元素的食物。

考点6 惊厥(抽风)

惊厥是大脑皮质功能紊乱所引起的一种病症。婴幼儿由于中枢神经系统发育尚未成熟,所以很容易发生惊厥。引起惊厥的原因是高热(39 ℃以上)、代谢紊乱(如低血钙、低血糖或维生素缺乏等)。急性传染病和癫痫也可引起惊厥。

1.惊厥的处理

应迅速将幼儿放平,保持安静,解开衣领,用筷子或手帕垫在患儿上、下牙间,以免舌头被咬伤。用针刺或重压人中穴。痉挛停止后立即送医院处理。

2.惊厥的预防

惊厥的预防措施包括以下几点。

(1)室内要经常开窗通风,多让幼儿参加户外活动,加强体格锻炼,使机体能适应环境,减少感染性疾病的发生。

(2)注意营养,给幼儿提供合理膳食,饮食要定时、定量,不要让幼儿饥饿,以免发生低血钙和低血糖惊厥。

(3)幼儿感冒时要补充淡盐水,及时进行物理降温或口服退烧药,以防体温突然升高引发惊厥。

考点7 骨折

因外伤破坏了骨的完整性,称骨折。骨折可分为闭合性骨折和开放性骨折两种。闭合性骨折,骨折处皮肤不破裂,与外界不相通;开放性骨折,骨折处皮肤破裂,与外界相通。

1.骨折的处理

骨折的处理措施包括以下几点。

(1)在未经急救包扎前,不要移动幼儿。如随便搬动幼儿,轻者可引起骨折部位移位,重者可引起休克或大血管、神经损伤,甚至使闭合性骨折变为开放性骨折。

(2)骨折的处理原则是使断骨不再刺伤周围组织,不使骨折再加重,这种处理叫"固定"。可用木板、木棍或竹片将断骨的上、下两个关节用绷带固定起来,使断骨不再有活动的余地。

（3）若伤肢的皮肉已破损，断骨露在外面，就不要把断骨硬塞进去，也不要在伤口处涂红药水、紫药水，应先在伤口处盖上消毒纱布后再固定。在处理骨折前，要注意观察伤者的全身情况，若有大出血，先止血。

（4）骨折后要尽快将幼儿送往医院，进行断肢复位处理，否则会产生严重组织水肿，不利于断肢复位。

2.骨折的预防

骨折的预防措施包括以下几点。

（1）教育幼儿走路时要小心。遇到障碍物，要绕过障碍物行走。

（2）上下楼梯时，要一层一层走，不要从楼梯上向下跳。

（3）玩游戏时要团结友爱，不要争抢玩具，打打闹闹会碰伤，造成骨折。

（4）饮食中增加富含钙的食物，多进行户外有氧运动，既能锻炼骨骼、肌肉的韧性，又能使皮肤充分暴露在阳光下，促进钙质转换和吸收，有利于新陈代谢。

考点8　触电

幼儿常因玩弄家用电器引起触电。此外，雷雨时，在大树或高大建筑物下避雨，也可被雷击。

1.触电的处理

处理时要注意以最快的速度，用适当的方法，使幼儿脱离电源，如关闭电门，用干燥的木棍、竹片等不导电的物体拨开电线。在幼儿脱离电源前，应避免直接拖拉，防止急救者也触电。

对心跳、呼吸微弱或已停止的幼儿，应立即施行口对口人工呼吸及胸外心脏按压术。洗净灼伤部位，并用消毒敷料包扎，然后速送医院治疗。

2.触电的预防

触电的预防措施包括以下几点。

（1）对幼儿园中易发生触电的隐患要及时检修，室内电源插头应安装在幼儿摸不到的地方。

（2）雷雨时不要让幼儿待在树下、电线杆旁避雨，以免雷击触电。

（3）教育幼儿在室外玩耍时，千万不要爬电线杆，遇到落在地上或半垂的电线时，一定要绕行，因为那可能是带着高压强电的电线；提醒幼儿不要玩灯头、电线插头、电器等。

（4）告诉幼儿千万不要用湿手去开灯、关灯或接触其他电源开关，不能用手指、小刀和铅笔去捅插座，以免引起触电。

考点9　溺水

1.溺水的处理

（1）抓紧进行水上救护。

（2）救上岸后的处理措施包括以下几点。

①迅速清除溺水者口鼻内的淤泥杂草。松解内衣、裤带。

②控水。若溺水者有呼吸、心跳，可进行控水。救护者呈半跪姿势，让溺水者趴在救护者的膝盖上，使其头部下垂，按压其腹、背部，将溺水者口、咽及气管内的水控出。若溺水者已无呼吸心跳，先进行心肺复苏。

③迅速复苏。检查溺水者呼吸、心跳的情况。有心跳、无呼吸者，可做口对口人工呼吸。如果心跳、呼吸都停止了，应就地进行胸外心脏按压和口对口人工呼吸，以保证溺水者脑部的血流供给，不至于因缺氧造成不可逆的损害。复苏开始得越早，成功率越高。

2.溺水的预防

溺水的预防措施包括以下几点。

（1）教会幼儿游泳和游泳的规则，让幼儿知道在自然水域游泳的安全知识。

（2）告诉幼儿不要在没有成人看管下单独游泳。不要跳水和潜水,学会用脚试探水的深浅。不要在水里吃东西,以免噎呛。

（3）冬季避免在冰上步行、滑冰或在薄冰上骑车。

（4）幼儿在水周围的时候,教师要时刻严密监护。

考点 10　煤气中毒

煤或木炭在氧气不足、燃烧不完全的情况下,产生一氧化碳。所谓"煤气中毒"实际上是一氧化碳中毒。冬季用煤炉取暖、通风不良时,易发生煤气中毒。煤气灶关闭不当也会引起煤气中毒。

1.煤气中毒的处理

处理时应做到以下几点:立即开窗通风,把幼儿抬离中毒现场,移至通风处,松开衣襟,使幼儿呼吸到新鲜空气,并注意保暖。对重度中毒的幼儿,在为其做人工呼吸的同时,需通知医院前来抢救。

2.煤气中毒的预防

煤气中毒的预防措施包括以下几点。

（1）幼儿园避免长时间在室内生炉子,用煤炉要有烟囱。如非使用不可,要特别注意通风。

（2）帮助幼儿树立安全意识,教育幼儿不要自行拧开燃气灶的开关。冬季使用取暖设备时,有不舒服的症状要及时告诉成人。

考点 11　误服毒物

幼儿因缺乏生活经验,常将药片当作糖丸吞服。随着活动范围的增大,接触毒物的机会也增多,除有毒植物、药物中毒外,农药中毒和化学品中毒也时有发生。

1.误服毒物的处理

催吐是排除胃内毒物的简便而有效的方法。让幼儿喝大量清水,用羽毛、手指等刺激幼儿的咽部,引起呕吐。反复2~3次,以达到排除胃内毒物的目的。如果是强酸或强碱中毒,不能洗胃,可让幼儿服用牛奶、豆浆、生蛋清、食醋、橘汁等。因为牛奶、豆浆、生蛋清等内服后,可起到保护胃黏膜、延缓吸收的作用。

2.误服毒物的预防

误服毒物的预防措施包括以下几点。

（1）培养幼儿良好的饮食习惯和卫生习惯。教育幼儿吃东西前要洗手,反复耐心地告诉幼儿什么东西能吃,什么东西不能吃、不能摸。使幼儿形成条件反射,不乱吃、乱摸。

（2）妥善保管幼儿园的各种杀虫剂、灭鼠药以及各种药品。杀虫剂、灭鼠药应放在幼儿接触不到的地方,不要随便扔到一个角落;药品应有专盒或专柜放置,必要时加锁。

考点 12　鼻出血

幼儿鼻出血的原因以外伤居多。鼻黏膜干燥、挖鼻孔、用力擤鼻、鼻内异物以及感冒发高烧等均可引起鼻出血。出血的部位大多接近鼻孔的鼻中隔,该处鼻黏膜比较薄、血管密集成网,为"易出血区"。

1.鼻出血的处理

鼻出血的处理措施包括以下几点。

（1）安慰幼儿不要紧张,安静坐着。

（2）头略低,张口呼吸。捏住鼻翼,一般压迫十分钟可止血。前额、鼻部用湿毛巾冷敷。

（3）止血后,2~3小时内不要做剧烈运动。

（4）出血较多时,可用脱脂棉卷,塞入鼻腔,填塞紧些才能止血。家中若有麻黄素滴鼻液,可把药洒在棉卷上,这样止血效果更好。

（5）若经上述处理,鼻出血仍止不住,应立即去医院处理。

（6）如果时常发生鼻出血,而且皮肤上常有瘀斑,小伤口出血也不易止住,应去医院做全面检查。

考题再现

【2019·长沙望城·判断】幼儿流鼻血时,正确的做法是让幼儿仰头,使血不再流出来。　　　　　　（　　）

【答案】×。

2.鼻出血的预防

鼻出血的预防措施包括以下几点。

（1）注意室内保持一定的湿度,可以在幼儿的卧室内放置加湿器,并在晚上入睡前,给幼儿的鼻孔滴入少许薄荷油,保持鼻黏膜湿润,防止其破裂出血。

（2）经常教育幼儿不要挖鼻孔,不要过多食用容易上火的食品,如巧克力、油腻食品等。

强化练习

一、单项选择题

1.幼儿鼻中隔是易出血区。该处出血后,正确的处理方法是（　　　　）。

A.鼻根部涂抹紫药水,然后安静休息

B.让幼儿头略低,冷敷前额、鼻部

C.止血后,半小时不做剧烈运动

D.让幼儿仰卧休息

2.某幼儿夜间经常惊醒,哭闹,多汗,并出现枕秃,记忆力、理解力差,语言发育迟缓。他可能患有（　　　　）。

A.夜惊　　　　　　　　　　　　　　　B.佝偻病

C.结核病　　　　　　　　　　　　　　D.儿童期恐惧

3.麻疹的主要传播途径是（　　　　）。

A.空气飞沫传播　　　　　　　　　　　B.饮食传播

C.直接接触传播　　　　　　　　　　　D.虫媒传播

4.属于虫媒传播的疾病是（　　　　）。

A.百日咳　　　　　　　　　　　　　　B.乙型肝炎

C.麻疹　　　　　　　　　　　　　　　D.流行性乙型脑炎

5.喝水时,小明不小心被热水烫伤了小手。教师应首先对小明烫伤的小手进行的处理是（　　　　）。

A.肥皂水冲洗　　　　　　　　　　　　B.冷水冲洗

C.毛巾包裹　　　　　　　　　　　　　D.擦药

6.午睡时,小玲指着墙上的一只虫子哇哇大哭,原来她被一只蜈蚣咬伤了。针对这种情况,当班老师应该采取（　　　　）的急救方法并立即报告幼儿园医务人员。

A.立即涂上食醋

B.立即用浓盐水或肥皂水多次冲洗伤口

C.立即用淡碱水或肥皂水冲洗伤口,然后涂上较浓的碱水

D.立即用清水反复冲洗伤口,挤出污血

二、判断题

1.一般将某种传染病的最长潜伏期作为该传染病的检疫期限。　　　　　　　　　　　　　　　（　　）

2.擤鼻涕的正确方法是把鼻翼全捏住使劲地擤。 （　　）

3.佝偻病是婴幼儿时期常见的一种营养性疾病，主要原因是缺乏维生素D。 （　　）

4.给幼儿的水和饭菜应该全部凉透以后再端进活动室，以免烫伤幼儿。 （　　）

三、简答题

学前儿童常见传染病有哪些？应采取哪些综合性预防措施？

参考答案及解析

一、单项选择题

1.【答案】B。解析：止鼻血的有效方法为头略低，冷敷前额和鼻部。

2.【答案】B。解析：佝偻病有以下几种症状：（1）精神状态差，睡眠不安且多汗，出现"枕秃"；（2）动作功能发育迟缓；（3）出牙晚；（4）骨骼改变，可见方颅、肋骨串珠、鸡胸和下肢弯曲等症状。

3.【答案】A。解析：麻疹病毒大量存在于发病初期病人的口、鼻、眼、咽分泌物及痰、尿、血液中。病人通过打喷嚏、咳嗽等方式将病毒排出体外，病毒悬浮于空气中，形成"麻疹病毒气溶胶"。易感者吸入后即可形成呼吸道感染，也可伴随眼结膜感染。麻疹病毒主要经空气飞沫传播。

4.【答案】D。解析：流行性乙型脑炎的病原体是乙型脑炎病毒。病毒由蚊虫叮咬进入人体，经过血液，最后集中于中枢神经系统的脑组织，引起病理变化和症状。

5.【答案】B。解析：烫伤首先应进行冷却处理，以防止烫伤范围继续扩大。若是隔着衣服，要先用冷水在烫伤处冷却20~30分钟，然后剪开衣服，脱下来，在烫伤处涂抹"烫伤膏""獾油"等药物，并保持创伤面的青洁。对烫伤面积较大的幼儿，应立即将其湿衣服脱掉，用干净被单将伤者包裹起来，及时送往医院治疗。

6.【答案】C。解析：蜈蚣毒性较大，毒液呈酸性。被蜈蚣咬伤，应立即用淡碱水或肥皂水冲洗伤口，然后涂上较浓的碱水。

二、判断题

1.【答案】√。解析：潜伏期是指从病原体进入人体起，至开始出现临床症状为止的时期。它是确定检疫期的重要依据及诊断的参考。

2.【答案】×。解析：擤鼻涕的正确方法：先轻轻捂住一侧鼻孔，擤完，再擤另一侧；擤时不要太用力，不要把鼻孔全捂上使劲地擤。

3.【答案】√。解析：佝偻病是婴幼儿期的常见疾病，因缺乏维生素D所致。

4.【答案】×。解析：保育人员应在幼儿进餐、饮水时调节好温度，以免烫伤幼儿。但是不能待饭菜凉透再让幼儿食用，这样做会导致幼儿胃部不适、消化不良，不利于幼儿的健康。

三、简答题

【参考答案】

学前儿童常见传染病有麻疹、水痘、流行性感冒、流行性腮腺炎、流行性乙型脑炎、细菌性痢疾、手足口病等。

传染病的综合性预防措施包括以下几点。

（1）控制传染源。

早发现患儿，早隔离患儿，对传染病的接触者进行检疫。

（2）切断传播途径。

经常性预防措施包括环境卫生、空气新鲜、饮食卫生、养成良好的个人卫生习惯，以及做好经常性的消毒工作。传染病发生后采取的措施是对传染病患儿所在班级的环境进行彻底消毒。

（3）提高易感人群的抵抗力。

预防接种，提高儿童抗感染的能力；坚持体育锻炼和户外活动，合理营养，增强儿童体质。

第五章 幼儿安全与教育

考情分析

本章内容以识记、理解为主，会以简答题的形式进行考查。其中安全教育的内容是重点考查内容。

学习目标

1.理解组织幼儿活动的安全措施。
2.识记幼儿安全教育的内容。

第一节 组织幼儿活动的安全措施

一、环境设施要安全

幼儿园要消除环境设施中可能导致意外事故的隐患。幼儿活动场地要经常打扫，除去砖头瓦砾、碎玻璃，保持场地平坦及整洁。幼儿园建筑用房不宜超过两层，楼梯、窗户都要有栏杆。房舍要经常检修，严禁使用危房。

幼儿园家具、玩具要牢固，没有尖角和裂缝，以免引起幼儿外伤。玩具的大小与轻重应适合幼儿，过小的玩具易造成异物入体，而过重的玩具则易砸伤幼儿。带子弹的玩具极易对幼儿造成伤害，也不要选购。不宜给幼儿提供用口吹的玩具。不要让幼儿玩塑料口袋，以免幼儿无意中套在头上，口、鼻被紧裹发生意外。

幼儿园门上不宜加设弹簧；电灯开关要安全，不宜采用插头式的；电插座应安装在幼儿接触不到的地方。热水瓶也应放置在幼儿拿不到的地方，以免造成烫伤。火柴、刀、剪子等危险物品避免让幼儿直接接触，应妥善存放。

二、要妥善保管药品、有毒物品

放药品的位置要固定，药品应放在幼儿拿不到的地方，并贴上标签。内服药、外用药宜分开放置，以防错拿或误服。药品用后要放回原处。给幼儿服药前要仔细核对姓名、药名、用量，并按时、准确地给患儿喂药。服药情况应有交接班记录。对有药物过敏史的幼儿要记载，医务人员与班上的教师要做到心中有数。

有毒物品，如杀虫剂和消毒剂，除应贴上标签外，更需妥善保管；平时应上锁保存，使用时应有记录。用完的瓶罐统一回收处理，切不可随便丢弃，以免造成意外事故。

三、幼儿园要建立安全检查制度

幼儿园要设专人定期、不定期地检查园内的房屋、场地、家具、玩具、生活用品、器械等，以防患于未然。如幼儿的运动器械要随时检修，检查简易秋千的绳索是否结实；铁制的运动器械是否生锈，边角有无卷起，焊接处有无脱离，螺扣是否脱落，以免幼儿运动时发生意外。

幼儿园还应加强对门卫的严格管理，建立、健全家长接送制度，要求幼儿的接送者必须是幼儿的父母、祖父母或固定的接送人，并制作接送卡片。外出活动、交接班都要清点幼儿人数，防止幼儿独自离开集体。保教人员要有高度的责任感，发现不安全因素应随时报告或采取措施加以解决。

第二节　幼儿安全教育

一、幼儿发生意外事故的原因

1.幼儿身体和心理机能的特点

幼儿的骨骼、肌肉、关节尚未发育成熟，神经系统的调节支配能力也尚未完善，平衡功能差，若参加超负荷运动易发生运动伤害；若持续长时间运动，会因身心疲惫、精神恍惚而发生意外伤害。

幼儿心理发展尚未成熟，好动、好奇，理解力和判断力差，缺乏生活经验，危险意识薄弱，自我保护能力相对较差，因此容易遭受意外伤害。

气质类型、情绪和性别也是导致幼儿发生意外伤害的因素。研究发现，意外伤害比较容易发生在粗心、好动的幼儿身上。幼儿在情绪不顺时会做出一些鲁莽、自我伤害的动作，从而发生意外。另外，男孩儿比女孩儿更容易发生意外事故。因为男孩儿更好动，其喜欢玩的游戏类型以身体接触为主。

2.保教人员安全意识缺乏或保育者人数不足

保教人员缺乏安全意识，疏于对幼儿的管理照顾，或缺乏对危险事物的警觉性和应变能力等，都是一种安全隐患。同时在保育者人数不足、师幼距离比较远的情况下，意外事故的发生概率会提高。

3.客观环境中的潜在危险

幼儿生活的周围环境的客观因素常常会导致幼儿发生意外事故。如室内用房过于拥挤，活动场地狭小，地面不平整，家具、玩具的边角锐利，玩具颗粒过于细小，游戏设备陈旧、老化，操作工具不适合幼儿等。而幼儿又缺乏生活经验，安全意识淡薄，所以幼儿在日常生活中就容易出现或轻或重的意外伤害。

4.规章制度不健全

一方面，目前托幼机构大多制定了门卫制度、饮食卫生制度等安全规章制度，但尚不完善。另一方面，安全规章制度的执行缺乏力度。如幼儿园普遍都有严格的门卫制度，但是在执行时往往比较随意，这是近年来几次重大恶性事故在幼儿园发生的主要原因。

二、幼儿安全教育的目标

幼儿生长发育迅速，但还未完善；可塑性强，但缺乏知识经验；活动欲望强烈，但自我保护意识薄弱。因此，增强幼儿的安全意识，提高幼儿的自我保护能力是幼儿园健康教育的重要内容。幼儿安全教育的总目标应该是激发幼儿安全自护的意识，引导幼儿掌握必要的安全常识，培养幼儿养成良好的安全自护行为习惯。

三、安全教育的内容

1.教育幼儿遵守各种安全制度

教育幼儿遵守安全制度主要包括以下几点。

（1）教育幼儿不能随便离开自己所在的班，有事必须先告诉教师，得到允许后才能离开。

（2）教育幼儿在出入各室和上下楼梯时不打闹、不拥挤，遵守体育运动、游戏的各项规则。

（3）教育幼儿遵守交通规则，不在马路上停留、打闹和玩耍；让幼儿学会正确使用交通安全设施（人行道、人行天桥、地下通道等）；知道搭乘交通工具时要留意的事情（候车时待在安全的地点；行车时注意车门开关，紧握扶手，勿探身窗外等）；对陌生人的搭讪提高警惕；迷路时懂得向警察求助。

（4）利用图片、谈话、讲故事等形式，向幼儿讲一些因缺乏安全意识而酿成灾祸的事例，以增强幼儿遵守安全制度的意识。

2.教育幼儿懂"水""火""电"的危险

（1）防水的知识

防水知识主要包括三个方面：①不要在距离水边较近的地方玩耍；②游泳时要注意安全，如不能到水流湍急处游泳，也不要在饥饿、疲劳的情况下游泳，游泳前要做好充分的准备工作，以免在水中发生腿抽筋而无法游泳，造成溺水事故；③遇到同伴溺水，要学会呼救。

（2）防火的知识

防火知识主要包括三个方面：①不玩火，不靠近火源，着火了赶快告诉成人；②知道火警电话是119；③知道水、土、沙子都能灭火。

（3）防电的知识

防电知识主要包括四个方面：①不玩弄电器开关、插头、插座等，不摆弄电器，不靠近电源。②知道电的标志，见到高压电标志要远离。③知道雷电天气时不要看电视，并提醒成人拔插头。在室外遇雷电时不要在大树下避雨，也不要在山坡上或空旷的高地上行走，以免发生被雷击的意外。④不要爬到电线杆上玩耍，不要捡拾掉在地上的电线，也不要靠近电线，以防触电。

3.教育幼儿不要做有危险的事

教育幼儿不互射弹弓、不爬墙、不爬树；不把小物品如花生米、黄豆、珠子、棋子等含在口中吮吸，或放入耳、鼻中，以免引起意外事故；不随便拿药吃，以免造成药物中毒。

4.教育幼儿遵守交通规则

幼儿常常因不懂得或不遵守交通规则而发生车祸，如在车前横穿马路，在马路上玩耍、踢足球等。要教育幼儿遵守公共交通秩序，过马路时要走人行横道线，不要在马路上停留、玩耍、打闹。

5.教育幼儿不要捡拾小物件

幼儿常常喜欢捡一些小物体，如钉子、碎玻璃、野花、野草等。有时把小物件放到口中吮吸，偶尔还会把小钢球、豆粒、纸团等放入耳、鼻中，常因此发生割破皮肤、误食有毒植物、误吞异物等意外伤害。应教育幼儿不要捡拾小物件，更不能将小物件放入口、鼻、耳中。

6.教给幼儿有效的自救知识

保教人员还应对幼儿进行必要的安全教育，并教给他们有效的自救知识。如预防煤气中毒，要告诉幼儿，煤气是一种看不见、摸不着但能闻得到臭味的有毒易燃气体。如果煤气灶开关没有拧紧，煤气管道泄漏，人吸了煤气以后就会中毒。一旦发生煤气泄漏，首先要关掉煤气灶开关，并立即开窗通风，将中毒者移至空气清新处，并呼叫"120"，发生火灾时呼叫"119"。

考题再现

【2020·长沙岳麓·简答】幼儿的安全是幼儿园工作的首要任务，从幼儿入园到离园的每个环节都隐藏着安全问题，因此，幼儿园的安全管理和安全教育是保护幼儿的重要措施。简述对幼儿进行安全教育的主要内容。

【参考答案】见上文。

强化练习

简答题

简述幼儿发生意外事故的原因。

参考答案及解析

简答题

【参考答案】

幼儿发生意外事故的原因有以下四个方面。

（1）幼儿身体和心理机能的特点。

（2）保教人员安全意识缺乏或保育者人数不足。

（3）客观环境中的潜在危险。

（4）规章制度不健全。

第六章　学前儿童的心理卫生

考情分析

本章内容以识记、理解为主，主要以单项选择题的形式进行考查。其中第二节学前儿童常见的心理卫生问题是重点考查内容。

学习目标

识记、理解学前儿童不同心理卫生问题的原因、表现、矫治措施等。

第一节　学前儿童心理卫生的意义和内容

一、学前儿童心理卫生的意义

幼儿期是人的一生中身心各方面发展最迅速、最重要的时期。儿童在成长的过程中并不是一帆风顺的，他们会经历许多转折点，也会遇到许多矛盾与困难。他们年龄尚小，经验与能力都很欠缺，且极易受到各种不良因素的影响。因此，在其成长过程中，成人应重视儿童的心理卫生，加强对儿童的心理保健，增强儿童的心理能力，尽可能避免儿童出现各种心理问题或心理障碍，这对儿童心理的健康发展是十分重要的。

二、学前儿童心理卫生的内容

学前儿童心理卫生的内容相当广泛，凡是能维护和增进儿童心理健康的措施和方法，都属于学前儿童心理卫生的范畴。概括地说，一般包括以下几个方面。

1.为学前儿童提供良好的生活环境和教育环境

儿童的家庭、托幼园所和整个社会，都应该为儿童的健康发展提供良好的生活环境和教育环境，使儿童的基本权益得到保障，减少并消除有损于儿童身心正常发育的各种因素，从而使儿童能受到良好的保护并得到充分的发展。

2.加强各种心理保健措施，对学前儿童进行心理卫生教育

在儿童生长发育的过程中，卫生保健部门、家庭、托幼园所应做好相应的心理保健工作，例如遗传咨询、妊娠期保健、产前检查、婴幼儿的护理和心理保健、合理营养、计划免疫、健康检查等，使个体生命从孕育之时起就能得到良好的维护和发展。根据儿童发展的年龄特点，对儿童进行心理卫生教育，也是儿童心理卫生工作的重要方面。通过心理卫生教育，逐步培养儿童良好的心理品质，增强儿童自身的心理适应能力，提高儿童心理健康的水平，从而使儿童能更好地适应社会生活。

3.学前儿童心理问题的早发现、早干预和早治疗

儿童心理问题的早发现、早干预和早治疗十分重要。通过观察、诊断、筛查等方法,可以及早地发现有心理问题的儿童,并及时采取相应的措施,对其进行早期干预和早期治疗,这样便可以把心理问题消灭在萌芽状态,从而为儿童的心理健康奠定良好的基础。

◆ 知识拓展 ◆

幼儿挫折教育的内容

1.充分感受和体验挫折

充分感受和体验挫折是挫折教育的基础,目的在于培养情感。只有当幼儿充分地感受到挫折带来的痛苦体验时,才会激发他们解决问题、克服困难的动力。

2.正确认识和理解挫折

正确认识和理解挫折是挫折教育的关键,目的在于发展认知。因而,形成对挫折的正确认知是提高幼儿挫折承受力的关键。只有让幼儿在克服困难中正确认识和理解挫折,才能培养出他们不怕挫折、克服困难的勇气和信心。

3.战胜挫折的方法

(1)自我鼓励。自我鼓励其实是一种积极的自我暗示。例如,幼儿对自己说"我能行的""我会很勇敢的"。自我鼓励的培养常来源于成人的肯定,如父母说"你真行",幼儿便会将它内化为"我真行,我能行的"。

(2)增强努力。在很多情况下,幼儿的目标受挫是因为他们不够努力,所以应让他们掌握"增强努力"的方法,继续努力以达到目标。

(3)分析原因,改变策略。在某些情境中,幼儿的目标受挫是因为他们只采用了一种方法或坚持了错误的方式,因而成人需要启发他们分析产生挫折的原因,尝试不同的方法,最终达到目的。

(4)补偿。当幼儿因为自身的缺陷或社会环境的客观原因而不能达到目标时,可以通过加强另一方面的品质来补偿客观造成的挫折。

(5)合理宣泄。挫折会带来消极的情绪体验,要引导幼儿通过合理的途径,把这种消极情绪宣泄出来,不要自我压抑,闷在心里。哭泣、大笑、运动、倾诉等都是宣泄的途径。

考题再现

【2020·长沙岳麓·多选】掌握战胜挫折的方法是挫折教育的归宿。下列说法有利于幼儿战胜挫折的有( )。

A.自我鼓励   B.合理宣泄

C.从挫折感中转移注意力   D.改变解决问题的策略

【答案】ABCD。

第二节 学前儿童常见的心理卫生问题

一、情绪障碍

考点1 儿童期恐惧

1.原因

幼儿的恐惧多数产生于成人的恐吓和幼儿自身的直接感受。随着年龄的增长,恐惧感可自行消退。如果恐惧感长期不消退,就有可能导致幼儿的退缩或回避行为。

2.表现

儿童期恐惧的表现是幼儿对特定的动物、人、物品或情境所产生的过分的或不合理的恐惧和回避反应。幼儿期主要的恐惧对象有生疏的动物和情境、陌生人、闪光、阴影、噪声、黑暗、孤独、梦境等。

3.矫治

家长和教师在任何情况下都不可采用恐吓、威胁的方法教育幼儿,应积极鼓励幼儿投入所恐惧的情境中,学会如何积极应付而不是消极回避。必要时采用系统脱敏法,使幼儿分阶段逐步接近所恐惧的事物,从而减轻对特定事物的恐惧。也可采用示范法予以矫正。

考点2　儿童期焦虑

1.原因

幼儿焦虑症主要与心理社会因素及遗传因素有关。患儿往往性格内向和情绪不稳定,在家庭或幼儿园等环境中遇到应激情况时易产生焦虑情绪。如父母为焦虑症患者,患儿的焦虑可能逐渐成为慢性焦虑。

2.表现

焦虑症的主要表现是焦虑情绪、不安行为和自主神经系统功能紊乱。学龄前幼儿可表现为惶恐不安、不愿离开父母、哭泣、辗转不安,可伴有食欲不振、呕吐、睡眠障碍及尿床等情形。

3.矫治

以综合治疗为原则,心理治疗为主,药物治疗为辅。首先了解并消除引起焦虑症的原因,改善家庭与学校环境,创造有利于患儿的适应过程与环境,减轻患儿压力,增强自信。

考点3　屏气发作

1.原因

屏气发作是指婴幼儿在情绪急剧变化时出现呼吸暂停的现象。其原因除与情绪因素有关外,也可能与机体缺铁有关;发病的幼儿中有相当一部分的病例同时患有缺铁性贫血。

2.表现

屏气发作主要表现为在遇到不合己意的事情时,突然出现急剧的情绪爆发,发怒、惊惧、哭闹后立即出现呼吸暂停现象。轻者呼吸暂停半分钟到1分钟左右,面色发白、口唇青紫;重者呼吸暂停2~3分钟、全身强直、意识丧失、出现抽搐。其后肌肉松弛,恢复正常呼吸。

3.矫治

尽量消除可引起幼儿心理过度紧张的种种因素,不要溺爱幼儿。对正在发作的孩子,家长要镇静,立即松开孩子的衣领、裤带,使其侧卧,轻轻扶着孩子。孩子恢复正常后,可以给他讲故事、带他玩儿以转移他的注意力,缓解他的紧张情绪。

考点4　暴怒发作

1.原因

溺爱是引起幼儿暴怒的主要原因,如父母或祖辈对幼儿的生活过分关注,一切都包办代替,并全力加以满足。久而久之这样的行为会在幼儿意识中形成习惯思维。一方面,幼儿得到满足的心理会急剧膨胀,家长的让步只会使事情越来越恶化;另一方面,由于幼儿在生活中缺乏独立的锻炼,没有克服困难的能力,因此容易形成自私自利的性格特点,最后演变成以自我为中心的行为模式。

2.表现

暴怒发作主要表现为幼儿在自己的要求或欲望得不到满足,受到挫折时,就出现哭闹、尖叫、在地上打滚、用头撞墙、撕东西、扯自己的头发等过火的行为。

3.矫治

从小培养幼儿合理宣泄不良情绪的能力。对幼儿不溺爱,如初次出现暴怒发作,成人不妥协,坚持讲道理,不迁就不合理的要求。

二、睡眠障碍

考点1　夜惊

1.原因

幼儿夜惊,多由心理因素引起。如离开亲人到陌生环境,受到成人的严厉责备,睡前看了惊险电影或听了情节紧张的故事,或卧室空气污浊,手压迫前胸,晚餐过饱等。鼻咽部疾病导致睡眠时呼吸不畅,肠寄生虫病和癫痫发作也可导致夜惊。

2.表现

夜惊主要表现为在睡眠中惊醒,突然哭喊出声,两眼直视,并从床上坐起,表情恐惧,且伴有心跳加快、呼吸急促、全身出汗等症状。这时,如果叫他,通常难以唤醒,对于他人的安抚,他一般不予理会。夜惊的发作可持续数分钟,过后可再度入睡,醒后对此事基本上没有记忆。

3.矫治

对于夜惊的幼儿,一般不需要进 行药物治疗,主要从解除产生夜惊的心理诱因和改变不良环境因素入手,及早治疗躯体疾病,还应注意培养幼儿良好的睡眠习惯。随着年龄的增长,大多数幼儿的夜惊会自行消失。

考点2　梦游

1.原因

梦游常与幼儿大脑皮质抑制过程不完善有关。身体疲劳、精神紧张或过度兴奋是其主要诱因,梦游与机体疾病亦有关系。

2.表现

梦游主要表现为在睡眠状态中起床行走,做一些穿衣、开门、来回走动、搬动杂物等简单或复杂的动作,可持续几分钟至半小时,然后上床入睡或睡于他处。幼儿梦游发作时面部表情呆滞、神态迷惘、难以唤醒,醒后对夜间行为多不能回忆。

3.矫治

对于患有梦游症的幼儿,首先要查明原因,排除机体因素和药物诱发因素。属功能性的梦游症,多数会随着年龄的增长而自愈,不需做特殊处理;对非功能性的梦游症的矫治,应消除引起幼儿紧张、恐惧的各种因素,避免过度疲劳,不要在其面前谈论梦游情况,发作时应予以保护。

考点3 梦魇

1.原因

梦魇的发生大多是因为心理矛盾,情绪焦虑,或因看了恐怖电视,听了恐怖的故事加上睡眠时姿势不舒适而造成的,如鼻子被毯子盖住,胸口受被子压住等。有些幼儿还可因感冒而引起的呼吸不畅和肠寄生虫病引起睡眠不适,过饥或过饱也可诱使梦魇的发作。

2.表现

梦魇主要表现为从噩梦中惊醒之后,能生动地回忆起梦境的内容片段。这些梦境,总是非常可怕的,使做梦的幼儿处于极度焦虑之中,在将醒未醒之际,常感到身躯和四肢难以动弹,需几经挣扎,才可完全清醒。醒后仍有短暂的情绪失常,紧张、害怕、出冷汗,面色苍白等。

3.矫治

对于患有梦魇的幼儿,只要不是经常发作,不必做特殊治疗。平时要注意保持幼儿生活的规律性,培养幼儿开朗的性格。

三、品行障碍

考点1 攻击性行为

1.原因

当幼儿感受到挫折、威胁、羞耻或不满时,常出现攻击性行为。例如,家长不能满足幼儿的正当合理需求,幼儿好奇心受挫,或家长平时溺爱幼儿,对其有求必应,造成幼儿任性、霸道。幼儿的生活环境中经常出现攻击性行为,或所看的电视中常有暴力行为镜头,他就会去模仿、学习。

2.表现

攻击性行为主要表现为发作性暴怒、冲撞、打人、咬人、踢人等。有的幼儿还可能表现出"人来疯"现象,以引起他人的注意。攻击性行为多见于男孩儿。

3.矫治

对于幼儿的攻击性行为,成人应尽早查明原因,给予矫正。家长应采用正确的教育方法,对这种行为既不可迁就姑息,也不可体罚幼儿。幼儿发作时,可暂不予理睬,待其行为自行消退后再给予说服教育。幼儿园也应帮助幼儿学习如何与他人相处,如何调节自己的情绪,如何对待挫折等。

考点2 说谎

1.原因

三四岁的幼儿由于认知水平低,在思维、记忆、想象、判断等方面,往往会出现与事实不相符合的情况,这属于无意说谎。如常把想象的东西当作现实存在的东西,把渴望得到的东西说成已经得到了,把希望发生的事情当作已经发生的事情来描述。有的幼儿则是为了得到表扬、奖励或逃避责备、惩罚,故意编造谎言,这属于有意说谎。

2.表现

说谎主要表现为说假话。它包括无意说谎和有意说谎两种。

3.矫治

幼儿的无意说谎,受他们的心理发展水平的限制。因此,成人不应指责他们,只需让幼儿明白该怎么说就行了。对于幼儿的有意说谎,成人要及时揭穿其谎言,不能使其得逞。还可以给幼儿讲《狼来了》的故事,让其明白说谎的后果。同时成人应言传身教,为幼儿树立榜样。

考点3 拒绝上幼儿园

1.原因

不当的家庭教养方式,如不和谐的亲子关系,成人对幼儿过分娇惯与呵护;家长未帮助孩子做好入园前的心理准备;不良的幼儿园人际环境;幼儿缺乏与外界(尤其是同龄幼儿)的交往;教师不良的教育态度与方法等都会导致幼儿拒绝上幼儿园。

2.表现

对于大多数初上幼儿园的幼儿来说,出现一些心理上的不适应是比较正常的。在温暖的环境中,在教师的关爱下,他们一般能逐步适应集体生活。只有极少数的幼儿不仅情绪波动时间较长,而且常常提出过分的要求,如不在幼儿园吃饭和不睡午觉、要求父母第一个来接等,否则就大哭大闹。

3.矫治

应先充分了解幼儿拒绝上幼儿园的原因和在幼儿园的心理状况。家园配合,减轻他们进入陌生环境的紧张、不安心理。平时,家长要多鼓励幼儿和同龄小伙伴一起玩,有机会多参加一些适宜的社交活动,增强幼儿的社会适应能力。对拒绝上幼儿园的幼儿,尽量想办法使他能适应集体生活。不要轻易就放弃去幼儿园,否则容易在学龄期发展成拒绝上学或逃学。

考点4 偷盗

1.表现

幼儿的某种"偷盗"行为不一定是病态反应。例如,幼儿饿了,不经别人同意,就拿别人的东西来吃;幼儿园的幼儿常常把自己喜欢的东西带回家,因为他认为好玩的东西应与他在一起,等等。

2.矫治

幼儿在没有道德概念之前,并不懂得不经别人的同意拿别人的东西是不道德的行为。因此,父母与教师应正确看待幼儿的偷盗行为,分清哪些是偷,哪些不是偷。如果幼儿的偷盗行为经常而持久地发生,则应该考虑这是行为问题,及时加以注意与矫正。在教育和纠正幼儿偷盗行为之前,必须深入了解偷盗行为的原因。幼儿偷盗行为的原因:作为自我吹嘘的手段,取得别人的注意,不公平感觉的结果,或出于好奇心等。父母与教师要针对这些原因进行耐心、细致的教育。

四、语言障碍

考点1 语言发育迟缓

1.原因

语言发育迟缓由生理、心理、社会等多种因素引起。其主要病因有精神发育迟滞、脑性瘫痪、听力障碍、幼儿孤独症、心理及社会不良环境影响、缺少言语刺激以及存在特殊性的语言障碍等。

2.表现

语言发育迟缓的幼儿口头言语的发育明显落后于同龄幼儿的正常发育水平。如2岁时仍未说任何词语;3岁后大部分语音仍含糊不清,难以理解;发音能力较正常发育时间晚1年以上;3岁不会说简单句子,大多使用韵母发音,很少使用声母发音;5岁时,句子结构仍存在明显错误;5岁后,仍不能流利地说话,有不正确的节律、速度和语调。

3.矫治

对语言发育迟缓的幼儿要注重早期训练,家长要参与训练过程,家庭和幼儿园同步训练则效果更好。可先让幼儿倾听各种声音,并告之名称;再要求幼儿模仿教师口型,发音从简单到复杂;然后让幼儿听语音指物,再指物说名称;接着学习简单的口语对话;最后念儿歌。这样做遵循了正常语言的发展历程,可为矫正幼儿行为提供系统化的语言训练。

考点2 口吃

1.原因

口吃的发生并非因发音器官或神经系统有缺陷,而是与幼儿心理状态有关。幼儿由于肌肉控制能力的发展落后于情绪和智力活动表达的需要,常表现为说话踌躇和重复。少数幼儿可能因家长对其语言的表达做过多矫正或采用威吓、强制等方法来训练其语言,造成精神过度紧张而引起口吃。幼儿在突然受到惊吓,模仿别人口吃,患有某种疾病(如百日咳、流感、麻疹),或脑部受到创伤,大脑皮质的功能减弱等情况下,均有可能形成口吃。幼儿由于口吃受到讥笑、指责,从而产生紧张、自卑、羞怯、焦虑或退缩反应,有可能使症状加重。

2.表现

口吃主要表现为说话多停顿,重复发音而造成语言不流畅,伴有跺脚、摇头、挤眼、歪嘴等动作才能费力地将字进出。口吃多发生于3岁左右的幼儿,男孩儿多于女孩儿。口吃为常见的语言节奏障碍。

3.矫治

解除紧张是矫治口吃的重要方法。对少数口吃幼儿的矫治,应从解除幼儿的心理紧张入手,避免对幼儿嘲笑、指责或过分矫治。成人与幼儿讲话要心平气和、不慌不忙,使幼儿受到影响,养成从容不迫的讲话习惯;也可以对口吃幼儿进行口型示范和发音矫治的训练,可以多练习朗诵和唱歌,运用鼓励和表扬的方法培养其信心和勇气。

五、饮食障碍——偏食

1.原因

幼儿断奶后无法一下子习惯某些新的食物。父母为了迎合孩子的胃口,尽量满足孩子的要求,剥夺了他们尝试各种食物的机会,造成偏食。反抗期的幼儿出于逆反心理,故意不吃母亲特地为他制作的饭菜。另外,幼儿的"退行"行为是引起偏食的另一心理因素,往往在幼儿爱的需要受到挫折时显露出来。由于缺乏爱、缺乏关心,幼儿故意以偏食来引起成人的注意。父母有偏食习惯也会大大增加幼儿偏食的可能性。

2.表现

偏食主要表现为幼儿吃饭时总喜欢挑挑拣拣,只吃自己喜欢的饭菜,而不吃另一些食物。如果饭桌上没有自己喜欢的饭菜,就哭哭啼啼,不肯进食。

3.矫治

家长和教师首先要改变自己的不良饮食习惯,以免幼儿在饮食过程中模仿;其次,鼓励幼儿参加各种户外活动,以增进食欲。餐桌上既不过分关心幼儿的食量,也不要漠不关心,而应以一种参与、欣赏、帮助的态度对待幼儿。注意科学的烹调、加工,做到色、香、味、形俱全,特别是色和形最易诱发幼儿的食欲。

六、排泄障碍——遗尿症

1.原因

患遗尿症的原因主要包括以下几点。

(1)心理因素。心理因素主要是指精神方面受到创伤,如突然受惊、大病一场、对生活环境的改变不能适应等。

（2）训练不当。排尿过程的自主控制,既需要大脑发育成熟到一定的程度,也需要学习和训练。一般两三岁的幼儿就可以开始自行控制排尿。如果训练方法不当,幼儿没有形成良好的排尿习惯,亦可发生遗尿。

（3）遗传因素。研究发现,遗尿与遗传的关系密切,约有70%的遗尿患儿的一级亲属中有遗尿历史。

（4）器质性遗尿症。因疾病所引起的遗尿症称"器质性遗尿症",如蛲虫病、膀胱炎等,均可使幼儿不能主动控制排尿。

2.表现

幼儿在5岁以后,白天或者夜晚仍不能主动控制排尿,经常夜间尿床,白天尿裤,称"遗尿症"。

3.矫治

某些新入幼儿园的幼儿,出现"尿频、尿急"的现象,但检查尿液未发现异常,泌尿道也无感染。这种情况常与幼儿对集体生活不适应有关。幼儿总感觉有尿而往厕所跑,怕尿裤子,常因紧张不安而尿湿,如果因此受到批评,紧张情绪加剧,就会越发控制不住,但这不是"遗尿症"。对刚入园的幼儿,要帮助他们熟悉环境,多给予其关心、照顾,让其放心地去参加各种活动。当他们紧张不安的心理解除了,尿频、尿急的现象也就会随之消失。

七、注意缺陷多动障碍

注意缺陷多动障碍,也称为多动症,是一类以注意障碍为最突出表现的,以多动为主要特征的幼儿行为问题。

1.诱因及表现

注意缺陷多动障碍可能与脑损伤、遗传、神经递质代谢异常、不良教育方式以及成人与幼儿关系紧张等有关。

注意缺陷多动障碍的临床表现多种多样,主要包括以下几点:①活动过度;②注意力不集中;③情绪不稳定,冲动任性;④感知觉及认知障碍;⑤学习困难;⑥轻微的神经系统缺陷。

2.矫治

注意缺陷多动障碍的治疗应从生物、心理和社会三个方面着手进行。生物方面主要是改善身体状况和服用药物。社会方面主要是协调学校和家庭的关系。家长在治疗中有关键性的作用,应为孩子创造一个和谐、温暖的家庭气氛,耐心、细致地对孩子进行辅导。心理方面主要是对幼儿进行行为矫正治疗、教育和训练。教师应给幼儿以更多的爱心,避免当众批评,尽量将幼儿吸引到有益于身心健康的活动中来。

考题再现

【2020·长沙天心·单选】多动症又称为（　　　）。

A.认知缺陷障碍　　　　　　　　　　B.情绪缺陷障碍

C.注意缺陷多动障碍　　　　　　　　D.思维缺陷障碍

【答案】C。

八、不良习惯

考点1　咬指甲癖

1.原因

咬指甲癖大多出现于幼儿精神紧张时,如不愿去幼儿园,家长管束太严,缺少小伙伴和游戏。情绪不安、低落时,幼儿以咬指甲自慰。幼儿养成顽固习惯后,有时终生难改。

2.表现

咬指甲癖主要表现为经常地、控制不住地用牙将长出的手指甲或脚指甲咬去,这在3~6岁的幼儿中常见。

3.矫治

对于有咬指甲行为的幼儿,应从消除其心理紧张的因素入手。良好的生活习惯,户外活动和游戏,可使幼儿情绪饱满、愉快。另外,要养成按时修剪指甲的卫生习惯,用苦药或辣味物质涂擦指甲一般不能收到良好的效果。

考点2 吮吸手指

1.原因

若成人喂养不当,不能满足幼儿吮吸的欲望,以及缺乏环境刺激和爱抚,易导致幼儿以吮吸手指来抑制饥饿或进行自我娱乐。

2.表现

幼儿吮吸手指极为常见,随年龄增长,这种行为会逐渐消退;若随年龄增长,仍保留这种不良习惯,成人应帮助幼儿及时纠正。这种不良习惯易引起肠道寄生虫、肠炎等疾病,且会引起手指肿胀、发炎。若持续到六七岁换牙时期,则会导致下颌发育不良、开唇露齿、牙齿排列不整齐等,既妨碍面容的和谐,又不能充分发挥牙齿的咀嚼功能。

3.矫治

对于有吮吸手指行为的幼儿,要消除生活环境中可能引起其焦虑、恐惧等不良情绪的因素,用玩具、图片等幼儿喜爱之物,或感兴趣的活动去吸引幼儿的注意力,淡化其吮吸手指的欲望,逐渐改掉其固有的不良习惯。不宜采用在手指上涂苦味药或裹上手指等强制方法。

考点3 习惯性摩擦综合征

1.原因

习惯性摩擦综合征是因为幼儿躺卧成一定体位,摩擦外阴止痒,渐成习惯。有过敏性体质的幼儿,可因外阴湿疹引起皮肤瘙痒。

患蛲虫症的幼儿,因蛲虫夜间移行至肛门外产卵,使肛门周围奇痒,也会诱使幼儿摩擦外阴止痒。男孩儿包皮口狭小或包皮与阴茎头粘连,易引起包皮炎,可使阴茎头瘙痒不适。另外,心理上的紧张不安也是诱因。

2.表现

习惯性摩擦综合征主要表现为幼儿将两腿交叉上下摩擦,或骑坐在某些物体上来回活动身体,摩擦阴部,引起脸红、眼神凝视、表情不自然等现象。对幼儿的这种行为,不应视为"手淫"。习惯性摩擦综合征和吮吸手指等,都属于幼儿的不良习惯,不是性早熟的现象。这种行为,最早可发生于1岁左右,男孩儿多于女孩儿,多数发生在入睡之前或刚醒来时,也有不分场合或避开成人干涉暗自进行的情况。

3.矫治

当幼儿发生习惯性摩擦综合征时,可设法转移其注意力,或轻声呼唤他,或改变其体位,也可用乐曲、玩具等吸引他的注意力。如果成人用恐吓、打骂等方法对幼儿施加压力,会使幼儿对这种行为产生罪恶感和神秘感,精神会更加紧张,控制行为的能力更加薄弱,很难改正。不要让幼儿过早卧床,或醒后不起床。衣着不要过暖,内裤不要太紧。讲究卫生,经常清洗外阴。

一、单项选择题

1.儿童梦魇现象属于（　　）。

A.睡眠障碍 　　　　　　　　　　　　B.情绪障碍

C.品行障碍 　　　　　　　　　　　　D.心理机能发育迟缓

2.家长或教师矫治儿童期恐惧症时可采用的方法是（　　）。

A.系统脱敏法 　　　　　　　　　　　B.阳性强化法

C.负强化法 　　　　　　　　　　　　D.消退法

3.儿童在睡眠中出现惊醒，突然哭喊出声，两眼直视，并从床上坐起，表情恐惧，且伴有心跳加快、呼吸急促、全身出汗等症状。这是（　　）。

A.癫痫发作 　　　　　　　　　　　　B.夜惊

C.梦游症 　　　　　　　　　　　　　D.梦魇

4.攻击性行为属于（　　）。

A.情绪障碍 　　　　　　　　　　　　B.品行障碍

C.一般行为偏异 　　　　　　　　　　D.心理疾患

5.矫治幼儿咬指甲癖的最佳方法是（　　）。

A.戴手套 　　　　　　　　　　　　　B.不予理睬

C.转移注意 　　　　　　　　　　　　D.手指涂黄连

6.雯雯是一个非常聪明、开朗的女孩子，但是最近总是做噩梦，经常被吓醒，且精神会有短暂的不安和恐惧，惊醒后会向妈妈讲述噩梦中的片段，表达自己的恐惧和焦虑，随后便又入睡。下列最不可能属于雯雯出现此症状的主要原因是（　　）。

A.精神紧张、焦虑不安

B.不良的睡眠或饮食习惯

C.身体患有疾病

D.白天参加了适量的运动

二、简答题

1.简述学前儿童心理卫生的内容。

2.简述患梦游症幼儿的表现和矫治措施。

参考答案及解析

一、单项选择题

1.【答案】A。

2.【答案】A。

3.【答案】B。

4.【答案】B。

5.【答案】C。**解析**：对于有咬指甲癖的幼儿，要多给予关心，消除其抑郁孤单的心理和引起精神紧张的因素，责骂、惩罚和在指甲上涂苦药、辣物等均收不到良好的效果。成人应从鼓励入手，使幼儿建立改正坏习惯的信心，当幼儿咬指甲时应随时提醒并将其注意力引到其他事物上。

6.【答案】D。解析：适量的运动能够促进大脑分泌抑制兴奋的物质,促进幼儿睡眠。

二、简答题

1.【参考答案】

（1）为学前儿童提供良好的生活环境和教育环境。

（2）加强各种心理保健措施,对学前儿童进行心理卫生教育。

（3）学前儿童心理问题的早发现、早干预和早治疗。

2.【参考答案】

（1）表现。

梦游主要表现为在睡眠状态中起床行走,做一些穿衣、开门、来回走动、搬动杂物等简单或复杂的动作,可持续几分钟至半小时,然后上床入睡或睡于他处。幼儿梦游发作时面部表情呆滞、神态迷惘、难以唤醒,醒后对夜间行为多不能回忆。

（2）矫治。

对于患有梦游症的幼儿,首先要查明原因,排除机体因素和药物诱发因素。功能性的梦游症多数会随着年龄的增长而自愈,不需做特殊处理;对非功能性的梦游症的矫治,应消除引起幼儿紧张、恐惧的各种因素,避免过度疲劳,不要在其面前谈论梦游情况,发作时应予以保护。

第七章　托幼园所的卫生保健制度

考情分析

本章内容以识记、理解为主,会以判断题的形式进行考查。其中消毒的基本方法是重点考查内容。

学习目标

1.识记执行生活制度的注意事项。
2.理解学前儿童膳食管理的要求。
3.识记并区分物理消毒法和化学消毒法。

托幼园所的卫生保健制度是保证幼儿健康成长、防止和控制疾病发生或在园内传播的基本措施。托幼园所必须建立并严格执行各项卫生保健制度。

第一节　生活制度

一、生活制度的含义和意义

托幼园所的生活制度是指按科学的依据把幼儿每日在园内的主要活动,如入园、进餐、睡眠、游戏、户外活动、教育活动、离园等在时间和顺序上合理地固定下来,并形成一种制度。

托幼园所制定并实施合理的生活制度,可以使婴幼儿在园内的生活既丰富多彩又有规律性,劳逸结合,动静交替。这不仅有利于婴幼儿的生长发育和健康,而且还有助于培养婴幼儿有规律的生活习惯,同时也为保教人员顺利地做好保育和教育工作提供了重要的条件。

二、制定生活制度的依据

托幼园所在制定生活制度时,必须综合地考虑与之有关的各种因素,制定出既切合本园实际情况又符合幼儿发展特点的合理的生活制度。一般来说,在制定生活制度时主要依据以下几个方面。

1.婴幼儿的年龄特点

婴幼儿期是生长发育十分迅速的时期,托幼园所的生活制度必须首先满足幼儿生长发育的需要。因此,在制定生活制度时,应合理地安排婴幼儿的进餐时间,保证婴幼儿有充足的睡眠以及户外活动的时间。此外,还应该考虑到不同年龄阶段幼儿的具体特点,使不同年龄阶段的幼儿在生活制度的安排上有所区别。

2.婴幼儿生理活动的特点

婴幼儿神经系统尚未发育成熟,如果某一种性质的活动持续时间过长,就会引起大脑皮层相应区域神经细胞的疲劳。因此，婴幼儿在从事某一种活动一定时间以后，应该及时变换活动的性质。这样，才能使婴幼儿大脑皮层的神经细胞得到充分的休息，避免疲劳，以保持较好的工作能力。为此，托幼园所在制定生活制度时，应考虑到不同性质的活动轮换进行，做到劳逸结合、动静交替。

3.地区特点以及季节变化

我国地域辽阔，具有较大的南北气候差异以及东西时间差异，各园所应根据本地区的具体地理特征以及本园的实际情况，制定相应的生活制度。同时，在制定生活制度时，还应考虑到不同季节的特点，对生活制度中的部分环节进行适当的调整。

4.家长的需要

幼儿的年龄特点决定了幼儿入园以及离园都必须由家长亲自接送。因此，托幼园所在制定生活制度时，还应该考虑幼儿家长的实际情况和需要，更好地为家长服务。

三、执行生活制度的注意事项

1.坚持执行

坚持执行，持之以恒，不随便变更，才能起到预期的效果。

2.保教结合

通过一日生活的各个环节，对幼儿进行生活护理、卫生保健和教育工作。

3.家园同步

争取让家长能在节假日也安排好幼儿的一日生活，饮食、起居有规律，避免发生"星期一病"（因节假日贪食、玩得过累，周一则发热、消化不良、感冒等）。

4.个别照顾

对体弱多病的幼儿，要给予特殊照顾。

5.培养良好的卫生习惯

良好的卫生习惯包括大小便、饮食、盥洗、劳动与互助，以及生活自理能力等。它是发展幼儿智力，培养其良好行为及独立生活能力的有力措施，也是培养幼儿热爱劳动、团结友爱等良好品德的需要。

第二节　健康检查制度

托幼园所应建立和健全健康检查制度。健康检查的对象应包括新入园的幼儿、在园的幼儿以及托幼园所中的全体工作人员。

一、学前儿童的健康检查

对幼儿进行定期的和不定期的健康检查，可以了解每个幼儿的生长发育情况和健康状况，以便采取相应的措施，更好地促进幼儿健康成长；同时，对疾病也可以做到早发现、早隔离和早治疗。

考点1　入园前的健康检查

即将进入托幼园所生活的幼儿，在入园前必须进行全面的健康检查，以鉴定该幼儿是否能过集体生活，预防将某些传染病带入托幼园所中；而且，入园前的健康检查还能为托幼园所更好地了解和掌握每名幼儿生长发育的特点以及健康状况提供重要的资料。幼儿入园前健康检查的主要内容包括以下几方面。

（1）了解幼儿的疾病史、传染病史、过敏史、家族疾病史等。

（2）检查幼儿当前的生长发育与健康状况，如身高、体重、胸围、头围、心肺功能、视力、听力、皮肤、牙齿、脊柱的发育、血红蛋白、肝功能等。

（3）了解幼儿预防接种完成的情况等。

考点2　入园后的定期健康检查

幼儿入园后应定期进行健康检查。一般来说，1岁以内的婴儿，每季度应体检一次；1~3岁的婴儿，每半年体检一次，每季度量体重一次；3岁以上的幼儿，每年体检一次，每半年测量身高、视力一次，每季度量体重一次。

托幼园所应为每名幼儿建立健康档案，以便全面了解和判断每名幼儿生长发育的情况。

幼儿每次健康检查以后，医务保健人员都应对幼儿个人以及集体进行健康分析、评价以及疾病统计，并据此提出在促进幼儿健康成长方面的相宜措施。

考点3　每日的健康观察

幼儿每日入园以后，医务保健人员和保教人员应该对其进行每日的健康检查和观察，发现疾病及早进行隔离和治疗，防止疾病加重或在园内传播。幼儿每日的健康观察主要包括入园时的晨检和全日的观察。

1.入园晨检

晨检是托幼园所卫生保健工作的一个重要环节。通过这一环节，不仅可以及早地发现疾病，而且对于一些不安全的因素，也可以及时加以处理。同时，入园晨检也能帮助保教人员了解幼儿在家庭中的生活情况，有利于保教人员更好地做好当日的工作以及密切家园的联系。

晨检中如果发现幼儿有身体不适或疾病迹象，应劝说家长带幼儿去医院检查，或暂时将该幼儿隔离，请保健医生进一步检查，然后再确定是否入班。

2.全日观察

幼儿入园以后，保教人员在对幼儿进行日常保育和教育的过程中，应随时观察幼儿有无异常表现，重视疾病的早发现。全日观察的重点是幼儿的精神状况、食欲状况、大小便状况、睡眠状况、体温等。平时活泼爱动的幼儿，突然变得不爱说话、不爱活动、无精打采，幼儿吃饭时没有食欲，甚至出现呕吐等现象，幼儿小便颜色加重、大便次数增多或拉肚子等，都反映出幼儿身体的异常，应进一步对幼儿进行身体检查，以确定幼儿是否生病。真正做到早发现、早隔离、早治疗。

二、工作人员的健康检查

为了保证学前儿童的健康，托幼园所的工作人员在进入托幼园所工作以前，都必须进行严格的健康检查，健康检查合格者方能进入托幼园所工作。

（1）工作人员上岗前必须进行健康检查，同时要接受每年一次的定期检查。

（2）体检必须到当地妇幼保健机构或相应的医疗机构进行检查，并由体检单位按规定填写健康检查表。

（3）工作人员体检合格，由体检单位签发健康证明书后，方能上岗工作。

（4）对患有国家法定传染病及乙肝表面抗原阳性，滴虫性、霉菌性阴道炎，化脓性皮肤病，精神病，肢体残疾者不得从事保教工作、炊事员工作。

（5）在工作中发现患有急慢性传染病（包括疑似病人）、病原携带者以及有碍婴幼儿身心健康的疾病，要及时隔离和调离，待病愈后持妇幼保健机构的健康证明方可恢复工作。

（6）保教人员健康检查项目包括身体检查、实验室检查和医技检查。

第三节　膳食管理制度

托幼园所应建立并严格执行膳食管理制度，保证提供给幼儿的膳食符合营养要求和卫生要求。

一、学前儿童的膳食管理

幼儿的膳食应由专人负责管理。幼儿的伙食费应做到计划开支、精打细算、合理使用。工作人员的伙食应与幼儿的伙食分开，不允许侵占幼儿的伙食。幼儿的膳食管理主要包括以下几方面。

（1）合理安排幼儿的就餐时间和就餐次数。

（2）根据当地不同季节食品的供应情况，制定出适合幼儿年龄特点的食谱，并定期进行更换。

（3）准确掌握当日幼儿出勤的人数，做到每天按人按量供应主副食，不吃隔夜饭菜。

（4）遵守开饭时间，按时开饭，保证幼儿吃饱、吃好。

（5）定期计算幼儿的进食量和营养量，对幼儿的饮食状况以及营养状况进行分析，发现问题，及时采取相应措施等。

二、厨房及食品的卫生要求

考点1　厨房的卫生要求

厨房的卫生要求包括以下几点。

（1）厨房应保持光线充足，空气流通，并设有纱窗、纱门以及防蝇、防鼠等设备。

（2）保持厨房以及厨房用具的整洁与卫生，经常打扫、清洗与消毒，保证厨房内无蝇、无蚊、无蚂蚁、无蟑螂、无老鼠等。

（3）严格做到厨房生、熟食用具与餐具等分开，烹调操作应采用流水作业法，以防生食与熟食交叉感染。

（4）每餐使用过的用具和餐具应及时清洗和消毒。

（5）厨房内严禁外人出入，严禁吸烟等。

考点2　厨房工作人员的卫生要求

厨房工作人员的卫生要求包括以下几点。

（1）厨房工作人员应保持个人的清洁卫生，做到勤洗头、勤洗澡、勤换衣、勤剪指甲，上班时不化妆、不涂指甲油、不戴首饰。

（2）炊事人员应坚持上岗前洗干净手、换上工作服、戴好帽子；如厕前脱下工作服，便后或接触过污物、生食后应用肥皂洗手；在进行烹调操作前洗手，以及在尝菜时使用专用的筷子或汤匙等。

（3）厨房工作人员在制作面点以及分饭、分菜前，必须洗净双手后再接触食物。在做饭菜或分饭菜时，不能对着食物咳嗽、打喷嚏或说话等。

考点3　食品的卫生要求

食品的卫生要求包括以下几点。

（1）购买新鲜、质量好的食品，做好食品的贮存和保鲜工作，不用和不食腐坏变质的食物。

（2）购买的熟食需加热处理后方能食用。

（3）对于烧熟的食物，冬季要做好保温工作，夏季要做好防烫和防变质工作。

（4）幼儿每天食用的食物在送往班级以前，应留样保存24小时（置于冰箱内），以备抽查。

第四节　卫生消毒与隔离制度

学前儿童正处于生长发育的重要时期，因其各器官、系统还未发育完善，抵抗力较弱，一旦接触到病原体就很容易患病。消毒是切断疾病（尤其是传染病）传播途径的重要措施。建立健全的卫生消毒、隔离制度，保证幼儿园的环境卫生、个人卫生以及儿童的健康成长。

一、消毒的基本方法

消毒就是杀灭或清除停留在体外传播因素上的存活病原体，是预防传染病的一项重要措施。消毒方法一般可分为物理消毒法和化学消毒法。

考点1　物理消毒法

1.机械消毒法

机械消毒法是指采用洗涤、通风换气等进行消毒的方法，能排除部分或全部的病原体，但不能有效地杀灭病原体。该方法主要用于玩具、室内空气的消毒。

2.日晒消毒法

日晒消毒法是指利用阳光中的紫外线杀灭病原体的方法。在阳光下暴晒3~6小时，可灭活附着在衣服、被褥等物品表面的病原体。流感、百日咳、流脑、麻疹等病原体在阳光直射下很快就会灭活。

3.煮沸消毒法

把被消毒的物品全部浸入水中，加热煮沸。一般致病菌在煮沸1~2分钟后即可灭活；甲型或乙型肝炎病毒和一些细菌，则需煮沸30分钟才能灭活。此种方法既简便又可靠。各种耐热的物品、金属器皿和食具等均可煮沸消毒。

考题再现

【2020·怀化麻阳·判断】煮沸法、日晒法均属于化学消毒法。　　　　　　　　　　（　　）

【答案】×。

考点2　化学消毒法

将化学消毒剂作用于病原微生物，使病原微生物的蛋白质产生不可恢复的损害，以达到杀灭病原微生物的目的，这种消毒方法称为化学消毒法。常见的消毒剂有如下四种。

1.漂白粉

漂白粉为常用消毒剂，主要成分为次氯酸钙。其杀菌作用取决于次氯酸钙中含的有效氯的量。由于其性质不稳定，使用时应进行测定，一般以有效氯含量≥25%为标准，少于25%则不能使用。

2.过氧乙酸

过氧乙酸为无色透明液体，有刺激性酸味和腐蚀、漂白作用，是强氧化剂，杀菌能力强。质量分数为

0.01%的溶液可杀死各种细菌,质量分数为0.2%的溶液可灭活各种病毒,是灭活肝炎病毒较好的消毒剂。过氧乙酸具有腐蚀性和漂白性,衣物等消毒后须立即洗涤干净。

3.乙醇

乙醇即酒精,为临床最常用消毒剂。质量分数为75%的乙醇能迅速杀灭细菌繁殖体。

4.来苏水

来苏水为红棕色黏稠液体,有酚臭,是甲酚和肥皂的复方制剂。其溶于水,性质稳定,可杀灭细菌繁殖体与某些亲脂病毒。

二、托幼园所的消毒制度

1.餐具消毒

儿童使用过的餐具应及时洗净,每日煮沸消毒一次,时间为5~10分钟。发生菌痢或肝炎时,应适当延长煮沸时间。也可以使用消毒柜消毒。消毒后的餐具应注意保洁。

2.被褥和床单消毒

儿童的被褥、床单要勤换、勤洗,至少每月两次,并经常置于阳光下暴晒。发生传染病如肝炎时,可用质量分数为0.5%的过氧乙酸浸泡2小时。

3.玩具消毒

玩具是儿童在幼儿园不可缺少的用品。玩具的卫生与否直接影响到儿童的健康。因此,对玩具进行消毒就尤为重要,一般可采用阳光下暴晒、消毒液浸泡和洗涤等方法。

4.图书消毒

儿童读物最好的消毒方法是放在阳光下暴晒。

5.厕所和便盆消毒

厕所每天打扫干净,每周用消毒水消毒一次,便盆每日清洗,并用漂白粉或过氧乙酸浸泡。

6.空气消毒

儿童的活动室、卧室要经常开门、开窗通风换气,保持空气新鲜,防止传染疾病。

三、托幼园所的消毒隔离

消毒隔离包括预防性消毒和隔离性消毒。

考点1　预防性消毒

预防性消毒包括以下几点内容。

(1)培养儿童良好的卫生习惯,养成饭前便后洗手、勤剪指甲等个人卫生和公共卫生习惯。

(2)食堂卫生应贯彻《中华人民共和国食品卫生法》。厨房用具要经常清洗,每天消毒一次,食具、餐巾等一餐一消毒。

(3)环境卫生要制度化。采取专人常年打扫和集体定期打扫相结合的办法。每周一小扫,每月一大扫。划区定片,责任到人,定期评比,限期整改。

(4)室内每日一小扫,每周一大扫。做到窗明桌净,无蚊蝇鼠害;勤开窗换气,保持室内空气清新。

(5)与保教人员、儿童经常接触的物体表面要重点清洁消毒,如毛巾、水壶(桶)、水龙头、口杯、杯架、玩教具、桌椅、门把手等,每天消毒一次。

(6)室内地面每天拖洗1~2次,被褥每周暴晒1次。床单、被套每半月换洗1次。

（7）便器使用后要立即倾倒冲洗，然后浸泡在消毒液中，1小时后再用。放便器的架子每天用消毒水消毒1~2次。大小便池（槽）要随用随清洗，每天早晚用消毒水彻底洗刷一次，做到无污物、无臭味。

考点2　隔离性消毒

隔离就是将传染病人和健康人群分开，切断传播途径，避免传染病的蔓延。幼儿园若出现传染病，就会导致大面积传染。因此，尽早发现传染源，切断传播途径，从而很好地保护易感儿童尤为重要。

（1）各园所要设置隔离室（70名以下可设观察床），按不同病种进行医学观察和消毒隔离。

（2）隔离室用品须专用，必须配备以下物品：隔离床、治疗台、体温表、压舌板、听诊器、注射器、面盆、毛巾、手电筒、清洁用具、治疗及消毒药物等。

（3）发现传染病，做好发病登记。及时向当地防疫部门和妇幼保健机构报告，协助防疫部门做好随时或终末消毒处理，并做好隔离记录。

（4）患者须待隔离期满，经医生证明痊愈后方可回园或回班。

（5）园所内如发生传染病，对与患者接触过的儿童及工作人员，要进行医学检疫，隔离观察，并进行随时消毒。

（6）检疫期间，不收新生，园内儿童不混班，不串班。日常用品及餐饮用具等与其他班级分开存放，分开清洗消毒。检疫期满后，无症状者可解除隔离。

（7）幼儿离园所一个月以上或外出（离本市）返回后，应询问家长有无传染病接触史。如有，须进行检疫，待检疫期满，医生证明健康方可入园所。

第五节　预防接种制度

建立预防接种制度，对新入园的幼儿、在园的还未接种的幼儿和园中未接种的工作人员进行预防接种，预防疾病，保障全园的安全。

一、预防接种的含义和意义

预防接种泛指用人工制备的疫苗类制剂（抗原）或免疫血清类制剂（抗体）通过适宜的途径接种到机体，使个体和群体产生对某种传染病的自动免疫或被动免疫。预防接种的目的是通过接种自动或被动免疫制剂使个体和群体产生自动或被动免疫力，保护个体和人群不受病原因子的感染和发病。预防接种的目的是控制针对传染病的发生和流行，最终消除或消灭所针对的传染病。

二、托幼园所预防接种的卫生要求

考点1　接种前

接种前的卫生要求包括以下几点。

（1）在入园时，及时和家长沟通，建立学前儿童免疫接种预防卡。

（2）加强和卫生防疫机构的沟通，积极做好预防接种的宣传工作，消除幼儿的恐惧心理，让幼儿能主动配合预防接种工作。

（3）接种前，托幼园所要事先准备好幼儿的"预防接种证"，以便让医生凭证接种，并在证上登记接种的疫苗名称和日期,以防错种、重种和漏种。

(4)托幼园所还要和家长沟通,了解幼儿有没有禁忌证和过敏史。一般来讲,禁忌证和过敏史包括以下内容:有严重慢性疾病,如先天性心脏病等心脏疾患、肝肾疾病、活动性肺结核、皮肤化脓性疾病;有急性传染病或尚未超过检疫期;有过敏史、惊厥史等都属于不能进行预防接种的范畴。

考点2　接种时

接种时,要随时观察幼儿的反应,一旦发现头昏、恶心、呕吐、面色苍白、心跳加速、出冷汗等情况应及时进行抢救治疗。

考点3　接种后

孩子打过预防针后,要在接种场所休息15~30分钟,接种后如出现高热或其他接种反应,要请医生及时诊治。回家后要避免剧烈活动,注意休息和保暖,多喂些开水,注意观察有无异常反应,如孩子有轻微发热、精神不振、无食欲、哭闹等,一般1~2天后会好转。如反应加重,应立即请医生诊治。

三、托幼园所预防接种的注意事项

托幼园所预防接种的注意事项包括以下几点。

(1)托幼园所卫生保健应贯彻"预防为主"的卫生工作方针,在上级卫生部门的指导下,做好集体儿童的疾病防治和预防保健工作。

(2)做好预防接种,托幼园所与防疫部门密切联系,及时了解疫情动态。按年龄、季节、适时、全程、足量、规范化地为幼儿实施预防接种,以提高整体人群的免疫水平,预防接种率达95%以上。

(3)加强传染病的防治。通过晨间检查和全日健康检查等形式,及时了解全园幼儿发病情况。做到早预防、早发现、早隔离、早治疗。尽快消除传染源,切断传播途径,保护易感儿童。

(4)对已发现的传染病患儿或可疑者,应立即送隔离室观察,或通知家长带到医院去诊治。对患儿所在班要进行彻底的消毒。与患儿有密切接触的人群也应进行医学检疫,并用药物进行预防。

(5)加强小儿常见疾病的防治。通过采取综合性措施(营养、锻炼、疾病防治、护理等)来降低发病率。注意做好体弱儿童的专案管理,加强个体重点保健。

(6)开展健康教育,运用多种形式宣传卫生知识,传授传染病的防治常识,增进儿童教养人员对卫生科学的了解,提高育儿水平。还要加强家园联系,共同促进儿童身心健康,减少疾病。

强 化 练 习

简答题

1.简述托幼园所制定生活制度的依据。

2.简述托幼园所的消毒制度。

参考答案及解析

简答题

1.【参考答案】

(1)婴幼儿的年龄特点。

（2）婴幼儿生理活动的特点。

（3）地区特点以及季节变化。

（4）家长的需要。

2.【参考答案】

（1）餐具消毒。儿童使用过的餐具应及时洗净，每日煮沸消毒一次，时间为5~10分钟。发生菌痢或肝炎时，应适当延长煮沸时间。也可以使用消毒柜消毒。消毒后的餐具应注意保洁。

（2）被褥和床单消毒。儿童的被褥、床单要勤换、勤洗，至少每月两次，并经常置于阳光下暴晒。发生传染病如肝炎时，可用质量分数为0.5%的过氧乙酸浸泡2小时。

（3）玩具消毒。玩具是儿童在幼儿园不可缺少的用品。玩具的卫生与否直接影响到儿童的健康。因此，对玩具进行消毒就尤为重要，一般可采用阳光下暴晒、消毒液浸泡和洗涤等方法。

（4）图书消毒。儿童读物最好的消毒是放在阳光下暴晒。

（5）厕所和便盆消毒。厕所每天打扫干净，每周用消毒水消毒一次，便盆每日清洗，并用漂白粉或过氧乙酸浸泡。

（6）空气消毒。儿童的活动室、卧室要经常开门、开窗通风换气，保持空气新鲜，防止传染疾病。

本部分内容共分为八章，主要介绍了幼儿园教育活动和健康、语言、社会、科学、数学、美术、音乐等相关理论知识。

本部分内容主要考查的题型包括单项选择题、多项选择题、判断题和活动设计题。

根据对往年考题的分析与总结，第二章幼儿园健康教育、第三章幼儿园语言教育、第四章幼儿园社会教育、第五章幼儿园科学教育、第七章幼儿园美术教育和第八章幼儿园音乐教育是重点考查内容。

第五部分　幼儿园教育活动的设计与指导

第一章　幼儿园教育活动

考情分析

本章内容以识记、理解为主,主要以单项选择题的形式进行考查。其中幼儿园教育活动的特点、教育活动设计的步骤、教育活动组织与指导的策略是重点考查内容。

学习目标

1.识记幼儿园教育活动的特点与类型。
2.理解幼儿园教育活动设计的原则和步骤。
3.理解幼儿园教育活动组织与指导的一般性策略。

第一节　幼儿园教育活动概述

一、幼儿园教育活动的含义及特点

考点1　幼儿园教育活动的含义

幼儿园教育活动是幼儿园教育的基本形式,是幼儿园课程的主要实施载体。《幼儿园教育指导纲要(试行)》中指出,"幼儿园的教育活动,是教师以多种形式有目的、有计划地引导幼儿生动、活泼、主动活动的教育过程"。

考点2　幼儿园教育活动的特点

1.广泛性与启蒙性

幼儿园教育活动的内容、教育过程涉及幼儿生活的方方面面,可按照幼儿学习活动的范畴相对划分为健康、语言、社会、科学、艺术五个领域。各领域的内容都应发展幼儿的知识、技能、能力、情感态度等。

根据幼儿的认知水平和年龄特点,其所能接受的内容是初步的、粗浅的,应从认识简单的事物与现象入手,引导幼儿认识事物之间的关系,运用幼儿已有的生活经验,获得粗浅的知识。

2.游戏性与趣味性

幼儿的思维具有直觉行动性和具体形象性的特点。教师在教育活动时需要借助一定的游戏或情境,唤起和调动幼儿的兴趣,吸引他们在游戏的情境中积极地交往与想象、主动地探索与交流。

3.活动性与参与性

幼儿主要是在与人、物相互作用的过程中获得经验,他们的学习是以直接经验为基础。所以,幼儿园教育活动是在幼儿积极、主动的活动中完成的,强调每个幼儿的实践与参与。

4.综合性与整体性

首先,幼儿园各类教育活动相互联系、相互渗透,综合构成一个整体,各类教育活动都是整体的一个部分,它们综合发挥作用,共同促进幼儿的全面发展。

其次,幼儿园教育活动的目标、内容、过程、方法、评价以及环境、教材、设备、材料等因素相互联系、相互制约,共同构成教育活动的整体结构。

最后,幼儿园教育活动作为幼儿发展的基础和重要源泉,能使幼儿在活动中产生认知、技能、情感态度等方面的整体反映,在教育过程中应依据幼儿已有经验和学习的兴趣与特点,灵活、综合地组织和安排各方面的教育内容,使幼儿获得相对完整的综合发展。

考题再现

【2020·长沙天心·单选】关于幼儿园教育活动的特点,以下说法不正确的是( )。

A.广泛性与启蒙性　　　　　　　　B.知识性与竞争性

C.活动性与参与性　　　　　　　　D.综合性与整体性

【答案】B。

二、幼儿园教育活动的基本类型

1.从活动结构角度,分为学科领域结构的教育活动和主题单元结构的教育活动

(1)学科领域结构的教育活动

学科领域结构的教育活动是指以学科为中心的活动,即把有价值的知识系统化,形成一定的科目或学科,将这些知识传授给幼儿,以达到教育目标的活动。

在学科领域结构的教育活动中,教学形式以集体教学、分组教学为主。教学过程以教师为主导,分为教学前、教学过程中及教学结束三部分。

(2)主题单元结构的教育活动

主题单元结构的教育活动是指以某一主题为中心,打破学科或领域的界限,把学习内容融会成一种新的体系的活动。主题单元结构的教育活动的特点是建立各学科之间的自然的、有机的联系;内容既可以是以某一学科知识为线索,渗透其他学科的知识,又可以是以幼儿兴趣为出发点的系列活动内容。

2.从活动的特征角度,分为生活活动、游戏活动和教学活动

(1)生活活动

生活活动是指幼儿园一日生活中的进餐、饮水、睡眠、盥洗、如厕等活动。它是培养幼儿良好行为习惯和社会性的主要途径,也为对幼儿进行个别教育提供了最佳时机。因此,在生活活动中,教师要根据幼儿的身心特点,建立合理的生活常规,逐渐培养幼儿生活自理、自立的良好习惯。

(2)游戏活动

游戏活动是幼儿园一日生活中的主要活动之一,可以满足幼儿交往的需要,丰富幼儿的生活经验,让幼儿勇于尝试和探索,培养幼儿积极的活动态度,促进幼儿创造性和个性的发展。

(3)教学活动

教学活动是指由教师依据目标专门设计组织的有目的、有计划的活动。教学活动在促进幼儿的全面发展中具有重要作用,是幼儿园一日生活中的重要内容之一。

教学活动的任务是教师利用幼儿园及周围的环境资源,有目的地选择教育内容,灵活地运用多种活动形式、活动方法、活动手段,鼓励幼儿主动参与,积极探索周围的世界,使幼儿的身心得到全面的发展。

3.从活动主体角度，分为幼儿自选活动和教师指定活动

（1）幼儿自选活动

幼儿自选活动是由幼儿自主生成的教育活动。幼儿对某事物的偶发性探究和兴趣往往是产生幼儿自选活动的原因。幼儿自选活动比较关注幼儿自身的兴趣和学习需要。

（2）教师指定活动

教师指定活动是教师预先设定好教育活动目标，创设一定的活动环境，提供相应的活动材料并有计划地实施的活动。教师指定活动强调教师的组织和计划以及对幼儿的直接指导。

4.从活动的组织形式角度，分为集体活动、小组活动和个别活动

（1）集体活动

集体活动是指全班幼儿在教师的组织和引导下，在同一时间内以同样的方式学习同样的内容的共同活动，也称为集体教学活动。集体活动具有计划性、组织性强，活动时间和空间相对固定，受益面广等特点。它可以让幼儿在互相交流和学习中、在教师的质疑与挑战中，激活思维、激励发展、分享经验、体验快乐。

在组织集体活动时，教师要注意以下几点：①兼顾每一个幼儿的发展水平，在目标的设计上要体现层次性，使每个幼儿在原有水平上都得到发展；②在集体活动中要不断调动幼儿学习的积极性和参与的主动性，真正发挥组织、引导、启发、帮助和评价的作用；③集体活动不单纯是知识教学，更不是灌输，而应是让幼儿主动参与活动，发挥其内在的潜力，使其在增长知识的同时，发挥其智力、能力和品格。

（2）小组活动

小组活动是指教师根据幼儿的能力、兴趣、知识经验、特长或年龄差距，将全班幼儿分成若干个小组进行活动。它既可以是教师有计划、有目的地安排或组织的活动，也可以是幼儿自发的各种互动活动。小组活动有利于调动幼儿操作材料的积极性，给幼儿之间的交流提供更多的机会，能让幼儿在合作学习、共同探索的过程中学会理解、交往与合作。小组活动也有利于满足幼儿不同的兴趣和需要，实现个性化发展。

在组织小组活动时，教师应注意以下几点：①材料的供给要精心设计，以达到预期的目的；②幼儿可根据自己的兴趣与能力选择不同的材料，教师要对能力较差而又选择较难材料的幼儿进行有意识的辅导和鼓励，在提高幼儿能力的同时，增强其自信心；③分组活动要有层次性，有时可按兴趣分组，有时可按高中低水平分组，有时也可将不同水平的幼儿搭配分组，使各种程度的幼儿都能得到最大限度的发展。

（3）个别活动

个别活动是指教师根据幼儿的发展速度和认知水平的差异，以及实际情况进行因材施教的活动形式。教师可以面对一两个幼儿进行指导活动，也可以根据观察到的情况随机进行指导，还可以对个别幼儿进行有计划的专门辅导。个别活动也可以是幼儿自发的、自由的活动，让幼儿自由地按照自己的意愿独自活动或结伴活动，为幼儿提供更加自由的活动空间和机会。

集体、小组、个别活动有着不同的教育功能，必须互相配合、合理交替、互相补充。教师要根据不同的年龄、不同的时间、不同的教育内容及目标，选择不同的教育组织形式。

三、幼儿园教育活动的内容

考点1　教育活动内容的类别

1.认知类教育活动内容

（1）言语信息

言语信息是指幼儿通过学习以后，能记忆事物的名称、符号、地点、时间、定义，以及对事物的描述等具体事实，能够用语言将这些事实表述出来。

（2）智力技能

智力技能是指幼儿通过学习获得了使用符号与环境相互作用的能力。

（3）认知策略

认知策略是指幼儿调节自己的注意、想象、记忆和思维等内部过程的技能。通过认知策略，幼儿可以调控自己学习的过程和解决问题的方式，可以对自己已掌握的言语信息和智力技能加以综合思考和运用，从而提出解决问题的高级规则。

2.动作技能和情感态度类教育活动内容

动作技能和情感态度的学习往往与认知学习交织在一起。从动作技能学习看，幼儿不仅要获得一些简单的外显反应，而且要掌握关于某一动作技能的相关知识，不断由简单到复杂地加以训练、协调，才能较好地掌握动作技能。而从情感态度的学习看，为激发幼儿形成某种情感态度，也需要他们了解其意义和作用，表现相应的行为。所以，情感态度的学习是以认知学习和动作技能的学习为基础的。

考点2　幼儿园教育活动内容选择的原则

1.能反映时代发展特征，有利于幼儿的后续学习和长远发展

幼儿教育是面向未来的奠基教育，从幼儿终身学习和发展的角度而言，幼儿园教育与以后的学校教育之间需要衔接。

2.能符合幼儿的年龄特征，符合幼儿的生活经验和认知水平

教育活动内容的选择必须以幼儿的生活经验为基准，遵循各年龄段幼儿在认知、情感态度、能力、个性和社会性发展方面的一般规律。教师应提出既与幼儿原有经验相适宜，又有利于幼儿主动建构的活动内容范围和处在幼儿"最近发展区"内的内容难易程度。

3.能对应和覆盖教育活动的目标要求

教育内容是教育目标实现的有效载体。因此，教育活动目标是选择教育活动内容的一项重要依据，内容的选择与编排必须与教育活动目标相对应。

4.能引发和满足幼儿的兴趣和需要

幼儿的年龄特征决定了兴趣是直接支配他们学习的最大内在动力。因此，幼儿的兴趣和需要是选择教育内容不可忽视的因素。

5.能考虑季节、节日以及周边环境资源等因素

在幼儿园教育活动内容的选择和编排中，教师必须考虑到季节、节日、资源等其他一些因素。

6.能体现科学精神与人文精神的融合

幼儿园教育活动内容的选定，应当提倡科学精神和人文精神的融合。科学精神是指对活动内容的认知因素的关注，追求思考怎样的内容是幼儿的认知发展所需要的；人文精神是指对活动内容人文因素的关注，即思考活动的内容是否根植于幼儿的日常生活和兴趣，能否激发幼儿自主、自发参与活动的热情等。

考点3　幼儿园教育活动内容的设置与编排

1.从兴趣入手

幼儿的年龄特征决定了兴趣是支配他们的最大动力。有了兴趣，幼儿就有了主动参与活动的愿望和积极的态度。为此，教师在教育活动内容的设置中应当以幼儿的兴趣为活动生成的出发点，以幼儿感兴趣的活动主题带动和引导幼儿的发展。

2.从经验入手

作为一个主动的学习者，幼儿是在与周围环境相互作用的过程中主动获得经验的，他们的学习离不开原有经验。因此，教育活动内容的设置和编排也必须考虑到幼儿的经验，所设定的活动内容应贴近他们的生活经验,符合他们的认知水平。

3.从教材入手

一般来说,教师选择的教育活动内容大都来自各类教材。各类教材为教师提供了不同的教育素材、活动主题,甚至是详细、具体的教育活动过程。但这些活动内容是否适合所带班级的幼儿,是否能满足幼儿的需要,是否能促进幼儿的发展,还需要教师自己进行"加工、过滤"。

4.从联系入手

幼儿园的教育内容之间具有一定的关联性,既包括了由已知到未知、由整体到部分、由一般到个别的不断分化,也包括了活动内容涉及的相关概念及知识、技能、情感各部分内容之间的相互融合。因此,教师在进行教育活动内容的设计和编排时,需关注内容涉及的概念之间的纵向联系和横向联系,以促进幼儿全面协调发展。

第二节 幼儿园教育活动的设计

一、幼儿园教育活动设计的含义

幼儿园教育活动设计是幼儿教师通过选择与规划教与学的目标、内容、实施与评价方法等,提出具体的活动实施方案。它要求幼儿教师充分分析和把握幼儿的学习特点,有计划、有目的地制定适宜的教育活动目标,合理选择活动的内容和形式,创设适宜的活动环境,并能预备活动的过程。

幼儿园教育活动的设计由两部分组成。一是对幼儿园教育活动的整体设计。幼儿园要根据《幼儿园教育指导纲要(试行)》的要求和本园的实际,统一安排幼儿园各年龄段的教育活动,如设计每学期、每月、每周、某一主题的教育活动计划。二是具体教育活动的设计,即编写教案。幼儿教师要根据幼儿园整体教育活动计划和本班幼儿特点,设计出某一具体活动的目标、内容、过程、方法等。以下主要论述具体教育活动的设计。

二、幼儿园教育活动设计的原则

考点1 发展性原则

发展性原则是指在教育活动设计中,教师必须准确地把握幼儿的原有基础和水平,并以此为依据着眼于促进幼儿在身体、认知、情感、个性以及社会性等方面全面而整体地发展。发展性原则包括两层含义:①教育活动的设计应以促进幼儿的发展为出发点,适应幼儿的发展水平,考虑幼儿的原有基础;②教育活动的设计应以促进幼儿的发展为落脚点,始终把"发展"作为教育活动设计的核心。无论是在教育活动目标的制定、内容和材料的选择,还是在方法和组织形式的运用等各个层面上都要以如何促进幼儿的发展为依据和准则。

考点2 主体性原则

主体性原则是针对教师的角色和工作而言的。遵循主体性原则应把握好两点:①教师必须尊重幼儿的主体地位,在活动内容的选择以及活动形式的安排方面注重激发幼儿的能动性、自主性、创造性,支持幼儿积极主动地与环境相互作用以获得相应的知识和经验;②教师在重视幼儿主体性的同时,要适时、适地、适宜发挥教师的主体性,即在活动设计中正确地认识和把握好教师的角色以及对幼儿学习和活动的"指导"。

考点3 渗透性原则

渗透性原则是指在教育活动设计中将不同领域的内容、不同的学习形式与方法有机地融合起来。教育活动设计中遵循渗透性原则主要体现在两个方面。①教育活动内容的相互渗透和整合。教师要将不同领域的内容以一定的方式加以整合，使其在一个或若干个教育活动中相互渗透、补充，使幼儿获得完整的知识经验，从而促进其全面发展。②教育活动形式的相互渗透和整合。教育活动形式的相互渗透和整合包括两个方面：一方面是指将集体进行的、正式的教育活动形式与个别选择的、非正式的教育活动形式相互渗透和结合；另一方面是指在一个教育活动的设计中使不同的学习形式与方法相互渗透和组合，让幼儿在操作、实验、游戏、体验、表现、创造等不同的学习形式下加深对活动内容的把握，更好地获得活动经验和学习经验。

考点4 开放性原则

开放性原则是指教师对教育活动进行预设的同时，还应该给教育活动设计留有足够的空间。这种空间是随时随地为幼儿偶发的、自然生成的、即时体验的活动准备的。因此，教育活动设计应当是一个开放的活动过程，而不是一个预先设置且一成不变的过程。开放性原则具体体现在三个方面：①目标的开放、灵活和适时调整；②内容的开放、丰富和多元；③形式的开放、多向和灵活。

三、幼儿园教育活动设计的步骤

考点1 幼儿情况分析与设计意图

幼儿情况分析是教育活动设计的第一步。只有对幼儿的现有情况做到心中有数，教师才能确定活动的目标、内容和组织形式。情况分析多以隐性的形式存在，主要分析幼儿已具备哪些与该活动有关的知识、技能、能力、兴趣，存在哪些问题以及幼儿的个别差异等，从而使一个活动能满足所有幼儿的需要。

设计意图主要阐述该教育活动主题产生的原因及与幼儿的关系，包括幼儿的兴趣及发展的需要、幼儿已有的经验、幼儿可获得的新经验等，教师开展活动的有利条件，该活动可以达成的目标等。

考点2 活动名称的设计

活动名称即一次具体的教育活动的题目。活动名称的设计要求包括以下几点。

（1）从活动名称能大概体现本次教育活动的主要内容和目标，如"可爱的小兔子""各种各样的蛋"等。

（2）在取名时注意尽量符合幼儿化的特点，如"我升中班啦""图形王国"等。

（3）书写内容要完整。一个完整的活动名称应包括年龄班、领域、名称，如"中班健康教育活动：蚂蚁搬家""大班艺术教育活动：黑白配"等。

考点3 活动目标的设计

幼儿园教育活动目标是指通过某一次或某几次教育活动所期望取得的效果，是幼儿园教育活动方案的"指南针"。

1.活动目标包括的方面

幼儿园教育活动目标应包括三个方面，即情感态度目标、知识目标、技能目标。一般在制定活动目标时将情感态度目标放在第一位，体现重视幼儿情感、态度、习惯的培养。如中班科学教育活动"可爱的小兔子"的目标如下。

（1）在观察小兔子和喂小兔子的过程中，萌发对小动物的爱护之情。（情感态度目标）

（2）在教师的指导下，有目的地观察小兔子，知道其典型的外在特征及生活习性。（知识目标）

（3）在探索小兔子爱吃的食物的过程中,能用行动验证自己的猜想并能够用图画或符号做记录。(技能目标）

2.活动目标的构成要素

活动目标的构成要素包括行为、条件和标准。行为是指通过活动幼儿能做什么,指向幼儿的行为变化;条件是指说明这些行为在什么条件下产生;标准是指合格行为的最低标准。行为的表述是最基本、核心的成分。通常在制定活动目标时,为了使目标看起来简洁明了,一般只需写出行为和标准即可。如上述目标"在教师的指导下,有目的地观察小兔子,知道其典型的外在特征及生活习性"中"在教师的指导下,有目的地观察小兔子"就是条件,"知道小兔子的外在特征及生活习性"就是行为,"知道小兔子的典型外在特征及生活习性"就是标准。

3.活动目标表述的角度

活动目标的行为主体一般是教师或幼儿。幼儿是学习的主体,因而在表述目标时一般倡导从幼儿的角度出发,体现幼儿的主体地位。上述中班科学教育活动"可爱的小兔子"的目标,都是从幼儿的角度进行表述的。

4.目标表述要清晰、明确、具有可操作性,避免笼统、概括和抽象

中班健康活动"刷牙"的目标之一是学习正确的刷牙方法,养成早晚刷牙的好习惯。这个目标具体、明确、便于操作。如果换成"培养幼儿良好的生活、卫生习惯"就太过笼统、抽象,缺乏操作性。这样既不利于教师教学中的明确实施,也不便于教学评价。

考点4　活动准备的设计

准备工作是实施活动的前提,直接影响着幼儿参与活动的积极性、活动的进程和实际效果。活动准备包括知识经验的准备、活动材料的准备和学习情境的创设。一般在活动设计中,只需写出知识经验的准备和活动材料的准备即可,即经验准备和物质准备。

1.知识经验的准备

教育活动的开展必须以幼儿已有的知识经验为基础。知识经验的准备包括两个方面。一是教师自己的知识经验准备。教师除了平时积累的知识外,在开展某个活动之前还要查阅相关资料,以获得关于某个事物完整、正确的认识。二是幼儿的知识经验准备。教师要了解本班幼儿的经验水平,考虑需要为幼儿提供哪些知识、经验的准备,怎样做好这些准备。

2.活动材料的准备

一项具体教学活动的开展,需要教具、学具等活动材料,如与教学主题相关的实物、模型、挂图、照片、视频、图表、作品范例等。教师必须设计好应准备哪些活动材料、材料的数量等。

3.学习情境的创设

幼儿的学习兴趣和学习愿望总是在一定的情境中发生的,适宜的情境能够激发幼儿参与活动的兴趣。在活动准备的设计中,教师可以根据教育内容、幼儿的年龄和生活经验,来考虑如何为教育活动的展开创设一个丰富、生动的教育情境,以保证教学活动顺利实施。

考点5　活动过程的设计

活动过程的设计即写出活动的步骤,包括怎样开始、怎样进行、怎样结束、做什么以及怎么做。活动过程包括开始部分、基本部分和结束部分。

1.活动的开始部分（活动导入）

导入主要是激发幼儿参与活动的兴趣,吸引幼儿的注意力,引导幼儿主动探究与思考,也可为活动做前期知识、经验铺垫和迁移。一般来说,幼儿园导入策略有以下几种。

（1）直接导入

直接导入是指活动开始时，教师开门见山，直接点题，介绍具体的要求和任务，把幼儿的思维迅速导向到新内容上的方法。

（2）问题导入

问题导入是指教师根据教育活动内容的特点，以问题的形式导入的方法。

（3）作品导入

作品导入是指教师以儿歌、故事、谜语等形式开始教学活动，激发幼儿学习兴趣，启发幼儿思维的方法。

（4）演示导入

演示导入是指教师把实物或直观教具演示给幼儿或向幼儿做示范实验，使幼儿通过观察获得感性认识，从而自然地过渡到新的学习活动的方法。

（5）悬念导入

悬念导入是指根据活动内容设计既符合幼儿认知水平，又生动有趣、富有启发性的问题或情境，以造成悬念，使幼儿产生探究愿望和兴趣的方法。

（6）衔接导入

衔接导入是指教师在了解幼儿原有知识水平、已有经验水平的基础上，提供新旧知识和经验的联结点，调动幼儿运用已有的知识和经验去进行新的探索的方法。

（7）游戏导入

游戏是幼儿最喜爱的活动。在教学活动开始时，教师可以用游戏的方式或游戏的口吻创设游戏情境，激发幼儿的活动兴趣。例如，体育活动"风婆婆和小树叶"，可通过准备活动导入，"太阳出来了，小树叶快活起来吧，跟大树妈妈一起锻炼去！"于是，教师带领幼儿活动四肢，模仿动作。如小鸟飞来了，小树叶和小鸟点点头(活动头部)；小熊走来了，小树叶和小熊招招手(活动上肢、肩部)；小兔子跳来了，小树叶和小兔子问问好(活动腰部)等。

（8）材料导入

材料导入是指教师运用新奇、特异的玩具、教具材料或者实验材料、图片来引起幼儿注意，激发幼儿兴趣的方法。

2.活动的基本部分(活动展开)

在设计基本部分时,主要考虑以下几点。

①大体分为哪几个步骤?

②每个步骤必须完成哪些内容?采用什么方式方法?

③哪一个步骤是重点?哪一个步骤是难点?怎么突出重点?怎么突破难点?

④每个步骤的时间大体怎样分配?

⑤每个步骤如何进行清楚的陈述?采用什么指导策略?

⑥用什么方式来进行步骤之间的过渡?

3.活动的结束部分

(1)结束的要求

在设计活动结束的方式时,教师既要使这一次活动圆满结束,又不能就此结束幼儿对活动的兴趣。活动结束要做到首尾对应、结构完整。

(2)结束的策略

①总结归纳策略。总结归纳策略是指教师简明扼要地复述要点或启发幼儿回忆复述要点以结束活动。如"认识10以内数字"活动结束时,教师根据每个数字的形状编了儿歌——"1像小棍细条条,2像鸭子水上漂……"将知识的归纳总结变得生动有趣。

②水到渠成策略。水到渠成策略是指按照活动内容的顺序,根据幼儿认知规律一步步进行,最后自然收尾。如音乐活动"小花猫和小老鼠",在活动的结束环节将幼儿分成两组,一组扮演"小花猫",一组扮演"小老鼠"。幼儿在音乐伴奏下玩"猫捉老鼠"的游戏,在游戏中自然地结束活动。

③操作练习策略。操作练习策略是指教师提供充足的材料,让幼儿在操作、练习中复习和巩固所学知识。如健康活动"筷子夹夹夹",在活动结束时,教师为幼儿准备筷子、饼干、花生、绿豆等材料,让幼儿练习使用筷子,掌握正确使用筷子的方法。

> **考点6 活动延伸的设计**

活动延伸是指在具体活动结束以后,教师为巩固幼儿所学的内容,更好地实现活动目标所设计的一切活动。活动可以延伸到游戏活动中,使半日活动或者一日活动成为一个有机联系的整体;可以延伸到区域活动中,使区域活动成为教学活动的自然延伸;可以延伸到家庭和社会活动中,真正实现幼儿园与家庭、社会的密切配合。

第三节 幼儿园教育活动的组织与指导

一、幼儿园教育活动组织与指导的基本原则

1.灵活性原则

由于教育对象的个体差异性,教师在以促进幼儿发展为目标的活动组织与指导中必须遵循灵活性原则。遵循灵活性原则意味着教师在组织与指导教育活动时需处理好以下四种关系。

(1)灵活处理"预设"与"生成"的关系。

(2)灵活处理"抛球"与"接球"的关系。

（3）灵活处理角色身份。

（4）灵活调整活动节奏。

2.主导性原则

教师对教育活动组织与实施的主要作用是"引导"。现代教育观认为,教师是教育活动的支持者、合作者、引导者。"导"更多的是指教师间接的引导作用,即"诱导"和"疏导"。

3.针对性原则

针对性原则是指教师的指导必须有明确的定向和目标,善于"对症下药"。教师应当能够根据幼儿的实际情况和行为表现,在观察分析的基础上,采用灵活有效的方法提供有针对性的指导。

二、幼儿园教育活动组织与指导的一般性策略

考点1 观察策略

观察是教师借助于感官或一定的手段工具,运用一定的方法捕捉发生在教育活动情境中的各种信息的过程,可分为自然情境和特别情境中的观察。

1.活动开始阶段的观察

无论是以幼儿的自主探索为主的探究式学习,还是以幼儿的互动交流为主的合作式学习或是以知识经验的传递为主的接受式学习,任何学习模式都以幼儿的学习兴趣为起点。通过观察判断幼儿对活动内容、材料及活动组织是否感兴趣,可以为后续活动提供一个良好开端,也为教师在活动组织与指导中运用其他策略打下基础。

2.活动进行阶段的观察

幼儿是学习活动中的主体。在活动进程中,教师要真正做到跟随幼儿、指导幼儿、支持幼儿,其前提就是观察幼儿、解读幼儿。通过观察,教师可以真实地了解幼儿的经验水平,幼儿是如何与环境和材料进行互动的、在互动过程中发生了什么,幼儿是否需要他人的帮助,教师应不应该介入、以怎样的方式介入以及什么时候介入等。

3.活动结束阶段的观察

在教育活动的结束阶段,观察方法与策略的运用主要服务于对活动成效的评价。一般来说,教师主要需要观察的是幼儿在整个活动持续进程中的参与态度、情绪反应,幼儿是否有继续活动或引申出后续活动的愿望,是否希望得到教师或同伴的肯定性评价,是否愿意与他人一起进行讨论和交流评价,是否愿意发表自己的意见、介绍自己的作品等。

考点2 提问策略

在组织和指导教育活动的过程中,提问是教师运用语言与幼儿进行互动的一种最基本、最常见的教学方法和策略。

1.提问的方式

（1）启发式提问

在教育活动的组织中,教师的启发性问题通常表现在以下不同情景中。

①当教师发现幼儿对某些现象或材料产生兴趣,而这种兴趣对于生成一个新的主题活动是极有价值的时候,可以通过启发性问题将幼儿引入活动或导入探究的主题中去。如大家都在讨论换牙之事,教师可介入并发问:"你有没有换过牙,换了几颗呀?"幼儿便会去寻找答案,主动了解。

②当教师发现幼儿自主学习和探究遇到困难时,应及时介入,抛出启发式问题。如讨论"神舟十号"相关问题时,幼儿凭着自己的经验和认知讨论不下去了,教师便问:"你们是从哪儿知道这些知识的?"启发幼

儿通过更多的途径来搜集资料,进而交流讨论、迁移经验。

（2）发散式提问

在教育活动的组织中,教师的发散式问题通常表现在以下不同情景中。

①当幼儿在自己的努力下完成了"作品"时,教师可以通过发散式提问引导幼儿对自己的"创作"进行表达,可以是语言上的解释,也可以是其他非语言方式的说明。

②当幼儿的思维或想象由于年龄所限比较单一、狭窄时,教师可以通过发散式提问,引导幼儿转变思考问题的方向,在新旧经验建立联系的基础上进行概念的再建构。

（3）层叠式提问

在教育活动的组织与指导过程中,教师往往会发现幼儿对问题的探究和兴趣常常是层出不穷的。一方面,教师要保护好幼儿的学习兴趣,积极地支持和满足幼儿的探究愿望和活动需要;另一方面,教师也需要对幼儿的散点式问题和兴趣做出及时的判断和把握,准确地筛选出既满足大多数幼儿的学习兴趣,又能够挑战幼儿认知或能力的内容和问题,再通过提问的方式支持和推进幼儿的自主性学习。教师提问策略的一个重要方面是提出能够将探究内容的前后关系连成一条推进线索的层叠式问题,在层层深入的问题链中,不断推进幼儿的探索和思考活动,引导幼儿自己尝试解决问题。

（4）假设性提问

假设性提问是教师提出问题,让幼儿进行假设、判断和思考。这种提问往往以"假设……""如果……"等形式展开。如"假如没有水,我们的生活会怎么样？""如果小黑羊让小黄羊先过桥,或小黄羊让小黑羊先过桥,它们会掉到河里吗？"通过假设性提问,教师可以了解幼儿已有的经验和发散性思维水平,让幼儿展开丰富的想象。

（5）推理性提问

当引导幼儿完成一项简单的操作和探究任务后,教师要求幼儿用类似的方法概括出规律性的知识,从而获得答案。如幼儿理解了圆和半圆的关系后,教师继续引导幼儿探索:"我们知道两个半圆在一起就是一个圆,那么,两个三角形在一起,会变成什么形状？"

（6）递进式提问

递进式提问是教师根据幼儿的思考和回答,巧妙地将一连串问题前后联系起来,层层抛出,逐步深入。从而形成一个不断推进的问题链供幼儿思考和探究。

（7）总结式提问

总结式提问是教师引导幼儿对某些问题和现象进行了观察和了解后,为帮助幼儿进行概括、得出结论而采用的提问方式。如科学活动"认识家禽"中,幼儿认识了鸡、鸭、鹅后,教师抛出问题"你们知道它们有一个共同的名字叫什么吗？它们有什么相同的地方？"

2.提问的有效性

提问的有效性主要体现在以下几方面。

（1）提问形式的多样性、灵活性。

（2）提问要注重目的性和艺术性。

（3）提问将"疑"字引入教学过程,启发幼儿积极思维,并在教育活动中允许幼儿以适合自己的方式、方法、速度去学习。

（4）通过双向、多向提问形成学习过程中师生互动、生生互动的良性循环。

考点3 回应策略

教师作为教育活动中的一个有目的、有意识的教育者,其指导的一个重要策略是捕捉恰当的教育契机对幼儿做出积极的回应。在不同的教育活动情境中,教师的回应策略也有着不同的具体表现。

1.重复

重复并不是一种简单意义上的语义重述，而是教师教育机智和策略的表现。

（1）教师通过重复个别幼儿的问题或回答，向全体幼儿反馈有价值的信息，通过语意上的加重和提醒，帮助幼儿在分享中获得他人的经验。如教师转述幼儿的问题或答案："某某，你发现三角形都有三个角，三条边吗？""他发现球掉下来的速度要比纸片快，他们是不一样的吗？"

（2）教师通过重复的话语，婉转地表达对幼儿的提醒与暗示，启发幼儿对自己的话语做出调整。

2.反问

反问是一种悬疑式的提问。通过反问，教师将幼儿在一定情境中的问题再抛给幼儿，通过一种平等交流促进幼儿产生认知冲突，使幼儿能改变原有的认知图式重新建构知识与概念。如幼儿问："蚂蚁要冬眠吗？"教师可以反问幼儿："蚂蚁也要冬眠吗？"

另外当幼儿在因经验有限而得出有悖于生活现实的结论时，教师可通过反问引发幼儿再思考，促使幼儿在认知冲突和思维碰撞中逐步领悟真知。

当幼儿之间在对话互动中产生问题时，教师也可适当反问，引发幼儿进一步交流。如在探索影子的活动中，问幼儿："通过什么方法可以知道影子的长短呢？是上午的影子长呢？还是下午的影子长？"等一系列问题，使幼儿的探索活动一步步深入，还可问："真的是上午的影子长吗？为什么呢？"

3.提炼

在幼儿园教育活动中，无论是以幼儿个别学习为主的活动还是以幼儿全体参与为主的集体活动，幼儿的学习和探究总是需要教师的帮助指导和归纳提升。提炼主要包括提升式回应和提炼式回应。

（1）提升式回应

幼儿由于年龄的原因，回答的问题总是很浅显的。教师应该顺应幼儿的思路，把幼儿的回答提升到幼儿可以理解的高度。这对于拓宽幼儿的知识面，培养语言概括能力非常有利，能起到"画龙点睛"的作用。

例一：

师问："西瓜长什么样子？"

幼答："西瓜是圆形的，长得像我们拍的球一样。"

师答复："对呀，西瓜长得就像球一样圆。我们把这样的形体叫球体。"

例二：

师问："我们小朋友为什么要多吃西瓜呀？"

幼答："西瓜很好吃，天热的时候我们吃了就不嘴干了。"

师答复："对呀，西瓜有消暑、解渴、利尿的作用。夏天吃西瓜对我们的身体特别好。"

（2）提炼式回应

幼儿的回答虽然很多，但是也很散，缺乏一定的连贯性，此时教师就应该具有一定的概括能力。教师将幼儿的答案用简短的句子或词语进行总结，对于培养幼儿的概括性思维非常有利，同时能起到"形散神聚"的作用。

例一：

师问："我们发现了西瓜放在水里是浮在水面上的，有什么办法让西瓜沉下去呢？"

幼答："我在西瓜上绑一块石头，它就沉下去了。""我用手压住西瓜，它也会沉下去。"

师答复："小朋友的方法很多，绑石头或压住西瓜，都是给西瓜加重，加重能让西瓜沉下去。"

例二：

师问："西瓜是怎样长大的？"

幼答："西瓜是长在泥土里的。""西瓜小时候很小的。""西瓜是慢慢长大的。""西瓜在泥土里还会发芽呢！"

师答复："对呀,西瓜是经过了播种—发芽—长叶—开花—结果(边做动作或绘画),才慢慢长成了大西瓜的。农民伯伯种西瓜可真不容易呀。"

强化练习

单项选择题

1.大班科学活动"水的表面张力"中,教师设计了导入环节——小实验"硬币入水",以吸引幼儿主动参与活动。教师采用的导入策略是( )。

A.激趣导入 　　　　　　　　　　　B.游戏导入

C.情景导入 　　　　　　　　　　　D.问题导入

2.依据幼儿的理解和接受能力选择内容,体现了教育内容的( )。

A.启蒙性 　　　　　　　　　　　　B.思想性

C.全面性 　　　　　　　　　　　　D.代表性

3.在科学领域的学习中,幼儿除了学习科学探究及数学认知等相关内容,还可以获得其他领域的一些知识经验,如语言领域中的敢于表达表现,社会领域中的交往合作及规则意识等。这符合幼儿园教育活动内容( )的特点。

A.广泛性和启蒙性 　　　　　　　　B.生活性和生成性

C.综合性和整体性 　　　　　　　　D.趣味性和预设性

4.王老师在引导幼儿观察并说出正方形和长方形的异同时,晨晨说:"我发现它们都有四条边和四个角。"王老师马上回应:"你发现它们都有四条边和四个角吗?"王老师采用的是( )回应策略。

A.反问 　　　B.提炼 　　　C.重复 　　　D.追问

5.大班语言活动"捉迷藏"中,幼儿观察并讨论骆驼和蛇的躲藏方法后,李老师提问:"还有动物藏在哪里? 为什么它们会选择这个地方躲藏? "李老师采用的提问策略是( )。

A.发散式提问 　　　　　　　　　　B.层叠式提问

C.互动式提问 　　　　　　　　　　D.启发式提问

参考答案及解析

单项选择题

1.【答案】B。解析:游戏是幼儿园教育活动最基本的组织形式,也是幼儿最喜欢的一种活动形式。教师可根据教育活动内容组织开展不同的游戏引导幼儿积极参与活动,如科学活动可通过体验小实验或小游戏来导入,让幼儿主动参与到活动中来。

2.【答案】A。解析:幼儿园教育具有启蒙性的特点。教育内容应该是简单的、通俗的、基础的、易于幼儿理解的。依据幼儿的理解和接受能力选择内容,体现了教育内容的启蒙性。

3.【答案】C。解析:虽然幼儿园教育内容相对划分为五个领域,不同领域又包含自身不同的内容,但这些内容是相互联系的,构成一个完整的整体。题干所述内容体现了幼儿园教育活动内容具有综合性和整体性的特点。

4.【答案】C。解析:重复回应策略的作用:一是通过重复幼儿的话语,婉转表达对幼儿的提醒和暗示,启发幼儿对自己的话语做出调整;二是通过重复个别幼儿的问题或回答,向全体幼儿反馈有价值的信息,帮助幼儿获得他人的经验。题干中王老师正是通过重复晨晨的回答,向全班幼儿反馈"正方形和长方形都有四条边和四个角"的信息。

5.【答案】B。解析:层叠式提问是将探究内容的前后连成一条推进线索,在层层深入式的问题链中不断推动幼儿的探索和思考活动。李老师提出的前后两个问题是有关系的,形成了一个问题链,因此属于层叠式提问。

第二章　幼儿园健康教育

考情分析

本章内容以识记、理解、运用为主,主要以单项选择题的形式进行考查,有时也会以活动设计题的形式进行考查。其中幼儿园健康教育的实施原则、幼儿园身心保健教育活动和身体锻炼教育活动过程的设计思路是重点考查内容。

学习目标

1.理解健康和幼儿园健康教育的含义,识记幼儿健康的标志。

2.识记幼儿园健康教育的实施原则。

3.理解各类健康教育活动过程的步骤及组织要点,能够设计不同类型的健康活动,重点理解身体锻炼活动的设计过程。

第一节　幼儿园健康教育概述

一、健康与幼儿园健康教育的含义

考点1　健康的含义

1989年,世界卫生组织将健康的概念调整为"健康应包括躯体健康、心理健康、社会适应良好和道德健康"。

2012年10月我国教育部印发的《3—6岁儿童学习与发展指南》中也明确指出,"健康是指人在身体、心理和社会适应方面的良好状态"。

考点2　幼儿园健康教育的含义

幼儿园健康教育是健康教育的基础组成部分。幼儿园健康教育是对3~6岁幼儿进行有目的、有计划、有组织的健康教育活动,开展健康服务,创设健康环境,预防幼儿身心疾病的发生,提高其身心健康水平的有关理论和方法的综合学科。通过实施健康教育,使幼儿各个器官、组织得到正常的生长发育,能较好地抵抗各种急、慢性疾病;性格开朗,情绪乐观无心理障碍,对环境有较快的适应能力,以达到身体、心理和社会适应的良好状态,为其一生的发展奠定基础。

二、幼儿健康的标志

幼儿健康是指幼儿各器官、各组织的生长发育和心理发展良好,没有身心疾病或缺陷,性格开朗、情绪乐观,对自然和社会环境有较强的适应能力。

考点1 身体健康

（1）生长发育良好，体形正常，身体姿势端正

身高、体重、头围、胸围等指标的数值均在该年龄组幼儿发展的正常范围内；身材比例符合该年龄组幼儿发展的一般规律；身体无疾病和缺陷（如贫血、佝偻病、龋齿、斜视等）；食欲良好，睡眠好，精力较充沛等。

（2）机体对内、外环境有一定的适应能力

具有一定的抵抗疾病的能力，较少得病；对环境的变化（寒冷、炎热、冷热的交替）具有一定的适应能力；能适应多种体位的变化，如摆动、旋转、身居高处等。

（3）体能发展良好

身体的基本动作能适时地产生，如抬头、翻身、坐、爬、站立、走、跑等；各种基本动作能力不断提高；肌肉较有力，身体动作较平稳、准确、灵敏和协调；手眼协调能力发展良好等。

考点2 心理健康

（1）动作发展正常

动作发展与脑的形态及功能的发育密切有关。幼儿躯体大动作和手指精细动作的发育水平处于正常范围是心理健康的基本条件。

（2）认知发展正常

正常的认知水平是幼儿生活与学习的重要条件。幼儿期是认知发展极为迅速的时期，应避免因各种原因造成的脑损伤或不适宜的环境刺激，以避免幼儿心理不健康。

（3）情绪稳定，反应适度

积极的情绪状态反映了中枢神经系统功能的协调性，也表明个体的身心处于良好的平衡状态。如果某个幼儿经常处于消极的情绪状态，如整天闷闷不乐或暴跳如雷，那么该幼儿的心理也是不健康的。

（4）乐于与人交往，人际关系融洽

良好的同伴关系是幼儿心理健康发展的重要的精神环境，有利于其形成自信、自尊、活泼开朗的性格。

（5）性格特征良好

心理健康的幼儿，一般具有热情、勇敢、自信、主动、合作等性格特征，而心理不健康的幼儿常常具有冷漠、胆怯、自卑、被动、孤僻等性格特征。

（6）没有严重的心理卫生问题

幼儿不健康的心理往往以各种行为方式表现出来，如吮吸手指、遗尿、口吃等。心理健康的幼儿应没有严重的或复杂的心理卫生问题。

考点3 良好的社会适应能力

对幼儿来说，良好的社会适应能力主要表现在以下三个方面。
（1）能较快地融入集体生活的能力。
（2）乐于与人交往合作，有良好的人际关系的适应能力。
（3）能主动积极地应付各种压力，以保持他们与环境之间及自身内在的平衡。

三、幼儿园健康教育的实施原则

考点1 经常性原则

经常性原则是指幼儿园健康教育活动应融入幼儿的每日活动之中,避免"三天打鱼,两天晒网"的现象。在具体落实这一原则时应注意以下几点。

(1)每日让幼儿进行适当的身体锻炼活动,且保证幼儿每日户外活动不得少于2小时。

(2)动静交替地安排幼儿的一日生活。

考点2 适量的运动负荷原则

适量的运动负荷原则是指在组织幼儿进行身体锻炼活动时,教师应合理安排幼儿练习时身体和心理所承受的负荷量,保证幼儿在运动后能取得恢复的最佳效果,提高身体运动的技能,达到增强体质的目标。在贯彻这一原则时应注意以下几点。

(1)要根据身体锻炼的内容、运动项目的特点及幼儿年龄的差异,合理地确定身体锻炼的"量"。

(2)在组织指导时,教师要注意精讲多练,并严密安排好身体锻炼的组织环节,避免过多的排队及不必要的调队等。

(3)教师要注意合理安排和调节幼儿的心理负荷。

(4)要利用测心率和观察幼儿在活动中的表现等方法,了解运动负荷是否合理,以便灵活地调节活动的内容和方法。

考题再现

【2018·常德武陵·单选】要求教师在组织幼儿进行身体锻炼活动时,合理安排,以及注意调节幼儿身体和心理所承受的负荷的幼儿园健康教育的原则是(   )。

A.适量的运动负荷原则 　　　　　　　　B.全面发展的原则

C.经常化原则 　　　　　　　　　　　　D.多样化原则

【答案】A。

考点3 多样化原则

多样化原则是指幼儿园健康教育活动应灵活运用多种途径、多种组织形式和方法来进行。开展幼儿园健康教育活动需要多种途径、多种组织形式和方法相互补充、相互配合、灵活运用,才能共同实现幼儿园健康教育活动的目标。

考点4 全面发展的原则

全面发展的原则有两层含义:一是指幼儿园健康教育应促进幼儿身心全面发展,即健康教育活动不仅要增强幼儿的体质,而且要促进幼儿在认知、情感、态度、个性和社会性方面的良好发展;二是指在身体锻炼活动中,应尽量使幼儿身体的各个部位、各器官系统的机能,各种身体素质和基本活动技能等都能得到全面协调的发展,尽量避免身体锻炼的片面性和不平衡性。

考点5 针对性原则

针对性原则是指教师的组织和指导必须有明确的定向和目标,善于"对症下药"。教师应当能够根据幼儿的实际情况和行为表现,在观察分析的基础上,采用灵活有效的方法提供有针对性和重点的指导。

第二节　幼儿园身心保健教育活动的设计

一、幼儿园身心保健教育活动的目标

考点1　小班幼儿身心保健教育活动的目标

小班幼儿身心保健教育活动的目标包括以下几点。

（1）了解盥洗的顺序，初步掌握洗手、刷牙的基本方法；学习穿脱衣服；会使用手帕或纸巾；养成坐、站、行、睡的正确姿势；能及时排便；有良好的作息习惯。

（2）进餐时保持愉快的情绪，愿意独立进餐；认识最常见的食物，爱吃各种食物，主动饮水。

（3）了解自己身体的各种感官及其功能，知道身体不舒服时要告诉成人，初步认识并学习简单保护五官的方法；能配合成人接受疾病预防与治疗。

（4）知道过马路、乘坐交通工具、玩大型运动器械时要注意安全；了解日常生活中的安全常识；能接受成人的有关提示，学习避开活动中可能出现的危险因素。

（5）日常生活中愿意与人交往，知道应轮流玩玩具；初步体验与老师、小朋友相处和共同游戏的乐趣。

（6）知道自己的性别。

考点2　中班幼儿身心保健教育活动的目标

中班幼儿身心保健教育活动的目标包括以下几点。

（1）初步学会穿脱和整理衣服、鞋袜和床铺；能正确使用手绢、毛巾（餐巾）、便纸等，有做事的成功感；在成人的提醒下按时休息，有初步的生活自理能力。

（2）结合品尝经验，进一步认识各类常见食物，包括奶类、谷类、蛋类、鱼肉类、蔬菜类、水果类、豆类及其制品；爱吃各类食物的同时，懂得要科学合理地进食，逐步形成良好的饮食习惯。

（3）进一步认识身体的主要器官及基本功能，并懂得初步的保护方法；逐步形成接受疾病预防与治疗的积极态度和行为；在成人帮助下学习处理常见外伤的最简单的方法，知道快乐有益于健康。

（4）认识有关安全标志，能够在成人提醒下遵守交通规则；学习避开危险和应付意外事故的最基本方法，知道不跟陌生人走，不接触危险物品；遇到危险时能告诉成人，有初步的自我保护意识。

（5）主动与人交往，会使用礼貌用语，能与同伴合作，会谦让，能感受同伴的喜与忧，愿意参加集体活动并能表达自己的见解，保持积极、愉快的情绪；初步学习简单评价自己与同伴的行为。

（6）愿与父母分床而眠。

考点3　大班幼儿身心保健教育活动的目标

大班幼儿身心保健教育活动的目标包括以下几点。

（1）注意保持仪表整洁，并能注意和关心周围环境的卫生；进一步提高生活自理能力；初步养成良好文明的生活卫生习惯及学习习惯。

（2）进一步养成良好的饮食习惯；初步理解不同的食物有不完全相同的营养素，身体需要各种营养素；知道有些食物儿童不宜吃；初步学会使用筷子。

（3）进一步认识身体的主要器官及其重要功能，并懂得简单的保护方法；了解有关预防龋齿及换牙的知识;注意用眼卫生。

（4）认识安全标志，学习主动遵守交通规则;乘汽车、乘船、过桥时能注意安全;不玩火,不接触煤气,不触摸电器开关,注意防止意外事故的发生;遇到危险时能尽快告诉成人,有初步的自我保护能力。

（5）初步了解应付意外事故（如火灾、雷击、地震、台风等）的常识,具有粗浅的求生技能。

（6）能文明、大方地与人交往,以积极恰当的方式参与或发起活动;尊重别人的意愿,比较自觉地控制自己的情绪和行为;学习解决活动中同伴间的纠纷,并学会评价自己与他人;愿意学习同伴的优点,与同伴建立起友好的关系。

（7）知道男女厕所,初步具有性别角色意识。

二、幼儿园身心保健教育活动的内容

幼儿园身心保健教育活动主要包含幼儿身体保健教育活动和幼儿心理健康教育活动两部分。

考点1 幼儿身体保健教育活动的主要内容

幼儿身体保健教育活动的主要内容包括以下几方面。

（1）生活卫生习惯。如生活自理习惯、良好的作息习惯、清洁卫生习惯、学习卫生习惯、关心周围环境卫生的习惯等。

（2）饮食与营养。如饮食的有关知识和技能,常见食物的名称及其粗浅的营养知识,营养与健康的关系,膳食平衡的简单知识等。

（3）人体认识与保护。如身体的主要器官及其主要功能,保护器官的基本知识和技能,预防接种的有关知识和态度,常见疾病的粗浅预防知识,常见外伤的简单处理知识和方法,预防龋齿及换牙的有关知识等。

（4）安全自护。如生活安全常识、活动安全常识、粗浅的药物安全常识、应付和处理意外事故的简单知识与技能、初步的自我保护能力等。

考题再现

【2021·永州祁阳·单选】幼儿身体保健教育活动的内容不包括（   ）。

A.生活卫生习惯

B.饮食与营养

C.安全自护

D.表达和调节自己的情绪

【答案】D。解析:"表达和调节自己的情绪"属于幼儿心理健康教育活动的内容。

考点2 幼儿心理健康教育活动的主要内容

幼儿心理健康教育活动的主要内容包括以下几方面。

（1）学习表达和调节自己情绪的方法。

（2）培养社会交往能力。

（3）锻炼独立生活和学习的能力。

（4）培养讲礼貌、热爱集体、与同伴友好相处、爱护公共卫生和设施、爱护花草树木和小动物等良好的习惯和情感。

（5）性启蒙教育。

（6）心理障碍和行为异常的预防。

三、幼儿园身心保健教育活动的组织方法

考点1　讲解演示法

讲解演示法是指教师边讲解边结合动作演示，或以实物、模型演示，具体而形象地向幼儿传授粗浅的有关健康的知识和技能，提高幼儿对健康的认识水平的方法。需要说明的是，演示的手段应多样化，尤其是运用电教手段进行直观而动态的演示，能激发幼儿的兴趣，增强幼儿对健康知识的理解。

考点2　动作和行为练习法

动作和行为练习法是指让幼儿对已学过的生活技能、健康行为等进行反复练习，形成稳定的技能和良好行为习惯的方法。

考点3　情境表演法

情境表演法是指教师或幼儿就特定的生活情境加以表演，或通过录像向幼儿展示生活情境，让幼儿观察和分析情境中所涉及的健康问题，以形成健康行为或习惯的方法。由于情境表演的主题源于幼儿的现实生活，因而能激发幼儿的兴趣，较好地帮助幼儿认识生活中可能遇到的同类问题和冲突，树立正确的健康态度和行为。

考点4　感知体验法

感知体验法是指让幼儿通过各种感官来认识和判别事物的特性的方法。这种方法能有效地激发幼儿参与活动和在活动中探究的兴趣，加深他们对事物认识的印象。

考点5　讨论评议法

讨论评议法是指在幼儿参与健康教育的过程中，让他们提出问题，发表自己的意见和看法，最后得出结论，形成共识的方法。这种方法能有效地帮助幼儿表达自己的真实想法，在讨论评议中提高他们辨别是非的能力和对健康的认识水平。

四、幼儿园身心保健教育活动的过程

幼儿园身心保健教育活动过程一般包括开始环节（导入环节）、基本环节（呈现、操作、巩固）和结束环节。其具体设计思路见表5-2-1。

表5-2-1　幼儿园身心保健教育活动过程的设计

步骤		组织要点
开始环节		（1）该环节的目的是引发话题，引导幼儿在认知和心理上对要开展的活动有充分的准备，激发幼儿参与的兴趣。 （2）导入方法：直接导入、游戏导入、问题导入
基本环节	呈现	该环节主要是通过实物、问题、动作等的呈现，展开活动内容、实施教学，使幼儿从模糊走向清晰、从疑问走向理解
	操作（练习）	（1）该环节是幼儿自主学习、建构知识的环节。 （2）教师应根据不同内容的需要设计不同形式的操作、探索活动

步骤		组织要点
基本环节	巩固（应用）	（1）该环节是幼儿加深对学习内容的印象、迁移和应用所学知识的环节。 （2）可组织表演、游戏等活动来帮助幼儿巩固
结束环节		该环节的目的是总结教育活动，激发幼儿继续探索的兴趣

第三节　幼儿园身体锻炼教育活动的设计

一、幼儿园身体锻炼教育活动的目标

考点1　小班幼儿身体锻炼教育活动的目标

小班幼儿身体锻炼教育活动的目标如下。

（1）能姿势正确、自然协调地走和跑；能向指定方向走和跑；能在指定范围内四散跑、追逐跑；能走、跑交替100米左右；能步行1000米，或连续跑约半分钟；能较轻松地双脚交替跳着走；能一个跟着一个走，走成一个圆。

（2）能较轻松自然地双脚同时向前跳、向上跳；能从25厘米的高处自然地跳下。

（3）能单手自然地将沙包等轻物投向前方；能双手用力将球向前、上、后方抛。

（4）能在窄道或宽25厘米、高（或斜高）20厘米的平衡木（或斜坡）上走；能在平行线中间走。

（5）能在65~70厘米高的障碍物（如绳子、皮筋、拱形门等）下钻来钻去；能手、膝着地（垫），自然协调地向前爬和倒退爬；能钻爬低矮障碍物；能在攀登架（网）上爬上爬下或从架（网）的一侧爬越至另一侧（必要时教师可提供帮助）。

（6）能听懂基本的口令和信号并做出相应的动作；能边念儿歌或边听音乐，边较合拍地做模仿操或徒手操。

（7）会玩滑梯、攀登架、转梯、荡船或其他大型体育活动器械；会骑小三轮车；会推、拉独轮车；会滚球、近距离传接球和原地拍皮球；会用球、绳、棒、圈等多种小型的体育器械进行身体锻炼。

（8）喜欢并愿意参加多种体育活动，能初步掌握有关体育活动的粗浅知识；在成人提醒下能遵守体育活动的规则和要求，团结合作，爱护公物。

（9）能合作收拾某些小型体育器械。

考点2　中班幼儿身体锻炼教育活动的目标

中班幼儿身体锻炼教育活动的目标如下。

（1）能按节奏上下肢协调地走和跑；能听信号变速走、变速跑；能听信号变换方向跑；能快跑20米和在一定范围内四散追逐跑；能走、跑交替（或慢跑）200米左右；能步行1.5千米或连续跑约1分钟；能变化身体姿势（如半蹲、前脚掌着地、倒退）或跨过低障碍物走，能绕过障碍物跑；能听信号切断分队走、一路纵队跑。

（2）能原地自然蹬地起跳触物（物体离幼儿举起手臂时的手指尖20厘米左右）；能双脚熟练地向前跳或在直线两侧行进跳；能双脚站立从30厘米的高处自然地跳下，落地轻；能立定跳远，跳距不少于30厘米；能助跑跨跳平行线，跳距不少于40厘米；能双脚交替跳和短距离单足连续向前跳。

（3）能肩上挥臂投掷小沙包、纸镖等轻物；能自抛自接低（高）球或两人近距离互抛互接大球；能滚球击物；能左右手拍球。

（4）能在宽20厘米、高30厘米的平衡木上走；能原地自转至少3圈不跌倒；能闭目向前行走不少于10步。

（5）能熟练协调地在60厘米高的障碍物（如圈、拱形门等）下较灵活地侧钻；能手、脚着地（垫）协调地向前爬；能手脚协调、熟练地在攀登架（网）或肋木上爬上爬下，或从架（网）的一侧爬越至另一侧；能团身滚。

（6）能较熟练地听各种口令和信号做出相应的动作；能听信号较快地集合、分散，排成4路纵队；能随音乐节奏较准确地做徒手操和轻器械操。

（7）会玩跷跷板、攀登架、秋千等大型体育活动器械；会较熟练地骑小三轮车或带辅轮的小自行车；会用球、绳、棒、圈或其他废旧材料（如易拉罐、报纸等）开展小型多样的身体锻炼活动。

（8）具有一定的对环境的适应能力（如抵御寒、暑、饥、渴的能力）和抵抗疾病的能力。

（9）喜欢并能积极参加各种身体锻炼活动，初步养成参加体育活动的习惯；能较自觉地遵守体育活动的规则和要求，互助合作，爱护公物；有一定的集体观念。

（10）能及时收拾和整理小型体育器械。

考点3　大班幼儿身体锻炼教育活动的目标

大班幼儿身体锻炼教育活动的目标如下。

（1）能轻松自如地绕过障碍曲线走和跑；能快跑30米或接力跑；能走、跑交替（或慢跑）300米左右；能步行2千米或连续跑约1分半钟；能听信号左右分队走。

（2）能原地自然蹬地起跳、连续纵跳触物（物体离幼儿举起手臂时的手指尖25厘米左右）；能双脚熟练地改变方向前、后、左、右、转身跳；能从35~40厘米的高处自然地跳下，落地轻稳；能立定跳远，跳距不少于40厘米；能助跑跨跳平行线，跳距不少于50厘米；能助跑屈膝跳过高度约40厘米的垂直障碍，能连续向前跳过多个高40厘米、宽15厘米的障碍。

考题再现

【2021·永州祁阳·单选】能助跑屈膝跳过高度约40厘米的垂直障碍，能连续向前跳过多个高40厘米、宽15厘米的障碍。这是对（　　）的要求。

A.托班儿童　　　　　　　　　　　B.小班儿童

C.中班儿童　　　　　　　　　　　D.大班儿童

【答案】D。

（3）能半侧面单手投掷小沙包等轻物约4米远；会肩上挥臂投掷轻物并投准目标（如直径不小于60厘米的镖靶，投掷距离约3米）；能抛接高球，或两人相距2~4米互抛互接大球。

（4）能在宽15厘米、高40厘米的平衡木上交换手臂动作（叉腰、平举、上举等）或持物走；能两臂侧平举，闭目起踵自转至少5圈不跌到；能两臂侧平举，单足站立不少于5秒钟。

（5）能熟练协调地侧身、缩身钻进50厘米高的障碍物（如拱形门等）；能手脚交替、协调熟练地在攀登架或肋木上爬上爬下；能在单杠或其他器械上做短暂的悬垂动作；能在攀登绳（棒）上爬高约1.5米，能熟练地在垫上前滚翻、侧滚翻。

（6）能熟练地听各种口令和信号做出相应的动作；能听信号迅速地集合、分散、整齐队列、变化队形；能随音乐节奏有精神地做徒手操和轻器械操，动作有力、到位。

（7）会玩低单杠、秋千、脚蹬车或其他大型体育活动器械；会踩高跷、跳绳（50次以上）、跳皮筋；会运球、传接球、用脚踢（带）球；会用球、绳、棒、圈、积木、报纸、轮胎或其他废旧材料开展各种身体锻炼活动。

（8）具有一定的御寒、防暑、耐饥渴的能力和较强的抵抗疾病的能力。

（9）热爱并能积极参加各种身体锻炼活动，初步自觉养成参加体育锻炼的习惯；能自觉遵守体育活动的规则和要求，合作、负责、宽容、谦让、爱护公物；有较强的集体观念；敢于克服困难，能体验克服困难、取得胜利后的愉悦。

（10）能独立或合作收拾各种小型体育器械。

二、幼儿园身体锻炼教育活动的内容

幼儿园身体锻炼教育活动的内容主要包括以下四方面。

考点1 基本动作练习

基本动作就是人们的基本活动能力，是人最基本的身体运动技能，包括走步、跑步、跳跃、投掷、攀登、钻、爬等基本动作。任何一个体育活动都是由以上基本动作构成的，都包含着锻炼幼儿身体素质的内容。

1.走步

（1）走步动作的基本要求

走步动作的基本要求：动作要放松、自然，身体要保持正直，肩部肌肉要放松；两臂前后适度地自然摆动，向前摆动时肘部稍弯曲；走步时要有合理而稳定的节奏，步幅大小适宜均匀，有精神、有节奏地走；脚落地时要轻，脚尖向前，两脚内侧基本保持在一条直线上，保持好身体重心，避免走步时身体左右摇晃。

（2）各年龄班幼儿走步动作的目标

小班：上体正直，自然地走；一个跟着一个走；听信号向指定方向走等。

中班：上体正直，上下肢协调地走；听信号有节奏地走；听信号变速走等。

大班：听信号变换方向走；步伐均匀，有精神地走；一对一对整齐地走等。

（3）走步动作的指导要点

幼儿走步要轻松、自然。教学重点是腿的动作和躯干的正直，抬腿不要过高，也不能过低，落地要轻；采用多种走的形式激发幼儿练习走的兴趣；在日常生活中培养幼儿走路的正确姿势。

2.跑步

（1）跑步动作的基本要求

跑步动作的基本要求：上体保持正直并稍向前倾；两手轻轻握拳，两臂屈肘置于体侧，前后自然地摆动；要有蹬地、腾空阶段；脚落地时要轻；快跑时会用力蹬地等。

（2）各年龄班幼儿跑步动作的目标

小班：一个跟着一个跑；听信号向指定方向跑，或沿着规定路线跑；在规定范围内四散跑；100米慢跑或走跑交替等。

中班：绕障碍物跑；在一定范围内四散跑；15~20米快跑；接力跑；100~200米慢跑或走跑交替等。

大班：听信号变速跑或变换方向跑；四散追逐跑，躲闪跑；20~25米快跑；在窄道上跑；高抬腿跑，大步跑；200~300米慢跑或走跑交替等。

（3）跑步动作的指导要点

幼儿跑的练习重点是腿的动作，要求是"步子大、落地轻"。跑步过程中，教会幼儿使用口鼻混合呼吸的方法。加强运动生理防护，做好活动前的准备运动，重点是腿部关节、韧带、肌肉的准备活动，以防受伤。活动中要控制好跑的时间和强度；活动后安排一些活动量小的整理放松活动，以利于幼儿心率的恢复与心肺的健康。另外，在四散跑、追逐跑等活动中，要提醒并教会幼儿及时躲闪，不要相互碰撞，防止运动损伤的发生。

3.跳跃

（1）跳跃动作的基本要求

跳跃动作的基本要求：蹬地动作要有力，落地动作要轻，动作要协调。跳跃包括预备、起跳、腾空、落地四个阶段。预备时两脚稍分开，腿稍屈，臂后摆，上体稍前倾；起跳时臂后摆，腿蹬直；落地时屈膝以保持平衡、缓冲震荡。需要注意的是，幼儿在跳跃时两脚一定要分开，并且要半蹲，否则容易扭伤腿。

（2）各年龄班幼儿跳跃动作的目标

小班：双脚连续向前跳，原地纵跳的同时用头触物，由一定高度往下跳，双脚跳过一定远度等。

中班：原地纵跳触物，单脚连续跳，双脚交替跳，助跑跨跳，立定跳远，由一定高度往下跳等。

大班：直线两侧行进跳，向前、后、左、右变换跳，转身跳，助跑跨跳或跳过一定高度，跳绳、跳皮筋、蹦床等。

（3）跳跃动作的指导要点

教师要把起跳和落地动作作为指导和练习的重点。根据幼儿年龄、教学目标选择跳跃的类型和内容，注意发展幼儿的力量素质、协调能力等相关身体素质。兼顾心理健康教育，注意发展心理素质，培养幼儿大胆跳跃时所需要的自信、果断和勇敢等品质，发展幼儿的自我认识、自我发展、自我评价的意识。确保活动中的安全，教育幼儿不要从高处跳到坚硬的地面上，最好有沙坑或地垫的保护。

4.投掷

（1）投掷动作的基本要求

投掷动作通常可以分为两类：掷远、掷准。掷远要求有较好的挥臂动作和转体动作。掷准不仅需要一定的肌肉力量，还需要良好的目测力及动作准确性。

（2）各年龄班幼儿投掷动作的目标

小班：双手或单手自然向前上方或远处挥臂投掷。

中班：正面肩上投远，滚球击物，打前方投掷架上的"物体"等。

大班：侧面肩上投远，将物体投进固定目标（小网兜、篮筐），投活动目标，投圈套物等。

（3）投掷动作的指导要点

投掷动作重点是发展幼儿投出时的上肢动作和全身协调用力的能力。依据循序渐进的原则，在投掷的距离，投掷目标的大小、动静，投掷物的重量等方面逐步提高难度。兼顾左右手的协同锻炼，促进机体的均衡发展。通过变换投掷物、采用游戏法等激发幼儿的活动兴趣。

5.攀登

（1）攀登动作的基本要求

攀登的种类有很多种，按参与动作的身体部位划分为双手攀登、双脚攀登、双手双脚共同攀登。双手攀登一般是攀杆、攀绳，一般不适合幼儿。双脚攀登，如登台阶、登小山坡等，练习登台阶是幼儿掌握攀登技能的基础。双手双脚共同攀登，如攀登架的使用，主要有两种攀登方法：并手并脚攀登、手脚交替攀登。并手并脚攀登即两手先后握住同一横木，两脚也是先后踏上同一横木。双手握横木时要求幼儿必须是"大拇指与其他四指分开握住横木"。这是攀登的初级水平，一般是小班幼儿初学攀登动作时使用的攀登方法。手脚交替攀登即两手、两脚都先后握住、踏上同一横木，手脚动作是交替进行的。此动作难度相对较大，一般中大班幼儿使用这种攀登方法。

（2）各年龄班幼儿攀登动作的目标

小班：攀登较低的器械、攀登架或肋木等。

中班：在各种攀登设备上自由地攀登。

大班：在攀登设备上做钻、爬、移动或攀上爬下等动作，攀登滑梯的斜坡等。

（3）**攀爬动作的指导要点**

首先，要选择适宜的运动环境。一要考虑选择安全柔软的地面，最好有软地毯、泡沫板、人造草坪、充气垫等，以防止幼儿落下时受到伤害；二要选择周围无障碍物的、无危险物的环境。其次，做好活动中的保护。在攀登过程中，对于初次攀爬肋木或攀登架的幼儿，教师应注意在其身后扶住腰部或臀部，要让幼儿懂得有秩序攀登，不互相推挤，让幼儿学会躲避危险，提高自我保护能力。对幼儿的进步及时予以评价，常鼓励和赞许幼儿。

6.钻、爬

（1）**钻、爬动作的基本要求**

钻的方法有正面钻和侧面钻。正面钻适合钻过较高的障碍物，动作要领是低头、弯腰、屈腿。侧面钻适合钻较低的障碍物，要求侧对障碍物，离障碍物远的腿蹲，离障碍物近的腿向障碍物下伸出，低头弯腰，然后蹬后腿，屈前腿，前移重心，同时转体钻过障碍物。正面钻和侧面钻的不同之处在于两腿屈与伸的交替以及身体重心的移动。

爬的种类主要有手膝着地、手脚着地、膝肘着地、匍匐前进等。手膝着地爬要求依靠跪撑腿蹬伸和异侧或同侧臂后推力量推动身体前进，爬行时仰头向前看；手脚着地爬要求依靠蹬伸腿和异侧臂后推力量推动身体前进，爬行时仰头向前看。

（2）**各年龄班幼儿钻、爬动作的目标**

小班：正面钻过障碍物，手膝着地协调地爬，手脚着地爬，钻爬越过障碍物等。

中班：侧面钻过障碍物，连续钻过几个障碍物，手脚协调地爬，爬越障碍物等。

大班：灵活钻过各种障碍物，协调地爬越障碍物，不触碰障碍物爬越等。

（3）**钻、爬动作的指导要点**

首先，要增强活动的趣味性，创设综合性的游戏环境。其次，活动中要随时认真观察每个幼儿的活动状况。如果幼儿出现脸色异常、汗量增多等情况，要及时转移幼儿的兴趣点，让幼儿及时得到适当的休息。再次，钻爬活动区的环境条件有一定要求。地面要软，一定要避免有坚硬、尖利的物品存在，以免碰伤幼儿。尤其在夏天做钻爬运动时，提醒女孩儿尽量不要穿裙子，以防磨伤膝部。

考点2　基本体操练习

1.幼儿基本体操的内容

（1）**队列队形**

队列队形是指按照要求，多个幼儿做协同一致的动作，如让幼儿立正、向前看，站成一路纵队，或者变换成其他队形等。

（2）**徒手操及模仿操**

徒手操是根据人体各部位的特点，依照一定的程序，由举、振、屈、伸、转、绕环、跳跃等一系列的徒手动作所组成的动作练习。

模仿操是将日常生活中常见到的各种活动、成人的劳动、自然界的各种现象、动物的动作与姿态，或是军事训练中的动作等挑选出来，编成形象的体操动作，让幼儿进行模仿练习，有目的、有针对性地促进幼儿身体的发展。

（3）**轻器械操**

轻器械操是在徒手体操的基础上，通过手持体操棍、实心球、跳绳、火棒、哑铃、花环等各种轻器械进行的一种身体练习。

2.各年龄班幼儿体操的特点

小班以模仿操为主，辅以徒手操，每套3~6节，每节四四拍或二八拍；中班以徒手操为主，辅以模仿操、轻器械操,每套6~7节,每节二八拍;大班以轻器械操为主,辅以模仿操、徒手操,每套7~8节,每节四八拍。

3.选择和创编幼儿体操的基本要求

（1）符合幼儿的年龄特点

幼儿体操的动作应简单易做,活泼欢快,可将反映幼儿年龄特点的点头、拍手、跳跃等动作融到操节之中。器材要选择幼儿熟悉和容易使用的,特别是有声响,能敲击、摇晃、挥动出不同节奏的器材。音乐也要选择幼儿熟悉、理解和节奏明快的乐曲或歌曲。要避免动作、队形、音乐、器材上的成人化。

（2）要注意幼儿身体的全面锻炼与发展

一套较好的幼儿体操动作,应该能全面地锻炼幼儿的身体。因而要将幼儿身体各部位（如头颈、四肢、躯干等）的动作有机地组合起来,锻炼幼儿的肌肉、骨骼、关节、韧带,使幼儿的灵敏性、平衡能力、柔韧性和协调性得到全面、协调的发展。

（3）合理地安排动作程序和活动量

在编制幼儿体操时,一般由活动量较小的头、颈部动作或上肢的伸展动作开始,逐步由上肢、扩胸、转体、腹背动作过渡到活动量较大的全身和跳跃动作,最后是放松、整理动作。

编排成套的幼儿体操动作的程序:上肢或四肢伸展的动作—扩胸、转体的动作—腹背的动作—下肢及全身的动作—放松、整理的动作。其动作的速度应由慢到快,再由快到慢。整套动作的活动量也应由小到大,再由大到小。

（4）注重兴趣性,要有美感

所选编的幼儿体操的动作、配乐、器械应是幼儿感兴趣的。整套体操设计得再合理,如果动作不能引起幼儿的兴趣,他们就不爱做,勉强去做他们也会"身在心不在""出操不出力",锻炼效果差。所选编的动作、配乐、器械还应符合审美要求,使幼儿能感受到美,有利于幼儿健美体态的形成和审美意识的发展。

考点3 体育游戏

体育游戏是以促进身心发展、提高身体素质和基本活动能力为主要目的,以基本动作为主要内容,以游戏活动为基本形式,具有一定的情节、角色、规则、娱乐性和竞赛性的一种游戏活动。它能满足幼儿运动、发展动作和体能、模仿、竞赛、交往、审美等多种需要,促进幼儿多方面的发展。因此,体育游戏非常适合幼儿体育教学。

考点4 器械运动

器械运动专指利用体育器械进行的身体练习活动。运动器械一般按器械自身的特点来分类,如按照能否搬动或移动,可以将运动器械分为固定性运动器械和中小型移动性运动器械。

固定性运动器械主要包括滑行类,如各类滑梯;摆动类,如秋千;攀登类,如攀登架等。

中小型移动性运动器械有小推车,平衡木,各种大小的皮球、塑料球等。

三、幼儿园身体锻炼教育活动的组织方法

考点1 讲解法

讲解法是教师用语言向幼儿传授体育知识、技能,组织教学和进行思想教育的一种方法。教师在运用讲解法时应注意四点:①讲解的内容要正确,符合幼儿的接受能力;②讲解要简明扼要,突出重点;③讲解要富于启发;④讲解要注意时机和效果。

考点2　示范法

示范法是教师（或幼儿）以正确的动作为范例，使幼儿了解动作的形象、结构、要领等的一种方法。由于幼儿的思维以具体形象思维为主，认识和理解事物更多地依赖生动鲜明的形象，所以示范法在幼儿体育教学中具有重要的地位。

根据不同的分类标准，示范可分为完整示范和分解示范，个人示范和集体示范，正面示范、侧面示范、镜面示范和背面示范，动作示范和活动方式示范等。教师应根据不同的教学内容和需要，采用适当的示范方式。教师在运用示范法时应注意四点：①示范要有明确的目的性；②示范要正确，并力求轻松、优美、熟练；③注意示范的位置和方向；④示范与讲解有机结合。

考点3　练习法

练习法是指通过讲解示范后，在幼儿初步建立与活动有关的表象或概念的基础上，让幼儿在教师的指导下进行各种身体练习，以实现身体锻炼活动目标的一种方法。这是体育活动中最基本，也是最重要的方法。幼儿园常用的练习法有以下几种。

1.重复练习法

重复练习法是指在固定的条件下反复练习的方法，如重复做某节体操或练习某个游戏等。

2.条件练习法

条件练习法是指设置一定的具体条件或在改变先前练习条件的情况下，让幼儿进行练习的方法，如在规定高度的条件下让幼儿练习纵跳触物。

3.循环练习法

循环练习法是指依次做几个不同类型和性质的动作，或依次进行几项活动内容的锻炼方法，多用于早操和户外体育活动。

4.完整练习法和分解练习法

完整练习法是指把整个动作或活动过程完整地进行练习的方法。分解练习法是指将动作或活动过程分成几个部分，按部分逐次进行练习，最后再组合成完整动作或活动全过程进行练习的方法。例如，练习跑的动作时，可以让幼儿先原地练习摆臂动作，然后再结合下肢动作，完整练习整个动作。

考点4　游戏法

游戏法是指以游戏的形式组织幼儿进行锻炼的方法。这种方法能将幼儿难以理解或枯燥的动作和身体素质等练习变成有趣的模仿活动或具体的游戏情节，提高其练习的兴趣。

考点5　比赛法

比赛法是在规定的比赛条件下，充分发挥已掌握的各种动作，互相竞赛，以决胜负的一种方法。它和游戏法的主要区别在于比赛法具有更严格的规则和"竞争"因素，对体能要求较高。所以，比赛法一般在中、大班采用。比赛中要注意保证幼儿动作姿势的正确及活动过程的组织性。

考点6　语言提示和具体帮助法

语言提示是指在幼儿进行身体练习时，教师用简短明确的语言，提示和指导幼儿正确完成动作或进行活动的方法。具体帮助法是指教师直接而具体地帮助幼儿改正错误，掌握正确的练习要求和方法。教师帮助幼儿防止和纠正错误，也是实施个别指导的有效方法。

考点7 信号法

信号法是指用口令、哨音、音乐、鼓声、拍手等声响来帮助和指导幼儿进行身体锻炼的方法。口令是身体锻炼活动中常用的信号，在组织幼儿排队、队形变换及做操时经常使用。教师在使用信号法时应做到声音洪亮、清晰、有节奏、有感情，并正确分清动令和预令，注意根据动作的特点和活动情节的变化，改变信号的节奏和速度。

四、幼儿园体育教学活动的过程

幼儿园身体锻炼教育活动的组织形式包括体育教学活动、早操、远足活动及短途旅行、体育节等。幼儿园体育教学活动是一种有目的、有计划、有组织的身体锻炼活动，是正规性的教育活动，也是实施幼儿身体锻炼的基本途径。它以身体动作为主要内容，以身体练习为主要手段，有目的、有计划地发展幼儿的基本活动技能，提高幼儿的身体素质，增强幼儿的体质，促进幼儿身心全面、健康、和谐地发展。

目前体育教学活动多采用三部分结构，即开始部分、基本部分、结束部分。在设计教案时，可以不写开始部分、基本部分和结束部分这些字，但组织过程要体现出来。其具体设计思路见表5-2-2。

表5-2-2 幼儿园体育教学活动过程的设计

步骤	组织要点
开始部分	（1）该环节的任务是激发幼儿参与活动的兴趣，使其做好心理和生理上的准备。 （2）该环节的内容主要是排队和队列队形练习；做一些基本体操或模仿活动；开展一些运动负荷不大，有利于发展幼儿体能的游戏；进行一些简单的舞蹈和律动等；向幼儿简要说明活动的要求和主要内容。 （3）该环节一般占总时间的10%~20%
基本部分	（1）该环节的任务是学习和巩固粗浅的体育知识和技能，实现本次活动的目标。 （2）该环节的内容主要是发展体能的游戏、基本体操以及其他各类游戏。 （3）该环节一般占总时间的60%~80%
结束部分	（1）该环节的任务是放松、整理，总结活动。 （2）该环节的内容包括两个方面：一是做一些身体放松的游戏或动作；二是对本次活动进行小结，激发和保持幼儿对活动的兴趣，组织幼儿整理器械材料。 （3）该环节一般占总时间的10%~20%

强化练习

活动设计题

请设计一节中班健康活动，要求写明活动名称、活动目标、活动准备、活动过程及活动延伸。

参考答案及解析

活动设计题

【参考设计】

中班健康活动：小猴运桃

活动目标：

1.乐于参与"小猴运桃"活动，体会体育游戏的乐趣。

2.了解游戏规则,知道侧钻、障碍跑的动作要领。

3.能熟练协调地侧钻过拱形门,绕过标志杆跑。

活动准备:

小猴手偶1个,拱形门、标志杆、沙包若干,篮子2个。

活动过程:

1.情境导入,激发幼儿的活动兴趣。

（1）师:"小朋友,猴奶奶请我们帮忙运'桃子'呢,我们一起去吧! 在出发之前,让我们先来活动活动身体。"

（2）教师带领幼儿随音乐做热身活动,活动颈、手腕、肩、腰、膝盖、脚踝等部位。

2.教师示范讲解侧钻、障碍跑的动作要领,幼儿练习。

（1）师:"猴奶奶说运'桃子'要走很远一段路程,我们要先侧钻过拱形门,然后绕过标志杆,最后把'桃子'送到目的地。"

（2）教师讲解侧钻动作要领并示范,幼儿练习。

①动作要领:身体侧对着拱形门,两腿屈膝,前腿伸过拱形门,然后低头弯腰,侧身钻过。钻过的同时,前腿改为屈膝并将身体的重心转移到前腿上,然后后腿再跟着伸出拱形门。

②幼儿练习,教师指导。

（3）教师讲解障碍跑动作要领并示范,幼儿练习。

①动作要领:先快速直线跑,在接近标志杆时,要放慢速度,变换方向,同时将身体重心稍向内倾,绕过标志杆后再加速直线跑,不能漏绕,依次绕过标志杆。

②幼儿练习,教师指导。

3.在游戏中练习、巩固侧钻、障碍跑。

（1）幼儿分组练习侧钻、障碍跑。

①教师设置两组障碍物,并将幼儿分为两组。

②教师讲解游戏玩法。

师:"每人拿一个桃子（沙包）,侧钻过拱形门,绕过标志杆,把桃子（沙包）运到目的地（放入篮子）。侧钻时不要碰到拱形门,绕杆跑时不要碰到标志杆。前一个小朋友钻过所有的拱形门后,后一个小朋友才能出发。"

③幼儿分组进行游戏,教师指导。

（2）幼儿分组竞赛,巩固侧钻、障碍跑。

①教师讲解游戏规则。

师:"现在两组小朋友要分别帮猴奶奶运'桃子',在规定的时间内哪一组运的'桃子'多,哪一组就获胜。"

②幼儿进行竞赛,教师提醒幼儿注意安全,避免磕伤、碰伤。

③教师对幼儿活动中的表现进行点评,强调游戏规则和动作要领。

4.教师带领幼儿做放松运动。

教师带领幼儿随音乐做放松运动,拍打四肢,舒缓肌肉,结束活动。

活动延伸:

在户外活动时,请幼儿对游戏进行改编,如进行"小蚂蚁运粮食"的游戏。

第三章 幼儿园语言教育

本章内容以识记、理解、运用为主,主要以单项选择题的形式进行考查,有时也会以活动设计题的形式进行考查。其中幼儿学习语言的特点、幼儿园谈话活动和讲述活动过程的设计思路是重点考查内容。

1.理解幼儿园语言教育的含义,识记幼儿学习语言的特点。

2.理解幼儿园语言教育的目标和方法。

3.理解各类语言教育活动过程的步骤及组织要点,能够设计不同类型的语言活动,重点理解谈话和讲述活动的设计过程。

第一节 幼儿园语言教育概述

一、幼儿园语言教育的含义

幼儿园语言教育是指以幼儿为主体,以语言为客体的一种有目的、有计划的多种形式的活动过程。其根本目的是让幼儿在教师的指导下,积极主动地与他人、与周围语言环境不断地交互作用,从而获得语言能力的发展和提高。

二、幼儿学习语言的特点

1.在主动模仿中学习语言

(1)即时的、完全的临摹(模仿)

例如,一个儿童说:"星期天,我爸爸带我到外滩去玩。"另一个儿童随即也会说:"星期天,我爸爸带我到外滩去玩。"

(2)即时的、不完全的临摹(模仿)

例如,教师在指导小班儿童感知物质的"软"和"硬"时,要求儿童用语言表达感知观察的结果。老师说:"玩具熊的毛摸上去是软软的。"儿童则模仿说:"玩具熊软软的。"

(3)延迟模仿

儿童从各种渠道中自然而然接受的范句,往往由于种种原因不立即模仿,而是在相隔一段时间以后,当类似的情境出现时,他们才把范句或与范句近似的话语复述出来。如有儿童在家里将布娃娃和玩具动物整齐地靠在沙发上,然后对它们说:"小朋友们请坐好,小脚请并拢,小手请放好,两只小眼请看着老师,嘴巴里不要发出声音,嗯,真好,下面我们开始上课了。"这显然是儿童在模仿幼儿园老师讲课时的口吻与神态。

（4）选择性模仿

选择性模仿也称创造性模仿，即按照范句的句法结构，在新的情境中表述新的内容。这类模仿不是简单地重复别人的原有词句，而是以原有词句的结构或内容为参照物，在创造性想象的基础上进行新的语言构型。创造性模仿是整个幼儿期模仿说话的主要形式。如儿童学习了某篇文学作品之后，对其中表示"快乐"心情的形容词和"一边……一边……"这一句式进行创造性地模仿，儿童会说："我一边走路一边唱歌真高兴！""晚上，我一边看电视，一边吃糖真快乐！"还有的幼儿说："我一边看书，一边画画真开心！"显然，后面这句话是不符合实际的，却明显地反映了儿童单纯地对句式进行创造性模仿。

2.在具体运用中学习语言

（1）在主动求知中学习语言

心理研究表明，幼儿期有着强烈的求知欲，他们总是不断地在向成人提问这是什么、那是什么。成人或者直接用语言予以回答，或者引导幼儿积极地观察，组织幼儿开展讨论、交流，寻求结论。这样，幼儿不但获得了知识，同时也掌握了相应的词语、句子，学习了更多的语言。

（2）在人际交往中完善语言

幼儿和成人、同伴在一起，说话的内容除请求类型外，多为告知类型，而告知的内容又常常是其自身感知过或思考过，有直接经验的事物或现象。在这类交往中，幼儿的语言会得到成人或同伴及时、不断的补充和纠正，从而使自己的语言更趋完善。

（3）在游戏活动中练习语言

游戏活动是幼儿的主导活动，也是幼儿语言实践的最佳途径。在游戏中幼儿可自由地支配自己，自主选择项目，愉快地和同伴交往、合作。语言作为思维的交际工具，始终伴随着幼儿的游戏进程。

考题再现

【2020·长沙天心·判断】幼儿语言实践的最佳途径是游戏活动。　　　　　　　　　　（　　）

【答案】√。

三、幼儿园语言教育的目标

考点1　小班幼儿语言教育的目标

小班幼儿语言教育的目标包括以下几点。

（1）喜欢听普通话并愿意学说普通话，逐渐发准易错音。

（2）能认真安静地听别人讲话。

（3）愿意和别人交谈，能用简短完整的语句表达自己的请示和愿望；学会礼貌用语。

（4）喜欢听教师讲述故事和朗诵儿歌，能初步理解作品的主要内容；能独立地朗诵儿歌。

（5）喜欢阅读，爱护图书；养成正确的看书姿势，学会按顺序看图书，逐页翻阅；能看出画面的主要变化，在成人的帮助下能看懂图书的内容。

考点2　中班幼儿语言教育的目标

中班幼儿语言教育的目标包括以下几点。

（1）继续学说普通话，学会正确发出困难的、容易发错的音，尤其注意方言对正确发音的影响。

（2）集中注意倾听别人说话，围绕提出的问题正确回答。

（3）乐于在集体中大胆回答问题，喜欢与人交谈。

（4）能用完整的语句连贯地讲述。

（5）理解故事、儿歌的内容，记住故事的主要情节；喜欢听故事、朗诵儿歌，喜欢创编、表演和复述故事与儿歌。

（6）喜欢看图书，能按顺序翻阅图书，理解图书的主要内容。

（7）对文字感兴趣，愿意学认常见的文字。

考点3　大班幼儿语言教育的目标

大班幼儿语言教育的目标包括以下几点。

（1）养成积极地运用普通话与人交流的习惯，并且能从中获得快乐的体验。

（2）提高倾听能力，能准确地理解语言内容，把握语言信息的重点和要点。

（3）发展语言表达能力，能运用交谈、讲述、讨论等多种表达方式和表达技巧展开语言交流活动。

（4）了解和欣赏文学作品，能感知各种不同风格、不同体裁的文学作品的特点，并能尝试性地运用艺术语言。

（5）喜欢看图书，激发初步的文字书写的兴趣，了解文字和标记与日常生活的关系。

四、幼儿园语言教育的内容

考点1　谈话活动

谈话活动的重点在于培养幼儿运用口头语言与他人交际的意识、情感和能力。其内容涉及两方面：①围绕自己熟悉的人或事进行谈话；②就某一熟悉的场景发表个人的观点和想法。

考点2　讲述活动

讲述活动的重点在于培养幼儿认真倾听的习惯和完整、连贯、清楚的表述能力，促进其独白语言的发展。其内容涉及三方面：①用简单明了的语言，把某一实物的特征、功用解说清楚；②用比较恰当的语言讲述图片或影片中的主要人物、事件；③用生动形象的语言，讲述处在某一情境之中的人物的形态、动作。

考点3　听说游戏

听说游戏的重点在于培养幼儿在口语交往活动中快速、机智、灵活的倾听和表达能力。其内容涉及以下三方面：①巩固难发的音和方言干扰音，练习声调和发声用气；②扩展、丰富词汇量，练习词的用法；③在游戏中尝试运用某些结构的句子，锻炼语感。

考点4　文学活动

文学活动的重点在于培养幼儿欣赏文学作品的能力以及利用文学语言表达想象、生活经验的能力。其内容涉及以下三方面：①在欣赏儿童诗歌、散文的基础上，仿照某一首诗歌或一篇散文的框架，编出自己的诗歌或散文段落；②童话故事和生活故事的学习、表演或仿编和续编；③通过对话、动作、表情进行故事表演，体验作品的情节变化和人物情感的变化。

考点5　早期阅读活动

早期阅读活动的重点在于培养幼儿对书面语言的兴趣，引导他们逐渐产生对汉字的敏感性，丰富其前阅读和前书写的经验。其内容包括三方面：前图书阅读经验、前识字经验、前书写经验。

五、幼儿园语言教育的方法

考点1　示范模仿法

示范模仿法是指教师通过自身的规范化语言或其他幼儿的示范，为幼儿提供语言学习的榜样，让幼儿始终在良好的语言环境中自然地模仿学习的方法。教师的语言示范一定要规范准确，做到吐字清晰、发音准确，语言简洁明了且富于表现力和感染力等。

考点2　视、听、讲、做结合法

"视"是指教师提供丰富、具体形象的讲述对象，如实物、图片等，让幼儿充分地观察；"听"是指教师用语言描述、启发、引导、示范等，让幼儿充分地感知与领会；"讲"是指幼儿在感知理解的基础上，充分地表达自己的认识和想法；"做"是指教师给幼儿提供一定的想象空间，通过幼儿的参与或独立的操作活动，让幼儿充分地构思，从而组织起更加丰富、连贯、完整、富有创造性的语言进行表述。

教师在具体运用视、听、讲、做结合法时应注意：①感知的材料应是幼儿熟悉的或符合幼儿认识特点的；②教给幼儿观察的方法；③教师的提问要有顺序性、启发性，帮助幼儿构思与表述；④让幼儿在动手、动脑、动口中获得语言经验。

考点3　游戏法

游戏法是指教师运用规则游戏，训练幼儿正确发音，丰富幼儿词汇和句式的一种方法。运用游戏法能调动幼儿学习的兴趣，集中幼儿的注意力，促进幼儿各种感官和大脑的积极活动。

运用游戏法有时需要用到教具或学具，随着幼儿年龄的增长，教师应逐渐减少直观材料的使用。

考点4　表演法

表演法是指在教师的指导下，幼儿学习表演文学作品以提高口语表达能力的一种方法。

运用表演法需要注意：①幼儿需要理解且能熟练朗读文学作品；②鼓励幼儿在表演中对情节、对话和动作进行创新；③为全体幼儿提供参与表演的机会。

考点5　练习法

练习法是指有意识地让幼儿多次使用同一个语言因素（语音、词汇、句子等）或训练幼儿某方面技能技巧的一种方法。

运用练习法时需要注意：①练习方式应生动活泼、丰富多样，以调动幼儿学习的积极性；②逐步提高练习要求。

第二节　幼儿园谈话活动的设计

一、谈话活动的含义

谈话活动是一种有目的、有计划地组织幼儿学习语言的教育活动，旨在创造一个良好的语言环境，帮助幼儿学会倾听别人谈话，围绕一定话题进行谈话，习得与别人交流的方式与规则，培养与人交往的能力。

二、谈话活动的特点

1.谈话活动有一个具体、有趣的中心话题

一般来说,谈话活动应该围绕一个具体、有趣,贴近幼儿生活经验的话题进行。中心话题可以从客观上主导幼儿谈话的方向,限定幼儿交谈的范围,使幼儿的交谈带有一定的讨论性质。

2.谈话活动注重多方的信息交流

多方交流是谈话活动和讲述活动最主要的区别之一。谈话活动注重的是幼儿的交往语言和对白语言,侧重于师幼间、同伴间的信息交流与补充。

3.谈话活动拥有宽松自由的交谈气氛

在谈话活动中,谈话的语境应比较宽松自由。谈话活动没有统一的答案和看法,也没有一致的谈话经验和思路。其主要目的是鼓励幼儿大胆地与他人交谈,用语言表达自己的意见和看法,同时不要求幼儿一定使用准确无误的句式、完整连贯的语段交谈。

4.谈话活动中教师起间接引导作用

教师的间接引导主要体现在用提问的方式引出话题或转换话题,引导幼儿谈话的思路,把握谈话活动的方式;用平行谈话的方式对幼儿做隐性示范。

三、谈话活动的目标

幼儿园谈话活动的目的具体表现在三个方面:学会倾听他人的谈话,培养有意识的、辨析性的和理解性的倾听能力;学会围绕一定的话题谈话,充分表达个人见解;学会基本的运用语言进行交谈的规则,提高语言交往水平。幼儿园各年龄段谈话活动的目标如下。

考点1　小班幼儿谈话活动的目标

小班幼儿谈话活动的目标包括以下几点。

(1)学会安静地听同伴说话,不随便插嘴。

(2)喜欢与同伴交谈,愿意在集体面前讲话。

(3)能听懂并愿意说普通话。

(4)在教师的引导下,学习围绕主题谈话,能用短句表达自己的意思。

(5)初步学习常见的交往语言和礼貌用语。

考点2　中班幼儿谈话活动的目标

中班幼儿谈话活动的目标包括以下几点。

(1)能集中注意力,耐心地倾听别人谈话,不打断别人的话。

(2)乐意与同伴交流,能大方地在集体面前说话。

(3)能说普通话,较连贯地表达自己的意思。

(4)学会围绕一定的话题谈话,不跑题。

(5)学会用轮流的方式谈话,不抢着讲,不乱插嘴。

(6)继续学习交往语言,提高语言交往能力。

考点3　大班幼儿谈话活动的目标

大班幼儿谈话活动的目标包括以下几点。

(1)能主动、积极、专注地倾听别人谈话,迅速掌握别人谈话的主要内容,并从中获取有用的信息。

（2）能主动地用普通话与同伴交流，态度自然大方。

（3）能围绕话题谈话，会用轮流的方式交谈，并能用恰当的语言表达自己的情感，与同伴分享感受。

（4）逐步学会用修补的方法延续谈话，进一步提高语言交往水平。

四、谈话活动的内容

教师在选择谈话活动的内容时可以从以下几方面加以考虑。

（1）选择幼儿感兴趣的、熟悉的、与生活紧密相关的话题。

（2）选择有一定新鲜感的话题。

（3）选择与幼儿近日生活中共同的关心点有关的话题。

（4）选择以前交谈过的、幼儿仍有极大兴趣的话题。

五、谈话活动的过程

谈话活动过程一般按照创设谈话情境，引出谈话话题；幼儿围绕话题自由交谈；教师引导幼儿逐步拓展谈话范围三个步骤进行。其具体设计思路见表5-3-1。

表5-3-1　谈话活动过程的设计

步骤	组织要点
创设谈话情境，引出谈话话题	（1）该环节的目的是激发幼儿的兴趣，启发幼儿对话题有关经验的联想，做好谈话的准备。 （2）可以用实物或直观教具（墙饰、图片）、语言（说一段话）、游戏或表演等形式创设谈话情境
幼儿围绕话题自由交谈	（1）该环节的任务是调动幼儿已有的与谈话主题相关的知识经验，让其运用已有的谈话经验交流个人见解。 （2）组织原则：一是放手让幼儿围绕话题自由交谈，教师不示范、不暗示、不纠正；二是鼓励每位幼儿积极参与谈话，真正形成双向或多向的交流；三是适当增加幼儿"动作"的机会，以调动他们谈话的兴趣和积极性
教师引导幼儿逐步拓展谈话范围	（1）该环节的任务是引导幼儿逐步拓展谈话范围，学会运用新的谈话经验。谈话经验就是谈话思路、谈话规则、谈话方式等，是幼儿在谈话活动中要学习的中心内容。学习谈话经验不等于学习一种句式或几个词汇。 （2）引导幼儿围绕中心话题逐步拓展交谈内容是谈话活动的重点内容和核心。 （3）可通过提问、平行谈话的方法引入新的谈话经验。 （4）不是用示范、指示的方法，而是通过隐性示范提供新的谈话经验

第三节　幼儿园讲述活动的设计

一、讲述活动的含义

讲述活动是一种有目的、有计划地教给幼儿认识事物的方法，培养幼儿的讲述能力，使幼儿学会清楚、完整、连贯地讲述某一事物的语言教育活动。它能锻炼幼儿的独白语言能力，使幼儿的语言表述能力逐步得到发展。

二、讲述活动的特点

1.讲述活动具有一定的凭借物

与主要围绕已有经验进行交谈的谈话活动不同,讲述活动需要针对一些凭借物来开展活动。这里所说的凭借物主要是指讲述活动中教师为幼儿准备的或幼儿自己参与准备的素材,如图片、情景、实物等。教师通过提供讲述活动的凭借物,向幼儿讲述、呈现讲述的中心内容,使他们的讲述语言具有明显的指向性。

2.讲述活动具有相对正式的语言情境

与宽松、自由的交谈活动不同,讲述活动为幼儿提供的是一种相对正式、规范的语言运用场合。它不仅要求幼儿能在小组中发表自己的见解和观点,还要求幼儿能在集体面前用规范的语言大胆地表达自己的认识。这种正式主要表现在两方面:一是语言规范,幼儿需要使用较为完整、连贯、清楚的语言进行表达;二是环境规范,一般是在专门的教育活动中和正式的语言学习环境中开展讲述活动。

3.讲述活动的语言是一种独白语言

讲述活动要求幼儿使用独白语言,是培养锻炼幼儿独白语言的特别途径。独白语言是一种复杂、周密的口头语言表达形式。它需要幼儿用完整、连贯的语言将内心的感受和体验准确无误地表达出来,并能得到他人的理解。

4.讲述活动中需要调动幼儿的多种能力

讲述时,幼儿需要感知理解一定的凭借物,借助对这一凭借物的认识和已有的生活经验,构思组织自己的独白语言,从独立完整地编码到独立完整地发码,而且不同讲述内容有不同的思维方式,也有不同的逻辑顺序。这对幼儿的观察力、记忆力、想象力和思维能力的要求都是极高的。如果幼儿缺乏这些能力的配合,那么讲述的水平也不会提高。

三、讲述活动的类型

考点1 按讲述内容划分

1.叙事性讲述

叙事性讲述是用口头语言把人物的经历、行为或事情的发生、发展、变化讲述出来。叙事要求说清楚人物、事件、时间、地点和原因,并且要求说明事情发生、发展的先后顺序。

2.描述性讲述

描述性讲述是用生动形象的语言,把人物的状态、动作或物体,以及景物的性质、特征具体描述出来。

3.议论性讲述

议论性讲述是讲道理或论是非,即通过摆观点、摆事实来说明自己赞成什么或反对什么。学前阶段儿童只能进行初步的议论性讲述。

4.说明性讲述

说明性讲述是用简单明了的语言,把事物的形状、特征、用途等讲述清楚的讲述形式。说明性讲述不需要幼儿使用生动形象的形容词,而是以讲述明白事物的状态、特点和来源为主。如讲述"我喜欢的玩具",要求说明玩具是什么样的,什么材料做的,怎么玩等。

考点2 按讲述对象划分

1.看图讲述

看图讲述是指教师启发幼儿在观察图片、理解图意的基础上,将图片的内容准确、完整地表述出来。根据图片的类型和不同的教育要求,看图讲述可分为单副图讲述、多副图讲述、拼图讲述、排图讲述、绘图讲述、粘贴图讲述等。

2.实物讲述

实物讲述是指在观察实物后,要求幼儿将实物的基本特征、用途、使用方法等多方面内容清楚地描述出来。描述的对象包括各种玩具、动植物、厨房用具和学习用品等。

3.情景表演讲述

情景表演讲述是要求幼儿凭借对情景表演的观察与理解来进行讲述的活动。这种讲述所需的情景包括真人表演的情景、用木偶表演的情景、真人与木偶共同表演的情景,或者是通过录像或电脑展示的一段情景。

4.生活经验讲述

生活经验讲述是幼儿在教师的指导下,根据已有的生活经验,将生活中的所见所闻进行整理、加工,用连贯、完整、有条理的语言讲述出来。讲述的内容来源于幼儿自己生活中所经历过的或者所见的,具有深刻印象或感兴趣的事情。

四、讲述活动的目标

讲述活动是以幼儿表述行为为主的教学活动。其核心目标包括三个方面:(1)感知理解方面的目标,即感知并理解讲述的对象和内容,具体涉及观察能力,分析、综合和判断能力;(2)表述方面的目标,如大胆地在集体面前表达自己想法的态度,清楚、完整、连贯地表达的能力;(3)倾听方面的目标,如安静、耐心、专注地倾听。各年龄段讲述活动的目标如下。

考点1 小班幼儿讲述活动的目标

小班幼儿讲述活动的目标包括以下几点。

（1）能运用各种感官,按照要求感知讲述内容。

（2）理解内容简单、特征鲜明的实物、图片和情景。

（3）愿意在集体面前讲述。

（4）能正确地说出讲述内容的主要特征或主要事件。

（5）能安静地听教师或同伴讲述,并用眼睛注视讲述者。

考点2 中班幼儿讲述活动的目标

中班幼儿讲述活动的目标包括以下几点。

（1）养成先仔细观察,后表达讲述的习惯。

（2）逐步学会理解图片和情景中展示的事件顺序。

（3）能主动地在集体面前讲述,声音响亮,句式完整。

（4）学习按照一定的顺序讲述实物、图片和情景的内容。

（5）能积极地倾听别人的讲述内容,发现异同,并从中学习好的讲述方法。

考点3 大班幼儿讲述活动的目标

大班幼儿讲述活动的目标包括以下几点。

（1）通过观察,理解图片、情景中蕴含的主要人物关系和思想感情倾向。

（2）能有重点地讲述实物、图片和情景,突出讲述的中心内容。

（3）在集体面前讲话态度自然大方,能根据场合的需要调节自己讲话的音量和语速。

（4）讲话时语言表达流畅,不停顿,用词用句较为准确。

五、讲述活动的过程

讲述活动的过程可以按照感知理解讲述对象、运用已有经验讲述、引进新的讲述经验、巩固和迁移新的讲述经验四个步骤进行。其具体设计思路见表5-3-2。

表5-3-2　讲述活动过程的设计

步骤	组织要点
感知理解讲述对象	（1）该环节的任务是引导幼儿通过视觉、触觉、听觉等途径获取信息，感知理解讲述对象。 （2）该环节的重点是指导幼儿充分、具体地观察、感知、理解讲述对象，为讲述打好基础
运用已有经验讲述	（1）尽量让幼儿自由讲述，给幼儿机会实践运用已有的讲述经验。组织幼儿自由讲述的方式包括三种：幼儿集体讲述、幼儿分小组讲述、幼儿个别交流讲述。 （2）指导要点：一是在幼儿自由讲述前，要交代清楚讲述的要求，提醒幼儿围绕感知、理解的对象进行讲述；二是在幼儿自由讲述的过程中，要倾听幼儿的讲述内容，及时发现幼儿讲述的"闪光点"以及存在的问题
引进新的讲述经验	（1）引进新的讲述经验的方法有三种：示范新的讲述经验、通过提示引进新的讲述经验、与幼儿一起讨论新的讲述经验。 （2）新的讲述经验是每次讲述活动的学习重点，主要包括讲述的思路（顺序性、条理性）、讲述的全面性（人物、地点、事件、结果）和讲述的方法（重点内容要多讲、按照顺序讲述）
巩固和迁移新的讲述经验	该环节具体包括三种形式：一是由A及B，提供同类不同内容的事物，让幼儿用讲述A的思路去讲述B；二是由A及A，用新的讲述方式来讲同一件事；三是由A及A₁，如在拼图讲述中，示范新的拼图和讲述经验后，要求幼儿自己拼图添画后讲述

第四节　幼儿园听说游戏的设计

一、听说游戏的含义

幼儿园的听说游戏是为了培养幼儿倾听和表述能力而专门设计的，是用游戏的方式组织幼儿进行的语言教育活动。它是一种特殊形式的语言教育活动，含有较多的规则游戏的成分，能够较好地吸引幼儿参与到学习语言的活动中去，并在积极愉快的活动中完成学习语言的任务。

二、听说游戏的特点

1.在游戏中蕴含着语言教育目标

每个听说游戏都包含着对幼儿语言学习的具体要求。听说游戏包含的语言教育目标具有具体性、练习性、含蓄性的特点。

2.游戏规则是语言学习的重点内容

凡是听说游戏，都带有一定的游戏规则。教师在设计听说游戏时，根据具体的教育目标，选择适当的语言学习内容，并将语言学习的重点内容转化为一定的游戏规则。当幼儿参与听说游戏时，他们必须遵守一定的游戏规则,按照规则进行游戏,并在活动中锻炼听说能力。

3.在活动过程中逐步扩大游戏的成分

听说游戏兼有游戏和活动双重性质。从活动组织形式上看,听说游戏具有从活动入手,逐步扩大游戏成分的特征。

三、听说游戏的类型

1.语音游戏

语音游戏是以练习正确的发音和提高辨音能力为目的的游戏,一般采用儿歌和绕口令的形式。如,绕口令《山上有个木头人》主要是帮助幼儿发准"山""上""三"的读音。语音游戏又可细分为听音、辨音游戏和练习发音的游戏。

2.词汇游戏

词汇游戏是以丰富词汇和正确运用词汇为目的的游戏。词汇游戏不仅教给幼儿一些新词,还可以帮助他们进一步理解已学过的词,学会正确使用词汇,从而使消极词汇变成积极词汇。组词游戏、反义词游戏、量词游戏等都属于词汇游戏。

3.句子游戏

句子游戏是以练习按照语法规则正确组词成句,并运用各种句式、句型为目的的游戏。如教师出示部分人物或动物以及场景图片组成一组画面,请幼儿用"谁在什么地方干什么"的句式进行表述。

4.描述性游戏

描述性游戏是以练习用简单、生动、形象的语言描述事物的特征,发展连贯性语言为目的的游戏。这类游戏一般在幼儿具有一定的语音、词汇、句子的基础上进行。它要求幼儿的语言完整、连贯,有一定的描述能力,是一种比较综合的、较高级的语言训练游戏。描述性游戏宜在中大班进行,可以有效地提高幼儿的口语表达能力。

四、听说游戏的目标

听说游戏的核心目标主要包括三个方面:(1)按一定规则进行口语表达练习,具体包括复习巩固发音、扩展练习词汇、尝试运用句型;(2)提高积极倾听的水平,如听懂教师的讲解、听懂游戏指令等;(3)培养在语言交往中的机智性和灵敏性,如迅速领悟语言游戏规则的能力、迅速调动个人已有的语言经验的能力等。各年龄段听说游戏的目标如下。

考点1　小班幼儿听说游戏的目标

小班幼儿听说游戏的目标包括以下几点。

(1)乐于参加游戏活动,在游戏中大胆地说话。

(2)发准某些难发的音,初步掌握方位词及人称代词,学习正确运用动词。

(3)在游戏中尝试按照规则运用简单句说话。

(4)养成在集体活动中倾听别人讲话的习惯,能听懂并理解较简单的语言游戏规则。

考点2　中班幼儿听说游戏的目标

中班幼儿听说游戏的目标包括以下几点。

(1)在游戏中巩固练习发音,正确运用代词、方位词、副词、动词、连词和介词等。

（2）能说简单而完整的合成句。

（3）能听懂并理解多重游戏规则。

（4）学习较迅速地领悟游戏中的语言规则，并能及时做出相应的反应。

考点3 大班幼儿听说游戏的目标

大班幼儿听说游戏的目标包括以下几点。

（1）在游戏中学习正确运用反义词、量词和连词等，并能说完整的合成句。

（2）养成积极倾听的习惯，迅速把握和理解游戏中较复杂的多重指令。

（3）不断提高倾听的精确程度，准确掌握和传递有细微差别的信息。

（4）在游戏中按照规则迅速调动个人已有语言经验编码，并进行语言表达。

五、听说游戏的过程

听说游戏的过程可以按照设置游戏情景；交代游戏规则，明确游戏玩法；教师指导幼儿游戏；幼儿自主游戏四个步骤进行。其具体设计思路见表5-3-3。

表5-3-3 听说游戏过程的设计

步骤	组织要点
设置游戏情景	（1）该环节的目的是创设游戏氛围，引发幼儿参与游戏的兴趣。 （2）可以用物品（玩具、日用品）、动作（动作表演）、语言（直接描述）创设游戏情景
交代游戏规则，明确游戏玩法	（1）该环节的任务是向幼儿布置任务，讲解要求。 （2）可以通过讲解和示范相结合的方式告诉幼儿游戏的规则、步骤和要求
教师指导幼儿游戏	（1）教师在游戏中充当重要角色，组织游戏的进程。 （2）幼儿参加游戏的方式：一种是分组参加游戏，实行轮换，以便另一部分幼儿有观察熟悉的机会；另一种是全体幼儿参加游戏的一部分活动，待幼儿熟悉掌握游戏后再参加整个游戏
幼儿自主游戏	幼儿自主游戏的形式：集体活动的形式、小组活动的形式、一对一结伴的形式

第五节 幼儿园文学活动的设计

一、文学活动的含义

一般而言，幼儿园常用的文学作品包括童话、生活故事、幼儿诗歌、散文等。幼儿园文学活动是以文学作品为基本教育内容而组织的一种语言教育活动。这类活动从一个具体的文学作品教学入手，围绕这个作品展开一系列相关的活动，帮助幼儿理解文学作品展示的丰富而有趣的生活，体会语言艺术的美，为幼儿提供全面的语言学习机会。

━━━━━━◆ 知识拓展 ◆━━━━━━

幼儿文学的功能

文学具有认识、教育、娱乐、审美的功能，幼儿文学也不例外地具有这些方面的功能，但由于幼儿文学读者对象的特殊性,其作用与成人文学又有所不同。幼儿文学的功能具体表现在以下几个方面。

（1）引导幼儿从自然人向社会人的转化,即幼儿文学的社会功能。

（2）增长幼儿的知识,培养幼儿的求知兴趣。

（3）丰富幼儿的语言和情感,提高思维和想象力。

（4）培养幼儿的美感,提高审美能力。

（5）愉悦幼儿的身心,培养活泼开朗的性格。

二、幼儿文学作品的特点

1.教育性

幼儿文学作品的教育性是指作品主题要有思想教育作用。教师应选择健康明朗的内容对幼儿进行真、善、美的启迪,使其对幼儿的心理成长起到引导作用,促进幼儿体、智、德、美全面发展。

2.文学性

幼儿文学作品是开启幼儿心智的启蒙文学。从艺术品的层面来说,它具有语言美、形象美、心灵美、意境美等特色。幼儿文学作品具有丰富而生动的语言特色,新颖而巧妙的构思,奇特又符合生活逻辑的想象,这能让幼儿充分感受到文学语言的魅力。

例如,诗歌《蜗牛》:"蜗牛出去串门子,背上背着大房子,雷声隆隆下大雨,蜗牛拍拍小肚子,雨点来了我不怕,我会躲进小房子!"此诗歌构思巧妙,语言生动活泼,不仅写出了蜗牛的生活习性,更用诙谐幽默的语调写出了蜗牛的勇敢、无畏和活泼可爱。

3.浅易性

幼儿对词义的理解水平有限,不能准确地理解概括性较强或很抽象的词汇,而比较容易理解一些形象生动的、反映事物具体特征的词汇。因此,幼儿文学作品在语言形式上具有生动浅显、形象具体的特征,作品中的句子也多用简单句、主动句、短句来表述,其至带有口头文学的特点。

例如,儿歌《小白兔》:"小白兔白又白,两只耳朵竖起来。爱吃萝卜和青菜,蹦蹦跳跳真可爱!"前两句用浅显易懂的语言描述出兔子的神态和特征,后两句用生动形象的语言刻画出兔子的生活习性。这样的儿歌既浅显易懂又具有艺术感染力,深受幼儿喜爱。

4.趣味性

0~6岁的幼儿好动、喜变化,对新奇事物具有莫大的好奇心。他们偏爱语言表达生动有趣、故事性强、情节起伏大、人物形象生动鲜明的作品,所以幼儿文学作品中的主角常是一些幼儿喜爱的小动物,其至可以把成人儿童化,或有意将故事情节化,环境场面离奇夸张化的艺术处理。

例如,童谣《小老鼠》:"小老鼠,上灯台,偷油吃,下不来。喵喵喵,猫来了,叽里咕噜滚下来。"作者运用拟人和夸张的表现手法,风趣幽默地刻画了小老鼠在灯台上偷吃,肚子吃得滚圆滚圆,上得了灯台却下不去的滑稽形象,让幼儿在忍俊不禁之余,也能从小老鼠身上找到自己曾经顽皮贪吃的影子。

三、文学活动的目标

文学活动的目标包括三个方面:(1)情感态度目标,如乐意聆听和阅读文学作品,感受文学作品的情感脉络和语言美等;(2)认识目标,如丰富作品相关的社会知识,学会标准发音,扩展词汇等;(3)技能目标,如创造性地运用语言,扩展个人经验和想象,尝试艺术性结构语言等。各年龄段文学活动的目标如下。

考点1 小班幼儿文学活动的目标

小班幼儿文学活动的目标包括以下几点。

（1）喜欢欣赏文学作品，愿意参加文学活动，对文学作品的语言感兴趣。

（2）能初步感受文学作品的语言美，知道故事、诗歌和散文是不同体裁的文学作品。

（3）学习理解文学作品的情节内容或画面情节，能用语言、动作、表情等方式表达自己对文学作品的理解。

（4）在文学作品的原有基础上扩充想象，仿编诗歌、散文中的一句或续编故事结尾。

考点2 中班幼儿文学活动的目标

中班幼儿文学活动的目标包括以下几点。

（1）喜欢不同形式的文学作品，主动积极地参加文学活动。

（2）知道文学作品语言与日常生活语言的不同，进一步感受文学作品的语言美。

（3）学习理解文学作品的人物形象，感受作品的情感基调，能运用较恰当的语言、动作、绘画形式表现自己的理解。

（4）能根据文学作品提供的线索，扩展想象，仿编或续编一个情节或一个画面。

考点3 大班幼儿文学活动的目标

大班幼儿文学活动的目标包括以下几点。

（1）乐意欣赏不同体裁、不同风格的文学作品，在文学活动中积累文学语言，并尝试在适当场合运用。

（2）在理解文学作品人物、情节或画面情景的基础上，学习理解作品的主题或感受作品的情感脉络。

（3）初步感知文学作品语言和结构的艺术表现特点，开始接触文学作品的艺术语言构成方式。

（4）依据文学作品提供的想象线索，联系个人已有经验扩展想象，并创造性地进行表述。

四、故事活动的过程

幼儿园故事活动可以按照创设情境，引出故事；初步感知故事内容；理解故事内容；围绕故事开展相关语言活动四个步骤进行。其具体设计思路见表5-3-4。

表5-3-4 幼儿园故事活动过程的设计

步骤	组织要点
创设情境，引出故事	（1）该环节的目的是引起幼儿了解故事的浓厚兴趣。 （2）常用的导入方式有直观教具导入、猜谜导入、表演导入、提问导入等
初步感知故事内容	（1）该环节用得最多、最直接的方式是教师的讲述。 （2）教师辅以适当的直观教具，用生动、有感情的语言完整地讲述故事，使幼儿对故事内容有基本的了解和认识
理解故事内容	（1）这一环节主要是通过挂图、教具、故事表演和提问等方式，帮助幼儿理解故事的主题、情节、人物性格特征等。 （2）可利用三个层次的提问帮助幼儿理解故事内容，即描述性提问（是什么）、思考性提问（为什么）和假设性提问（假如）
围绕故事开展相关语言活动	（1）该环节的主要目的是帮助幼儿理解、掌握故事内容。 （2）该环节可采用故事表演游戏、复述故事、创编故事和续编故事等方式。 （3）在幼儿故事编创教学中，小中班应以续编为主，大班以创编为主

五、诗歌、散文活动的过程

幼儿园诗歌、散文活动可以按照创设情境,引出作品;初步感知作品内容;深入理解作品内涵;围绕诗文主题开展相关的活动四个步骤进行。其具体设计思路见表5-3-5。

表5-3-5　幼儿园诗歌、散文活动过程的设计

步骤	组织要点
创设情境,引出作品	(1)在诗歌、散文活动中,营造欣赏作品的氛围。 (2)可以借助图片、生动的语言描述,也可以借助美术、音乐等艺术手段,将幼儿带入作品的意境中
初步感知作品内容	(1)可以用朗读或放录音的形式呈现诗歌、散文。 (2)教师的示范朗诵一定要有感情、有节奏、有起伏、有音韵美
深入理解作品内涵	帮助幼儿理解作品的方式有以下几种:(1)出示挂图等教具,将语言所描绘的意境转化成直观的画面,通过观察挂图理解作品;(2)采用提问的方式,通过描述性提问帮助幼儿理解作品的基本内容;(3)朗诵诗文,开展形式多样的朗诵,让幼儿不断品味、领悟作品,如集体、分组、个人等形式的朗诵,或分角色、对答式朗读
围绕诗文主题开展相关的活动	(1)该环节的主要目的是让幼儿更好地体验作品。 (2)常见的活动形式:诗歌表演游戏、配乐朗诵、绘画、简单的谱曲演唱、诗歌仿编活动等

第六节　幼儿园早期阅读活动的设计

一、早期阅读活动的含义

幼儿园早期阅读活动是有计划、有目的地培养幼儿学习书面语言的教育活动。早期阅读活动为幼儿提供集体学习的环境,帮助幼儿接触书面语言,发展他们学习书面语言的行为,培养他们对书面语言的敏感性,为其进入小学学习正式的书面语言打下了良好的基础。

二、早期阅读活动的特点

1.需要丰富的阅读环境

阅读环境包括精神环境与物质环境。教师要努力为幼儿创设丰富的阅读物质环境,包括为幼儿提供阅读的时间和空间,同时还要为幼儿创设宽松、自由的阅读氛围。

2.与讲述活动紧密相连

早期阅读活动为幼儿提供了众多有具体意义、形象生动的阅读内容。幼儿在阅读过程中不仅要理解图书的主要内容,还要将图书的主要内容以口头表达的形式表现出来,这是阅读活动的一个主要目标。

3.具有整合性的特点

早期阅读是一种整合教育,贯穿于各种活动中,应与语言教育活动、其他领域教育活动紧密结合起来。

4.需要图文并茂的阅读材料

幼儿的认识特点决定了早期阅读活动必须为幼儿提供有具体意义的、生动形象的阅读内容。有趣的图文并茂的故事,有实在意义并有一定规律可循的文字,都能帮助幼儿将阅读内容与口头语言连接起来,并产生表征意义的联想。

5.具有鲜明的文化和语言背景

任何一种语言,都有其独特的文化背景,书面语言尤其如此。在幼儿园进行早期阅读活动,应当充分考虑幼儿母语的特性及其文化的特色,帮助幼儿学习认识母语的文化和语言背景。

三、早期阅读活动的目标

考点1　小班幼儿早期阅读活动的目标

小班幼儿早期阅读活动的目标包括以下几点。

(1)喜欢阅读,知道阅读的基本方法,能初步看懂单幅幼儿图画书的主要内容。

(2)能用口头语言讲述幼儿图画书的主要内容。

(3)对文字感兴趣,能在成人的帮助下认读最简单的汉字。

(4)在活动中以描画图形的方式练习基本笔画。

考点2　中班幼儿早期阅读活动的目标

中班幼儿早期阅读活动的目标包括以下几点。

(1)能仔细观察画面的人物细节,看懂多幅幼儿图画书的主要内容,增强预知故事情节发展和结局的能力。

(2)懂得爱护图书,初步了解图书的制作过程,有兴趣模仿制作图书。

(3)初步了解汉字简单的认读规律,并积极主动地认读汉字。

(4)喜欢描画图形,尝试用有趣的方式练习汉字的基本笔画。

考点3　大班幼儿早期阅读活动的目标

大班幼儿早期阅读活动的目标包括以下几点。

(1)能与同伴合作制作图画书,进一步了解图书的构成。

(2)知道图书画面与文字的对应关系,开始有兴趣阅读图书中的简单汉字。

(3)积极学认常见的汉字,并能注意在生活中学习和运用书面语言。

(4)掌握基本的书写姿势,在有趣的图形练习中做好写字的准备。

四、早期阅读活动的内容

早期阅读活动为幼儿提供了三方面的阅读经验,即前图书阅读经验、前识字经验、前书写经验。

1.前图书阅读经验

早期阅读活动不仅仅是要通过图书来培养幼儿的阅读能力,更重要的是帮助幼儿学习、积累若干具体的行为经验。其具体包括以下几方面。

(1)翻阅图书的经验。掌握一般的翻阅图书的规则和方法。

(2)读懂图书内容的经验。会看画面,能从中发现人物表情、动作、背景,将之串联起来理解故事情节。

(3)理解图书画面、文字与口语有对应关系的经验。会用口语讲出画面内容;听教师念图书,知道是在讲画面故事的内容。

(4)图书制作的经验。知道图书上所说的故事是作家用文字写出来的,画家又用图画表现出来,最后印刷装订成书。幼儿也可以自己尝试做一名小作家、小画家,把自己想说的事画成一页一页的故事,再订成一本图书。

2.前识字经验

早期阅读活动向幼儿提供的前识字经验主要有以下几方面内容。

（1）知道文字有具体的意义，可以念出声来，可以把文字和口语对应起来。

（2）理解文字的功能。

（3）粗晓文字的来源。

（4）知道文字是一种符号，它与其他符号系统可以转换。

（5）知道文字和语言的多样化。

（6）了解文字的构成规律。

考题再现

【2021·永州祁阳·单选】幼儿园的早期阅读活动向儿童提供的前识字经验不包括（   ）。

A.知道文字是一种符号，它与其他符号系统可以转换

B.可以把文字和口语对应起来

C.了解文字的构成规律

D.能将汉字书写区别于其他的文字

【答案】D。

3.前书写经验

以前书写经验为学习内容的早期阅读活动，为幼儿提供了了解、积累有关汉语言文字构成和书写的学习机会。其主要内容包括以下几方面。

（1）认识汉字的独特书写风格。

（2）了解书写的最初步规则。

（3）知道汉字的基本间架结构，如汉字可分为上下结构、左右结构等。

（4）知道书写汉字的工具，了解使用铅笔、钢笔、圆珠笔、毛笔的不同要求。

（5）学会用正确的书写姿势写字，包括坐姿、握笔姿势等。

五、早期阅读活动的过程

幼儿园早期阅读活动可以按照阅读前的准备性活动、幼儿自由阅读、师生共同阅读三个步骤进行。其具体设计思路见表5-3-6。

表5-3-6 幼儿园早期阅读活动过程的设计

步骤	组织要点
阅读前的准备性活动	（1）该环节的任务是让幼儿先熟悉一下图书内容，对阅读内容有一个大概的了解。 （2）指导要点：阅读前的准备性活动只是为正式阅读做好铺垫，不能代替正式的阅读活动；可以让幼儿翻看图书一两遍，或让他们边看边讲述图书的内容；对幼儿理解不正确的地方，教师可以给予提示
幼儿自由阅读	（1）该环节是正式阅读活动的第一个阶段。在阅读前的准备活动的基础上，为幼儿创设自由阅读的机会，让幼儿通过观察再次认识阅读对象。 （2）指导要点：可向幼儿提启发性问题，使他们带着问题边阅读边思考，以理解图书内容中的重点和难点；巡回指导时，要注意观察每个幼儿的表现，如阅读速度、方法、态度等

步骤		组织要点
师生共同阅读	师生一起阅读，理解图书大致内容	（1）在该环节，教师可以选择小组或集体的形式，带领幼儿一起阅读、理解图书。 （2）教师可以根据活动目标和幼儿的年龄特点改编绘本，如删减角色、改编情节等
	围绕阅读重点开展活动	在该环节，教师要在认真观察前几个环节中幼儿阅读的基础上，围绕阅读重点难点组织讨论、表演、游戏、再创造等活动，帮助幼儿深入地理解图书的主要内容
	归纳图书内容	归纳图书内容的三种形式：（1）一句话归纳法，要求幼儿用一句话将图书的主要内容总结出来；（2）一段话归纳法，要求幼儿用一段话将故事的主要内容讲述出来；（3）图书命名法，要求幼儿用简练的词或短句给图书起名字，实际上是让幼儿学习归纳图书内容的主题

强化练习

一、单项选择题

1.幼儿园基本的语言教育活动形式有谈话活动、讲述活动、听说游戏、文学活动和（　　）。

A.晨间谈话

B.早期阅读活动

C.睡前故事

D.日常活动

2.幼儿园早期阅读活动的目的是有计划、有目的地培养儿童学习（　　）。

A.口头语言　　　　　　　　　　　B.书面语言

C.文字　　　　　　　　　　　　　D.写字

3.讲述活动为幼儿提供（　　）的语言运用场合。

A.相对随意　　　　　　　　　　　B.相对宽松

C.相对愉快　　　　　　　　　　　D.相对正式

二、活动设计题

幼儿在生活中会看到各行各业的工作情况，也会经常谈论自己父母的职业，或讨论自己长大以后要做什么工作。针对幼儿的这一兴趣，吴老师准备开展一个活动，让幼儿了解常见职业的类型及特点，感受各种职业对人们生活的重要性。

参考答案及解析

一、单项选择题

1.【答案】B。解析：幼儿园基本的语言教育活动形式有谈话活动、讲述活动、听说游戏、文学活动和早期阅读活动。

2.【答案】B。

3.【答案】D。解析：与宽松、自由的交谈活动不同，讲述活动为幼儿提供的是一种相对正式、规范的语言运用场合。它不仅要求幼儿能在小组中发表自己的见解和观点，还要求幼儿能在集体面前用规范的语言大胆地表达自己的认识。

二、活动设计题

【参考设计】

大班语言活动:爸爸妈妈的职业

活动目标:

1.乐于与同伴交流分享爸爸妈妈的职业,感受各种职业对人们生活的重要性。

2.了解他人谈话的主要内容,知道常见职业的特点及其与人们生活的关系。

3.能从不同的角度谈论不同职业的特征,用轮流、修补的方式进行自由、有序的交谈。

活动准备:

1.经验准备:幼儿在家中和父母讨论过他们的职业,了解他们职业的特点。

2.物质准备:不同职业的图片和幼儿家长的工作照。

活动过程:

1.出示图片,创设谈话情境。

教师展示不同职业的图片,幼儿观看,引出本次谈话的主题。

2.幼儿围绕话题与同伴自由交谈。

(1)师:"刚才我们看了这么多职业的图片,请你们和旁边的小朋友介绍一下自己爸爸妈妈的职业吧,他们是做什么工作的? 他们在哪工作? 他们的工作和我们的生活有什么关系呢? "

(2)幼儿与身边的同伴自由交谈。

教师引导幼儿用轮流的方式交谈,不抢着讲。

3.引导幼儿集体谈"爸爸妈妈的职业"。

(1)幼儿在集体前根据爸爸妈妈工作的照片向其他幼儿介绍他们的职业。

师:"刚才小朋友都向同伴介绍了爸爸妈妈的职业,哪位小朋友愿意向大家介绍一下呢? "

(要求幼儿围绕"职业"主题,大方地向同伴、老师表达自己对爸爸妈妈的职业的认识。)

(2)教师对幼儿的谈话给予赞许和鼓励,对耐心听同伴讲话的幼儿,也给予鼓励。

4.引导幼儿进一步拓展话题。

(1)参考提问:小朋友介绍了好几种职业,你最喜欢哪种职业呢? 为什么?

(2)教师将不同职业的图片放在不同的桌子上,让喜欢同一个职业的幼儿聚在一起相互说说自己喜欢的理由。

(3)请个别幼儿在集体面前说说自己喜欢的职业及理由,鼓励其他幼儿进行补充。

5.引导幼儿从不同角度谈论职业的特点,学习新的谈话经验。

(1)参考提问:喜欢警察的小朋友有很多,因为小朋友觉得警察的衣服很帅气,抓坏人也非常厉害,保护着我们的安全。那小朋友想想,警察有没有什么辛苦的事情呢?

(2)在与幼儿谈话过程中,教师用平行谈话的方式,为幼儿提供新的谈话经验。如警察这一职业:警察抓捕罪犯,保护大家的安全,非常厉害,还处处帮助需要帮助的人,让大家感到既温暖又安心。但是警察在抓捕罪犯的过程中可能会受伤,由于工作忙而不能陪伴家人。警察这种职业是让人敬佩的职业,我们要尊重他们,尊重他们的劳动。

6.玩游戏:我做你猜。

幼儿在集体前表演一种职业,其他幼儿猜他表演的是哪一种职业。

活动延伸:

教师引导幼儿将爸爸妈妈工作的图片布置到主题墙上。

第四章　幼儿园社会教育

考情分析

本章内容以识记、理解、运用为主，主要以单项选择题的形式进行考查，有时也会以活动设计题的形式进行考查。其中幼儿园社会教育的特殊方法、幼儿人际交往教育活动过程的设计思路是重点考查内容。

学习目标

1.识记幼儿园社会教育的方法，重点识记幼儿园社会教育的特殊方法。

2.理解幼儿园社会教育的原则。

3.识记社会认知、社会情感、社会行为三类教学活动的设计要点。

4.理解各类社会教育活动过程的步骤及组织要点，能够设计不同类型的社会活动，重点理解人际交往活动的设计过程。

第一节　幼儿园社会教育概述

一、幼儿园社会教育的含义

幼儿园社会教育是指以发展幼儿的社会性为目标，以促进幼儿的自我意识、增进幼儿的社会认知、激发幼儿的社会情感、引导幼儿的社会行为、提高幼儿的社会适应能力、培养幼儿良好的道德品质为主要内容的教育。

二、幼儿园社会教育的方法

考点1　幼儿园社会教育的一般方法

1.讲解法

讲解法是指教师以口头语言对社会教育内容进行系统和生动的解释，以使幼儿较系统地理解社会教育的内容和意义，掌握正确的行为准则和方法，便于指导其行为的教育方法。讲解法是社会教育中最经常使用的一种方法。

2.谈话法

谈话法是指在幼儿园社会教育中，教师通过与幼儿对话的方式对其进行教育的一种方法。教师不受时间、地点、人物的限制，可以向幼儿提出问题，也可以解答幼儿的问题。

3.讨论法

讨论法是指在幼儿园社会教育中，幼儿在教师的指导下就社会性问题、现象互相启发、交换看法以获取知识的一种教育方法。讨论的具体方式有成对交换意见、分小组讨论、全班讨论三种。年龄太小的幼儿不适合运用讨论法。

4.观察演示法

观察演示法是指在幼儿园社会教育中,教师依据社会教育目标,向幼儿出示实物、图片、直观教具、录像等可以被他们感知的材料,使幼儿通过观察获得相应的社会知识、社会情感及社会行为的一种教育方法。观察、演示法大多与讲解法、谈话法等结合起来运用。

5.参观法

参观法是指在幼儿园社会教育过程中,教师根据一定的教育目标,组织幼儿到学前教育机构观察社会现象,让幼儿在对实际事物或现象的观察、思考中获得新的社会知识和社会规范的教育方法。

6.行为练习法

行为练习法是指在幼儿园社会教育过程中,教师组织幼儿按正确的社会行为规范自己,通过参加各种活动和交往受到实际锻炼,以形成良好的社会行为习惯的方法。这是形成和巩固幼儿社会行为最有效的方法。

幼儿参加行为练习的方式包括以教师人为创设的情景进行行为练习;教师组织的多种实践活动练习,如各种劳动、社会活动、整理玩具、值日生等;各种生活情景中教师组织的行为练习,如来园和离园的礼貌行为练习等。

7.强化评价法

强化评价法是指通过对幼儿社会性行为的评价对幼儿进行社会教育的方法。

考点2 幼儿园社会教育的特殊方法

1.榜样示范法

榜样示范法是指在幼儿园社会教育中,教师用他人的好思想、好行动和英雄事迹去影响和教育幼儿,以形成良好社会品质的方法。对幼儿影响较大的榜样有伟人和英雄模范人物、教师本人、同伴三种。

2.角色扮演法

角色扮演法是指个人试着设身处地地去扮演另一个在实际生活情景中不属于自己角色的行动过程,从而形成所需要的某些经验和行为习惯。

3.移情训练法

移情又叫感情移入,是指一个人设身处地地站在别人的位置去理解他人的情感、需要及活动。移情训练法是指教师通过现实生活事件或通过讲故事、情境表演等方式,引导幼儿设身处地地站在别人的位置考虑问题,使幼儿理解和分享他人的情绪情感体验,从而产生共鸣的训练方法。移情训练法的应用主要包括以下几种。

(1)认知提示

认知提示是通过教师的言语提示、分析、讲解,组织幼儿进行讨论、游戏、表演等活动,以帮助幼儿学会辨别各种不同的情感及面部表情,理解不同的人在不同的社会情境中的想法、观点和情感,促进幼儿辨别他人情感、设想他人观点及进入他人角色的能力的发展,从而促进幼儿认知水平和社会理解水平的提高,为产生移情奠定认知基础。

考题再现

【2019·长沙望城·单选】让幼儿分析讨论"某小朋友生病了,他不能来幼儿园和大家一起玩游戏,他会不会着急呢? 他心里会怎么想呢? "这是移情训练的(　　)。

A.情感换位　　　　　　　　　　　B.情绪追忆

C.认知提示　　　　　　　　　　　D.巩固深化

【答案】C。

（2）情绪追忆

情绪追忆是运用言语提示唤醒幼儿在过去生活经历中亲身感受到的最强烈的情绪、情感体验，引起他们对情绪体验产生的情境、原因和事件的联想，加强情绪体验与特定社会情境之间建立的联系，从而使幼儿能更好地辨别和区分各种情感。

（3）情感换位

情感换位是通过提供一系列由近及远的社会情境（父母—祖母—邻居，同伴—老师—其他教职工等），让幼儿进行分析讨论和角色扮演，从而使幼儿转换到他人的位置去体验情境中不同的情绪、情感态度，并促进其角色进入能力的发展。

（4）巩固深化

巩固深化是让幼儿就如何为别人带来积极情感进行讨论，促使幼儿在具体情境的基础上掌握普遍性的行为规范。

（5）情境表演

情境表演具体包括事例分析和行为练习。即先举出假设的各种典型的社会情境或事例，让幼儿分析出在该种情形下怎样做才能给别人带来欢乐，并根据幼儿的提议，让大家轮流扮演不同的角色进行表演，从中体会不同的情感，把握正确的行为方式。

4.价值澄清法

价值澄清法是通过幼儿内部心理活动进行价值选择、价值确定，然后付诸外部行动的一种社会教育方法。这种方法不仅灵活、方便、简单，而且非常生动、有趣、可行，是对当前幼儿进行价值观教育的一种非常有效的方法。价值澄清法包括以下四种方法。

（1）澄清应答法

澄清应答法是指教师通过与幼儿交谈引起幼儿的思考，在相互的交流中不知不觉地让幼儿进行自省、价值评价的方法。澄清应答法是价值澄清法中最基本、最灵活的方法。

（2）价值表决法

价值表决法是指教师事先拟定一系列幼儿关心的问题，让全体幼儿来表达自己意见的一种方法。价值表决的目的就是通过向幼儿提供公开自己价值观的机会，让幼儿获得对自己价值的态度。

（3）价值排队法

价值排队法是指让幼儿以三四种事物为对象，根据自己认为的重要性为它们排名，并说明这样排的原因的一种方法。该方法可以训练幼儿对某些事物的价值进行分析、比较、筛选的能力，帮助其进一步了解各种事物的价值，并公开表达自己的选择。

（4）展示自我法

展示自我法是教师为幼儿创造条件和提供自由发言的机会，让幼儿把与自己有关的事情讲出来给大家听。展示自我法的目的在于系统地为幼儿提供审视思索自己的机会，使他们逐渐学会分析自我、检查自我和发现自我。

5.陶冶熏染法

陶冶熏染法是指利用环境条件、生活气氛以及教育者自身的言行举止等，潜移默化地影响幼儿社会态度和社会行为的方法，包括环境陶冶法和艺术感染法。

（1）环境陶冶法

环境陶冶法是指教师通过优美的自然环境、良好的社会环境和有意识创设的教育环境，对幼儿进行社会化培养的一种教育方法。

（2）艺术感染法

艺术感染法是指教师利用音乐、绘画等艺术形式的感染力，渗透幼儿心灵，使幼儿得到心灵的感染与熏陶,激发幼儿的情感,并使之化作行动的一种教育方法。

三、幼儿园社会教育的原则

幼儿园社会教育的原则是指在对幼儿进行社会教育时必须遵循的规则要求。其具体包括以下几方面。

1.随机教育原则

幼儿的社会学习具有随机性的特点,这就决定了幼儿园社会教育的随机性。具体来说,首先,教师必须认识到随机教育是渗透、延伸到日常生活中去的,是整个教育过程必不可少的组成部分。其次,教师必须做一个善于发现教育时机的有心人,善于捕捉教育机会,还要主动积极地寻找和创造教育机会。

2.行为实践原则

行为实践原则是指教师不仅要向幼儿传递社会认知观念、技能、知识,而且必须为幼儿提供大量实践的机会,并对其行为实践进行指导。幼儿是通过实际生活和活动积累有关的经验和体验而学习的,尤其是对社会态度和社会情感的学习,往往不是教师直接"教"的结果。

3.榜样作用原则

人生活于社会中,无论是自觉的、有意识的,还是不自觉的、无意识的,都要受到别人的影响,总是会根据自己的经验来评价他人的行为。因此,为幼儿树立正面的、积极的榜样,就成为幼儿园社会教育中最基本的原则。越是在个体发展早期,榜样的影响作用就越大。幼儿的模仿对象非常广泛,包括日常生活中经常交往的教师、同伴和自己的父母等。

4.一致性原则

一致性原则包括教师言行的一致性;幼儿园内教师间的一致性,即幼儿园园长、各班带班和配班老师及其他工作人员,在对待幼儿的社会性发展上都应持一致的观念、态度和行为;家园一致性,即社会性发展是幼儿所面临的各种社会环境综合效应的结果,其发展的性质、水平、特点不仅受幼儿园各方面的影响,而且受幼儿的家庭环境,父母的教育观、教育态度及行为方式等的影响。

5.情感支持性原则

情感支持性原则是指教师在与幼儿的日常交往中,应积极地建立双向接纳和爱的情感联系,并在教育过程中有意识地以积极的社会性情感感染激发幼儿的社会性情感。情感支持性原则的核心内容包括以下两个方面:一方面,建立接纳与关心的情感联系。首先,教师必须接受幼儿;其次,教师应积极接纳、尊重幼儿;最后,教师应对幼儿持理解、支持的情感态度。另一方面,积极的情感投入和情感激发。为此,教师不仅应当在教育活动和日常生活中以积极、温暖、友善的态度对待幼儿,还应有意识地在教育过程中积极投入自己的情感。

第二节 幼儿自我教育活动的设计

一、幼儿自我教育活动的含义及类型

幼儿自我教育活动是指通过系列的、有意识的社会教育活动设计和日常活动渗透,帮助幼儿建立起对自我以及自我与周围关系的正确认知的教育活动。幼儿自我教育活动可以分为自我认识教育活动、自我体验教育活动、自我控制教育活动。

二、幼儿自我教育活动的目标

幼儿自我教育活动的目标包括以下几点。

（1）初步了解有关自己成长的最基本的知识。

（2）初步培养自信心、自尊心及独立性，以及最基本的自我控制和应变能力。

（3）正确地认识自己，能够进行准确的自我评价。

（4）学会用恰当的方法表达自己的爱好、需求、情绪和情感。

三、幼儿自我教育活动的内容

幼儿自我教育活动的内容包括以下几点。

（1）帮助幼儿认识和接纳自己，增强幼儿的自我价值感和自信心。如从表面上认识自己，知道自己的特点；从内心层次认识自己，明白自己的优点和缺点，比较全面客观地认识自己；接纳自己的优缺点。

（2）帮助幼儿学习认识、理解和适当地表达自己的情绪，控制自己的行为。如生气了，可以告诉别人"我生气了！"也可以暂时不理人、有控制地哭等，但是不能打人、骂人、摔东西等。

（3）帮助幼儿学习自由选择、自我决断，培养其独立性、自主性和对自己的行为负责的意识。

（4）支持、鼓励幼儿大胆地表达自己的意志、想法和态度。

（5）帮助幼儿主动地参与各项活动，能体验到与同伴交往的快乐。

（6）帮助幼儿努力做好力所能及的事，不怕困难，有初步的责任感。

四、幼儿自我教育活动的过程

考点1　幼儿自我认识教育活动的过程

自我认识包括认识自己的生理状况、自己的心理特征、自己与他人的关系、自我评价等。幼儿自我认识教育活动过程的具体设计思路见表5-4-1。

表5-4-1　幼儿自我认识教育活动过程的设计

步骤	组织要点
引发认知，导入课题	（1）该环节的目的是引导幼儿关注自我和他人的不同。 （2）该环节的重点在于激发幼儿认知的兴趣，产生探究的冲动。 （3）可以组织"猜猜他是谁"的活动，即教师描述某个幼儿的相貌特征，请其他幼儿猜，让幼儿感受每个人独特的地方；也可以通过直观的方法让幼儿关注自我
讨论交流，实践体验	（1）可以创设幼儿相互交流、分享的机会，让幼儿表达自己的感受和想法。 （2）可以为幼儿提供多种实践操作的机会，让其在实践活动中提高认识自己的能力。 （3）可以为幼儿提供模仿的榜样，让幼儿通过直接学习进行行为练习，建立良好的自我意识
经验积累，行为建立	通过多种形式的活动帮助幼儿积累丰富的实践经验，完成认知的迁移和良好社会性行为的落实

考点2　幼儿自我体验教育活动的过程

自我体验是对自己怀有的一种情绪体验，主要有自信心、自尊心、责任感、成功感、自豪感、挫折感、羞耻心、内疚感等。幼儿自我体验教育活动过程的具体设计思路见表5-4-2。

表5-4-2 幼儿自我体验教育活动过程的设计

步骤	组织要点
创设情境,体验情绪	(1)该环节主要是创设一定的情境,调动幼儿视、听觉的融入,让其产生共情。 (2)可通过讲故事、木偶表演、情境导入等方法,使幼儿把自己的感受引申到情境角色上,在亲历过程中感受某种愉悦或痛苦的体验
实践尝试,讨论表达	(1)通过观察图片、戏剧表演、角色游戏等活动形式,让幼儿表达自己的感受和情绪。 (2)在体验基础上,引导幼儿讨论、表达,形成共识
教师小结	帮助幼儿提升对自我情绪的识别、表达和调控的能力

考点3 幼儿自我控制教育活动的过程

幼儿的自我控制能力主要包括自制力、自觉性、坚持性、自我延迟满足四个方面。幼儿自我控制教育活动过程的具体设计思路见表5-4-3。

表5-4-3 幼儿自我控制教育活动过程的设计

步骤	组织要点
情境体验	运用任务交代、真实场景、游戏活动、操作实践等活动,让幼儿直接感受、体验真实情境中自我控制的具体操作方法
移情训练	通过观看图片、视频,欣赏文学作品,帮助幼儿理解他人,认识到自我控制的重要性和方法
讨论表达	(1)引导幼儿结合经验阐述自我控制的方法。 (2)用符号、文字等多种形式记录幼儿的表达,或鼓励幼儿以小组为单位进行记录,相互评价
小结提升	对幼儿自我控制的经验、方法进行梳理和小结

第三节 幼儿社会环境与社会规范认知教育活动的设计

一、幼儿社会环境与社会规范认知教育活动的含义

幼儿社会环境与社会规范认知教育活动是一种引导幼儿认知社会环境,掌握社会规范的社会教育活动。

二、幼儿社会环境与社会规范认知教育活动的目标

幼儿社会环境与社会规范认知教育活动的目标包括以下几点。
(1)知道自己的成长与家人的关系,感激父母、长辈的辛勤养育之恩。
(2)初步了解家庭、幼儿园,认识周围不同职业人们的劳动及其与自己生活的关系,尊重他们的劳动,产生初步的热爱劳动者的情感。
(3)初步了解并逐步掌握基本的交通规则、学习活动规则、生活规则等。
(4)初步了解并掌握基本的公共卫生规则,树立环境保护意识。
(5)激发初步的是非感、爱憎感,逐步懂得正确和错误之分。

三、幼儿社会环境与社会规范认知教育活动的内容

幼儿社会环境与社会规范认知教育活动的内容包括以下几点。

（1）社会环境的认知。幼儿生活的特定的社会环境，如家庭、幼儿园、社区及公共场所等社会环境中的特定的物质设施、人物关系、职业角色及行为准则。

（2）道德规范与行为准则的认知，如公德意识、文明礼貌用语、文明行为规范以及日常卫生习惯等。

（3）观点采择能力的发展。区分自己与他人的观点，进而根据当前或过去的有关信息对他人的观点做出准确推断的能力。

（4）理解人与环境之间相互依存的关系，培养爱护、保护环境的意识，逐渐萌发社会小公民的意识。

四、幼儿社会环境与社会规范认知教育活动的过程

幼儿社会环境与社会规范认知教育活动过程的具体设计思路见表5-4-4。

表5-4-4　幼儿社会环境与社会规范认知教育活动过程的设计

步骤	组织要点
引出活动主题	采用多种方式，如唱儿歌、情境表演、直接告知等方式引出活动主题，激起幼儿对活动主题的好奇心和参与活动的积极性
充分观察认识对象	此环节的主要目的是使幼儿对社会环境和社会规范进行初步的认知
表达、表现自己的认知体验	组织幼儿对话交流，加深幼儿对新的认知对象的认识
正确认知社会环境和社会规范	（1）用符合时代要求的社会规范来引导幼儿。 （2）当幼儿对社会环境和社会规范的认知发生冲突时，应对幼儿进行合理和积极的引导

第四节　幼儿人际交往教育活动的设计

一、幼儿人际交往教育活动的含义

幼儿人际交往教育活动是指教师通过创设一定的情境和条件，引导幼儿学习某种人际交往能力的活动。

二、幼儿人际交往教育活动的目标

幼儿人际交往教育活动的目标包括以下几点。

（1）愿意与他人共同游戏、活动并友好相处。

（2）善于与人交往，懂得问候、交谈、与人合作及参与活动的技巧，掌握几种交往策略。

（3）能主动帮助弱小同伴，乐于帮助有困难的小朋友、老人和残疾人，经常自愿地与他人分享玩具、食物等。

（4）主动地参与各项活动，形成诚实、勇敢、守纪等基本品质和开朗的性格。

（5）初步了解自己所在的集体，逐步适应并喜欢集体生活，初步产生对集体的关心、喜欢之情。

三、幼儿人际交往教育活动的内容

幼儿人际交往教育活动的内容包括以下几点。

（1）培养幼儿乐意与人交往，学习互助、合作和分享，有同情心。

（2）培养幼儿关心、理解、尊重和赞赏他人，学习并掌握基本的交往技能。

（3）帮助幼儿学习协调自己与他人的兴趣和想法，学会与人友好相处。

四、幼儿人际交往教育活动的过程

幼儿人际交往教育活动过程的具体设计思路见表5-4-5。

表5-4-5　幼儿人际交往教育活动过程的设计

步骤	组织要点
创设人际交往情境	（1）通过情境的创设，如朗诵诗歌、观看动画片、看图片、听故事、做游戏、猜谜语等，引发幼儿参与活动的兴趣。 （2）通过创设人际交往情境，让幼儿在轻松、友好、快乐的交往氛围中，积极交往
学习人际交往技巧	（1）使用直接呈现法，直接教给幼儿人际交往的技巧，并让幼儿感受到这种交往技巧能够给人带来快乐。 （2）使用间接呈现法，通过呈现一些反面事例，让幼儿讨论，逐步引出人际交往技巧
运用人际交往技巧	（1）本环节为核心环节，主要目的是结合具体情境指导幼儿学习交往的基本规则和技能，帮助幼儿掌握所学到的人际交往技巧的使用场合和对象。 （2）可以采用角色扮演法，设计一些需要运用技巧的交往情境，让幼儿分组或集体表演。 （3）可以采用讨论法，利用相关的故事，让幼儿结合自己的交往经验，讨论什么样的行为受欢迎，如何得到别人的接纳等

第五节　幼儿多元文化教育活动的设计

一、幼儿多元文化教育活动的含义

幼儿多元文化教育活动是指以文化多样性为前提，整合多元化的文化资源以适应幼儿的社会学习需求，旨在消除歧视和偏见，促进社会正义的一种教育活动。

二、幼儿多元文化教育活动的目标

幼儿多元文化教育活动的目标包括以下几点。

（1）初步感受具有代表性的社区文化。

（2）了解祖国传统的民俗节日、人文景观、少数民族和文化精品等，对祖国的传统文化感兴趣。

（3）初步感受世界著名的人文景观及优秀的艺术作品，对世界文化感兴趣。

（4）了解世界是由许多国家和民族组成的，萌发热爱和平的情感。

（5）愿意接触或了解不同国家、不同种族的人，感受他们的风俗习惯。

三、幼儿多元文化教育活动的内容

幼儿多元文化教育活动的内容包括以下几点。

（1）民族文化。了解祖国传统的民俗节日，对祖国的传统文化感兴趣；感受周围自然环境、文化环境的美，萌发爱周围环境、爱家乡、爱祖国的情感。

（2）世界文化。引导幼儿主动接触和了解不同国家、不同种族的人，感受他们的风俗习惯等。

四、幼儿多元文化教育活动的过程

幼儿多元文化教育活动过程的具体设计思路见表5-4-6。

表5-4-6　幼儿多元文化教育活动过程的设计

步骤	组织要点
创设情景，引出活动	可以通过布置场景、创设情境等直观方式直接导入活动，如在节日活动中，通过布置幼儿园环境、播放音乐等方式导入活动
感知体验各种社会文化	（1）此环节的主要目的是引导幼儿了解各种文化，对该文化有一个初步的认知。 （2）组织幼儿了解文化的方式有以下几种：通过观看视频的方式来了解并对比社会文化，如民风民俗、传统文化等内容的活动；通过观察、品尝等方式来获得感知，如饮食特产内容的活动；通过交流讨论等方式来拓展认知，如节日文化的活动
组织实践活动	在感知社会文化的基础上，通过组织实践活动引导幼儿感受乐趣，加深对社会文化的体验和认识，如表演活动、美食制作活动等

第六节　幼儿园社会教育活动设计要点

幼儿园社会教育活动的类型多种多样，从活动指向目标来看，可以分为社会认知、社会情感与社会行为三类发展目标的活动。这三种类型活动的设计要点如下。

一、社会认知类教学活动设计

社会认知类教学活动设计要点包括以下几点。

1.有效地结合生活

教师在设计时应该有效地利用生活中的相关事件，使儿童能真实地感受和掌握相关的规则和原理。

2.注重形象化的过程设计

在设计中，教师应注意使认知的内容形象化和简单化，便于儿童理解。

3.注重前期经验积累

教师在社会认知活动设计中应注重积累儿童的原有经验，在恰当的时候还应引导儿童进行认知的归纳和概括，从而提升认知效果。

4.注重在活动或情景中理解

教师应该把要认知的知识放到具体真实的情境中去，使知识产生实际意义，从而便于儿童更好地理解掌握。

二、社会情感类教学活动设计

社会情感类教学活动设计要点包括以下几点。

1.注重情感体验

在教学设计中,教师应该通过创设一定的情境、编排一定的游戏等使儿童能体验各种情绪的发生。

2.激发儿童共情

共情是主体将自己在生活实践中的种种体验转移到客体身上的过程。在活动设计中,教师应注意通过拟人化手法进行共情训练,促使儿童亲社会情感的发生。

3.帮助儿童表达

在活动设计中,教师应注重儿童情感表达的能力训练。要让儿童明白情感表达的重要性,还应教儿童一些准确的描述性语言,更要培养儿童乐于表达情感的态度。

考题再现

【2021·永州祁阳·单选】关于儿童社会情感类活动的设计,需要注意的问题不包括（　　　　）。

A.注重情感体验

B.注重前期经验积累

C.激发儿童共情

D.帮助儿童表达

【答案】B。

三、社会技能类教学活动设计

社会技能类教学活动设计要点包括以下几点。

1.重视直接学习

在活动设计中,教师应重视实践环节的设计,通过提供真实的场景让儿童直接操作和练习。

2.提供正面模仿的榜样

在教学活动中,教师可以通过图片、录像或现实对象给儿童树立模仿的榜样,使其学习正确的行为。

3.合理运用强化

在儿童社会技能类学习活动的设计中,教师可以通过设计一些奖励的措施来强化儿童的行为,如一些小奖品、小红旗或口头奖励等。当然,成功的体验对儿童来说是最好的强化。

强化练习

活动设计题

中班下学期,陈老师发现,班上仍有一些幼儿会抢别人的玩具。他们的理由是"我喜欢这个玩具,我要玩"。

请设计一个教育活动,解决上述问题,要求写出活动名称、活动目标、活动准备及活动过程。

参考答案及解析

活动设计题

【参考设计】

中班社会活动:一起玩真开心

活动目标:

1.愿意和同伴一起游戏,感受和同伴合作完成任务的成就感。

2.知道争抢玩具是不礼貌、不文明的行为,知道玩他人的玩具要征得他人的同意。

3.学会使用"请问""可以吗"等礼貌词语,能轮流玩游戏或分享自己的玩具。

活动准备:

争抢玩具的视频,积木若干。

活动过程:

1.活动导入——出示玩具,引发幼儿兴趣。

师:"老师手上有一个小汽车,这是小兔宝宝在动物大会上费了好大的力气才得来的。小朋友们猜一猜小兔子是怎么拿到它的呢? 我们一起看看视频里面发生了什么事情。"

2.活动展开。

(1)教师播放视频,幼儿观察争抢玩具的行为。

参考提问:视频中小动物们在争抢什么? 你们认为它们这样做对不对? 如果是你,你会和别的小朋友争抢玩具吗?

(2)教师引导幼儿交流讨论同伴之间友好相处的具体做法。

①幼儿自由讨论与同伴一起游戏要注意的问题。

师:"小朋友们,你们平时是怎样和同伴一起游戏的呢? 一起来分享一下吧!"

教师小结:在与同伴一起玩游戏的时候,我们一定要文明礼貌、态度友好。想玩别人的玩具时要说"请问""可以吗",以征得别人的同意。当别人同意后要说"谢谢"。邀请同伴一起玩时可以说"大家一起玩呀""好朋友要一起玩"。

②教师创设问题情境,幼儿判断正误。

两名教师表演争抢玩具的行为,幼儿进行判断和评价,并示范正确做法。

两名教师表演分享玩具的行为,幼儿进行判断和评价。

(3)教师组织幼儿开展"积木搭搭乐"的游戏。

①教师讲解游戏的规则、注意事项。

将全班幼儿分成三个小组,每个小组分发一定数量的积木,鼓励幼儿用积木搭建不同的作品,在搭建过程中同伴之间要相互帮助。

②幼儿开始游戏,教师巡回指导。

师:"如果组内的积木不够了,我们要有礼貌地向其他组的小朋友借积木,借完要记得说'谢谢'。其他小伙伴遇到困难了,我们应该帮助他,共同完成搭建游戏。"

③游戏结束,请各组幼儿分享成果。

3.活动结束。

在今天的活动中,有的小朋友主动帮助其他小朋友搭积木,有的小朋友主动借积木给其他小朋友,大家在游戏中都玩得非常开心。同伴之间应该以礼相待,相互帮助。

活动延伸:

请家长在家里引导幼儿分享玩具,不争抢玩具,并拍摄幼儿分享玩具的图片或视频发给教师。教师和幼儿一起观看。

第五章　幼儿园科学教育

考情分析

本章内容以识记、理解、运用为主,主要以单项选择题的形式进行考查,有时也会以活动设计题的形式进行考查。其中幼儿园科学教育的含义、观察类科学教育活动和实验操作类科学教育活动过程的设计思路是重点考查内容。

学习目标

1.识记幼儿园科学教育的含义,理解幼儿园科学教育的目标。

2.识记幼儿园科学教育的内容与原则。

3.理解各类科学教育活动过程的步骤及组织要点,能够设计不同类型的科学活动,重点理解观察类和实验操作类活动的设计过程。

第一节　幼儿园科学教育概述

一、幼儿园科学教育的含义

幼儿园科学教育是指幼儿在教师的指导下,通过自身的活动,对周围的自然界(包括人造自然)进行感知、观察、操作、发现,以及提出问题、寻找答案的探索过程。幼儿园科学教育的实质是幼儿的科学探索活动,旨在提高幼儿的科学素养。其内涵有三个方面:(1)幼儿园科学教育的目的是提高幼儿的科学素养;(2)幼儿园科学教育的实施要符合幼儿学习科学的特点;(3)幼儿园科学教育的实施要有成人教育者的引导和帮助。

考题再现

【2020·长沙天心·单选】幼儿科学教育的实质是(　　　)。

A.幼儿的科学探索活动　　　　　　　　B.教师组织科学教育

C.家长参与科学教育　　　　　　　　　D.幼儿自己收集科学教育的材料

【答案】A。

二、幼儿园科学教育的目标

考点1　科学知识方面

1.小班

小班幼儿科学知识方面的目标包括以下几点。

(1)观察周围自然现象的明显特征,并获取粗浅的科学经验。

（2）观察几种常见的动植物，并初步了解他们与人和环境的关系。

（3）观察几种常见的无生命物质，并初步了解他们与人和环境的关系。

（4）观察日常生活中几种人造物品的特征和用途。

2.中班

中班幼儿科学知识方面的目标包括以下几点。

（1）了解四季的特征及其与人们生活的关系。

（2）观察简单的物理现象，获取感性的经验。

（3）获取有关自然环境中有生命物质、无生命物质及其与人类有关的具体经验。

（4）了解不同环境中某些动植物的形态特征、生活习性、生长过程。

（5）了解周围生活环境中的某些科技产品及其与人类的关系。

3.大班

大班幼儿科学知识方面的目标包括以下几点。

（1）获取有关季节与人类、动植物、环境等关系的感性经验，形成春夏秋冬四季更替的初步概念。

（2）探索周围生活中常见的理化现象，获取有关的科学经验。

（3）初步了解各种环境中的动植物及其与环境的相互关系。

（4）了解能理解的或能接触到的现代社会生活中的科学产品及其对人类的影响。

考点2　科学方法技能方面

1.小班

小班幼儿科学方法技能方面的目标包括以下几点。

（1）了解各种感官在感知中的作用，学习运用各种感官感知的方法，发展感知能力。

（2）能从一组物体中根据一个或两个特征挑出物体，归为一类。

（3）能通过观察知道物体数量的差别。

（4）能以词汇或简单的句子以及非语言的方式描述事物的特征或自己的发现，与成人或同伴交流。

（5）学习使用日常生活中常用科技产品的简单方法，参与简单的制作活动。

2.中班

中班幼儿科学方法技能方面的目标包括以下几点。

（1）能综合运用多种感官感知事物的特征，发展观察力。

（2）能按照指定的标准对物体进行简单分类。

（3）学习运用简单的工具进行测量的方法。

（4）能以自己的语言及符号、图像等方式描述自己的发现，并与成人或同伴进行交流。

（5）学习使用常见科技产品的方法，运用简单的工具进行制作。

3.大班

大班幼儿科学方法技能方面的目标包括以下几点。

（1）能主动运用多种感官观察事物，学习观察的方法，发展观察力。

（2）能按照自己规定的不同标准对物体进行分类。

（3）学习使用准确量具进行测量并学习正确的测量方法。

（4）能以语言与符号、图像、数字等方式与成人或同伴交流自己的发现、探索过程和方法，表达存在的问题和自己的愿望。

（5）继续学习使用常见科技产品的方法，运用简单工具、多种材料进行制作活动，并能发现物品和材料的多种功能。

考点3　科学情感和态度方面

1.小班

小班幼儿科学情感和态度方面的目标包括以下几点。

（1）乐意参加科学活动。

（2）喜欢动植物，能注意周围的自然环境。

（3）开始表现出探索自然现象和参与制作活动的兴趣。

2.中班

中班幼儿科学情感和态度方面的目标包括以下几点。

（1）能主动参加科学活动。

（2）喜欢探究周围的自然界。

（3）关心、爱护动植物和周围的自然环境。

（4）愿意参加制作活动。

3.大班

大班幼儿科学情感和态度方面的目标包括以下几点。

（1）喜欢并能较长时间参与科学活动。

（2）能主动探索周围自然界并能发现问题、提出问题和寻求答案。

（3）能关心、爱护自然环境。

（4）能集中于自己的制作活动。

三、幼儿园科学教育的内容

幼儿园科学教育的内容包括以下三方面。

考点1　了解自然环境及其与人们生活的关系

1.自然界常见的动植物及其与环境的关系

（1）观察常见的动植物，认识其外形特征与结构，了解它们的生活方式和繁衍方式，探索动植物的多样性。

（2）了解动植物之间、动植物和人类之间的关系。

（3）了解动植物与气候、季节变化之间的关系，探索和初步发现动植物和环境的关系。

（4）管理和照顾几种动植物，利用动植物进行各种实验与观察活动。

2.自然界中的非生命物质及其与人及动植物的关系

（1）知道石、沙、土之间的关系、用途、与人类的关系；了解土壤对动植物的作用；了解土壤污染对人类健康的影响；初步了解植树造林对人类的重要意义，懂得保护森林的重要性等。

（2）知道水是无色、无味、透明的；了解水在日常生活中的用途；知道有许多物质能够溶解于水；知道地球上的可以供人们饮用的水资源是有限的，懂得保护水资源、节约用水的重要性等。

（3）知道空气是看不见、摸不着的，动植物和人类的生存都离不开空气等。

3.人与自然环境的关系

自然生态环境的教育要特别体现人与自然的和谐关系，可以渗透在认识自然界的动植物和非生物的内容中。

考点2　探究身边事物的自然科学现象

探究身边事物的自然科学现象包括以下几点。

（1）认识气候与季节变化；观察雨、雪、雷、闪电、彩虹、冰、霜、露等自然现象；辨别春、夏、秋、冬的四季特征；了解气候变化与人类活动之间的关系等。

（2）认识各种物理现象，如感知多种多样的光、美妙的声音，感受冷、热的现象，探究力、磁铁、电等物理现象。

（3）认识各种安全、有趣、简单的化学现象，如牛奶发酵成酸奶。

（4）认识宇宙中的日月星辰，知道为什么白天有太阳，夜晚没有太阳，观察什么时候月圆，什么时候月缺；适当向幼儿介绍人类在宇宙中的活动等。

考点3　感受科学技术及其对生活的影响

感受科学技术及其对生活的影响包括以下几点。

（1）初步了解各种通信工具在人们生活中的用途。

（2）认识各种家用电器，如电视、电话、电冰箱、洗衣机等，了解它们的用途和安全使用方法。

（3）认识各种常见的海、陆、空交通工具；初步认识现代科技，知道科技是不断发展的，了解科技是人类创造的，会给人类带来更多的便利。

（4）认识到科学技术的发展对环境造成的负面影响。

四、选择幼儿园科学教育内容的原则

1.科学性和启蒙性

科学性是指选择的幼儿园科学教育内容应符合科学原理，不违背科学事实。启蒙性是指选择的幼儿园科学教育内容应是粗浅的、生活中常见的、可直接探索的、符合幼儿认知特点和经验水平的，在教师的帮助下，经过自身努力，能够理解和接受的。所选内容的广度和深度必须是幼儿所能理解和接受的。

2.系统性和整体性

系统性是指选择的幼儿园科学教育内容是按照由近及远、由简单到复杂、由具体到抽象、由已知到未知的认知规律进行编排的。整体性是指在选择幼儿园科学教育内容时，要考虑科学教育各个方面的内容，考虑科学教育与其他领域内容的整合。

3.广泛性和代表性

广泛性是指选择的幼儿园科学教育内容要尽可能涉及多个方面，以确保教育活动让幼儿获得广泛的科学经验。代表性是指选择的幼儿园科学教育内容要准确地反映某一领域的基本知识结构，所选内容应具有典型性和代表性。

4.地域性和季节性

地域性是指选择幼儿园科学教育内容时，应考虑各地的自然特点。季节性是指根据不同季节特点来选择幼儿园科学教育内容。

5.时代性和民族性

时代性是指根据时代发展变化、科学技术的进步来选择幼儿园科学教育的内容。民族性是指幼儿园科学教育活动要能弘扬中国的传统科学文化。

五、幼儿园科学教育的方法

考点1　观察法

观察法是指幼儿在直接接触事物的过程中,运用多种感官直观、生动、具体地认识事物,提高感官的综合活动能力,形成运用感官探索周围环境的习惯的方法。

考点2　实验法

实验法是指作为活动主体的幼儿在问题或目的的引导下,通过对实物材料的操作以发现客观事物的变化及其关系的一种方法。实验法给予了幼儿充分的动手操作机会,极大地满足了幼儿的探究欲望,真正让幼儿体验到科学探究的本质,有助于幼儿理解科学现象。

考点3　讲解法

讲解法是指教师通过语言向幼儿讲述或解释某事某物的一种方法。当做科学实验、讲故事、观看视频时,教师都需要进行讲解,使幼儿能更好地理解教师的意图,从而进行有效的探索、学习。

考点4　讨论法

讨论法是指在收集资料、整理资料的基础上,通过集体的讨论交流等手段获取科学知识的方法。讨论法一般用于三种科学教育活动,即参观调查–汇报交流式、收集资料–共同分享式、个别探究–集中研讨式。讨论法要求幼儿具备一定的交流能力,所以更适合中、大班幼儿。

考点5　劳动与实践法

劳动与实践法主要有种植、饲养、科学小制作等方式。种植是通过在班级自然角种植花卉、蔬菜和农作物等,让幼儿认识各种植物的播种、管理、收获等全过程。饲养是指幼儿通过在饲养角里喂养和照管习性温驯的动物来认识动物。饲养主要包括收集饲料,喂养,观察小动物的外形特征、动作和生活习性,培养爱护小动物的情感。科学小制作是指幼儿利用各种自然材料(如树叶、石头、瓜子壳等)和废旧材料(如木块、包装纸、废塑料盒等),制作一些简单的科学玩具和装饰品,如"不倒翁"。

考点6　游戏法

科学游戏是指借助自然界的物质材料,包括水、石、沙、土、竹、木、树叶、贝壳等,以及科技产品、玩具、图片等物,把科学的道理寓于游戏之中,通过幼儿参与有一定规则的、有趣的玩耍、操作活动,达到某一科学教育的要求,促进幼儿的发展。

六、幼儿园科学教育的实施原则

考点1　科学性原则

科学性原则是指在设计和组织幼儿科学教育活动的过程中,为幼儿选择的科学教育内容必须是客观的、实在的、符合科学发展方向的,设计的教学方法必须是符合科学规律和幼儿认知特点的。幼儿科学教育是启蒙教育,为使幼儿将来有兴趣、有能力正确地探索科学知识,教师必须充分重视科学教育内容、组织方法的科学化。

考点2　发展性原则

发展性原则是指在幼儿科学教育活动中,一方面要求科学教育的目标、内容、方法及手段等应随科学与人的发展而不断发展和完善,另一方面还要求科学教育应该促进幼儿的全面发展。

考点3　趣味性原则

趣味性原则是指幼儿科学教育活动应该是活泼有趣,深受幼儿喜爱的。幼儿的注意力保持时间比较短,因此,只有在设计和组织科学活动时充分考虑幼儿的这一特点,并结合科学活动自身的趣味性,才能设计出符合幼儿需要的、激发幼儿探索求知欲望的科学教育活动。

考点4　整合性原则

整合性原则是指在幼儿科学教育活动中,教师不仅要考虑科学教育内容本身,还要将其与其他教育活动相互渗透,协调利用各种有利于幼儿学习科学的教育因素,开展系统化的教育。

考点5　活动性原则

活动性原则是指在幼儿科学教育活动中,教师应该尊重幼儿的主体地位,为他们提供丰富的活动材料,保证充足的活动时间和空间,让他们在丰富的实践活动中进行主动地探索,从而获取科学知识、发展科学能力、培养科学精神。

七、幼儿科学学习的特点

考点1　幼儿科学学习的一般特点

幼儿科学学习的一般特点包括以下几点。
(1)幼儿科学学习具有好奇、好问的特点。
(2)幼儿科学学习具有好探索的特点。
(3)幼儿科学学习具有好活动的特点。
(4)幼儿科学学习具有自我中心的特点。

考点2　不同年龄阶段幼儿科学学习的特点

1.3~4岁幼儿科学学习的特点
3~4岁幼儿科学学习的特点如下。
(1)认识处于不分化的混沌状态。
(2)认识带有模仿性,缺乏有意性。
(3)认识带有明显的拟人化倾向。
(4)认识带有表面性和片面性。

2.4~5岁幼儿科学学习的特点
4~5岁幼儿科学学习的特点如下。
(1)好奇好问。
(2)初步理解科学现象中表面的和简单的因果关系。
(3)开始根据事物的表面属性、功用和情境进行概括分类。

3.5~6岁幼儿科学学习的特点
5~6岁幼儿科学学习的特点如下。
(1)有积极的求知欲望。

（2）初步理解科学现象中比较内在的、隐蔽的因果关系。

（3）能初步根据事物的本质属性进行概括分类。

第二节 观察类科学教育活动的设计

一、观察类科学教育活动的含义

观察类科学教育活动是以观察为主要认知手段，让幼儿探索客观事物、现象的特征，发展幼儿的科学认知、培养科学情感、形成科学态度、训练科学方法的科学启蒙教育活动。

二、观察类科学教育活动的类型

根据不同的分类标准，我们通常将观察类科学教育活动分为以下几种类型。

1.根据观察对象数量的多少，可分为个别物体观察和比较性观察

个别物体观察是指幼儿有目的地运用多种感官，对某一特定的自然物、自然现象或科技产品进行的观察。比较性观察是指幼儿对两种或两种以上的自然物或自然现象、科技产品进行的观察和比较。

2.根据观察对象时间的长短，可分为长期系统性观察和偶发性观察

长期系统性观察是指幼儿为探索自然现象的发生（如动、植物的生长、变化，天气、季节的变化等）而进行的连续、持久的观察。偶发性观察是指教师或幼儿对周围环境中偶然发生或出现的、有教育价值的事物与现象进行的观察。

三、观察类科学教育活动的目标

观察类科学教育活动的目标包括观察技能、表达技能和有关观察对象的科学认识三个方面。其具体示例见表5-5-1。

表5-5-1　观察类科学教育活动的目标及示例

观察类科学教育活动的目标		示例
观察技能	运用感官感知事物的特征	通过看、摸、听、闻等方式感知兔子的特征
	观察事物的变化和现象的发生	观察气球充气后的变化
	对不同的对象进行比较观察	通过观察，比较鸡蛋和鸭蛋的不同
	有顺序地观察事物	观察桃花的各个部分及其特征
表达技能	大胆讲述自己在观察中的发现	能大胆和同伴交流蜗牛的外形特征
	运用完整的语言讲述并交流自己在观察中的发现	能用完整的语言讲述自己收集来的汽车玩具，讲述各种汽车的特征及用途
	用图画、数字等多种方式记录自己观察的结果	学习用图画记录蜗牛的特征

观察类科学教育活动的目标		示例
有关观察对象的科学认识	认识观察对象的显著特征	知道蝴蝶的头、胸、腹的显著特征
	认识到观察对象的多样性	在观察的基础上知道汽车的种类有许多
	认识到各个观察对象的不同和相同	观察各种蛋的特点，知道它们都是动物的卵
	探寻观察对象的变化规律	在观察的基础上探寻种子发芽和水分的关系

四、观察类科学教育活动的过程

观察对象不同，其具体的设计思路也会有所不同。各类观察活动过程的设计思路见表5-5-2。

表5-5-2　观察类科学教育活动过程的设计

分类	设计思路	组织要点
物体观察活动	教师出示观察对象—幼儿自由观察—表达与交流—教师引导幼儿观察—表达交流—教师总结	（1）该类观察活动适用于个别物体观察、同类物体观察及比较观察。 （2）可通过指向性问题引导幼儿认识物体的显著特征，或比较两个物体间的异同，或总结同类物体的共同特征
展示观察活动	收集物体—布置展览—共同参观—表达交流—教师总结	（1）该类观察活动一般适用于认识物体的多样性。 （2）收集物体、布置展览是渗透性的自由观察活动。参观是在教师引导下的集中观察、表达环节
现象观察活动	引出现象或问题—观察现象—观察中的交流与个别指导—教师组织讨论和交流—教师总结	（1）该类观察活动适用于观察变化的发生。 （2）在观察之后引导幼儿对观察到的现象加以讨论，帮助其形成科学经验

第三节　实验操作类科学教育活动的设计

一、实验操作类科学教育活动的含义

实验操作类科学教育活动是指幼儿通过动手操作仪器和材料，以发现客观事物的变化及其关系的科学活动。它强调幼儿在实验操作活动中亲自动手、反复尝试，实验和操作活动密不可分。

二、实验操作类科学教育活动的目标

实验操作类科学教育活动的核心目标包括科学好奇心及科学探究能力两个方面。其具体示例见表5-5-3。

表5-5-3　实验操作类科学教育活动的目标及示例

实验操作类科学教育活动的目标		示例
科学好奇心	注意到新异的事物或现象	注意到有些物体放在水里会沉下去

实验操作类科学教育活动的目标		示例
科学好奇心	愿意探究新异的事物或现象	发现有些物体在水里会沉下去,有些不会沉下去,愿意用不同的物体来进行实验
	对新异的事物或现象提出问题并进行研究	提出有关沉浮现象的问题或自己尝试解决有关沉浮的问题
科学探究能力	能通过自己的观察操作获得发现	通过观察操作发现不同的物体在水中的沉浮状况
	能对问题做出假设并能根据自己的经验加以验证	能根据自己的经验预测不同物体在水中的沉浮状况,并通过实验加以验证
	能根据已经获得的资料进行合理推断,并得出结论	在实验的基础上总结哪些物体在水中会沉下去,哪些会浮起来
	能根据过去的经验或逻辑推断对现象进行解释和预测	能根据已有的经验解释物体沉浮的现象

三、实验操作类科学教育活动的内容

教师可根据幼儿园科学教育的目标,结合幼儿的兴趣和经验水平等,选择实验操作活动的内容。可供选择的内容举例如下。

（1）植物生长实验。如"种子发芽"的实验,让幼儿知道种子发芽需要适量的水、适宜的温度和充足的空气。

（2）动物实验。如"小兔子喜欢吃什么"的实验,让幼儿通过实验了解小兔子喜欢吃的食物。

（3）物理实验。如"光与影子"的实验、"摩擦起电"的实验等。

（4）化学实验。做化学实验首先要考虑安全因素,选用的药品要无毒、无味、无刺激性,对幼儿不会有任何伤害。

四、实验操作类科学教育活动的过程

实验内容不同,其具体的设计思路也有所差异。各类实验操作活动过程的设计思路见表5-5-4。

表5-5-4　实验操作类科学教育活动过程的设计

分类	设计思路	组织要点
演示-操作式	教师演示—幼儿实验操作—观察、交流—总结	该设计思路一般适用于幼儿年龄较小、无法独立进行探究,或者实验难度较大、幼儿操作困难的实验
自由-引导式	幼儿自由探究—交流经验—进一步操作探究—总结	该设计思路的应用较为广泛,主要用于操作比较容易、简单、带有游戏性质的实验操作活动
猜想-验证式	猜想结果—实验操作—交流讨论—总结	该设计思路能教会幼儿科学探究的基本过程和方法,让幼儿学习做科学记录,适用于幼儿已有类似生活经验,但答案并不明确的实验

第四节　技术制作类科学教育活动的设计

一、技术制作类科学教育活动的含义

技术制作类科学教育活动是指学习制作产品、使用科技产品或掌握某些工具的操作方法、技能的科学活动，是幼儿园科学教育的一种重要活动类型。

二、技术制作类科学教育活动的目标

技术制作类科学教育活动的核心目标包括以下三个方面：正确使用科技产品、掌握简单工具的使用方法、自行设计并制作简单的物品。其具体示例见表5-5-5。

表5-5-5　技术制作类科学教育活动的目标及示例

技术制作类科学教育活动的目标	具体目标	示例
正确使用科技产品	学习科技产品简单的使用方法，感受、体验科技给人们生活带来的方便	学习使用洗衣机的程序和方法
掌握简单工具的使用方法	学习使用生活中常见的工具，了解工具的用途	学习使用不同的清洁工具
自行设计并制作简单的物品	学习运用工具和材料制作简单的科技玩具或生活小用品	学习选择合适的材料制作不倒翁

三、技术制作类科学教育活动的过程

技术制作类活动可以具体地划分为两种活动：学习使用科技产品或工具的活动、科技小制作活动。其具体的设计思路见表5-5-6。

表5-5-6　技术制作类科学教育活动过程的设计

分类		设计思路	组织要点
学习使用科技产品或工具的活动		观察—尝试操作—交流讨论—正确操作的模式	（1）活动开始时要让幼儿观察了解操作对象的结构，在尝试性的操作中了解其特性。 （2）交流讨论不同的操作方式，帮助幼儿分析错误操作的原因，掌握正确的操作方法
科技小制作活动	设计-制作式	设计—操作—交流讨论—展示分享	该设计思路适用于简单的科技小制作
	模仿-制作式	演示—操作—交流讨论—展示分享	（1）教师需分步骤讲解、演示制作的方法，然后幼儿动手操作。 （2）该设计思路适用于有一定难度、需按一定的程序规范制作的活动

第五节　交流讨论类科学教育活动的设计

一、交流讨论类科学教育活动的含义

交流讨论类科学教育活动是指在收集资料、整理资料的基础上,通过集体的讨论交流等手段获取科学知识的活动。尽管它不是一种直接探究活动,但也是幼儿获取科学知识的一种非常重要的手段,是幼儿园科学教育中一种较为普遍的活动类型。

二、交流讨论类科学教育活动的目标

交流讨论类科学教育活动的核心目标包括收集与整理资料技能、表达交流技能与获取科学知识和经验三个方面。其具体示例见表5–5–7。

表5–5–7　交流讨论类科学教育活动的目标及示例

交流讨论类科学教育活动的目标		示例
收集与整理资料技能	了解收集资料的途径与方法	学习通过看书、上网、看新闻、调查访问等方式收集水污染的相关知识
	在收集与整理资料的过程中能借助图画、表格、符号等记录形式	能够用绘画的方式记录自己获得的关于地震的知识
表达交流技能	大胆讲述自己的观点	大胆讲述自己所知道的台风知识
	倾听、理解和评价他人的观点	认真倾听他人的讲述,学会从别人的讲述中积累有关地震的知识
获取科学知识和经验	丰富有关讨论主题的科学经验	通过收集资料和讨论了解水污染的原因、现状,知道保护水资源的方法
	学习在收集和鉴别信息的基础上建构自己的科学知识	根据所获得的信息做出能活动的物体是不是有生命的判断

三、交流讨论类科学教育活动的过程

交流讨论类活动是建立在幼儿直接或间接的经验基础上的科学交流学习活动。我们可以把交流讨论类活动的内容设计成系列活动的形式,也可以在一次活动中包含两个不同的环节。各类交流讨论活动过程的设计思路见表5–5–8。

表5–5–8　交流讨论类科学教育活动过程的设计

分类	设计思路	组织要点
参观调查–汇报交流式	参观调查获取直接经验—汇报交流分享经验—归纳总结	为了便于交流,可以采用绘画、拍照、摄像等方式记录参观调查时获得的资料

（续表）

分类	设计思路	组织要点
收集资料–共同分享式	收集资料获取知识经验—分享交流经验—归纳总结	（1）在收集资料环节可以让幼儿回家和家长一起收集资料，也可以教师收集大量的资料以丰富幼儿的经验。 （2）分享交流环节可采用个别展示、集体讨论的方式进行
个别探究–集中研讨式	个别探究提出看法—集中研讨交流—归纳总结	该设计思路适用于幼儿共同感兴趣，但认识可能出现不一致的问题的设计

强化练习

一、单项选择题

1.下面哪一项不是选择幼儿园科学教育内容时应遵循的原则？（　　）

A.科学性和启蒙性　　　　　　　　　　B.系统性和整体性

C.地方性和独特性　　　　　　　　　　D.时代性和民族性

2.教师要转变教育思想，重视幼儿的主体性地位，鼓励幼儿动手操作。这体现了（　　）原则。

A.发展性　　　　　　　　　　　　　　B.活动性

C.整合性　　　　　　　　　　　　　　D.科学性

3.在设计和组织幼儿园科学教育活动的过程中，为幼儿选择的科学教育内容必须是客观的、实在的。这体现了（　　）原则。

A.发展性　　　　　　　　　　　　　　B.活动性

C.整合性　　　　　　　　　　　　　　D.科学性

二、活动设计题

一天，大班的张老师拿着镜子从室外走进活动室，镜子的反光照在室内墙壁上，产生了光斑。孩子们对光斑产生了兴趣，不停地讨论着。张老师决定围绕幼儿的这一兴趣开展教育活动。

请帮助张老师设计一个活动，要求写出活动名称、活动目标、活动准备及活动过程。

参考答案及解析

一、单项选择题

1.【答案】C。解析：科学教育内容选择的原则有科学性和启蒙性、系统性和整体性、广泛性和代表性、时代性和民族性、地域性和季节性。

2.【答案】B。解析：贯彻活动性原则要注意以下几点：（1）教师要转变教育思想，重视幼儿的主体性地位；（2）为幼儿提供丰富的活动材料；（3）保证充足的活动时间；（4）要注意对幼儿的活动进行概括总结。

3.【答案】D。解析：科学性原则是指在设计和组织幼儿园科学教育活动的过程中，为幼儿选择的科学教育内容必须是客观的、实在的、符合科学发展方向的，设计的教学方法必须是符合科学规律和幼儿认知特点的。

二、活动设计题

【参考设计】

大班科学活动：神奇的光斑

活动目标：

1.积极参与探索光斑的活动，体验探索的乐趣。

2.了解光斑产生的原因,知道光斑大小变化与照射角度有关。

3.能够根据经验推测光斑形成与变化的条件和影响因素,并得出结论。

活动准备:

1.经验准备:幼儿具备有关镜子的感性经验。

2.物质准备:晴朗的天气且室内有从户外照射进来的阳光,大镜子一个,小镜子若干,光盘、铁勺、眼镜若干。

活动过程:

1.教师出示镜子,激发幼儿兴趣。

师:"老师今天带来了一面镜子,小朋友们猜一猜它可以用来做什么呢? 我发现我的镜子还有一个神奇的本领,我们一起来看看吧! "

2.教师操作,幼儿观察并探索光斑产生的原因。

(1)教师将镜子对着阳光,将反射的光照在墙面或者活动室的地上,激发幼儿的兴趣。

师:"你们看到了什么? 请小朋友用你们手中的小镜子试着找出更多的光斑吧。"

(2)幼儿自由探索,寻找光斑。

参考提问:有的小朋友找到了光斑,有的小朋友没有找到,你们知道为什么吗?

(3)教师小结:原来,当照到镜子上的阳光反射到墙上或物体上时会出现光斑。有的小朋友没有把阳光照到镜子上,因此没有产生光斑。

3.引导幼儿进一步探索影响光斑大小变化的因素。

(1)教师提出问题,幼儿自由探索影响光斑大小变化的因素。

参考提问:墙上的光斑是一样的吗? 它们哪里不同?

(2)教师操作演示,幼儿了解影响光斑大小变化的因素。

教师改变镜子的倾斜度,引导幼儿注意镜子倾斜度的变化与光斑的大小。

(3)教师小结:原来光斑的大小与阳光照射角度有关,我们动一动自己的小镜子,照射角度变了,光斑也跟着变大变小了。

4.拓展经验,寻找生活中更多可以产生光斑的物品。

(1)引导幼儿自由讨论,还有什么物品可以产生光斑。

(2)每组幼儿选择一种物品尝试操作,观察是否出现光斑。(光盘、铁勺、眼镜等)

(3)幼儿互相交流,总结可以产生光斑的物品的特点。

(4)教师小结:原来镜子、光盘、铁勺、眼镜都是光光亮亮的,都能反射太阳光到墙上,从而形成光斑。

活动延伸:

将探索光斑的材料投放至科学区,幼儿自由操作。

第六章　幼儿园数学教育

考情分析

本章内容以识记、理解、运用为主,会以单项选择题的形式进行考查,有时也会以活动设计题的形式进行考查。其中幼儿园数学教育的方法、感知集合教育活动与认识几何形体教育活动过程的设计思路是重点考查内容。

学习目标

1.理解幼儿园数学教育的含义与目标。

2.识记幼儿园数学教育的方法。

3.理解各类数学教育活动过程的步骤及组织要点,能够设计不同类型的数学活动,重点理解感知集合教育与认识几何形体教育活动的设计过程。

第一节　幼儿园数学教育概述

一、幼儿园数学教育的含义

幼儿园数学教育是引导幼儿对周围环境中的数、量、形、时间和空间等现象产生兴趣,建构初步的数概念,并学习用简单的数学方法解决生活和游戏中某种简单问题的活动。

幼儿早期的数学学习强调幼儿对自己周围环境中的数学问题的关注和兴趣;强调在日常生活中通过感知、体验和操作活动理解数学的抽象关系,并尝试运用所学的数学知识解决日常生活中遇到的问题。

二、幼儿学习数学的心理特点

1.从具体到抽象

数学知识是一种抽象的知识。获得数学知识需要摆脱具体事物的其他无关特征。幼儿对数学知识的理解恰恰需要借助于具体的事物,甚至借助于动作,从对具体事物的抽象中获得,因而也不可避免地要受到具体事物的影响。比如,问一个两三岁的幼儿,"你家里一共有几个人?"他能列举出"家里有爸爸、妈妈,还有我",却回答不出"一共有3个人"。这说明此时的幼儿还不能从事物的具体特征中摆脱出来,从而抽象出数量的特征。

2.从个别到一般

幼儿数学概念的形成不仅存在一个逐渐摆脱具体形象,达到抽象水平的过程,同时也存在一个从理解个别具体事物到理解其一般和普遍意义的过程。如有些幼儿刚开始学习数的组成时对分合关系的理解往往停留在它所代表的那一种具体事物上,只有随着逐渐深入学习数的组成,才能慢慢认识到这些具体事物之间的共同之处,即它们所表示的数量是相同的,因而也就可以用一个相同的分合式子来表示。

3.从外部动作到内部动作

幼儿在学习数学时,最初是通过动作进行的。比如,年龄小的幼儿在数数时往往要用手来一一点数,而随着年龄的增长,他们能逐渐把动作内化,能够依靠视觉表象在头脑中进行数和物的对应,甚至能直接用目测来确定10以内物体的数量。

4.从同化到顺应

在幼儿学习数学,理解抽象数概念的过程中,同化和顺应的反应形式也是其心理特点的显现特征之一。当幼儿在完成一个涉及数的任务,如幼儿在比较两组物体数量多少的过程中,往往是以其原有的认知图式和结构去同化它,采用目测的认知策略去解决这问题,当获得成功时,也就是其认知获得平衡的过程。若这一策略不能解决当前的问题情境(比较两组物体的空间排列位置并非一一对应,其大小或排列间隔悬殊时),则无法通过同化来完成,而需要通过改变自身的认知图式,重新调整已有的认知结构,采用一一对应或点数的策略去顺应这一问题情境,从而使认知过程由不平衡向平衡转化。可见,由同化到顺应的自我调节过程是幼儿在不断积累数的相关经验,建构并重新建构其数概念的过程。

5.从不自觉到自觉

幼儿对事物的判断还停留在具体动作的水平,没有上升到抽象的思维水平。因此,他们往往对自己的思维过程缺乏自我意识。比如,小班幼儿在将物体归类时,往往会出现"做的"和"说的"不一致的现象。显然,幼儿此时的语言表达仅仅是动作的伴随物,而不是思维过程的外化。随着动作的逐渐内化,语言也在逐渐地发挥其功能。教师要求幼儿在活动中用语言表达其操作过程,不仅能够对其动作实行有效的监控,而且能提高幼儿对自己动作的意识程度,有助于促进幼儿动作内化的过程。

6.从自我中心到社会化

幼儿思维的自觉程度是和其社会化程度同步的。幼儿越能意识到自己的思维,就越能理解别人的思维。当他们只关注于自己的动作并且还不能内化时,是不可能和同伴产生有效的合作的,也不可能有真正的交流。如一位小班幼儿给图片归类时,他是按照形状特征分类的,当看到有的幼儿在按照颜色特征分类时,他就说别人"是乱分的"。此时,幼儿还意识不到自己归类的根据,更无法从别人的立场考虑问题。因此,幼儿数学学习的社会化不仅具有社会性发展的意义,更是其思维发展的标志。

三、幼儿园数学教育的目标

考点1 幼儿园数学教育的总目标

结合《幼儿园教育指导纲要(试行)》中的规定,幼儿园数学教育的总目标可细化为以下几个方面。

(1)对周围环境中事物的数量、形状、时间和空间等感兴趣,有好奇心和求知欲,喜欢参加数学活动和游戏。

(2)能从生活和游戏中感受事物的数量关系,获得有关数、形、量、时间和空间等方面的感性经验,体验到数学的重要和有趣。

(3)学习用简单的数学方法,解决生活和游戏中某些简单的问题,能用适当的方式表达、交流操作和探索问题的过程和结果。

(4)会正确使用数学活动材料,能按规则进行活动,有良好的学习习惯。

考点2 幼儿园数学教育的年龄阶段目标

1.小班幼儿数学教育的目标

小班幼儿数学教育的目标包括以下几点。

(1)按物体的属性求同与分类,有初步的"集合"概念。

（2）感知"一一对应"的关系。

（3）用"一一对应"的方法确定两组物体的"多"与"少"以及"等量"的关系。

（4）比较两个量的大小、长短。

（5）按量的大小顺序或长短顺序给几个物体（3~4个）排序。

（6）按顺序念数词。

（7）对少量物体（4个以内）计数并说出总数。

（8）以自身为中心指出物体的空间位置以及物体与物体之间的相对位置。

（9）区分相连的与分离的物体、物体平的面与圆的面、封闭的与开放的图形。

2. 中班幼儿数学教育的目标

中班幼儿数学教育的目标包括以下几点。

（1）有初步的数目守恒观念。

（2）以"类"和"序"的观念给物体按数目分类。

（3）给较多的连续量物体排序，发现序列的传递关系和双重关系。

（4）用自然物测量物体（包括确定时间长短）。

（5）将"量"与"数"联系起来。

（6）知道更多的物体的进位计数方法和读法。

（7）将数量与数字进行匹配，理解数字代表的基数意义。

（8）发现用作标志的数字，理解数字代表的序数意义。

（9）在数列中发现数目的等差关系和相对关系。

（10）能发现物体排列的规律或按一定规律排列物体。

（11）发现平面封闭图形的边角特征，能分辨相似图形，有图形守恒观念。

（12）发现图形之间的关系。

3. 大班幼儿数学教育的目标

大班幼儿数学教育的目标包括以下几点。

（1）知道类与子类的关系，形成初步的类包含观念。

（2）等分或不等分一个整体，发现整体大于每个部分，整体等于各个部分之和。

（3）有初步的长度守恒、容量守恒的观念。

（4）知道用简单的方法估计时间，有初步的时间观念（了解整点、半点的概念）。

（5）用不同的方法划分一组物体，发现总数与部分数之间的包含关系、互补关系、互换关系。

（6）在"加"与"合并"和"减"与"拿走"之间建立关系。

（7）确定某一目标的空间方位，指出前往目标的路径。

（8）发现常见几何体的特征及几何体与平面图形之间的关系。

四、幼儿园数学教育的方法

考点1 操作法

操作法是指幼儿按一定的要求和规则操作、摆弄提供的材料，并在与材料相互作用中获得数学知识和技能的一种方法。操作法是幼儿学习数学的基本方法。幼儿学习数学的操作活动可与分类、排序、比较、分合、计数、计量等内容有机结合。如给幼儿提供各种材料（纽扣、花片等），让他们进行计数活动；提供各种几何形状的塑料片、积木等，让幼儿进行形体的认识、比较、拼搭活动；提供形状、颜色、大小不同的纽扣，让幼儿进行分类活动等。

考点2　游戏法

游戏法是指将抽象的数学知识寓于幼儿感兴趣的游戏中,让幼儿在各种自由自在、无拘无束的游戏活动中学习数学的一种方法。它更有利于调动幼儿的学习积极性,激发幼儿的学习兴趣。幼儿园数学教育常见的游戏类型有以下几种。

1.操作性数学游戏

操作性数学游戏是幼儿通过操作玩具或实物材料,并按一定规则进行的一种游戏。

2.情节性数学游戏

情节性数学游戏是指通过创设一定的情节,幼儿扮演某种角色进行的游戏。

3.口头数学游戏

口头数学游戏是教师与幼儿之间或幼儿与幼儿之间以口头对答的方式进行的游戏。游戏中涉及数学知识和数学能力的运用,可以发展幼儿的抽象逻辑思维能力,提高思维的灵活性和敏捷性,并达到巩固数学知识的目的。

4.竞赛性数学游戏

竞赛性数学游戏是指带有竞赛性质的数学游戏。这类游戏适合中、大班的幼儿。它不仅适应了幼儿的好胜心理,而且有助于发展幼儿思维的敏捷性。

5.智力性数学游戏

智力性数学游戏是一种运用数学知识促进幼儿智力发展的游戏,可以极大地调动幼儿思维的积极性,培养思维的灵活性、敏捷性、独创性,提高幼儿综合运用数学知识解决问题的能力。

6.多感官参与的数学游戏

多感官参与的数学游戏是指通过不同的感觉器官(眼睛、耳朵、鼻子、嘴、手等)对事物进行感知,从而获得对数、量、形、时间、空间的感知和理解,进行数学学习的游戏。

7.运动性数学游戏

运动性数学游戏是指寓数学概念或知识于体育活动中的一种游戏。幼儿可以在体育游戏中,运用和巩固数学知识或概念,发展数学能力。

考点3　比较法

比较法是通过对两个(组)或两个(组)以上物体的比较,让幼儿找出它们在数、量、形等方面的相同和不同的一种方法。依据排列的形式,比较法可以分为对应比较和非对应比较。

1.对应比较

对应比较分为重叠比较、并放比较和连线比较三种。

(1)重叠比较

重叠比较是指把一个(组)物体重叠在另一个(组)物体上,形成两个(组)物体之间一一对应的关系,进行量或数的比较。例如,将圆柱一一叠放在圆上进行比较。

(2)并放比较

并放比较是指把一个(组)物体放在另一个(组)物体的旁边或下面,形成两个(组)物体之间一一对应的关系,进行量或数的比较。例如,将4个爱心图片一一并放在4个笑脸图片下面进行比较。

(3)连线比较

连线比较是指用连线的方式将两个集合的元素一一对应,进行量或数的比较。

2.非对应比较

非对应比较分为单排比较、双排比较和不同排列形式的比较。单排比较是指将物体排成一排或一行进行比较。双排比较是指将物体排成双排进行比较,有异数等长、异数异长和同数异长等方式。不同排列形式的比较是指将一组物体做不同形式的排列,进行数量比较。

考点4 测量法

测量法是指幼儿运用目测或简单的工具,对物体进行简单的、初级的测定,以认识物体量方面特征的方法。测量的内容包括大小、长短、高矮、粗细、轻重等。测量的类型包括以下三种。

1.观察测量

观察测量,即目测比较,通过眼睛(目测)来测定物体的大小、粗细、长短等,通过手的感觉来测量物体的温度,用手掂量物体的轻重等,从而获得有关物体的特征。

2.自然测量

自然测量是不采用通用的量具,而是用一些自然物,如木棍、绳子、手指、步长等作为量具对物体进行测量。如让幼儿用手指量一量桌子的长度等。

3.正式量具测量

正式量具测量是以通用的标准量具对物体进行测量,如可以让幼儿用尺测量不同长度的绳子。适合幼儿用的量具有尺、天平、温度计、钟表、秤等。

考点5 探索发现法

探索发现法是在教学过程中,教师不直接向幼儿讲解初步的数学知识和概念,而是引导幼儿依靠已有的数学知识和经验去发现和探索并获得初步数学知识的一种方法。幼儿园数学教育中的许多内容如数的守恒、相邻数、单双数等,都可以运用探索发现法来进行教学。

考点6 讲解演示法

讲解演示法是教师通过语言和运用直观教具对抽象的数、量、形等知识加以说明和解释,并将其具体地呈现出来的一种教学方法。

考点7 寻找法

寻找法是让幼儿从周围生活环境和事物中寻找数、量、形及其关系或在直接感知的基础上按数、形要求寻找相应数量的实物的一种方法。寻找法包括三种具体形式:在已准备好的环境中寻找,在自然环境中寻找,运用记忆表象来寻找。

第二节 感知集合教育活动的设计

一、感知集合教育的含义及内容

把一组对象看成一个整体就形成了一个集合,集合中的每个对象叫作这个集合的元素。幼儿感知集合的教育是指在不教给集合术语的前提下,让幼儿感知集合及元素,学会用对应的方法比较集合中元素的数量,并将有关集合、子集及其关系的一些思想渗透到整个幼儿园数学教育的内容和方法中去。对幼儿进行感知集合的教育分别从分类、认识"1"和"许多"以及比较两组物体数量等方面进行。

二、学习分类活动的设计

考点1 分类活动的含义

分类是把相同的或具有某一共同特征（属性）的东西归并在一起。幼儿进行分类时，要经过辨认（区分）和归并（归类）这两个步骤。

考点2 学习分类活动的目标

1.小班幼儿学习分类活动的目标

小班幼儿学习分类活动的目标包括以下几点。

（1）学习从一堆物体中，根据范例和口头指示分出一组物体。

（2）学会按物体的一种外部特征（如颜色、形状）或量（如大小、长短、高矮）的差异进行分类。每类物体宜在4个左右。

（3）理解并掌握有关词语。如"一样""不一样""放在一起""都是"等。

2.中班幼儿学习分类活动的目标

中班幼儿学习分类活动的目标包括以下几点。

（1）学会按物体的一种外部特征或量（如宽窄、粗细、厚薄、轻重）的差异分类。每类物体一般不超过5个。

（2）学会按物体的数量分类。

（3）理解并掌握有关词语。如"合起来""分开""分成"等。

3.大班幼儿学习分类活动的目标

大班幼儿学习分类活动的目标包括以下几点。

（1）学会按物体的两个特征分类（如大小和颜色、颜色和形状、大小和形状、大小和厚薄等）。

（2）能自己确定分类标准，自由分类，并能用语言表述分类结果（如为什么要把它们放在一起）。

（3）在分类过程中，初步理解类与子类的关系。如苹果里面有大苹果和小苹果，小苹果和大苹果合起来都叫苹果，苹果多，大苹果（小苹果）少。

考点3 学习分类活动的过程

学习分类活动过程的具体设计思路见表5-6-1。

表5-6-1 学习分类活动过程的设计

步骤	组织要点
感知和辨认分类对象	在活动之初要引导幼儿认识分类对象，如分类对象的名称和颜色
说明要求和分类的含义	向幼儿清楚地讲明按什么要求分类，同时要使幼儿理解"把一样的东西放在一起"的含义
幼儿分类操作	（1）对于小班幼儿，可先由教师示范如何按范例进行分类，然后再按教师的口头要求进行分类。 （2）提出分类的要求后，应让幼儿在观察的基础上想想教师要求的是什么，再进行分类。 （3）对不同年龄幼儿提出不同的分类干扰条件，以逐步提高分类的难度
讨论分类的结果，巩固类概念	（1）该环节是分类教学重要的一步，是巩固和加深幼儿对类概念理解的重要方法。 （2）对于小班幼儿，教师可请几位小朋友将他们取出的物品给大家看，共同讨论他们做得对不对，为什么对。对于中、大班幼儿，教师可和他们讨论是怎样做的以及为什么这样做，在幼儿讲述理由的过程中，引导他们理解类和子类的关系

三、认识"1"和"许多"活动的设计

"1"是自然数的基本单位。"许多"是一个笼统的词汇,表示集合中有两个以上的元素。在小班幼儿学数学前教幼儿认识"1"和"许多",可以帮助幼儿感知集合及其元素,感知元素的分化过程。

考点1　认识"1"和"许多"活动的目标

认识"1"和"许多"活动的目标包括以下几点。

(1)能区别"1"个物体和"许多"物体。

(2)理解"1"和"许多"之间的关系("许多"可以分成"1"个、"1"个、"1"个……"1"个、"1"个、"1"个……合起来是"许多")。

(3)学会在生活中正确运用词汇"1"和"许多"。

考点2　认识"1"和"许多"活动的过程

认识"1"和"许多"活动过程的具体设计思路见表5-6-2。

表5-6-2　认识"1"和"许多"活动过程的设计

步骤	组织要点
各种感官感知,区别"1"和"许多"	开展"看一看""听一听""摸一摸"等活动,让幼儿运用视觉、听觉、触觉等感知物体是"1"个,还是"许多",从而理解"1"和"许多"都可以表示物体的数量
分合操作,理解"1"和"许多"的关系	提供材料让幼儿进行分与合的操作活动,如让幼儿认识许多油画棒,然后再给每个幼儿发一根油画棒,让幼儿说"我有一根油画棒"
寻找活动	(1)让幼儿在周围环境中寻找"1"和"许多",提高幼儿的观察、比较能力。 (2)寻找活动按照从易到难的顺序:在准备好的环境中寻找—在自然环境中寻找—运用记忆表象寻找

四、对应比较两组物体数量活动的设计

对应比较两组物体数量活动是让幼儿运用叠放、并放、连线等多种方法,将两组物体一一对应,再从视觉上直观地比较和判断两组物体数量的相等或不相等关系。

考点1　对应比较两组物体数量活动的目标

对应比较两组物体数量活动的目标包括以下几点。

(1)学会用重叠对应比较和并放对应比较的方法正确判断两组物体哪组多、哪组少或一样多。

(2)掌握"一样多""不一样多""多一些""少一些"等词的含义。

(3)不受物体大小、排列形式的影响,比较两组物体数量是否相等。

考点2　对应比较两组物体数量活动的过程

对应比较两组物体数量活动过程的设计思路见表5-6-3。

表5-6-3　对应比较两组物体数量活动过程的设计

步骤		组织要点
引导幼儿掌握两种对应比较的技能	演示讲解或幼儿操作	（1）教师选择适宜叠放对应和并放对应的物体,引导幼儿感知、理解一一对应的方法。 （2）重叠对应是将一组物体一个、一个分别叠放在另一组物体上面或里面。 （3）并放对应是将一组物体一个、一个分别摆放在另一组的旁边
	观察两组物体的对应情况	在该环节,教师引导幼儿观察两组物体的对应结果
	判断两组物体的数量	（1）根据对应结果,教师引导幼儿对两组物体数量的相等与不等关系进行判断并表述。 （2）表述时只用"一样多""不一样多""多一些""少一些"等词,不使用数词
巩固运用对应比较技能		在该环节,教师创设游戏和生活情境,引导幼儿练习、巩固对应技能
掌握将"不一样多"变成"一样多"的方法		创设问题情境,启发幼儿用添加或去掉的方法,将"不一样多"的两组变成"一样多"

第三节　认识10以内数概念教育活动的设计

一、认识10以内数概念教育的内容

认识10以内数概念教育的内容包括10以内数的实际意义、10以内序数、10以内相邻数及等差关系、10以内数的守恒、读写10以内数字和10以内数的组成等方面。

二、认识10以内基数活动的设计

基数是表示集合中元素多少的数,认识10以内基数是数概念中最基础的内容。

考点1　认识10以内基数活动的目标

1.小班幼儿认识10以内基数活动的目标
小班幼儿认识10以内基数活动的目标包括以下几点。
（1）会手口一致地点数数量为5以内的物体并说出总数,初步理解5以内基数的实际含义。
（2）能用各种感官感知5以内物体的数量。
（3）能按数取物、按物取数。

2.中班幼儿认识10以内基数活动的目标
中班幼儿认识10以内基数活动的目标包括以下几点。
（1）会正确点数数量为10以内的物体并说出总数,正确认识10以内数的实际含义。
（2）能用各种感官感知10以内物体的数量。

（3）知道10以内相邻两个数的多"1"与少"1"的关系。

（4）能不受物体大小、形状和排列形式的干扰，正确判断10以内物体的数量。

3.大班幼儿认识10以内基数活动的目标

大班幼儿认识10以内基数活动的目标包括以下几点。

（1）会10以内倒着数、顺着数和倒接数，熟练地掌握10以内数的顺序。

（2）能区分单、双数，会按群计数。

（3）认识10以内三个相邻数的关系及自然数列的等差关系；理解按顺序排列1~10的数目中，除1以外不管哪个数都比前面一个数多"1"，比后面一个数少"1"。

考点2 认识10以内基数活动的过程

教师可以通过多种形式的计数活动，帮助幼儿理解基数的意义，获得初步的数守恒概念。认识10以内基数活动的组织方法及组织要点见表5-6-4。

表5-6-4 认识10以内基数活动的组织方法及组织要点

组织方法	组织要点
按物点数	（1）按物点数是让幼儿点数物体的数量并说出总数。 （2）小班幼儿刚开始学习点数时，教师要做示范，教幼儿用右手食指从左到右地点一个物体说一个数词。教师数到最后一个物体时，要用手指围绕所数过的物体画个圈，对最后一个数词提高声音或延长声音，以突出总数，使幼儿理解总数的含义。 （3）通过多种多样的按物点数活动，让幼儿逐渐抽象出数的概念，使幼儿初步体会到一个数可以代表相同数量的任何物体的个数。 （4）可以教中班幼儿用眼睛点数物体的个数，教大班幼儿学会默数
运用各种感官计数	开展"看一看""听一听""摸一摸"等活动让幼儿运用视觉、听觉、触觉来感知物体的数量，加深对数意义的理解
理解数的形成	（1）数的形成是指一个数添上1形成后面的一个新数。 （2）可以用对应比较的方法，将两组相同数量的物体一一对应地摆放，确认一样多后在其中一组物体上增加1个，使幼儿在直接观察下，看到新的数是由原来的数添上1形成的，从而理解数的形成
按物取数、按数取物	从具体实物到抽象的数，从抽象的数到具体实物的双向活动，能使幼儿在数字与实物数量之间建立起正确的对应关系
理解数的守恒	（1）学习数的守恒是教幼儿学会不受物体大小、颜色、形状或排列形式等的干扰，正确判断物体的数量。 （2）可以按照由易到难的顺序进行不同层次的练习。先选择大小、颜色不同的同类物体让幼儿数，再选择大小、颜色不同的不同类物体让幼儿数，最后选择不同排列形式的物体让幼儿数

三、认识10以内序数活动的设计

序数是用自然数表示集合中元素次序的数。认识序数要以基数为基础，是中班数学教育的内容。

考点1 认识10以内序数活动的目标

认识10以内序数活动的目标包括以下两点。

（1）理解序数的含义，能用序数词正确表示10以内物体的排列次序。

（2）学会从不同方向（从左到右、从右到左、从上到下、从下到上）确定物体的排列顺序。

考点2　认识10以内序数活动的过程

认识10以内序数活动可以按照讲解演示，理解序数的含义；用计数的方法确定序数；说明确定序数的方向；操作和游戏活动四个步骤进行。其具体设计思路见表5-6-5。

表5-6-5　认识10以内序数活动过程的设计

步骤	组织要点
讲解演示，理解序数的含义	（1）教师出示教具进行排队，说出每个物体的排列顺序，然后请幼儿回答"某某排第几个？""排第几个的是谁？"，巩固幼儿对序数的认识。 （2）强调说明"有几个"是问东西一共有多少，"第几个"是问什么东西排在第几个位置上，从而使幼儿明确地掌握序数的含义
用计数的方法确定序数	可告诉幼儿用计数的方法来确定序数，从第一开始数，第二、第三……
说明确定序数的方向	教幼儿学习序数应注意说明从什么方向开始，如果从左到右，排在最左边的是第一，反之最右边是第一
操作和游戏活动	可开展"给小动物找家"的活动，将动物卡片放在相应的位置，巩固幼儿对序数的认识

四、认识10以内相邻数活动的设计

认识三个相邻数及自然数列的等差关系是大班认识10以内基数的主要内容。

考点1　认识10以内相邻数活动的目标

认识10以内相邻数活动的目标是知道每个自然数在自然数列中的位置以及与相邻两数之间的大小关系（即任何一个数都比前面的数大"1"，比后面一个数少"1"）。

考点2　认识10以内相邻数活动的过程

认识10以内相邻数活动可以按照讲解演示，理解相邻数的含义和游戏活动两个步骤进行。其具体设计思路见表5-6-6。

表5-6-6　认识10以内相邻数活动过程的设计

步骤	组织要点
讲解演示，理解相邻数的含义	（1）认识三个相邻数及其关系，应从直观教具入手结合数字进行。如认识3的相邻数，先摆出两排圆片2和3，让幼儿比较后明确3比2多1，2比3少1。然后在3的下面摆出第三排4个圆片，让幼儿比较第二排和第三排的圆片数量，明确4比3多1，3比4少1。再进行三个数之间的连续比较，以中间一个数为主，先与前面一个数比，再与后面一个数比，明确3比2多1，3比4少1，3的"邻居"（或"朋友"）是2和4。 （2）可以用启发探索的方法进行6~10相邻数的教学，引导幼儿操作教具寻找答案。 （3）引导幼儿认识10以内各数之间的等差关系，理解按顺序排列的10以内的数，除1以外，不论哪个数都比前面一个数多1，比后面一个数少1
游戏活动	开展"找朋友""找邻居"的游戏，巩固幼儿对相邻数的认识

五、认识10以内数的组成活动的设计

学习数的组成是为了帮助幼儿理解整体与部分、部分与部分之间的关系,加深对数概念的理解,并为以后学习加减运算打下良好的基础。认识10以内数的组成的教学宜在大班进行。

考点1 认识10以内数的组成活动的目标

认识10以内数的组成活动的目标包括以下几点。

(1)理解数的组成的含义,知道2以上各数都可以分成两个部分数,两个部分数合起来就是原来的数;学会按顺序将一个数分成两个部分数,并将这两个部分数合为原来的数。

(2)懂得一个数和它分出的两个数之间的关系,即总数比分成的两个部分数都大,分成的两个数都比原来的数小。

(3)理解分成的两个数之间的互换、互补关系,并掌握10以内各数的全部组成形式。

考点2 认识10以内数的组成活动的过程

数的组成包括两个不可分割的过程:分解与组合。幼儿学习数的组成时,这两个过程要同时学习,既学分又学合,先学分再学合。认识10以内数的组成活动的设计可以按照幼儿自主探索并做记录、教师指导探索、归纳探索结果、探索数的组成规律、巩固活动五个步骤进行。其具体设计思路见表5-6-7。

表5-6-7 认识10以内数的组成活动过程的设计

步骤	组织要点
幼儿自主探索并做记录	为每个幼儿提供适当的学具,让其操作并把操作结果用数字和分合符号记录下来
教师指导探索	(1)当幼儿发现一种分解方式后,可以启发幼儿继续探索其他的分法。 (2)教幼儿学会按顺序整齐记录的方法
归纳探索结果	(1)请做出不同分法的幼儿,说明自己是怎么分的。 (2)将幼儿说出的每一种组成形式,用数字有顺序地在黑板上记录下来
探索数的组成规律	在幼儿积累了较丰富的分合经验后,可以引导幼儿发现数的互换关系和互补关系。互换关系指的是一个数分成的两个部分数的位置可以交换,总数不变。互补关系指的是一个数分成的两个部分数,一个数逐一增加,另一个数逐一减少,总数不变
巩固活动	开展口头游戏、卡片游戏、填空游戏、念儿歌等活动帮助幼儿巩固对数的组成的认识

六、认读阿拉伯数字活动的设计

认读阿拉伯数字的活动在中班进行,最好结合认识10以内基数的实际含义同时进行。

考点1 认读阿拉伯数字活动的目标

认读阿拉伯数字活动的目标:学会认读阿拉伯数字,并能用数字正确表示10以内物体的数量。

考点2 认读阿拉伯数字活动的过程

认读阿拉伯数字活动过程的具体设计思路见表5-6-8。

表5-6-8　认读阿拉伯数字活动过程的设计

步骤	组织要点
讲解数字的意义	用多种教具,结合数数讲解数字的意义。如认识数字"4",出示4个雪花片让幼儿数数,再出示"4"的数字,讲解说明可以用"4"来表示4个雪花片
用比喻法记住字形	利用幼儿熟悉的事物与数字形象相比较,如"1"像小棒,"2"像鸭子,以帮助幼儿记住字形
区分形近数字	重点对字形容易混淆的数字做比较,帮助幼儿正确识别
读准字音	要求幼儿用普通话读准字音
体验数字与量的关系	开展"看物找数字""连线游戏""按数画物"等活动,让幼儿将抽象的数字与物体的数量联系起来

七、书写阿拉伯数字活动的设计

书写阿拉伯数字的活动在大班进行,可以在幼儿学习数的组成时结合进行,也可以与其他数学教育内容结合进行。

考点1　书写阿拉伯数字活动的目标

书写阿拉伯数字活动的目标:学会正确书写阿拉伯数字,掌握正确的书写姿势、笔画顺序和书写格式。

考点2　书写阿拉伯数字活动的过程

书写阿拉伯数字活动过程的具体设计思路见表5-6-9。

表5-6-9　书写阿拉伯数字活动过程的设计

步骤	组织要点
示范讲解书写姿势	(1)以正确的书写姿势做出示范,说明坐姿和拿笔的姿势。 (2)在黑板的日字格里边示范边讲解,讲清所写数字的字形特点和结构;讲清所写数字的笔顺等
书写练习	(1)幼儿用右手食指在空中或在本子的范体字上,做书空练习。 (2)请1~2名中等水平的幼儿在黑板的日字格上试写,以进一步帮助幼儿掌握书写要领。 (3)幼儿在作业本上练习

第四节　学习10以内数的加减教育活动的设计

一、学习10以内数的加减教育活动的目标

学习10以内数的加减教育活动的目标包括以下几点。

(1)学会解答和自编生活与游戏中简单的口述加减应用题。

(2)理解加法和减法的含义。

(3)认识加号、减号和等号及其含义;初步认识加、减算式并会运算。

二、学习10以内数的加减教育活动的过程

10以内数的加减运算是大班数学教育的重要内容,具体包括口述应用题、实物加减和列式运算三个部分的内容。

考点1　学习自编口述应用题活动的过程

学习自编口述应用题的重点是引导幼儿掌握应用题的结构,难点是如何根据两个条件提出一个问题。其具体设计思路见表5-6-10。

表5-6-10　学习自编口述应用题活动过程的设计

步骤	组织要点
示范编题,了解应用题的结构	(1)利用有数量关系变化的三幅图引导幼儿理解题意。如"妈妈先买了1只皮球,后来又买了1只皮球,妈妈一共买了几只皮球?" (2)幼儿反复套用这一句式来说说自己在生活、游戏中的事情,以了解应用题的基本结构
区分疑问句和陈述句	(1)可引导幼儿听"妈妈一共买了几只皮球?""妈妈一共买了两只皮球"这两句话的区别,让其明白疑问句中没有问题的答案。 (2)幼儿模仿提问
练习编题	利用模仿编题、补充编题、演示教具编题、演示教具等形式让幼儿练习编题

考点2　学习实物加减活动的过程

学习实物加减活动的主要目的是帮助幼儿理解加法和减法的含义。这一类活动的具体设计思路见表5-6-11。

表5-6-11　学习实物加减活动过程的设计

步骤	组织要点
借助教具编口述应用题	边演示教具边编出加法或减法应用题。如妈妈给我买了5个气球,飞走了2个气球,还剩下几个
讲解运算方法	(1)通过提问:"这道题问我们的是什么?可以用什么方法算?"使幼儿从加法应用题的解答过程中,看到两组物体合并的过程及结果,从而理解加法含义;也从减法应用题的解答过程中,看到从一组物体中取走一部分的过程和结果,从而理解减法的含义。 (2)编出各种题目,让幼儿理解"飞来了""送来了"等是合起来的意思,用加法;"飞走了""游走了"等是去掉的意思,用减法
运用数的组成知识进行运算	引导幼儿运用数的组成知识进行计算,如5可以分成2和3,去掉2还剩3,所以还剩3个气球

考点3　学习列式运算活动的过程

幼儿初步掌握了实物加减之后,就可以提出如何把运算过程用简单的符号记录下来的问题,借此引入"加号""减号""等号"的表示方法,教幼儿用算式将活动的过程和结果记录下来,学会列式运算。这一类活动的设计思路见表5-6-12。

表5-6-12　学习列式运算活动过程的设计

步骤	组织要点
借助直观教具编讲口述应用题	（1）边演示教具边编出加法或减法应用题,让幼儿说出答案。 （2）分析题意,用数字表示出已知数和答案。 （3）分析运算方法,出示运算符号引出算式
运用数的组成知识列式运算	引导幼儿把数的组成知识和加减法内容联系起来,运用数的组成知识列式运算
探索加减运算中的规律	引导幼儿探索发现加法交换律和加减的互逆关系。加法交换律指的是加号前后的两个数交换位置后,得数不变。加减的互逆关系是指按数的组成关系的三个数可以列出两道加法算式和两道减法算式
练习列式运算	开展看物列式、看图列式、感官感知活动、操作活动等练习列式运算

第五节　认识量教育活动的设计

一、认识量教育活动的目标

考点1　小班幼儿认识量教育活动的目标

小班幼儿认识量教育活动的目标包括以下几点。

（1）学会用比较的方法区别大小、长短、高矮等差别明显的两个物体。

（2）能从4个以内大小、长短、高矮差别明显的物体中找出并说出最大的（最长的、最高的）和最小的（最短的、最矮的）。

（3）能按物体的外部特征（如形状、颜色）或量（如大小、长短、高矮）的差异进行4个以内物体的正排序。

考点2　中班幼儿认识量教育活动的目标

中班幼儿认识量教育活动的目标包括以下几点。

（1）学会区别和表达物体的粗细、高矮、厚薄等特征。

（2）能按物体量的差异,对7个以内物体按照递增和递减的顺序进行排序（正、逆排序）。

考点3　大班幼儿认识量教育活动的目标

大班幼儿认识量教育活动的目标包括以下几点。

（1）学会区别和表达物体的宽窄、轻重、远近等特征,初步理解量的相对性。

（2）能按规律排列、自由排序以及按物体量的差异进行10个以内物体的正、逆排序,初步理解依次排列物体之间的可逆性、双重性和传递性关系。

（3）理解量的守恒。知道物体的外形、摆放位置等发生了变化,但量不变。

（4）学会自然测量。

二、认识量教育活动的内容

量是指客观世界中物体或现象所具有的可以定性区别或测定的属性。幼儿认识的是一些基本的、常见的量,如大小、长短、粗细、高矮、宽窄、厚薄、轻重、远近等。认识量的教育活动包括量的比较、量的排序、量的守恒和自然测量四个方面的内容。

三、认识量教育活动的过程

考点1　量的比较活动的过程

量的比较活动的具体设计思路见表5-6-13。

表5-6-13　量的比较活动过程的设计

步骤	组织要点
感知物体的量	(1)提供各种材料,让幼儿在充分地看、摸、摆弄等活动中进行感知和比较,认识物体的量。 (2)通过两个物体的比较,认识和区别物体的某个量。 (3)通过3个以上物体的比较,认识量的相对性
比较物体的量	(1)运用重叠法、并放法,比较物体的量。 (2)提醒幼儿注意物体重叠或并放时应该对齐
描述物体的量	(1)引导幼儿在周围环境中寻找哪些物体是大的(长的、粗的等),哪些物体是小的(短的、细的等)。 (2)引导幼儿用正确的词汇描述出来,以巩固对物体量的特征的认识
区别物体的量	开展"相反游戏""看谁找得又快又对"等游戏,加深幼儿对物体大小、长短、粗细等的认识

考点2　量的排序活动的过程

量的排序实际上包括三个内容:按照物体量的差异排序(如从小到大或从大到小等);按照物体数量的多少排序(如按数量逐一增加或减少,按数字由小到大或由大到小);按照特定规律排序(如男、女间隔排列)。这一类活动的具体设计思路见表5-6-14。

表5-6-14　量的排序活动过程的设计

步骤	组织要点
示范讲解	(1)要重点讲解,向幼儿说明排序的基本要求和方法,明确排序的方向、起始线和规则。 (2)示范排序,引导幼儿观察教师排序的过程和结果
动手操作	(1)要求幼儿按教师的口头指示自己完成排序任务。 (2)引导幼儿按自己的兴趣和想象自由选择、自定规则,排出各种序列
探索物体序列中的规律	可以通过提问让幼儿思考、讨论,引导幼儿发现序列中的可逆性、双重性和传递性。可逆性是指按一定顺序排列的物体,反过来也形成一定的顺序排列。双重性是指按顺序排列的物体中,任何一个元素的量,都比前面一个元素大,又比后面一个元素小。传递性可理解为如果A>B、B>C,那么A>C,在比较过程中A和C没有直接比较,而是通过B这个中介将关系传递(推理)过去

考点3　量的守恒活动的过程

量的守恒是指物体的大小、长短等不因物体的外形和摆放位置的变化而改变。量的守恒包括长度守恒、面积守恒、容积守恒、体积守恒等。这类活动的组织方法及组织要点见表5-6-15。

表5-6-15　量的守恒活动过程的设计

组织方法	组织要点
运用单个物体量的变式	量的变式即通过变换图示,添加干扰因素,使幼儿做到不受外部因素变化的影响而认识到量的不变性。例如,长度守恒,可用同一根绳子摆出长度的各种变式,做出记录,让幼儿判断它们是否一样长
运用同等量的两份物体进行比较	先用同等量的两份物体进行比较,确认是一样的,然后把其中一份进行变式,再引导幼儿将变式量和原来的量进行比较,以判断它们还是一样的
运用数表示量的守恒	用单位的数量是否相等判断量的守恒。如四个小正方形可以组成一个大正方形,也可以组成一个大长方形,只是排列不一样,其面积是守恒的

考点4　自然测量活动的过程

自然测量是指利用自然物作为量具进行的直接测量。如测量长度的自然物有冰棒棍、小竹竿、绳子、脚步、手掌等。这一类活动的具体设计思路见表5-6-16。

表5-6-16　自然测量活动过程的设计

步骤	组织要点
激发测量兴趣	结合幼儿在生活中遇到的测量问题,创设问题情境,激发幼儿参与测量活动的兴趣
讲解示范,学习正确的测量方法,理解测量要领	通过不同层次要求的测量活动引导幼儿主动学习。例如,测量物体的长度活动中,开始时让幼儿在被测量物体上一个接着一个地摆放量具,然后数一数有几个量具,数出的量具总数就是被测量物体的长度。然后,引导幼儿学习移动量具做记号的测量方法,即在每一次测量的终点做一个记号,并让幼儿了解前一次测量的终点是下一次测量的起点,两次测量中间不能有空隙。量完后数一数有几个记号,这个数量就是物体的长度。最后,重复测量加以验证
学习记录并交流测量结果	给幼儿提供记录表,引导幼儿用数字、图画等方式把测量结果记录下来并相互交流
初步理解测量工具与测量结果之间的关系	(1)幼儿掌握测量方法后,给他们提供不同的工具测量同一物体。例如,用牙签和筷子测量同一张桌子的边长。 (2)幼儿讨论,了解测量的工具长(大),测量的次数就少。测量工具短(小),量的次数就多。 (3)引导幼儿明确比较两个物体是否等量时,用相同的测量工具测量

第六节　认识几何形体教育活动的设计

一、认识几何形体教育活动的目标

考点1　小班幼儿认识几何形体教育活动的目标

小班幼儿认识几何形体教育活动的目标包括以下几点。

(1)认识圆形、正方形、三角形,知道这些图形的名称和基本特征。

(2)能不受图形颜色、大小的影响,按圆形、正方形、三角形进行分类。

考点2　中班幼儿认识几何形体教育活动的目标

中班幼儿认识几何形体教育活动的目标包括以下几点。

（1）认识长方形、椭圆形、梯形，能正确说出这些几何图形的名称，知道其基本特征。

（2）能不受图形颜色、大小、摆放位置等的影响，正确地辨认图形。

（3）会按照图形的不同进行分类。

（4）能运用学过的平面图形进行简单的拼合活动。

考点3　大班幼儿认识几何形体教育活动的目标

大班幼儿认识几何形体教育活动的目标包括以下几点。

（1）认识球体、正方体、圆柱体、长方体，能正确说出几何体的名称和基本特征。

（2）能根据形体的特征进行分类。

（3）能区分平面图形和立体图形。

二、认识几何形体教育活动的内容

认识几何形体教育活动的内容包括以下三方面。

（1）平面图形：圆形、正方形、三角形、长方形、半圆形、椭圆形、梯形。

（2）立体图形（几何体）：球体、圆柱体、正方体、长方体。

（3）图形之间的简单关系。

三、认识几何形体教育活动的过程

考点1　认识平面图形活动的过程

认识平面图形活动过程的具体设计思路见表5-6-17。

表5-6-17　认识平面图形活动过程的设计

步骤	组织要点
感知图形，掌握图形的基本特征	（1）观察2~3个实物，触摸、感知物体表面的轮廓。 （2）观察图形与实物，找出其相同点。 （3）告诉幼儿图形的名称和特征。 （4）出示颜色、大小、摆放形式不同的图形，理解图形守恒
通过图形和图形的比较，认识图形	把要认识的新图形与认识过的相近图形重叠，找出相同点与不同点，从而掌握新的图形的名称和特征。这种方法一般适用于中班幼儿
认识图形之间的关系	（1）幼儿对图形之间关系的认识，主要是通过分割与拼合的操作活动进行的。 （2）分割就是把一个平面图形分成两个或两个以上相等或不相等的图形。拼合就是把两个或两个以上图形拼合成一个图形
巩固对图形的认识	开展按名称取图形、图形分类、给图形涂色、寻找图形、拼图等活动加深对图形的认识

考点2　认识立体图形活动的过程

认识立体图形活动过程的具体设计思路见表5-6-18。

表5-6-18　认识立体图形活动过程的设计

步骤	组织要点
感知几何体及其特征	引导幼儿看一看、摸一摸、动一动几何体，全面感知几何体的特征
比较活动	（1）引导幼儿探索发现立体图形有长、宽、高，平面图形只有长和宽，只在一个平面上。 （2）立体图形之间的比较在于突出图形之间特征的异同
巩固对几何体的认识	开展手工制作活动、分类活动、寻找活动、拼搭活动，巩固幼儿对几何体的认识

第七节　认识时间教育活动的设计

一、认识时间教育活动的目标

考点1　小班幼儿认识时间教育活动的目标

小班幼儿认识时间教育活动的目标：初步理解早上、晚上、白天、黑夜的含义，并能在日常生活中正确运用这些词汇。

考点2　中班幼儿认识时间教育活动的目标

中班幼儿认识时间教育活动的目标：理解昨天、今天、明天的含义，并能在日常生活中正确运用这些词汇。

考点3　大班幼儿认识时间教育活动的目标

大班幼儿认识时间教育活动的目标包括以下几点。
（1）认识钟表及其用途，知道时针和分针的名称和运转规律，学会看整点与半点。
（2）知道一个星期有七天及这七天的名称和顺序；知道今天、昨天、明天分别是星期几。

二、认识时间教育活动的内容

认识时间教育活动的内容包括以下两方面。
（1）区分早上、晚上、白天、黑夜、昨天、今天、明天、星期、年、月的名称及顺序。
（2）认识时钟（长针、短针及其功用，认识整点和半点）。

三、认识时间教育活动的过程

时间是一个比较抽象的概念，且和具体的生活事件紧密联系。因而，认识时间的教育活动一般渗透在日常生活和游戏中。教师可通过晨间谈话或值日生活动，让幼儿获得关于时间方面的知识，理解时间概念。以下主要论述认识时钟教育活动的设计与组织。

认识时钟是大班时间概念教学的一个重点和难点。认识时钟教育活动过程的具体设计思路见表5-6-19。

表5-6-19　认识时钟教育活动过程的设计

步骤	组织要点
讨论时钟的用途	结合幼儿的日常生活提出问题,让幼儿讨论时钟在我们生活中有什么作用
观察讲解钟面的结构	讲解时钟的三要素:钟面的12个数字及排列方向、分针与时针、两根针的运动及速度
认识整点与半点	演示整点时,要强调分针在数字12上,时针在几,就是几点整。在认识整点的基础上认识半点,演示半点时,强调分针在数字6上,时针在数字几下面的半格就是几点半
巩固和强化	开展操作活动、观察活动、游戏活动,巩固和强化幼儿对时钟的认识

第八节　认识空间方位教育活动的设计

一、认识空间方位教育活动的目标

考点1　小班幼儿认识空间方位教育活动的目标

小班幼儿认识空间方位教育活动的目标包括以下几点。
(1)能以自身为中心和以客体为中心区分并说出物体的上下方位。
(2)能辨别上、下运动方向并按指定方向运动。

考点2　中班幼儿认识空间方位教育活动的目标

中班幼儿认识空间方位教育活动的目标包括以下几点。
(1)能以自身为中心和以客体为中心区分并说出物体的前后方位。
(2)能辨别前、后运动方向并按指定方向运动。
(3)知道物体的前后方位关系是相对的。

考点3　大班幼儿认识空间方位教育活动的目标

大班幼儿认识空间方位教育活动的目标包括以下几点。
(1)能以自身为中心和以客体为中心区分并说出物体的左右方位。
(2)能辨别左、右运动方向并按指定方向运动。
(3)能正确使用方位词。

二、认识空间方位教育活动的内容

认识空间方位教育活动的内容包括以下两方面。
(1)初步认识空间方位:上、下、前、后、左、右、里、外、远、近等。
(2)认识空间运动方向:向前、向后、向左、向右、向上、向下等。

三、认识空间方位教育活动的过程

认识空间方位教育活动过程的具体设计思路见表5-6-20。

表5-6-20　认识空间方位教育活动过程的设计

步骤	组织要点
以自身为中心认识方位	（1）先让幼儿认识自己身体各部分的位置关系。 （2）引导幼儿辨别自己与物体的方位关系，达到能正确判断物体间的方位关系
以客体为中心认识方位	可以讲解示范告诉幼儿某个物体的上下、前后、左右方位，还可以让幼儿站到物体的位置上去感知
在操作活动中认识方位	（1）要求幼儿按教师的指令将某种物体放到指定的位置，或请幼儿将某物随意放在一个位置后，自己说出物体放在什么地方。 （2）组织拼合图案的操作练习，要求幼儿在观察各部分图案细节特征的基础上，将几个部分拼成一幅完整的图画
在游戏活动中认识方位	开展"摸耳朵""捉迷藏"等活动，巩固幼儿对空间方位的认识

强化练习

一、单项选择题

1.小班幼儿要正确判断两组物体哪组多，哪组少，适宜的方法是（　　　）。

A.对应比较法　　　　　　　　　　　B.分类法

C.练习法　　　　　　　　　　　　　D.寻找法

2.让幼儿亲自摆弄材料，在探索、思考、交流中获得初步数学经验的方法是（　　　）。

A.游戏法　　　　　　　　　　　　　B.观察法

C.操作法　　　　　　　　　　　　　D.比较法

3.教师通过语言和运用直观教具对抽象的数、量、形等知识加以说明和解释，以帮助幼儿理解有关数学知识的一种教学方法是（　　　）。

A.操作法　　　　　　　　　　　　　B.比较法

C.讲解演示法　　　　　　　　　　　D.类推法

二、活动设计题

请根据中班幼儿的年龄特点，设计一个数字教育活动。要求写出活动目标、活动准备、活动过程。

参考答案及解析

一、单项选择题

1.【答案】A。

2.【答案】C。

3.【答案】C。解析：讲解演示法是教师通过语言和运用直观教具对抽象的数、量、形等知识加以说明和解释，并将其具体地呈现出来的一种教学方法。

二、活动设计题

【参考设计】

中班科学活动：生活中的数字

活动目标：

1.感受生活中数字的有趣，体验解决问题的乐趣。

2.知道生活中许多地方都会用到数字,了解数字的用途。

3.尝试利用数字解决生活中的问题,发展抽象逻辑思维。

活动准备:

生活中用到数字的图片、电影票若干。

活动过程:

1.活动导入。

教师出示图片,让幼儿在图片里找数字,激发幼儿参与活动的兴趣。

参考提问:小朋友,这几张图片非常有趣,你们在图片里能找到什么呢?

2.活动展开。

（1）寻找生活中的数字,激发幼儿主动探索的愿望。

组织幼儿分享交流自己在什么地方找到了什么数字。

（2）培养幼儿的发散性思维,引导幼儿寻找更多的数字。

①参考提问:原来数字就在我们的身边,除了这些,小朋友还在哪些地方、哪些东西上看到过数字呢?

②幼儿分享自己在生活中见到的用到数字的事例。

（3）了解数字的用途。

①参考提问:刚才我们说的这些数字都有什么作用呢?

②教师引导幼儿认识生活中的其他数字及其作用。（交通、餐厅、超市、银行）

③教师小结:很多东西上都有数字,表示不同的意思。门上的数字是门牌号码,日历上的数字表示月份与日期,时钟上的数字表示时间,汽车上的数字表示车牌号码。有了这些数字,生活中的很多事情就会很有序、很方便。

（4）讨论:如果没有数字,我们的生活会怎样?

3.活动结束。

教师组织幼儿玩“电影院”的游戏。

游戏玩法:教师给每个幼儿发一张电影票;第一个数字代表排,共有5排;第二个数字代表每一排的座位号,每一排共10个座位;幼儿入场,按电影票上的数字找到自己的座位;教师查票,请幼儿说出自己的座位是几排几号。

活动延伸:

请幼儿寻找生活中的数字,并用图画、照片等形式记录下来,来园后和大家分享。

第七章　幼儿园美术教育

考情分析

本章内容以识记、理解、运用为主,会以单项选择题、判断题的形式进行考查,有时也会以活动设计题的形式进行考查。其中幼儿绘画能力发展阶段、幼儿园手工活动的内容是重点考查内容。

学习目标

1.理解幼儿园美术教育的含义与方法。
2.识记幼儿绘画能力发展的阶段及特点。
3.识记幼儿园手工活动的内容。
4.理解各类美术教育活动过程的步骤及组织要点,能够设计不同类型的美术活动,重点理解绘画与美术欣赏活动的设计过程。

第一节　幼儿园美术教育概述

一、幼儿园美术教育的含义

幼儿园美术教育是教师根据幼儿身心发展的特点和规律,有目的、有计划地通过美术欣赏、美术创作活动来感染幼儿,培养其艺术审美能力和美术创作能力,最终促进其人格和谐发展的一种审美教育。幼儿园美术教育的内容一般可分为绘画、手工和美术欣赏三大方面。

二、幼儿园美术教育的方法

考点1　感知欣赏法

感知欣赏法是指教师通过艺术性语言的描述,引导幼儿运用多种感官观察、感知艺术作品和周围环境中事物的造型、结构、色彩、运动模式等审美特征,提高其敏锐的审美感知能力和深刻的审美体验能力的方法。

考点2　示范法

示范法是指教师把美术过程中的重点、难点直接操作给幼儿看,利于幼儿在直接模仿的条件下,学习一些参加美术活动必需的、关键的、技术性的措施。

考点3 范例法

范例法是提供给幼儿观察欣赏的直观教具,可以是教师的范画,也可以是实物、照片、图片、图书等。好的范例可以帮助幼儿了解、感受事物的审美属性,充实其视觉形象,丰富幼儿的创作内容;还可以帮助幼儿学习和体验多种艺术手法,提高审美能力。

考点4 游戏练习法

游戏练习法是指通过游戏的形式,让幼儿在愉快、积极的状态下习得美术技能,把视觉形象改变为视觉-运动形象,提高手眼协调能力,培养幼儿对美术活动兴趣的方法。

考点5 线索启迪法

线索启迪法是指教师提供某种刺激,激活幼儿的思路,唤醒他们沉睡的经验,使其进入美术创造的思考过程的方法。运用这种方法能引发幼儿联想,对幼儿的美术构思和作品内容的丰富性具有重要的作用。

三、幼儿美术作品的评价标准

教师可以从以下几个方面对幼儿的美术作品进行评价。

1.符合同龄幼儿的一般水平

教师可以用"幼儿美术能力评价标准"进行衡量,如果幼儿的作品稍高出一般水平,表明幼儿有较强的美术能力。但超出太多显然就不是幼儿自然发展取得的了,而是经过成人干预所致。所以,这样的作品大都缺少天真的童趣,看起来也不美。略低于一般水平的作品也不应视为坏的,因为幼儿美术能力的发展有个体差异,但是落后一般水平太多也是有问题的。

2.有童趣

（1）画的内容是幼儿眼中的世界

由于幼儿的生活范围、生活经历、知识经验、情感态度等不同于成人,他们看待事物的角度与成人有很大不同。幼儿用他们自己的眼睛捕捉到的动人的事物组成的画面才是富有童趣的。例如,幼儿画一幅卖糖葫芦的画,会把糖葫芦画得又红又大,而不像成人那样按比例去画。

（2）富于想象

想象有两个层级:第一是联想,即幼儿根据自己对事物的认识把一些可能有关联的事物组织在一个画面上;第二是幻想,即幼儿按自己的愿望画出几乎不可能的事物。

3.艺术性

艺术性的标准不是出自成人的审美趣味,而是幼儿的标准,是一个身心健康的幼儿的作品表现出来的艺术美。其具体包括以下几点。

（1）线条稚拙、有力。

（2）图形、形象清晰完整。

（3）画面饱满、均衡。

（4）色彩明快、饱满。

（5）内容丰富、充实。

第二节　幼儿美术能力的发展

一、幼儿绘画能力的发展

我们一般将儿童绘画能力的发展分为四个阶段：涂鸦期、象征期、图式期和写实期。其中涂鸦期、象征期、图式期三个阶段存在于幼儿绘画能力发展过程中。

考点1　涂鸦期

涂鸦期是幼儿绘画的准备阶段。涂鸦期的一个突出特点是幼儿没有明确的绘画构思和目的，以游戏形式随意进行画线活动，是幼儿有意模仿的结果。

对于幼儿早期"涂鸦"的发展，国内外众多学者进行了研究，虽然结论不尽一致，但一般都将幼儿开始"涂鸦"到脱离"涂鸦"这段时期划分为四个阶段。

1.未分化的"涂鸦"（无意识涂鸦）

幼儿开始画画时，似乎完全沉迷于自己的动作中，满足动觉是其最基本的动机因素。这时，幼儿由于动作协调不够，画在纸上的是一些随机的点和杂乱的不规则的线条，包括横线、竖线、斜线和弧线等。这些线条长短不一，也极不流畅，互相掺杂在一起，缺少方向感，常常被涂到纸外。幼儿只是将笔握在手中，靠手臂来回摆动决定线条的方向和长短，不需经由眼的控制，也无需手腕做太多的动作。

2.有控制涂鸦

由于多次练习，幼儿已较能控制自己的动作，手眼之间的协调也在逐渐加强。他们能在纸上画出重复的上下左右方向的直线、倾斜线、锯齿线、螺旋线等，但这些线依然长短不一。这时幼儿能将涂鸦线控制在画纸内，注意到了涂鸦线与纸面的配置关系，涂鸦线的周边开始出现轮廓。

3.圆形涂鸦

随着肩、肘、手腕等关节的发展，幼儿开始能注视涂鸦时笔运行的方向，可以在纸上重复地画圆。他们用这些大小不一、封口或不封口的"圆形"表示各种事物。这些"圆形"线虽简单，却是幼儿首次画圆。虽然，这时幼儿手的动作还谈不上与大脑高度协调，但可以说明幼儿的绘画已具有了某种目的性。

4.命名涂鸦

幼儿在不断涂画的过程中逐渐将图形与线条结合起来，偶然认出某些形状，发现与他们自己经验中的某些事物相似，就给线条或图形起名字。这说明这个时期的幼儿已有了明显的表达意图。

成人不应将幼儿的涂画看成一种破坏性的行为，而要鼓励幼儿涂鸦，注意引导，为其提供必要的涂鸦条件，维持或激发其涂鸦兴趣，用合适的方法协助幼儿进行涂鸦活动。

考点2　象征期

1.象征期的含义

象征期是一个过渡时期，发生于学前初期。在三岁左右，幼儿开始产生表现的意图，能用所掌握的极简单的图形和线条将事物的特征表现出来。由于这时幼儿使用的形状有限，类似的形状在每个幼儿的不同作品中可能代表着极不相同的事物。处于象征期的幼儿开始有目的地创造形体，用自己的样式符号（儿童图画中的形象）来尝试表现物体。

2.象征期幼儿绘画能力的发展

从造型上看，由于这时幼儿能使用的形状有限，类似的形状在每个幼儿的作品中或在同一个幼儿的不同作品中可能代表着极不相同的事物。所画的图像仅仅是简单几何图形与线条的组合，只具备了物体的基本部分，多半是粗略的、不完全的，整体性不强，结构不合理，人们往往无法正确辨认。随着幼儿认知水平的提高，图形能够代表的范围会逐渐缩小。

从色彩上看，这时幼儿的辨色能力提高很快，对颜色开始有了自己的喜好。他们比较喜爱红色、黄色等波长较长的温暖色，而不太喜爱蓝色、紫色等波长较短的冷色。他们用自己喜爱的颜色来描绘自己喜欢的东西，而把自认为不好看的颜色涂在自己不喜欢或可有可无的事物上。画面上色彩种类在增多，但缺乏色彩的协调。涂色逐渐由无序、不均匀向方向一致、均匀发展。

从构图上看，在幼儿的作品中，往往存在不止一两个形象，有时有三四个甚至更多的形象。一般人们将组织画面中形象的方式称为构图。这个时期的幼儿在画面上所画的形象较多，不太注意物体之间的大小关系，但已经开始试图表现物体之间的空间关系。在幼儿的画面上，每个形象罗列开来，形象之间相互独立，基本上没什么联系，但能表现出所要反映的主题。

从构思上看，象征期恰好是学前初期，幼儿在美术创造中的构思是不稳定的。

3.象征期不稳定的表现

（1）动笔后构思

幼儿常常在涂着涂着的时候，突然发现自己图画的动作痕迹与某物的外形相似，于是，想起要画这一物体。这表明幼儿开始时并不是有意识、有目的地想好要画什么，然后下笔画，而是由某些动作、痕迹刺激，触发表象，才决定画什么。这说明他们造型的目的性还不强。

（2）事先构思和随意涂画穿插

事先构思和随意涂画穿插有两种情况：一种情况是不同的画，有些画是幼儿事先想好了画的，有些则是随便涂画的；另一种情况是在同一张画上，有些东西是幼儿事先想好画的，有些则是随便涂抹的。

（3）绘画内容转移

绘画内容转移的表现是幼儿正画着某样东西，突然就停止不画了。如画飞机，画了一半就不画了，转而去画太阳，造成画面的不连贯。这种现象是因为幼儿只进行了局部的构思，而未能进行全面而完整的构思。

（4）形象含义易变

幼儿画出的形象含义经常是不稳定的。他们往往在画好的形象上再加上几笔就说成别的东西。这种情况一方面是由于幼儿运用的形状比较简单，可塑性强，容易变异，形状的组合稍有变动就可以构成新的形象；另一方面，也是幼儿构思不够稳固，不能事先完整构思的结果。

（5）易受他人影响

幼儿画什么，受他人影响比较大。有的幼儿本来想画小花，看到别的小朋友在画汽车，他也画汽车，但汽车刚画几笔，听见另一小朋友说："我画太阳。"他也说："我画太阳。"

在象征期，幼儿开始尝试用他们涂鸦时掌握的图形表现自己的经验，表现动机和信心都很脆弱，对成人的反应也很敏感。教育者切忌以看成人作品的眼光去看幼儿的作品，更不要挑剔幼儿画中那些不合习惯的地方，而应多给幼儿以鼓励和支持，使他们树立起用美术这一新的媒介进行表达的信心。

考题再现

【2020·长沙天心·判断】中班幼儿在自由绘画时，普遍能自觉保持同一个主题不变。 （　　　）

【答案】×。解析：处于象征期的幼儿在绘画的创作和构思上具有不稳定的特点。中班幼儿处于象征期，因此普遍不能自觉保持同一个主题不变。

考点3　图式期

1.图式期的含义

图式期又称概念画期、形象期或定型期，是指幼儿逐渐形成并发展其绘画表现"样式"的阶段。该阶段的幼儿常以程式化的图形表现物象，缺乏写实性，形象不完整，喜欢用固定样式和画法表现不同的对象，画得比较概念化。

2.图式期幼儿绘画能力的发展

从造型上看，随着幼儿视觉感受力的提高、具体形象思维的发展，画面形状开始复杂化，形状数量增加了，他们试图将简单形状如三角形、方形等以一定的方式进行组织，将部分与部分融合为整体，使其具有一定的表现意义。这是图式期幼儿绘画的基本特征。强调对称、垂直是这一时期幼儿绘画的又一个基本特征。他们习惯将人画成左右对称的，使其重心垂直于地平线。

从色彩上看，这个时期的幼儿对色彩的感受力（包括色彩的明度、饱和度）提高得很快，对色彩运用的情感范围渐渐扩大，对更多的色彩有了情感反映。同时，他们能按物体的颜色客观选色；在涂色上，由于小肌肉群的进一步发展，幼儿用笔更加熟练、准确，能够较随意地涂色，甚至能调出混合色。

从构图上看，随着画面中形象数量的增加，形象间排列的方式也发生了变化。幼儿开始注意到大小比例，但分寸掌握较差，经常会将人与动物画得一样大，难以处理近大远小的空间关系。形象与形象间开始有了一定的关系，表现了相应的主题。在五岁前后到六七岁，幼儿有时会在画面中描绘一条长线或多条短线作为地面，以地平线的方式来组织画面结构也日趋合理，人往往处在一条线上。

从构思上看，幼儿逐渐尝试表现作品的情节或事件，有了明确的构思。他们会先想好再画，一般不会改变最初的表现意图，在画的过程中也会同时进行思考。作品的情节表现经历了由表现无活动的个体或个体独自活动到共同活动与相互活动的过程。

3.图式期幼儿绘画能力的表现

（1）拟人化的表现

拟人化的表现是指幼儿在绘画中，将人的特征表现在各个事物上，如站立的动物、长着人脸的鱼、戴眼镜的太阳等。

（2）透明式的表现

透明式的表现是指幼儿在绘画时，往往将重叠或被挡住的事物也描画出来，也被称为X光式的表现。例如，在一幅画中，爸爸盖着被子躺在床上，但看上去爸爸就如同盖了一块透明的塑料布。

（3）展开式的表现

展开式的表现是指幼儿不能以透视的观念绘画，绘画仅基于认识与经验，经常把从多个角度观察的结果组合在一张画中。

（4）强调式的表现

强调式的表现是指幼儿为在画中强调表现某一意图，不会顾及画中形象的大小、比例、内容等是否合理。这样的画常常会令成人感到很夸张。

（5）装饰性的表现

装饰性的表现是指幼儿经常会以色彩、线条、图形等在画面上进行装饰性的描画。

（6）美梦式的表现

美梦式的表现是指幼儿经常会将现实中无法实现的愿望寄托于画中。例如，在画中打败怪兽，在画中穿上了妈妈的高跟鞋，在画中长出了翅膀和鸟儿一起飞翔。

二、幼儿手工能力的发展

由于手工能力的发展比绘画能力的发展更受动作、认知能力以及材料等方面的影响，幼儿早期手工能力的发展较绘画能力晚。幼儿手工能力的发展主要经历以下几个阶段。

1.无目的活动期

2岁左右的幼儿开始有了初步的手工活动的尝试。但由于其手部小肌肉群发育还不够成熟，认知能力发展也很有限，他们的手工活动没有明确的目的，只是一种纯粹的玩耍活动。

在泥塑活动中，他们最初拿到黏泥时只会无目的地拍泥或手握着泥。幼儿这时把泥当作一种玩具，觉得这种东西很好玩，能够变形，至于要做什么，则很少考虑。

在剪纸活动中，幼儿最初不知道剪刀的用途，纸和剪刀不能互相配合，很难如愿剪出形状。但到了本阶段的后期，幼儿手工能力随着大小肌肉群的发展、认识能力的提高而发展，他们可以做出圆球，开始用圆球代表身边的各种物体，这和绘画中幼儿用圆代表一切事物是一样的。

2.基本形状期

到了四五岁，随着年龄和经验的渐长，幼儿的知觉越来越敏感，手的动作也越来越精细，他们已能塑造出小动物，还能塑造由两个形象组成的简单情节。幼儿的纸工包括折纸、撕纸和剪纸。幼儿纸工的能力相比绘画和泥工能力的发展较晚一些。一般来说，幼儿要到4岁才开始学习折纸。而这个时期的幼儿很难折出成形的东西，幼儿学习折纸，需经成人的悉心指导。开始时，他们用正方形或长方形的纸折叠一些简单的物体和玩具，而幼儿折纸能力发展很快，到5岁时，能折出比较复杂的东西，而且折得比较平整端正。

幼儿的撕纸是一个由无意识玩纸到有意识地撕出一定的图形的发展过程。开始时，幼儿拿着纸翻来覆去地改或是一点一点地把纸撕成小块；然后他们模仿年长幼儿在纸上撕出洞，蒙在脸上嬉戏；再后便学着撕一些比较复杂的形象。

剪纸也始于自发的练习活动，渐渐发展成有目的的学习活动。一般四五岁的幼儿剪出的图形是非常简单的，这时的幼儿不大会用剪子，尤其是不会配合剪的动作转动纸。

3.样式化期

5岁以后的幼儿由于手部精细肌肉的发育，手眼协调能力逐渐增强，加上已经具有一定的手工知识与技能基础，他们的表现欲望很强。他们不仅喜欢使用各种工具材料，其熟练程度也有很大的提高。

在泥塑活动中，幼儿能够搓出各种弯曲、盘旋的棒状物，还能借助一定的物体进行有细节的物象造型。

在纸的运用方面，幼儿在教师或者其他成人的辅导下，可以在剪纸、折纸、纸的干塑与湿塑等方面开展有效的活动。他们不仅能连续剪直线，而且能剪曲线。在教师的引导下，幼儿可以通过纸工操作的示意图进行美工创作。

随着幼儿年龄的进一步增长，特别是8岁以后，他们手工表现的精细化程度将进一步提升，兴趣范围进一步扩展。

总体上看，幼儿手工活动要经历随意玩耍和娱乐游戏阶段，模仿、体验和尝试阶段，学习、想象和创造阶段。幼儿的绘画与手工的发展有着不可分割的内在联系。所以我们在幼儿美术教育活动中，要注意绘画、手工能力发展关系的内在联系。

三、幼儿美术欣赏能力的发展

幼儿美术欣赏能力的发展划分为以下两个阶段。

1.生理性的直接感知阶段（0~2岁）

婴儿对鲜艳明亮的物体，尤其是对人脸容易产生视觉集中，表现出偏好。一般认为，婴儿从4个月起，开始对颜色有分化性反映,能辨别彩色和非彩色。波长较长的暖色(如红、橙、黄色)比波长较短的冷色(如蓝、绿、紫色)更容易引起婴儿的喜爱。

加德纳认为2岁以内的幼儿,一般感知能力和审美感知能力还没有分化,但是他们的感知觉的发展为其审美偏爱和审美感知奠定了基础。

2.主观的审美感知阶段(2~7岁)

这一阶段幼儿的美术欣赏表现为以下几个特点。

(1)强烈地注意颜色

幼儿在感知作品时很在乎画面的色彩。那些色彩鲜艳的作品往往受他们的喜爱。我国有学者做过"幼儿对美术作品审美偏爱"的实验研究,其结果也表明"美术作品色彩的丰富和鲜艳程度与被试幼儿偏爱人数成正比"。

(2)对绘画题材产生自由联想的反应

幼儿在感知和理解美术作品的过程中,常常出现对绘画题材的自由联想,且常与自己的生活经验相联系。由此可见,幼儿在感知和理解绘画作品时还不能摆脱认识经验的干扰,总是试图把生活中相似的物体找出来,并对其进行联想,从而获得心理上的满足。

(3)关注画面的局部特征

在感知一幅美术作品时,幼儿往往只注意作品中所表现的局部特征。这种特征可能是由幼儿视知觉的分析型特征决定的,即幼儿的视知觉往往只注意事物的局部,而不注意事物的整体。

第三节　幼儿园绘画活动的设计

一、幼儿园绘画活动的含义

幼儿园绘画活动是幼儿学习运用简单的绘画材料和工具(如蜡笔、水彩笔、油画棒、水粉颜料和各种纸张等),通过线条、形状、色彩、构图等手段,创造可视的形象,以表达审美感受的一种美术教育活动。幼儿园绘画活动分为命题画、意愿画、装饰画三种活动形式。

二、幼儿园绘画活动的目标

各年龄阶段绘画活动的目标见表5-7-1。

表5-7-1　各年龄阶段绘画活动的目标

年龄班	认知目标	情感目标	技能目标	创造目标
小班	(1)初步认识绘画的工具和材料。 (2)学会辨别红、黄、蓝、绿、橙等几种基本的颜色,并能说出名称。 (3)学会辨别和感受直线、曲线、折线及各种线条的变化	培养对绘画的兴趣,能愉快大胆地作画	(1)学会使用蜡笔、水彩笔、棉签等工具进行涂染。 (2)能画出直线、曲线、折线,并能表现线条的方向、粗细、疏密。 (3)学会用圆形、方形、长方形、三角形等简单图形表现物体的轮廓特征	(1)在涂抹过程中把画面画满。 (2)初步学会用图形和线条组合创造各种图式

年龄班	认知目标	情感目标	技能目标	创造目标
中班	（1）能较准确地把握形状的基本结构，理解形状符号的象征意义。 （2）认识常见的固有色，说出它们的名称	（1）喜欢用独特的绘画语言表达自己的想法和感觉。 （2）能大胆地按意愿作画	（1）学会运用图形组合方法，表现物体的基本部分和主要特征。 （2）会选择与物体相似的颜色，初步有目的地设色、配色。 （3）在教师的引导下能围绕主题安排画面，能表现出物体的上下、左右位置	能够大胆地按意愿作画
大班	（1）认识物体的整体结构和各种空间关系。 （2）增强配色意识，提高对颜色变化的辨析能力。 （3）知道运用不同的绘画工具和材料能表现不同效果的作品	在安排画面的过程中逐步体会均衡、对称、变化等形式美	（1）能较灵活地表现各种人物、动物的动态。 （2）能运用对比色、类似色、同种色等多种配色方法，注意色彩的整体感和内容的联系。 （3）能有目的地安排画面，表现一定的情节，并使用多种安排画面的方法	（1）能将图形融合，尝试用轮廓线创造多种图画，形成自己的图式。 （2）综合运用多种绘画工具和材料进行绘画创作

三、幼儿园绘画活动的内容

考点1　命题画的活动内容

命题画是指教师提出绘画的主题和要求，儿童根据这一要求进行绘画活动的一种绘画形式。命题画分为物体画和情节画。

1.物体画的活动内容

物体画是儿童在观察的基础上表现出物体的形状、色彩、结构、特征的绘画表现形式。物体画以培养儿童的造型能力为主要目的。物体画教学对培养儿童的观察力、辨别力有重要的意义。

（1）小班

小班儿童的认识能力较差，生活经验较少。因此，小班儿童主要画日常生活中经常接触的、熟悉的、最感兴趣的、轮廓简单的物体，如皮球、饼干、太阳、花、树、汽车等。

小班儿童已经开始有了画出数种图形的能力，初步能用图形与线条组合的方法创造图画。这时，儿童的绘画技能较差，教师应十分注意发展儿童的创造能力，而不是一味地强求统一，或鼓励儿童模仿教师作画。教师要注意选择那些形象鲜明生动、创造余地大的图形，来激发儿童的创造性。

（2）中班

中班儿童绘画的内容应在小班基础上，更精确地描绘出各种物体的主要部分和基本特征，应有顺序地从较为简单的物体，通过观察转到更为复杂的物体上去。如画人物时，要求画出正面的人，画狗、猫、鸡、鸭等一些家禽、家畜，画汽车、火车、轮船等交通工具等。

为中班儿童设计物体画的课题，应有顺序地从由两个基本形状组合成的结构简单的物体，转移到由两个以上基本形状组合成的较复杂的物体上去。在开始阶段，应强调将基本部分归纳为图形。图形组合的方法是最基本的作画方法。它可以帮助儿童把握整体的形象与结构。同一个物体可有不同的组合形式。只要儿童归纳的方法合理，都应予以肯定，不必强求一致。

（3）大班

大班儿童已积累了较为丰富的知识经验和作画技能，所表现的内容日益丰富。因此，大班儿童学会画形体更为复杂的物体，能描绘出物体的细节部分及各种动态，如人物、动物的不同姿势，多种交通工具（如洒水车、大吊车等），结构更为复杂、场面较大的建筑物等。

为大班儿童设计课题时，要注意使他们不仅能画出物体的主要特征和基本部分，而且能画出细节来丰富画面，逐步完成从表现物体的个别特征过渡到表现物体的综合特征。

2.情节画的活动内容

情节画是儿童根据主题内容的需要，把与之相关的物体形象恰当地安排在画面上的绘画表现形式。情节画能使儿童学会将多个形象进行组合，并正确地表现出各形象之间的相互关系，从而构成一幅具有一定主题的画面。

（1）小班

小班儿童绘画的主要目的在于培养画画的兴趣，认识基本的绘画工具和材料，能用简单图形表现物体的轮廓特征。因此，对于小班儿童没有情节画的教学要求。

（2）中班

中班儿童的情节画主要是在画面上做简单的布局，也就是将景物都画在基底线上，并画一些辅助物来表现简单的情节。

中班儿童的空间知觉发展还不完善，对物体之间较复杂的空间关系不能理解。因此，在为中班儿童设计情节画课题时，可以先从简单的课题着手，即要求儿童在画纸上重复地画某一物体，然后在主要物体旁添加背景或辅助物以构成简单的情节。经过一段时间再让儿童设计一些较复杂的情节画，把几个物体相互连接起来，添上背景以构成简单的情节。

（3）大班

大班儿童的情节画主要是根据自己对生活的认识，以自己周围的实际事情作为表现题材，画出"我的好妈妈""快乐的星期天"等；也可以是根据故事、诗歌等内容简单地画出情节。

在为大班儿童设计情节画课题时，可从设计描绘儿童所熟悉的生活中的一些事情开始。如"我的家""我的幼儿园"等，要求儿童把这些熟悉的生活画面表现出来，并能表现出各物体形象间的主次关系、相对位置等。经过一段时间后，教师可为儿童设计一些连贯地表现情节发展过程的课题。教师要根据儿童的生活实际情况设计课题，如"忙碌的星期天"，启发儿童把星期天发生的事编成故事，用2~3幅画面表现出来。

考点2　意愿画的活动内容

意愿画是在教师的启发下，由儿童自己确定具体内容、形式和表现方法的绘画活动形式。意愿画的主要功能在于发展儿童的想象力和创造力。

1.小班、中班

小班儿童年龄小，独立思考能力还比较差，常常不知如何选择作画的内容。因此，对小班儿童意愿画的要求主要是引导儿童在画好的图像上添加一些其他形象，表现儿童自己的认识。对中班儿童意愿画的要求主要是添加更多的形象，使表现内容更加丰富。

2.大班

大班儿童的知识经验日益丰富，生活的范围不断扩大。因此，对大班儿童意愿画的要求主要是引导儿童选择自己感兴趣的主题进行绘画，并能围绕这一主题表现自己的认识和情感。大班儿童意愿画的内容极其广泛，凡是他们所看到的、听到的或是梦到的事物都可以作为意愿画的内容。

考点3 装饰画的活动内容

装饰画是利用各种花纹、色彩,在各种纸形(如圆形、长方形、正方形、三角形、菱形)和各种不同生活用品的纸形上有规律地进行装饰的绘画表现方式。装饰画是儿童在视觉、动觉日趋精细,空间知觉能力发展到一定程度时,才能进行的绘画活动,一般从中班开始。

1.中班

中班儿童主要学习一些比较简单的图案花纹,如小花朵、小叶片、小圆圈等,能用对比色涂出鲜艳、美观的画面。

为中班儿童设计装饰画课题时,主要侧重于纹样的变化,色彩要求鲜明。开始时,可设计一些"花边"的课题,让幼儿在长方形纸上用简单的花纹装饰。纹样上的变化应由简到繁、由易到难。最初可用一种花纹、一种颜色装饰,以后逐渐增加难度。

在色彩的使用上,不要同时使用过多的颜色,以免造成画面色彩的混乱。根据儿童颜色视觉发展的特点,可选2~3种对比度较大的颜色(如红、黄、绿),让儿童学习色彩的装饰。

2.大班

大班儿童除了运用中班学过的知识、技能以外,还应学习一些简单的、具有民族特色的花纹,并能用同类色或近似色装饰画面,使层次清楚、色彩和谐。

为大班儿童设计的装饰画课题,应侧重于构图的变化,色彩在鲜艳中求和谐。大班儿童开始学习在更复杂的几何图形(圆形、菱形)的中心、边缘、角上装饰图案。在排列花纹时,不仅要考虑花纹的间隔距离,还要考虑方向的变化。经过一段时间后,可让儿童在菱形纸上装饰图案。菱形的四个角大小不一(相对的两角大小相等),不易被儿童掌握,所以必须让儿童掌握菱形两角相对称的特点,才能画出适合菱形的花纹图案。

四、幼儿园绘画活动的过程

幼儿园绘画活动具体设计思路见表5-7-2。

表5-7-2 绘画活动过程的设计

步骤	组织要点
利用范例激发操作的兴趣	(1)对优秀范例的欣赏,能激发幼儿对制作活动的兴趣。 (2)范例可以是实物,也可以是教师的制作;可以是单一的范例,也可以是不同类型的一组范例
体验工具材料的性能	给幼儿自由操作与练习的时间和空间,让其熟练使用工具材料
讲解演示制作的基本技巧	对较难的环节要用幼儿能够理解的语言反复重点讲解,操作环节要让每个幼儿都能看得清楚
帮助与支持	(1)教师要针对幼儿感到困难的细节进行小组或个别指导。 (2)适时调整难度,使多数幼儿能顺利地完成操作。 (3)对有创意的作品应给予支持与赞美
对作品的处理	作品可作为玩教具使用,也可作为艺术品装饰环境

第四节　幼儿园手工活动的设计

一、幼儿园手工活动的含义

幼儿园手工活动是幼儿学习运用不同的工具和材料（如点状、线状、面状、块状等材料），通过贴、撕、剪、折、塑等手段制作不同形态的物体形象，以表达自己的审美感受和美化生活的一种美术教育活动。幼儿园手工活动主要包括泥工活动、纸工活动和其他材料手工活动。

二、幼儿园手工活动的目标

各年龄阶段手工活动的目标见表5-7-3。

表5-7-3　各年龄阶段手工活动的目标

年龄班	认知目标	情感目标	技能目标	创造目标
小班	（1）初步熟悉泥工、纸工的材料、工具。（2）了解泥的可塑性质。（3）了解纸的性质	通过玩泥、撕纸等活动，体验手工活动的快乐	（1）掌握泥工中团圆、搓长、压扁等基本技能。（2）学习撕纸、粘贴，初步撕出简单形状并粘贴成画。（3）初步学会用自然材料（石子、豆子、树叶等）拼贴造型。（4）学会用印章、纸团、木块等材料，蘸上颜色在纸上敲印	能大胆地运用印章、纸团、木块等材料在纸上按意愿压印
中班	进一步熟悉泥工、纸工及自制玩具的工具和材料	积极投入泥工、纸工及自制玩具等创作活动，对手工活动感兴趣	（1）能正确使用剪刀剪出方形、圆形、三角形及组合形体，并拼贴成画。（2）掌握折纸的基本技能，折出简单的玩具。（3）学习用泥塑造出物体的基本部分和主要特征。（4）掌握撕纸的基本技能，撕出简单的物体轮廓	（1）能大胆地按意愿塑造泥。（2）能大胆地用纸按意愿撕、剪出各种物体轮廓
大班	（1）了解各种纸张的不同性质，知道不同性质的纸张具有不同的表现效果。（2）对自制玩具的材料加以分类，以获得选择、收集这些材料的经验	（1）体验综合运用不同手工材料制作作品的快乐。（2）喜欢用手工来表达自己的想法和情感	（1）用泥塑造人物、动物等结构较复杂的形体，能表现物体的主要特征和细节。（2）能集体分工合作塑造群像，表现某一主题或场面。（3）能用各种纸张制作立体玩具。（4）能用无毒、安全的废旧材料制作玩具并加以装饰	能综合运用剪、折、撕、粘、连接等技能，独立设计并制作玩具

三、幼儿园手工活动的内容

考点1 泥工活动的内容

泥工是运用泥进行的塑造活动,即以黏土、橡皮泥、面团等为材料,用搓、团、压、捏、拉等手法来塑造形体的一种表现形式。泥工活动的基本技能包括团圆、搓长、压扁、粘贴、捏泥、抻拉、分泥等。

考题再现

【2019·长沙望城·单选】( )不属于泥工活动的基本技能。

A.粘合　　　　　　　　　　　　B.抻拉

C.团圆　　　　　　　　　　　　D.折剪

【答案】D。解析:折剪属于剪纸活动的基本技能。

1.小班

小班泥工活动的内容主要是认识泥工的简单工具和材料,知道其名称,知道泥的性质是柔软的、可塑的。在为小班儿童设计泥工活动课题时,应侧重于让儿童认识泥工活动的工具,如泥工板、小竹棍(用以在泥块上刻画)等,懂得其名称和使用方法。

最初的课题是让儿童任意玩泥,任意塑造一些简单的形体,使其在玩泥中体验泥工活动的快乐。经过一段时间后,可设计一些让他们用一种或两种基本技能来塑造简单物体形象的课题,比如"苹果""面条"等。以后,可以设计将两个基本形体结合在一起构成一个物体的课题,如将两根一样长的小泥棍拧一拧做成油条等。

2.中班

中班泥工活动要求儿童会塑造物体的主要特征,会使用一些简单的辅助材料表现出简单的情节,并能按意愿大胆塑造。

为中班儿童设计的课题是塑造出比较复杂的物体形象,能表现出物体的基本部分和主要特征,如有厚壁又有一定容积的器皿(锅、盆、碗)、小动物的形象(猫、兔子)及小娃娃等。对中班儿童塑造的作品,不追求形象的比例及细节的表现。为了使儿童塑造的作品形象更生动、真实,应为儿童设计一些使用辅助材料的课题。

3.大班

大班儿童的泥工活动要求儿童会塑造某些细节部分,学会塑造人物、动物的主要特征和动作,表现出主要的情节。

为大班儿童设计的课题,要求能让儿童运用辅助工具和材料,细致、生动地表现物体的主要特征和细节。在表现内容上,已不再是简单的水果、器皿,而是以形体较复杂的动物、人物为主,同时要求塑造出形象的突出特征和某些细节,所塑人物和动物要有简单的动作。在此基础上,再为他们设计一些塑造两个以上形体,或者借助辅助物表达简单情节的课题,如"草地上的羊""小熊过桥"等。

考点2 纸工活动的内容

纸工是以不同性质的纸为主要材料,运用折、剪、撕、贴等各种技能进行造型的活动。纸工包括折纸、撕纸、粘贴、剪纸。

1.小班

小班纸工活动的内容主要以培养兴趣为主,初步学习简单的纸工知识和技能。为小班儿童设计的课题,主要是玩纸、撕纸和粘贴。

小班儿童喜爱玩纸和撕纸，教师可事先准备一些颜色各异、性质不同的纸让他们撕着玩，还可以设计一些粘贴简单物体形象的课题，为他们准备一些剪好图样的纸，让儿童把撕成的小碎片粘贴在图形纸中。到了小班后期，可让儿童认识并初步使用剪刀，学一些简单的剪纸技能。

2. 中班

中班的纸工活动包括折纸、撕纸、粘贴和少量的剪纸。其具体内容包括学会一些简单的折法（如对边折、对角折、集中一角折、双正方形折、双三角形折），较平整地折叠简单的玩具，能把现成图形或自然材料按顺序粘贴在适当的位置上，并能认识剪贴的工具与材料，学习正确地使用剪刀。

中班的折纸课题多是用单张纸进行简单的平面折叠。开始时，可以设计结合简单实物进行的课题，使儿童熟悉、理解并掌握几种基本折法，如小帽子（对角折）、飞机（集中一角折）、小手枪等，做成后的玩具可结合游戏玩耍。

中班儿童的撕纸课题，主要以目测撕的技能为主，进一步学习撕纸的技能，也可教一些简单折叠撕的技能，如撕"花边""窗花"等。

为中班儿童设计的粘贴课题，主要是几何图形粘贴和自然物粘贴，着重培养儿童掌握正确的粘贴方法，要求粘贴得干净、平整、牢固、美观。

在小班儿童使用剪刀的基础上，教师可为中班儿童设计一些结合实物进行目测剪的课题，包括以剪曲线技能为主的课题，如"苹果""皮球"等，以剪直线技能为主的课题，如"面条""小棍"等。

3. 大班

大班儿童要在中班儿童掌握的技能基础上，学习更为复杂的纸工技能，如学习用两张以上的纸简单地组合玩具，能按轮廓或用目测的方法剪出或撕出简单的物体的外形，会用对称折叠的方法剪或撕出简单的图形和窗花。

为大班儿童设计的课题主要是折纸和剪贴。折纸的课题是要用两张或两张以上的纸折叠简单的立体组合物体造型，并且运用一些辅助手法，使表现的形象更加生动，如会在折好的形象上涂画线，用剪刀剪去多余的部分，或是把折成的形象贴在衬纸上，再添画上背景和其他景物，组成一幅立体的画面。剪贴的课题是让儿童自剪自贴，重点在"剪"，目的是使儿童更好地掌握三种剪法（即目测剪、按轮廓线剪和折叠剪）。剪贴课题的设计应由简到繁、先易后难，即先剪大面积的、线条较短的物体形象，然后再剪一些有曲线的、有细节的物体形象。

考点3 其他材料手工活动的内容

其他材料的手工活动是指需要同时使用多种材料（自然材料、废旧物品）和技法进行表现，以制成玩具、学具、装饰品的活动。

1. 中班

为中班儿童设计的自制玩具课题应是简单易做的，大多由教师画好图样，做成半成品再由儿童粘贴而成。另外，还可为中班儿童设计一些用废旧物品制成玩具的课题，初步培养儿童运用各种材料制作简单玩具的能力。

2. 大班

大班儿童的知识经验逐渐丰富，具备了一定的操作技能。因此，大班儿童要学会用纸、布、针、线等自然材料以及无毒的废旧材料制作简单的玩具。为他们设计的课题应侧重于让儿童独立地完成制作过程，并综合运用各种操作技能和工具材料表现立体的玩具。

四、幼儿园手工活动的过程

手工活动过程的具体设计思路见表5-7-4。

表5-7-4　手工活动过程的设计

步骤	组织要点
导入活动	（1）该环节的主要目的是激发幼儿的兴趣，为更好地开展教学活动做铺垫。 （2）引导幼儿直接感知或回忆，提取相关的经验，帮助幼儿分析所要制作的事物的外形特征。 （3）可以通过欣赏优秀范例，激发幼儿对手工活动的兴趣。范例可以是实物，也可以是教师的制作
讲解示范	对较难的环节要用幼儿能够理解的语言反复重点讲解，操作环节要让每个幼儿都能看得清楚
作业辅导	（1）教师要针对幼儿感到困难的细节进行小组或个别指导。 （2）适时调整难度，使多数幼儿能顺利地完成操作。 （3）对有创意的作品应给予支持与赞美
评价作品	以积极鼓励为主，教师评价与幼儿评价相结合

第五节　幼儿园美术欣赏活动的设计

一、幼儿园美术欣赏活动的含义

幼儿园美术欣赏活动是幼儿通过对美术作品、自然景物及周围环境中美好事物的认识和欣赏，了解对称、均衡等形式美的初步概念，感受造型、色彩、构图等的情感表现，体验美术欣赏的快乐，从而丰富其美感经验，培养审美情感和审美评价能力的一种教育活动。

二、幼儿园美术欣赏活动的目标

各年龄班美术欣赏活动的目标见表5-7-5。

表5-7-5　各年龄班美术欣赏活动的目标

年龄班	认知目标	情感目标	技能目标	创造目标
小班	知道从自然景物、艺术作品中能享受到视觉艺术的美	（1）喜欢观看、欣赏艺术作品。 （2）对美术作品、图书中的各种形象感兴趣。 （3）通过欣赏教师及同伴的作品，培养对美术欣赏的兴趣	初步学会运用线条表现力度感、节奏感	初步运用动作、表情等表达自己欣赏后的感受
中班	通过欣赏作品，了解作品的主题和基本内容	能体验作品中的线条、形状、色彩、质地等；通过欣赏产生与作品一致的感受	（1）感受作品的色彩变化及相互关系。 （2）感受作品中形象的鲜明性和象征性，并体验其情感。 （3）感受作品的构成，体验作品的对称美、均衡美、节奏美	通过欣赏，说出自己喜爱或不喜爱作品的理由，并对作品做简单评价

年龄班	认知目标	情感目标	技能目标	创造目标
大班	（1）通过欣赏，了解作品的形状、色彩、结构等美术要素。 （2）了解作品的表现手法、艺术风格和创作意图	喜欢各种不同风格的美术作品	（1）能感受作品的色调、色彩之间关系的变化。 （2）能感受作品中形象的象征性、寓意性。 （3）能感受作品中的形式美	在欣赏和评价他人的作品时，能讲述自己独特的观点

三、幼儿园美术欣赏活动的内容

1. 小、中班

小、中班儿童主要欣赏一些他们能理解的美术作品（如绘画、工艺美术品、雕塑等）、自然景物、节日装饰、环境布置等，初步培养他们的审美能力。

由于知识经验少，生活范围较狭窄，小、中班儿童欣赏的作品在内容上应与儿童的生活经验接近，这样容易为他们所喜爱，如活泼可爱的小动物形象的玩具、工艺美术品、日常用品（如动物造型的钟、背包）、描绘儿童生活的图片或美术作品等。在艺术表现手法上，应主题突出、造型简单、形象鲜明、色彩明快，能引起儿童的某些联想。

为小、中班儿童设计的欣赏课题要符合儿童的年龄特点。开始时，可欣赏周围环境中的自然景色，如旭日东升，蓝天白云等。日常生活中的玩具、学习用品、节日装饰等，也可成为儿童欣赏的对象，从而丰富儿童的知识，培养他们的美感。

2. 大班

大班儿童继续欣赏一些他们可理解的绘画、工艺美术作品，并且学会评价自己和同伴的作品，以增强他们的美感与审美能力。

为大班儿童设计的欣赏课题在表现内容上既可以是与儿童生活经验接近的，也可以是神话故事、科学幻想故事等题材的美术作品。在表现手法上，形象、构图、色彩更趋多样化。同时，引导大班儿童学习评价自己和别人的作品，并能有自己独特的观点和想法。

四、幼儿园美术欣赏活动的过程

一般来说，幼儿园美术欣赏活动主要包括感知与叙述、分析与解释、评价作品和再创作四个基本环节。其具体设计思路见表5-7-6。

表5-7-6　美术欣赏活动过程的设计

步骤	组织要点
感知与叙述	（1）该阶段是从感觉层次认识作品，对作品有一个初步的印象。 （2）多提描述性、研究性问题，将幼儿想象思考的重点移向对作品画面、意蕴以及表现手法的理解
分析与解释	（1）该阶段是从智慧的层次有意识地进行观察。 （2）引导幼儿从主题、形式、象征、材料等方面进行有意识的观察，分析作品中各种图形的关系、造型的特点、作者处理作品的方式等

步骤	组织要点
评价作品	（1）该阶段是从表现的层次表达对作品的感受。 （2）启发诱导幼儿表达对作品的感受，着重分析作品中视觉元素的特征。 （3）用幼儿可接受的语言巧妙地呈现艺术品的内涵与意境，并对所知觉的作品结构做必要的说明、解释和评价
再创作	（1）该阶段是从创造的层次，挖掘所欣赏的艺术品的潜在的美感价值。 （2）组织幼儿通过模仿表演、绘画、续编故事等多种方式，对美术作品进行再创作表达

强化练习

一、单项选择题

1.幼儿用橡皮泥制作许多彩色小圆球，参与该活动的幼儿要用到的泥工基本技能是（　　）。

A.拉伸

B.团圆

C.压扁

D.搓长

2.在我国幼儿园的美术教学实践中，最常见的方法是教师在黑板上画一幅范画，让儿童临摹下来。你觉得这种方法（　　）。

A.能够使儿童很快地学会画画，画得较像

B.限制了儿童的创造力，将艺术的真正内涵排除在美术教育之外

C.能够培养儿童画画的兴趣

D.很好，因为教师肯定比儿童画得更好

3.在幼儿的一幅绘画作品中，爸爸盖着被子躺在床上，但是看上去爸爸如同盖了一块透明的布，我们仍能直接看到爸爸的身体。这说明幼儿绘画能力处于（　　）。

A.涂鸦期

B.象征期

C.图式期

D.写实期

4.下列关于学前儿童美术欣赏活动课程目标的表述，错误的是（　　）。

A.应让幼儿对某些名画有初步的印象

B.应培养具有知觉美的某些基本要素的能力

C.应让幼儿有叙述和谈论艺术作品的能力

D.应让幼儿能开展高质量的艺术批评

二、活动设计题

海洋馆是幼儿非常爱去的地方，多彩的海底世界让孩子们流连忘返，特别是蠕动的水母，其独特的造型、有趣的运动方式让孩子们惊叹不已。

请根据以上材料，设计一个教育活动，要求写出活动名称、活动目标、活动准备及活动过程。

参考答案及解析

一、单项选择题

1.【答案】B。解析：制作彩色小圆球需要用到的泥工技能是团圆。

2.【答案】B。解析：幼儿园美术教育的目的是培养儿童感受美、表现美的情趣和能力，并不是让儿童掌握绘画的技能。教师画一幅范画的做法束缚了儿童的创造力，是不可取的。

3.【答案】C。解析：图式期的儿童逐渐能客观地、实事求是地认识客观世界，在想象的同时，能按照自己熟悉的经验进行绘画。题干中儿童的绘画体现了透明式表现的特点。透明式表现是处于图式期儿童的绘画特征。

4.【答案】D。解析：学前儿童美术欣赏活动课程的目标包括以下几点：(1)培养幼儿对绘画的兴趣，开拓他们的视野，使他们对某些名画有初步的印象，并在欣赏中获得愉快的经验；(2)培养幼儿对艺术作品较敏锐的感觉，并具有知觉美的某些基本要素的能力；(3)掌握简单的艺术术语，有叙述和谈论艺术作品的能力；(4)通过欣赏产生自由表达的兴趣、愿望和能力，激发幼儿潜在的创造力。

二、活动设计题

【参考设计】

小班美术活动：跳舞的水母

活动目标：

1.大胆运用绘画材料，体验绘画活动的快乐。

2.感知水母的外形特征和水母游动时身体与触手方向的变化。

3.能用粘贴、棉签添画直线的方式表现向各个方向游动的水母。

活动准备：

1.经验准备：幼儿有粘贴创作的经验。

2.物质准备：水母图片、水母游动的视频、蓝色绘画背景纸若干、大小不一的半圆形白纸、棉签、白色水粉颜料。

活动过程：

1.播放水母游动的视频，幼儿模仿体验，激发兴趣。

(1)参考提问：你们见过水母吗？它们是什么样子的？是怎么游动的？游动起来的时候像什么？我们一起来学水母跳舞吧！

(2)教师引导幼儿用肢体动作模仿水母变化方向游动。

2.欣赏水母图片，感知水母的外形特征以及向不同方向游动时的动态变化。

(1)出示图片，引导幼儿观察水母，了解水母的外形特征。

①师："大家一起来看水母到底长什么样子，它的身体像什么形状？（伞）它的触手长在身体的什么地方？"（下面）

②教师小结：水母的头和身体像一把伞，许多长长的触手长在身体的下面。

(2)逐张出示图片，引导幼儿观察水母游动时身体与触手方向的变化。

①观察第一幅图片。

参考提问：水母喜欢在大海里跳舞，跳舞时，它的头和身体是什么样？长长的触手是什么样的？

②观察第二幅图片。

参考提问：这只水母往哪个方向跳舞？它们的头和身体是什么样的？长长的触手是什么样的？

③观察第三幅图片。

参考提问：这只水母往哪个方向跳舞了？你是怎么看出来的？

3.探索表现水母身体及触手的方法。

(1)探索用半圆形白纸粘贴水母身体的方法。

参考提问：这像水母的哪一部分？（头和身体）这只水母往上边跳舞时，这个半圆形的身体可以贴在哪里？往下面跳舞时,这个半圆形的身体可以贴在哪里?

（2）探索用棉签和水粉颜料添画水母触手的方法。

①师:"水母的触手可以怎么画呢,谁来试一试?"

②请个别幼儿上台尝试、示范,教师及时了解幼儿在创作中可能出现的困难,给予及时的引导。

4.幼儿开始创作。

（1）教师讲解创作要领。

师:"小朋友开始创作跳舞的水母吧! 先用胶棒在绘画背景纸上粘贴好半圆形白纸,作为水母的头和身体,再用棉签蘸上水粉颜料添画触手,可以多画几只跳舞的水母! "

（2）幼儿自由创作,教师巡回指导。

5.作品欣赏与评价。

请幼儿介绍自己的作品,教师给予鼓励与评价。

活动延伸:

将小朋友创作好的跳舞的水母贴画布置到主题墙上,让幼儿在日常生活中分享交流,更充分地认识水母。

第八章　幼儿园音乐教育

考情分析

本章内容以识记、理解、运用为主,会以单项选择题、多项选择题的形式进行考查,有时也会以活动设计题的形式进行考查。其中幼儿园音乐教育的特点与原则、幼儿园歌唱活动与音乐欣赏活动过程的设计思路是重点考查内容。

学习目标

1.识记幼儿园音乐教育的特点与原则。

2.了解达尔克罗兹、柯达伊、奥尔夫、铃木音乐教育体系的主要内容。

3.识记幼儿园打击乐演奏活动的总目标。

4.理解各类音乐教育活动过程的步骤及组织要点,能够设计不同类型的音乐活动,重点理解歌唱与韵律活动的设计过程。

第一节　幼儿园音乐教育概述

一、幼儿园音乐教育的含义

幼儿园音乐教育是通过音乐学科本身的情感性、感染性和愉悦性的特点来引发幼儿的情感体验,从而促进幼儿音乐感受、欣赏、表现能力发展的活动。

二、幼儿园音乐教育的特点

幼儿园音乐教育呈现以下特点。

1.趣味性与游戏性

幼儿园音乐教育的趣味性、游戏性体现在内容上、形式上、方法上。幼儿园音乐教育的内容有歌唱活动、韵律活动、打击乐演奏活动、音乐欣赏活动。音乐作品节奏鲜明、歌词富有童趣,幼儿在听听、唱唱、跳跳、动动、玩玩的过程中获得愉快的情绪情感体验。

2.想象性与创造性

音乐是对现实生活的反映,它通过想象性和创造性的艺术形象来反映自然界和社会生活。音乐虽然是流动的、非视觉的、依靠听觉来感知,但可以通过联想、表象、想象,甚至创造等活动来构成有思想情感的、有审美价值的内容。在呈现音乐的过程中,可通过图片的展示、语言的讲解、动作的表演等外在形式帮助幼儿展开丰富的想象和联想,从而使其领略、体会到音乐的意境。

3.表现性和感染性

音乐艺术的美不仅是具体的、形象的，而且还具有很强的感染力，以情动人、以情感人、以情娱人是音乐艺术的魅力所在。音乐的感染力不仅表现在内容上，也不仅单纯地表现在形式上，而是从内容和形式的统一中体现出来的。幼儿在接触音乐作品、学习音乐的过程中，通过感知音乐作品的艺术美，在情感上产生共鸣，从而培养对音乐作品及事物的是非、善恶、美丑的初步鉴赏和辨别能力。

4.技能性和综合性

早期音乐启蒙教育虽然不是为培养专业音乐人才打基础，但是，基本的技能技巧训练也是幼儿的重要音乐能力。幼儿学习音乐、探索音乐必须以一定的音乐技能技巧为基础。有了这些基本的音乐表达能力，幼儿才能在听、唱、跳、奏等各种音乐教育活动中大胆地表现，积极地探索和创造。

综合性是指幼儿园音乐教育是在形式、过程、方法上的综合。在音乐教育活动中，常常是歌、舞、乐、游戏多种形式融合，在过程中创作、表演、欣赏三位一体，示范法、语言讲解法、练习法、引导探索法等多种方法灵活变化，共同应用于幼儿园音乐活动的实践之中。

> **考题再现**
>
> 【2020·长沙天心·单选】下列不属于幼儿园音乐教育特点的是（　　）。
> A.游戏性　　　　　　　　　　　　B.单一性
> C.趣味性　　　　　　　　　　　　D.想象性
> 【答案】B。

三、幼儿园音乐教育的基本原则

1.实践原则

音乐表演实践是使人们获得所有重要音乐价值的渠道。因此，早期儿童的音乐教育需特别地强调实践原则，以便确保音乐教学的性质能够更好地与儿童发展的性质相匹配，音乐学习能够更有效地吸引儿童，音乐教育能够更好地促进儿童发展。

2.和谐原则

和谐是音乐永恒的根本原则，是教育永恒的根本原则，更是儿童音乐教育永恒的根本原则。儿童在音乐学习过程中获得发展的和谐程度直接取决于音乐教育本身的和谐程度。因此，在设计和实施音乐教育课程时和具体音乐教学活动中，教师需努力尽量保持目标、过程、评价以及其中所有各个要素之间的和谐。

3.低耗高效原则

如果教师注意时刻以低耗高效的原则来监控自己的教育决策。音乐教育中各种因素之间的关系也就一定能够保持在相互和谐的状态上。因此，教师在进行课程、教材、教法、教学辅助手段等问题的决策时，应注意尽可能地全面评估投入和产出的关系，力争能够选择更好的方案来降低消耗，提高产出。同时，教师也应该注意利用各种机会学习，以积累知识和经验，以便能够不断提高自身决策的"低耗高效"水平。

4.可持续发展原则

音乐教育工作与幼儿教育工作一样，不仅要为幼儿的现实发展担负责任，而且也要为幼儿的终身发展担负责任。因此，在处理所有教育决策问题时，教师都应注意尽量结合幼儿终生发展的需要来考虑如何更合理地遵循"和谐"的原则和"低耗高效"的原则。

四、幼儿园音乐教育活动的主要类型

幼儿园音乐教育活动主要分为以下四种类型。

考点1　歌唱活动

幼儿园歌唱活动是指在教师的引导下,幼儿通过演唱各种形式的幼儿歌曲、歌谣、童谣等,发现、感受与欣赏歌曲艺术的美,并能够通过演唱表达内在的思想情感,发展艺术表现力的一种教育活动。

考点2　韵律活动

幼儿园韵律活动是指在音乐的伴奏下,根据音乐的性质、节拍、速度、力度、结构等,幼儿在教师的引导下通过做各种有规律、有表现力的动作,发现、感受与欣赏肢体语言与音乐语言结合的美,并能够通过这些动作表达对音乐作品内容与情绪情感表达的感知与体验,从而发展艺术表现力的一种教育活动。

考点3　打击乐演奏活动

幼儿园打击乐演奏活动是指以身体大肌肉动作参与为主,运用一定的节奏和音色,通过打击乐操作来表现音乐的一种活动。

考点4　音乐欣赏活动

幼儿园音乐欣赏活动是指幼儿在教师的引导下通过聆听、游戏、律动等形式,感受和体验音乐作品的艺术特点,感受和表现音乐作品所包含的情绪、情感和内容,发展音乐鉴赏力的一种教育活动。

五、幼儿园音乐教育活动的指导方法

考点1　运用语言

在幼儿园音乐教育活动中,常用的语言指导方法主要有以下几种。

1.讲解

讲解一般包括讲述和解释。在幼儿园音乐教育活动中,教师运用讲解的方法主要是为了向幼儿提供各种与音乐活动有关的信息,以及加工这些信息的程序和方法。

2.提问

在幼儿园音乐教育活动中,教师运用提问的方法主要有以下目的:首先是激发和引导幼儿的观察、思维、想象和创造活动;其次是了解幼儿对音乐的理解、感知情况;最后是了解幼儿对活动组织、内容选择的意见和愿望。

3. 反馈

在幼儿园音乐教育活动中,教师运用反馈的方法主要是为了让幼儿能够及时了解自己对音乐所做的反应,并能够让幼儿根据自己的反应与要求之间的差异自己做出调整。

4. 指示和提示

在幼儿园音乐教育活动中,教师运用指示的方法主要是为了引导和集中幼儿认识反应活动的注意方向;教师运用提示的方法,兼有引导幼儿注意方向和帮助幼儿克服记忆困难的作用。

5. 激发和鼓励

在幼儿园音乐教育活动中,教师运用激发的方法主要是为了激发和维持幼儿参与活动的兴趣,引起幼儿的情感共鸣;教师运用鼓励的方法主要是为了帮助幼儿对自身活动进行积极评价并对自己的活动能力产生信心。

考点2　运用范例

范例具有形象性、具体性、直观性和真实性,在以音乐为主要教育内容的活动中,范例运用具有更加重要的意义。在幼儿园的音乐教育活动中,常用的范例指导方法有示范和演示。

1. 示范

示范主要是指教师用现场的演唱、演奏、做动作表演的方法来向幼儿提供活动的范例。

示范的目的是提供操作的材料和规则;提供态度方面的榜样;提供更长远的追求目标。

2. 演示

演示主要是指教师用操作各种直观教具的方法向幼儿提供活动的范例。常见的直观教具有图片、绒板、磁板教具、桌面教具,以及幻灯、投影、录音、录像等。

教师运用演示法的目的要明确,切忌为演示而演示;教师运用教具应适度、适量,切忌喧宾夺主;教具的形象和教师的演示应与音乐的形象和音乐的进行相一致;教具的选用应该给幼儿以美感,并能激发幼儿的想象;教具应该是便于收集、便于制作、便于操作和经济实用的。

考点3　运用角色变化

在幼儿园音乐教育活动中,教师需要经常运用自身角色变化的方法对幼儿的学习进行指导。指导方法主要有"参与"和"退出"两种。

1. 参与

参与主要是指教师以幼儿的角色或以音乐表演中的某种特定角色的身份参加音乐活动,并以这种角色的特殊影响作用对幼儿的活动进行指导。

参与的目的是给幼儿做出在学习态度和行为方面的正确榜样。让幼儿从教师的态度中受到感染或鼓舞;从教师的行为中获得模仿性学习的正确样板和创造性学习的优良范例。

2. 退出

退出有两种不同的含义:一是指教师从参与活动的过程中退出,恢复教师身份,继续对活动进行指导。二是指教师从教师的位置上退出,站在类似于旁观者的位置上对活动进行指导。

退出的目的是发展幼儿自我教育及相互学习的意识和能力;创造机会让幼儿自由地实践与表达;增加教师了解幼儿潜能的机会;扩大课堂信息的产生源、流通量和交换方式。

考题再现

【2021·永州祁阳·单选】在进行幼儿音乐教育活动时,若教师使用"退出"的方法,其目的不包括(　　　)。

A.发展幼儿自我教育及相互学习的意识和能力

B.创造机会让幼儿自由地实践与表达

C.给幼儿做出学习的态度和行为方面的正确榜样

D.增加教师了解幼儿潜能的机会

【答案】C。

六、幼儿园音乐教育的基本理论

考点1　达尔克罗兹音乐教育体系

爱弥儿·雅克·达尔克罗兹是瑞士著名的作曲家、音乐教育家。达尔克罗兹的音乐教育体系及教学实践的基本内容分为体态律动、视唱练耳和即兴音乐三个方面。

1.体态律动

体态律动的内容包括以下几方面。

①体态律动教学强调从音乐入手,让幼儿聆听音乐,引导幼儿通过身体运动去接触音乐的各个要素。

②体态律动教学过程可以概括为四个阶段:一是音响刺激与课题暗示,二是初步反应与相互作用,三是引进反应和表现,四是视谱与综合反应。

③在体态律动的教学实践活动过程中,所采用的方法一般是教师钢琴上的即兴演奏,幼儿的律动语汇,教师促使幼儿将身体运动与声音内在地结合在一起,发展他们内部听觉和运动觉的能力、动觉的想象与记忆等。

④幼儿身体动作的表现形式,即律动词汇是非常丰富的。这种律动词汇包括两种类型:一种是原地类型,如拍手、摇摆、转动、指挥、弯腰、旋转、唱歌等;另一种是空间类型,如走、跑、爬、跳、滑、蹦等。

2.视唱练耳

在达尔克罗兹的音乐教育体系中,视唱练耳和体态律动紧密结合。他认为"一切音乐教育都应建立在听觉的基础上,而不是建立在模仿和数学运算的训练上"。良好的听觉是接受音乐教育最重要的禀赋,可以通过结合体态律动的方式帮助幼儿发展听觉和记忆能力,培养绝对音高感,发展内心听觉。在具体的教学大纲中,他主张采用把耳、口和身体配上言语,与歌唱相结合的方法作为理想的学习工具和手段。

3.即兴音乐

即兴音乐即以想象的、自发的表现方式,发展运用律动材料(节奏)和声音材料(音高、音阶、和声)的技能,培养幼儿创造音乐、表现音乐的能力。达尔克罗兹认为幼儿即兴音乐的手段有很多,如律动、言语、故事、歌唱及各种不同的乐器,可以引导幼儿使用律动材料和声音材料等来即兴创造音乐。

考点2　柯达伊音乐教育体系

佐尔坦·柯达伊是匈牙利著名的作曲家、民族音乐家和音乐教育家。柯达伊音乐教育体系的主要内容包括以下几方面。

1.音乐教育应该从幼儿园开始

柯达伊认为,幼儿园能够为幼儿提供一个集体创造音乐的环境,所以音乐教育应该从幼儿园开始,以便幼儿尽早获得音乐体验。他把幼儿期这个准备阶段的音乐教育目标归纳为引导幼儿通过听唱歌曲,体验、感受音乐,唤起他们对音乐的兴趣,帮助幼儿形成音乐的趣味和审美感。

2.以歌唱教学为主要教学内容

柯达伊认为,通过唱歌这一人人都能从事的活动,能够使幼儿的歌喉日臻完美。歌唱教学成为柯达伊音乐教育体系中重要的教学内容。

3.以"幼儿自然发展法"为课程安排的主要依据

在柯达伊音乐教育体系中,课程进度的编排突破了传统的不够合理的编排秩序,提出了以"幼儿自然发展法"为依据的进度安排原则。"幼儿自然发展法"是指根据正常幼儿在其成长的各个时期中的能力来编排课程的顺序。

4.以首调唱名法、节奏唱名法和柯尔文手势为基本教学工具

首调唱名法最初是由英国人桂多·达赖佐在十一世纪首创的"流动do唱名法"。节奏唱名法采用了法国视唱练耳中所用的相似的音节系统。柯尔文手势是柯达伊教学系统中的第三个基本工具和手段,是由英国人约翰·柯尔文在1870年首创的。

5.创建自成特色的教材体系

柯达伊认为,给幼儿所用的教材只能来自三个方面:真正的幼儿游戏和儿歌,真正的民间音乐,优秀的创作音乐。其中儿歌及民间音乐朴素的表现形式,对幼儿尤为适宜。

考点3　奥尔夫音乐教育体系

卡尔·奥尔夫是德国当代著名的作曲家、音乐戏剧家和儿童音乐教育家。奥尔夫音乐教育体系的主要内容包括以下几方面。

1."元素性"音乐教育

奥尔夫强调儿童音乐教育应该从"元素性"音乐教育入手,强调利用最原始、最简单的节奏和音高元素,以人类最根本、最自然,也是最古老的音乐实践形式——简单的拍手、打击乐器及即兴创作等方式面向每一个儿童,唤起他们身上潜在的音乐本能,使音乐成为他们自发的要求。元素性音乐教育思想是奥尔夫音乐教育体系的基本核心。

2."节奏第一"

奥尔夫认为,音乐构成的第一要素是节奏而不是旋律。他强调从节奏入手进行音乐教育,通过节奏与语言和动作的结合对儿童进行节奏感的培养,是奥尔夫教学实践的一大特色。

3.课程内容

奥尔夫音乐教育体系的课程内容包括嗓音造型、动作造型和声音造型三个方面。其中,嗓音造型是指歌唱活动和节奏朗诵活动;动作造型是指律动、舞蹈、戏剧表演、指挥及声势活动(声势活动是奥尔夫体系独创的一种以简单而原始的身体动作发出各种有节奏声音的活动,其最基本的身体动作是拍手、拍腿、踩脚和捻指);声音造型是指乐器演奏活动。

4.教学组织形式及方法

奥尔夫音乐教育体系的教学组织形式是集体教学和综合教学。集体教学反映在给儿童创设一个自由、宽松、便于交流和共享的音乐学习环境,儿童以小组活动的形式参与到音乐进行的过程中;而综合教学的特点体现在奥尔夫教学活动是歌、舞、乐三位一体,创作、表演和欣赏三位一体的综合形式,从儿童感性经验出发,以儿童的亲身实践帮助他们主动感受和表达音乐,并注重培养儿童的主体创造。

奥尔夫音乐教育体系的教学方法是"引导创作法",通过教师的启发引导及范例,帮助儿童集体创作、协助创作。在音乐学习过程中,教师主要引导儿童进行探索—模仿—即兴—创造四个环节。

考点4　铃木音乐教育体系

铃木是日本著名的小提琴家和音乐教育家。铃木音乐教育体系的内容包括以下几方面。

1.给儿童创造一个学习音乐的良好环境

铃木认为,在儿童音乐才能的发展过程中,环境是第一个重要的条件。在他看来,让儿童学习音乐,首先应该为儿童创设一个如母语学习般的环境,让美好的音乐像本国的语言一样终日围绕着儿童。这样的学习环境使任何儿童都能进入音乐学习,而这样的音乐学习才能更有效。由此,人们也把铃木教学法称为"母语教学法"。

2.激发儿童的兴趣

铃木认为,"兴趣是能力的源泉",教育者的根本目的是使受教育者产生爱好。为此,铃木又独创了颇有特色的"母亲参与法"和"集体教学法"。"母亲参与法",即以母亲这一与儿童有着特殊情感关系的角色来充当儿童的榜样,影响、激发儿童的兴趣。"集体教学法",即在教学中采用个别教学和集体教学同时进行的方式。这样既能在个别教学中针对每个儿童予以更有效的帮助,又能在集体教学中以同伴的行动不断激励儿童的学习兴趣和热情。

3.提倡坚持不懈、持之以恒的练习

铃木认为,当儿童掌握了某一个、两个曲子以后,要不断地重复、巩固,这样不仅能使儿童的表现力更趋丰富,而且坚持不懈的练习能帮助儿童逐渐形成对音乐的快速直觉和反应能力,也更有利于帮助儿童形成坚韧不拔、持之以恒的良好意志品质。

4.注重倾听习惯和技能的培养

铃木认为,在儿童学习音乐的过程中,不仅应该培养他们学习听完整的音乐,而且要培养他们能听出音乐中的细微变化并做出相应的直觉反应。铃木十分强调音乐学习不该从辨认音符开始,而应首先就进入到完整优秀的音乐的倾听之中。通过反复倾听,在充分熟悉音乐作品的完整形象之后,再开始进行模仿练习和表达。

5.提倡"教学六步"

铃木教学法是一种强化教育法,其教学过程可以概括为以下六个步骤。

（1）接触

创设良好的环境,从听觉训练入手,让儿童生活在良好的音乐环境之中。因此,每天为儿童放一首简短、优美的乐曲,可以逐步发展儿童的音乐记忆力;让儿童反复聆听、接触优秀、经典的演奏作品,可以逐渐提高儿童的鉴赏水平和演奏水平。

（2）模仿

选择最好的教材、教师和音响,让儿童模仿听到的优美旋律及演奏乐器的规范动作。

（3）鼓励

教师、父母要不断诱导、激发儿童的学习欲望。

（4）重复

使儿童在鼓励之中不断重复地练习,通过强化式的训练,以达到艺术上、技术上的精益求精。

（5）增加

在学习新曲的同时,不间断地回到练习的出发点。几千次、几万次的旧曲练习,不仅使儿童的演奏更熟练、完美,而且更重要的是通过这种学新练旧、不断增加的方法可以培养儿童的耐力和韧性。

（6）完善

通过强化练习帮助儿童养成良好的习惯。

第二节　幼儿音乐能力的发展

一、幼儿歌唱能力的发展

考点1　3~4岁幼儿歌唱能力的发展

3~4岁幼儿对音乐的表现欲望和能力正在增强，表现为他们对歌唱活动的兴趣大大增强了，特别是对富有戏剧色彩、生动活泼、情绪热烈的歌曲很是喜欢，还喜欢歌曲中的重复部分。

1.歌词方面

在歌词的表现方面，虽然3岁左右幼儿的语言发展有了很大的进步，已经能够完整地掌握比较简短的句子或较长歌曲中的相对完整的片段，但是由于这一阶段幼儿认知发展方面的局限，他们对歌词含义的理解还存在一定的困难，加之听辨和发音能力还比较弱，所以他们碰到不理解的字词，往往吐字不清。

2.音域方面

3~4岁幼儿歌唱的音域一般为c^1—a^1（即C调的1—6），其中唱起来最舒服、最轻松的是在d^1—g^1之间（即C调的2—5），但个别幼儿的音域发展有所偏差。音域稍宽的幼儿偏高可达c^2，偏低可唱到a，而音域偏窄的3岁幼儿仅能唱出三个音左右。

3.旋律方面

在旋律的感知方面，这一年龄阶段幼儿存在着差异性和不精确性，最明显的表现就是"走音"现象。有相当一部分幼儿的音准有问题，往往不能准确地唱出歌曲旋律，唱歌如同"说歌"。在没有乐器伴奏的情况下或是在独立歌唱时这种走调、没调的情况尤为严重。当然，这种现象的发生可能是由歌曲音域过宽、音调过高或过低、旋律太难等因素所致。

4.节奏方面

在节奏方面，3~4岁的幼儿基本上能做到比较合拍地歌唱，尤其是对与走步、跑步、心跳、呼吸等相协调的节奏——四分音符、八分音符所构成的歌曲节奏更易感受和掌握。

5.呼吸方面

3~4岁的幼儿由于肺活量较小，呼吸较浅，对气息控制的能力没有很好地发展起来，往往不能根据乐句的需要来换气。有的幼儿会一字一换气、一字一顿地歌唱，有的则一句歌词没唱完就换气，常常因换气而中断句子、中断词意（一般会在强拍后面或时值较长的音后面自由换气）。

6.其他方面

在歌唱的其他表现技能方面，3~4岁的幼儿能够在成人的引导下，特别是在幼儿园良好教育的影响下，对已经熟悉和理解的歌曲，以速度、力度、音色等较明显的变化来表现歌曲。

在集体歌唱时的合作协调性方面，3~4岁的幼儿还不会相互配合，常常是你超前，我拖后，个别幼儿声音特别响。但是，到了小班后期，幼儿基本上能懂得在音量、速度、力度、音色等方面与集体相协调，能够通过改变声音的强弱、快慢、音色等来表现歌曲，初步体会到集体歌唱活动中协调一致的快乐。

考点2　4~5岁幼儿歌唱能力的发展

1.歌词方面

能比较完整、准确地再现熟悉的歌曲中的歌词，而且对歌词的听辨、理解、记忆和再认能力有了很大的提高,唱错字、发错音的情况有了较大的改变。

2.音域方面

4~5岁幼儿歌唱的音域较以前有了扩展,一般可以达到c^1—b^1(即C调的1—7),但在个别幼儿身上仍有很大的差异性。

3.旋律方面

由于这一年龄阶段幼儿接触的歌曲日益增多,他们对旋律的感知、再认能力逐步提高,音准把握能力有了进步。在乐器或录音的伴奏下,大多数幼儿能基本唱准旋律适宜的歌曲。当然,在个别幼儿身上,对旋律、音准的把握仍然是歌唱能力发展中最困难的方面。

4.节奏方面

在节奏方面,随着幼儿听觉分化能力的逐步提高,这一年龄阶段幼儿对歌曲节奏的把握和表现能力得到了较大的发展。他们不仅掌握了四分音符、八分音符的歌曲节奏,还能够比较准确地再现二分音符的节奏,甚至带附点的节奏。

5.呼吸方面

4~5岁幼儿对嗓音的控制能力有了进一步提高,能够逐步学会使用较长的气息,一般都能够在教师的指导下学会按乐句和情绪的要求换气,中断句子、中断词意的换气现象有明显的改变。

6.其他方面

这一年龄阶段,在歌唱技能的发展中幼儿对速度、力度、音色变化等方面的把握有了一定的进步,这是因为他们对歌曲形象、内容、情感的体验和理解能力在一定程度上有了提高。因此,在演唱、表现歌曲时,4~5岁的幼儿能够比较细致地表达出歌曲在力度、速度等方面的变化,且比3~4岁的幼儿表现得更为准确。

随着集体音乐活动、歌唱活动经验的不断积累,4~5岁幼儿不仅能够比较协调地参与集体歌唱,注意在音色、表情、力度、速度等方面调节自己的声音,与集体保持一致,而且还表现出独自歌唱的愿望和兴趣。他们常常会在游戏、玩耍的时候,饶有兴致地独自哼唱,也会在收看、收听电视、电台节目的过程中高兴地即兴跟唱。另外这一年龄阶段的幼儿在歌唱能力的发展上表现出一定的创造性。他们会运用积累的歌唱和表达的经验,部分地替换歌词,重新演唱;会主动地、自发地提出歌唱的形式和表情;还会即兴地创编简短的小曲等。

考点3 5~6岁幼儿歌唱能力的发展

1.歌词方面

5~6岁幼儿在歌唱的技能和水平上有了较显著地提高,首先表现为随着语言的发展,幼儿能记住更长、更复杂的歌词,对词义的理解能力也进一步提高,在歌词的发音、咬字吐字方面表现得更趋完善。

2.音域方面

5~6岁幼儿歌唱的音域基本上可以达到c^1—c^2(即C调的1—$\dot{1}$),个别幼儿甚至更宽。

3.旋律方面

随着幼儿歌唱经验的不断积累,5~6岁幼儿在旋律,特别是音准方面的进步更为明显。他们不仅能容易地掌握小三度、大三度、纯四度、纯五度音程,比较准确地唱出旋律的音高,而且对级进、小跳、大跳不会感到太大的困难。这时,幼儿已经初步建立了调式感。

4.节奏方面

5~6岁幼儿不但能准确地表现四二拍和四四拍的歌曲节奏,同时对三拍子歌曲的节奏及弱起节奏有了一定的理解和掌握,而且能够较好地掌握带附点的节奏和切分节奏歌曲的演唱。

5.呼吸方面

5~6岁幼儿气息保持的时间较以前延长了,能够按乐曲的情绪要求较自然地换气,同时歌唱的音量较以前有了明显的提高。

6.其他方面

5~6岁幼儿歌唱的表现意识得到了更进一步的加强,表现在以下几方面:歌唱的声音、表情更丰富,能够表现出同一首歌曲中的强弱快慢,能较好地唱出顿音、跳音、保持音及连音,并且能尽力把不同的情绪情感体验通过音色、节奏、速度、力度上的对比变化生动、细致地表达出来;在集体歌唱时,协调一致的能力也大大加强了,不仅能与集体同时开始、同时结束演唱,而且会听前奏、间奏,还对对唱、小组唱、轮唱、合唱等不同的演唱形式产生了兴趣。这一年龄阶段的幼儿具有一定的创造性歌唱的表现意识,他们不仅能积极参与创造性歌唱的表现活动,而且会努力地使自己的表现与众不同。其创编歌词、创编即兴小曲的能力得到了进一步提高。

二、幼儿韵律活动能力的发展

考点1　3~4岁幼儿韵律活动能力的发展

1.动作发展

在良好的教育影响下,大多数3~4岁的幼儿在韵律活动中都能自如地运用手、臂、躯干做拍手、跺脚或晃动手臂等各种单纯动作,并能逐步用稍快的速度做非移动的动作。这个时期的儿童开始掌握一些幅度较大的动作和一些简单的联合动作,对下肢肌肉力量及弹性要求不是太高的单纯移动动作,如小跑步、小碎步等能够掌握,但对含有腾空的跳跃动作的掌握有一定的困难。

2.随乐能力

韵律活动中的随乐能力指的是儿童在韵律活动的过程中身体的动作与音乐协调一致的能力。3~4岁的幼儿往往会自发地跟着音乐踏脚、拍手,但他们的身体动作与音乐的节奏还不能够完全一致。在教师的引导下,幼儿逐渐会根据音乐的特点,努力使自己的动作与音乐节奏保持一致,尽可能使自己的动作合拍,速率均匀,但这种均匀性却不稳定,难以长时间保持。

3.合作协调

韵律活动中的合作协调主要是指运用动作与人配合、沟通。3~4岁幼儿在韵律活动中的动作表现往往以自我为中心,不善于运用动作与同伴配合、交流、共享。

4.创造性表现

韵律活动中的创造性表现是指在进行韵律活动的过程中运用动作创造性地表现自己的想法和对音乐的理解及感受。大多数3~4岁的幼儿能根据音乐性质和速度的变化,创造性地用动作表现自己对音乐的感觉并产生想象和联想,能用自己想出的动作模仿、表现动物、植物等自己熟悉的事物。

考点2　4~5岁幼儿韵律活动能力的发展

1.动作发展

4~5岁幼儿身体的平衡能力和大动作发展较好,可以做一些稍复杂的连续移动动作,如进退步、垫步等,走、跑、跳的下肢运动逐步得到提高,能较自如地变换上肢和躯干的动作速度和幅度,上下肢联合的复杂动作也有了一定的发展。

2.随乐能力

4~5岁幼儿的动作与音乐的协调性进一步提高,动作节奏的均匀性增强,稳定性也提高。他们能够轻松自如地跟随音乐的节奏做动作,能在同一首音乐的转换处用不同的动作节奏进行表现。

3.合作协调

4~5岁幼儿有一定的合作协调能力,开始注意运用动作与同伴进行合作、交流;在集体活动中能与他们共享空间不发生碰撞,同时会主动邀请伙伴与自己共同舞蹈。

4.创造性表现

4~5岁幼儿开始尝试用一些基本的舞蹈语汇进行简单的创编,虽然这种创编需要教师较大程度的提示和整理,但是,幼儿主动创编的意识和运用已有经验的能力明显地得到了发展。

考点3 5~6岁幼儿韵律活动能力的发展

1.动作技能

5~6岁幼儿既能做出需要同时协调配合手臂、手指、头部、腰部及脚的上下肢配合的联合动作(如摘葡萄、采茶等动作),又能做一些精细的手腕、手指动作。而且5~6岁的幼儿还能随心所欲地变换上肢和躯干动作的速度和幅度,学会较多稍复杂的连续移动动作,如秧歌十字步、溜冰步、跑马步等。

2.随乐能力

5~6岁幼儿在韵律活动中能更轻松、自如地用动作跟随音乐的节奏、节拍,并能够用动作对较复杂的附点、切分等节奏做出反应。在活动中还能用动作对音乐速度和力度做出较灵敏的变化,对音乐的结构做出较细致的反应。

3.合作协调能力

5~6岁幼儿在韵律活动中合作协调的意识和技能越来越强,能够主动追求和同伴一起跳舞的快乐,能用动作、表情和眼神与同伴进行交流、合作,在有很多人进行的合作表演中能更好地与他人共享空间。

4.创造性表现

5~6岁幼儿能更多地发挥出自身用动作语汇创造性地表现音乐的积极性。同样的音乐、主题内容,他们会努力地用已有的表达经验创造与别人不同的动作。

三、幼儿打击乐演奏能力的发展

考点1 3~4岁幼儿打击乐演奏能力的发展

1.乐器操作的能力

在打击乐演奏活动中,乐器操作的能力主要是指运用乐器演奏出想要奏出的特定音响的能力。在教师的引导下,3岁的幼儿一般能够逐步掌握一些主要用大肌肉动作来演奏的打击乐器,学会较简单的演奏技能,如铃鼓、串铃、碰铃、圆弧响板、大鼓等。其中,最容易掌握的是铃鼓和串铃的演奏方法。3~4岁幼儿能够初步学会按照需要调整演奏所需要的力量,奏出比较适中的音量和比较好的音色。

2.随乐的能力

在打击乐演奏活动中,随乐的能力主要是指在演奏打击乐器的过程中使奏出的音响与音乐相协调一致的能力。大多数3岁幼儿都不能做到基本合拍地随音乐演奏,而且还会有部分幼儿只顾玩弄乐器而忘记演奏的要求。但是,在良好的教育影响下,到了3岁末期,大多数的幼儿能够做到基本合拍地随音乐演奏,而且一般幼儿都能具备初步的随乐意识,并能从与音乐相协调一致的活动中得到快乐。

3.合作协调意识

在打击乐演奏活动中,合作协调意识主要是指在演奏过程中注意倾听同伴、集体和自己的演奏,并有意识地努力在音色、音量等方面与集体形成默契,服从整体音响形象的塑造要求。3岁幼儿在活动中各声部之间的相互配合和协调方面有一定困难。在教师的引导下,他们能够学会在演奏时与大家一起整齐地开始和结束;能够初步理解简单的指挥手势;愿意在演奏活动中用积极的情感和态度与他人沟通、配合;别人指挥时,能面带微笑,与指挥者相互注视,并将身体前倾表示更乐于接近对方,等等。

4.创造性表现

在打击乐演奏活动中,创造性表现主要是指运用节奏、音色、速度、力度的变化设计配器方案和进行演奏表现的活动。在良好的教育影响下,3岁幼儿能够做到为熟悉的、性质鲜明的音乐形象选择比较合适的乐器和演奏方法。

考点2 4~5岁幼儿打击乐演奏能力的发展

1.乐器操作的能力

4~5岁幼儿不仅能够模仿成人、教师的演奏方法,并且开始探索同一种乐器的不同演奏方法,如铃鼓的摇奏、晃奏,沙球的震奏、击奏等。在乐器演奏的过程中,对乐器音色、力度、速度的调整和控制能力也有提高。

2.随乐的能力

4~5岁幼儿一般都能够基本合拍地演奏四二拍、四三拍和四四拍的歌曲或乐曲,能够初步学会使用小肌肉动作演奏乐器,并能更熟练地掌握熟悉乐器的各种不同的演奏方法,懂得控制、调整用力方式和用力强度奏出所需要的音量和音色。

3.合作协调意识

4~5岁幼儿能够与同伴同时开始和结束演奏;在多声部的演奏中,能处理好自己的声部与其他声部之间的协调关系;懂得要始终注意指挥的手势,而且也能够以指挥的手势含义,来调整自己的乐器操作方法和演奏方式。

4.创造性表现

4~5岁幼儿能够掌握一定的打击乐作品,而且还能够在教师的提示、引导下,学会用一些基本节奏型语汇表达音乐,并用不同的音色配置方案"装饰"这些节奏型。

考点3 5~6岁幼儿打击乐演奏能力的发展

1.乐器操作的能力

5~6岁幼儿已能演奏一些使用小肌肉操作的乐器,能使用手腕带动来演奏的乐器,如三角铁、双响筒等。在演奏过程中,幼儿会更有意识地去控制、调整用力方式和用力强度,奏出所需要的音量和音色等。

2.随乐的能力

5~6岁幼儿不但能够更加自如地用简单的节奏跟随音乐齐奏,而且还能够初步学会用两种以上的不同节奏型跟随音乐合奏。在这一阶段的后期,幼儿还能够看指挥手势的即兴变化随乐演奏,会更加自觉地注意倾听音乐,并努力使自己的演奏能够与音乐的速度、力度变化相一致。

3.合作协调意识

5~6岁幼儿能够在较多声部的合奏过程中主动地调节好自己的声部与其他声部在节奏、音色、速度、力度上的合作要求;能进一步做到在多声部合奏活动中主动地关注整体音响,并努力保持整体音响的协调性;能迅速理解指挥的各种手势,并积极准确地做出反应,并根据指挥的手势来调整自己的演奏。

4.创造性表现

5~6岁幼儿运用节奏、音色、速度、力度来进行创造性表现的热情和能力越来越强,不仅表现为积极参与为乐曲选配合适节奏型的配器方案的讨论,还会改变演奏方法或者将两种以上的不同音色混合起来,产生音色变化,同时还表现在探索打击乐器的制作和更主动、积极、大胆地尝试参与即兴指挥等方面。到了六岁末期,幼儿还可能学会用即兴指挥的方式来表现自己设计的演奏方案。

四、幼儿音乐欣赏能力的发展

考点1　3~4岁幼儿音乐欣赏能力的发展

1.音乐感知、听辨能力

3~4岁幼儿已经能够从周围生活环境中倾听和寻找声音，开始逐步自发地注意听他们所喜欢的音乐，并分辨其速度、力度、音高等特点，但在感知音乐变化上还不够稳定。这一时期的幼儿还不能很容易地理解音乐作品的不同情绪性质，但已有了对音乐情绪性质的初步感受。

2.音乐表现力

3~4岁幼儿爱摆弄乐器、敲打物品，使物体发出声音来引起别人注意，并喜欢用不同于其他人的身体动作来表达自己对音乐的感受。

考点2　4~5岁幼儿音乐欣赏能力的发展

1.音乐感知、听辨能力

4~5岁幼儿能辨别声音的细微变化，对不同体裁、性质、风格乐曲的分辨有了很大的提高，还能够感知到一些简单的曲式结构，如简单的单三段体ABA结构。同时，4~5岁幼儿能基本理解歌曲及有标题的器乐曲所表达的情绪和情感，可以借助于图片选择或动作做出正确的回答。

2.音乐表现力

4~5岁幼儿对音乐所表达的情绪和情感开始有了基本理解，喜欢用多种多样的手段创造性地进行表达。他们不仅可以用身体动作表现听音乐的感受，还可以通过简单的绘画和语言来表达听音乐后的想象，并努力追求与众不同。

考点3　5~6岁幼儿音乐欣赏能力的发展

1.音乐感知、听辨能力

5岁以后，幼儿已经开始能够分辨一些较为复杂的器乐曲结构，以及音乐在情绪、性质方面的变化；能分辨音乐的性质、题材、风格，并能对同类音乐作品进行分析和归类。同时，幼儿能够对音乐形象鲜明的同类音乐作品用较完整的语言或一定的故事情节来描述自己对音乐的感受。

2.音乐表现力

5~6岁幼儿在音乐的欣赏过程中更富有创造性和个性表现。他们的表现更细致、完满，更具有艺术的审美情趣。

第三节　幼儿园歌唱活动的设计

一、幼儿园歌唱活动的总目标

1.认知目标

（1）能记住歌曲名称。

（2）正确地感知、理解歌曲中歌词、曲调所表达的内容、情感。

（3）能用自然、美好的声音进行歌唱表现。

2. 情感与态度目标

（1）喜欢唱歌。

（2）积极地体验参与歌唱活动的快乐以及追求用歌唱的方式与他人进行交往的快乐。

3. 操作技能目标

（1）掌握一些最基本、最初步的歌唱技能，能够正确地咬字、吐字和呼吸。

（2）能较自然地运用声音表情和身体动作表情。

（3）能够在集体歌唱活动中控制和调节自己的声音使之与集体相协调。

二、幼儿园歌唱活动的年龄阶段目标

考点1　小班幼儿歌唱活动的目标

小班幼儿歌唱活动的目标包括以下几点。

（1）学习用正确的姿势、自然的声音歌唱，并基本做到吐字清楚、唱准曲调和节奏。

（2）能跟着歌曲的前奏整齐地开始和结束。

（3）在有伴奏的情况下，能独立地、基本完整地唱熟悉的歌曲。

（4）能初步理解和表现歌曲的形象、内容和情感。

（5）在教师的帮助、引导下，能够为熟悉、短小、工整而多重复的简单歌曲增编新的歌词。

（6）喜欢自己歌唱，也喜欢与同伴一起歌唱，并能注意使自己的歌声与集体相一致。

考点2　中班幼儿歌唱活动的目标

中班幼儿歌唱活动的目标包括以下几点。

（1）能用正确的姿势、自然的声音歌唱，并做到吐字清楚、唱准曲调和节奏。

（2）在有伴奏的情况下，能独立而完整地演唱，并初步学会接唱和对唱。

（3）在集体的歌唱活动中能够注意控制自己的音色，使自己的歌声与集体的声音相协调。

（4）能学习用不同的速度、力度和音色变化来表现歌曲的形象、内容和情感。

（5）能够为熟悉、短小、工整而多重复的简单歌曲增编新的歌词，并能尝试独立地将新编的歌词填入曲调中唱出。

（6）喜欢自己歌唱，也喜欢在集体中歌唱，并能大胆地、独立地在集体面前表演。

考点3　大班幼儿歌唱活动的目标

大班幼儿歌唱活动的目标包括以下几点。

（1）能用正确的姿势、自然美好的声音歌唱，并能正确地表现歌曲的节奏、旋律和歌词。

（2）在没有伴奏的情况下，也能独立而完整地演唱，并初步学会领唱齐唱、轮唱和简单的两声部合唱。

（3）能用不同的速度、力度和音色变化来表现歌曲的形象、内容和情感，能注意到歌曲的字、词及乐句的变化，较恰当地表现不同性质、不同风格的歌曲的意境。

（4）能够为熟悉而多重复的歌曲增编新的歌词，并能即兴地、独立地将新编的歌词填入曲调中唱出。

（5）喜欢歌唱，能大胆地、独立地在集体面前进行歌唱表演，并能在集体中尝试用不同的合作表演形式歌唱。

三、幼儿园歌唱活动的内容

国内外优秀的儿童歌曲是幼儿主要的学习内容之一,除此之外还有民间童谣、地方童谣和幼儿自己创作的歌谣、节奏与歌谣的结合等。幼儿园歌唱内容的选择应注意以下几点。

1.歌词的选择

为幼儿选择的歌曲,其歌词应是有趣、易记且能为幼儿所理解和熟悉的,如动物、植物、交通工具、自然现象、幼儿自己的身体部位等;歌词要有重复,有发展余地;还应尽量注意歌词的内容宜于用动作表现。

考题再现

【2020·怀化麻阳·多选】歌唱活动中为儿童选择的歌曲很重要,以下说法正确的有(　　　　)。

A.歌词应是有趣、易记且能为儿童所理解和熟悉的

B.歌词要有重复,有发展余地

C.尽量注意歌词的内容宜于用动作表现

D.比较适合选取含有交通工具、自然现象、动植物内容的歌词

【答案】ABCD。

2.曲调的选择

为幼儿选择的歌曲,其曲调一般应具有如下特点:音域较狭窄;节奏较简单;旋律较平稳且以五声音阶为骨干;结构较短小、工整;词曲关系较简单。

3.歌曲的总体选择

为幼儿选择的歌曲,总体上应该具有纯真性、思想性、艺术性,以及内容、形式、风格等方面的丰富性和多样性。

四、幼儿园歌唱活动的表演形式

在幼儿园歌唱活动中,常用的歌唱表演形式主要有独唱、齐唱、接唱、对唱、领唱齐唱、轮唱、合唱、歌表演等。

(1)独唱:是指一个人独立地唱歌或独自表演。

(2)齐唱:是指两个或两个以上的人在一起整体地唱同一首歌曲。它是幼儿园集体歌唱活动的一种最主要的形式。

(3)接唱:是指将一首歌曲分成几个乐句,由幼儿分组轮流一句一句地接唱。

(4)对唱:是指个人与个人、小组与小组之间以问答的方式各自歌唱歌曲中的问句和答句。

(5)领唱齐唱:是指由一个人(或几个人)唱歌曲中比较主要的部分,集体唱歌曲中配合的部分。

(6)轮唱:是指两个声部按一定间隔先后开始唱同一首歌曲。

(7)合唱:是指两个不同声部相配合的集体演唱形式。

(8)歌表演:是指边唱边表演动作(或两个人合作边唱边表演动作)。

五、幼儿园歌唱活动的过程

幼儿园歌唱活动主要包括新授歌曲、复习歌曲和创造性的幼儿歌唱活动三个环节。其具体设计思路见表5-8-1。

表5-8-1 歌唱活动过程的设计

步骤	组织要点
新授歌曲	（1）新授歌曲包括新歌导入和范唱、理解歌曲内容、体会歌曲性质和学唱新歌四个阶段。 （2）在导入和范唱阶段，可采取动作导入、情景表演导入、故事讲述导入等方式。教师在范唱时应注意：要有正确的唱歌技巧，对幼儿要有真挚的感情。 （3）可借助具体形象的教具（如挂图、贴绒、木偶等）或故事来理解、记忆歌曲内容；也可通过情景表演或操作教具表演来理解、记忆。 （4）在帮助幼儿体会歌曲性质阶段，教师要引导幼儿注意倾听、欣赏，理解体会歌曲表达的情绪情感。 （5）教唱新歌一般采用的方法是分句教唱法和整体教唱法。分句教唱法是指教师唱一句，幼儿学一句。歌曲中难以掌握的部分比较适合分句教唱法。整体教唱法是指让幼儿边完整而充分地聆听歌曲边整体跟唱，以掌握歌曲的方法。一般来说，结构短小、内容紧凑、形象集中、音乐表现手法相对单一的歌曲比较适合整体教唱法
复习歌曲	常用的复习方法有边唱边表演、变换演唱形式、边用教具边唱、用游戏或绘画的方法复习歌曲、为歌曲伴奏等
创造性的幼儿歌唱活动	可以为歌曲内容创编动作，为歌曲填编新歌词，为歌曲创编伴奏，为歌曲创编丰富的演唱形式

第四节　幼儿园韵律活动的设计

一、幼儿园韵律活动的总目标

1.认知目标
（1）能够感知、理解韵律动作与音乐的关系，尝试进行创造性的动作表现。
（2）能符合音乐的情绪要求以及音乐表现手段和表情作用来做动作。

2.情感与态度目标
（1）喜欢参加韵律活动和音乐游戏。
（2）积极体验参与韵律活动和音乐游戏的快乐。
（3）主动地追求用身体动作探索、表达音乐以及与他人合作表演的乐趣。

3.操作技能目标
（1）能够较自如地运用和控制自己的身体动作。
（2）能够掌握运用较简单的道具。
（3）能够在合作性的韵律活动中运用动作和表情与他人交流、配合。

二、幼儿园韵律活动的年龄阶段目标

考点1　小班幼儿韵律活动的目标

小班幼儿韵律活动的目标包括以下几点。

（1）能跟随音乐的节奏做简单的基本动作和模仿动作。

（2）喜欢参加集体的韵律活动和音乐游戏。

（3）学习一些较简单的集体舞。

（4）初步尝试和体验用动作、表情和姿态与他人交流的方法和乐趣。

考点2　中班幼儿韵律活动的目标

中班幼儿韵律活动的目标包括以下几点。

（1）能跟随音乐的节奏做简单的基本动作、模仿动作和舞蹈动作。

（2）喜欢参加集体的韵律活动和音乐游戏。

（3）学习一些基本的舞蹈动作和集体舞。

（4）享受并体验用动作、表情和姿态与他人交流的方法和乐趣，初步尝试用创造性的动作自发地随音乐自由舞蹈的乐趣。

（5）能够在动作表演过程中学习使用一些简单的道具。

考点3　大班幼儿韵律活动的目标

大班幼儿韵律活动的目标包括以下几点。

（1）能跟随音乐的节奏较准确地做各种稍复杂的基本动作、模仿动作和舞蹈动作组合。

（2）喜欢参加集体的韵律活动和音乐游戏，喜欢自发地随音乐自由舞蹈。

（3）进一步丰富舞蹈动作语汇，在掌握一些基本的舞蹈动作和集体舞的基础上，学习一些含有创造性成分的稍复杂的舞蹈组合。

（4）能够积极体验用动作、表情和姿态与他人交流的方法和乐趣，并在合作表演的过程中尝试用创造性的动作大胆、主动地表现。

（5）能够在动作表演过程中学习选择并较熟练地使用一些简单的道具。

三、幼儿园韵律活动的内容

幼儿园韵律活动的教育内容可以概括为以下几个方面。

1.基本动作

基本动作是指幼儿在反射动作基础上发展起来的生活动作，如走、跑、跳、摇头、点头、弯腰、屈膝、击掌等。在小班，基本动作练习占比较大的分量。

2.模仿动作

模仿动作是指幼儿在表现特定事物的外在形态和运动状况时所做的身体动作，具体包括模仿动、植物的动作，模仿日常生活的动作，模仿成人活动的动作，模仿人文自然现象及游戏、舞蹈中的动作。小班幼儿的律动主要以模仿动作为主。

3.舞蹈动作

舞蹈动作是指经过多年的演化和进步，已经程式化了的艺术表演动作。幼儿园各年龄班幼儿学习的舞蹈动作主要是一些基本舞步和简单的上肢手臂手位动作以及简单的少数民族舞蹈组合。各年龄班的基本舞步：小班包括走步、小碎步、小跑步；中班包括蹦跳步、垫步、踵趾小跑步、侧点步；大班包括进退步、跑跳步、交替步、跑马步、秧歌十字步等。

四、幼儿园韵律活动的过程

考点1 律动活动的过程

幼儿律动的内容主要以模仿动物动作、成人劳动中的动作、自然现象中的动作、生活游戏动作为主。在教学上，教师组织幼儿仔细观察是律动学习的一个重要环节。该内容的学习重点以引导幼儿自己观察模仿、联想想象、创编动作为主，必要时教师给予一定的示范帮助。律动活动过程的设计思路见表5-8-2。

表5-8-2　律动活动过程的设计

步骤	组织要点
导入	（1）利用实物、影视或图片引导幼儿观察对象的形状特征、动态、发展变化等，鼓励幼儿用肢体动作进行形象的模仿表现。 （2）也可选择故事导入、复习歌曲导入、情景表演导入、游戏导入等方式
熟悉音乐，创编动作	（1）引导幼儿一边倾听音乐，一边进行联想想象，将肢体动作、音乐与观察对象进行匹配。 （2）从"像什么""做什么""怎么做"入手，进行创编动作
相互观摩学习	（1）请幼儿表达自己的想法和表演自己创造的动作形象。 （2）尊重幼儿的创造和表现，及时给予表扬和鼓励
匹配音乐进行表演活动	可以从幼儿创编的零散动作中，进行提炼加工，组成一组或几组与音乐吻合的完整的律动动作，并带领幼儿进行完整表演
游戏复习巩固	可创设一个有一定情节、趣味性较强的游戏环节，引导幼儿边玩游戏边复习巩固律动动作

考点2 舞蹈活动的过程

舞蹈的学习与律动不一样。舞蹈有规定的舞步、手位动作、队形或舞伴变化等，幼儿学习的方法主要以感受模仿练习为主。其具体设计思路见表5-8-3。

表5-8-3　舞蹈活动过程的设计

步骤	组织要点
导入	（1）可引导幼儿观看欣赏影视资料，让幼儿对舞蹈或民族舞蹈的风格特点有一个完整的印象。 （2）也可以选择队形复习导入、动作复习导入、复习歌曲导入等多种导入方法
教师完整示范	（1）示范的动作要合拍、准确、优美，有较强的表现力。 （2）示范后要引导幼儿说说看到了什么动作，表现了什么意思。 （3）教师可以多遍示范
分解动作学习练习	（1）可以针对难以掌握的动作进行逐个分解学习。 （2）为了让幼儿明白动作的发展变化过程，可将上肢动作和舞步分开。 （3）可以用口令或教师哼唱旋律进行，简单的动作可以直接配乐练习
完整合乐表演	刚开始教师要带领幼儿练习，待幼儿比较熟练后可以分小组进行表演交流

考点3 音乐游戏的过程

音乐游戏有角色表演游戏、歌舞游戏和听辨反应游戏。后面两种游戏的设计可以和律动活动大致相同。角色表演游戏，由于有一定的情节和角色，关系到情节的发展和角色的动作，所以要有游戏规则的制约。教学时幼儿事先要掌握各角色的动作，了解情节的发展，掌握游戏的规则后方能进行游戏。其具体设计思路见

表5-8-4。

表5-8-4　音乐游戏过程的设计

步骤	组织要点
熟悉音乐	（1）引导幼儿倾听音乐是关键的一步。 （2）按情节的发展变化引导幼儿理解音乐
学习游戏角色动作、分段表演	（1）带领幼儿分别扮演、学习游戏中的各个角色，也可以引导幼儿自由创编新的动作形象。 （2）幼儿初步掌握后，教师可以用哼唱的形式组织幼儿分段表演
交代游戏规则	以简短的形式强调游戏规则
带领幼儿游戏	教师要观察幼儿游戏进行时出现的问题，如动作与音乐是否匹配，角色的扮演是否形象生动，幼儿是否按规则进行等，以提升幼儿游戏的质量

第五节　幼儿园打击乐演奏活动的设计

一、幼儿园打击乐演奏活动的总目标

1.认知目标

（1）能够认识、辨别各种常用打击乐器及音色特点。

（2）掌握一些简单的节奏类型。

（3）了解有关打击乐器的一些基本知识。

（4）能够理解指挥的手势含义并与指挥相配合。

考题再现

【2019·长沙望城·单选】幼儿打击乐演奏活动的认知目标不包括（　　　）。

A.能够认识、辨别各种常用打击乐器及音色特点

B.掌握一些简单的节奏类型

C.能够再认和区分已欣赏过的音乐作品

D.能够理解指挥的手势含义并与指挥相配合

【答案】C。

2.情感与态度目标

（1）喜欢参与打击乐演奏活动。

（2）乐意探索乐器的不同演奏方法和尝试创造性的表现。

（3）积极体验并享受与他人合作演奏的快乐。

3.操作技能目标

（1）熟练掌握一些常用打击乐器的演奏方法。

（2）能够在集体的演奏活动中有意识地控制、调节自己奏出的音色，使其与集体的演奏相协调。

（3）能够学习并掌握使用、整理和保护乐器的一些简单规则。

二、幼儿园打击乐演奏活动的年龄阶段目标

考点1 小班幼儿打击乐演奏活动的目标

小班幼儿打击乐演奏活动的目标包括以下几点。
（1）学习并掌握几种最常用的打击乐器（如碰铃、串铃、铃鼓等）的演奏方法。
（2）喜欢操弄打击乐器，喜欢参加集体的打击乐演奏活动。
（3）能够为简单、短小的二拍子和四拍子的歌曲、乐曲伴奏。
（4）初步学会识别指挥开始和结束演奏。
（5）了解并遵守集体的打击乐演奏活动中的一些基本规则，如乐器取放的恰当位置等。

考点2 中班幼儿打击乐演奏活动的目标

中班幼儿打击乐演奏活动的目标包括以下几点。
（1）进一步学习并掌握一些打击乐器（如木鱼、响板、沙球等）的演奏方法。
（2）喜欢操弄打击乐器，喜欢参加集体的打击乐演奏活动。
（3）能够用乐器为二拍子、三拍子、四拍子的歌曲和乐曲配不同的简单伴奏。
（4）进一步学会识别指挥开始、结束和变化演奏。
（5）能初步尝试部分地参与打击乐演奏配器方案的讨论。
（6）能较自觉地遵守集体的打击乐演奏活动中的一些常规，养成爱护乐器的态度和习惯。

考点3 大班幼儿打击乐演奏活动的目标

大班幼儿打击乐演奏活动的目标包括以下几点。
（1）进一步学习并掌握更多打击乐器（如三角铁、双响筒、钹等）的演奏方法。
（2）喜欢并积极参与集体的打击乐演奏活动，能部分地参与打击乐演奏配器方案的设计。
（3）能正确地根据指挥的手势开始、结束和变化演奏。
（4）能在集体的打击乐演奏中有意识地注意在音色、音量和表情上与集体相协调一致。
（5）能自觉地遵守集体打击乐演奏活动中的一些常规，养成爱护乐器的态度和习惯。

三、幼儿园打击乐演奏活动的内容

1.打击乐曲

幼儿园音乐教育活动中使用的打击乐曲一般可以分为两类：一类是纯粹的打击乐曲，即专门为打击乐器创作或仅由打击乐器来演奏的乐曲；另一类是指特定的歌曲或器乐曲。目前幼儿园常见的打击乐曲是第二类打击乐曲。

2.打击乐演奏的基本知识和技能

打击乐演奏的基本知识和技能包括以下三方面。
（1）认识乐器，掌握与乐器有关的知识及演奏打击乐器的技能。
（2）了解音乐的配器，能选择适当的节奏型以及合适的乐器，为熟悉的歌曲或乐曲设计伴奏。
（3）学习看指挥演奏乐器，学习如何与人沟通、与人合作。

四、幼儿园打击乐演奏活动的过程

幼儿园打击乐演奏活动包括新授打击乐演奏活动、复习打击乐演奏活动、创造性的打击乐演奏活动三个环节。其具体设计思路见表5-8-5。

表5-8-5　打击乐演奏活动过程的设计

步骤	组织要点
新授打击乐演奏活动	（1）导入可采用总谱学习导入、总谱创编导入、音乐欣赏导入、故事导入等方式。 （2）先从单一节奏型的学习开始，将整首的节奏型根据乐曲的前后顺序分解成各个部分，逐一带领全班幼儿学习、练习。 （3）组织幼儿用拍手的形式一边感知音乐，一边练习相应的节奏型。 （4）在幼儿初步掌握所有的节奏型的基础上，教师可以组织幼儿分声部进行徒手练习。 （5）分声部持乐器完整演奏时，要求幼儿认真倾听音乐，结合教师的指挥，注意倾听演奏的音响效果
复习打击乐演奏活动	可以针对存在的问题进行纠正，也可以尝试相互更换乐器进行演奏，也可以邀请幼儿参与指挥
创造性的打击乐演奏活动	可以组织幼儿进行一系列的创编活动，探讨音乐、乐器与生活声音的匹配，探讨乐器的不同使用方法等

第六节　幼儿园音乐欣赏活动的设计

一、幼儿园音乐欣赏活动的总目标

1.认知目标
（1）能够感受、体验音乐欣赏作品所表达的内容和情绪。
（2）能够理解音乐作品最基本的表现手段。
（3）能够再认和区分已欣赏过的音乐作品。

2.情感与态度目标
（1）乐意参与音乐欣赏活动，有积极的欣赏态度。
（2）体验并享受音乐欣赏过程的快乐。

3.操作技能目标
（1）初步学习运用文学、美术、韵律动作等各种艺术表现手段来表达自己对音乐作品的想象和情感体验。
（2）能够在音乐欣赏的过程中尝试与同伴交流和配合，共同协作来表达对音乐的感受和理解。

二、幼儿园音乐欣赏活动的年龄阶段目标

考点1　小班幼儿音乐欣赏活动的目标

小班幼儿音乐欣赏活动的目标包括以下几点。

（1）能初步感受性质鲜明、结构短小的歌曲或有标题的器乐曲的形象、内容和情感，并产生一定的外部动作反应。

（2）喜欢倾听周围生活中的各种声音，并用自己喜欢的方式（嗓音、动作等）来表达。

（3）乐意参与集体的音乐欣赏活动，并积极尝试和体验音乐欣赏过程的快乐。

考点2　中班幼儿音乐欣赏活动的目标

中班幼儿音乐欣赏活动的目标包括以下几点。

（1）能感受性质鲜明、结构短小的歌曲或器乐曲的形象、内容、情感，并产生一定的联想，用外部的动作加以反应。

（2）能初步了解并辨别进行曲、舞曲、摇篮曲等不同风格音乐的基本性质。

（3）喜欢倾听周围生活中的各种声音，并能大胆地用自己喜欢的方式（嗓音、动作等）来表达。

（4）乐意参与集体的音乐欣赏活动，并积极尝试和体验音乐欣赏过程的快乐。

（5）初步学习运用不同的艺术表演形式（如文学、美术、韵律动作等）来表达对音乐的感受和理解。

考点3　大班幼儿音乐欣赏活动的目标

大班幼儿音乐欣赏活动的目标包括以下几点。

（1）能较准确地感受性质鲜明、结构适中的歌曲或器乐曲的形象、内容和情感，并产生一定的联想，用外部的动作加以反应。

（2）能进一步丰富并加深对进行曲、舞曲、摇篮曲等不同风格、不同性质的音乐的认识。

（3）喜欢倾听周围生活中的各种声音，并能用嗓音和动作等表现方式进行创造性的表达。

（4）能主动、积极地参与集体的音乐欣赏活动，享受并体验音乐欣赏过程的快乐。

（5）能够运用不同的艺术表演形式（如文学、美术、韵律动作等）来大胆表达对音乐的感受和理解。

三、幼儿园音乐欣赏活动的内容

1.倾听周围环境中的声音

在我们周围的环境中，无论是自然界，还是社会生活中都充满了各种声音，如鸟叫声，暴风的呼啸声，雨水的嘀嗒声，汽车的鸣笛声，火车、飞机的隆隆声等。日常生活中可随时引导幼儿进行倾听的活动。

2.欣赏音乐作品

音乐作品有歌曲和器乐曲两种，主要包括以下内容。

（1）优秀的中外少年、儿童歌曲，包括创作歌曲和广泛流传的民歌、童谣，如《铃儿响叮当》《捉泥鳅》《种太阳》等。

（2）由歌曲改编的器乐曲，包括由中外优秀的儿童歌曲及优秀民歌改编的器乐曲，如《洋娃娃和小熊跳舞》等。

（3）专门为儿童创作的简单器乐曲，如《扑蝴蝶》等。

（4）专门为儿童创作的音乐童话的片段，如《龟兔赛跑》《彼得和狼》等。

（5）中外著名音乐作品或其中的片段，如《牧童短笛》《金蛇狂舞》《土耳其进行曲》《梁祝》等。

四、幼儿园音乐欣赏活动的过程

考点1　歌曲欣赏活动的过程

歌曲欣赏活动过程的设计思路见表5-8-6。

表5-8-6　歌曲欣赏活动过程的设计

步骤	组织要点
导入	（1）可通过演唱或让幼儿倾听音频的方式导入，也可以以谈话、故事、儿歌等其他方式导入。 （2）第一遍欣赏时引导幼儿说出歌曲的性质
理解歌词内容	第二遍欣赏时出示相关直观教具，帮助幼儿理解歌词内容
感受歌曲的演唱形式	第三遍欣赏时，可以问问该歌曲是男声还是女声演唱，是独唱还是合唱
创编动作	与幼儿探讨歌词可以用什么样的动作来表现，引导幼儿创编动作
边听歌曲边完整表演	教师可与幼儿一起根据创编的动作进行表演

考点2　器乐曲欣赏活动的过程

器乐曲欣赏活动过程的设计思路见表5-8-7。

表5-8-7　器乐曲欣赏活动过程的设计

步骤	组织要点
完整欣赏音乐导入	该环节应让幼儿初步了解作品的主要内容和情绪性质，并向其介绍作品的名称
深入感受理解音乐作品	在说说、做做、画画、想想、玩玩的各种活动中反复欣赏理解音乐作品
分段欣赏	（1）一般按乐曲的结构逐段欣赏，引导幼儿用说或动作表现音乐。 （2）引导幼儿倾听音乐作品由什么乐器演奏，用了何种表现方法。 （3）运用视觉材料帮助幼儿分辨音乐作品的曲式结构
以游戏或表演的形式完整欣赏	运用游戏、表演引导幼儿反复倾听、感受、理解音乐

考点3　舞蹈欣赏活动的过程

舞蹈欣赏活动过程的设计思路见表5-8-8。

表5-8-8　舞蹈欣赏活动过程的设计

步骤	组织要点
完整欣赏舞蹈	组织幼儿观看录像或教师表演，对舞蹈有初步的印象
探讨舞蹈中的服饰	引导幼儿观察服饰的花纹，了解各民族人民的生活习惯
探讨舞蹈动作表现的内容	（1）引导幼儿再次欣赏舞蹈，注意观察动作表现了什么内容。 （2）组织幼儿讨论自己喜欢的动作，并尝试模仿表演
跟着教师完整表演	组织幼儿完整欣赏音乐，并跟随音乐表演

一、单项选择题

1.奥尔夫音乐教学的组织形式是（　　　）和综合教学。

A.小组教学　　　　　　　　　　　　　B.个别教学

C.集体教学　　　　　　　　　　　　　D.混合教学

2.以下哪一项不是幼儿园音乐教育的内容？（　　　）

A.歌唱活动　　　　　　　　　　　　　B.韵律活动

C.打击乐演奏活动　　　　　　　　　　D.器乐演奏

二、活动设计题

请根据小班幼儿的年龄特点，设计一个音乐教育活动。要求写出活动目标、活动准备、活动过程。

参考答案及解析

一、单项选择题

1.【答案】C。解析：集体教学和综合教学是奥尔夫音乐教学的组织形式。

2.【答案】D。解析：幼儿园音乐教育的内容包括歌唱活动、韵律活动、打击乐演奏活动、音乐欣赏活动。

二、活动设计题

【参考设计】

小班韵律活动：猫捉老鼠

活动目标：

1.感受乐曲活泼、诙谐的情绪，体验韵律活动的乐趣。

2.知道老鼠和猫的动作特点，并能用动作表现它们的活动。

3.能够根据音乐创编动作，并在集体面前表演。

活动准备：

《猫捉老鼠》教学挂图和音乐，猫和老鼠头饰若干。

活动过程：

1.观看教学挂图，模仿老鼠动作。

（1）教师引导幼儿仔细观察挂图，用手部动作和身体的屈伸模仿老鼠的不同动作造型。

（2）幼儿在座位上尝试做老鼠行走、吃米、睡觉的动作。

2.初步尝试合乐表演。

（1）教师戴老鼠头饰完整范唱，同时做与歌词内容相一致的动作。

（2）教师歌唱，引导幼儿在座位上合乐表演。

3.师生共同表演。

（1）幼儿扮演小老鼠，教师扮演大猫。幼儿散点站，尝试和教师一起边唱边表演。

（2）唱第一段时，幼儿合乐踮脚跑，一拍一下。唱第二、三、四段时，幼儿找空地蹲下，合乐做吃米、睡觉动作，一拍一下。大猫唱到最后一句时，小老鼠快速跑回座位。

活动延伸：

教师将音乐和道具投放到表演区，区域游戏时组织幼儿分角色进行表演。

第六部分　学前教育法规

　　本部分内容共分为四章，主要介绍了《幼儿园工作规程》《幼儿园教育指导纲要（试行）》《幼儿园教师专业标准（试行）》《3—6岁儿童学习与发展指南》四个常考的学前教育法规。

　　本部分内容主要考查的题型包括单项选择题、多项选择题、判断题、简答题和论述题。

　　根据对往年考题的分析与总结，本部分四章都是重点考查内容。

第一章 《幼儿园工作规程》

考情分析

本章内容以识记、理解为主,主要以单项选择题、多项选择题、判断题、填空题的形式进行考查。其中幼儿入园和编班、幼儿园的安全、幼儿园的卫生保健、幼儿园的教育是重点考查内容。

学习目标

识记、理解《幼儿园工作规程》中关于幼儿入园和编班、幼儿园的卫生保健及教育的规定。

幼儿园工作规程
(2015年12月14日第48次部长办公会议审议通过,自2016年3月1日起施行)

第一章 总则

第一条 【制定依据】为了加强幼儿园的科学管理,规范办园行为,提高保育和教育质量,促进幼儿身心健康,依据《中华人民共和国教育法》等法律法规,制定本规程。

第二条 【定义】幼儿园是对3周岁以上学龄前幼儿实施保育和教育的机构。幼儿园教育是基础教育的重要组成部分,是学校教育制度的基础阶段。

第三条 【任务】幼儿园的任务是:贯彻国家的教育方针,按照保育与教育相结合的原则,遵循幼儿身心发展特点和规律,实施德、智、体、美等方面全面发展的教育,促进幼儿身心和谐发展。

幼儿园同时面向幼儿家长提供科学育儿指导。

> **考题再现**
>
> 【2018·长沙岳麓·单选】幼儿园的任务是贯彻国家的教育方针,按照（　　　）的原则,遵循幼儿身心发展特点和规律,促进幼儿身心和谐发展。
>
> A.因地制宜　　　　　　　　　　B.游戏活动
>
> C.全面发展　　　　　　　　　　D.保育与教育相结合
>
> 【答案】D。

第四条 【学龄学制】幼儿园适龄幼儿一般为3周岁至6周岁。

幼儿园一般为三年制。

第五条 【主要目标】幼儿园保育和教育的主要目标是:

(一)促进幼儿身体正常发育和机能的协调发展,增强体质,促进心理健康,培养良好的生活习惯、卫生习惯和参加体育活动的兴趣。

(二)发展幼儿智力,培养正确运用感官和运用语言交往的基本能力,增进对环境的认识,培养有益的兴趣和求知欲望,培养初步的动手探究能力。

(三)萌发幼儿爱祖国、爱家乡、爱集体、爱劳动、爱科学的情感,培养诚实、自信、友爱、勇敢、勤学、好问、爱护公物、克服困难、讲礼貌、守纪律等良好的品德行为和习惯,以及活泼开朗的性格。

（四）培养幼儿初步感受美和表现美的情趣和能力。

考题再现

1.【2020·长沙岳麓·填空】发展幼儿智力，培养正确运用感官和语言交往的基本能力，增进对环境的认识，培养有益的兴趣和求知欲望，培养初步的动手探究能力属于幼儿全面发展教育中的＿＿＿目标。

【答案】智育

2.【2018·常德武陵·单选】《幼儿园工作规程》所提出的教育目标中，"培养儿童活泼开朗的性格"属于（　　）目标的范畴。

A.智育　　　　　　　B.体育　　　　　　　C.德育　　　　　　　D.美育

【答案】C。

第六条　【严禁虐待体罚】幼儿园教职工应当尊重、爱护幼儿，严禁虐待、歧视、体罚和变相体罚、侮辱幼儿人格等损害幼儿身心健康的行为。

第七条　【办学形式】幼儿园可分为全日制、半日制、定时制、季节制和寄宿制等。上述形式可分别设置，也可混合设置。

考题再现

【2018·郴州汝城·多选】幼儿园可分为（　　）等形式，可分别设置，也可混合设置。

A.全日制　　　　　　　　　　　　　　B.半日制

C.定时制　　　　　　　　　　　　　　D.季节制

【答案】ABCD。

第二章　幼儿入园和编班

第八条　【入园时间】幼儿园每年秋季招生。平时如有缺额，可随时补招。

幼儿园对烈士子女、家中无人照顾的残疾人子女、孤儿、家庭经济困难幼儿、具有接受普通教育能力的残疾儿童等入园，按照国家和地方的有关规定予以照顾。

第九条　【招生范围】企业、事业单位和机关、团体、部队设置的幼儿园，除招收本单位工作人员的子女外，应当积极创造条件向社会开放，招收附近居民子女入园。

第十条　【入园体检】幼儿入园前，应当按照卫生部门制定的卫生保健制度进行健康检查，合格者方可入园。

幼儿入园除进行健康检查外，禁止任何形式的考试或测查。

考题再现

【2020·怀化麻阳·单选】根据我国《幼儿园工作规程》的规定，下列表述不正确的是（　　）。

A.幼儿园是对3周岁以上学龄前幼儿实施保育和教育的机构

B.幼儿园对幼儿健康发展状况定期进行分析、评价，及时向家长反馈结果

C.幼儿入园前必须进行简单的测试，通过者方可入园

D.幼儿园不得以营利为目的组织幼儿表演、竞赛等活动

【答案】C。

第十一条　【班级规模】幼儿园规模应当有利于幼儿身心健康，便于管理，一般不超过360人。

幼儿园每班幼儿人数一般为：小班（3周岁至4周岁）25人，中班（4周岁至5周岁）30人，大班（5周岁至6周岁）35人，混合班30人。

寄宿制幼儿园每班幼儿人数酌减。

幼儿园可以按年龄分别编班，也可以混合编班。

第三章　幼儿园的安全

第十二条　【制度保障】幼儿园应当严格执行国家和地方幼儿园安全管理的相关规定，建立健全门卫、房屋、设备、消防、交通、食品、药物、幼儿接送交接、活动组织和幼儿就寝值守等安全防护和检查制度，建立安全责任制和应急预案。

第十三条　【安全标准】幼儿园的园舍应当符合国家和地方的建设标准，以及相关安全、卫生等方面的规范，定期检查维护，保障安全。幼儿园不得设置在污染区和危险区，不得使用危房。

幼儿园的设备设施、装修装饰材料、用品用具和玩教具材料等，应当符合国家相关的安全质量标准和环保要求。

入园幼儿应当由监护人或者其委托的成年人接送。

第十四条　【食品药品安全】幼儿园应当严格执行国家有关食品药品安全的法律法规，保障饮食饮水卫生安全。

第十五条　【安全意识】幼儿园教职工必须具有安全意识，掌握基本急救常识和防范、避险、逃生、自救的基本方法，在紧急情况下应当优先保护幼儿的人身安全。

幼儿园应当把安全教育融入一日生活，并定期组织开展多种形式的安全教育和事故预防演练。

幼儿园应当结合幼儿年龄特点和接受能力开展反家庭暴力教育，发现幼儿遭受或者疑似遭受家庭暴力的，应当依法及时向公安机关报案。

第十六条　【安全保险】幼儿园应当投保校方责任险。

第四章　幼儿园的卫生保健

第十七条　【保健工作要求和依据】幼儿园必须切实做好幼儿生理和心理卫生保健工作。

幼儿园应当严格执行《托儿所幼儿园卫生保健管理办法》以及其他有关卫生保健的法规、规章和制度。

第十八条　【作息制度】幼儿园应当制定合理的幼儿一日生活作息制度。正餐间隔时间为3.5~4小时。在正常情况下,幼儿户外活动时间(包括户外体育活动时间)每天不得少于2小时,寄宿制幼儿园不得少于3小时;高寒、高温地区可酌情增减。

> **考题再现**
>
> 1.【2020·长沙浏阳·单选】幼儿园应当合理安排用餐时间。正餐间隔时间为(　　)。
>
> A.2小时　　　　　　　　　　　　　　　B.2.5~3.5小时
>
> C.3.5~4小时　　　　　　　　　　　　　D.4.5~5小时
>
> 【答案】C。
>
> 2.【2020·长沙天心·单选】《幼儿园工作规程》中指出,幼儿户外活动时间在正常情况下每天应不少于(　　)。
>
> A.1小时　　　　B.1.5小时　　　　C.2小时　　　　D.3.5小时
>
> 【答案】C。

第十九条　【体检制度】幼儿园应当建立幼儿健康检查制度和幼儿健康卡或档案。每年体检一次,每半年测身高、视力一次,每季度量体重一次;注意幼儿口腔卫生,保护幼儿视力。

幼儿园对幼儿健康发展状况定期进行分析、评价,及时向家长反馈结果。

幼儿园应当关注幼儿心理健康,注重满足幼儿的发展需要,保持幼儿积极的情绪状态,让幼儿感受到尊重和接纳。

第二十条　【疾病防治】幼儿园应当建立卫生消毒、晨检、午检制度和病儿隔离制度,配合卫生部门做好计划免疫工作。

幼儿园应当建立传染病预防和管理制度,制定突发传染病应急预案,认真做好疾病防控工作。

幼儿园应当建立患病幼儿用药的委托交接制度,未经监护人委托或者同意,幼儿园不得给幼儿用药。幼儿园应当妥善管理药品,保证幼儿用药安全。

幼儿园内禁止吸烟、饮酒。

> **考题再现**
>
> 【2018·长沙岳麓·多选】幼儿园建立(　　)等卫生保障制度,配合卫生部门做好计划免疫工作。
>
> A.卫生消毒　　　　　　　　　　　B.晨检、午检
>
> C.病儿隔离　　　　　　　　　　　D.门禁安全制度
>
> 【答案】ABC。

第二十一条　【合理膳食】供给膳食的幼儿园应当为幼儿提供安全卫生的食品,编制营养平衡的幼儿食谱,定期计算和分析幼儿的进食量和营养素摄取量,保证幼儿合理膳食。

幼儿园应当每周向家长公示幼儿食谱,并按照相关规定进行食品留样。

第二十二条　【饮食便利和良好生活习惯】幼儿园应当配备必要的设备设施,及时为幼儿提供安全卫生的饮用水。

幼儿园应当培养幼儿良好的大小便习惯,不得限制幼儿便溺的次数、时间等。

> **考题再现**
>
> 【2019·长沙望城·判断】幼儿园应当培养幼儿良好的大小便习惯,不得限制幼儿的便溺次数、时间等。(　　)
>
> 【答案】√。

第二十三条　【体育活动】幼儿园应当积极开展适合幼儿的体育活动,充分利用日光、空气、水等自然因

素以及本地自然环境,有计划地锻炼幼儿肌体,增强身体的适应和抵抗能力。正常情况下,每日户外体育活动不得少于1小时。

考题再现

【2020·长沙岳麓·填空】根据《幼儿园工作规程》的规定,幼儿园应当积极开展适合幼儿的体育活动,充分利用日光、空气、水等自然因素以及本地自然环境,有计划地锻炼幼儿肌体,增强身体的适应和抵抗能力。正常情况下,每日户外体育活动不得少于_____小时。

【答案】1

幼儿园在开展体育活动时,应当对体弱或有残疾的幼儿予以特殊照顾。

第二十四条 【防暑防寒】幼儿园夏季要做好防暑降温工作,冬季要做好防寒保暖工作,防止中暑和冻伤。

第五章　幼儿园的教育

第二十五条 【教育原则和要求】幼儿园教育应当贯彻以下原则和要求:

(一)德、智、体、美等方面的教育应当互相渗透,有机结合。

(二)遵循幼儿身心发展规律,符合幼儿年龄特点,注重个体差异,因人施教,引导幼儿个性健康发展。

(三)面向全体幼儿,热爱幼儿,坚持积极鼓励、启发引导的正面教育。

(四)综合组织健康、语言、社会、科学、艺术各领域的教育内容,渗透于幼儿一日生活的各项活动中,充分发挥各种教育手段的交互作用。

(五)以游戏为基本活动,寓教育于各项活动之中。

(六)创设与教育相适应的良好环境,为幼儿提供活动和表现能力的机会与条件。

第二十六条 【一日活动组织】幼儿一日活动的组织应当动静交替,注重幼儿的直接感知、实际操作和亲身体验,保证幼儿愉快的、有益的自由活动。

考题再现

【2018·长沙岳麓·多选】幼儿一日活动的组织应当动静交替,注重幼儿的(　　　),保证幼儿愉快的、有益的自由活动。

A.直接感知　　　　　　　　　　B.实际操作

C.智力开发　　　　　　　　　　D.亲身体验

【答案】ABD。

第二十七条 【日常生活组织】幼儿园日常生活组织,应当从实际出发,建立必要、合理的常规,坚持一贯性和灵活性相结合,培养幼儿的良好习惯和初步的生活自理能力。

第二十八条 【教育活动组织】幼儿园应当为幼儿提供丰富多样的教育活动。

教育活动内容应当根据教育目标、幼儿的实际水平和兴趣确定,以循序渐进为原则,有计划地选择和组织。

教育活动的组织应当灵活地运用集体、小组和个别活动等形式,为每个幼儿提供充分参与的机会,满足幼儿多方面发展的需要,促进每个幼儿在不同水平上得到发展。

教育活动的过程应注重支持幼儿的主动探索、操作实践、合作交流和表达表现,不应片面追求活动结果。

第二十九条 【游戏】幼儿园应当将游戏作为对幼儿进行全面发展教育的重要形式。

幼儿园应当因地制宜创设游戏条件,提供丰富、适宜的游戏材料,保证充足的游戏时间,开展多种游戏。

幼儿园应当根据幼儿的年龄特点指导游戏,鼓励和支持幼儿根据自身兴趣、需要和经验水平,自主选择游戏内容、游戏材料和伙伴,使幼儿在游戏过程中获得积极的情绪情感,促进幼儿能力和个性的全面发展。

第三十条 【环境】幼儿园应当将环境作为重要的教育资源,合理利用室内外环境,创设开放的、多样的区域活动空间,提供适合幼儿年龄特点的丰富的玩具、操作材料和幼儿读物,支持幼儿自主选择和主动学习,激发幼儿学习的兴趣与探究的愿望。

幼儿园应当营造尊重、接纳和关爱的氛围,建立良好的同伴和师生关系。

幼儿园应当充分利用家庭和社区的有利条件,丰富和拓展幼儿园的教育资源。

第三十一条 【品德教育】幼儿园的品德教育应当以情感教育和培养良好行为习惯为主,注重潜移默化的影响,并贯穿于幼儿生活以及各项活动之中。

第三十二条 【注重个体差异】幼儿园应当充分尊重幼儿的个体差异,根据幼儿不同的心理发展水平,研究有效的活动形式和方法,注重培养幼儿良好的个性心理品质。

幼儿园应当为在园残疾儿童提供更多的帮助和指导。

第三十三条 【幼小衔接】幼儿园和小学应当密切联系,互相配合,注意两个阶段教育的相互衔接。

幼儿园不得提前教授小学教育内容,不得开展任何违背幼儿身心发展规律的活动。

第六章 幼儿园的园舍、设备

第三十四条 【基本设施】幼儿园应当按照国家的相关规定设活动室、寝室、卫生间、保健室、综合活动室、厨房和办公用房等,并达到相应的建设标准。有条件的幼儿园应当优先扩大幼儿游戏和活动空间。

寄宿制幼儿园应当增设隔离室、浴室和教职工值班室等。

第三十五条 【户外活动场地】幼儿园应当有与其规模相适应的户外活动场地,配备必要的游戏和体育活动设施,创造条件开辟沙地、水池、种植园地等,并根据幼儿活动的需要绿化、美化园地。

第三十六条 【配备设施】幼儿园应当配备适合幼儿特点的桌椅、玩具架、盥洗卫生用具,以及必要的玩教具、图书和乐器等。

玩教具应当具有教育意义并符合安全、卫生要求。幼儿园应当因地制宜,就地取材,自制玩教具。

第三十七条 【建筑规定】幼儿园的建筑规划面积、建筑设计和功能要求,以及设施设备、玩教具配备,按照国家和地方的相关规定执行。

第七章 幼儿园的教职工

第三十八条 【人事编制】幼儿园按照国家相关规定设园长、副园长、教师、保育员、卫生保健人员、炊事员和其他工作人员等岗位,配足配齐教职工。

第三十九条 【教职工素质要求】幼儿园教职工应当贯彻国家教育方针,具有良好品德,热爱教育事业,尊重和爱护幼儿,具有专业知识和技能以及相应的文化和专业素养,为人师表,忠于职责,身心健康。

幼儿园教职工患传染病期间暂停在幼儿园的工作。有犯罪、吸毒记录和精神病史者不得在幼儿园工作。

第四十条 【园长资格及职责】幼儿园园长应当符合本规程第三十九条规定,并应当具有《教师资格条例》规定的教师资格、具备大专以上学历、有三年以上幼儿园工作经历和一定的组织管理能力,并取得幼儿园园长岗位培训合格证书。

幼儿园园长由举办者任命或者聘任,并报当地主管的教育行政部门备案。

幼儿园园长负责幼儿园的全面工作,主要职责如下:

(一)贯彻执行国家的有关法律、法规、方针、政策和地方的相关规定,负责建立并组织执行幼儿园的各项规章制度。

(二)负责保育教育、卫生保健、安全保卫工作。

(三)负责按照有关规定聘任、调配教职工,指导、检查和评估教师以及其他工作人员的工作,并给予奖惩。

（四）负责教职工的思想工作，组织业务学习，并为他们的学习、进修、教育研究创造必要的条件。

（五）关心教职工的身心健康，维护他们的合法权益，改善他们的工作条件。

（六）组织管理园舍、设备和经费。

（七）组织和指导家长工作。

（八）负责与社区的联系和合作。

第四十一条 【幼儿教师资格】幼儿园教师必须具有《教师资格条例》规定的幼儿园教师资格，并符合本规程第三十九条规定。

幼儿园教师实行聘任制。

幼儿园教师对本班工作全面负责，其主要职责如下：

（一）观察了解幼儿，依据国家有关规定，结合本班幼儿的发展水平和兴趣需要，制订和执行教育工作计划，合理安排幼儿一日生活。

（二）创设良好的教育环境，合理组织教育内容，提供丰富的玩具和游戏材料，开展适宜的教育活动。

（三）严格执行幼儿园安全、卫生保健制度，指导并配合保育员管理本班幼儿生活，做好卫生保健工作。

（四）与家长保持经常联系，了解幼儿家庭的教育环境，商讨符合幼儿特点的教育措施，相互配合共同完成教育任务。

（五）参加业务学习和保育教育研究活动。

（六）定期总结评估保教工作实效，接受园长的指导和检查。

考题再现

【2018·郴州汝城·单选】幼儿园教师对本班工作全面负责，其主要职责不包括（   ）。

A.负责本班房舍、设备、环境的清洁卫生和消毒工作

B.定期总结评估保教工作实效，接受园长的指导和检查

C.参加业务学习和保育教育研究活动

D.制订和执行教育工作计划，合理安排幼儿一日生活

【答案】A。

第四十二条 【保育员资格】幼儿园保育员应当符合本规程第三十九条规定，并应当具备高中毕业以上学历，受过幼儿保育职业培训。

幼儿园保育员的主要职责如下：

（一）负责本班房舍、设备、环境的清洁卫生和消毒工作。

（二）在教师指导下，科学照料和管理幼儿生活，并配合本班教师组织教育活动。

（三）在卫生保健人员和本班教师指导下，严格执行幼儿园安全、卫生保健制度。

（四）妥善保管幼儿衣物和本班的设备、用具。

第四十三条 【医务人员资格】幼儿园卫生保健人员除符合本规程第三十九条规定外，医师应当取得卫生行政部门颁发的《医师执业证书》；护士应当取得《护士执业证书》；保健员应当具有高中毕业以上学历，并经过当地妇幼保健机构组织的卫生保健专业知识培训。

幼儿园卫生保健人员对全园幼儿身体健康负责，其主要职责如下：

（一）协助园长组织实施有关卫生保健方面的法规、规章和制度，并监督执行。

（二）负责指导调配幼儿膳食，检查食品、饮水和环境卫生。

（三）负责晨检、午检和健康观察，做好幼儿营养、生长发育的监测和评价。定期组织幼儿健康体检，做好幼儿健康档案管理。

（四）密切与当地卫生保健机构的联系，协助做好疾病防控和计划免疫工作。

（五）向幼儿园教职工和家长进行卫生保健宣传和指导。

（六）妥善管理医疗器械、消毒用具和药品。

第四十四条 【其他工作人员资格】幼儿园其他工作人员的资格和职责，按照国家和地方的有关规定执行。

第四十五条 【奖励机制】对认真履行职责、成绩优良的幼儿园教职工，应当按照有关规定给予奖励。

对不履行职责的幼儿园教职工，应当视情节轻重，依法依规给予相应处分。

第八章 幼儿园的经费

第四十六条 【经费筹措】幼儿园的经费由举办者依法筹措，保障有必备的办园资金和稳定的经费来源。

按照国家和地方相关规定接受财政扶持的提供普惠性服务的国有企事业单位办园、集体办园和民办园等幼儿园，应当接受财务、审计等有关部门的监督检查。

第四十七条 【收费依据】幼儿园收费按照国家和地方的有关规定执行。

幼儿园实行收费公示制度，收费项目和标准向家长公示，接受社会监督，不得以任何名义收取与新生入园相挂钩的赞助费。

幼儿园不得以培养幼儿某种专项技能、组织或参与竞赛等为由，另外收取费用；不得以营利为目的组织幼儿表演、竞赛等活动。

第四十八条 【经费管理】幼儿园的经费应当按照规定的使用范围合理开支，坚持专款专用，不得挪作他用。

第四十九条 【经费用途】幼儿园举办者筹措的经费，应当保证保育和教育的需要，有一定比例用于改善办园条件和开展教职工培训。

第五十条 【膳食费】幼儿膳食费应当实行民主管理制度，保证全部用于幼儿膳食，每月向家长公布账目。

第五十一条 【经费审核制度】幼儿园应当建立经费预算和决算审核制度，经费预算和决算应当提交园务委员会审议，并接受财务和审计部门的监督检查。

幼儿园应当依法建立资产配置、使用、处置、产权登记、信息管理等管理制度，严格执行有关财务制度。

第九章 幼儿园、家庭和社区

第五十二条 【家园配合】幼儿园应当主动与幼儿家庭沟通合作，为家长提供科学育儿宣传指导，帮助家长创设良好的家庭教育环境，共同担负教育幼儿的任务。

第五十三条 【幼儿园与家长联系制度】幼儿园应当建立幼儿园与家长联系的制度。幼儿园可采取多种形式，指导家长正确了解幼儿园保育和教育的内容、方法，定期召开家长会议，并接待家长的来访和咨询。

幼儿园应当认真分析、吸收家长对幼儿园教育与管理工作的意见与建议。

幼儿园应当建立家长开放日制度。

第五十四条 【家长委员会】幼儿园应当成立家长委员会。

家长委员会的主要任务是：对幼儿园重要决策和事关幼儿切身利益的事项提出意见和建议；发挥家长的专业和资源优势，支持幼儿园保育教育工作；帮助家长了解幼儿园工作计划和要求，协助幼儿园开展家庭教育指导和交流。

家长委员会在幼儿园园长指导下工作。

【2020·长沙天心·判断】指导家长委员会工作的是幼儿园教师。　　　　　　　　　　（　　）

【答案】×。

第五十五条　【幼儿园与社区配合】幼儿园应当加强与社区的联系与合作,面向社区宣传科学育儿知识,开展灵活多样的公益性早期教育服务,争取社区对幼儿园的多方面支持。

第十章　幼儿园的管理

第五十六条　【园长负责制】幼儿园实行园长负责制。

幼儿园应当建立园务委员会。园务委员会由园长、副园长、党组织负责人和保教、卫生保健、财会等方面工作人员的代表以及幼儿家长代表组成。园长任园务委员会主任。

园长定期召开园务委员会会议,遇重大问题可临时召集,对规章制度的建立、修改、废除,全园工作计划,工作总结,人员奖惩,财务预算和决算方案,以及其他涉及全园工作的重要问题进行审议。

第五十七条　【党组织建设】幼儿园应当加强党组织建设,充分发挥党组织政治核心作用、战斗堡垒作用。幼儿园应当为工会、共青团等其他组织开展工作创造有利条件,充分发挥其在幼儿园工作中的作用。

第五十八条　【教职工大会制度】幼儿园应当建立教职工大会制度或者教职工代表大会制度,依法加强民主管理和监督。

第五十九条　【教研制度】幼儿园应当建立教研制度,研究解决保教工作中的实际问题。

第六十条　【年度工作计划】幼儿园应当制订年度工作计划,定期部署、总结和报告工作。每学年年末应当向教育等行政主管部门报告工作,必要时随时报告。

第六十一条　【教育督导】幼儿园应当接受上级教育、卫生、公安、消防等部门的检查、监督和指导,如实报告工作和反映情况。

幼儿园应当依法接受教育督导部门的督导。

第六十二条　【相关制度】幼儿园应当建立业务档案、财务管理、园务会议、人员奖惩、安全管理以及与家庭、小学联系等制度。

幼儿园应当建立信息管理制度,按照规定采集、更新、报送幼儿园管理信息系统的相关信息,每年向主管教育行政部门报送统计信息。

第六十三条　【寒暑假管理】幼儿园教师依法享受寒暑假期的带薪休假。幼儿园应当创造条件,在寒暑假期间,安排工作人员轮流休假。具体办法由举办者制定。

第十一章　附则

第六十四条　【适用范围】本规程适用于城乡各类幼儿园。

第六十五条　【具体实施办法】省、自治区、直辖市教育行政部门可根据本规程,制订具体实施办法。

第六十六条　【实施日期】本规程自2016年3月1日起施行。1996年3月9日由原国家教育委员会令第25号发布的《幼儿园工作规程》同时废止。

强化练习

一、单项选择题

1.《幼儿园工作规程》明确指出,幼儿园是对3周岁以上学龄前幼儿实施(　　　)的机构。

A.保育和教育   B.教育和游戏

C.教育和养育   D.学习和活动

2.幼儿园应该建立幼儿健康体检报告,幼儿体检周期一般为(　　　)。

A.每两个月一次   B.每季度一次

C.每半年一次   D.每年一次

3.《幼儿园工作规程》规定,幼儿膳食费应实行(　　　),保证全部用于幼儿膳食,每月向家长公布账目。

A.民主管理制度

B.园长裁决制定

C.教师投票制度

D.家园合作制定

4.《幼儿园工作规程》中指出,家长委员会的主要任务不包括(　　　)。

A.认真分析,吸收家长对幼儿园教育与管理工作的意见和建议

B.对幼儿园重要决策和事关幼儿切身利益的事项提出意见和建议

C.发挥家长的专业和资源优势,支持幼儿园保育教育工作

D.帮助家长了解幼儿园工作计划和要求,协助幼儿园开展家庭教育指导和交流

5.《幼儿园工作规程》规定,幼儿园的任务是实行保育与教育相结合的原则,对幼儿实施德、智、体、美等方面全面发展的教育,促进其(　　　)。

A.身心和谐发展   B.身体健康发展

C.身心尽快发展   D.个性化发展

二、多项选择题

1.下列关于幼儿园教育工作的原则,说法正确的有(　　　)。

A.热爱幼儿,坚持积极鼓励,启发引导的正面教育

B.既重视幼儿年龄特点,又注重幼儿个体差异

C.寓教育于幼儿一日生活中

D.创设与教育相适应的良好环境

2.幼儿园应当有与其规模相适应的户外活动场地,(　　　)。

A.配备适合幼儿特点的桌椅

B.配备适合幼儿特点的图书和乐器

C.配备必要的游戏和体育活动设施

D.创造条件开辟沙地、水池、种植园地等

三、判断题

1.幼儿园的品德教育应当以情感教育和培养良好行为习惯为主,注重潜移默化的影响,并贯穿于幼儿生活以及各项活动之中。　　　　　　　　　　　　　　　　　　　　　　　　　　　(　　　)

2.发现幼儿患病时,幼儿教师可以自行给幼儿用药。　　　　　　　　　　　　　　　(　　　)

参考答案及解析

一、单项选择题

1.【答案】A。解析:《幼儿园工作规程》第二条规定,"幼儿园是对3周岁以上学龄前幼儿实施保育和教育的机构"。

2.【答案】D。解析:《幼儿园工作规程》第十九条规定,"幼儿园应当建立幼儿健康检查制度和幼儿健康卡或档案。每年体检一次,每半年测身高、视力一次,每季度量体重一次"。

3.【答案】A。解析:《幼儿园工作规程》第五十条规定,"幼儿膳食费应实行民主管理制度,保证全部用于幼儿膳食,每月向家长公布账目"。

4.【答案】A。解析:《幼儿园工作规程》第五十四条规定,"家长委员会的主要任务是:对幼儿园重要决策和事关幼儿切身利益的事项提出意见和建议;发挥家长的专业和资源优势,支持幼儿园保育教育工作;帮助家长了解幼儿园工作计划和要求,协助幼儿园开展家庭教育指导和交流"。

5.【答案】A。解析:《幼儿园工作规程》第三条规定,"幼儿园的任务:贯彻国家的教育方针,按照保育与教育相结合的原则,遵循幼儿身心发展特点和规律,实施德、智、体、美等方面全面发展的教育,促进幼儿身心和谐发展"。

二、多项选择题

1.【答案】ABCD。解析:《幼儿园工作规程》第二十五条规定,"幼儿园教育应当贯彻以下原则和要求:(一)德、智、体、美等方面的教育应当互相渗透,有机结合。(二)遵循幼儿身心发展规律,符合幼儿年龄特点,注重个体差异,因人施教,引导幼儿个性健康发展。(三)面向全体幼儿,热爱幼儿,坚持积极鼓励、启发引导的正面教育。(四)综合组织健康、语言、社会、科学、艺术各领域的教育内容,渗透于幼儿一日生活的各项活动中,充分发挥各种教育手段的交互作用。(五)以游戏为基本活动,寓教育于各项活动之中。(六)创设与教育相适应的良好环境,为幼儿提供活动和表现能力的机会与条件"。

2.【答案】CD。解析:《幼儿园工作规程》第三十五条规定,"幼儿园应当有与其规模相适应的户外活动场地,配备必要的游戏和体育活动设施,创造条件开辟沙地、水池、种植园地等,并根据幼儿活动的需要绿化、美化园地"。

三、判断题

1.【答案】√。解析:《幼儿园工作规程》第三十一条规定,"幼儿园的品德教育应当以情感教育和培养良好行为习惯为主,注重潜移默化的影响,并贯穿于幼儿生活以及各项活动之中"。

2.【答案】×。解析:《幼儿园工作规程》第二十条规定,"幼儿园应当建立患病幼儿用药的委托交接制度,未经监护人委托或者同意,幼儿园不得给幼儿用药"。

第二章 《幼儿园教育指导纲要（试行）》

考情分析

本章内容以识记、理解为主，主要以单项选择题、判断题、简答题的形式进行考查，有时也会以论述题的形式进行考查。其中教育内容与要求、组织与实施及教育评价的规定是重点考查内容。

学习目标

识记、理解《幼儿园教育指导纲要（试行）》中关于教育内容与要求、组织与实施及教育评价的规定。

幼儿园教育指导纲要（试行）
（2001年7月教育部颁布）
第一部分　总则

一、为贯彻《中华人民共和国教育法》《幼儿园管理条例》和《幼儿园工作规程》，指导幼儿园深入实施素质教育，特制定本纲要。

二、幼儿园教育是基础教育的重要组成部分，是我国学校教育和终身教育的奠基阶段。城乡各类幼儿园都应从实际出发，因地制宜地实施素质教育，为幼儿一生的发展打好基础。

考题再现

【2021·永州祁阳·单选】根据我国《幼儿园教育指导纲要（试行）》的规定，幼儿园教育是（　　）的重要组成部分。

A.学校教育　　　　　　　　　　　B.高等教育

C.终身教育　　　　　　　　　　　D.基础教育

【答案】D。

三、幼儿园应与家庭、社区密切合作，与小学相互衔接，综合利用各种教育资源，共同为幼儿的发展创造良好的条件。

四、幼儿园应为幼儿提供健康、丰富的生活和活动环境，满足他们多方面发展的需要，使他们在快乐的童年生活中获得有益于身心发展的经验。

五、幼儿园教育应尊重幼儿的人格和权利，尊重幼儿身心发展的规律和学习特点，以游戏为基本活动，保教并重，关注个别差异，促进每个幼儿富有个性的发展。

第二部分　教育内容与要求

幼儿园的教育内容是全面的、启蒙性的，可以相对划分为健康、语言、社会、科学、艺术等五个领域，也可作其他不同的划分。各领域的内容相互渗透，从不同的角度促进幼儿情感、态度、能力、知识、技能等方面的发展。

一、健康

（一）目标

1.身体健康，在集体生活中情绪安定、愉快。

2.生活、卫生习惯良好，有基本的生活自理能力。

3.知道必要的安全保健常识，学习保护自己。

4.喜欢参加体育活动，动作协调、灵活。

（二）内容与要求

1.建立良好的师生、同伴关系，让幼儿在集体生活中感到温暖，心情愉快，形成安全感、信赖感。

2.与家长配合，根据幼儿的需要建立科学的生活常规。培养幼儿良好的饮食、睡眠、盥洗、排泄等生活习惯和生活自理能力。

3.教育幼儿爱清洁、讲卫生，注意保持个人和生活场所的整洁和卫生。

4.密切结合幼儿的生活进行安全、营养和保健教育，提高幼儿的自我保护意识和能力。

5.开展丰富多彩的户外游戏和体育活动，培养幼儿参加体育活动的兴趣和习惯，增强体质，提高对环境的适应能力。

6.用幼儿感兴趣的方式发展基本动作，提高动作的协调性、灵活性。

7.在体育活动中，培养幼儿坚强、勇敢、不怕困难的意志品质和主动、乐观、合作的态度。

（三）指导要点

1.幼儿园必须把保护幼儿的生命和促进幼儿的健康放在工作的首位。树立正确的健康观念，在重视幼儿身体健康的同时，要高度重视幼儿的心理健康。

2.既要高度重视和满足幼儿受保护、受照顾的需要，又要尊重和满足他们不断增长的独立要求，避免过度保护和包办代替，鼓励并指导幼儿自理、自立的尝试。

3.健康领域的活动要充分尊重幼儿生长发育的规律，严禁以任何名义进行有损幼儿健康的比赛、表演或训练等。

4.培养幼儿对体育活动的兴趣是幼儿园体育的重要目标，要根据幼儿的特点组织生动有趣、形式多样的体育活动，吸引幼儿主动参与。

二、语言

（一）目标

1.乐意与人交谈，讲话礼貌。

2.注意倾听对方讲话，能理解日常用语。

3.能清楚地说出自己想说的事。

4.喜欢听故事、看图书。

5.能听懂和会说普通话。

（二）内容与要求

1.创造一个自由、宽松的语言交往环境，支持、鼓励、吸引幼儿与教师、同伴或其他人交谈，体验语言交流的乐趣，学习使用适当的、礼貌的语言交往。

2.养成幼儿注意倾听的习惯，发展语言理解能力。

考题再现

【2020·怀化麻阳·单选】《幼儿园教育指导纲要（试行）》指出，要养成幼儿（　　）习惯，发展语言理解能力。

A.文明礼貌　　　　　B.注意倾听　　　　　C.大胆说话　　　　　D.阅读

【答案】B。

3.鼓励幼儿大胆、清楚地表达自己的想法和感受,尝试说明、描述简单的事物或过程,发展语言表达能力和思维能力。

4.引导幼儿接触优秀的儿童文学作品,使之感受语言的丰富和优美,并通过多种活动帮助幼儿加深对作品的体验和理解。

5.培养幼儿对生活中常见的简单标记和文字符号的兴趣。

6.利用图书、绘画和其他多种方式,引发幼儿对书籍、阅读和书写的兴趣,培养前阅读和前书写技能。

7.提供普通话的语言环境,帮助幼儿熟悉、听懂并学说普通话。少数民族地区还应该帮助幼儿学习本民族语言。

（三）指导要点

1.语言能力是在运用的过程中发展起来的,发展幼儿语言的关键是创设一个能使他们想说、敢说、喜欢说、有机会说并能得到积极应答的环境。

2.幼儿语言的发展与其情感、经验、思维、社会交往能力等其他方面的发展密切相关,因此,发展幼儿语言的重要途径是通过互相渗透的各领域的教育,在丰富多彩的活动中去扩展幼儿的经验,提供促进语言发展的条件。

3.幼儿的语言学习具有个别化的特点,教师与幼儿的个别交流、幼儿之间的自由交谈等,对幼儿语言发展具有特殊意义。

4.对有语言障碍的儿童要给予特别关注,要与家长和有关方面密切配合,积极地帮助他们提高语言能力。

三、社会

（一）目标

1.能主动地参与各项活动,有自信心。

2.乐意与人交往,学习互助、合作和分享,有同情心。

3.理解并遵守日常生活中基本的社会行为规则。

4.能努力做好力所能及的事,不怕困难,有初步的责任感。

5.爱父母长辈、老师和同伴,爱集体、爱家乡、爱祖国。

（二）内容与要求

1.引导幼儿参加各种集体活动,体验与教师、同伴等共同生活的乐趣,帮助他们正确认识自己和他人,养成对他人、社会亲近、合作的态度,学习初步的人际交往技能。

2.为每个幼儿提供表现自己长处和获得成功的机会,增强其自尊心和自信心。

3.提供自由活动的机会,支持幼儿自主地选择、计划活动,鼓励他们通过多方面的努力解决问题,不轻易放弃克服困难的尝试。

4.在共同生活和活动中,以多种方式引导幼儿认识、体验并理解基本的社会行为规则,学习自律和尊重他人。

5.教育幼儿爱护玩具和其他物品,爱护公物和公共环境。

6.与家庭、社区合作,引导幼儿了解自己的亲人以及与自己生活有关的各行各业人们的劳动,培养其对劳动者的热爱和对劳动成果的尊重。

7.充分利用社会资源,引导幼儿实际感受祖国文化的丰富与优秀,感受家乡的变化和发展,激发幼儿爱家乡、爱祖国的情感。

8.适当向幼儿介绍我国各民族和世界其他国家、民族的文化,使其感知人类文化的多样性和差异性,培养理解、尊重、平等的态度。

（三）指导要点

1.社会领域的教育具有潜移默化的特点。幼儿社会态度和社会情感的培养尤应渗透在多种活动和一日生活的各个环节之中,要创设一个能使幼儿感受到接纳、关爱和支持的良好环境,避免单一呆板的言语说教。

2.幼儿与成人、同伴之间的共同生活、交往、探索、游戏等,是其社会学习的重要途径。应为幼儿提供人际间相互交往和共同活动的机会和条件,并加以指导。

3.社会学习是一个漫长的积累过程,需要幼儿园、家庭和社会密切合作,协调一致,共同促进幼儿良好社会性品质的形成。

四、科学

(一)目标

1.对周围的事物、现象感兴趣,有好奇心和求知欲。

2.能运用各种感官,动手动脑,探究问题。

3.能用适当的方式表达、交流探索的过程和结果。

4.能从生活和游戏中感受事物的数量关系并体验到数学的重要和有趣。

5.爱护动植物,关心周围环境,亲近大自然,珍惜自然资源,有初步的环保意识。

(二)内容与要求

1.引导幼儿对身边常见事物和现象的特点、变化规律产生兴趣和探究的欲望。

2.为幼儿的探究活动创造宽松的环境,让每个幼儿都有机会参与尝试,支持、鼓励他们大胆提出问题,发表不同意见,学会尊重别人的观点和经验。

3.提供丰富的可操作的材料,为每个幼儿都能运用多种感官、多种方式进行探索提供活动的条件。

4.通过引导幼儿积极参加小组讨论、探索等方式,培养幼儿合作学习的意识和能力,学习用多种方式表现、交流、分享探索的过程和结果。

5.引导幼儿对周围环境中的数、量、形、时间和空间等现象产生兴趣,建构初步的数概念,并学习用简单的数学方法解决生活和游戏中某些简单的问题。

6.从生活或媒体中幼儿熟悉的科技成果入手,引导幼儿感受科学技术对生活的影响,培养他们对科学的兴趣和对科学家的崇敬。

7.在幼儿生活经验的基础上,帮助幼儿了解自然、环境与人类生活的关系。从身边的小事入手,培养初步的环境意识和行为。

(三)指导要点

1.幼儿的科学教育是科学启蒙教育,重在激发幼儿的认识兴趣和探究欲望。

2.要尽量创造条件让幼儿实际参加探究活动,使他们感受科学探究的过程和方法,体验发现的乐趣。

3.科学教育应密切联系幼儿的实际生活进行,利用身边的事物与现象作为科学探索的对象。

五、艺术

(一)目标

1.能初步感受并喜爱环境、生活和艺术中的美。

2.喜欢参加艺术活动,并能大胆地表现自己的情感和体验。

3.能用自己喜欢的方式进行艺术表现活动。

(二)内容与要求

1.引导幼儿接触周围环境和生活中美好的人、事、物,丰富他们的感性经验和审美情趣,激发他们表现美、创造美的情趣。

2.在艺术活动中面向全体幼儿,要针对他们的不同特点和需要,让每个幼儿都得到美的熏陶和培养。对有艺术天赋的幼儿要注意发展他们的艺术潜能。

3.提供自由表现的机会,鼓励幼儿用不同艺术形式大胆地表达自己的情感、理解和想象,尊重每个幼儿的想法和创造,肯定和接纳他们独特的审美感受和表现方式,分享他们创造的快乐。

4.在支持、鼓励幼儿积极参加各种艺术活动并大胆表现的同时,帮助他们提高表现的技能和能力。

5.指导幼儿利用身边的物品或废旧材料制作玩具、手工艺品等来美化自己的生活或开展其他活动。

6.为幼儿创设展示自己作品的条件,引导幼儿相互交流、相互欣赏、共同提高。

（三）指导要点

1.艺术是实施美育的主要途径,应充分发挥艺术的情感教育功能,促进幼儿健全人格的形成。要避免仅仅重视表现技能或艺术活动的结果,而忽视幼儿在活动过程中的情感体验和态度的倾向。

2.幼儿的创作过程和作品是他们表达自己的认识和情感的重要方式,应支持幼儿富有个性和创造性的表达,克服过分强调技能技巧和标准化要求的偏向。

3.幼儿艺术活动的能力是在大胆表现的过程中逐渐发展起来的,教师的作用应主要在于激发幼儿感受美、表现美的情趣,丰富他们的审美经验,使之体验自由表达和创造的快乐。在此基础上,根据幼儿的发展状况和需要,对表现方式和技能技巧给予适时、适当的指导。

考题再现

【2020·长沙天心·单选】幼儿园实施美育的主要途径是（   ）。

A.艺术教育　　　　　　　　　　　　B.户外活动

C.集体教育　　　　　　　　　　　　D.游戏活动

【答案】A。

第三部分　组织与实施

一、幼儿园的教育是为所有在园幼儿的健康成长服务的,要为每一个儿童,包括有特殊需要的儿童提供积极的支持和帮助。

二、幼儿园的教育活动,是教师以多种形式有目的、有计划地引导幼儿生动、活泼、主动活动的教育过程。

三、教育活动的组织与实施过程是教师创造性地开展工作的过程。教师要根据本《纲要》,从本地、本园的条件出发,结合本班幼儿的实际情况,制定切实可行的工作计划并灵活地执行。

考题再现

【2020·长沙天心·单选】教育活动的组织与实施过程是教师（   ）地开展工作的过程。

A.灵活性　　　　　　　　　　　　　B.自主性

C.创造性　　　　　　　　　　　　　D.主动性

【答案】C。

四、教育活动目标要以《幼儿园工作规程》和本《纲要》所提出的各领域目标为指导,结合本班幼儿的发展水平、经验和需要来确定。

五、教育活动内容的选择应遵照本《纲要》第二部分的有关条款进行,同时体现以下原则:

（一）既适合幼儿的现有水平,又有一定的挑战性。

（二）既符合幼儿的现实需要，又有利于其长远发展。

（三）既贴近幼儿的生活来选择幼儿感兴趣的事物和问题，又有助于拓展幼儿的经验和视野。

六、教育活动内容的组织应充分考虑幼儿的学习特点和认识规律，各领域的内容要有机联系，相互渗透，注重综合性、趣味性、活动性，寓教育于生活、游戏之中。

七、教育活动的组织形式应根据需要合理安排，因时、因地、因内容、因材料灵活地运用。

八、环境是重要的教育资源，应通过环境的创设和利用，有效地促进幼儿的发展。

（一）幼儿园的空间、设施、活动材料和常规要求等应有利于引发、支持幼儿的游戏和各种探索活动，有利于引发、支持幼儿与周围环境之间积极的相互作用。

（二）幼儿同伴群体及幼儿园教师集体是宝贵的教育资源，应充分发挥这一资源的作用。

（三）教师的态度和管理方式应有助于形成安全、温馨的心理环境；言行举止应成为幼儿学习的良好榜样。

（四）家庭是幼儿园重要的合作伙伴。应本着尊重、平等、合作的原则，争取家长的理解、支持和主动参与，并积极支持、帮助家长提高教育能力。

（五）充分利用自然环境和社区的教育资源，扩展幼儿生活和学习的空间。幼儿园同时应为社区的早期教育提供服务。

九、科学、合理地安排和组织一日生活。

（一）时间安排应有相对的稳定性与灵活性，既有利于形成秩序，又能满足幼儿的合理需要，照顾到个体差异。

（二）教师直接指导的活动和间接指导的活动相结合，保证幼儿每天有适当的自主选择和自由活动时间。教师直接指导的集体活动要能保证幼儿的积极参与，避免时间的隐性浪费。

（三）尽量减少不必要的集体行动和过渡环节，减少和消除消极等待现象。

（四）建立良好的常规，避免不必要的管理行为，逐步引导幼儿学习自我管理。

考题再现

1.【2021·永州祁阳·单选】幼儿园一日生活的时间安排应有相对的（　　），既有利于形成秩序，又能满足幼儿的合理需要，照顾到个体差异。

A.紧迫性与高效性　　　　　　　　　B.稳定性与灵活性

C.目标性与管理性　　　　　　　　　D.强制性与民主性

【答案】B。

2.【2020·长沙浏阳/天心·单选】制定幼儿园班级生活常规的主要目的是（　　）。

A.让幼儿学会服从规则　　　　　　　B.帮助幼儿学会自我管理

C.便于教师进行管理　　　　　　　　D.维持班级良好纪律

【答案】B。

3.【2019·长沙望城·简答】安排幼儿一日生活的基本要求有哪些？

【参考答案】见上文。

十、教师应成为幼儿学习活动的支持者、合作者、引导者。

（一）以关怀、接纳、尊重的态度与幼儿交往。耐心倾听，努力理解幼儿的想法与感受，支持、鼓励他们大胆探索与表达。

（二）善于发现幼儿感兴趣的事物、游戏和偶发事件中所隐含的教育价值，把握时机，积极引导。

（三）关注幼儿在活动中的表现与反应，敏感地察觉他们的需要，及时以适当的方式应答，形成合作探究式的师生互动。

（四）尊重幼儿在发展水平、能力、经验、学习方式等方面的个体差异，因人施教，努力使每一个幼儿都能获得满足和成功。

（五）关注幼儿的特殊需要，包括各种发展潜能和不同发展障碍，与家庭密切配合，共同促进幼儿健康成长。

考题再现

【2020·怀化麻阳·论述】《幼儿园教育指导纲要（试行）》中指出，教师应成为幼儿学习活动的支持者、合作者、引导者。请结合实际案例，论述教师应当如何真正扮演好这些角色。

【参考答案】见上文。

十一、幼儿园教育要与0~3岁儿童的保育教育以及小学教育相互衔接。

第四部分　教育评价

一、教育评价是幼儿园教育工作的重要组成部分，是了解教育的适宜性、有效性，调整和改进工作，促进每一个幼儿发展，提高教育质量的必要手段。

二、管理人员、教师、幼儿及其家长均是幼儿园教育评价工作的参与者。评价过程是各方共同参与、相互支持与合作的过程。

考题再现

【2020·怀化麻阳·判断】管理人员、教师、幼儿及其家长均是幼儿园教育评价工作的参与者。　　　　（　　　）

【答案】√。

三、评价的过程，是教师运用专业知识审视教育实践，发现、分析、研究、解决问题的过程，也是其自我成长的重要途径。

四、幼儿园教育工作评价实行以教师自评为主，园长以及有关管理人员、其他教师和家长等参与评价的制度。

五、评价应自然地伴随着整个教育过程进行。综合采用观察、谈话、作品分析等多种方法。

六、幼儿的行为表现和发展变化具有重要的评价意义，教师应视之为重要的评价信息和改进工作的依据。

七、教育评价宜重点考察以下方面：

（一）教育计划和教育活动的目标是否建立在了解本班幼儿现状的基础上。

（二）教育的内容、方式、策略、环境条件是否能调动幼儿学习的积极性。

（三）教育过程是否能为幼儿提供有益的学习经验，并符合其发展需要。

（四）教育内容、要求能否兼顾群体需要和个体差异，使每个幼儿都能得到发展，都有成功感。

（五）教师的指导是否有利于幼儿主动、有效地学习。

考题再现

【2020·长沙天心·简答】简述幼儿园教育工作评价宜重点考察哪些方面。

【参考答案】见上文。

八、对幼儿发展状况的评估，要注意：

（一）明确评价的目的是了解幼儿的发展需要，以便提供更加适宜的帮助和指导。

（二）全面了解幼儿的发展状况，防止片面性，尤其要避免只重知识和技能，忽略情感、社会性和实际能力的倾向。

（三）在日常活动和教育教学过程中采用自然的方法进行。平时观察所获的具有典型意义的幼儿行为表现和所积累的各种作品等，是评价的重要依据。

（四）承认和关注幼儿的个体差异，避免用划一的标准评价不同的幼儿，在幼儿面前慎用横向的比较。

（五）以发展的眼光看待幼儿，既要了解现有水平，更要关注其发展的速度、特点和倾向等。

考题再现

【2020·怀化麻阳·论述】对幼儿发展状况进行评估，应注意哪些问题？

【参考答案】见上文。

强化练习

一、单项选择题

1.《幼儿园教育指导纲要（试行）》中提到的五个领域，每个领域都可以提炼出一个关键能力，艺术是（　　）。

A.感受能力　　　　　　　　　　B.表现能力

C.创造能力　　　　　　　　　　D.思维能力

2.家庭是幼儿园重要的合作伙伴，应本着（　　）的原则，争取家长的支持和主动参与，帮助家长提高教育能力。

A.家长优先　　　　　　　　　　B.教师优先

C.尊重、平等、合作　　　　　　D.幼儿园优先

3.幼儿园教育工作评价实行以（　　）为主，其他人参与评价的制度。

A.教师自评　　　　　　　　　　B.园长评价

C.家长评价　　　　　　　　　　D.幼儿评价

二、判断题

发展幼儿语言的关键是创设一个能使他们想说、敢说、喜欢说、有机会说并能得到积极应答的环境。（　　　）

三、填空题

1.《幼儿园教育指导纲要（试行）》指出，幼儿园教育应尊重幼儿的人格和权利，尊重幼儿身心发展的规律和学习特点，以_____为基本活动，保教并重，关注个别差异，促进每个幼儿富有个性的发展。

2.幼儿园应为幼儿提供健康、丰富的生活和活动_____，满足他们多方面发展的_____，使他们在快乐的童年生活中获得有益于身心发展的_____。

3.幼儿社会态度和社会情感的培养应渗透在多种活动和一日生活中的各个环节之中，要创设一个能使幼儿感受到_____、_____和_____的良好环境，避免单一呆板的言语说教。

4.幼儿园教育活动是教师以多种形式有目的、有计划地引导幼儿_____、_____、_____活动的教育过程。

四、简答题

幼儿园教育活动内容的选择应体现的三个原则是什么？

参考答案及解析

一、单项选择题

1.【答案】C。解析：各领域的关键能力：健康——自我保护能力，语言——表达能力，社会——人际交往能力，科

学——思维能力,艺术——创造能力。

2.【答案】C。解析:《幼儿园教育指导纲要(试行)》"组织与实施"部分指出,"家庭是幼儿园重要的合作伙伴。应本着尊重、平等、合作的原则,争取家长的理解、支持和主动参与,并积极支持、帮助家长提高教育能力"。

3.【答案】A。解析:《幼儿园教育指导纲要(试行)》"教育评价"部分指出,"幼儿园教育工作评价实行以教师自评为主,园长及有关管理人员、其他教师和家长等参与评价的制度"。

二、判断题

【答案】√。解析:《幼儿园教育指导纲要(试行)》"语言"领域的指导要点部分指出,"语言能力是在运用的过程中发展起来的,发展幼儿语言的关键是创设一个能使他们想说、敢说、喜欢说、有机会说并能得到积极应答的环境"。

三、填空题

1.【答案】游戏

2.【答案】环境;需要;经验

3.【答案】接纳;关爱;支持

4.【答案】生动;活泼;主动

四、简答题

【参考答案】

(1)既适合幼儿的现有水平,又有一定的挑战性。

(2)既符合幼儿的现实需要,又利于其长远发展。

(3)既贴近幼儿的生活来选择幼儿感兴趣的事物和问题,又有助于拓展幼儿的经验和视野。

第三章 《幼儿园教师专业标准（试行）》

考情分析

本章内容以识记、理解为主，主要以单项选择题的形式进行考查，有时也会以多项选择题的形式进行考查。其中《幼儿园教师专业标准（试行）》的基本理念与基本内容是重点考查内容。

学习目标

识记、理解《幼儿园教师专业标准（试行）》的基本理念与基本内容。

幼儿园教师专业标准（试行）
（2012年2月教育部颁布）

为促进幼儿园教师专业发展，建设高素质幼儿园教师队伍，根据《中华人民共和国教师法》，特制定《幼儿园教师专业标准（试行）》（以下简称《专业标准》）。

幼儿园教师是履行幼儿园教育教学工作职责的专业人员，需要经过严格的培养与培训，具有良好的职业道德，掌握系统的专业知识和专业技能。《专业标准》是国家对合格幼儿园教师专业素质的基本要求，是幼儿园教师实施保教行为的基本规范，是引领幼儿园教师专业发展的基本准则，是幼儿园教师培养、准入、培训、考核等工作的重要依据。

一、基本理念

（一）师德为先

热爱学前教育事业，具有职业理想，践行社会主义核心价值体系，履行教师职业道德规范，依法执教。关爱幼儿，尊重幼儿人格，富有爱心、责任心、耐心和细心；为人师表，教书育人，自尊自律，做幼儿健康成长的启蒙者和引路人。

（二）幼儿为本

尊重幼儿权益，以幼儿为主体，充分调动和发挥幼儿的主动性；遵循幼儿身心发展特点和保教活动规律，提供适合的教育，保障幼儿快乐健康成长。

（三）能力为重

把学前教育理论与保教实践相结合，突出保教实践能力；研究幼儿，遵循幼儿成长规律，提升保教工作专业化水平；坚持实践、反思、再实践、再反思，不断提高专业能力。

（四）终身学习

学习先进学前教育理论，了解国内外学前教育改革与发展的经验和做法；优化知识结构，提高文化素养；具有终身学习与持续发展的意识和能力，做终身学习的典范。

考题再现

【2019·长沙望城·单选】《幼儿园教师专业标准（试行）》中的基本理念不包括（ ）。

A.终身学习　　　　　B.教学为本　　　　　C.师德为先　　　　　D.能力为重

【答案】B。

对于《幼儿园教师专业标准（试行）》的基本理念，我们可以利用提取关键词的方式或口诀进行记忆。如德为先、幼为本、力为重、终学习；或者"师幼重终身"，师——师德为先，幼——幼儿为本，重——能力为重，终身——终身学习。

二、基本内容（见表6-3-1）

表6-3-1 《幼儿园教师专业标准（试行）》基本内容

维度	领域	基本要求
专业理念与师德	（一）职业理解与认识	1.贯彻党和国家教育方针政策，遵守教育法律法规。 2.理解幼儿保教工作的意义，热爱学前教育事业，具有职业理想和敬业精神。 3.认同幼儿园教师的专业性和独特性，注重自身专业发展。 4.具有良好职业道德修养，为人师表。 5.具有团队合作精神，积极开展协作与交流
	（二）对幼儿的态度与行为	6.关爱幼儿，重视幼儿身心健康，将保护幼儿生命安全放在首位。 7.尊重幼儿人格，维护幼儿合法权益，平等对待每一个幼儿。不讽刺、挖苦、歧视幼儿，不体罚或变相体罚幼儿。 8.信任幼儿，尊重个体差异，主动了解和满足有益于幼儿身心发展的不同需求。 9.重视生活对幼儿健康成长的重要价值，积极创造条件，让幼儿拥有快乐的幼儿园生活
	（三）幼儿保育和教育的态度与行为	10.注重保教结合，培育幼儿良好的意志品质，帮助幼儿形成良好的行为习惯。 11.注重保护幼儿的好奇心，培养幼儿的想象力，发掘幼儿的兴趣爱好。 12.重视环境和游戏对幼儿发展的独特作用，创设富有教育意义的环境氛围，将游戏作为幼儿的主要活动。 13.重视丰富幼儿多方面的直接经验，将探索、交往等实践活动作为幼儿最重要的学习方式。 14.重视自身日常态度言行对幼儿发展的重要影响与作用。 15.重视幼儿园、家庭和社区的合作，综合利用各种资源
	（四）个人修养与行为	16.富有爱心、责任心、耐心和细心。 17.乐观向上、热情开朗，有亲和力。 18.善于自我调节情绪，保持平和心态。 19.勤于学习，不断进取。 20.衣着整洁得体，语言规范健康，举止文明礼貌
专业知识	（五）幼儿发展知识	21.了解关于幼儿生存、发展和保护的有关法律法规及政策规定。 22.掌握不同年龄幼儿身心发展特点、规律和促进幼儿全面发展的策略与方法。 23.了解幼儿在发展水平、速度与优势领域等方面的个体差异，掌握对应的策略与方法。 24.了解幼儿发展中容易出现的问题与适宜的对策。 25.了解有特殊需要幼儿的身心发展特点及教育策略与方法

维度	领域	基本要求
专业知识	（六）幼儿保育和教育知识	26.熟悉幼儿园教育的目标、任务、内容、要求和基本原则。 27.掌握幼儿园各领域教育的学科特点与基本知识。 28.掌握幼儿园环境创设、一日生活安排、游戏与教育活动、保育和班级管理的知识与方法。 29.熟知幼儿园的安全应急预案，掌握意外事故和危险情况下幼儿安全防护与救助的基本方法。 30.掌握观察、谈话、记录等了解幼儿的基本方法和教育心理学的基本原理和方法。 31.了解0~3岁婴幼儿保教和幼小衔接的有关知识与基本方法
	（七）通识性知识	32.具有一定的自然科学和人文社会科学知识。 33.了解中国教育基本情况。 34.具有相应的艺术欣赏与表现知识。 35.具有一定的现代信息技术知识
专业能力	（八）环境的创设与利用	36.建立良好的师幼关系，帮助幼儿建立良好的同伴关系，让幼儿感到温暖和愉悦。 37.建立班级秩序与规则，营造良好的班级氛围，让幼儿感受到安全、舒适。 38.创设有助于促进幼儿成长、学习、游戏的教育环境。 39.合理利用资源，为幼儿提供和制作适合的玩教具和学习材料，引发和支持幼儿的主动活动
	（九）一日生活的组织与保育	40.合理安排和组织一日生活的各个环节，将教育灵活地渗透到一日生活中。 41.科学照料幼儿日常生活，指导和协助保育员做好班级常规保育和卫生工作。 42.充分利用各种教育契机，对幼儿进行随机教育。 43.有效保护幼儿，及时处理幼儿的常见事故，危险情况优先救护幼儿
	（十）游戏活动的支持与引导	44.提供符合幼儿兴趣需要、年龄特点和发展目标的游戏条件。 45.充分利用与合理设计游戏活动空间，提供丰富、适宜的游戏材料，支持、引发和促进幼儿的游戏。 46.鼓励幼儿自主选择游戏内容、伙伴和材料，支持幼儿主动地、创造性地开展游戏，充分体验游戏的快乐和满足。 47.引导幼儿在游戏活动中获得身体、认知、语言和社会性等多方面的发展
	（十一）教育活动的计划与实施	48.制定阶段性的教育活动计划和具体活动方案。 49.在教育活动中观察幼儿，根据幼儿的表现和需要，调整活动，给予适宜的指导。 50.在教育活动的设计和实施中体现趣味性、综合性和生活化，灵活运用各种组织形式和适宜的教育方式。 51.提供更多的操作探索、交流合作、表达表现的机会，支持和促进幼儿主动学习

维度	领域	基本要求
专业能力	（十二）激励与评价	52.关注幼儿日常表现，及时发现和赏识每个幼儿的点滴进步，注重激发和保护幼儿的积极性、自信心。 53.有效运用观察、谈话、家园联系、作品分析等多种方法，客观地、全面地了解和评价幼儿。 54.有效运用评价结果，指导下一步教育活动的开展
	（十三）沟通与合作	55.使用符合幼儿年龄特点的语言进行保教工作。 56.善于倾听，和蔼可亲，与幼儿进行有效沟通。 57.与同事合作交流，分享经验和资源，共同发展。 58.与家长进行有效沟通合作，共同促进幼儿发展。 59.协助幼儿园与社区建立合作互助的良好关系
	（十四）反思与发展	60.主动收集分析相关信息，不断进行反思，改进保教工作。 61.针对保教工作中的现实需要与问题，进行探索和研究。 62.制定专业发展规划，积极参加专业培训，不断提高自身专业素质

考题再现

【2018·郴州汝城·多选】我国的《幼儿园教师专业标准（试行）》对幼儿园教师个人修养与行为提出的要求包括（   ）。

A.富有爱心、责任心、耐心和细心

B.善于自我调节情绪，保持平和心态

C.勤于学习，不断进取

D.与企业合作交流，分享资源

【答案】ABC。

三、实施建议

（一）各级教育行政部门要将《专业标准》作为幼儿园教师队伍建设的基本依据。根据学前教育改革发展的需要，充分发挥《专业标准》的引领和导向作用，深化教师教育改革，建立教师教育质量保障体系，不断提高幼儿园教师培养培训质量。制定幼儿园教师准入标准，严把幼儿园教师入口关;制定幼儿园教师聘任（聘用）、考核、退出等管理制度，保障教师合法权益，形成科学有效的幼儿园教师队伍管理和督导机制。

（二）开展幼儿园教师教育的院校要将《专业标准》作为幼儿园教师培养培训的主要依据。重视幼儿园教师职业特点，加强学前教育学科和专业建设。完善幼儿园教师培养培训方案，科学设置教师教育课程，改革教育教学方式;重视幼儿园教师职业道德教育，重视社会实践和教育实习;加强从事幼儿园教师教育的师资队伍建设，建立科学的质量评价制度。

（三）幼儿园要将《专业标准》作为教师管理的重要依据。制定幼儿园教师专业发展规划，注重教师职业理想与职业道德教育，增强教师育人的责任感与使命感;开展园本研修，促进教师专业发展;完善教师岗位职责和考核评价制度，健全幼儿园绩效管理机制。

（四）幼儿园教师要将《专业标准》作为自身专业发展的基本依据。制定自我专业发展规划，爱岗敬业，增强专业发展自觉性;大胆开展保教实践，不断创新;积极进行自我评价，主动参加教师培训和自主研修，逐步提升专业发展水平。

一、单项选择题

1.下列关于"幼儿为本"的教育理念,说法不正确的是(　　)。

A.尊重幼儿权益

B.为幼儿提供适合的教育

C.调动幼儿的主动性

D.让幼儿主动选择课程

2.《幼儿园教师专业标准(试行)》中,幼儿园教师专业标准的三个维度是专业知识、专业能力和(　　)。

A.师德　　　　　　　　　　　　B.专业理念与师德

C.专业理念　　　　　　　　　　D.自身素养

3.《幼儿园教师专业标准(试行)》提出,幼儿园教师应具备的通识性知识包括自然科学和人文社会科学知识、中国教育基本情况、(　　)和现代信息技术知识。

A.艺术欣赏与表现知识　　　　　B.幼儿保育和教育知识

C.班级管理知识　　　　　　　　D.幼儿发展知识

4.2012年,我国颁布的(　　)对培养幼儿园教师的专业标准做出了新的界定,明确提出培养幼儿园教师的基本理念。

A.《教师教育课程标准(试行)》

B.《〈教师资格条例〉实施办法》

C.《中华人民共和国教师法》

D.《幼儿园教师专业标准(试行)》

二、简答题

1.简述幼儿园教师应具备哪些专业能力。

2.简述《幼儿园教师专业标准(试行)》的基本理念。

参考答案及解析

一、单项选择题

1.【答案】D。解析:《幼儿园教师专业标准(试行)》中指出,以幼儿为本就是要"尊重幼儿权益,以幼儿为主体,充分调动和发挥幼儿的主动性;遵循幼儿身心发展特点和保教活动规律,提供适合的教育,保障幼儿快乐健康成长"。

2.【答案】B。解析:专业理念与师德、专业知识和专业能力是幼儿园教师专业标准的三个维度。

3.【答案】A。解析:《幼儿园教师专业标准(试行)》"专业知识"维度的"通识性知识"中规定,幼儿教师要"具有一定的自然科学和人文社会科学知识,了解中国教育基本情况,具有相应的艺术欣赏与表现知识,具有一定的现代信息技术知识"。

4.【答案】D。解析:为促进幼儿园教师专业发展,建设高素质幼儿园教师队伍,根据《中华人民共和国教师法》,2012年,我国制定了《幼儿园教师专业标准(试行)》。

二、简答题

1.【参考答案】

《幼儿园教师专业标准(试行)》指出了幼儿园教师所应具备的专业能力如下。

(1)环境的创设与利用能力。

（2）一日生活的组织与保育能力。

（3）游戏活动的支持与引导能力。

（4）教育活动的计划与实施能力。

（5）激励与评价能力。

（6）沟通与合作能力。

（7）反思与发展能力。

2.【参考答案】

（1）师德为先。热爱学前教育事业，具有职业理想，践行社会主义核心价值体系，履行教师职业道德规范，依法执教。关爱幼儿，尊重幼儿人格，富有爱心、责任心、耐心和细心；为人师表，教书育人，自尊自律，做幼儿健康成长的启蒙者和引路人。

（2）幼儿为本。尊重幼儿权益，以幼儿为主体，充分调动和发挥幼儿的主动性；遵循幼儿身心发展特点和保教活动规律，提供适合的教育，保障幼儿快乐健康成长。

（3）能力为重。把学前教育理论与保教实践相结合，突出保教实践能力；研究幼儿，遵循幼儿成长规律，提升保教工作专业化水平；坚持实践、反思、再实践、再反思，不断提高专业能力。

（4）终身学习。学习先进学前教育理论，了解国内外学前教育改革与发展的经验和做法；优化知识结构，提高文化素养；具有终身学习与持续发展的意识和能力，做终身学习的典范。

第四章 《3—6岁儿童学习与发展指南》

本章内容以识记、理解为主,主要以单项选择题、多项选择题、判断题的形式进行考查。其中五大领域不同年龄阶段幼儿的典型性行为表现是重点考查内容。

学习目标

识记、理解《3—6岁儿童学习与发展指南》中各发展目标中不同年龄阶段幼儿的典型性行为表现。

3—6岁儿童学习与发展指南
（2012年10月教育部颁布）
说 明

一、为深入贯彻《国家中长期教育改革和发展规划纲要（2010—2020年）》和《国务院关于当前发展学前教育的若干意见》（国发〔2010〕41号），指导幼儿园和家庭实施科学的保育和教育,促进幼儿身心全面和谐发展,制定《3—6岁儿童学习与发展指南》（以下简称《指南》）。

二、《指南》以为幼儿后继学习和终身发展奠定良好素质基础为目标,以促进幼儿体、智、德、美各方面的协调发展为核心,通过提出3—6岁各年龄段儿童学习与发展目标和相应的教育建议,帮助幼儿园教师和家长了解3—6岁幼儿学习与发展的基本规律和特点,建立对幼儿发展的合理期望,实施科学的保育和教育,让幼儿度过快乐而有意义的童年。

三、《指南》从健康、语言、社会、科学、艺术五个领域描述幼儿的学习与发展。每个领域按照幼儿学习与发展最基本、最重要的内容划分为若干方面。每个方面由学习与发展目标和教育建议两部分组成。

目标部分分别对3~4岁、4~5岁、5~6岁三个年龄段末期幼儿应该知道什么、能做什么,大致可以达到什么发展水平提出了合理期望,指明了幼儿学习与发展的具体方向;教育建议部分列举了一些能够有效帮助和促进幼儿学习与发展的教育途径与方法。

四、实施《指南》应把握以下几个方面:

1.关注幼儿学习与发展的整体性

儿童的发展是一个整体,要注重领域之间、目标之间的相互渗透和整合,促进幼儿身心全面协调发展,而不应片面追求某一方面或几方面的发展。

2.尊重幼儿发展的个体差异

幼儿的发展是一个持续、渐进的过程,同时也表现出一定的阶段性特征。每个幼儿在沿着相似进程发展的过程中,各自的发展速度和到达某一水平的时间不完全相同。要充分理解和尊重幼儿发展进程中的个别差异,支持和引导他们从原有水平向更高水平发展,按照自身的速度和方式到达《指南》所呈现的发展"阶梯",切忌用一把"尺子"衡量所有幼儿。

3.理解幼儿的学习方式和特点

幼儿的学习是以直接经验为基础,在游戏和日常生活中进行的。要珍视游戏和生活的独特价值,创设丰富的教育环境,合理安排一日生活,最大限度地支持和满足幼儿通过直接感知、实际操作和亲身体验获取经验的需要,严禁"拔苗助长"式的超前教育和强化训练。

4.重视幼儿的学习品质

幼儿在活动过程中表现出的积极态度和良好行为倾向是终身学习与发展所必需的宝贵品质。要充分尊重和保护幼儿的好奇心和学习兴趣,帮助幼儿逐步养成积极主动、认真专注、不怕困难、敢于探究和尝试、乐于想象和创造等良好学习品质。忽视幼儿学习品质培养,单纯追求知识技能学习的做法是短视而有害的。

考题再现

【2018·长沙岳麓·多选】成人应重视幼儿(　　　　)等学习品质的培养。

A.积极主动 　　　　　　　　B.认真专注

C.不怕困难 　　　　　　　　D.敢于探究和尝试

【答案】ABCD。

一、健康

健康是指人在身体、心理和社会适应方面的良好状态。幼儿阶段是儿童身体发育和机能发展极为迅速的时期,也是形成安全感和乐观态度的重要阶段。发育良好的身体、愉快的情绪、强健的体质、协调的动作、良好的生活习惯和基本生活能力是幼儿身心健康的重要标志,也是其它领域学习与发展的基础。

为有效促进幼儿身心健康发展,成人应为幼儿提供合理均衡的营养,保证充足的睡眠和适宜的锻炼,满足幼儿生长发育的需要;创设温馨的人际环境,让幼儿充分感受到亲情和关爱,形成积极稳定的情绪情感;帮助幼儿养成良好的生活与卫生习惯,提高自我保护能力,形成使其终身受益的生活能力和文明生活方式。

幼儿身心发育尚未成熟,需要成人的精心呵护和照顾,但不宜过度保护和包办代替,以免剥夺幼儿自主学习的机会,养成过于依赖的不良习惯,影响其主动性、独立性的发展。

(一)身心状况

目标1　具有健康的体态

3~4岁	4~5岁	5~6岁
1.身高和体重适宜。参考标准: 男孩: 身高:94.9~111.7厘米 体重:12.7~21.2公斤 女孩: 身高:94.1~111.3厘米 体重:12.3~21.5公斤	1.身高和体重适宜。参考标准: 男孩: 身高:100.7~119.2厘米 体重:14.1~24.2公斤 女孩: 身高:99.9~118.9厘米 体重:13.7~24.9公斤	1.身高和体重适宜。参考标准: 男孩: 身高:106.1~125.8厘米 体重:15.9~27.1公斤 女孩: 身高:104.9~125.4厘米 体重:15.3~27.8公斤
2.在提醒下能自然坐直、站直。	2.在提醒下能保持正确的站、坐和行走姿势。	2.经常保持正确的站、坐和行走姿势。

注:身高和体重数据来源:《2006年世界卫生组织儿童生长标准》4、5、6周岁儿童身高和体重的参考数据。

教育建议:

1.为幼儿提供营养丰富、健康的饮食。如:

参照《中国孕期、哺乳期妇女和0~6岁儿童膳食指南》,为幼儿提供谷物、蔬菜、水果、肉、奶、蛋、豆制品等多样化的食物,均衡搭配。

烹调方式要科学,尽量少煎炸、烧烤、腌制。

2.保证幼儿每天睡11~12小时,其中午睡一般应达到2小时左右。午睡时间可根据幼儿的年龄、季节的变化和个体差异适当减少。

3.注意幼儿的体态,帮助他们形成正确的姿势。如:

提醒幼儿要保持正确的站、坐、走姿势;发现有八字脚、罗圈腿、驼背等骨骼发育异常的情况,应及时就医矫治。

桌、椅和床要合适。椅子的高度以幼儿写画时双脚能自然着地、大腿基本保持水平状为宜;桌子的高度以写画时身体能坐直,不驼背,不耸肩为宜;床不宜过软。

4.每年为幼儿进行健康检查。

目标2　情绪安定愉快

3~4岁	4~5岁	5~6岁
1.情绪比较稳定,很少因一点小事哭闹不止。 2.有比较强烈的情绪反应时,能在成人的安抚下逐渐平静下来。	1.经常保持愉快的情绪,不高兴时能较快缓解。 2.有比较强烈情绪反应时,能在成人提醒下逐渐平静下来。 3.愿意把自己的情绪告诉亲近的人,一起分享快乐或求得安慰。	1.经常保持愉快的情绪。知道引起自己某种情绪的原因,并努力缓解。 2.表达情绪的方式比较适度,不乱发脾气。 3.能随着活动的需要转换情绪和注意。

教育建议:

1.营造温暖、轻松的心理环境,让幼儿形成安全感和信赖感。如:

保持良好的情绪状态,以积极、愉快的情绪影响幼儿。

以欣赏的态度对待幼儿。注意发现幼儿的优点,接纳他们的个体差异,不简单与同伴做横向比较。

幼儿做错事时要冷静处理,不厉声斥责,更不能打骂。

【答案】ABCD。

2.帮助幼儿学会恰当表达和调控情绪。如:

成人用恰当的方式表达情绪,为幼儿做出榜样。如生气时不乱发脾气,不迁怒于人。

成人和幼儿一起谈论自己高兴或生气的事,鼓励幼儿与人分享自己的情绪。

允许幼儿表达自己的情绪,并给予适当的引导。如幼儿发脾气时不硬性压制,等其平静后告诉他什么行为是可以接受的。

发现幼儿不高兴时,主动询问情况,帮助他们化解消极情绪。

目标3 具有一定的适应能力

3~4岁	4~5岁	5~6岁
1.能在较热或较冷的户外环境中活动。	1.能在较热或较冷的户外环境中连续活动半小时左右。	1.能在较热或较冷的户外环境中连续活动半小时以上。
2.换新环境时情绪能较快稳定,睡眠、饮食基本正常。	2.换新环境时较少出现身体不适。	2.天气变化时较少感冒,能适应车、船等交通工具造成的轻微颠簸。
3.在帮助下能较快适应集体生活。	3.能较快适应人际环境中发生的变化。如换了新老师能较快适应。	3.能较快融入新的人际关系环境。如换了新的幼儿园或班级能较快适应。

教育建议:

1.保证幼儿的户外活动时间,提高幼儿适应季节变化的能力。

幼儿每天的户外活动时间一般不少于两小时,其中体育活动时间不少于1小时,季节交替时要坚持。

气温过热或过冷的季节或地区应因地制宜,选择温度适当的时间段开展户外活动,也可根据气温的变化和幼儿的个体差异,适当减少活动的时间。

2.经常与幼儿玩拉手转圈、秋千、转椅等游戏活动,让幼儿适应轻微的摆动、颠簸、旋转,促进其平衡机能的发展。

3.锻炼幼儿适应生活环境变化的能力。如:

注意观察幼儿在新环境中的饮食、睡眠、游戏等方面的情况,采取相应的措施帮助他们尽快适应新环境。

经常带幼儿接触不同的人际环境,如参加亲戚朋友聚会,多和不熟悉的小朋友玩,使幼儿较快适应新的人际关系。

(二)动作发展

目标1 具有一定的平衡能力,动作协调、灵敏

3~4岁	4~5岁	5~6岁
1.能沿地面直线或在较窄的低矮物体上走一段距离。	1.能在较窄的低矮物体上平稳地走一段距离。	1.能在斜坡、荡桥和有一定间隔的物体上较平稳地行走。
2.能双脚灵活交替上下楼梯。	2.能以匍匐、膝盖悬空等多种方式钻爬。	2.能以手脚并用的方式安全地爬攀登架、网等。
3.能身体平稳地双脚连续向前跳。	3.能助跑跨跳过一定距离,或助跑跨跳过一定高度的物体。	3.能连续跳绳。
4.分散跑时能躲避他人的碰撞。	4.能与他人玩追逐、躲闪跑的游戏。	4.能躲避他人滚过来的球或扔过来的沙包。
5.能双手向上抛球。	5.能连续自抛自接球。	5.能连续拍球。

教育建议：

1.利用多种活动发展身体平衡和协调能力。如：

走平衡木,或沿着地面直线、田埂行走。

玩跳房子、踢毽子、蒙眼走路、踩小高跷等游戏活动。

2.发展幼儿动作的协调性和灵活性。如：

鼓励幼儿进行跑跳、钻爬、攀登、投掷、拍球等活动。

玩跳竹竿、滚铁环等传统体育游戏。

3.对于拍球、跳绳等技能性活动,不要过于要求数量,更不能机械训练。

4.结合活动内容对幼儿进行安全教育,注重在活动中培养幼儿的自我保护能力。

目标2　具有一定的力量和耐力

3~4岁	4~5岁	5~6岁
1.能双手抓杠悬空吊起10秒左右。	1.能双手抓杠悬空吊起15秒左右。	1.能双手抓杠悬空吊起20秒左右。
2.能单手将沙包向前投掷2米左右。	2.能单手将沙包向前投掷4米左右。	2.能单手将沙包向前投掷5米左右。
3.能单脚连续向前跳2米左右。	3.能单脚连续向前跳5米左右。	3.能单脚连续向前跳8米左右。
4.能快跑15米左右。	4.能快跑20米左右。	4.能快跑25米左右。
5.能行走1公里左右(途中可适当停歇)。	5.能连续行走1.5公里左右(途中可适当停歇)。	5.能连续行走1.5公里以上(途中可适当停歇)。

考题再现

【2018·长沙岳麓·多选】以下属于4~5岁幼儿动作发展力量和耐力发展目标的是(　　　)。

A.能双手抓杠悬空吊起15秒左右　　　　B.能单脚连续向前跳10米左右

C.能快跑20米左右　　　　D.能连续行走1.5公里左右

【答案】ACD。

教育建议：

1.开展丰富多样、适合幼儿年龄特点的各种身体活动,如走、跑、跳、攀、爬等,鼓励幼儿坚持下来,不怕累。

2.日常生活中鼓励幼儿多走路、少坐车;自己上下楼梯、自己背包。

目标3　手的动作灵活协调

3~4岁	4~5岁	5~6岁
1.能用笔涂涂画画。	1.能沿边线较直地画出简单图形,或能边线基本对齐地折纸。	1.能根据需要画出图形,线条基本平滑。
2.能熟练地用勺子吃饭。	2.会用筷子吃饭。	2.能熟练使用筷子。
3.能用剪刀沿直线剪,边线基本吻合。	3.能沿轮廓线剪出由直线构成的简单图形,边线吻合。	3.能沿轮廓线剪出由曲线构成的简单图形,边线吻合且平滑。
		4.能使用简单的劳动工具或用具。

教育建议：

1.创造条件和机会,促进幼儿手的动作灵活协调。如：

提供画笔、剪刀、纸张、泥团等工具和材料,或充分利用各种自然、废旧材料和常见物品,让幼儿进行画、剪、折、粘等美工活动。

引导幼儿生活自理或参与家务劳动,发展其手的动作。如练习自己用筷子吃饭、扣扣子,帮助家人择菜叶、做面食等。

幼儿园在布置娃娃家、商店等活动区时，多提供原材料和半成品，让幼儿有更多机会参与制作活动。

2.引导幼儿注意活动安全。如：

为幼儿提供的塑料粒、珠子等活动材料要足够大，材质要安全，以免造成异物进入气管、铅中毒等伤害。提供幼儿用安全剪刀。

为幼儿示范拿筷子、握笔的正确姿势以及使用剪刀、锤子等工具的方法。

提醒幼儿不要拿剪刀等锋利工具玩耍，用完后要放回原处。

（三）生活习惯与生活能力

目标1　具有良好的生活与卫生习惯

3~4岁	4~5岁	5~6岁
1.在提醒下，按时睡觉和起床，并能坚持午睡。	1.每天按时睡觉和起床，并能坚持午睡。	1.养成每天按时睡觉和起床的习惯。
2.喜欢参加体育活动。	2.喜欢参加体育活动。	2.能主动参加体育活动。
3.在引导下，不偏食、挑食。喜欢吃瓜果、蔬菜等新鲜食品。	3.不偏食、挑食，不暴饮暴食。喜欢吃瓜果、蔬菜等新鲜食品。	3.吃东西时细嚼慢咽。
4.愿意饮用白开水，不贪喝饮料。	4.常喝白开水，不贪喝饮料。	4.主动饮用白开水，不贪喝饮料。
5.不用脏手揉眼睛，连续看电视等不超过15分钟。	5.知道保护眼睛，不在光线过强或过暗的地方看书，连续看电视等不超过20分钟。	5.主动保护眼睛。不在光线过强或过暗的地方看书，连续看电视等不超过30分钟。
6.在提醒下，每天早晚刷牙、饭前便后洗手。	6.每天早晚刷牙、饭前便后洗手，方法基本正确。	6.每天早晚主动刷牙，饭前便后主动洗手，方法正确。

教育建议：

1.让幼儿保持有规律的生活，养成良好的作息习惯。如：早睡早起、每天午睡、按时进餐、吃好早餐等。

2.帮助幼儿养成良好的饮食习惯。如：

合理安排餐点，帮助幼儿养成定点、定时、定量进餐的习惯。

帮助幼儿了解食物的营养价值，引导他们不偏食不挑食、少吃或不吃不利于健康的食品；多喝白开水，少喝饮料。

吃饭时不过分催促，提醒幼儿细嚼慢咽，不要边吃边玩。

3.帮助幼儿养成良好的个人卫生习惯。如：

早晚刷牙、饭后漱口。

勤为幼儿洗澡、换衣服、剪指甲。

提醒幼儿保护五官，如不乱挖耳朵、鼻孔，看电视时保持3米左右的距离等。

4.激发幼儿参加体育活动的兴趣，养成锻炼的习惯。如：

为幼儿准备多种体育活动材料，鼓励他选择自己喜欢的材料开展活动。

经常和幼儿一起在户外运动和游戏，鼓励幼儿和同伴一起开展体育活动。

和幼儿一起观看体育比赛或有关体育赛事的电视节目，培养他对体育活动的兴趣。

目标2　具有基本的生活自理能力

3~4岁	4~5岁	5~6岁
1.在帮助下能穿脱衣服或鞋袜。 2.能将玩具和图书放回原处。	1.能自己穿脱衣服、鞋袜、扣纽扣。 2.能整理自己的物品。	1.能知道根据冷热增减衣服。 2.会自己系鞋带。 3.能按类别整理好自己的物品。

考题再现

【2019·长沙望城·单选】根据《3—6岁儿童学习与发展指南》,下列关于各年龄阶段幼儿的基本生活自理能力的说法中,错误的是(　　)。

A.3~4岁幼儿能将使用过的玩具放回原处　　　B.4~5岁幼儿能整理自己的物品

C.4~5岁幼儿知道根据冷热增减衣服　　　D.5~6岁幼儿会自己系鞋带

【答案】C。解析:《3—6儿童学习与发展指南》"健康"领域"生活习惯与生活能力"部分的"目标2——具有基本的生活自理能力"中指出,5~6岁幼儿"能知道根据冷热增减衣服"。

教育建议:

1.鼓励幼儿做力所能及的事情,对幼儿的尝试与努力给予肯定,不因做不好或做得慢而包办代替。

2.指导幼儿学习和掌握生活自理的基本方法,如穿脱衣服和鞋袜、洗手洗脸、擦鼻涕、擦屁股的正确方法。

3.提供有利于幼儿生活自理的条件。如:

提供一些纸箱、盒子,供幼儿收拾和存放自己的玩具、图书或生活用品等。

幼儿的衣服、鞋子等要简单实用,便于自己穿脱。

目标3　具备基本的安全知识和自我保护能力

3~4岁	4~5岁	5~6岁
1.不吃陌生人给的东西,不跟陌生人走。 2.在提醒下能注意安全,不做危险的事。 3.在公共场所走失时,能向警察或有关人员说出自己和家长的名字、电话号码等简单信息。	1.知道在公共场合不远离成人的视线单独活动。 2.认识常见的安全标志,能遵守安全规则。 3.运动时能主动躲避危险。 4.知道简单的求助方式。	1.未经大人允许不给陌生人开门。 2.能自觉遵守基本的安全规则和交通规则。 3.运动时能注意安全,不给他人造成危险。 4.知道一些基本的防灾知识。

教育建议:

1.创设安全的生活环境,提供必要的保护措施。如:

要把热水瓶、药品、火柴、刀具等物品放到幼儿够不到的地方;阳台或窗台要有安全保护措施;要使用安全的电源插座等。

在公共场所要注意照看好幼儿;幼儿乘车、乘电梯时要有成人陪伴;不把幼儿单独留在家里或汽车里等。

2.结合生活实际对幼儿进行安全教育。如:

外出时,提醒幼儿要紧跟成人,不远离成人的视线,不跟陌生人走,不吃陌生人给的东西;不在河边和马路边玩耍;要遵守交通规则等。

帮助幼儿了解周围环境中不安全的事物,不做危险的事。如不动热水壶,不玩火柴或打火机,不摸电源插座,不攀爬窗户或阳台等。

帮助幼儿认识常见的安全标识,如:小心触电、小心有毒、禁止下河游泳、紧急出口等。

告诉幼儿不允许别人触摸自己的隐私部位。

3.教给幼儿简单的自救和求救的方法。如：

记住自己家庭的住址、电话号码、父母的姓名和单位，一旦走失时知道向成人求助，并能提供必要信息。

遇到火灾或其他紧急情况时，知道要拨打110、120、119等求救电话。

可利用图书、音像等材料对幼儿进行逃生和求救方面的教育，并运用游戏方式模拟练习。

幼儿园应定期进行火灾、地震等自然灾害的逃生演习。

二、语言

语言是交流和思维的工具。幼儿期是语言发展，特别是口语发展的重要时期。幼儿语言的发展贯穿于各个领域，也对其他领域的学习与发展有着重要的影响：幼儿在运用语言进行交流的同时，也在发展着人际交往能力、理解他人和判断交往情境的能力、组织自己思想的能力。通过语言获取信息，幼儿的学习逐步超越个体的直接感知。

幼儿的语言能力是在交流和运用的过程中发展起来的。应为幼儿创设自由、宽松的语言交往环境，鼓励和支持幼儿与成人、同伴交流，让幼儿想说、敢说、喜欢说并能得到积极回应。为幼儿提供丰富、适宜的低幼读物，经常和幼儿一起看图书、讲故事，丰富其语言表达能力，培养阅读兴趣和良好的阅读习惯，进一步拓展学习经验。

幼儿的语言学习需要相应的社会经验支持，应通过多种活动扩展幼儿的生活经验，丰富语言的内容，增强理解和表达能力。应在生活情境和阅读活动中引导幼儿自然而然地产生对文字的兴趣，用机械记忆和强化训练的方式让幼儿过早识字不符合其学习特点和接受能力。

（一）倾听与表达

目标1 · 认真听并能听懂常用语言

3~4岁	4~5岁	5~6岁
1.别人对自己说话时能注意听并做出回应。 2.能听懂日常会话。	1.在群体中能有意识地听与自己有关的信息。 2.能结合情境感受到不同语气、语调所表达的不同意思。 3.方言地区和少数民族幼儿能基本听懂普通话。	1.在集体中能注意听老师或其他人讲话。 2.听不懂或有疑问时能主动提问。 3.能结合情境理解一些表示因果、假设等相对复杂的句子。

考题再现

【2020·怀化麻阳·判断】在群体中能有意识地听与自己有关的信息，是4~5岁儿童在语言领域的典型表现之一。
（　　　）

【答案】√。

教育建议：

1.多给幼儿提供倾听和交谈的机会。如：经常和幼儿一起谈论他感兴趣的话题，或一起看图书、讲故事。

2.引导幼儿学会认真倾听。如：

成人要耐心倾听别人（包括幼儿）的讲话，等别人讲完再表达自己的观点。

与幼儿交谈时，要用幼儿能听得懂的语言。

对幼儿提要求和布置任务时要求他注意听，鼓励他主动提问。

3.对幼儿讲话时，注意结合情境使用丰富的语言，以便于幼儿理解。如：

说话时注意语气、语调，让幼儿感受语气、语调的作用。如对幼儿的不合理要求以比较坚定的语气表示不同意；讲故事时，尽量把故事人物高兴、悲伤的心情用不同的语气、语调表现出来。

根据幼儿的理解水平有意识地使用一些反映因果、假设、条件等关系的句子。

考题再现

【2021·永州祁阳·单选】根据《3—6岁儿童学习与发展指南》中关于语言教育的规定,下列叙述不正确的是( )。

A.对幼儿的不合理要求要以比较委婉的语气表示不同意

B.幼儿期是语言发展,特别是口语发展的重要时期

C.要多给幼儿提供倾听和交谈的机会

D.对幼儿提要求和布置任务时要求他注意听,并鼓励他主动提问

【答案】A。

目标2　愿意讲话并能清楚地表达

3~4岁	4~5岁	5~6岁
1.愿意在熟悉的人面前说话,能大方地与人打招呼。 2.基本会说本民族或本地区的语言。 3.愿意表达自己的需要和想法必要时能配以手势动作。 4.能口齿清楚地说儿歌、童谣或复述简短的故事。	1.愿意与他人交谈,喜欢谈论自己感兴趣的话题。 2.会说本民族或本地区的语言,基本会说普通话。少数民族聚居地区幼儿会用普通话进行日常会话。 3.能基本完整地讲述自己的所见所闻和经历的事情。 4.讲述比较连贯。	1.愿意与他人讨论问题,敢在众人面前说话。 2.会说本民族或本地区的语言和普通话,发音正确清晰。少数民族聚居地区幼儿基本会说普通话。 3.能有序、连贯、清楚地讲述一件事情。 4.讲述时能使用常见的形容词、同义词等,语言比较生动。

教育建议:

1.为幼儿创造说话的机会并体验语言交往的乐趣。

每天有足够的时间与幼儿交谈。如谈论他感兴趣的话题,询问和听取他对自己事情的意见等。

尊重和接纳幼儿的说话方式,无论幼儿的表达水平如何,都应认真地倾听并给予积极的回应。

鼓励和支持幼儿与同伴一起玩耍、交谈,相互讲述见闻、趣事或看过的图书、动画片等。

方言和少数民族地区应积极为幼儿创设用普通话交流的语言环境。

2.引导幼儿清楚地表达。如:

和幼儿讲话时,成人自身的语言要清楚、简洁。

当幼儿因为急于表达而说不清楚的时候,提醒他不要着急,慢慢说;同时要耐心倾听,给予必要的补充,帮助他理清思路并清晰地说出来。

目标3　具有文明的语言习惯

3~4岁	4~5岁	5~6岁
1.与别人讲话时知道眼睛要看着对方。 2.说话自然,声音大小适中。 3.能在成人的提醒下使用恰当的礼貌用语。	1.别人对自己讲话时能回应。 2.能根据场合调节自己说话声音的大小。 3.能主动使用礼貌用语,不说脏话、粗话。	1.别人讲话时能积极主动地回应。 2.能根据谈话对象和需要,调整说话的语气。 3.懂得按次序轮流讲话,不随意打断别人。 4.能依据所处情境使用恰当的语言。如在别人难过时会用恰当的语言表示安慰。

教育建议:

1.成人注意语言文明,为幼儿做出表率。如:

与他人交谈时,认真倾听,使用礼貌用语。

在公共场合不大声说话,不说脏话、粗话。

幼儿表达意见时,成人可蹲下来,眼睛平视幼儿,耐心听他把话说完。

2.帮助幼儿养成良好的语言行为习惯。如:

结合情境提醒幼儿一些必要的交流礼节。如对长辈说话要有礼貌,客人来访时要打招呼,得到帮助时要说谢谢等。

提醒幼儿遵守集体生活的语言规则,如轮流发言,不随意打断别人讲话等。

提醒幼儿注意公共场所的语言文明,如不大声喧哗。

(二)阅读与书写准备

目标1 喜欢听故事,看图书

3~4岁	4~5岁	5~6岁
1.主动要求成人讲故事、读图书。 2.喜欢跟读韵律感强的儿歌、童谣。 3.爱护图书,不乱撕、乱扔。	1.反复看自己喜欢的图书。 2.喜欢把听过的故事或看过的图书讲给别人听。 3.对生活中常见的标识、符号感兴趣,知道它们表示一定的意义。	1.专注地阅读图书。 2.喜欢与他人一起谈论图书和故事的有关内容。 3.对图书和生活情境中的文字符号感兴趣,知道文字表示一定的意义。

教育建议:

1.为幼儿提供良好的阅读环境和条件。如:

提供一定数量、符合幼儿年龄特点、富有童趣的图画书。

提供相对安静的地方,尽量减少干扰,保证幼儿自主阅读。

2.激发幼儿的阅读兴趣,培养阅读习惯。如:

经常抽时间与幼儿一起看图书、讲故事。

提供童谣、故事和诗歌等不同体裁的儿童文学作品,让幼儿自主选择和阅读。

当幼儿遇到感兴趣的事物或问题时,和他一起查阅图书资料,让他感受图书的作用,体会通过阅读获取信息的乐趣。

3.引导幼儿体会标识、文字符号的用途。如:

向幼儿介绍医院、公用电话等生活中的常见标识,让他知道标识可以代表具体事物。

结合生活实际,帮助幼儿体会文字的用途。如买来新玩具时,把说明书上的文字念给幼儿听,了解玩具的玩法。

目标2 具有初步的阅读理解能力

3~4岁	4~5岁	5~6岁
1.能听懂短小的儿歌或故事。 2.会看画面,能根据画面说出图中有什么,发生了什么事等。 3.能理解图书上的文字是和画面对应的,是用来表达画面意义的。	1.能大体讲出所听故事的主要内容。 2.能根据连续画面提供的信息,大致说出故事的情节。 3.能随着作品的展开产生喜悦、担忧等相应的情绪反应,体会作品所表达的情绪情感。	1.能说出所阅读的幼儿文学作品的主要内容。 2.能根据故事的部分情节或图书画面的线索猜想故事情节的发展,或续编、创编故事。 3.对看过的图书、听过的故事能说出自己的看法。 4.能初步感受文学语言的美。

【2018·长沙岳麓·单选】( )岁幼儿阅读理解能力发展的目标是能根据故事的部分情节或图书画面的线索猜想故事情节的发展。

A.3~4   B.4~5   C.5~6   D.6~7

【答案】C。

教育建议：

1.经常和幼儿一起阅读，引导他以自己的经验为基础理解图书的内容。如：

引导幼儿仔细观察画面，结合画面讨论故事内容，学习建立画面与故事内容的联系。

和幼儿一起讨论或回忆书中的故事情节，引导他有条理地说出故事的大致内容。

在给幼儿读书或讲故事时，可先不告诉名字，让幼儿听完后自己命名，并说出这样命名的理由。

鼓励幼儿自主阅读，并与他人讨论自己在阅读中的发现、体会和想法。

2.在阅读中发展幼儿的想象和创造能力。如：

鼓励幼儿依据画面线索讲述故事，大胆推测、想象故事情节的发展，改编故事部分情节或续编故事结尾。

鼓励幼儿用故事表演、绘画等不同的方式表达自己对图书和故事的理解。

鼓励和支持幼儿自编故事，并为自编的故事配上图画，制成图画书。

3.引导幼儿感受文学作品的美。如：

有意识地引导幼儿欣赏或模仿文学作品的语言节奏和韵律。

给幼儿读书时，通过表情、动作和抑扬顿挫的声音传达书中的情绪情感，让幼儿体会作品的感染力和表现力。

目标3   具有书面表达的愿望和初步技能

3~4岁	4~5岁	5~6岁
喜欢用涂涂画画表达一定的意思。	1.愿意用图画和符号表达自己的愿望和想法。 2.在成人提醒下，写写画画时姿势正确。	1.愿意用图画和符号表现事物或故事。 2.会正确书写自己的名字。 3.写画时姿势正确。

教育建议：

1.让幼儿在写写画画的过程中体验文字符号的功能，培养书写兴趣。如：

准备供幼儿随时取放的纸、笔等材料，也可利用沙地、树枝等自然材料，满足幼儿自由涂画的需要。

鼓励幼儿将自己感兴趣的事情或故事画下来并讲给别人听，让幼儿体会写写画画的方式可以表达自己的想法和情感。

把幼儿讲过的事情用文字记录下来，并念给他听，使幼儿知道说的话可以用文字记录下来，从中体会文字的用途。

2.在绘画和游戏中做必要的书写准备。如：

通过把虚线画出的图形轮廓连成实线等游戏，促进手眼协调，同时帮助幼儿学习由上至下、由左至右的运笔技能。

鼓励幼儿学习书写自己的名字。

提醒幼儿写画时保持正确姿势。

三、社会

幼儿社会领域的学习与发展过程是其社会性不断完善并奠定健全人格基础的过程。人际交往和社会适应是幼儿社会学习的主要内容，也是其社会性发展的基本途径。幼儿在与成人和同伴交往的过程中，不仅学习如何与人友好相处，也在学习如何看待自己、对待他人，不断发展适应社会生活的能力。良好的社会性发展对幼儿身心健康和其他各方面的发展都具有重要影响。

家庭、幼儿园和社会应共同努力，为幼儿创设温暖、关爱、平等的家庭和集体生活氛围，建立良好的亲子关系、师生关系和同伴关系，让幼儿在积极健康的人际关系中获得安全感和信任感，发展自信和自尊，在良好的社会环境及文化的熏陶中学会遵守规则，形成基本的认同感和归属感。

幼儿的社会性主要是在日常生活和游戏中通过观察和模仿潜移默化地发展起来的。成人应注重自己言行的榜样作用，避免简单生硬的说教。

（一）人际交往

目标1　愿意与人交往

3~4岁	4~5岁	5~6岁
1.愿意和小朋友一起游戏。 2.愿意与熟悉的长辈一起活动。	1.喜欢和小朋友一起游戏，有经常一起玩的小伙伴。 2.喜欢和长辈交谈，有事愿意告诉长辈。	1.有自己的好朋友，也喜欢结交新朋友。 2.有问题愿意向别人请教。 3.有高兴的或有趣的事愿意与大家分享。

教育建议：

1.主动亲近和关心幼儿，经常和他一起游戏或活动，让幼儿感受到与成人交往的快乐，建立亲密的亲子关系和师生关系。

2.创造交往的机会，让幼儿体会交往的乐趣。如：

利用走亲戚、到朋友家做客或有客人来访的时机，鼓励幼儿与他人接触和交谈。

鼓励幼儿参加小朋友的游戏，邀请小朋友到家里玩，感受有朋友一起玩的快乐。

幼儿园应多为幼儿提供自由交往和游戏的机会，鼓励他们自主选择、自由结伴开展活动。

目标2　能与同伴友好相处

3~4岁	4~5岁	5~6岁
1.想加入同伴的游戏时，能友好地提出请求。 2.在成人指导下，不争抢、不独霸玩具。 3.与同伴发生冲突时，能听从成人的劝解。	1.会运用介绍自己、交换玩具等简单技巧加入同伴游戏。 2.对大家都喜欢的东西能轮流、分享。 3.与同伴发生冲突时，能在他人帮助下和平解决。 4.活动时愿意接受同伴的意见和建议。 5.不欺负弱小。	1.能想办法吸引同伴和自己一起游戏。 2.活动时能与同伴分工合作，遇到困难能一起克服。 3.与同伴发生冲突时能自己协商解决。 4.知道别人的想法有时和自己不一样，能倾听和接受别人的意见，不能接受时会说明理由。 5.不欺负别人，也不允许别人欺负自己。

教育建议：

1.结合具体情境，指导幼儿学习交往的基本规则和技能。如：

当幼儿不知怎样加入同伴游戏，或提出请求不被接受时，建议他拿出玩具邀请大家一起玩；或者扮成某个角色加入同伴的游戏。

对幼儿与别人分享玩具、图书等行为给予肯定，让他对自己的表现感到高兴和满足。

当幼儿与同伴发生矛盾或冲突时，指导他尝试用协商、交换、轮流玩、合作等方式解决冲突。

利用相关的图书、故事，结合幼儿的交往经验，和他讨论什么样的行为受大家欢迎，想要得到别人的接纳应该怎样做。

幼儿园应多为幼儿提供需要大家齐心协力才能完成的活动,让幼儿在具体活动中体会合作的重要性,学习分工合作。

2.结合具体情境,引导幼儿换位思考,学习理解别人。如:

幼儿有争抢玩具等不友好行为时,引导他们想想"假如你是那个小朋友,你有什么感受?"让幼儿学习理解别人的想法和感受。

3.和幼儿一起谈谈他的好朋友,说说喜欢这个朋友的原因,引导他多发现同伴的优点、长处。

目标3　具有自尊、自信、自主的表现

3~4岁	4~5岁	5~6岁
1.能根据自己的兴趣选择游戏或其他活动。	1.能按自己的想法进行游戏或其他活动。	1.能主动发起活动或在活动中出主意、想办法。
2.为自己的好行为或活动成果感到高兴。	2.知道自己的一些优点和长处,并对此感到满意。	2.做了好事或取得了成功后还想做得更好。
3.自己能做的事情愿意自己做。	3.自己的事情尽量自己做,不愿意依赖别人。	3.自己的事情自己做,不会的愿意学。
4.喜欢承担一些小任务。	4.敢于尝试有一定难度的活动和任务。	4.主动承担任务,遇到困难能够坚持而不轻易求助。
		5.与别人的看法不同时,敢于坚持自己的意见并说出理由。

教育建议:

1.关注幼儿的感受,保护其自尊心和自信心。如:

能以平等的态度对待幼儿,使幼儿切实感受到自己被尊重。

对幼儿好的行为表现多给予具体、有针对性的肯定和表扬,让他对自己优点和长处有所认识并感到满足和自豪。

不要拿幼儿的不足与其他幼儿的优点作比较。

2.鼓励幼儿自主决定,独立做事,增强其自尊心和自信心。如:

与幼儿有关的事情要征求他的意见,即使他的意见与成人不同,也要认真倾听,接受他的合理要求。

在保证安全的情况下,支持幼儿按自己的想法做事;或提供必要的条件,帮助他实现自己的想法。

幼儿自己的事情尽量放手让他自己做,即使做得不够好,也应鼓励并给予一定的指导,让他在做事中树立自尊和自信。

鼓励幼儿尝试有一定难度的任务,并注意调整难度,让他感受经过努力获得的成就感。

目标4　关心尊重他人

3~4岁	4~5岁	5~6岁
1.长辈讲话时能认真听,并能听从长辈的要求。	1.会用礼貌的方式向长辈表达自己的要求和想法。	1.能有礼貌地与人交往。
2.身边的人生病或不开心时表示同情。	2.能注意到别人的情绪,并有关心、体贴的表现。	2.能关注别人的情绪和需要,并能给予力所能及的帮助。
3.在提醒下能做到不打扰别人。	3.知道父母的职业,能体会到父母为养育自己所付出的辛劳。	3.尊重为大家提供服务的人,珍惜他们的劳动成果。
		4.接纳、尊重与自己的生活方式或习惯不同的人。

考题再现

【2019·长沙望城·判断】能注意别人的情绪,是幼儿懂得关心、尊重他人的表现之一。 (　　)

【答案】√。

教育建议:

1.成人以身作则,以尊重、关心的态度对待自己的父母、长辈和其他人。如:

经常问候父母,主动做家务。

礼貌地对待老年人,如坐车时主动为老人让座。看到别人有困难能主动关心并给予一定的帮助。

2.引导幼儿尊重、关心长辈和身边的人,尊重他人劳动及成果。如:

提醒幼儿关心身边的人,如妈妈累了,知道让她安静休息一会儿。

借助故事、图书等给幼儿讲讲父母抚育孩子成长的经历,让幼儿理解和体会父爱与母爱。

结合实际情境,提醒幼儿注意别人的情绪,了解他们的需要,给予适当的关心和帮助。

利用生活机会和角色游戏,帮助幼儿了解与自己关系密切的社会服务机构及其工作,如商场、邮局、医院等,体会这些机构给大家提供的便利和服务,懂得尊重工作人员的劳动,珍惜劳动成果。

3.引导幼儿学习用平等、接纳和尊重的态度对待差异。如:

了解每个人都有自己的兴趣、爱好和特长,可以相互学习。

利用民间游戏、传统节日等,适当向幼儿介绍我国主要民族和世界其他国家和民族的文化,帮助幼儿感知文化的多样性和差异性,理解人们之间是平等的,应该互相尊重,友好相处。

(二)社会适应

目标1 喜欢并适应群体生活

3~4岁	4~5岁	5~6岁
1.对群体活动有兴趣。 2.对幼儿园的生活好奇,喜欢上幼儿园。	1.愿意并主动参加群体活动。 2.愿意与家长一起参加社区的一些群体活动。	1.在群体活动中积极、快乐。 2.对小学生活有好奇和向往。

教育建议:

1.经常和幼儿一起参加一些群体性的活动,让幼儿体会群体活动的乐趣。如:参加亲戚、朋友和同事间的聚会以及适合幼儿参加的社区活动等,支持幼儿和不同群体的同伴一起游戏,丰富其群体活动的经验。

2.幼儿园组织活动时,可以经常打破班级的界限,让幼儿有更多机会参加不同群体的活动。

3.带领大班幼儿参观小学,讲讲小学有趣的活动,唤起他们对小学生活的好奇和向往,为入学做好心理准备。

考题再现

【2019·长沙望城·判断】幼儿园组织活动时,为便于组织安排,应严格按照班级组织,不能打破班级界限。

(   )

【答案】×。

目标2 遵守基本的行为规范

3~4岁	4~5岁	5~6岁
1.在提醒下,能遵守游戏和公共场所的规则。 2.知道不经允许不能拿别人的东西,借别人的东西要归还。 3.在成人提醒下,爱护玩具和其他物品。	1.感受规则的意义,并能基本遵守规则。 2.不私自拿不属于自己的东西。 3.知道说谎是不对的。 4.知道接受了的任务要努力完成。 5.在提醒下,能节约粮食、水电等。	1.理解规则的意义,能与同伴协商制定游戏和活动规则。 2.爱惜物品,用别人的东西时也知道爱护。 3.做了错事敢于承认,不说谎。 4.能认真负责地完成自己所接受的任务。 5.爱护身边的环境,注意节约资源。

教育建议：

1.成人要遵守社会行为规则，为幼儿树立良好的榜样。如：

答应幼儿的事一定要做到、尊老爱幼、爱护公共环境，节约水电等。

2.结合社会生活实际，帮助幼儿了解基本行为规则或其它游戏规则，体会规则的重要性，学习自觉遵守规则。如：

经常和幼儿玩带有规则的游戏，遵守共同约定的游戏规则。

利用实际生活情境和图书故事，向幼儿介绍一些必要的社会行为规则，以及为什么要遵守这些规则。

在幼儿园的区域活动中，创设情境，让幼儿体会没有规则的不方便，鼓励他们讨论制定规则并自觉遵守。

对幼儿表现出的遵守规则的行为要及时肯定，对违规行为给予纠正。如：幼儿主动为老人让座时要表扬；幼儿损害别人的物品或公共物品时要及时制止并主动赔偿。

3.教育幼儿要诚实守信。如：

对幼儿诚实守信的行为要及时肯定。

允许幼儿犯错误，告诉他改了就好。不要打骂幼儿，以免他因害怕惩罚而说谎。

小年龄幼儿经常分不清想象和现实，成人不要误认为他是在说谎。

发现幼儿说谎时，要反思是否是因自己对幼儿的要求过高过严造成的。如果是，要及时调整自己的行为，同时要严肃地告诉幼儿说谎是不对的。

经常给幼儿分配一些力所能及的任务，要求他完成并及时给予表扬，培养他的责任感和认真负责的态度。

目标3　具有初步的归属感

3~4岁	4~5岁	5~6岁
1.知道和自己一起生活的家庭成员及与自己的关系，体会到自己是家庭的一员。 2.能感受到家庭生活的温暖，爱父母，亲近与信赖长辈。 3.能说出自己家所在街道、小区（乡镇、村）的名称。 4.认识国旗，知道国歌。	1.喜欢自己所在的幼儿园和班级，积极参加集体活动。 2.能说出自己家所在地的省、市、县（区）名称，知道当地有代表性的物产或景观。 3.知道自己是中国人。 4.奏国歌、升国旗时能自动站好。	1.愿意为集体做事，为集体的成绩感到高兴。 2.能感受到家乡的发展变化并为此感到高兴。 3.知道自己的民族，知道中国是一个多民族的大家庭，各民族之间要互相尊重，团结友爱。 4.知道国家一些重大成就，爱祖国，为自己是中国人感到自豪。

教育建议：

1.亲切地对待幼儿，关心幼儿，让他感到长辈是可亲、可近、可信赖的，家庭和幼儿园是温暖的。如：

多和孩子一起游戏、谈笑，尽量在家庭和班级中营造温馨的氛围。

通过和幼儿一起翻阅照片、讲幼儿成长的故事等，让幼儿感受到家庭和幼儿园的温暖，老师的和蔼可亲，对养育自己的人产生感激之情。

2.吸引和鼓励幼儿参加集体活动，萌发集体意识。如：

幼儿园和班级里的重大事情和计划，请幼儿集体讨论决定。

幼儿园应经常组织多种形式的集体活动，萌发幼儿的集体荣誉感。

3.运用幼儿喜闻乐见和能够理解的方式激发幼儿爱家乡、爱祖国的情感。如：

和幼儿说一说或在地图上找一找自己家所在的省、市、县（区）名称。

和幼儿一起外出游玩，一起看有关的电视节目或画报等；和他们一起收集有关家乡、祖国各地的风景名胜、著名的建筑、独特物产的图片等，在观看和欣赏的过程中激发幼儿的自豪感和热爱之情。

利用电视节目或参加升旗等活动,向幼儿介绍国旗、国歌以及观看升旗、奏国歌的礼仪。

向幼儿介绍反映中国人聪明才智的发明和创造,激发幼儿的民族自豪感。

四、科学

幼儿的科学学习是在探究具体事物和解决实际问题中,尝试发现事物间的异同和联系的过程。幼儿在对自然事物的探究和运用数学解决实际生活问题的过程中,不仅获得丰富的感性经验,充分发展形象思维,而且初步尝试归类、排序、判断、推理,逐步发展逻辑思维能力,为其它领域的深入学习奠定基础。

幼儿科学学习的核心是激发探究兴趣,体验探究过程,发展初步的探究能力。成人要善于发现和保护幼儿的好奇心,充分利用自然和实际生活机会,引导幼儿通过观察、比较、操作、实验等方法,学习发现问题、分析问题和解决问题;帮助幼儿不断积累经验,并运用于新的学习活动,形成受益终身的学习态度和能力。

幼儿的思维特点是以具体形象思维为主,应注重引导幼儿通过直接感知、亲身体验和实际操作进行科学学习,不应为追求知识和技能的掌握,对幼儿进行灌输和强化训练。

考题再现

【2018·长沙岳麓·多选】成人要善于发现和保护幼儿的好奇心,充分利用自然和实际生活机会,引导幼儿通过( )等方法,学习发现问题、分析问题和解决问题。

A.观察、比较   B.操作、实验

C.记忆   D.模仿

【答案】AB。

(一)科学探究

目标1 亲近自然,喜欢探究

3~4岁	4~5岁	5~6岁
1.喜欢接触大自然,对周围的很多事物和现象感兴趣。	1.喜欢接触新事物,经常问一些与新事物有关的问题。	1.对自己感兴趣的问题总是刨根问底。
2.经常问各种问题,或好奇地摆弄物品。	2.常常动手动脑探索物体和材料,并乐在其中。	2.能经常动手动脑寻找问题的答案。
		3.探索中有所发现时感到兴奋和满足。

教育建议:

1.经常带幼儿接触大自然,激发其好奇心与探究欲望。如:

为幼儿提供一些有趣的探究工具,用自己的好奇心和探究积极性感染和带动幼儿。

和幼儿一起发现并分享周围新奇、有趣的事物或现象,一起寻找问题的答案。

通过拍照和画图等方式保留和积累有趣的探索与发现。

2.真诚地接纳、多方面支持和鼓励幼儿的探索行为。如:

认真对待幼儿的问题,引导他们猜一猜、想一想,有条件时和幼儿一起做一些简易的调查或有趣的小实验。

容忍幼儿因探究而弄脏、弄乱、甚至破坏物品的行为,引导他们活动后做好收拾整理。

多为幼儿选择一些能操作、多变化、多功能的玩具材料或废旧材料,在保证安全的前提下,鼓励幼儿拆装或动手自制玩具。

目标2　具有初步的探究能力

3~4岁	4~5岁	5~6岁
1.对感兴趣的事物能仔细观察,发现其明显特征。 2.能用多种感官或动作去探索物体,关注动作所产生的结果。	1.能对事物或现象进行观察比较,发现其相同与不同。 2.能根据观察结果提出问题,并大胆猜测答案。 3.能通过简单的调查收集信息。 4.能用图画或其他符号进行记录。	1.能通过观察、比较与分析,发现并描述不同种类物体的特征或某个事物前后的变化。 2.能用一定的方法验证自己的猜测。 3.在成人的帮助下能制定简单的调查计划并执行。 4.能用数字、图画、图表或其他符号记录。 5.探究中能与他人合作与交流。

教育建议:

1.有意识地引导幼儿观察周围事物,学习观察的基本方法,培养观察与分类能力。如:

支持幼儿自发的观察活动,对其发现表示赞赏。

通过提问等方式引导幼儿思考并对事物进行比较观察和连续观察。

引导幼儿在观察和探索的基础上,尝试进行简单的分类、概括。

如:根据运动方式给动物分类,根据生长环境给植物分类,根据外部特征给物体分类等等。

2.支持和鼓励幼儿在探究的过程中积极动手动脑寻找答案或解决问题。如:

鼓励幼儿根据观察或发现提出值得继续探究的问题,或成人提出有探究意义且能激发幼儿兴趣的问题。如:皮球、轮胎、竹筒等物体滚动时都走直线吗? 怎样让橡皮泥球浮在水面上?

支持和鼓励幼儿大胆联想、猜测问题的答案,并设法验证。如:玩风车时,鼓励幼儿猜测风车转动方向及速度快慢的原因和条件,并实际去验证。

支持、引导幼儿学习用适宜的方法探究和解决问题,或为自己的想法收集证据。如:想知道院子里有多少种植物,可以进行实地调查;想知道球在平地上还是在斜坡上滚得快,可以动手试一试;想证明影子的方向与太阳的位置有关,可以做个小实验进行验证等。

3.鼓励和引导幼儿学习做简单的计划和记录,并与他人交流分享。如:

和幼儿共同制定调查计划,讨论调查对象、步骤和方法等,也可以和幼儿一起设法用图画、箭头等标识呈现计划。

鼓励幼儿用绘画、照相、做标本等办法记录观察和探究的过程与结果,注意要让记录有意义,通过记录帮助幼儿丰富观察经验、建立事物之间的联系和分享发现。

支持幼儿与同伴合作探究与分享交流,引导他们在交流中尝试整理、概括自己探究的成果,体验合作探究和发现的乐趣。如一起讨论和分享自己的问题与发现,一起想办法收集资料和验证猜测。

4.帮助幼儿回顾自己探究过程,讨论自己做了什么,怎么做的,结果与计划目标是否一致,分析一下原因以及下一步要怎样做等。

目标3　在探究中认识周围事物和现象

3~4岁	4~5岁	5~6岁
1.认识常见的动植物,能注意并发现周围的动植物是多种多样的。	1.能感知和发现动植物的生长变化及其基本条件。	1.能察觉到动植物的外形特征、习性与生存环境的适应关系。
2.能感知和发现物体和材料的软硬、光滑和粗糙等特性。	2.能感知和发现常见材料的溶解、传热等性质或用途。	2.能发现常见物体的结构与功能之间的关系。
3.能感知和体验天气对自己生活和活动的影响。	3.能感知和发现简单物理现象,如物体形态或位置变化等。	3.能探索并发现常见的物理现象产生的条件或影响因素,如影子、沉浮等。
4.初步了解和体会动植物和人们生活的关系。	4.能感知和发现不同季节的特点,体验季节对动植物和人的影响。	4.感知并了解季节变化的周期性,知道变化的顺序。
	5.初步感知常用科技产品与自己生活的关系,知道科技产品有利也有弊。	5.初步了解人们的生活与自然环境的密切关系,知道尊重和珍惜生命,保护环境。

教育建议:

1.支持幼儿在接触自然、生活事物和现象中积累有益的直接经验和感性认识。如:

和幼儿一起通过户外活动、参观考察、种植和饲养活动,感知生物的多样性和独特性,以及生长发育、繁殖和死亡的过程。

给幼儿提供丰富的材料和适宜的工具,支持幼儿在游戏过程中探索并感知常见物质、材料的特性和物体的结构特点。

2.引导幼儿在探究中思考,尝试进行简单的推理和分析,发现事物之间明显的关联。如:

引导5岁以上幼儿关注和思考动植物的外部特征、习性与生活环境对动植物生存的意义。如兔子的长耳朵具有自我保护的作用;植物种子的形状有助于其传播等。

引导幼儿根据常见物质、材料的特性和物体的结构特点,推测和证实它们的用途。如:带轮子的物体方便移动;不同用途的车辆有不同的结构等等。

3.引导幼儿关注和了解自然、科技产品与人们生活的密切关系,逐渐懂得热爱、尊重、保护自然。如:

结合幼儿的生活需要,引导他们体会人与自然、动植物的依赖关系。如:动植物、季节变化与人们生活的关系、常见灾害性天气给人们生产和生活带来的影响等。

和幼儿一起讨论常见科技产品的用途和弊端,如:汽车等交通工具给生活带来的方便和对环境的污染等。

(二)数学认知

目标1　初步感知生活中数学的有用和有趣

3~4岁	4~5岁	5~6岁
1.感知和发现周围物体的形状是多种多样的,对不同的形状感兴趣。	1.在指导下,感知和体会有些事物可以用形状来描述。	1.能发现事物简单的排列规律,并尝试创造新的排列规律。
2.体验和发现生活中很多地方都用到数。	2.在指导下,感知和体会有些事物可以用数来描述,对环境中各种数字的含义有进一步探究的兴趣。	2.能发现生活中许多问题都可以用数学的方法来解决,体验解决问题的乐趣。

教育建议:

1.引导幼儿注意事物的形状特征,尝试用表示形状的词来描述事物,体会描述的生动形象性和趣味性。如:

参观游览后,和幼儿一起谈论所看到的事物的形状,鼓励幼儿产生联想,并用自己的语言进行描述。如:熊猫的身体圆圆的,全身好像是一个个的圆形组成的。

和幼儿交谈或读书讲故事时,适当地运用一些有关形状的词汇来描述事物,如看图片时,和幼儿讨论奥运会场馆的形状,体会为什么有的场馆叫"水立方",有的叫"鸟巢"。

2.引导幼儿感知和体会生活中很多地方都用到数,关注周围与自己生活密切相关的数的信息,体会数可以代表不同的意义。如:

和幼儿一起寻找发现生活中用数字作标识的事物,如电话号码、时钟、日历和商品的价签等。

引导幼儿了解和感受数用在不同的地方,表示的意义是不一样的。如天气预报中表示气温的数代表冷热状况;钟表上的数表明时间的早晚等。

鼓励幼儿尝试使用数的信息进行一些简单的推理。如知道今天是星期五,能推断明天是星期六,爸爸妈妈休息。

3.引导幼儿观察发现按照一定规律排列的事物,体会其中的排列特点与规律,并尝试自己创造出新的排列规律。如:

和幼儿一起发现和体会按一定顺序排列的队形整齐有序。

提供具有重复性旋律和词语的音乐、儿歌和故事,或利用环境中有序排列的图案(如按颜色间隔排列的瓷砖、按形状间隔排列的珠帘等),鼓励幼儿发现和感受其中的规律。

鼓励幼儿尝试自己设计有规律的花边图案、创编有一定规律的动作,或者按某种规律进行搭建活动。

引导幼儿体会生活中很多事情都是有一定顺序和规律的,如一周七天的顺序是从周一到周日,一年四季按照春夏秋冬轮回等。

4.鼓励和支持幼儿发现、尝试解决日常生活中需要用到数学的问题,体会数学的用处。如:

拍球、跳绳、跳远或投沙包时,可通过数数、测量的方法确定名次。

讨论春游去哪里玩时,让幼儿商量想去哪里玩?每个想去的地方有多少人?根据统计结果做出决定。

滑滑梯时,按照"先来先玩"的规则有序地排队玩。

目标2　感知和理解数、量及数量关系

3~4岁	4~5岁	5~6岁
1.能感知和区分物体的大小、多少、高矮长短等量方面的特点,并能用相应的词表示。	1.能感知和区分物体的粗细、厚薄、轻重等量方面的特点,并能用相应的词语描述。	1.初步理解量的相对性。
2.能通过一一对应的方法比较两组物体的多少。	2.能通过数数比较两组物体的多少。	2.借助实际情境和操作(如合并或拿取)理解"加"和"减"的实际意义。
3.能手口一致地点数5个以内的物体,并能说出总数。能按数取物。	3.能通过实际操作理解数与数之间的关系,如5比4多1;2和3合在一起是5。	3.能通过实物操作或其他方法进行10以内的加减运算。
4.能用数词描述事物或动作。如我有4本图书。	4.会用数词描述事物的排列顺序和位置。	4.能用简单的记录表、统计图等表示简单的数量关系。

教育建议:

1.引导幼儿感知和理解事物"量"的特征。如:

感知常见事物的大小、多少、高矮、粗细等量的特征,学习使用相应的词汇描述这些特征。

结合具体事物让幼儿通过多次比较逐渐理解"量"是相对的。如小亮比小明高,但比小强矮。

收拾物品时,根据情况,鼓励幼儿按照物体量的特征分类整理。如整理图书时按照大小摆放。

【2018·湘潭雨湖·单选】在引导幼儿感知和理解事物"量"的特征时,恰当的做法是(　　　)。

A.引导幼儿感知常见事物的大小、高矮、粗细等

B.引导幼儿识别常见食物的形状

C.和幼儿一起手口一致地点数物体,说出总数

D.为幼儿提供按数取物的机会

【答案】A。

2.结合日常生活,指导幼儿学习通过对应或数数的方式比较物体的多少。如:

鼓励幼儿在一对一配对的过程中发现两组物体的多少。如,在给桌子上的每个碗配上勺子时,发现碗和勺多少的不同。

鼓励幼儿通过数数比较两样东西的多少。如数一数有多少个苹果,多少个梨,判断苹果和梨哪个多,哪个少。

3.利用生活和游戏中的实际情境,引导幼儿理解数概念。如:

结合生活需要,和幼儿一起手口一致点数物体,得出物体的总数。

通过点数的方式让幼儿体会物体的数量不会因排列形式、空间位置的不同而发生变化。如鼓励幼儿将一定数量的扣子以不同的形式摆放,体会扣子的数量是不变的。

结合日常生活,为幼儿提供"按数取物"的机会,如游戏时,请幼儿按要求拿出几个球。

4.通过实物操作引导幼儿理解数与数之间的关系,并用"加"或"减"的办法来解决问题。如:

游戏中遇到让4个小动物住进两间房子的问题,或生活中遇到将5块饼干分给两个小朋友问题时,让幼儿尝试不同的分法。

鼓励幼儿尝试自己解决生活中的数学问题。如家里来了5位客人,桌子上只有3个杯子,还需要几个杯子等。

购少量物品时,有意识地鼓励幼儿参与计算和付款的过程等。

目标3　感知形状与空间关系

3~4岁	4~5岁	5~6岁
1.能注意物体较明显的形状特征,并能用自己的语言描述。 2.能感知物体基本的空间位置与方位,理解上下、前后、里外等方位词。	1.能感知物体的形体结构特征,画出或拼搭出该物体的造型。 2.能感知和发现常见几何图形的基本特征,并能进行分类。 3.能使用上下、前后、里外、中间、旁边等方位词描述物体的位置和运动方向。	1.能用常见的几何形体有创意地拼搭和画出物体的造型。 2.能按语言指示或根据简单示意图正确取放物品。 3.能辨别自己的左右。

教育建议:

1.用多种方法帮助幼儿在物体与几何形体之间建立联系。如:

引导幼儿感受生活中各种物品的形状特征,并尝试识别和描述。如感受和识别盘子、桌子、车轮、地砖等物品的形状特征。

鼓励和支持幼儿用积木、纸盒、拼板等各种形状材料进行建构游戏或制作活动。如用长方形的纸盒加两个圆形瓶盖制作"汽车"。

收拾整理积木时,引导幼儿体验图形之间的转换。如两个三角形可组合成一个正方形,两个正方形可组

合成一个长方形。

引导幼儿注意观察生活物品的图形特征,鼓励他们按形状分类整理物品。

2.丰富幼儿空间方位识别的经验,引导幼儿运用空间方位经验解决问题。如:

请幼儿取放物体时,使用他们能够理解的方位词,如把桌子下面的东西放到窗台上,把花盆放在大树旁边等。

和幼儿一起识别熟悉场所的位置。如超市在家的旁边,邮局在幼儿园的前面。

在体育、音乐和舞蹈活动中,引导幼儿感受空间方位和运动方向。

和幼儿玩按指令找宝的游戏。对年龄小的幼儿要求他们按语言指令寻找,对年龄大些的幼儿可要求按照简单的示意图寻找。

五、艺术

艺术是人类感受美、表现美和创造美的重要形式,也是表达自己对周围世界的认识和情绪态度的独特方式。

每个幼儿心里都有一颗美的种子。幼儿艺术领域学习的关键在于充分创造条件和机会,在大自然和社会文化生活中萌发幼儿对美的感受和体验,丰富其想象力和创造力,引导幼儿学会用心灵去感受和发现美,用自己的方式去表现和创造美。

幼儿对事物的感受和理解不同于成人,他们表达自己认识和情感的方式也有别于成人。幼儿独特的笔触、动作和语言往往蕴含着丰富的想象和情感,成人应对幼儿的艺术表现给予充分的理解和尊重,不能用自己的审美标准去评判幼儿,更不能为追求结果的"完美"而对幼儿进行千篇一律的训练,以免扼杀其想象与创造的萌芽。

考题再现

【2018·长沙岳麓·多选】幼儿艺术领域学习的关键在于( )。

A.引导幼儿学会用心灵去感受和发现美

B.在大自然和社会文化生活中萌发幼儿对美的感受和体验

C.丰富幼儿的想象力和创造力

D.用自己的方式表现和创造美

【答案】ABCD。

(一)感受与欣赏

目标1 喜欢自然界与生活中美的事物

3~4岁	4~5岁	5~6岁
1.喜欢观看花草树木、日月星空等大自然中美的事物。	1.在欣赏自然界和生活环境中美的事物时,关注其色彩、形态等特征。	1.乐于收集美的物品或向别人介绍所发现的美的事物。
2.容易被自然界中的鸟鸣、风声、雨声等好听的声音所吸引。	2.喜欢倾听各种好听的声音,感知声音的高低、长短、强弱等变化。	2.乐于模仿自然界和生活环境中有特点的声音,并产生相应的联想。

教育建议:

1.和幼儿一起感受、发现和欣赏自然环境和人文景观中美的事物。如:

让幼儿多接触大自然,感受和欣赏美丽的景色和好听的声音。

经常带幼儿参观园林、名胜古迹等人文景观,讲讲有关的历史故事、传说,与幼儿一起讨论和交流对美的感受。

2.和幼儿一起发现美的事物的特征,感受和欣赏美。如:

让幼儿观察常见动植物以及其他物体,引导幼儿用自己的语言、动作等描述它们美的方面,如颜色、形状、形态等。

让幼儿倾听和分辨各种声响,引导幼儿用自己的方式来表达他对音色、强弱、快慢的感受。

支持幼儿收集喜欢的物品并和他一起欣赏。

目标2　喜欢欣赏多种多样的艺术形式和作品

3~4岁	4~5岁	5~6岁
1.喜欢听音乐或观看舞蹈、戏剧等表演。 2.乐于观看绘画、泥塑或其他艺术形式的作品。	1.能够专心地观看自己喜欢的文艺演出或艺术品，有模仿和参与的愿望。 2.欣赏艺术作品时会产生相应的联想和情绪反应。	1.艺术欣赏时常常用表情、动作、语言等方式表达自己的理解。 2.愿意和别人分享、交流自己喜爱的艺术作品和美感体验。

教育建议：

1.创造条件让幼儿接触多种艺术形式和作品。如：

经常让幼儿接触适宜的、各种形式的音乐作品，丰富幼儿对音乐的感受和体验。

和幼儿一起用图画、手工制品等装饰和美化环境。

带幼儿观看或共同参与传统民间艺术和地方民俗文化活动，如皮影戏、剪纸和捏面人等。

有条件的情况下，带幼儿去剧院、美术馆、博物馆等欣赏文艺表演和艺术作品。

2.尊重幼儿的兴趣和独特感受，理解他们欣赏时的行为。如：

理解和尊重幼儿在欣赏艺术作品时的手舞足蹈、即兴模仿等行为。

当幼儿主动介绍自己喜爱的舞蹈、戏曲、绘画或工艺品时，要耐心倾听并给予积极回应和鼓励。

（二）表现与创造

目标1　喜欢进行艺术活动并大胆表现

3~4岁	4~5岁	5~6岁
1.经常自哼自唱或模仿有趣的动作、表情和声调。 2.经常涂涂画画、粘粘贴贴并乐在其中。	1.经常唱唱跳跳，愿意参加歌唱、律动、舞蹈、表演等活动。 2.经常用绘画、捏泥、手工制作等多种方式表现自己的所见所想。	1.积极参与艺术活动，有自己比较喜欢的活动形式。 2.能用多种工具、材料或不同的表现手法表达自己的感受和想象。 3.艺术活动中能与他人相互配合，也能独立表现。

教育建议：

1.创造机会和条件，支持幼儿自发的艺术表现和创造。

提供丰富的便于幼儿取放的材料、工具或物品，支持幼儿进行自主绘画、手工、歌唱、表演等艺术活动。

经常和幼儿一起唱歌、表演、绘画、制作，共同分享艺术活动的乐趣。

2.营造安全的心理氛围，让幼儿敢于并乐于表达表现。如：

欣赏和回应幼儿的哼哼唱唱、模仿表演等自发的艺术活动，赞赏他独特的表现方式。

在幼儿自主表达创作过程中，不做过多干预或把自己的意愿强加给幼儿，在幼儿需要时再给予具体的帮助。

了解并倾听幼儿艺术表现的想法或感受，领会并尊重幼儿的创作意图，不简单用"像不像""好不好"等成人标准来评价。

展示幼儿的作品，鼓励幼儿用自己的作品或艺术品布置环境。

考题再现

【2020·怀化麻阳·多选】在艺术领域的教育中，幼儿教师要为幼儿营造安全的心理氛围。以下做法正确的有（　　　　）。

A.欣赏和回应幼儿的哼哼唱唱、模仿表演等自发的艺术活动

B.要求幼儿完全按照教师的意愿进行创作

C.用"像不像""好不好"等成人标准评价

D.鼓励幼儿用自己的作品或艺术品布置环境

【答案】AD。

目标2　具有初步的艺术表现与创造能力

3~4岁	4~5岁	5~6岁
1.能模仿学唱短小歌曲。 2.能跟随熟悉的音乐做身体动作。 3.能用声音、动作、姿态模拟自然界的事物和生活情景。 4.能用简单的线条和色彩大体画出自己想画的人或事物。	1.能用自然的、音量适中的声音基本准确地唱歌。 2.能通过即兴哼唱、即兴表演或给熟悉的歌曲编词来表达自己的心情。 3.能用拍手、踏脚等身体动作或可敲击的物品敲打节拍和基本节奏。 4.能运用绘画、手工制作等表现自己观察到或想象的事物。	1.能用基本准确的节奏和音调唱歌。 2.能用律动或简单的舞蹈动作表现自己的情绪或自然界的情景。 3.能自编自演故事，并为表演选择和搭配简单的服饰、道具或布景。 4.能用自己制作的美术作品布置环境、美化生活。

教育建议：

尊重幼儿自发的表现和创造，并给予适当的指导。如：

鼓励幼儿在生活中细心观察、体验，为艺术活动积累经验与素材。如，观察不同树种的形态、色彩等。

提供丰富的材料，如图书、照片、绘画或音乐作品等，让幼儿自主选择，用自己喜欢的方式去模仿或创作，成人不做过多要求。

根据幼儿的生活经验，与幼儿共同确定艺术表达表现的主题，引导幼儿围绕主题展开想象，进行艺术表现。

幼儿绘画时，不宜提供范画，特别不应要求幼儿完全按照范画来画。

肯定幼儿作品的优点，用表达自己感受的方式引导其提高。如，"你的画用了这么多红颜色，感觉就像过年一样喜庆""你扮演的大灰狼声音真像，要是表情再凶一点就更好了"等。

强化练习

一、单项选择题

1.《3—6岁儿童学习与发展指南》从（　　　　）五个领域描述幼儿的学习与发展。

A.体育、语言、常识、科学、艺术　　　　B.健康、语言、常识、数学、美术

C.健康、语言、计算、美术、音乐　　　　D.健康、语言、社会、科学、艺术

2.《3—6岁儿童学习与发展指南》中"语言"领域有关倾听与表达的目标不包括（　　　　）。

A.认真听并能听懂常用语言　　　　　　　B.愿意讲话并能清楚地表达

C.能声情并茂地表述自己的观点和想法　　D.具有文明的语言习惯

3.《3—6岁儿童学习与发展指南》中科学探究的目标不包括哪个维度？（　　　　）

A.逻辑推理　　　　　　　　　　　　　　B.情感态度

C.方法能力　　　　　　　　　　　　　　D.知识经验

4.数学认知不包含哪项内容？（　　　　）

A.初步感知生活中数学的有用和有趣　　　B.感知和理解数、量和数量关系

C.感知形状与空间关系   D.学习十以内的加减法

5.能熟练使用筷子,并能沿轮廓线剪出由曲线构成的简单图形,边线吻合且平滑。这是哪个年龄段的教育发展目标?(　　　)

A.0~1岁   B.1~2岁   C.3~4岁   D.5~6岁

二、判断题

1.观察、比较、操作、实验都是幼儿科学学习的方法。   (　　　)

2.幼儿的语言学习需要相应的社会经验支持,应通过多种活动扩展幼儿的生活经验,丰富语言的内容,增强其理解和表达能力。   (　　　)

3.教师应真诚地接纳、多方面支持和鼓励幼儿的探索行为。   (　　　)

三、简答题

根据《3—6岁儿童学习与发展指南》,5~6岁儿童在遵守基本的行为规范方面应达到哪些要求?

参考答案及解析

一、单项选择题

1.【答案】D。解析:《3—6岁儿童学习与发展指南》从健康、语言、社会、科学、艺术五个领域描述幼儿的学习与发展。每个领域按照幼儿学习与发展最基本、最重要的内容划分为若干方面。

2.【答案】C。解析:《3—6岁儿童学习与发展指南》"语言"领域有关倾听与表达的目标有认真听并能听懂常用语言、愿意讲话并能清楚地表达、具有文明的语言习惯。

3.【答案】A。解析:《3—6岁儿童学习与发展指南》"科学"领域的目标包括亲近自然,喜欢探究(情感态度);具有初步的探究能力(方法能力);在探究中认知周围事物和现象(知识经验)。

4.【答案】D。解析:《3—6岁儿童学习与发展指南》"科学"领域有关数学认知的目标包括初步感知生活中数学的有用和有趣;感知和理解数、量和数量关系;感知形状与空间关系。

5.【答案】D。解析:《3—6岁儿童学习与发展指南》"健康"领域的"动作发展"部分的"目标3——手的动作灵活协调"中指出,5~6岁的幼儿"能根据需要画出图形,线条基本平滑;能熟练使用筷子;能沿轮廓线剪出由曲线构成的简单图形,边线吻合且平滑;能使用简单的劳动工具或用具"。

二、判断题

1.【答案】√。解析:《3—6岁儿童学习与发展指南》"科学"领域指出,"幼儿科学学习的核心是激发探究兴趣,体验探究过程,发展初步的探究能力。成人要善于发现和保护幼儿的好奇心,充分利用自然和实际生活机会,引导幼儿通过观察、比较、操作、实验等方法,学习发现问题、分析问题和解决问题"。

2.【答案】√。解析:《3—6岁儿童学习与发展指南》"语言"领域指出,"幼儿的语言学习需要相应的社会经验支持,应通过多种活动扩展幼儿的生活经验,丰富语言的内容,增强理解和表达能力"。

3.【答案】√。解析:《3—6岁儿童学习与发展指南》"科学"领域的教育建议中指出,"教师应真诚地接纳、多方面支持和鼓励幼儿的探索行为"。

三、简答题

【参考答案】

(1)理解规则的意义,能与同伴协商制定游戏和活动规则。

(2)爱惜物品,用别人的东西时也知道爱护。

(3)做了错事敢于承认,不说谎。

(4)能认真负责地完成自己所接受的任务。

(5)爱护身边的环境,注意节约资源。

中公教育·全国分部一览表

分部	地址	联系方式
中公教育总部	北京市海淀区学清路 23 号汉华世纪大厦 B 座	400–6300–999 / http://www.offcn.com
北京中公教育	北京市海淀区学清路 38 号金码大厦 B 座 910 室	010–51657188 / http://bj.offcn.com
上海中公教育	上海市杨浦区锦建路 99 号	021–35322220 / http://sh.offcn.com
天津中公教育	天津市和平区卫津路云琅大厦底商	022–23520328 / http://tj.offcn.com
重庆中公教育	重庆市江北区观音桥步行街未来国际大厦 7 楼	023–67121699 / http://cq.offcn.com
辽宁中公教育	沈阳市沈河区北顺城路 129 号（招商银行西侧）	024–23241320 / http://ln.offcn.com
吉林中公教育	长春市朝阳区辽宁路 2338 号中公教育大厦	0431–81239600 / http://jl.offcn.com
黑龙江中公教育	哈尔滨市南岗区西大直街 374–2 号	0451–85957080 / http://hlj.offcn.com
内蒙古中公教育	呼和浩特市赛罕区呼伦贝尔南路东达广场写字楼 702 室	0471–6532264 / http://nm.offcn.com
河北中公教育	石家庄市建设大街与范西路交叉口众鑫大厦中公教育	0311–87031886 / http://hb.offcn.com
山西中公教育	太原市坞城路师范街交叉口龙珠大厦 5 层（山西大学对面）	0351–8330622 / http://sx.offcn.com
山东中公教育	济南市工业南路 61 号 9 号楼	0531–86557088 / http://sd.offcn.com
江苏中公教育	南京市秦淮区中山东路 532–2 号金蝶软件园 E 栋 2 楼	025–86992955 / http://js.offcn.com
浙江中公教育	杭州市石祥路 71–8 号杭州新天地商务中心望座东侧 4 幢 4 楼	0571–86483577 / http://zj.offcn.com
江西中公教育	南昌市东湖区阳明东路 66 号央央春天 1 号楼投资大厦 9 楼	0791–86823131 / http://jx.offcn.com
安徽中公教育	合肥市南一环路与肥西路交叉口汇金大厦 7 层	0551–66181890 / http://ah.offcn.com
福建中公教育	福州市八一七北路东百大厦 19 层	0591–87515125 / http://fj.offcn.com
河南中公教育	郑州市经三路丰产路向南 150 米路西 融丰花苑 C 座（河南省财政厅对面）	0371–86010911 / http://he.offcn.com
湖南中公教育	长沙市芙蓉区五一大道 800 号中隆国际大厦 4、5 层	0731–84883717 / http://hn.offcn.com
湖北中公教育	武汉市洪山区鲁磨路中公教育大厦（原盈龙科技创业大厦）9、10 层	027–87596637 / http://hu.offcn.com
广东中公教育	广州市天河区五山路 371 号中公教育大厦 9 楼	020–35641330 / http://gd.offcn.com
广西中公教育	南宁市青秀区民族大道 12 号丽原天际 4 楼	0771–2616188 / http://gx.offcn.com
海南中公教育	海口市大同路 24 号万国大都会写字楼 17 楼（从西侧万国大都会酒店招牌和工行附近的入口上电梯）	0898–66736021 / http://hi.offcn.com
四川中公教育	成都市武侯区科华北路 62 号力宝大厦北区 3 楼	028–87018758 / http://sc.offcn.com
贵州中公教育	贵阳市云岩区延安东路 230 号贵盐大厦 8 楼（荣和酒店楼上）	0851–85805808 / http://gz.offcn.com
云南中公教育	昆明市东风西路 121 号中公大楼（三合营路口，艺术剧院对面）	0871–65177700 / http://yn.offcn.com
陕西中公教育	西安市未央区文景路与凤城四路十字西南角中公教育大厦	029–87448899 / http://sa.offcn.com
青海中公教育	西宁市城西区胜利路 1 号招银大厦 6 楼	0971–4292555 / http://qh.offcn.com
甘肃中公教育	兰州市城关区静宁路十字西北大厦副楼 2 层	0931–8470788 / http://gs.offcn.com
宁夏中公教育	银川市兴庆区清和北街 149 号（清和街与湖滨路交汇处）	0951–5155560 / http://nx.offcn.com
新疆中公教育	乌鲁木齐市沙依巴克区西北路 731 号中公教育	0991–4531093 / http://xj.offcn.com
西藏中公教育	拉萨市城关区藏大中路市外事办东侧嘎玛商务楼二楼	0891–6349972 / http://xz.offcn.com